Nagios
Das Praxisbuch

Inhaltsverzeichnis

		Vorwort	13
1		**Installation eines Nagios-Servers**	**17**
	1.1	Die Grundlagen: Hardware und Betriebssystem	17
		1.1.1 Hardware	17
		1.1.2 Betriebssystem	18
	1.2	Nagios	23
	1.3	Die Nagios-Plugins	27
	1.4	Apache und die Nagios-Weboberfläche	28
	1.5	Eine Minimalkonfiguration und der erste Start von Nagios	30
	1.6	Nacharbeiten	33
		1.6.1 nagios.cfg	33
		1.6.2 Startup-Scripts	33
		1.6.3 Apache	33
	1.7	Verzeichnis- und Namenskonventionen	39
		1.7.1 Verzeichnisstruktur	40
		1.7.2 Namenskonventionen	42
	1.8	Überwachung entfernter Rechner	45
		1.8.1 NRPE	46
		1.8.2 NSCA	52
		1.8.3 Bronx – Eine hochperformante Alternative zu NSCA	55
2		**Monitoring von Netzwerkdruckern**	**61**
	2.1	Einführung	61
	2.2	Plugins	62
3		**Erstellen eigener Plugins**	**73**
	3.1	Grundlagen	74
		3.1.1 Ein einfaches Beispiel	75
		3.1.2 Developer Guidelines	77
		3.1.3 Beispiele für erlaubte Ausgabeformate	77
		3.1.4 Programmiersprachen	81
		3.1.5 Performancetuning	84
		3.1.6 Superuser-Privilegien	86
		3.1.7 Timeouts	88
		3.1.8 Compilierung von Perl-Plugins	90

INHALTSVERZEICHNIS

		3.1.9	Kommandozeilenparameter	92
		3.1.10	Das Perl-Modul Nagios::Plugin	101
		3.1.11	Der Nagios Embedded Perl Interpreter	114
	3.2	Ein nützliches Beispiel		117
		3.2.1	Die Spezifikation	118
		3.2.2	check_fs_ping	119
	3.3	Veröffentlichen des Plugins		132
		3.3.1	Aufwertung des Plugins	133
	3.4	Modifizieren existierender Plugins		136
4	**Visualisierung von Performancedaten mit PNP**			**147**
	4.1	Was sind Performancedaten?		149
	4.2	Wie geht Nagios mit Performancedaten um?		151
	4.3	Wie funktioniert PNP?		154
	4.4	Installation von PNP		157
	4.5	Konfiguration von Nagios und PNP		161
		4.5.1	Synchronous Mode	161
		4.5.2	Bulk Mode	164
		4.5.3	Bulk Mode mit NPCD	167
		4.5.4	Bulk Mode mit NPCD und npcdmod – Eine Variante für Tippfaule	170
	4.6	Die Weboberfläche von PNP		171
	4.7	Templates		179
	4.8	Fehlersuche		195
	4.9	Maßnahmen bei großen Installationen		196
	4.10	Pages		199
5	**Nagios-Cluster mit DRBD und Heartbeat**			**207**
	5.1	Einführung		207
	5.2	DRBD		209
		5.2.1	Installation	209
		5.2.2	Konfiguration	209
	5.3	Der Heartbeat-Cluster		219
		5.3.1	Installation	220
		5.3.2	Konfiguration	221
	5.4	Vergrößern eines Filesystems		237
	5.5	Backup		239
	5.6	Ausblick		242
6	**Überwachung von Ereignissen in Logfiles**			**243**
	6.1	Einführung		243
	6.2	Installation von check_logfiles		245

INHALTSVERZEICHNIS

6.3	Wie funktioniert check_logfiles?		247
6.4	Kommandozeilenparameter und Konfigurationsdatei		255
	6.4.1	Searches	255
	6.4.2	Optionen	262
	6.4.3	Globale Einstellungen	271
	6.4.4	Einbinden in Nagios I	276
	6.4.5	Scripts	280
	6.4.6	Scripts mit Gedächtnis	292
6.5	Ausgabeformat mit --report		297
6.6	Templates und Selected Searches		300
6.7	Einbindung in Nagios II		302
6.8	check_logfiles als Unix-Daemon und Windows-Service		304
	6.8.1	Unix-Hintergrundprozess	304
	6.8.2	Windows-Service	305
6.9	Überwachung von Logfiles, die keine sind		307
	6.9.1	AIX Error-Report	307
	6.9.2	Oracle Alertlog	311
	6.9.3	IPMITOOL	317
	6.9.4	Windows Eventlog	320
6.10	Ablösung des Tivoli Logfile Adapters mit check_logfiles		323

7 Überwachung von Datenbanken — 331

7.1	MySQL		332
	7.1.1	Was gibt es bereits an Plugins?	333
	7.1.2	check_mysql_health	334
	7.1.3	Erreichbarkeit der Datenbank	335
	7.1.4	Performance	336
	7.1.5	Limits/Benutzer	339
	7.1.6	Replikation	340
	7.1.7	Cluster	341
	7.1.8	MySQL Enterprise Monitor	343
7.2	Oracle		345
	7.2.1	Welche Plugins gibt es?	345
	7.2.2	Vorbereitungen	346
	7.2.3	check_oracle_health	348
	7.2.4	Verbindung zur Datenbank/Login	350
	7.2.5	Performance	351
	7.2.6	Tablespaces und Datafiles	354
	7.2.7	Sysstats	357
	7.2.8	Programmierung eigener Funktionalität	358
	7.2.9	Alert Logs	362

INHALTSVERZEICHNIS

	7.3	Microsoft SQL Server	366
		7.3.1 Verfügbarkeit von Plugins	366
		7.3.2 Vorbereitungen	367
		7.3.3 check_mssql_health	372
		7.3.4 Verbindung zur Datenbank / Login	374
		7.3.5 Performance	375
		7.3.6 Speicherplatz	383
		7.3.7 Errorlog	385
	7.4	IBM DB2	388
		7.4.1 Verfügbarkeit von Plugins	388
		7.4.2 Vorbereitungen	388
		7.4.3 check_db2_health	391
		7.4.4 Verbindung zur Datenbank / Login	393
		7.4.5 Performance	394
		7.4.6 Tablespaces	396
	7.5	Connection-Pooling	399
	7.6	Erstellen von Konfigurationsdateien für Nagios	405
8	**Überwachung von Webservern**		**423**
	8.1	HTTP-Server	423
		8.1.1 check_http	424
		8.1.2 check_apachestatus_auto	430
	8.2	Java-Applikationsserver	433
		8.2.1 check_jmx	435
		8.2.2 Jmx4Perl	437
	8.3	Überwachung von Webapplikationen mit Sahi	454
		8.3.1 Installation von Sahi	457
		8.3.2 Testscripts mit dem Browser erstellen	462
		8.3.3 Automatische Ausführung von Tests	470
		8.3.4 Die Verbindung von Sahi und Nagios – Die Sahi-Seite	473
		8.3.5 Die Verbindung von Sahi und Nagios – Die Nagios-Seite	492
9	**Monitoring von SAP**		**499**
	9.1	Einführung	499
	9.2	Ansatzpunkte für das Monitoring mit Nagios	500
		9.2.1 Message-Server	500
		9.2.2 Dispatcher	501
		9.2.3 Gateway-Workprozess	501
		9.2.4 ICM und ICF	501
		9.2.5 CCMS	501

INHALTSVERZEICHNIS

9.3	Vorarbeiten im SAP-System		503
	9.3.1	Anlegen eines Monitoring-Users in SAP	503
	9.3.2	Anlegen einer eigenen Monitorsammlung	508
	9.3.3	Aktivieren des ICF-Ping-Service	511
	9.3.4	sapinfo	513
9.4	Plugins		516
	9.4.1	check_sap.pl	517
	9.4.2	Nagios Plugins for SAP CCMS	519
	9.4.3	check_generic	527
	9.4.4	check_http	528
9.5	Konfiguration der Nagios-Services		529
9.6	Monitoring der SAP-Datenbank		533
9.7	Passives Monitoring von SAP		534
Stichwortverzeichnis			**543**

Vorwort

Wie geht's dem Buch?

Morgens vor der Tür, im Fahrstuhl, beim Mittagessen, an der Kaffeemaschine – ständig die gleiche Frage: »Wie geht's dem Buch?« Ein Jahr lang musste ich mir diese Frage anhören, ein freundliches Gesicht aufsetzen und mich zwingen, dem Fragesteller nicht an die Gurgel zu springen.

Als mich im August 2008 Sylvia Hasselbach von Pearson Education anschrieb und fragte, ob ich mir vorstellen könne, ein Buch über Nagios zu schreiben, war ich zunächst skeptisch. Papier zu produzieren war nie meine Stärke, und dann

auch noch im Umfang von 500 Seiten? Undenkbar. Trotzdem, so ein Angebot erhält man nicht alle Tage, und deshalb nahm ich es an. In meiner Naivität ging ich davon aus, ich müsse nur ein wenig Struktur in mein Know-how bringen und die leeren Seiten einfach mit dem füllen, womit ich mich täglich beschäftige. Tatsächlich habe ich mich dann fast ein Jahr mit dem Anstarren von leeren Seiten beschäftigt. Dennoch füllten diese sich nach und nach mit hoffentlich nützlichen Tipps und Denkanstößen, die Ihnen, liebe Leser, zeigen sollen, welche Möglichkeiten das freie Monitoring-System Nagios im Unternehmen bereithält.

2009 – ein entscheidendes Jahr für Nagios

Während meiner Arbeit an diesem Buch war nicht ganz klar, wie es mit Nagios weitergehen würde.

2008/2009 war die Weiterentwicklung von Nagios praktisch zum Erliegen gekommen, und der Autor Ethan Galstad glänzte durch Abwesenheit auf der Mailingliste. Die NDO war immer noch in einem Beta-Stadium, obwohl sie einer dringenden Überarbeitung bedurft hätte. Viele Anwender reichten Patches ein, die jedoch unbeachtet liegen blieben. Auch die angekündigte neue Oberfläche blieb nichts weiter als ein Versprechen. Ein Monitoring-System, das während der letzten Jahre in immer mehr Unternehmen die Konkurrenz weggefegt und sich als De-facto-Standard etabliert hat, darf sich so etwas allerdings nicht erlauben. Ein erfolgreiches Open-Source-Projekt überlebt nur, wenn die Personen, die dahinterstehen, es auch permanent pflegen. In diesem Fall jedoch hing alles an einer einzigen Person.

Aus diesem Grunde formierte sich Anfang 2009 eine Gruppe prominenter Vertreter der deutschen Nagios-Community, um sich Gedanken über die Zukunft ihres Lieblingstools zu machen. Da Ethan Galstad sich offenbar taub stellte und Angebote zur aktiven Mithilfe an der Entwicklung ignorierte, blieb nichts anderes übrig, als den Source-Code von Nagios zu nehmen und unter anderem Namen weiterzuentwickeln. Anfang Mai 2009 erschien dann der Nagios-Fork unter dem Namen Icinga.

In diesem Zusammenhang spielte auch ich eine unrühmliche Rolle. Als neutrales Mitglied der deutschsprachigen Nagios-Community wurde mir die Ehre zuteil, den Fork auf der Nagios-Devel-Mailingliste anzukündigen. Meine Mail mit dem provokanten Titel »Nagios is dead! Long live Icinga!« hat mir nicht gerade zu besonderer Beliebtheit verholfen. Ich habe Ethan Galstad damit ziemlich verletzt, insbesondere, da ich ihn in der Woche zuvor noch auf einer Veranstaltung in Bozen getroffen hatte und ihm keinen reinen Wein einschenken durfte. Dafür möchte ich mich an dieser Stelle noch einmal ausdrücklich bei ihm entschuldigen!

Eines der Ziele von Icinga wurde jedoch erreicht. Es kam wieder Leben in Nagios. Innerhalb kürzester Zeit wurde der Nagios-Webauftritt einer Generalüberholung unterzogen, das Repository von SVN zu Git umgezogen und die Nagios-Gurus Andreas Ericsson und Ton Voon in das Entwicklerteam aufgenommen. Ende Juni 2009 erschien dann auch das lang ersehnte Release 3.1.1, in dem die übelsten Bugs beseitigt waren. Auch Hendrik Bäcker arbeitet seit Sommer 2009 an der Weiterentwicklung der NDO. Inzwischen gibt es ein Stable Release 3.2.0, und Nagios ist alles andere als dead.

Nagios – das Praxisbuch

Mittlerweile gibt es ja mehrere Einsteigerbücher zum Thema Nagios. Abgesehen davon ist auch die Online-Dokumentation eine wahre Fundgrube für Administratoren, die sich zum ersten Mal mit diesem Thema befassen. Ich behandle Nagios daher nicht in seiner vollen Breite, sondern habe mich auf einige Kernthemen konzentriert und jedem von ihnen ein ausführliches Kapitel gewidmet. In diesen versuche ich, Probleme und Lösungen im Detail vorzustellen. Dennoch sind die Beispiele nicht dazu gedacht, sie stur abzutippen. Mein Ziel ist es, Denkanstöße zu liefern, die in der jeweiligen Firma zu einem optimalen Ergebnis führen. Grundkenntnisse und Erfahrungen im Betrieb einer Nagios-Installation setze ich dabei voraus.

Damit es sich etwas unterhaltsamer liest, habe ich eine fiktive Firma mit dem Namen NAPRAX (in Anlehnung an Nagios – das Praxisbuch) samt einiger Mitarbeiter erfunden. In der Rolle des geplagten Administrators Armin Admin erkennen sich vielleicht einige der Leser wieder. Auch die Beispiele im Buch beziehen sich auf die Rechnerlandschaft dieses Unternehmens. Diese gibt es auch tatsächlich. Unter meinem Schreibtisch steht ein VMware ESXi-Server, in dem über 30 virtuelle Maschinen laufen. Meine Kenntnisse zum Thema stammen aber nicht aus dieser Testumgebung. Um dem Titel dieses Buchs gerecht zu werden, habe ich Themen gewählt, die mir bei der täglichen Arbeit in Kundenunternehmen begegnen.

VORWORT

Leider blieb mir nicht genug Zeit, um über alle Add-Ons zu schreiben, die eine Nagios-Installation zur Killer-Applikation machen, als da wären Nagvis, check_multi, Business Process View, check_mk etc. Dass es keine Kapitel zu diesen Tools gibt, liegt einzig daran, dass ich den Aufwand für dieses Buch unterschätzt habe, und es schmälert in keiner Weise meine Hochachtung vor den Autoren.

Danksagung

So ein Buch wie das vorliegende entsteht nicht nur dadurch, dass ein Autor Zeilen eintippt und Codebeispiele ausprobiert. Ich habe zwar Monate vor dem Computer verbracht, aber dennoch haben mich viele Personen direkt oder indirekt begleitet. Bei der nun folgenden Aufzählung habe ich mit Sicherheit jemanden vergessen. Man möge es mir nachsehen und mich darauf aufmerksam machen. Ich werde einen Weg finden, diejenigen entsprechend zu würdigen.

In erster Linie danke ich meiner Frau Özlem für ihre Geduld. Sie wird mich in Zukunft wieder öfter zu Gesicht bekommen. Und wenn wir schon bei der Familie sind, so danke ich meinen Eltern dafür, dass sie damals mit Nachdruck den Weg dafür bereitet haben, dass ich in eine Position gelangen konnte, in der mich jemand bittet, mein Know-how in Buchform zu veröffentlichen.

Des Weiteren danke ich meiner Lektorin Sylvia Hasselbach von Pearson Education dafür, dass sie ausgerechnet mich gebeten hat, ein Buch für den renommierten Verlag Addison-Wesley zu schreiben. Nicht nur bei einer Gelegenheit hätte ich in den vergangenen Monaten am liebsten alles hingeschmissen und mich in meine Komfortzone zurückgezogen. Aber der Mensch lernt mit seinen Aufgaben, und somit habe ich auch persönlich einen Schritt vorwärts gemacht.

Mehrfach ermuntert und vom Aufgeben abgehalten hat mich auch Wolfgang Barth, der Autor des ersten deutschsprachigen Nagios-Buchs. Zunächst plante mein Verlag, etwas Vergleichbares auf den Markt zu bringen. Aber da es bereits mehrere Einsteigerbücher gibt, aus denen Wolfgangs Buch besonders hervorsticht, habe ich mich für den praxisorientierten und weiterführenden Ansatz entschieden.

Die Fachlektoren Michael Lübben und Simon Meggle haben S-Bahn-Fahrten und Abende damit verbracht, das Geschriebene nachzuvollziehen. Beide sind keine Unbekannten in der deutschen Nagios-Szene. Daher war mir ihr Urteil sehr wichtig. Zeitweise hätte ich am liebsten nie wieder einen Blick auf das gerade abgeschlossene Kapitel geworfen. Die Korrekturen und Anregungen der beiden waren aber immer berechtigt und sinnvoll. Von Profis eben. Sollte dieses Buch also halbwegs lesbar und verständlich sein, so ist es auch ihr Verdienst.

VORWORT

Natürlich habe ich dieses Buch nicht nur nach Feierabend geschrieben. Mein Arbeitgeber ConSol ist nicht ohne Grund mehrjähriger Sieger des Wettbewerbs »Bester Arbeitgeber Deutschlands«. Nachdem ich mein aus allen Nähten platzendes Überstundenkonto für meine Autorentätigkeit aufgebraucht hatte, durfte ich mich, wenn auch manchmal von echter Arbeit unterbrochen, meinem Buch widmen. Das ist keine Selbstverständlichkeit. Deshalb mein herzlichster Dank.

Daran, dass Nagios nicht nur den Großteil meiner beruflichen Tätigkeit einnimmt, sondern zu einem kleinen Hobby geworden ist, trägt die Community, die sich um das Portal `www.nagios-portal.de` schart, großen Anteil. Ich kann jedem Leser nur ans Herz legen, sich dort zu registrieren und an den jährlichen Veranstaltungen teilzunehmen.

1. Installation eines Nagios-Servers

1.1 Die Grundlagen: Hardware und Betriebssystem

1.1.1 Hardware

Es ist noch nicht lange her, dass Nagios überwiegend auf ausrangierten PCs installiert wurde. Wie so vieles aus der OpenSource-Welt wurde es von neugierigen Administratoren ausprobiert, ohne dass es einen expliziten Auftrag und somit auch kein Budget gab, ein Monitoring auf Nagios-Basis einzurichten. Gerade das Thema der Überwachung einer Serverlandschaft wurde (und wird auch heute noch) sehr stiefmütterlich behandelt, da es Kosten verursachte, ohne einen sichtbaren Nutzen zu bringen. Erst die wachsende Abhängigkeit wichtiger Geschäftsprozesse von einer funktionierenden IT-Infrastruktur und damit einhergehende finanziell schmerzhafte Erfahrungen bei Ausfällen haben dem System-Monitoring auch die ihm zustehende Aufmerksamkeit des Managements beschert. Die Nagios-Software selbst ist kostenlos, es bleiben also nur Personal- und Materialkosten übrig. Um erstere wird man nicht herumkommen, auch wenn sie sich im Rahmen halten, wenn man vergleicht, welchen Aufwand kommerzielle Überwachungstools verursachen können (personell, von den Lizenzkosten ganz zu schweigen). Wenn man die Preise von PC-Hardware betrachtet, dann fallen einer oder mehrere Nagios-Server auch nicht weiter ins Gewicht. Stellt man sich ein Gerät aus Markenkomponenten mit QuadCore-CPU, 16 GB Ram und 2 x 500 GB Sata-Platten zusammen, dann kostet das nicht einmal 1000 €. Soviel sollte einem die Überwachung kritischer Unternehmens-IT schon wert sein.

Welches Modell man wählt, ist Geschmackssache. Generell unterscheidet sich ein Nagios-Server nicht von anderen Linux-Servern. Man kann getrost auf die Hausmarke zurückgreifen. Trotzdem sollen einige Punkte besonders erwähnt werden.

» *Hauptspeicher* – Je mehr, desto besser. Je nach Umfang der Nagios-Installation wird eine MySQL-Datenbank benötigt. Die soll natürlich nicht mit Nagios um den Speicher konkurrieren. 8 oder gleich 16 GB sind im Unternehmensumfeld Standard.

» *CPU* – Da unter Nagios viele Prozesse erzeugt werden, bietet sich eine Mehrkern-CPU an. Auch diese sind mittlerweile keine Besonderheit mehr. 4 Kerne sollte man sich schon gönnen.

- » *Festplatten* – Moderne Sata-Platten sind ausreichend schnell. Wichtiger ist die Verwendung eines Hardware-Raid, um unnötige Ausfallzeiten und die langwierige Rekonstruktion zu vermeiden. Auf SAN-Storage oder NFS sollte man verzichten, um Abhängigkeiten von externen Systemen zu vermeiden. Der Nagios-Server sollte so autark wie möglich laufen.

- » *Netzwerkinterfaces* – Auch diese sind Massenware, deren Preis nicht wehtut. Je nachdem, ob Clustering oder Netzwerkbonding vorgesehen ist, sollten mindestens zwei Karten verbaut werden.

- » *Stromversorgung* – Der Nagios-Server sollte auch Probleme mit der Stromversorgung im Rechenzentrum überleben. Eine eigene kleine USV ist empfehlenswert. Rack-Server, die einen Einschub für ein zweites Stromversorgungsmodul haben, sollten auch entsprechend bestückt werden, um auch diese Schwachstelle durch Redundanz abzusichern.

1.1.2 Betriebssystem

Die meisten Nagios-Installationen dürften unter dem Linux-Betriebssystem laufen. Prinzipiell lässt es sich auf allen Unix-Systemen kompilieren, allerdings findet man selten einen Nagios-Server auf z.B. AIX-Basis. Viele dieser Installationen sind entstanden, weil der Administrator aus Eigeninteresse ein gratis Monitoringtool ausprobieren wollte und dafür nur einen ansonsten ungenutzten oder ausrangierten PC zur Verfügung hatte. Auf solchen Maschinen wird dann üblicherweise Linux installiert.

Linux ist mittlerweile nicht mehr Linux. Es gibt Dutzende Distributionen, wobei die Zahl derer, die in Firmen offiziell eingesetzt werden, überschaubar bleibt. Meist findet man die Enterprise-Editions von RedHat oder SuSE, wobei auch Debian immer mehr die Geek-Ecke verlässt und sich etabliert.

Für dieses Buch wurde die CentOS-Distribution gewählt. Sie ist an RedHat Enterprise Edition angelehnt und dürfte somit vielen Administratoren vom Umgang her vertraut vorkommen. Gleichzeitig ist CentOS kostenfrei und kann von jedermann heruntergeladen und installiert werden. Zum Zeitpunkt der Erstellung dieses Buches war die aktuelle Version CentOS 5.3.

Grundinstallation

Am Anfang der Installation stehen der nackte Server und ein Installationsmedium. Dieses liegt entweder bereits physikalisch vor oder als ISO-Datei. Auf der Downloadseite[1] wird man auf verschiedene Mirrorseiten weitergeleitet und dort stehe man dann vor der Wahl zwischen 32 Bit und 64 Bit. Im Grunde genommen ist die Entscheidung Geschmackssache, aber im Jahr 2009 sollte man dem 64 Bit-Betriebssystem den Vorzug geben. Einzig die Verwendung von etwas älterer Hardware könnte einen zur 32 Bit-Variante zwingen.

---

1 http://mirror.centos.org/centos/5/isos/

KAPITEL 1 Installation eines Nagios-Servers

Nachdem die Entscheidung für dieses Buch auf 64 Bit gefallen ist, ist die entsprechende Grundlage die Datei *CentOS-5.3-x86_64-bin-DVD.iso*. Mit Hilfe dieser Datei brennt man sich eine Installations-DVD. Nach dem Einlegen und Booten des neuen Servers wird man durch ein paar Menüs geführt, die für jeden Administrator trivial sein sollten. Nur bei der Auswahl der Softwarepakete ist zu beachten, dass bei *"server"* eine Markierung gesetzt werden muss.

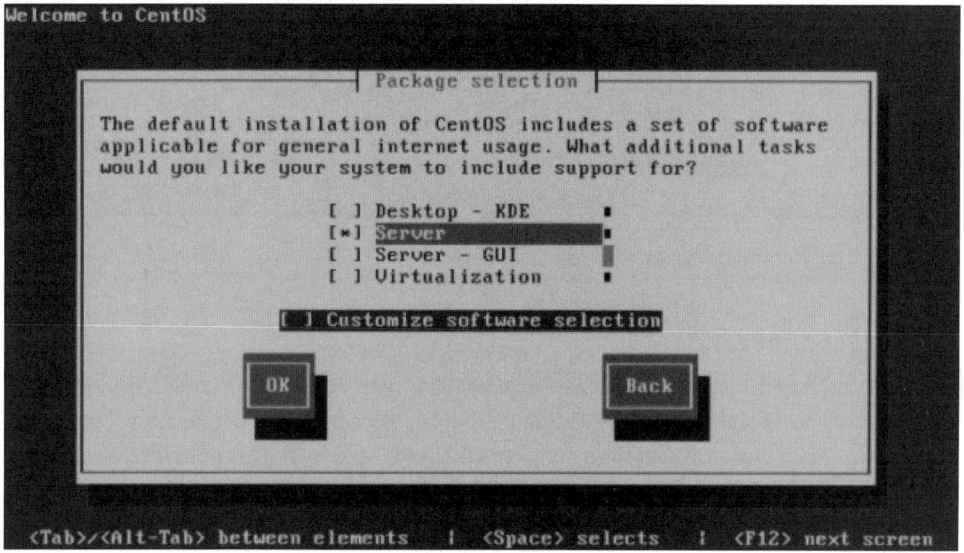

Abbildung 1.1: **Minimalanforderung an einen Nagios-Server**

Nach Abschluss der Grundinstallation wird der Server rebootet und es folgen einige Feineinstellungen. Dazu startet automatisch der Setup-Agent, mit dem die folgenden vier Kategorien konfiguriert werden:

Authentication configuration

In diesem Menü werden verschiedene Möglichkeiten der Anbindung an zentrale Authentifizierungsserver angeboten. Es mag in einigen Firmen Gewohnheit sein, den Zugang auch zu Unix-Servern per LDAP oder NIS zu regeln, bei einer so wichtigen Komponente wie dem Nagios-Server sollte man aber darauf verzichten. Schließlich ist es dessen Aufgabe, Ausfälle solcher zentraler Dienste festzustellen und nicht, sich in Abhängigkeit von ihnen zu begeben. Auch wird die Anzahl der künftigen Benutzer des Nagios-Servers sehr klein sein, so dass eine ausschließlich lokale Userverwaltung gewählt wird.

KAPITEL 1 | Installation eines Nagios-Servers

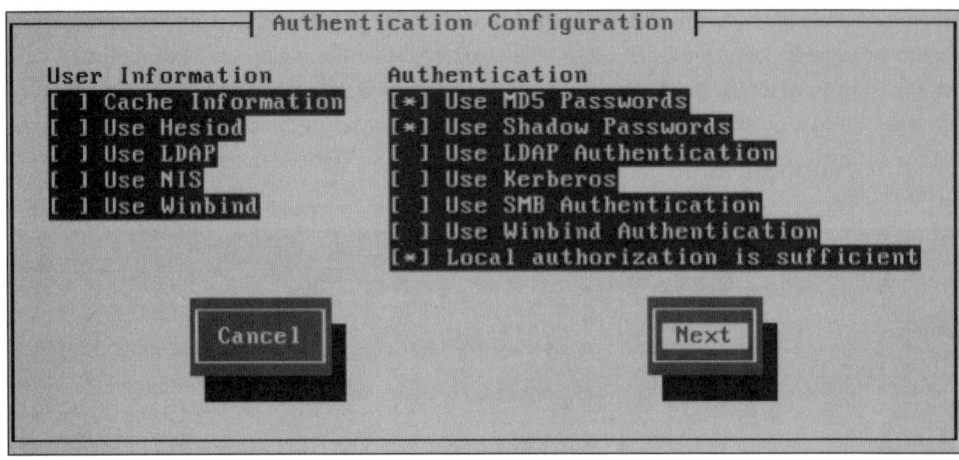

Abbildung 1.2: **Konventionelle Zugangsverwaltung**

Firewall configuration

Ein weiterer Punkt, der die Sicherheit des Servers betrifft und die spätere Handhabbarkeit des Nagios-Systems stark beeinflusst, sind die Sicherheitseinstellungen. Diese sind zweigeteilt. Zum Ersten muss man sich entscheiden, ob der Zugriff auf Netzwerkdienste durch Firewalleinstellungen reglementiert wird oder ob grundsätzlich von jedem anderen Rechner aus zugegriffen werden darf. Zum Zweiten steht man vor der Wahl, ob SELinux zugeschaltet werden soll und wenn, in welchem Modus. Bestehende Richtlinien in der Firma können einem die Entscheidung abnehmen, ansonsten ist die abgebildete Konfiguration ein Kompromiss.

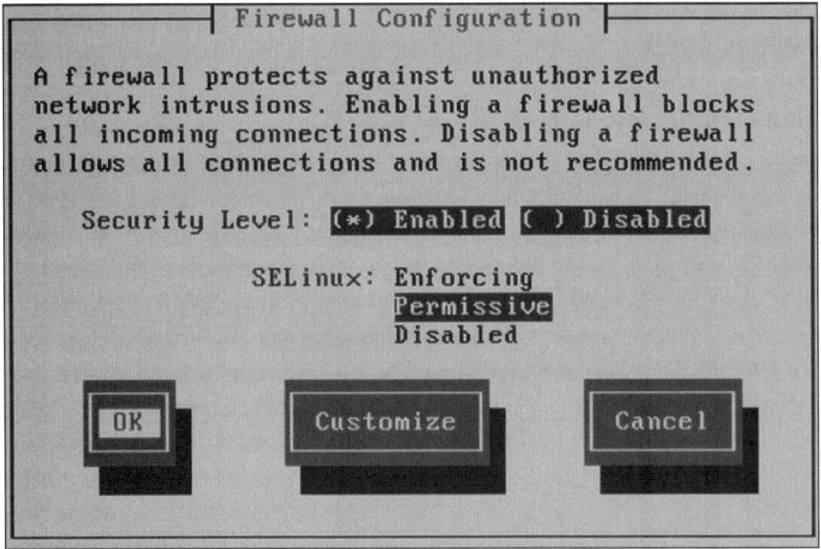

Abbildung 1.3: **Firewall und SELinux**

Während der Arbeiten zu diesem Buch wurde die Einstellung *Permissive* als außerordentlich lästig empfunden. Sofern keine Sicherheitspolicy in der Firma diese Beschränkung verlangt, sollte man im Interesse seiner Nerven darauf verzichten.

Network configuration

Hier ist nichts weiter zu tun, als die IP-Adresse des Nagios-Servers einzutragen. Angaben zum Routing sollte man jetzt noch nicht machen, auch wenn es dafür ein Feld bei den einzelnen Interfaces gibt. Nach dem Abspeichern ist der Server dann unter seiner neuen Adresse erreichbar. Die für die Netzwerkkonfiguration zuständigen Dateien erschließen sich einem nicht auf den ersten Blick. Da mancher Administrator lieber auf der Kommandozeile arbeitet, soll die folgende Übersicht ein Hinweis sein, wo Sie Hand anlegen können.

```
nagsrv# cd /etc/sysconfig/networking/profiles/default
nagsrv# cat ifcfg-eth0
# Advanced Micro Devices [AMD] 79c970 [PCnet32 LANCE]
DEVICE=eth0
BOOTPROTO=none
BROADCAST=10.0.255.255
HWADDR=00:0c:29:06:3c:df
IPADDR=10.0.12.99
NETMASK=255.255.0.0
NETWORK=10.0.0.0
ONBOOT=yes
TYPE=Ethernet
```

So wird das primäre Interface mit einer statischen IP-Adresse konfiguriert. Auch in dieser Datei kann die Angabe *GATEWAY* auftauchen. Allerdings handelt es sich dabei nicht um den Defaultrouter, sondern um irgendeinen anderen Router, der einen Ausgang aus dem an das Interface angeschlossenen Netzwerk darstellt (Üblicherweise fungiert dieser dann auch als Defaultrouter, korrekterweise müsste er aber in der Datei network eingetragen werden).

```
nagsrv2# cat network
NETWORKING=yes
NETWORKING_IPV6=no
HOSTNAME=nagsrv2.naprax.de
GATEWAY=10.0.1.1
GATEWAYDEV=eth0
```

Hier wird der Defaultrouter eingetragen und das Interface, über das er angesprochen wird.

System services

Welche Services beim Systemstart hochgefahren werden sollen, wählt man unter diesem Punkt aus. Die Einstellungen können im Defaultzustand belassen werden.

Am besten rebootet man den Server noch einmal, bevor es mit der Installation zusätzlicher, für Nagios relevanten Softwarepaketen weitergeht.

KAPITEL 1 | Installation eines Nagios-Servers

Der Paketmanager unter CentOS heißt **yum**. Mit ihm lassen sich einzelne Softwarepakete installieren und das Gesamtsystem aktualisieren.

> **ACHTUNG**
>
> Je nachdem, wie der Zugang ins Internet geregelt ist, kann es nötig sein, einen Proxy anzugeben. **Yum** stützt sich auf die Environmentvariable *http_proxy*. Diese wird beispielsweise so gesetzt:
>
> ```
> export http_proxy=http://proxy.naprax.de:8080/
> ```

Nach der Einrichtung des Basissystems sollte man folgendes Kommando ausführen, dann ist der Server auf dem neuesten Stand.

```
yum update
```

Nagios und die Tools, die im Laufe dieses Buches beschrieben und installiert werden, benötigen weitere Pakete, die in der Grundinstallation noch nicht vorliegen. Dazu zählt ein Compiler, um Nagios kompilieren zu können, eine MySQL-Datenbank, die später noch ins Spiel kommt, sowie SNMP-Tools, auf denen einige der Plugins aufsetzen. Am besten kümmert man sich bereits jetzt um die Installation, damit es später zügig vorangehen kann.

Nachinstallation wichtiger Pakete

```
yum install gcc
yum install gcc-c++
yum install mysql
yum install mysql-server
yum install mysql-devel
yum install httpd
yum install gd-devel
yum install openldap-devel
yum install php
yum install php-mysql
yum install net-snmp
yum install net-snmp-devel
yum install net-snmp-utils
```

Bisher reichte das offizielle Software-Repository von CentOS aus. Leider beinhaltet dieses nicht das wichtige Perl-Modul *Net::SNMP*. Man kann sich aber behelfen, indem man eines der zahlreichen, von Freiwilligen gepflegten Repositories einbindet. Unter */etc/yum.repos.d* legt man dazu eine kleine Datei an, die so ein Depot beschreibt:

```
nagsrv1# cat /etc/yum.repos.d/atrpms.repo
[atrpms]
name=ATrpms - Stable
baseurl=http://dl.atrpms.net/el$releasever-$basearch/atrpms/stable
gpgcheck=1
gpgkey=http://atrpms.net/RPM-GPG-KEY.atrpms
enabled=0
```

Mit dem Schalter *enabled=0* legt man fest, dass der Inhalt des *Atrpms*-Repositories nicht automatisch bei allen Aktualisierungsaktionen mit einbezogen wird, sondern nur auf Wunsch. Mit der Option *--enablerepo* des **yum**-Kommandos aktiviert man so ein defaultmäßig ausgeblendetes Softwaredepot.

```
nagsrv1# yum --enablerepo=atrpms install perl-Net-SNMP
```

> **ACHTUNG**
>
> **Leider fehlt bei CentOS5.3 in der 64 Bit-Version die Datei */usr/lib/64/libz.so*. Man braucht diese aber während des nächsten Schrittes. Man kann sich mit einfachen Links behelfen.**
>
> ```
> nagsrv4# ln -s /usr/lib64/libz.so.1 /usr/lib64/libz.so
> ln -s /lib64/libssl.so.6 /lib64/libssl.so
> ln -s /lib64/libcrypto.so.6 /lib64/libcrypto.so
> ```
>
> **Anscheinend wird auch die falsche *openssl-devel*-Version mitgeliefert. Das für ein 64 Bit-System passende Paket muss manuell nachinstalliert werden.**
>
> ```
> yum install openssl-devel.x86_64
> ```

Damit sind alle Voraussetzungen erfüllt und man kann sich an die Installation der Nagios-Software machen.

1.2 Nagios

Auch Nagios selbst kann mit einem Paketmanager installiert werden. Die meisten Distributionen bieten vorgefertigte Pakete an. Der Lerneffekt ist jedoch ungemein größer, wenn man den unbequemeren Weg wählt und die Software direkt aus den Sources compiliert. Ein Nebeneffekt ist dabei auch die viel größere Flexibilität bei der Auswahl des Installationsverzeichnisses und des Funktionsumfangs.

Installationsverzeichnis

Ersteres wird oftmals durch Firmenkonventionen festgelegt. Drittsoftware muss z.B. unter */opt* liegen, dem Autor ist auch ein Beispiel bekannt, bei dem */lfs/opt* (local file system) gewählt werden musste. In diesem Buch wird der Einfachheit halber als Homeverzeichnis */usr/local/nagios* verwendet, dies ist die Defaulteinstellung bei einer Source-Installation. Daneben sollte man sich ein weiteres Arbeitsverzeichnis (z.B. */home/nagios*) erstellen, in dem man Sources auspackt und compiliert oder seine eigenen Scripts entwickelt.

Besitzer der Nagios-Software

Alle Dateien, die zu Nagios gehören sind im Besitz eines eigens eingerichteten Benutzers *nagios*. Auch die Prozesse laufen unter dieser Kennung. Ebenso ist der *apache*-User involviert. Da über das Webinterface per CGI-Scripts Kommandos abgesetzt werden, braucht auch dieser Zugriff auf bestimmte Dateien, die eigentlich dem *nagios*-User gehören. Dies wird über die Zugehörigkeit zur gemeinsamen Gruppe *nagcmd* erlaubt.

```
nagsrv# groupadd nagios
nagsrv# groupadd nagcmd
nagsrv# useradd -g nagios -G nagcmd -m -d /usr/local/nagios nagios
nagsrv# usermod -a -G nagcmd apache
nagsrv# mkdir /home/nagios
nagsrv# chown nagios:nagios /home/nagios
```

Download, configure und make

Einstiegspunkt ist die Nagios-Homepage[2]. Von dort lädt man sich das Source-Paket herunter, das bei Redaktionsschluss die Version 3.2.0 hatte. (Wenn die zweite Ziffer eine gerade Zahl ist, so bedeutet dies, dass es sich um eine „stable" Version handelt. Ungerade Zahlen vergibt der Nagios-Autor Ethan Galstad für Entwicklerversionen)

```
wget http://downloads.sourceforge.net/nagios/nagios-3.2.0.tar.gz
```

Nach dem Entpacken des Archivs wechselt man in das entstandene Verzeichnis *nagios-3.2.0* und fährt mit dem bekannten **configure**-Befehl fort. Diesem gibt man die folgenden Parameter mit:

```
nagsrv# ./configure \
   --with-nagios-user=nagios --with-nagios-group=nagios \
   --with-command-group=nagcmd \
   --enable-event-broker \
   --enable-embedded-perl \
   --with-libdir=/usr/lib64
```

» *--with-nagios-user* und *--with-nagios-group* dürften selbsterklärend sein. Sie bestimmen, wem die Dateien der Nagios-Installation gehören und unter welcher Uid die Nagios-Prozesse laufen werden.

» *--with-command-group* bezeichnet die Gruppe, deren Mitglieder berechtigt sind, externe Kommandos über die Nagios Command-Pipe abzusetzen. In erster Linie betrifft das die CGI-Scripts des Webinterfaces.

» *--enable-embedded-perl* schaltet eine Funktionalität ein, die es Nagios ermöglicht, in Perl geschriebene Plugins als Text einzulesen und vom integrierten Perl-Interpreter ausführen zu lassen. Ohne diesen Schalter muss bei jedem einzelnen Aufruf eines Perl-Plugins ein eigener Interpreter gestartet werden, was natürlich extra Zeit kostet.

» *--with-libdir* benötigt man, damit auf 64 Bit-Systemen die dynamischen Libraries gefunden werden.

Wenn das configure-Script durchgelaufen ist, erhält man eine Zusammenfassung.

---

[2] http://www.nagios.org

KAPITEL 1 Installation eines Nagios-Servers

```
General Options:
------------------------
        Nagios executable:  nagios
        Nagios user/group:  nagios,nagios
       Command user/group:  nagios,nagcmd
             Embedded Perl: yes, with caching
              Event Broker: yes
          Install ${prefix}: /usr/local/nagios
                 Lock file: ${prefix}/var/nagios.lock
    Check result directory: ${prefix}/var/spool/checkresults
            Init directory: /etc/rc.d/init.d
   Apache conf.d directory: /etc/httpd/conf.d
              Mail program: /bin/mail
                   Host OS: linux-gnu

Web Interface Options:
------------------------
                  HTML URL: http://localhost/nagios/
                   CGI URL: http://localhost/nagios/cgi-bin/
    Traceroute (used by WAP): /bin/traceroute


Review the options above for accuracy.  If they look okay,
type 'make all' to compile the main program and CGIs.
```

Die letzten beiden Zeilen stehen nicht zum Spaß hier. Man sollte vor dem Kompilieren genau prüfen, ob Userangaben und Pfade stimmen. (Bei anderen Distributionen als CentOS könnte z.B. das Apache-Konfigurationsverzeichnis woanders liegen). Wenn die Werte stimmen, dann kann mit der Kompilierung weitergemacht werden.

> **TIPP**
>
> **Nagios ist seit der Version 3 in der Lage, mehrzeiligen Plugin-Output zu verarbeiten.** Allerdings wird dieser bei den 3.0.x Releases ab einer Länge von 1024 Zeichen abgeschnitten. Dadurch soll verhindert werden, dass Nagios von „wildgewordenen" Plugins mit Text überflutet wird. Andererseits kann es durchaus gewünscht sein, dass Plugins wie z.B. **check_multi** ausführliche Informationen über den Zustand eines Systems liefern, die länger als 1k Zeichen sind. Falls man so etwas plant, kann man bereits im Vorfeld die die Begrenzung von 1024 auf z.B. 8192 Zeichen erhöhen. Nachteile entstehen daraus nicht, aber man erspart sich u. U. späteren Aufwand. Dazu editiert man die Datei *include/nagios.h* und ändert gegebenenfalls folgenden Eintrag:
>
> ```
> #define MAX_PLUGIN_OUTPUT_LENGTH              8192
> ```
>
> Das gilt für Anwender, die aus irgendeinem Grund die 3.0.x-Versionen einsetzen. Ab 3.1.x steht hier bereits 8192. Sollte auch das nicht ausreichen, so kann die maximale Output-Länge noch weiter erhöht werden.
>
> Danach verfährt man mit der Datei *include/common.h* genauso. Auch hier erhöht man die Pufferlänge:
>
> ```
> #define MAX_INPUT_BUFFER                       8192
> ```

```
nagsrv# make all
...
If the main program and CGIs compiled without any errors, you
can continue with installing Nagios as follows (type 'make'
without any arguments for a list of all possible options):

  make install
     - This installs the main program, CGIs, and HTML files

  make install-init
     - This installs the init script in /etc/rc.d/init.d

  make install-commandmode
     - This installs and configures permissions on the
       directory for holding the external command file

  make install-config
     - This installs *SAMPLE* config files in /usr/local/nagios/etc
       You'll have to modify these sample files before you can
       use Nagios.  Read the HTML documentation for more info
       on doing this.  Pay particular attention to the docs on
       object configuration files, as they determine what/how
       things get monitored!

  make install-webconf
     - This installs the Apache config file for the Nagios
       web interface
```

Hier wird eine Liste von Installationsarten vorgeschlagen. Diese sind aber nur interessant, wenn man von der Standardinstallation abweichen und Teile von Nagios eigenhändig anpassen will. Am einfachsten ist es, den kompletten Umfang der Nagios-Software in einem Rutsch zu installieren. Dazu führt man folgendes Kommando aus:

```
nagsrv# make fullinstall
```

Der Nagios-Autor hat einige Beispiele für Konfigurationsdateien beigelegt, die für einen ersten Testlauf recht nützlich sind. Man installiert sie mit:

```
nagsrv# make install-config
```

Abschließend ändert man noch die Rechte von */usr/local/nagios*, damit später auch andere Benutzer mit den entsprechenden Gruppenzugehörigkeiten auf Dateien unterhalb des Verzeichnisses zugreifen können.

```
nagsrv# chmod 751 /usr/local/nagios
```

Damit wäre die Installation des Nagios-Grundsystems fertig. Leider kann man zu diesem Zeitpunkt noch nichts starten oder in einer Oberfläche ansehen. Dazu sind noch ein paar weitere Schritte notwendig.

1.3 Die Nagios-Plugins

Mit Nagios allein kann man noch nicht viel anfangen. Die eigentlichen Überwachungsaufgaben werden von den Plugins durchgeführt. Nagios ist nur ein Framework, das sie aufruft und ihre Resultate verwaltet. Unter der Leitung von Ton Voon ist eine Sammlung von Plugins entstanden, mit denen sich die wichtigsten Aufgaben durchführen lassen. Sie haben quasi offiziellen Status, deshalb werden sie auch kurz „die Nagios-Plugins" genannt. Zu finden sind sie auf der Seite *http://www.nagiosplugins.org*. Von dort geht es weiter zum Downloadbereich auf SourceForge.

```
nagsrv# wget http://downloads.sourceforge.net/nagiosplug/nagios-plug-
ins-1.4.13.tar.gz
```

Nach dem Entpacken des Tar-Pakets geht es wie gewohnt weiter.

```
nagsrv# ./configure --enable-extra-opts --enable-perl-modules \
   --with-nagios-user=nagios --with-nagios-group=nagios \
   --with-libdir=/usr/lib64
```

» *--enable-extra-opts* ist eine neue Methode, Plugins mit Parametern zu versorgen. In Zukunft ist es möglich, diese aus INI-Dateien zu lesen.

» *--enable-perl-modules* sorgt dafür, dass auch das Perl-Modul Nagios::Plugin installiert wird. Die offiziellen Plugins verwenden dieses Modul noch nicht, aber etliche Plugins von Drittanbietern setzen seine Installation voraus. Es wird auch empfohlen, es für selbstgeschriebene Scripte zu verwenden.

» *--with-libdir* benötigt man auch hier, damit auf 64 Bit-Systemen die dynamischen Libraries gefunden werden.

Nach dem configure-Lauf wird auch hier ein Resümee angezeigt.

```
         --with-apt-get-command:
          --with-ping6-command: /bin/ping6 -n -U -w %d -c %d %s
           --with-ping-command: /bin/ping -n -U -w %d -c %d %s
                   --with-ipv6: yes
                  --with-mysql: /usr/bin/mysql_config
                --with-openssl: yes
                 --with-gnutls: no
            --enable-extra-opts: yes
                   --with-perl: /usr/bin/perl
          --enable-perl-modules: yes
                 --with-cgiurl: /nagios/cgi-bin
            --with-trusted-path: /bin:/sbin:/usr/bin:/usr/sbin
```

Es folgt wieder das bekannte

```
nagsrv# make
nagsrv# make install
```

Danach zeigt ein Blick in /usr/local/nagios/libexec, dass eine Menge Plugins installiert wurden. Auffällig sind die Permissions von **check_icmp** und **check_dhcp**. Bei beiden ist das s-Bit gesetzt, da sie zu ihrer Ausführung über Superuser-Privilegien verfügen müssen. Falls die bisherige Installation unter dem nagios-Account durchgeführt wurde, dann muss in einer root-Shell die Vergabe der Sonderrechte von Hand nachgeholt werden.

```
nagsrv# chown root check_icmp
nagsrv# chown root check_dhcp
nagsrv# chmod 4555 check_icmp
nagsrv# chmod 4555 check_dhcp
```

Wenn wie in dieser Anleitung der root-User die Installation vorgenommen hat, dann gibt es noch ein Problem, das allerdings mehr kosmetischer Art ist. Mehrere symbolische Links, die auf **check_tcp** zeigen, gehören root. Der folgende Befehl bewirkt, dass auch diese Links dem nagios-Benutzer gehören.

```
find /usr/local/nagios/libexec -type l -user root \
    -exec chown -h nagios:nagios {} \;
```

> **TIPP**
>
> Das Perl-Modul *Nagios::Plugin* wird im Verzeichnis */usr/local/nagios/perl* installiert. Damit es der Perl-Interpreter finden kann, muss die Environmentvariable *PERL5LIB* gesetzt werden. Dies trägt man am Besten in der *.bashrc* oder einer ähnlichen Startdatei ein.
>
> ```
> export PERL5LIB=/usr/local/nagios/perl/lib
> ```
>
> Wem dieses lokale Verzeichnis und die Environmentvariable nicht gefällt, der kann das Modul auch in den Defaultpfad des Perl-Interpreters installieren. Dazu ruft man diesen mit folgender Option auf:
>
> ```
> nagsrv# perl -MCPAN -e "install Nagios::Plugin"
> ```
>
> Dabei ist zu beachten, dass auch hier die Environmentvariable *http_proxy* gesetzt sein muss, wenn keine direkte Verbindung ins Internet besteht.

1.4 Apache und die Nagios-Weboberfläche

Nagios kann seine Aufgaben (Überwachen und Alarmieren) als Daemon im Hintergrund verrichten, jedoch möchte man als Administrator auch auf einen Blick den Zustand der überwachten Endgeräte sehen können. Die Oberfläche wird ganz einfach in einem Webbrowser dargestellt. Nagios besitzt dazu einige CGI-Scripts, die die Statusinformationen als HTML-Seiten aufbereiten. Dazu muss nur ein Webserver den Zugriff auf diese Scripts bereitstellen. Bereits bei der Installation von Nagios wurde der erste Schritt gemacht. Im Verzeichnis */etc/httpd/conf.d* wurde die Datei *nagios* angelegt.

```
ScriptAlias /nagios/cgi-bin "/usr/local/nagios/sbin"

<Directory "/usr/local/nagios/sbin">
#   SSLRequireSSL
    Options ExecCGI
    AllowOverride None
    Order allow,deny
    Allow from all
#   Order deny,allow
#   Deny from all
#   Allow from 127.0.0.1
    AuthName "Nagios Access"
    AuthType Basic
    AuthUserFile /usr/local/nagios/etc/htpasswd.users
    Require valid-user
</Directory>

Alias /nagios "/usr/local/nagios/share"

<Directory "/usr/local/nagios/share">
#   SSLRequireSSL
    Options None
    AllowOverride None
    Order allow,deny
    Allow from all
#   Order deny,allow
#   Deny from all
#   Allow from 127.0.0.1
    AuthName "Nagios Access"
    AuthType Basic
    AuthUserFile /usr/local/nagios/etc/htpasswd.users
    Require valid-user
</Directory>
```

Die Einträge sorgen dafür, dass Zugriffe auf die URL *http://<nagiosserver>/nagios* und *http://<nagiosserver>/nagios/cgi-bin* auf die Verzeichnisse *share* und *sbin* im Nagios-Installationsverzeichnis umgelenkt werden. In *share* befinden sich die statischen HTML-Dateien und in *sbin* die angesprochenen CGI-Scripts. In dieser Defaulteinstellung werden die Webseiten durch ein Passwort geschützt. Den Auth-Optionen zufolge wird dabei Basic Authentication verwendet, die für den produktiven Einsatz zunächst nicht geeignet ist, da bei diesem Verfahren Benutzername und Passwort im Klartext übertragen werden. Wie man den Zugriff sicherer gestaltet, wird in einem späteren Abschnitt behandelt. Für einen ersten Blick kann man aber mit Basic Authentication leben und legt einen User mit folgendem Kommando an:

```
nagsrv$ htpasswd -c /usr/local/nagios/etc/htpasswd.users nagiosadmin
New password:
Re-type new password:
Adding password for user nagiosadmin
```

Mit */etc/init.d/httpd start* wird dann der Webserver gestartet.

Falls das Betriebssystem mit Firewall-Aktivierung installiert wurde, ist es jetzt nötig, den Zugriff auf die Ports *http* und *https* freizuschalten. Dazu ruft man das **setup**-Tool auf und markiert die entsprechenden Felder wie in der folgenden Abbildung.

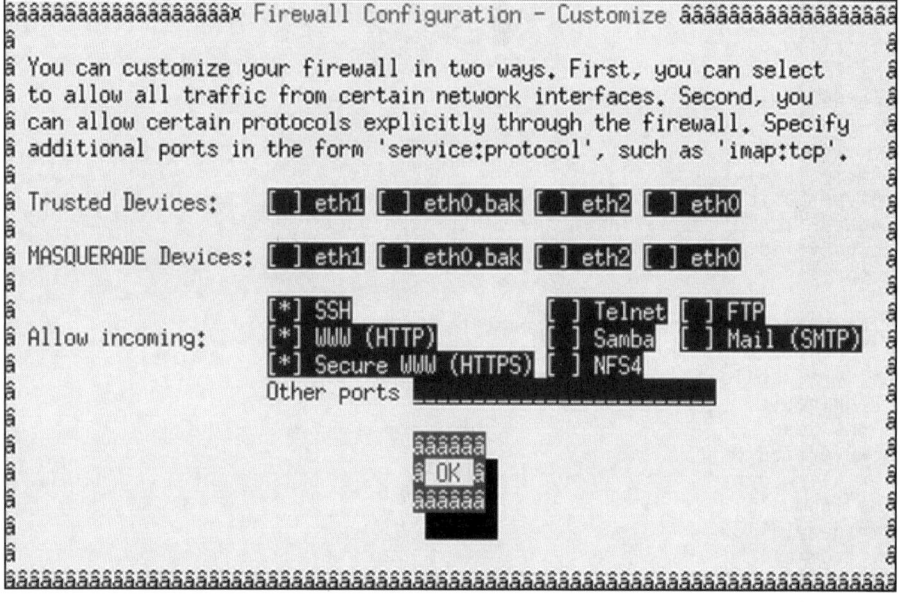

Abbildung 1.4: **Zugriff auf den Webserver erlauben**

Nun geht man mit dem Browser auf die URL *http://<nagiosserver>/nagios* und es erscheint nach der Eingabe von Username *nagiosadmin* und dem soeben vergebenen Passwort die Begrüßungsseite.

Diese Seite (siehe Abbildung 1.5) ist rein statisch. Man sieht sie immer, auch wenn das Nagios-System noch nicht gestartet wurde. Im Moment dient sie der Kontrolle, dass das Einrichten des Webservers funktioniert hat.

1.5 Eine Minimalkonfiguration und der erste Start von Nagios

Bei der Installation von Nagios wurde mit **make install-config** auch ein rudimentärer Satz von Konfigurationsdateien angelegt. Diese eignen sich für einen ersten Testlauf von Nagios. Es gibt jetzt zwei Möglichkeiten, Nagios zu starten.

» Als Benutzer *nagios*, indem man **/usr/local/nagios/bin/nagios /usr/local/nagios/etc/nagios** aufruft. Das Programm läuft dann im Vordergrund und kann mit [Strg][C] wieder abgebrochen werden.

» Als Benutzer *root* mit dem Kommando **/etc/init.d/nagios start**. Auf diese Art wird Nagios später auch bei jedem Bootvorgang automatisch hochgefahren.

KAPITEL 1 | Installation eines Nagios-Servers

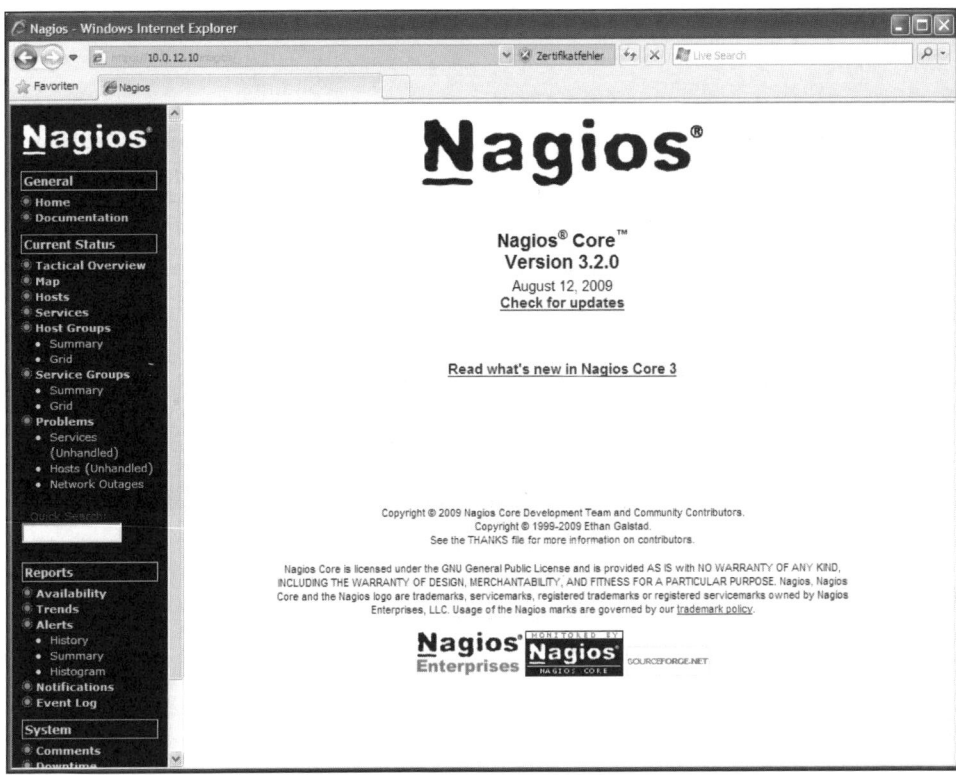

Abbildung 1.5: **Der erste Blick auf die Weboberfläche von Nagios**

> **ACHTUNG**
>
> Spätestens ab dieser Stelle ist die Benutzung des root-Accounts im Umgang mit Nagios tabu. Eine der häufigsten Fehlerursachen ist, dass Administratoren in einer privilegierten Umgebung arbeiten und sich dann wundern, wenn manche Sachen nicht mehr funktionieren, sobald sie im Kontext des unprivilegierten Benutzers *nagios* ausgeführt werden. Einzig zum Starten und Stoppen von Nagios mit dem Init-Script **/etc/init.d/nagios** ist die Verwendung des *root*-Accounts noch erlaubt. Und weil es immer wieder Ursache von Fehlern ist, noch einmal in aller Deutlichkeit: **Nagios administriert man als User nagios und nicht als root!**

Der Anschaulichkeit halber wird hier die erste Variante gewählt.

```
nagsrv$ /usr/local/nagios/bin/nagios /usr/local/nagios/etc/nagios.cfg

Nagios Core 3.2.0
Copyright (c) 2009 Nagios Core Development Team and Community Contributors
Copyright (c) 1999-2009 Ethan Galstad
Last Modified: 08-12-2009
License: GPL
```

KAPITEL 1 Installation eines Nagios-Servers

```
Website: http://www.nagios.org
Nagios 3.2.0 starting... (PID=16706)
Local time is Tue Sep 01 21:51:30 CEST 2009
```

Neben der Softwareversion ist hier auch die Ausgabe der Prozess-ID von Interesse. Nimmt man während der Laufzeit von Nagios Änderungen an den Konfigurationsdateien vor, dann werden sie nicht sofort wirksam. Erst wenn man dem Nagiosprozess ein *HUP*-Signal schickt, liest dieser die Dateien erneut ein und übernimmt die Updates.

```
nagsrv$ kill -HUP 16706
```

Wenn man jetzt in der Weboberfläche im linken Menü auf *„Services"* klickt, erscheinen die ersten Checkergebnisse. Der überwachte Rechner *„localhost"* ist in diesem Fall der Nagios-Server selbst.

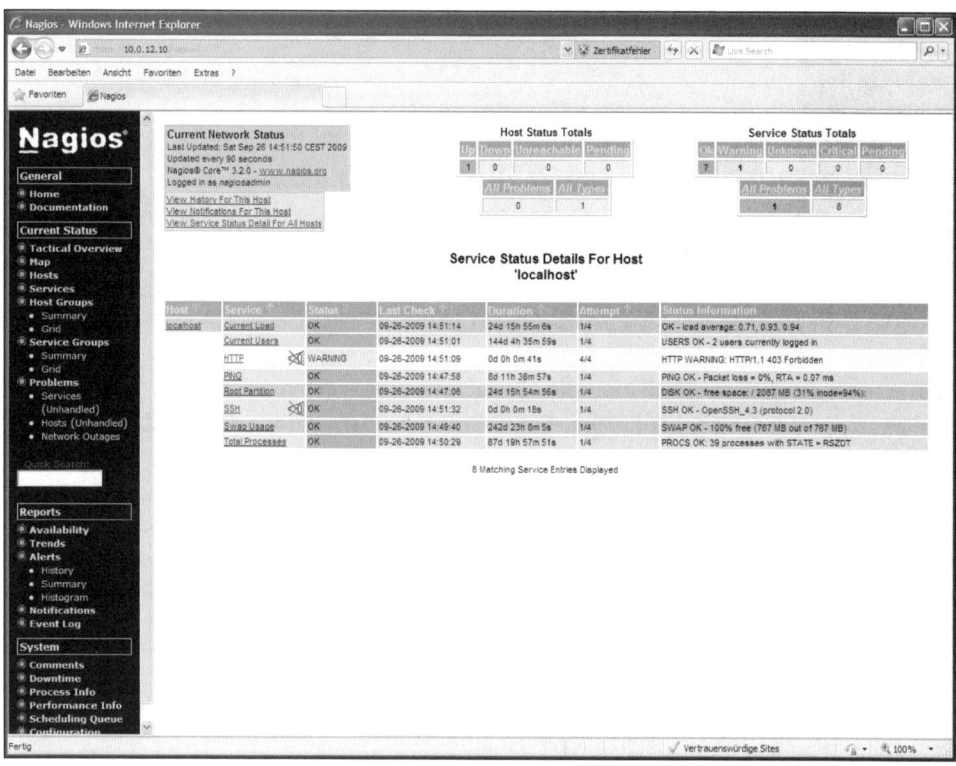

Abbildung 1.6: **Die mitgelieferte Beispielkonfiguration in der Webansicht.**

1.6 Nacharbeiten

1.6.1 nagios.cfg

In der Beispieldatei ist die Option *use_syslog* aktiviert. Dies bewirkt, dass sämtliche Aktivitäten von Nagios, die sowieso in der Logdatei *var/nagios.log* protokolliert werden, noch einmal in der systemweiten Messages-Datei auftauchen. Es ist empfehlenswert, dies abzustellen, will man letztere nicht mit redundanten Meldungen überfluten.

```
use_syslog=0
```

1.6.2 Startup-Scripts

Bei der Nagios-Installation wurde ein Init-Script */etc/init.d/nagios* angelegt. Damit es beim Bootvorgang auch ausgeführt wird, müssen in den */etc/rc*.d*-Verzeichnissen die entsprechenden Links angelegt werden. Das ändert man mit dem Kommando **chkconfig**.

```
nagsrv# chkconfig --add nagios
```

Das Gleiche gilt für den Apache-Webserver, der bei CentOS auch nicht automatisch gestartet wird. Da bei diesem jedoch keine expliziten Runlevel im Init-Script angegeben sind, sieht das entsprechende Kommando anders aus.

```
nagsrv# chkconfig httpd on
```

Zur Kontrolle ruft man das **chkconfig** nochmal mit **--list** auf.

```
nagsrv# chkconfig --list | egrep "nagios|httpd"
httpd           0:off   1:off   2:on    3:on    4:on    5:on 6:off
nagios          0:off   1:off   2:off   3:on    4:on    5:on 6:off
```

Hieraus lässt sich ablesen, dass der Apache in den Runleveln 2, 3, 4 und 5 und Nagios in den Runleveln 3, 4 und 5 gestartet wird. Beim hier verwendeten Installationsumfang von CentOS als reines Serverbetriebssystem ist 3 der Default-Runlevel.

1.6.3 Apache

Digest Authentication

Nach der weitgehend automatischen Installation des Nagios-Grundsystems wird *Basic Authentication* zur Anmeldung an der Webseite benutzt. Wie bereits angesprochen werden dabei Benutzername und Passwort im Klartext über das Netzwerk (vom Browser zum Webserver) übertragen. Dazu muss man wohl weiter nichts sagen. Mit wenigen Handgriffen lässt sich das Verfahren auf Digest Authentication umschalten. Dabei wird aus dem Passwort im Browser ein MD5-Hash erzeugt, der dann zum Webserver geschickt wird. Die Anpassung erfolgt in der Datei */etc/httpd/conf.d/nagios*.

```
ScriptAlias /nagios/cgi-bin "/usr/local/nagios/sbin"

<Directory "/usr/local/nagios/sbin">
#   SSLRequireSSL
    Options ExecCGI
    AllowOverride None
    Order allow,deny
    Allow from all
#   Order deny,allow
#   Deny from all
#   Allow from 127.0.0.1
    AuthName "Nagios Access"
    AuthType Digest
    AuthUserFile /usr/local/nagios/etc/htdigest.users
    Require valid-user
</Directory>

Alias /nagios "/usr/local/nagios/share"

<Directory "/usr/local/nagios/share">
#   SSLRequireSSL
    Options ExecCGI
    AllowOverride None
    Order allow,deny
    Allow from all
#   Order deny,allow
#   Deny from all
#   Allow from 127.0.0.1
    AuthName "Nagios Access"
    AuthType Digest
    AuthUserFile /usr/local/nagios/etc/htdigest.users
    Require valid-user
</Directory>
```

Die zu ändernden Optionen sind *AuthType* und *AuthUserFile*. Wie man sieht, steht da jetzt *htdigest.users* statt *htpasswd.users*. Die neue Passwortdatei erzeugt man mit dem **htdigest**-Kommando.

```
nagsrv$ htdigest -c /usr/local/nagios/etc/htdigest.users \
    "Nagios Access"    nagiosadmin
```

Der Parameter *–c* wird nur verwendet, wenn eine neue *htdigest.users*-Datei angelegt werden soll. Legt man später weitere Benutzer mit dem **htdigest**-Befehl an, so ist *–c* wegzulassen. Die alte Datei *htpasswd.users* kann gelöscht werden und mit **/etc/init.d/apache reload** fordert man den Webserver auf, die neue Konfiguration einzulesen. Künftig werden jetzt die Passwörter als Hash verschickt. Das ist ein großer Fortschritt im Vergleich zur Defaulteinstellung, aber ein technisch versierter Hacker, der keinen Aufwand scheut, kann sich auch

SSL

Wenn man die Verbindung zwischen Browser und Apache verschlüsseln und somit unleserlich machen will, benutzt man die Option *SSLRequireSSL*.

```
<Directory "/usr/local/nagios/sbin">
   SSLRequireSSL
…
<Directory "/usr/local/nagios/share">
   SSLRequireSSL
```

Nach dem Neustart des Webservers mit **apachectl restart** lautet neue URL für die Nagios-Oberfläche dann *https://<nagiosserver>/nagios*.

Beschränkung auf bestimmte IP-Adressen

Bei einer begrenzten Anzahl von Administratorarbeitsplätzen bietet sich auch an, den Zugriff nur von bestimmten IP-Adressen aus zu erlauben. Das ermöglicht die Direktive *Allow from*, mit der diese freigeschaltet werden. Ebenso können auch ganze Adressbereiche, etwa ein Admin-Netzwerk oder eine eigene Subdomain dort eingetragen werden.

```
<Directory "/usr/local/nagios/sbin">
…
   Order deny,allow
   Deny from all
   Allow from 10.0.11.0/24 # Subnetz mit den PCs der Administratoren
   Allow from admin.naprax.de
…
```

Single Sign-On

In vielen Unternehmen existiert ein LDAP-Server oder ein Active Directory, in dem Usernamen und Passwörter zentral gespeichert werden. Der Zugang zu Webseiten und Applikationen wird dann so abgewickelt, dass die Authorisierung nicht mehr von jeder dieser Anwendungen für sich alleine durchgeführt wird. Vielmehr werden die Zugangsdaten bei der Anmeldung an die zentrale Instanz geschickt, die sie dann bestätigt oder ablehnt. Der Vorteil davon ist, dass Benutzerkennungen nur an einer einzigen Stelle gepflegt werden müssen. Auch ein Apache-Webserver kann so konfiguriert werden, dass als Backend für die Authorisierung ein LDAP-Server verwendet wird. Das Apache-Modul *mod_auth_ldap* stellt dazu die im folgenden Beispiel verwendeten Optionen zur Verfügung. Mit dieser Konfiguration wird erreicht, dass beim Aufruf der Nagios-Webseite ein Popup-Fenster erscheint, das zur Eingabe von Username und Passwort auffordert. Aus dem Usernamen und dem in AuthLDAPURL angegebenen Ausdruck wird ein Filter erstellt, mit dem der LDAP-Verzeichnisbaum durchsucht wird. Bei einem Treffer wird versucht, mit dem entsprechenden *distinguishedName* und dem eingegebenen Passwort ein Bind am LDAP-Server durchzuführen. Wenn dies gelingt, dann wird der Zugang zur Webseite gestattet. Dieser Vorgang wird auch *search/bind-Phase* genannt.

```
ScriptAlias /nagios/cgi-bin "/usr/local/nagios/sbin"

<Directory "/usr/local/nagios/sbin">
   SSLRequireSSL
   Options ExecCGI
   AllowOverride None
   Order allow,deny
   Allow from all
#  Order deny,allow
#  Deny from all
#  Allow from 127.0.0.1
   AuthType Basic
   AuthName "Nagios Access"
   AuthBasicProvider ldap file
   AuthzLDAPAuthoritative Off
   AuthUserFile /usr/local/nagios/etc/htpasswd.users
   AuthLDAPURL "ldap://ldap.naprax.de/ou=people,dc=naprax,dc=de?uid?sub"
   Require valid-user
</Directory>

Alias /nagios "/usr/local/nagios/share"

<Directory "/usr/local/nagios/share">
   SSLRequireSSL
   Options None
   AllowOverride None
   Order allow,deny
   Allow from all
#  Order deny,allow
#  Deny from all
#  Allow from 127.0.0.1
   AuthType Basic
   AuthName "Nagios Access"
   AuthBasicProvider ldap file
   AuthzLDAPAuthoritative Off
   AuthUserFile /usr/local/nagios/etc/htpasswd.users
   AuthLDAPURL "ldap://ldap.naprax.de/ou=people,dc=naprax,dc=de?uid?sub"
   Require valid-user
</Directory>
```

Zum Beispiel sind noch einige Anmerkungen zu machen.

» Hier muss wieder der Authtype Basic verwendet werden, da der Webserver ein Passwort nur dann vom LDAP-Server bestätigen lassen kann, wenn es ihm im Klartext vorliegt (Die Übertragung vom Browser zum Webserver ist durch SSL verschlüsselt).

» Falls der eingegebene Benutzername nicht im LDAP-Verzeichnis gefunden wird, dann erfolgt ein Fallback zur Authentifizierung per *htpasswd*-Datei. Damit kann weiterhin der *nagiosadmin*-Account benutzt werden.

» Um die Suche nach dem angegebenen Usernamen durchführen zu können, erfolgt zunächst ein sogenannter anonymer Bind. Nicht alle LDAP-Server erlauben dies. Deshalb kann die Angabe der Optionen *BindDN* und *BindPassword* erforderlich sein. Dies ist zum Beispiel bei der Anmeldung an einem Active Directory der Fall. Man braucht also einen extra Benutzer, nur um an den Server überhaupt eine Frage stellen zu dürfen.

» Bei einem Active Directory lautet die Bezeichnung für den Login-Namen in der Option AuthLDAPURL nicht uid, sondern sAMAccount. Auch die Base-DN (hier ou=people, dc=naprax, dc=de) variiert je nach Firma. Am besten bringt man sie mit einem LDAP-Browser[3] in Erfahrung.

» Die URL *ldap://ldap.naprax.de* bedeutet, dass die Kommunikation zwischen Webserver und LDAP-Server unverschlüsselt stattfindet. Das mag akzeptabel sein, wenn sich beide in einem abgeschotteten Admin-Netzwerk befinden. Besser ist natürlich auch hier die sichere Übertragung mittels TLS oder SSL (*ldaps://ldap.naprax.de*) unter Verwendung der Optionen *LDAPTrustedClientCert*, *LDAPTrustedGlobalCert* und *LDAPTrustedMode*, jedoch ist die Konfiguration hierfür stark von der Firmenumgebung abhängig und würde den Rahmen dieses Buches sprengen. Es sei nur auf die entsprechende Seite in der Apache-Dokumentation[4] hingewiesen.

» Anstelle von Require *valid-user* kann man weitere Bedingungen für ein erfolgreiches Login formulieren. Beispielsweise erlaubt es die Direktive Require *ldap-attribute* nur solche Benutzer zuzulassen, deren LDAP-Eintrag besondere Eigenschaften aufweist.

Lokale htpasswd-Datei aus dem LDAP-Verzeichnis generieren

Die Bequemlichkeit, die man durch die Verwendung eines LDAP-Backends zur Benutzerauthentifizierung gewinnt, hat allerdings auch Nachteile. Beim Ausfall des LDAP-Servers oder einer Netzwerkkomponente zwischen diesem und dem Nagios-Server ist kein Login mehr möglich, außer mit den in der lokalen htpasswd-Datei verbliebenen Accounts. Gerade während des Ausfalls eines kritischen Systems jedoch werden sich viele Benutzer ein Bild des Schadens auf der Nagios-Webseite machen wollen. Daher soll noch eine Möglichkeit vorgestellt werden, die die Vorteile von zentraler und lokaler Speicherung von Zugangsdaten vereint. Dabei werden die für Nagios berechtigten Benutzernamen zunächst in einer htpasswd-Datei auf dem Nagios-Server mit dem htpasswd-Befehl eingetragen. Ein Cronjob sorgt dann dafür, dass die entsprechenden Passwörter vom LDAP-Server geholt und in der Datei aktualisiert werden. Aus der Apache-Konfiguration können dann die LDAP-Optionen und damit die Abhängigkeit von einem externen System wieder entfernt werden. Trotzdem sind in der lokalen Benutzerdatei die Passwörter (weitgehend) aktuell. Folgendes Perl-Script übernimmt die Aufgabe des Abgleichs.

---

3   z.B. http://www.ldapsoft.com/ldapbrowser.html
4   http://httpd.apache.org/docs/2.2/mod/mod_authnz_ldap.html

KAPITEL 1 — Installation eines Nagios-Servers

Listing 1.1: **sync_ldap_htpasswd.pl**

```perl
use strict;
use Net::LDAP;

######################################################################
my $ldapserver = 'ldap.naprax.de';
my $basedn = 'ou=accounts,dc=naprax,dc=de';
my $accountfilter = '(&(objectClass=posixAccount)(uid=%s))';
my $binddn = undef;
my $bindpw = undef;
######################################################################
#my $binddn => 'CN=Armin Admin armin,OU= Sysadmin,OU= MUC
,OU= people,DC=naprax,DC=de';
#my $bindpw = 'naxknax';
######################################################################

my $htpasswd = '/usr/local/nagios/etc/htpasswd.users';
my @newlines = ();
my $errorcnt = 0;
if (my $ldap = Net::LDAP->new($ldapserver)) {
  my $mesg = undef;
  # Idealerweise wird die Kommunikation verschlüsselt,
  # am Einfachsten mit TLS. Diese Methode wird nur von
  # LDAP-Servern ab Version 3 unterstützt.
  # Denkbar ist auch die Verwendung von Zertifikaten.
  # Details findet man unter:
  # http://search.cpan.org/~gbarr/perl-ldap-0.39/lib/Net/LDAP.pod
  $ldap->start_tls(verify => 'none');
  if ($bindpw) {
    $mesg = $ldap->bind($binddn, password => $bindpw);
  } else {
    $mesg = $ldap->bind();
  }
  if (! $mesg->code()) {
    open HTP, $htpasswd;
    while(<HTP>) {
      # Jetzt werden alle Zeilen aus der htpasswd-Datei gelesen
      # und erst einmal zwischengespeichert.
      push(@newlines, $_);
      if (/^([^#:].*?):(.*)/) {
        # Wenn es keine Kommentarzeile war, dann wird versucht
        # das Passwort des entsprechenden Users in LDAP zu finden.
        my $user = $1;
        my $filter = sprintf $accountfilter, $user;
        # dazu verwendet man einen Filter, der z.B. so aussieht:
        # (&(objectClass=posixAccount)(uid=armin))
        $mesg = $ldap->search(
          base => $basedn,
          filter => $filter,
          attrs => ['userPassword']);
        if (! $mesg->code && $mesg->entries) {
          foreach my $entry ($mesg->entries) {
            if ($entry->get_value('userPassword') =~
                /\{crypt\}(.*)/) {
              # Die alte Zeile wird ersetzt.
              pop(@newlines);
              push(@newlines, sprintf "*%s:%s\n", $user, $1);
```

```
                last;
            }
          }
        }
      }
    }
    close HTP;
  } else {
    printf "ERROR: could not bind to LDAP server\n";
    $errorcnt++;
  }
} else {
  printf "ERROR: could not connect to LDAP server\n";
  $errorcnt++;
}

# Wenn es keine Fehler gegeben hat, dann wird die neue
# htpasswd geschrieben.
if (! $errorcnt) {
  rename($htpasswd, $htpasswd.'.old');
  open HTP, ">$htpasswd";
  foreach (@newlines) {
    print HTP $_;
  }
  close HTP;
}
```

Es sei ausdrücklich darauf hingewiesen, dass sich auf diese Art die Benutzerverwaltung noch weiter automatisieren lässt. Beispielsweise könnten Mitglieder einer LDAP-Benutzergruppe automatisch in die lokale *htpasswd*-Datei aufgenommen werden. Einen Wermutstropfen gibt es allerdings noch: das Verfahren kann bei einem Active Directory nicht eingesetzt werden, da sich dieses weigert, Passwörter selbst in verschlüsselter Form preiszugeben.

1.7 Verzeichnis- und Namenskonventionen

Bisher wurde gezeigt, wie man die Nagios-Software und die Nagios-Plugins auf einem neuen Server installiert. In dieser Ausbaustufe ist das Monitoring allerdings auf einen einzigen Host beschränkt. Die mitgelieferte Beispielkonfiguration erlaubt nur die Überwachung lokaler Dienste. Mehr kann sie auch nicht leisten, da die Einbindung von Netzwerkdiensten und entfernter Rechner die Angabe von IP-Adressen und Hostnamen erfordert. Dem Nagios-Autor stand diese Information beim Erstellen der Konfigurationsbeispiele natürlich nicht zur Verfügung. In diesem Abschnitt zeige ich Ihnen, wie man entfernte Server in das Monitoring mit Nagios integriert.

Vorab aber noch einige Anmerkungen zu den in diesem Buch verwendeten Verzeichnis- und Namenskonventionen.

1.7.1 Verzeichnisstruktur

Hat man die Grundinstallation so wie schon beschrieben durchgeführt, so befinden sich die Nagios-Plugins im Unterverzeichnis *libexec*. Damit lässt sich bereits ein Monitoring für die gebräuchlichsten Dienste einrichten. Früher oder später wird man aber noch weitere 3rd-party Plugins dazu installieren. Damit diese vom „offiziellen" Paket getrennt liegen, wird folgende Verzeichnisstruktur vorgeschlagen:

» *libexec* – in diesem Verzeichnis liegen nur die Plugins von *www.nagiosplugins.org*. sowie **check_nrpe**. Auch auf den überwachten Clients ist dieses Directory zu finden.

» *locallibexec* – hier liegen selbstgeschriebene Plugins oder solche, die man z.B. von *exchange.nagios.org* heruntergeladen hat, z.B. **check_multi**. Ihnen ist gemeinsam, dass sie lokal auf dem überwachten Server ausgeführt werden müssen. Eine Kopie dieses Directories gibt es daher auch auf den Nagios-Clients. Die Plugins werden mit Hilfe von **check_nrpe** oder **check_by_ssh** aufgerufen.

» *remotelibexec* – hier liegen selbstgeschriebene und netzwerkfähige 3rd-party Plugins, z.B. **check_snmp_int** oder **check_printer**. Dieses Verzeichnis existiert ausschließlich auf dem Nagios-Server.

Damit diese drei Kategorien von Plugins später in den Command-Definitionen referenziert werden können, definiert man in der Datei *etc/resource.cfg* drei Makros.

```
$USER1$=/usr/local/nagios/libexec
$USER2$=/usr/local/nagios/locallibexec
$USER3$=/usr/local/nagios/remotelibexec
```

Diese Aufteilung hat den Vorteil, dass bei einem Releasewechsel der Nagios-Plugins das *libexec*-Verzeichnis gelöscht und mit **make install** wieder sauber aufgesetzt werden kann. Man muss daher keine Rücksicht auf lokale Erweiterungen nehmen. Auch auf den zu überwachenden Nagios-Clients ist dieses Verzeichnis im gleichen Umfang vorhanden. Man muss daher für jedes vorhandene Betriebssystem eine Installation der Nagios-Plugins vornehmen und danach das entstandene *libexec*-Verzeichnis in ein Softwaredepot auf dem Nagios-Server kopieren. Von hier kann es dann auf andere Server mit diesem Betriebssystem verteilt werden.

Das gilt auch für *locallibexec*, sofern dies kompilierte Plugins enthält. Verwendet man jedoch hier ausschließlich Shell- oder Perl-Scripts, so kann ein gemeinsames Verzeichnis für alle Plattformen verwendet werden.

Für Plugins, die Konfigurationsdateien verwenden (z.B. **check_multi**, **check_logfiles**), legt man am besten ein separates Verzeichnis *etc/plugin-configs* an. Dies gilt sowohl für den Nagios-Server als auch für die Clients. Auch dafür erstellt man einen Eintrag in der Datei *resource.cfg*.

```
$USER4$=/usr/local/nagios/etc/plugin-configs
```

Verteilung der Verzeichnisse auf Clients

Jede Firma hat ihre eigenen Vorschriften, was die Installation von Software auf den Clientrechnern angeht. Idealerweise hat aber der Nagios-Benutzer auf sämtlichen überwachten Systemen Zugang und kann überall sein Homeverzeichnis pflegen, ohne auf die Mitwirkung oder Erlaubnis von Betriebsteams angewiesen zu sein.

Eine einfache Methode, wie die Nagios-Software auf Clientsysteme gebracht werden kann, ist das Anlegen eines leeren */usr/local/nagios* und das Eintragen des Public Keys in der Datei */usr/local/nagios/.ssh/authorized_keys*. So vorbereitet kann ein Nagios-Administrator mit wenigen **rsync**-Befehlen die Verzeichnisse *libexec* und *locallibexec* auf einen neuen Client bringen

Die Dateien für die unterschiedlichen Betriebssysteme werden in einem Software-Depot untergebracht, welches folgenden Aufbau hat:

```
/usr/local/nagios/depot/
    powerpc-ibm-aix5.2.0.0/
        bin
        etc
        libexec
        locallibexec
    sparc-sun-solaris2.10
        bin
        etc
        libexec
        locallibexec
    i686-pc-linux-gnu-2.6
        bin
        etc
        libexec
        locallibexec
...
```

In den *bin*-Verzeichnissen befinden sich die Binaries **nrpe** und **send_nsca**. Unter *etc* findet man *nrpe.cfg*, *send_nsca.cfg* sowie das Unterverzeichnis *plugin-configs*. Ein neuer Client wird dann mit der nötigen Software ausgestattet, indem auf dem Nagios-Server folgende Befehle ausgeführt werden:

```
nagsrv$ platform=<das Betriebssystem des Clients>
nagsrv$ client=<der Hostname des Clients>
nagsrv$ for dir in bin etc libexec locallibexec
do
    rsync -a /usr/local/nagios/depot/$platform/$dir $client:
done
```

Auf dieser Grundlage lassen sich Scripts erstellen, mit denen ein neuer Host ohne großen manuellen Aufwand für das Monitoring vorbereitet werden kann. Eine Frage, die sich hier noch stellt, ist: „Wer startet den **nrpe**-Daemon?". Entweder man sorgt für die Installation eines Initscripts (wofür root-Rechte erforderlich sind) oder man schreibt ein Plugin, welches vom Nagios-Server aus mit **check_nrpe** prüft, ob ein **nrpe** läuft und diesen im Fehlerfall per SSH-Login neu startet. Letztere Methode hat den Vorteil, dass keine Installation von Software außerhalb des Nagios-Homeverzeichnisses nötig ist.

1.7.2 Namenskonventionen

In diesem Buch wird für die Bezeichnungen der Services ein bestimmtes Namensschema verwendet. Beispielsweise heißt der Service, der die Anzahl der eingeloggten Benutzer an der Oracle-Instanz *NAPRAX* überwacht, *app_oracle_default_NAPRAX_check_users*. Ein zweiter Service, der feststellt, ob die Instanz überhaupt am Leben ist, heißt nach dieser Konvention *app_oracle_default_NAPRAX_check_ping*. Diesen Bezeichnungen liegt ein Konzept zugrunde, nach welchem Servicenamen hierarchisch aufgebaut werden. Auf jeder Hierarchieebene können Servicetemplates eingeführt werden, die jeweils von der nächsten Stufe geerbt werden. Auf diese Weise kann man gemeinsame Attribute so weit oben wie möglich unterbringen.

Die Namen setzen sich folgendermaßen zusammen:

```
<Prefix>[_<Instanz>]_check_<was wird gecheckt>[_<Detail>]
```

Die Bedeutung dieser einzelnen Teilstrings soll nun ausführlich erläutert werden.

» *Prefix* – Das Prefix besteht aus drei Teilen, die durch Unterstrich getrennt werden.

  Der erste Substring nimmt eine ganz grobe Einteilung vor.

  » *os* – Der Service prüft Komponenten eines Betriebssystems.
  » *app* – Beliebige Applikationen. Dazu zählen Datenbanken, Webserver, SAP, FTP oder selbstgeschriebene Anwendungen.
  » *hw* – Services, die Hardwarekomponenten überwachen. Dazu zählt die gesamte Rechenzentrumstechnik, Uhren, USV, Sensoren.

  Im zweiten Teil des Prefix wird genauer spezifiziert, um welchen Hersteller oder Typ es sich handelt. Dies kann der Name eines Betriebssystems, einer Anwendung oder eines Gerätes sein.

  Beispiele dafür sind: *os_solaris*, *os_ios*, *os_esx*, *app_apache*, *app_mysql*, *app_jboss* oder *hw_rittal*.

  Führt man gleichnamige Servicetemplates ein, so lassen sich diesen die für den Betrieb der einzelnen Betriebssysteme oder Applikationen zuständigen Kontakte zuordnen. In größeren Umgebungen ist es üblich, dass es Teams für den Basis-OS-Betrieb, für Netzwerkkomponenten oder für die Web-Infrastruktur gibt. Man kann also sehr weit oben in der Template-Hierarchie festlegen, wer bei Störungen einer bestimmten Art von Services zu benachrichtigen ist.

```
define service {
    register              0
    name                  app_oracle
    contact_groups        db-team
}
```

Die dritte Ebene beschreibt die Kategorie, in die der Service einzuordnen ist bzw. für welches Subsystem er zuständig ist. Mögliche Überbegriffe sind hier:

- *default* – Services, die in jedem Fall definiert werden. Hierher gehören z.B. die Services, die die Basisdienste eines Betriebssystems überwachen. Üblicherweise gibt es mindestens einen Service, der feststellt, ob das überwachte Objekt überhaupt zur Verfügung steht. So ein elementarer Service bietet sich auch als Parent in einer Servicedependency an, von dem die restlichen Services abhängig sind.
- *perf* – Services, die Performancemessungen durchführen. Sie können ggf. in größeren Zeitintervallen ausgeführt werden.
- *fs* – Filesystemchecks. Auch diese müssen nicht unbedingt alle 5 Minuten laufen.
- *ports* – Bei der Überwachung von Netzwerkgeräten (Switches, Router) können in so einem Serviceprofil die Checks der einzelnen Ports zusammengefasst werden.
- *tbs* – Tablespaces von Datenbanken.

Aus diesen drei Bestandteilen lassen sich z.B. folgende Bezeichnungen bilden: *os_linux_default*, *app_mssql_perf*, *os_ios_ports* oder *app_oracle_tbs*. Auch hier definiert man wieder Servicetemplates, die diese jetzt dreiteilige Bezeichnung erhalten. Sie eignen sich, um z.B. *normal_check_interval*, *retry_check_interval* oder *max_check_attempts* festzulegen.

```
define service {
    register              0
    name                  app_oracle_tbs
    use                   app_oracle
    normal_check_interval 15
}
```

- *Instanz* – Dieser Teil des Namens ist optional. Man verwendet ihn, wenn es auf einem Host mehrere Instanzen einer Software gibt, die jeweils durch einen identischen Satz von Services überwacht werden. Beispiele dafür sind Datenbankinstanzen oder Applikation- und Webserver. Die Namen der für das grundlegende Monitoring der Oracle-DB mit der SID *NAPRAX* konfigurierten Services würden demnach mit *app_oracle_default_NAPRAX* beginnen. Auf dieser Ebene bietet es sich an, die Zugangsdaten als Custom Makros in einem Servicetemplate zu hinterlegen.

Im Falle eines Webservers kann hier beispielsweise eine Portnummer oder die zu prüfende URL angegeben werden, die dann später allen Servicedefinitionen zur Verfügung steht.

Speziell beim Monitoring von Oracle-Tablespaces geht man sogar noch einen Schritt weiter. Die Instanz wird bei den Services, bei denen dies sinnvoll ist, um den Tablespacenamen erweitert. Ein Beispiel für so einen String ist *app_oracle_tbs_NAPRAX_USERS*. Alternativ kann man dieses Detail auch ganz an das Ende des Servicenamens setzen. Der Unterschied zeigt sich in der Weboberfläche von Nagios durch die unterschiedliche Sortierung.

» *Check* – Im letzten Abschnitt wird Bezug auf das verwendete Plugin genommen. Ist dies nicht möglich, weil mehrere Services auf dem gleichen Plugin basieren, so gibt man hier einfach eine aussagekräftige Bezeichnung für die überwachte Funktion an.

Ein Beispiel für einen vollständigen Servicenamen ist das eingangs gezeigte *app_oracle_default_NAPRAX_check_ping*. Den freien Speicherplatz in einem Oracle-Tablespace prüft man mit *app_oracle_tbs_NAPRAX_TEMP_check_free* und die Services für OS-Basisdienste heißen *os_esx_default_check_cpu* oder *os_hpux_default_check_crond*. Wie im letzten Punkt erwähnt, kann man Detailangaben auch an das Ende des Servicenamens hängen. Beispiele für solche Namen sind *os_linux_fs_check_disk_/usr*, *os_linux_fs_check_disk_/usr/local*, *os_aix_fs_check_disk_/var* oder *os_ats63_ports_check_bandwidth_1*.

Im weiteren Verlauf des Buches werden diese Hierarchieebenen auch Serviceprofile genannt, z.B. „das Profil *app_oracle_tbs*". Besondere Bedeutung hat dieser Begriff auch für die Endknoten in diesem Baum, die Services. Damit ist ein Satz von Services gemeint, der immer als Ganzes in Erscheinung tritt.

Heißt es im Folgenden: „Dem Host XY wird das Serviceprofil *os_linux_default* zugewiesen", so ist das so zu interpretieren, dass die Zuweisung sich auf alle Services, deren Name mit *os_linux_default* beginnt, bezieht. Im Einzelnen können dies z.B. *os_linux_default_check_nrpe*, *os_linux_default_check_mem*, *os_linux_default_check_crond*, *os_linux_default_check_load* usw. sein.

Die technische Realisierung der Zuordnung sieht so aus, dass eine zusammengefasste Gruppe gleichartiger Services über ein gemeinsam geerbtes Templates einem Host zugewiesen wird. Insbesondere die *default*-Serviceprofile können auch gleich an eine ganze Hostgroup gebunden werden.

```
define service {
   name                         os_linux_default
   use                          os_linux
   register                     0
   #
   #  Hosts, die zur Hostgruppe os_linux_default gehören, bekommen
   #  alle Services, die dieses Template erben, zugewiesen.
   #
   hostgroup_name               os_linux_default
   #
   #  In diesem Fall ist der Name der Hostgruppe identisch
   #  mit dem Servicetemplate. Hier könnte aber z.B. auch
   #  "Alle_Linux_Server" stehen.
}
```

Diese Art der Namensgebung wirkt sicher etwas befremdlich auf einen Administrator, der es gewohnt ist, seinen Services Namen wie „*Webserver Alive*", „*CPU-Last*" oder „*Lüfterdrehzahl*" zu geben. Für kleine bis mittlere, von Hand gepflegte Installationen ist an solchen Bezeichnungen auch nichts auszusetzen. Spätestens jedoch wenn die Nagios-Konfiguration z.B. aus einer CMDB generiert wird oder Notifications von komplexen Scripts verarbeitet werden, wird man froh sein, wenn die Namensgebung einem formalen Schema folgt.

1.8 Überwachung entfernter Rechner

Wie bereits erwähnt, konnten am Ende von Abschnitt 1.5 mit Hilfe der in den Sourcen enthaltenen Beispielkonfiguration einige Betriebssystemdienste des lokalen Hosts überwacht werden. Um das Monitoring auf die gesamte Rechnerlandschaft eines Unternehmens auszudehnen, ist jedoch noch ein wenig mehr Arbeit nötig.

Grundsätzlich ist es mit den bisher installieren Nagios-Plugins möglich, lokale Betriebsparameter und über das Netzwerk erreichbare Dienste anderer Hosts (z.B. FTP, Web) zu überwachen. Auch SNMP-fähige Geräte können mit **check_snmp** gecheckt werden. Soll jedoch das Monitoring auch die OS-Ebene von Unix-Rechnern umfassen, so wird man nicht umhin kommen, auf diesen ebenfalls die Nagios-Plugins zu installieren (Zwar lassen sich Load, Filesysteme, Prozesse etc. auch über SNMP abfragen, eine rein SNMP-basierte Anbindung von Servern an Nagios wird in diesem Buch aber nicht behandelt).

Da die Plugins (z.B. **check_load**, **check_swap**) vor Ort, also auf dem zu überwachenden Host, laufen müssen, ist ein Bindeglied erforderlich. Diese Rolle übernehmen spezielle Plugins, die auf dem Nagios-Server gestartet werden, die aber die Ausführung eines anderen Plugins auf dem Zielrechner initiieren und deren Checkergebnisse wieder an Nagios weiterreichen. Eines dieser Plugins ist **check_by_ssh**, das Bestandteil der Nagios-Plugins ist. Es setzt voraus, dass auf allen Clients ein passwortloses Login vom Nagios-Server aus möglich ist. Idealerweise wird dieses bereits bei der Inbetriebnahme von Client-Rechnern zur Verfügung gestellt. Wenn nicht, sollte der Nagios-Administrator unbedingt darauf drängen, dass er auf allen von ihm überwachten Maschinen einen Shell-Zugang bekommt.

Vorausgesetzt, eine funktionierende public key Infrastruktur liegt vor, so lassen sich mit **check_by_ssh** recht einfach die ersten Checks implementieren. Allerdings gibt es einen Wermutstropfen. Sollten für die entfernten Pluginaufrufe Parameter übergeben werden, die Sonderzeichen, Wildcards und Anführungszeichen enthalten, so stößt diese Methode schnell an ihre Grenzen. Bis zu einem gewissen Grad kann man sich noch mit Escape-Charactern behelfen, aber das ist unübersichtlich, fehlerträchtig oder manchmal auch einfach nicht machbar.

Die präferierte Methode, Plugins auf entfernten Rechnern auszuführen, ist daher der *Nagios Remote Plugin Executor*, kurz *NRPE*.

1.8.1 NRPE

Das AddOn NRPE besteht aus zwei Teilen. Einem Daemon **nrpe**, der auf den entfernten Servern läuft und einem Client **check_nrpe**, der wie ein Plugin auf dem Nagios-Server ausgeführt wird.

Nagios startet **check_nrpe** und übergibt diesem ein symbolisches Kommando, welches für das gewünschte Plugin steht. Dieses Kommando schickt der Client an den Daemon **nrpe**, der in seiner Konfigurationsdatei nach dem zum symbolischen Kommando passenden Plugin-Aufruf sucht. Er kontrolliert die Ausführung dieses Plugins und schickt das Resultat an den Client zurück. Dieser baut daraufhin die Netzwerkverbindung ab und reicht das Ergebnis des Plugins an Nagios weiter.

Installation

Das AddOn NRPE erhält man auf der Nagios-Homepage[5]. Von dort lädt man sich das Source-Paket herunter, das bei Erscheinen dieses Buches die Version 2.12 hatte.

```
wget http://downloads.sourceforge.net/nagios/nrpe-2.12.tar.gz
```

Nach dem Entpacken des Archivs wechselt man in das entstandene Verzeichnis *nrpe-2.12* und fährt mit dem bekannten **configure**-Befehl fort. Diesem gibt man die folgenden Parameter mit:

```
nagsrv# ./configure \
        --enable-ssl \
        --enable-command-args
```

» *--enable-ssl* sorgt dafür, dass die NRPE-Binaries mit *OpenSSL* gelinkt werden, so dass die Kommunikation zwischen Nagios-Server und -Clients verschlüsselt stattfindet. Auch wenn Checkergebnisse kein großes Geheimnis darstellen, so schadet es nicht, sie dennoch nicht für jedermann lesbar zu übertragen. .

» *--enable-command-args* benötigt man, wenn der NRPE-Daemon nicht nur Kommandos zum Ausführen von Plugins, sondern auch variable Argumente empfangen soll. Bis auf wenige Ausnahmen ist das die übliche Vorgehensweise, deshalb sollte dieser Parameter keinesfalls fehlen.

Wenn das configure-Script durchgelaufen ist, erhält man eine Zusammenfassung.

---

5   http://www.nagios.org

```
*** Configuration summary for nrpe 2.12 03-10-2008 ***:

General Options:
------------------------
NRPE port:       5666
NRPE user:       nagios
NRPE group:      nagios
Nagios user:     nagios
Nagios group:    nagios


Review the options above for accuracy.  If they look okay,
type 'make all' to compile the NRPE daemon and client.
```

Wie man sieht, wird zwischen Nagios- und NRPE-User unterschieden. Letzteren hätte man mit *--with-nrpe-user* gesondert angeben können. Üblicherweise läuft aber beides unter der Benutzerkennung *nagios*. Wenn die Werte stimmen, dann kann mit der Kompilierung fortgefahren werden.

```
nagsrv# make all
...
```

Nach diesem Schritt findet man im *src*-Verzeichnis die Dateien **check_nrpe** und **nrpe**. Diese müssen jetzt noch in das Nagios-Verzeichnis gebracht werden. Dazu führt man folgendes Kommando aus:

```
nagsrv# make install
```

Nun befindet sich **check_nrpe** im */usr/local/nagios/libexec* und **nrpe** in */usr/local/nagios/bin*. Für die ersten Schritte gibt es auch eine Beispiel-Konfigurationsdatei für **nrpe**, die man mit dem folgenden Befehl nach */usr/local/nagios/etc/nrpe.cfg* installiert.

```
nagsrv# make install-daemon-config
```

> **TIPP**
>
> Die maximale Länge eines Plugin-Outputs, der mit NRPE zum Nagios-Server übertragen werden kann, beträgt 2048 Bytes. Alles, was darüber hinausgeht, wird einfach abgeschnitten. Für die meisten Fälle ist dieser Umfang mehr als ausreichend. Setzt man jedoch verstärkt das Plugin **check_multi** ein, so sollte man an dieser Stelle bereits Vorsorge treffen. Hauptsächlich wird **check_multi** verwendet, um mehrere Checks auf einen einzelnen Nagios-Service abzubilden. Nagios führt dazu das Plugin **check_multi** aus, welches seinerseits dann weitere Plugins startet. Deren Ausgabe wird dann formatiert und zusammengefasst, der Exitcode aus den Einzelergebnissen errechnet. Dadurch vermeidet man bei großen Nagiosinstallationen Performanceprobleme und gewinnt an Übersichtlichkeit bei der Konfiguration. Ein Nebeneffekt ist allerdings, dass die Ausgabe von **check_multi** aus der Summe der Ausgaben aller gebündelten Plugins besteht. Das ist an sich kein Nachteil, jedoch kann dadurch das 2048-Byte-Limit gesprengt werden. Man sollte also bereits jetzt dafür sorgen, dass mit NRPE z.B. 8192 Bytes übertragen werden können.

> **TIPP**
>
> In der Datei *include/common.h* trägt man daher an zwei Stellen die neue Größe ein:
>
> ```
> #define MAX_INPUT_BUFFER           8192
> #define MAX_PACKETBUFFER_LENGTH 8192
> ```
>
> Nach dem Compilieren stehen nun **check_nrpe** und **nrpe** zur Verfügung, die mit sehr langen Pluginausgaben zurechtkommen.
>
> Man muss sich aber darüber im Klaren sein, dass diese gepatchten Programme nicht mehr in der Lage sind, mit einem ungepatchten Gegenstück zu kommunizieren. Es ist also nicht möglich, mit einem laut dieser Anleitung erzeugten **check_nrpe** einen Client zu überwachen, auf dem ein **nrpe**-Daemon läuft, der z.B. aus einem RPM-Paket der entsprechenden Distribution stammt. In diesem Fall würde man folgende Fehlermeldung erhalten:
>
> ```
> CHECK_NRPE: Received 0 bytes from daemon. Check the remote server logs for error messages
> ```

Nach der Installation von **check_nrpe** und **nrpe** sollte man noch ein paar Anpassungen an der Konfigurationsdatei *etc/nrpe.cfg* vornehmen. Die wichtigsten Optionen sind:

» *allowed_hosts* – Hier sollten die IP-Adressen des Nagios-Servers und des localhost (127.0.0.1) stehen. Damit wird verhindert, dass ein Unbefugter von einem beliebigen Rechner aus Plugins starten kann.

» *dont_blame_nrpe* – Diese Option sollte auf *1* gesetzt werden, ansonsten ist es nicht möglich dem **check_nrpe** variable Argumente mitzugeben. Dies wird aber, außer bei sehr speziellen Installationen, immer der Fall sein.

» *command_timeout* – Der Defaultwert von 60 Sekunden sollte im Normalfall nicht verändert werden. Damit werden Plugins, die länger als eine Minute laufen, gekillt. Man sollte aber diese Option im Hinterkopf behalten, wenn selbstgeschriebene Plugins zum Einsatz kommen, die tatsächlich so eine lange Laufzeit haben und die aus irgendeinem Grund als aktive Checks ausgeführt werden müssen.

» *command[...]* – Die Command-Definitionen in der Beispieldatei können gelöscht werden, da im nächsten Abschnitt gezeigt wird, wie man sie in eigenen Configfiles unterbringt.

Der **nrpe**-Daemon kann auf verschiedene Arten gestartet werden.

» *Init-Script* – Im Source-Verzeichnis findet man mehrere Init-Scripts, die man als root-Benutzer an eine vom Betriebssystem abhängige Stelle (z.B. */etc/init.d/nrpe*) kopieren muss. Dadurch wird der **nrpe**-Daemon beim Hochfahren des Rechners gestartet.

» *Xinetd* – Der **nrpe**-Daemon läuft nicht permanent, sondern wird bei Bedarf vom **xinet**-Daemon gestartet. Mit dem Kommando **make install-xinetd** (dazu benötigt man root-Privilegien) wird dazu eine Konfigurationsdatei in das Verzeichnis */etc/xinetd.d* kopiert. Bei einer Verbindungsanfrage durch einen **check_nrpe**-Client wird ein eigener **nrpe**-Prozess gestartet und nach Erledigung seiner Aufgaben wieder beendet.

» *Plugin* – Im übernächsten Absatz wird eine Methode vorgestellt, wie man den **nrpe**-Daemon vom Nagios-Server aus mit einem speziellen Plugin überwacht und ggf.

startet. Für diese Methode sind keine root-Rechte nötig und es müssen keine Dateien außerhalb des Nagios-Homeverzeichnisses installiert werden. Diese Methode ist dann zu empfehlen, wenn es unterschiedliche Teams für Nagios- und System-Administration gibt und eine große Zahl von Clients zu überwachen ist. Der Nagios-Admin muss dadurch nicht lange betteln und darauf warten, dass der Serverbetrieb die Vorarbeiten nach einer der beiden ersten Methoden durchführt.

Konfiguration der Commands

In diesem Abschnitt wird davon ausgegangen, dass auf allen Nagios-Clients die NRPE-Software installiert wurde. Es wir sicher viele Gemeinsamkeiten bezüglich der konfigurierten Services unter den Clients geben. Beispielsweise werden alle Solaris-Rechner einen einheitlichen Satz an Services haben, mit dem grundlegende Betriebssystemkomponenten überwacht werden. Jedoch müssen auch Sonderfälle berücksichtigt werden, wenn auf einzelnen Maschinen z.B. Clustersoftware oder eine spezielle Applikation läuft. Deshalb bietet es sich auch hier an, das Konzept der Serviceprofile bei der Konfiguration des **nrpe** fortzuführen. Konkret bedeutet dies, dass man für jedes Serviceprofil eine eigene Konfigurationsdatei mit Kommandodefinitionen für den **nrpe** anlegt. Dazu legt man zuerst ein eigenes Verzeichnis */usr/local/nagios/etc/nrpe* an und weist den **nrpe** über die folgende Option an, alle Konfigurationsdateien in diesem Subdirectory einzulesen.

```
include_dir=/usr/local/nagios/etc/nrpe
```

Nun kann man für jedes Serviceprofil, das dem Nagios-Client zugewiesen wurde, eine Datei anlegen, die die benötigten symbolischen Kommandos enthält.

In diesem Unterverzeichnis kann man nun beliebig viele Konfigurationsdateien unterbringen. Wenn man sich an den im Abschnitt 1.7.2 vorgestellten, hierarchischen Aufbau der Servicenamen gehalten hat, bietet es sich an, pro Serviceprofil eine Datei anzulegen.

Als Beispiel dient hier wieder das Profil *os_linux_default*. Es besteht aus den üblichen Checks, die den **cron**- und evt. den **inet**-Prozess, den Swapspace, die Last, die Systemzeit und den Port 22 überwachen. Bis auf letzteren benutzen alle diese Services **check_nrpe**, um auf der Clientseite ein Plugin auszuführen. Alle symbolischen Kommandos, die von dieser Gruppe von Services zu erwarten sind, fasst man in einer Konfigurationsdatei zusammen. Ihr Name ist dem des Serviceprofils nachempfunden.

Listing 1.2: **os_linux_default.cfg**

```
command[check_proc]=/usr/local/nagios/libexec/check_procs
    -w 30 -c 1: -C $ARG1$
command[check_load]=/usr/local/nagios/locallibexec/check_load
    -w $ARG1$ -c $ARG2$
command[check_swap]=/usr/local/nagios/nrpe/locallibexec/check_swap
    -w $ARG1$ -c $ARG2$ -S $ARG3$
command[check_ntp]=/usr/local/nagios/libexec/check_ntp_time
    -H ntp.naprax.de
```

Leider sind in der NRPE-Konfiguration keine Fortsetzungszeichen erlaubt. Aus Gründen der Übersichtlichkeit wurden deshalb die Plugin-Argumente jeweils in eine eigene Zeile verschoben. Es ist zu beachten, dass dies nur ein Beispiel ist. In einer realen Datei muss jede Command-Definition in eine einzige Zeile geschrieben werden!

Die Services im Profil *os_linux_fs* sind zuständig für die Überwachung des freien Speicherplatzes, die Mounts und ggf. den Zustand des Volume Managers. Auch sie basieren auf **check_nrpe**, daher erstellt man hier ebenfalls ein Gegenstück auf der Seite des **nrpe**-Daemons.

Listing 1.3: **os_linux_fs.cfg**

```
command[check_disk]=/usr/local/nagios/libexec/check_disk
    -w $ARG1$ -c $ARG1$ -p $ARG3$
command[check_mounts]=/usr/local/nagios/locallibexec/check_mounts
command[check_vxvm]=/usr/local/nagios/locallibexec/check_vxvm_health
```

Auf diese Weise erhält man eine Sammlung von Konfigurationsdateien, die den verwendeten Serviceprofilen entsprechen. Auch diese Files werden in einem zentralen Depot auf dem Nagios-Server gepflegt und bei Bedarf auf die Clients verteilt.

Wird auf einem Host eine bestimmte Applikation installiert, die überwacht werden soll, so weist man ihm in der Nagios-Konfiguration das entsprechende Serviceprofil (also einen Satz von Services bzw. im Extremfall nur einen Service) zu und kopiert das gleichnamige NRPE-Configfile in sein */usr/local/nagios/etc/nrpe*-Verzeichnis. Abschließend muss nur noch der **nrpe**-Daemon durchgestartet werden, um die neuen Command-Definitionen einzulesen. Dieses Verfahren lässt sich sehr leicht automatisieren.

Überwachung

Bei einem NRPE-basierten Monitoring ist es natürlich wichtig, dass auf den überwachten Clients der **nrpe**-Daemon ständig verfügbar ist. Ohne ihn können keine Plugins ausgeführt und somit keine Fehlerzustände entdeckt werden. Daher sollte jedem Host ein eigener Service zugewiesen werden, der die Funktion des Daemons überwacht. Zu diesem Zweck wurde ein kleines Plugin erstellt, welches den **nrpe** mittels **check_nrpe** kontaktiert und bei einem Misserfolg versucht, den Daemon selbständig zu restarten. Dies setzt allerdings voraus, dass **nrpe** als Standalone-Daemon läuft.

Listing 1.4: **check_nrpe_health**

```
#!/bin/bash

PROGNAME=`basename $0`
PROGPATH=`echo $0 | sed -e 's,[\\/][^\\/][^\\/]*$,,'`
REVISION=`echo '$Revision: 1.0 $' | sed -e 's/[^0-9.]//g'`
LIBEXEC=$(dirname $PROGPATH)"/libexec"

timeout=60
sshport=22
port=5666
```

KAPITEL 1 — Installation eines Nagios-Servers

```
    while getopts "H:t:s:" opt $@; do
      case $opt in
          H) host=$OPTARG;;
          t) timeout=$OPTARG;;
          p) port=$OPTARG;;
          s) sshport=$OPTARG;;
      esac
    done

    # Testen, ob nrpe antwortet
    stdout=`$LIBEXEC/check_nrpe -H $host -p 5666 -t $timeout`
    exit=$?

    if [ $exit != 0 ]; then
      #  Es kam keine Antwort vom nrpe-Daemon
      #  Jetzt wird geprueft, ob ein Login moeglich ist.
      ${LIBEXEC}/check_by_ssh   -H $host -p $sshport \
          -o 'StrictHostKeyChecking=no' -q -t $timeout \
          -C "libexec/check_dummy 0" > /dev/null 2>&1
      exit=$?
      if [ $exit != 0 ]; then
        #  Login war nicht moeglich. Es liegt ein Problem vor.
        echo "UNKNOWN - no shell"
        exit 3
      else
        #  Es ist moeglich Kommandos auszufuehren.
        #  Also startet man den nrpe neu.
        /usr/bin/ssh -p $sshport -o StrictHostKeyChecking=no -q $host \
            "bin/nrpe -c etc/nrpe.cfg -d" > /dev/null 2>&1
        sleep 1
        #  Erneute Pruefung des nrpe-Daemons.
        stdout=`$LIBEXEC/check_nrpe -H $host -p 5666 -t $timeout`
        exit=$?
        if [ $exit != 0 ]; then
          #  Geht immer noch nicht
          echo "CRITICAL - nrpe cannot be restarted"
          exit 2
        else
          #  Der Restart war erfolgreich
          echo "OK - restarted $stdout"
          exit $exit
        fi
      fi
    else
      #  Der nrpe laeuft bereits
      echo $stdout
      exit $exit
    fi
```

Ein auf diesem Plugin basierender Service sollte Bestandteil eines jeden *default*-Serviceprofils sein. Er eignet sich auch hervorragend als Parent in einer Servicedependency. Bei einem Ausfall des **nrpe**-Daemons (insbesondere wenn er sich nicht mehr nachstarten lässt) hat es keinen Sinn, andere Services auszuführen, welche **check_nrpe** benutzen.

NRPE setzt man für aktive Checks ein. Bei diesen unterliegt die Plugin-Ausführung der Kontrolle durch den Nagios-Scheduler. Dieser muss sich darum kümmern, dass in regelmäßigen Zeitabständen das **check_nrpe**-Kommando mit den im Service definierten Parametern aufgerufen wird. Dazu muss jedesmal ein eigener Prozess (je nach Konfiguration sogar zwei) gestartet und auf dessen Beendigung gewartet werden, im Extremfall bis es zum Timeout kommt. Bei einer großen Anzahl von definierten Services kann dies die Last auf dem Nagios-Server ziemlich in die Höhe treiben.

Wesentlich ressourcensparender sind passive Services. Bei diesen wird Nagios nicht von sich aus tätig und muss keine Plugin-Prozesse verwalten. Stattdessen kommt ein passiver Service zu einem Checkresult, indem dieses aus der externen Command-Pipe von Nagios gelesen wird. Hineingeschrieben werden kann es von einem beliebigen Programm. Wichtig ist nur, dass es in einem definierten Format vorliegt[6]. Damit können völlig losgelöst vom Nagios-Scheduler Prüfprogramme laufen (z.B. als Cronjob), die ihr Ergebnis einfach in die Command-Pipe schreiben. Nagios aktualisiert daraufhin den Servicestatus. Die Prüfprogramme haben daher genug Zeit und unterliegen keinem Timeout.

Damit auch von entfernten Rechnern aus Checkergebnisse auf diese Art an Nagios übergeben werden können, gibt es ein Gateway, welches diese über das Netzwerk entgegennimmt und dann lokal in die Command-Pipe schreibt.

1.8.2 NSCA

Ein weiteres AddOn für Nagios ist NSCA, welches Clients in die Lage versetzt, Checkresults auf asynchronem Wege an den Nagios-Prozess zu senden. Sie rufen dazu das Kommando **send_nsca** auf, welches über einen eigenen Port mit dem NSCA-Daemon kommuniziert. Dieser schreibt das empfangene Ergebnis dann in die externe Command-Pipe, welche in regelmäßigen Intervallen von Nagios ausgelesen wird. Auf diese Weise ist es möglich, eine Überwachung zu implementieren, die nicht auf dem periodischen Aufruf von Plugins basiert. Nur dann, wenn ein Clientsystem auf sich aufmerksam machen will, sendet es einen Event an Nagios.

Installation

Wie NRPE findet man auch die NSCA-Software im Downloadbereich der Nagios-Homepage. Nach dem Herunterladen und Entpacken des Archivs wechselt man in das Source-Verzeichnis und startet den Buildvorgang.

```
nagsrv$ cd nsca-2.7.2
nagsrv$ ./configure; make
```

---

6   http://www.nagios.org/developerinfo/externalcommands/commandinfo.php?command_id=114

Wenn dieser nach kurzer Zeit beendet ist, findet man im Unterverzeichnis *src* die beiden Programme **send_nsca** und **nsca**. Diese kopiert man von Hand in das *bin*-Verzeichnis des Nagios-Homedirectories.

Da **send_nsca** auf den Nagios-Clients vorhanden sein muss, ist dieser Buildprozess auf allen verwendeten Plattformen zu wiederholen. Die so entstandenen Binaries legt man in den entsprechenden Unterverzeichnissen des Softwaredepots ab, von wo sie dann verteilt werden können.

Seit der Version 3.1.x ist Nagios in der Lage, Serviceoutput bis zu einer Länge von 8k zu verarbeiten. Zwischen **send_nsca** und **nsca** können jedoch nur 512 Bytes übertragen werden. Man sollte gleiche Verhältnisse schaffen und auch hier die Obergrenze auf 8k anheben. Dazu editiert man die Datei *includes/common.h* und ändert den Wert in folgender Zeile:

```
#define MAX_PLUGINOUTPUT_LENGTH        8192
```

Genau wie bei NRPE ist auch hier zu beachten, dass ein gepatchter Daemon nicht mit einem ungepatchten Client und umgekehrt kommunizieren kann.

Der **nsca**-Daemon kann auf zwei Arten gestartet werden.

» *Init-Script* – Im Sourceverzeichnis findet man ein vorbereitetes Init-Script, das vom root-Benutzer nach **/etc/init.d/nsca** kopiert werden kann. Anschließend registriert man den Dienst mit **chkconfig --add nsca** und startet den Daemon mit **/etc/init.d/nsca start**. Beim nächsten Bootvorgang des Nagios-Servers wird dies dann automatisch geschehen.

  Der NSCA-Daemon ist eine kritische Komponente. Läuft er nicht, so entgehen Nagios eventuell sehr wichtige Serviceresultate von den Clients. Man sollte daher einen eigenen Service definieren, der den **nsca**-Prozess überwacht.

» *Xinetd* – Im Unterverzeichnis sample-config gibt es eine fertige Konfigurationsdatei für den **xinet**-Daemon. Diese kopiert der root-Benutzer in das Verzeichnis */etc/xinetd.d* und weist den **xinetd**-Prozess mit **/etc/init.d/xinetd reload** an, die neue Regel einzulesen. Jedesmal, wenn nun ein **send_nsca**-Prozess eine Verbindung aufbauen will, wird ein **nsca**-Prozess gestartet, der sich darum kümmert.

In der Regel besitzt der Nagios-Administrator die nötigen root-Rechte auf dem Nagios-Server. Eine dritte Variante wie beim **nrpe**-Daemon wird hier deshalb nicht beschrieben. Eine Prozessüberwachung mit der Fähigkeit, einen abgestürzten **nsca**-Prozess neu zu starten, dürfte aber einen Administrator vor keine großen Probleme stellen.

Im Folgenden wird davon ausgegangen, dass **nsca** als Standalone-Daemon läuft, also mit der ersten Methode gestartet wurde.

Die Kommunikation zwischen einem **send_nsca**-Client und dem **nsca**-Server ist verschlüsselt. Die beiden verstehen sich aber nicht automatisch, so wie das bei **check_nrpe** und

nrpe der Fall ist. Zuerst muss auf beiden Seiten ein gemeinsames Passwort und einer der zur Wahl stehenden Verschlüsselungsalgorithmen festgelegt werden. In den Dateien *send_nsca.cfg* und *nsca.cfg* wird eingetragen, für welchen man sich entschieden hat.

Konfiguration

Die Konfigurationsdatei *send_nsca.cfg* besteht im Grunde nur aus zwei Optionen.

» *password* – Hier vergibt man ein Passwort, das nicht kürzer als dreißig Zeichen sein sollte und aus einer möglichst zufälligen Reihe von Buchstaben bestehen sollte. Dadurch erschwert man Dictionary Attacks. Mit diesem Passwort werden die Pakete verschlüsselt, die zum Nagios-Server geschickt werden.

» *encryption_method* – Das Argument dieser Option ist eine Integer-Zahl. Sie steht für einen der verfügbaren Verschlüsselungsalgorithmen. zur Verfügung. Bearbeitet man die mit den Sources mitgelieferte Beispieldatei, so findet man als Kommentar eine ganze Liste von Vorschlägen. Wichtig ist, dass man einen Wert grösser als 2 wählt, ansonsten entscheidet man sich einfach für den Algorithmus mit dem schönsten Namen.

Diese beiden Optionen gibt es auch in der Konfigurationsdatei *nsca.cfg*, nur dass letztere hier *decryption_method* heißt. Es ist unbedingt darauf zu achten, dass hier die gleichen Werte eingesetzt werden wie bei ihren Pendants in der *send_nsca.cfg*.

Der **nsca**-Daemon ist der komplexere Partner, deshalb gibt es in seiner Konfigurationsdatei noch einige weitere Parameter.

» *server_port* – Falls man aus irgendeinem Grund den Defaultport 5667 nicht verwenden möchte, kann man hier eine Alternative angeben. Diese Option ist nur wirksam, wenn **nsca** als Standalone-Daemon läuft.

» *aggregate_writes* – Setzt man hier den Wert 1, so schreibt **nsca** nicht jedes eintreffende Serviceresultat sofort in die Command-Pipe, sondern sammelt mehrere davon, die dann am Stück an Nagios übergeben werden.

Es sollte selbstverständlich sein, dass die beiden Konfigurationsdateien vor neugierigen Blicken durch ein **chmod 600** geschützt werden. Schließlich enthalten sie Klartext-Passwörter.

> **TIPP**
>
> NSCA kann auch als Basis für verteiltes Monitoring mit mehreren Nagios-Servern dienen. Dabei gibt es mehrere Satelliten-Server, die jeweils einen Teil der Clients überwachen und jedes Checkresultat per **send_nsca** an einen zentralen Server schicken. Auf diesem läuft ein Nagios mit einer Konfiguration, die alle Services der Satelliten kennt, nur dass diese hier in erster Linie als passive Services definiert sind. Dennoch beinhalten die Servicedefinitionen auch reale *check_commands*. Diese werden aber nicht regelmäßig ausgeführt, sondern werden nur in einer Ausnahmesituation aktiv. Mit den Attributen *check_freshness* und *freshness_threshold* stattet man passive Services mit einem Timer aus, der jedesmal beim Eintreffen eines Checkresultats zurückgesetzt wird. Bleiben diese aus, weil

> ein Satelliten-Server z. B. abgestürzt ist, so laufen die Timer immer weiter, bis schließlich ein Schwellwert (*freshness_threshold*) überschritten wird. In dieser Situation ergreift der zentrale Server die Initiative. Services, die wie beschrieben definiert wurden, verhalten sich dann wie aktive Services und führen ihre *check_commands* aus. Auf diese Weise entsteht keine Lücke in der Überwachung.

Wen es stört, dass **nsca** beim Empfang eines Checkergebnisses einen Prozess forkt und dadurch hohe Last erzeugen kann, für den sei noch eine Alternative vorgestellt.

1.8.3 Bronx – Eine hochperformante Alternative zu NSCA

Von der Firma GroundWork gibt es das Eventbroker-Modul *Bronx*, welches einen NSCA-Server nachbildet. Der Vorteil dabei ist, dass nun Nagios selbst die mit **send_nsca** verschickten Checkresults entgegennimmt. Daraus ergeben sich folgende Vorteile:

» Es ist kein eigener NSCA-Prozess nötig. Somit fällt eine Komponente weg, die so kritisch ist, dass sie selber überwacht werden muss.

» Beim gleichzeitigen Eintreffen einer großen Anzahl von Events werden keine Prozesse geforked, die die Load des Nagios-Servers in die Höhe treiben könnten.

» Es tritt keine Verzögerung zwischen Eintreffen des Events und dem Aktualisieren des Service-Status in Nagios auf, da der Weg über die Command-Pipe entfällt.

» Bronx arbeitet multi-threaded wodurch weniger Overhead pro empfangenem Event entsteht.

Die Dokumentation zu Bronx ist nicht besonders umfangreich. Das Meiste muss man sich aus dem Code selber zusammensuchen.

Leider gibt es kein Tar-Paket, das man sich herunterladen könnte. Die Sourcen von Bronx findet man nur in einem SVN-Repository. Von diesem zieht man sich mit folgendem Befehl eine Kopie:

```
svn co http://archive.groundworkopensource.com/groundwork-opensource/trunk/
bronx/
```

In dieser Beschreibung wird davon ausgegangen, dass alle diese Schritte im Arbeitsverzeichnis */home/nagios* durchgeführt werden. Man erhält also nach dem Aufruf von **svn** ein Verzeichnis */home/nagios/bronx*.

Bevor man in das *bronx*-Verzeichnis wechselt, sind noch ein paar Vorarbeiten zu erledigen. Als Plattform benötigt man die Bibliotheken des *Apache Portable Runtime Projekts*. Diese sind bei CentOS5.3 in Form der Pakete *apr* und *apr-utils* bereits enthalten. Für die Kompilierung von Bronx benötigt man jedoch auch die APR-Headerdateien. Diese kann man sich durch Installation der RPMs *apr-devel* und *apr-utils-devel* besorgen. Falls man dies nicht möchte, gibt es auch die Möglichkeit, temporär mit den entsprechenden Sourcepaketen weiterzuarbeiten. Was dabei zu tun ist, beschreibt der nächste Absatz.

Kompilierung von apr und apr-utils

Zuerst lädt man die Sourcen von *apr* herunter, entpackt und kompiliert sie.

```
nagsrv$ cd /home/nagios
nagsrv$ wget http://www.apache.org/dist/apr/apr-1.3.8.tar.gz
nagsrv$ tar zxf apr-1.3.8.tar.gz
nagsrv$ cd apr-1.3.8
nagsrv$./configure; make
```

Anschließend geht man mit den Sourcen von *apr-utils* genauso vor. Beim **configure** muss man diesmal aber angeben, unter welchem Pfad *apr* zu finden ist.

```
nagsrv$ cd /home/nagios
nagsrv$ wget http://www.apache.org/dist/apr/apr-util-1.3.9.tar.gz
nagsrv$ tar zxf apr-utils-1.3.9.tar.gz
nagsrv$ cd apr-utils-1.3.9
nagsrv$./configure --with-apr=../apr-1.3.8; make
```

Damit sind die Build-Voraussetzungen für Bronx erfüllt.

Kompilierung von Bronx

Leider geht Bronx davon aus, dass kein natives Nagios, sondern ein GroundWork-System vorliegt. Bei diesem liegt eine geeignete Build-Umgebung bereits vor, so dass alle Pfade im Makefile (es gibt kein **configure**-Script) auf das GroundWork-Installationsverzeichnis */usr/local/groundwork/common* zeigen. Eine Anpassung an die hier vorbereiteten Softwarevoraussetzungen ist jedoch nicht kompliziert. Dazu editiert man das *Makefile* und ändert die beiden Variablen *LDLIBSOPTIONS* und *INCLUDEFILES* folgendermaßen:

```
LDLIBSOPTIONS= \
    -L/home/nagios/apr-1.3.8/.libs \
    -L/home/nagios/apr-util-1.3.9/.libs \
    -lapr-1 -laprutil-1 -lmcrypt

...
INCLUDEFILES = \
        -I/home/nagios/nagios-3.2.0/include \
        -I/home/nagios/apr-1.3.8/include \
        -I/home/nagios/apr-util-1.3.9/include
```

Auch in der Datei *bronx.c* muss eine kleine Korrektur vorgenommen werden, da ansonsten das Einlesen der Konfigurationsdatei durch das Eventbroker-Modul nicht funktioniert. Dazu sucht man in der Subroutine *nebmodule_init* nach der Stelle

KAPITEL 1 | Installation eines Nagios-Servers

```
        if (parse_args(_configuration, args) == TRUE)
        {
            config_set_defaults(_configuration);

            if ((_configuration->config_filename[0] != '\0') &&
```

und ändert sie in

```
            config_set_defaults(_configuration);
        if (parse_args(_configuration, args) == TRUE)
        {

            if ((_configuration->config_filename[0] != '\0') &&
```

Anschließend kann man mit dem **make**-Kommando die Kompilierung starten. Als Resultat erhält man im Verzeichnis *dist* die shared Library *libbronx.so*. Wenn diese in den Nagios-Kernel eingebunden wird, übernimmt sie die Aufgaben, die bisher der NSCA-Daemon wahrgenommen hat.

Der Übersichtlichkeit halber wird in diesem Beispiel (durch den *root*-User) ein eigenes Verzeichnis für Bronx angelegt, in welches anschließend *libbronx.so* installiert wird.

```
nagsrv# mkdir -p /usr/local/bronx/lib
nagsrc# mkdir /usr/local/bronx/etc
nagsrv# chown -R nagios:nagios /usr/local/bronx

nagsrv$ cp dist/libbronx.so /usr/local/bronx/lib
```

Anschließend muss man noch eine Konfigurationsdatei */usr/local/bronx/etc/bronx.cfg* erstellen. Grundsätzlich braucht das Eventbroker-Modul keine spezielle Konfiguration, jedoch sind die Defaulteinstellungen wieder GroundWork-spezifisch, so dass dieser Schritt bei einer Standardinstallation von Nagios unumgänglich ist.

Mit den folgenden Einstellungen verhält sich *libbronx.so* wie ein normaler NSCA-Server. Bei den Optionen, für die es eine Entsprechung in der NSCA-Konfigurationsdatei gibt, wurde dies im Kommentar angemerkt.

```
# Der Listener muss explizit eingeschaltet werden.
listener=true
#
# Auf diesem Port lauscht libbronx.so
# (nsca.cfg: server_port)
listener_port=5667
#
# Mit der folgenden Option wird das Passwort festgelegt,
# mit dem die empfangenen Pakete entschlüsselt werden.
# (nsca.cfg: password)
listener_password=geheim
#
```

```
# Das verwendete Verschlüsselungsverfahren.
# (nsca.cfg: decryption_method)
listener_encryption_method=10
#
# Eintreffende Pakete dürfen ein maximales Alter (hier 30 Sekunden)
# nicht überschreiten. Ältere Ereignisse werden verworfen.
# (nsca.cfg: max_packet_age)
listener_max_packet_age=30
#
# Die maximale Länge des empfangenen Serviceoutputs. Bei NSCA gibt
# es keine äquivalente Option.
max_plugin_output_len=8192
#
# Hier kann man einstellen, in welchem Umfang und wie detailliert
# in ein Logfile geschrieben werden soll. Erlaubte Werte sind
# error, warning, commands, passive_checks, info und debug
logging=debug
log_filename=/tmp/bronx.log
```

Nun muss man noch Nagios mitteilen, dass beim Start das Bronx-Modul geladen werden soll. Dazu fügt man in die Datei nagios.cfg folgende Anweisung ein:

```
broker_module=/usr/local/bronx/lib/libbronx.so \
              /usr/local/bronx/etc/bronx.cfg
```

Nach einem Neustart des Nagios-Daemons erscheinen nun folgende Messages in der Log-datei *nagios.log*:

```
[1252346002] Nagios 3.2.0 starting... (PID=30542)
[1252346002] Local time is Mon Sep 07 19:53:22 CEST 2009
[1252346002] LOG VERSION: 2.0
[1252346002] {init} BRONX Module (built at 19:08:19 on Sep  7 2009) Initia-
lizing.
[1252346002] {init} Apache Portable Runtime Initialized.
[1252346002] {init} Memory Pool Created.
[1252346002] {init} Log system initialized.
```

Natürlich muss vorher ein eventuell laufender NSCA-Daemon gestoppt werden, sonst kommt es zu einer Fehlermeldung, weil der Listener-Port 5667 bereits belegt ist.

Schickt ein Client-System mit send_nsca ein Checkergebnis an den Nagios-Server, so wird dies im Logfile */tmp/bronx.log* protokolliert.

```
[1252398754] [BRONX] {accept_connection} Accepting connection on file de-
scriptor 15 from 10.0.12.152 port 47785
[1252398754] [BRONX] {handle_connection} entered
[1252398754] [BRONX] {handle_connection_read} entered
[1252398754] [BRONX] {handle_connection_read} Received SERVICE CHECK RESULT
-> Host Name='sap2', Service Description='app_sap_ccms_N4S_DVEBMGS42_check_
alerts', Return Code='2', Output=''N4S/SAP_CCMS_ivm12005_N4S_42/ivm12005_
N4S_42/CPU/CPU_Utilization' says: 'CPU Utilization:   100 % > 98 %  15 min.
avg. value over threshold value''
```

```
[1252398754] [BRONX] {post_check_result} Writing service check result into
nagios {check_result_list}.
[1252398754] [BRONX] {submit_check_result_to_nagios} hostname=sap2
description=app_sap_ccms_N4S_DVEBMGS42_check_alerts check_type=1
[1252398754] [BRONX] {handle_connection_read} entered
[1252398754] [BRONX] {handle_connection_read} Client 10.0.12.152 has discon-
nected.
```

Dieses AddOn lief in einer Testumgebung stabil und außerordentlich performant. Da es aber, wie bereits erwähnt, nur sehr wenig Dokumentation zu Bronx gibt und keine Erfahrungswerte vorliegen, wie sich diese Methode in einer großen Nagios-Installation verhält, kann an dieser Stelle keine fundierte Empfehlung ausgesprochen werden. Wer die Vorteile von Bronx nutzen will, sollte einfach einen Versuch wagen.

2. Monitoring von Netzwerkdruckern

From: Bernd Berserker
To: Armin Admin

Hallo Armin,
lass alles liegen und stehen, wir haben einen Notfall. Gerade hatte ich ein längeres Telefonat mit unserer Frau Huhlett-Päckert. Sie wollte heute morgen irgendwas Wichtiges ausdrucken und ab der Hälfte ging ihr der Toner aus. Eine halbe Stunde musste ich mir ihr Gezeter anhören und immer schön brav „ja ja" sagen. Ich hab sie erstmal beruhigt und versprochen, dass wir ab jetzt immer rechtzeitig die Toner auswechseln. Beim nächsten mal rennt sie sonst zu ihrem Abteilungsleiter und beschwert sich wieder über die Systemverwaltung. Irgendwo hat sie auch recht. Leider. Man könnte doch schon im Vorfeld prüfen, ob irgendwelche Toner- oder Tintenpatronen langsam zur Neige gehen und rechtzeitig für Nachschub sorgen. Die Drucker hängen alle im Netz, damit müsste sie Nagios doch abfragen können.

Bernd

2.1 Einführung

Die Zeiten, in denen ein Drucker mittels parallelem oder USB-Kabel direkt an einen PC angeschlossen wurde, sind außer im privaten Bereich längst vorbei. Im Firmenumfeld findet man fast ausschließlich netzwerkfähige Drucker. Das hat den Vorteil, dass man bei der Wahl des Aufstellorts frei ist, sofern ein LAN-Anschluss zur Verfügung steht. Erfreulicherweise ist es auch üblich, dass die Netzwerkcontroller solcher Geräte das SNMP-Protokoll verstehen und die PRINTER-MIB implementiert haben. Damit lassen sich einige interessante Daten abfragen, darunter der Fehlerstatus und die Bestückung mit Verbrauchsmaterial wie Toner oder Papier. Mehr braucht man gar nicht, um auf Basis von Nagios ein Monitoring für die Drucker im Unternehmen einzuführen. Es gibt auch die Möglichkeit, dass die Geräte bei einer Störung von sich aus Fehlermeldungen als SNMP-Traps versenden. Da diese Funktionalität jedoch nicht bei allen Modellen vorgesehen ist, soll auf diese Art der Alarmierung im vorliegenden Kapitel auch nicht näher eingegangen werden. Hier wird beschrieben, wie man mit möglichst wenig Konfigurationsaufwand an möglichst viele Informationen kommt.

2.2 Plugins

Bereits bei den Nagios-Plugins sind zwei Plugins dabei, mit denen sich SNMP-fähige Netzwerkdrucker abfragen lassen. Die folgenden Beispiele beziehen sich auf einen HP-Laserjet (Hostname *prmuc0204*), dessen Tonerkassette nur noch zu 21% gefüllt ist und bei dem es obendrein zu einem Papierstau gekommen ist.

check_hpjd

Da ist einmal **check_hpjd** von Ethan Galstad, das speziell für die *JetDirect*-Karten von Hewlett-Packard geschrieben wurde. Es ermittelt den Status eines Druckers anhand einiger OIDs aus der *JETDIRECT3-MIB*. Leider ist damit die Verwendbarkeit des Plugins auf HP-Drucker und Kompatible beschränkt. Ein weiterer Schwachpunkt von **check_hpjd** ist die grundsätzliche Ausgabe von *WARNING* im Fehlerfall, egal welche Ursache vorliegt. Ein Papierstau oder sonstiger mechanischer Defekt hätte sicher etwas mehr Beachtung in Form eines *CRITICAL* verdient.

```
nagsrv$ check_hpjd -H prmuc0204
Paper Jam ("13.6 PAPIERSTAU HI KLAPPE NACHS. U. OB. ABDECKUNG .FFN. U.
SCHLIE.")
nagsrv$ echo $?
1
```

In einer reinen HP-Umgebung, in der Drucker keine produktionskritische Rolle spielen, kann man mit **check_hpjd** durchaus leben. Sind darüber hinaus Geräte anderer Hersteller im Einsatz, dann braucht man ein Plugin, welches diese unterstützt.

check_snmp_printer.pl

Das zweite Plugin befindet sich im *contrib*-Verzeichnis und heisst **check_snmp_printer.pl**. Es kann sowohl mit HP-Druckern umgehen, als auch mit allen anderen Fabrikaten, die die *PRINTER-MIB* laut *RFC1759* implementiert haben. Leider muss man beim Aufruf mit einem Parameter angeben, für welche der beiden Betriebsarten man sich entscheidet, was die Erstellung der Service- bzw. Commanddefinitionen ein wenig erschwert. Die oben aufgeführte Fehlersituation hat **check_snmp_printer.pl** übrigens mit folgender Ausgabe gemeldet:

```
nagsrv$ check_snmp_printer.pl -H prmuc0204 -P HP
WARNING: Out of Paper
```

Das entspricht nicht der Wirklichkeit. Somit ist auch **check_snmp_printer.pl** nur bedingt empfehlenswert. Es gibt aber ein Plugin, das keine der genannten Schwächen hat.

check_printer

Von der Webseite der Firma Ciphron kann man sich **check_printer**[1] herunterladen. Damit hat man ein Werkzeug, das die unterschiedlichsten (HP, Kyocera, Ricoh, Nec, Lexmark, NRG, ...) Drucker und Kopierer abfragen kann und Fehler auch in die Kategorien Warning und Critical einordnet. Das ist aber nicht alles. Das Plugin **check_printer** kann mit unterschiedlichen Parametern aufgerufen werden und prüft dann auch den Füllstand von Verbrauchsmaterial wie Toner- und Papierkassetten. Schließlich kann man auch die Anzahl der bisher gedruckten Seiten ausgeben. Das ist zwar für eine Alarmierung irrelevant, aber da **check_printer** Performancedaten ausgibt, lassen sich diese graphisch aufzeichnen. Es kann nicht schaden, auch ein Auge auf den Verbrauch von Toner und Papier im Laufe der Monate zu haben. Etwas ungewöhnlich ist es, dass das Plugin in PHP programmiert wurde. Das ist aber weiter kein Problem, da ein PHP-Interpreter defaultmäßig vorhanden sein sollte. Lediglich die SNMP-Unterstützung muss noch installiert werden.

```
nagsrv# yum install php-snmp
```

Danach kann man mit **check_printer** den Status des Druckers abfragen. Der Parameter *alerts* weist das Plugin an, dessen Fehlerspeicher auszulesen.

```
nagsrv$ check_printer prmuc0204 public alerts
Critical - TONER FAST LEER( 5 4 11 1 10006 12) 13.6 PAPIERSTAU HI KLAPPE
NACHS. U. OB. ( 3 4 10 1 44002 8) 13.6 PAPIERSTAU OB. KLAPPE ÜFFN.
UNTER T( 3 4 10 1 44003 8) OFFLINE( 3 3 5 -1 40079 22)
```

Die Ausgabe des Plugins entspricht den Meldungen, die auf dem Display zu sehen sind. Außerdem ist der Exitcode diesmal 2, was völlig gerechtfertigt ist, denn der Drucker ist im momentanen Zustand nicht benutzbar. Jemand muss hingehen und manuell eingreifen. Neben dem Gerätestatus kann man auch überprüfen, ob es an der Zeit ist, Toner- oder Tinten-Patronen auszutauschen. Dazu gibt man den Parameter *toner* an, dem noch eine Zahl folgen muss. Mit dieser bezieht man sich auf eine bestimmte Patrone. Ausgegeben wird die Zahl der Seiten, die damit noch bedruckbar sind.

```
nagsrv$ check_printer prmuc0204 public toner 1
OK - TONERPATRONE HP C8061X 21% (945 of 4500 left) | toner=945;900;0;0;4500
```

Außerdem kann festgestellt werden, ob die Papierkassetten ausreichend gefüllt sind. Üblicherweise ist aber Druckerpapier neben den Geräten gelagert, so dass eine Alarmierung durch Nagios in diesem Fall übertrieben ist.

```
nagsrv$ check_printer prmuc0204 public paper 3
Critical - TRAY 3 0% (0 of 100 left) | 'paper3 tray 3'=0;20:;0;0;100
```

---

[1] http://www.ciphron.de/gfx/pool/check_printer

In der *PRINTER-MIB* ist die OID *1.3.6.1.2.1.43.10.2.1.4.1.1* als die Zahl der insgesamt mit diesem Gerät jemals gedruckten Seiten definiert. Sie ist zwar nicht für Alarmierungszwecke gedacht, doch ihre Aufzeichnung über einen langen Zeitraum lässt Rückschlüsse auf die Auslastung eines Druckers zu. Mit folgendem Befehl kann die Seitenanzahl abgerufen werden.

```
nagsrv$ check_printer prmuc0204 public pagecount
OK - Total: 43543 | pagecount=43543;
```

Bei Verwendung dieses Parameters liefert **check_printer** immer OK, denn die ermittelte Zahl hat keinen Einfluss auf die Funktionsfähigkeit und ist nur zur Information gedacht. Schließlich gibt es noch die Option *hardware*, mit der man die Möglichkeit hat, einzelne Bauteile zu prüfen, z.B. offene Frontklappen. So etwas wird man aber nur in Ausnahmefällen einrichten.

Am häufigsten wird man in einem Unternehmen ganz einfache Schwarz-Weiß-Laserdrucker vorfinden. Daneben gibt es aber noch die aufwändigeren Geräte, z.B. Farb-Laser, die für besondere Aufgaben reserviert sind. Wenn man **check_printer** mit den besprochenen Optionen nun in Nagios einbinden will, dann sehen die Definitionen am Beispiel eines Kyocera-Farblasers (Hostname *prmuc0202*) folgendermaßen aus:

Listing 2.1: **etc/objects/prmuc0202.naprax.de/host.cfg**

```
define host {
    host_name               prmuc0202
    alias                   Kyocera FS-C5030N  2. OG  Farblaser
    address                 10.0.10.81
    use                     naprax
    hostgroups              printer_default
    notification_options    n
    check_command           check_host_alive!100,10%!1000,25%
    _SNMPCOMM               public
}
```

In der Host-Definition ist mittels eines Custom Macros die SNMP Community hinterlegt. Auf sie wird später in der Command_Definition zurückgegriffen. Die *notification_period* wurde so gewählt, dass der Drucker abends ausgeschaltet werden kann, ohne dass es in Nagios zu einem Alarm kommt. Auch bei den Services gibt es eine Einschränkung. Alarme sollen nur zu normalen Bürozeiten verschickt werden. Das hierfür zuständige Attribut *notification_period* wird in einem Template *printer_default* festgelegt.

Listing 2.2: **etc/objects/prmuc0202.naprax.de/services.cfg**

```
define service {
    name                    printer_default
    register                0
    use                     7x24-default-service
    notification_period     office-hours
}
```

```
define service {
    host_name             prmuc0202
    service_description   printer_default_check_alerts
    use                   printer_default
    check_command         check_printer!alerts
}

define service {
    host_name             prmuc0202
    service_description   printer_default_check_toner1
    use                   printer_default
    check_command         check_printer!toner!1
}

#... hier kommen noch weitere Definitionen fuer toner2..4

define service {
    host_name             prmuc0202
    service_description   printer_default_check_toner5
    use                   printer_default
    check_command         check_printer!toner!5
}

define service {
    host_name             prmuc0202
    service_description   printer_default_check_paper1
    use                   printer_default
    check_command         check_printer!paper!1
}

#... hier wurde die Definition fuer paper2 weggelassen

define service {
    host_name             prmuc0202
    service_description   printer_default_check_paper3
    use                   printer_default
    check_command         check_printer!paper!3
}

define service {
    host_name             prmuc0202
    service_description   printer_default_check_pages
    use                   printer_default
    check_command         check_printer!pagecount!1
}
```

Die dazugehörige Command-Definition mit dem Aufruf von **check_printer** ist sehr einfach. Die SNMP-Community wurde in der Host-Definition vergeben und steht hier als Makro zur Verfügung.

```
define command {
    command_name          check_printer
    command_line          $USER3$/check_printer \
                          $HOSTADDRESS$ $_HOSTSNMPCOMM$ $ARG1$ $ARG2$
}
```

Der Drucker *prmuc0202*, der mit diesen Services ausgestattet wurde, sieht dann in der Nagios-Oberfläche so aus:

Host	Service	Status	Last Check	Duration	Attempt	Status Information
prmuc0202	printer_default_check_alerts	OK	03-02-2009 17:58:12	0d 0h 0m 15s	1/4	OK - (4 6 5 1 0 5 0 3) (5 3 10 1 0 1001)
	printer_default_check_pages	OK	03-02-2009 17:58:12	0d 0h 0m 15s	1/4	OK - Total 43565
	printer_default_check_paper1	CRITICAL	03-02-2009 17:58:12	0d 0h 0m 15s	1/4	Critical - MP Tray 0% (0 of 100 left)
	printer_default_check_paper2	OK	03-02-2009 17:58:12	0d 0h 0m 15s	1/4	OK - Cassette 1 100% (500 of 500 left)
	printer_default_check_paper3	OK	03-02-2009 17:58:12	0d 0h 0m 15s	1/4	OK - Cassette 2 100% (500 of 500 left)
	printer_default_check_toner1	OK	03-02-2009 17:58:12	0d 0h 0m 15s	1/4	OK - Toner Container(C) 87% (6960 of 8000 left)
	printer_default_check_toner2	OK	03-02-2009 17:58:12	0d 0h 0m 15s	1/4	OK - Toner Container(M) 62% (4960 of 8000 left)
	printer_default_check_toner3	OK	03-02-2009 17:58:12	0d 0h 0m 15s	1/4	OK - Toner Container(Y) 25% (2000 of 8000 left)
	printer_default_check_toner4	OK	03-02-2009 17:58:12	0d 0h 0m 15s	1/4	OK - Toner Container(K) 50% (4000 of 8000 left)
	printer_default_check_toner5	OK	03-02-2009 17:58:12	0d 0h 0m 15s	1/4	OK - Waste Toner Box

Abbildung 2.1: **Ausführliche Konfiguration eines Druckers mit vielen einzelnen Services**

Für einen reibungslosen Druckbetrieb reicht es, bei Hardwarestörungen und zur Neige gehendem Toner eine entsprechende Alarmierungsmail von Nagios zu erhalten. Auch mag es manchem Administrator übertrieben vorkommen, für einen einzelnen Drucker 10 Services definieren zu müssen. Hier bietet sich das Plugin **check_multi** an, mit dem sich Einzelaufgaben so zusammenfassen lassen, dass mehrere Checks innerhalb eines einzigen Services ausgeführt werden. Dazu erstellt man Konfigurationsdateien für die verschiedenen Druckermodelle. Sie unterscheiden sich nur in der Anzahl der Checks für die Tonerkassetten. Beispielsweise sieht die Konfiguration für einen einfachen *LaserJet4100* so aus

Listing 2.3: **check_multi-Konfigurationsdatei für LaserJet4100**

```
command [check_alerts] = \
    $USER3$/check_printer $HOSTADDRESS$ $_HOSTSNMPCOMM$ alerts
command [check_toner_1] = \
    $USER3$/check_printer $HOSTADDRESS$ $_HOSTSNMPCOMM$ toner 1
command [check_pages] = \
    $USER3$/check_printer $HOSTADDRESS$ $_HOSTSNMPCOMM$ pagecount
```

Ein Aufruf von **check_multi** bringt dann folgendes Ergebnis:

```
nagsrv$ check_multi -f check_multi_laserjet4100.cfg \
    --set HOSTADDRESS=prmuc0204 \
    --set USER3=/usr/local/nagios/remotelibexec \
    --set _HOSTSNMPCOMM=public -r 32
WARNING - 3 plugins checked, 0 critical, 2 warning, 0 unknown, 1 ok
[ 1] check_alerts Warning - TONER FAST LEER( 5 4 11 1 10006 12)
[ 2] check_toner_1 Warning - TONERPATRONE HP C8061X 11% (495 of 4500 left)
[ 3] check_pages OK - Total: 113412 |'toner1 tonerpatrone hp
c8061x'=495;900:;0:;0;4500  pagecount=113412;
```

Natürlich ist es lästig, für jedes vorhandene Druckermodell so eine angepasste Konfiguration zu erstellen. Größere Drucker, z.B. Farblaser mit mehreren Tonerkassetten müssen mit einer erweiterten Konfiguration abgefragt werden, mit einem eigenen Check für jede ver-

KAPITEL 2 Monitoring von Netzwerkdruckern

fügbare Farbe. Mit **check_multi** lässt sich dieses Problem aber unkompliziert lösen. Wenn man davon ausgeht, dass es keinen Drucker im Hause gibt, der mehr als 5 Tonereinschübe besitzt, dann legt man folgende **check_multi**-Konfiguration unter dem Namen *printer_default.cfg* im Verzeichnis *etc/plugin-configs* ab.

Listing 2.4: **Generische check_multi-Konfigurationsdatei für alle Drucker**

```
#
# Das Wichtigste ist, den Allgemeinzustand des Druckers zu pruefen.
# Hier werden Fehler gefunden, die das Eingreifen des Administrators
# erfordern.
#
command [check_alerts] = \
    $USER3$/check_printer $HOSTADDRESS$ $_HOSTSNMPCOMM$ alerts
#
# Dieser Abschnitt dient hauptsaechlich der Erzeugung von
# Performancedaten die mit PNP graphisch aufbereitet werden.
#
command [check_toner_1] = \
    $USER3$/check_printer $HOSTADDRESS$ $_HOSTSNMPCOMM$ toner 1
command [check_toner_2] = \
    $USER3$/check_printer $HOSTADDRESS$ $_HOSTSNMPCOMM$ toner 2
command [check_toner_3] = \
    $USER3$/check_printer $HOSTADDRESS$ $_HOSTSNMPCOMM$ toner 3
command [check_toner_4] = \
    $USER3$/check_printer $HOSTADDRESS$ $_HOSTSNMPCOMM$ toner 4
command [check_toner_5] = \
    $USER3$/check_printer $HOSTADDRESS$ $_HOSTSNMPCOMM$ toner 5
#
# Die Anzahl der jemals gedruckten Seiten
#
command [check_pages] = \
    $USER3$/check_printer $HOSTADDRESS$ $_HOSTSNMPCOMM$ counter 1
#
# UNKNOWN Fehler unterdruecken. Dies ist sinnvoll, denn nicht alle
# Drucker haben mehr als eine Tonerkassette und bringen deshalb
# ab toner_2 eine UNKNOWN-Meldung.
#
state [UNKNOWN] = (check_alerts == UNKNOWN)
```

Die letzte Zeile ist ein kleiner Trick, mit dem verhindert wird, dass nicht vorhandene Tonerkassetten das Endergebnis beeinflussen. Im Falle des bereits erwähnten LaserJet4100 würden z.B. die Unterchecks *toner_2* bis *toner_5 UNKNOWN* liefern. Das soll aber keinen Einfluss auf das Resultat des Gesamtchecks haben. Daher sorgt man mit dem letzten Statement dafür, dass nur der Check **check_alerts** für ein *UNKNOWN* als Endergebnis maßgeblich ist.

Der Aufruf von **check_multi** mit dieser universellen Konfiguration zeigt bei einem voll ausgebauten Drucker die Füllstände der einzelnen Farbpatronen.

```
nagsrv$ check_multi -f etc/plugin-configs/printer_default.cfg \
    --set HOSTADDRESS=prmuc0202 \
    --set USER3=/usr/local/nagios/remotelibexec \
```

```
     --set _HOSTSNMPCOMM=public
OK - 7 plugins checked, 0 critical, 0 warning, 0 unknown, 7 ok
[ 1] check_alerts OK - ( 4 6 5 1 0 503) ( 5 3 10 1 0 1001)
[ 2] check_toner_1 OK - Toner Container(C) 87% (6960 of 8000 left)
[ 3] check_toner_2 OK - Toner Container(M) 62% (4960 of 8000 left)
[ 4] check_toner_3 OK - Toner Container(Y) 25% (2000 of 8000 left)
[ 5] check_toner_4 OK - Toner Container(K) 50% (4000 of 8000 left)
[ 6] check_toner_5 OK - Waste Toner Box
[ 7] check_pages OK - Total: 43562 |'toner1 toner container
(c)'=6960;1600;:0:;0;8000  'toner2 toner container(m)'=4960;1600;:0:;0;8000
'toner3 toner container(y)'=2000;1600;:0:;0;8000  'toner4 toner container
(k)'=4000;1600;:0:;0;8000  pagecount=43562;
```

Aber auch die Abfrage eines einfachen LaserJets liefert brauchbare Resultate.

```
OK - 7 plugins checked, 0 critical, 0 warning, 4 unknown, 3 ok
[ 1] check_alerts OK - Powersave on( 1 3 5 -1 35078 23)
[ 2] check_toner_1 OK - Black Print Cartridge HP Q2610A 96% (5760 of 6000
left)
[ 3] check_toner_2 UNKNOWN - Toner/Ink 2 does not exist!
[ 4] check_toner_3 UNKNOWN - Toner/Ink 3 does not exist!
[ 5] check_toner_4 UNKNOWN - Toner/Ink 4 does not exist!
[ 6] check_toner_5 UNKNOWN - Toner/Ink 5 does not exist!
[ 7] check_pages OK - Total: 86485 |'toner1 black print cartridge hp
q2610a'=5760;1200;:0:;0;6000  pagecount=86485;
```

Wie man sieht, wirken sich die *UNKNOWN* nicht auf das Endresultat aus. Auch die Performancedaten zeigen nur Werte von tatsächlich vorhandenen Komponenten an.

So vorbereitet lässt sich die Nagios-Konfiguration jetzt erheblich einfacher gestalten. Da alle Drucker nur noch einen einzigen Service zugewiesen bekommen und auch das Plugin jedes Mal mit den gleichen Parametern aufgerufen wird, kann man die Möglichkeiten nutzen, die Templates zur Minimierung des Konfigurationsaufwands bieten. Man definiert zunächst eine Hostgroup *printer_default*, der alle Drucker angehören.

Listing 2.5: **etc/objects/hostgroups/printer_default.cfg**

```
define hostgroup {
   hostgroup_name   printer_default
}
```

Die Zugehörigkeit zu dieser Hostgruppe wird durch ein gleichnamiges Hosttemplate geregelt. Alle Drucker benutzen dieses Template und gehören damit automatisch zur Hostgruppe *printer_default*. Weiterhin wird im Hosttemplate auch festgelegt, dass keine Host-Notifications verschickt werden sollen.

Listing 2.6: **etc/objects/hosttemplates/printer_default.cfg**

```
# Hosttemplate printer_default
# - sorgt dafuer, dass keine "HOST DOWN"-Notifications verschickt
#   werden, falls der Drucker ausgeschaltet wird.
```

KAPITEL 2 Monitoring von Netzwerkdruckern

```
# - sorgt ausserdem fuer die Mitgliedschaft in der
#   Hostgroup printer_default
define host {
    name                    printer_default
    register                0
    use                     naprax # beliebiges Default-Hosttemplate
    hostgroups              printer_default
    notification_options    n
    check_command           check_host_alive!100,10%!1000,25%
}
```

Für die Definition der einzelnen Hosts sind dann nur noch ganz wenige Angaben nötig.

Listing 2.7: **etc/objects/hosts/pr<druckername>/host.cfg**

```
define host {
    host_name           <beliebiger Drucker>
    address             <und seine Adresse>
    use                 printer_default
    _SNMPCOMM           <SNMP Community>
}
```

Danach definiert man das Service-Template *printer_default*, welches das Attribut *hostgroup_name* bereithält. Services, die dieses Template benutzen, werden somit allen Mitgliedern der genannten Hostgruppe (und somit allen Druckern) zugewiesen. In diesem Fall ist das der Service *printer_default_check_all*.

Listing 2.8: **etc/objects/services/printer_default.cfg**

```
define service {
    name                printer_default
    register            0
    use                 7x24-default-service
    hostgroup_name      printer_default
}
define service {
    service_description printer_default_check_all
    use                 printer_default
    check_command       printer_default_check_all
}
```

Die Bezeichnung *printer_default_check_all* zieht sich vom Service zur Command-Definition durch. Der Plugin-Aufruf greift schließlich auf die für alle Druckertypen gültige, generische Konfigurationsdatei zu.

```
define command {
    command_name    printer_default_check_all
    command_line    $USER2$/check_multi \
        -f etc/plugin-configs/printer_default.cfg \
        --set HOSTADDRESS=$HOSTADDRESS$ \
        --set USER3=$USER3$ \
        --set _HOSTSNMPCOMM=$_HOSTSNMPCOMM$
}
```

> **KAPITEL 2** | Monitoring von Netzwerkdruckern

> **INFO**
>
> Die mit *--set* übergebenen Parameter sind nur dann nötig, wenn in der Konfigurationsdatei *nagios.cfg* die Option *enable_environment_macros* auf den Wert 0 gesetzt wurde, wie es bei großen Installationen empfohlen wird. Andernfalls werden die gewünschten Angaben mit Environmentvariablen statt Kommandozeilenparametern an **check_multi** weitergereicht.

Wenn man sich jetzt die Service Details der Hostgruppe *printer_default* ansieht, dann bemerkt man, dass jedem Drucker nur noch ein einziger Service zugewiesen ist.

Service Status Details For Host Group 'printer_default'

Host	Service	Status	Last Check	Duration	Attempt	Status Information
prmuc0101	printer_default_check_all	WARNING	03-02-2009 17:53:58	0d 1h 44m 52s	4/4	WARNING - 7 plugins checked, 0 critical, 2 warning, 1 unknown, 4 ok
prmuc0109	printer_default_check_all	OK	03-02-2009 17:52:30	0d 1h 43m 20s	1/4	OK - 7 plugins checked, 0 critical, 0 warning, 2 unknown, 5 ok
prmuc0124	printer_default_check_all	OK	03-02-2009 17:54:02	0d 1h 41m 48s	1/4	OK - 7 plugins checked, 0 critical, 0 warning, 4 unknown, 3 ok
prmuc0137	printer_default_check_all	OK	03-02-2009 17:55:34	0d 1h 40m 16s	1/4	OK - 7 plugins checked, 0 critical, 0 warning, 4 unknown, 3 ok
prmuc0141	printer_default_check_all	OK	03-02-2009 17:52:06	0d 1h 38m 44s	1/4	OK - 7 plugins checked, 0 critical, 0 warning, 3 unknown, 4 ok
prmuc0202	printer_default_check_all	OK	03-02-2009 17:51:02	0d 1h 44m 48s	1/4	OK - 7 plugins checked, 0 critical, 0 warning, 0 unknown, 7 ok
prmuc0204	printer_default_check_all	WARNING	03-02-2009 17:54:43	0d 1h 46m 8s	1/4	WARNING - 7 plugins checked, 0 critical, 2 warning, 4 unknown, 1 ok
prmuc0339	printer_default_check_all	OK	03-02-2009 17:54:06	0d 1h 41m 44s	1/4	OK - 7 plugins checked, 0 critical, 0 warning, 3 unknown, 4 ok
prpar0001	printer_default_check_all	WARNING	03-02-2009 17:53:38	0d 1h 40m 12s	4/4	WARNING - 7 plugins checked, 0 critical, 2 warning, 3 unknown, 2 ok

Abbildung 2.2: **Die Drucker haben jetzt jeweils nur noch einen Service**

Lässt man sich die Service Details von *printer_default_check_all* anzeigen, dann sieht man, dass dank **check_multi** mehrere Aufgaben erledigt wurden und alle relevanten Informationen vorliegen.

Service State Information

Current Status:	**OK** (for 0d 0h 48m 36s)
Status Information:	OK - 7 plugins checked, 0 critical, 0 warning, 0 unknown, 7 ok [1] check_alerts OK - (4 6 5 1 0 503) (5 3 10 1 0 1001) [2] check_toner_1 OK - Toner Container(C) 87% (6960 of 8000 left) [3] check_toner_2 OK - Toner Container(M) 62% (4960 of 8000 left) [4] check_toner_3 OK - Toner Container(Y) 25% (2000 of 8000 left) [5] check_toner_4 OK - Toner Container(K) 50% (4000 of 8000 left) [6] check_toner_5 OK - Waste Toner Box [7] check_pages OK - Total: 43562
Performance Data:	'toner1 toner container(c)'=6960;1600:;0:;0;8000 'toner2 toner container(m)'=4960;1600:;0:;0;8000 'toner3 toner container (y)'=2000;1600:;0:;0;8000 'toner4 toner container (k)'=4000;1600:;0:;0;8000 pagecount=43562;

Abbildung 2.3: **Ein Service checkt den Status und die Füllstände**

Wie bereits betont, bietet sich bei diesem Thema eine graphische Aufzeichnung an. Auf der Download-Seite zum Buch gibt es passend zum **check_printer**-Plugin ein Template *check_printer.php* für das Visualisierungs-AddOn **PNP**, mit dem sich die entstehenden Performancedaten darstellen lassen. Dabei werden die Füllmengen der Toner- und Tintenpatronen in einem gemeinsamen Graphen gezeichnet.

KAPITEL 2 Monitoring von Netzwerkdruckern

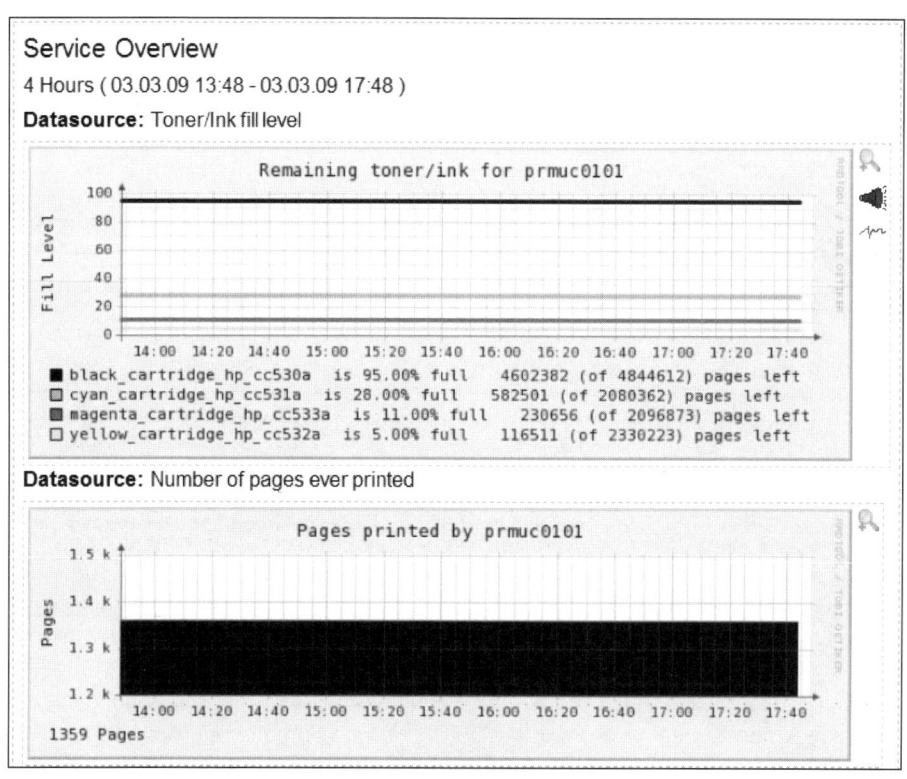

Abbildung 2.4: **Füllstände von Druckerpatronen in der graphischen Ansicht**

Die Überwachung von Netzwerkdruckern eignet sich hervorragend für einen Einstieg in Nagios. Es sind keine Änderungen an den Endgeräten nötig (i. d. R. lautet die SNMP-Community »*public*« und der Zugriff ist von jeder IP aus gestattet) und die einfache Konfiguration lässt sich in kurzer Zeit erstellen. Zusätzlich mit den PNP-Graphen ausgestattet ist so eine Druckerüberwachung gut geeignet, um einem skeptischen Publikum die Fähigkeiten von Nagios zu demonstrieren.

```
Von: Armin Admin <armin.admin@naprax.de>
To: Bernd berserker <bernd.berserker@naprax.de>
Subject: das war ein guter Tipp

Hallo Bernd,
ich habe festgestellt, daß man sich ziemlich beliebt machen kann, indem man
den Leuten mal eben eine frische Tonerkassette vorbeibringt, wenn der Füll-
grad unter 10% sinkt. Sie fühlen sich dadurch bevorzugt behandelt. Daß da
nichts weiter dahintersteckt, als eine Mail von Nagios, wissen sie ja nicht.
Die Huhlett-Päckert hat mich zwar angefaucht, wieso ich unaufgefordert an
ihrem Drucker rummache, aber nachdem ich ihr erklärt habe, daß wir ab jetzt
alarmiert werden und losrennen, sobald ihr Toner zur Neige geht, war sie un-
gewohnt freundlich.

Gruß,
Armin
```

3. Erstellen eigener Plugins

Seinen Siegeszug hat Nagios zu einem großen Teil seinem modularen Konzept zu verdanken. Nagios allein ist ja nur das Framework, welches das Zusammenspiel von für sich autarken Komponenten steuert. Die eigentliche Aufgabe beim Monitoring, nachzuschauen, ob ein beliebiges Objekt im Netzwerk fehlerfrei funktioniert, wird von den Plugins wahrgenommen. Da es Nagios im Grunde egal ist, welcher Natur so ein Objekt ist, sei es ein Dienst, ein Prozess, ein Stück Hardware oder eine Datenbank, reicht die Definition einer Schnittstelle zwischen Nagios und Plugin.

Die mehr oder weniger komplizierte Suche nach Fehlern lässt sich so ganz einfach delegieren. Diese Aufteilung spiegelt sich auch in den an der Nagios-Entwicklung beteiligten Personen wieder. Ethan Galstad programmiert das Nagios-Framework, während ein zweites Projekt unter der Leitung von Ton Voon sich um die Nagios-Plugins kümmert. Damit ist übrigens nicht die Summe aller existierenden Plugins gemeint, sondern eine Teilmenge davon, die auf Sourceforge unter der Bezeichnung *Nagios Plugins Project* zu finden ist. Üblicherweise ist diese Kollektion in jeder Nagios-Installation zu finden. Wenn im Laufe dieses Kapitels von Nagios-Plugins (mit Bindestrich) oder von „offiziellen" Plugins die Rede ist, dann sind damit die Plugins des *Nagios Plugin Project* gemeint.

Daneben ist im Laufe der Zeit ist eine Unzahl von weiteren Plugins entstanden, die freundlicherweise von den Autoren der Allgemeinheit zur Verfügung gestellt wurden. Die meisten davon findet man auf den Webseiten *Nagios Exchange*[1] und *Monitoring Exchange*[2]. Auch einige Firmen, die sich mit Nagios beschäftigen, behalten ihr Know-how nicht für sich und bieten die von ihnen geschriebenen Plugins zum Download an. Auf der Suche nach einer Monitoringlösung für spezielle Geräte und Applikationen wird man in den meisten Fällen bei Google fündig. Und nicht zuletzt kann man im *Nagios-Portal*[3] nachfragen, ob schon jemand bei sich in der Firma vor einem ähnlichen Problem stand und bereit ist, sein Plugin oder zumindest das dafür nötige Know-how weiterzugeben.

Leider kann diese Stärke von Nagios auch als Schwäche gesehen werden. Unzählige Plugins bedeutet auch unzählige schlechte Plugins. Sucht man bei *Nagios Exchange* nach einer Lösung für sein Problem, dann wird man zwar viele Treffer erhalten. Bei genauem Hinsehen stellt man aber fest, dass die Hälfte der gefundenen Plugins mit der heißen Nadel gestrickt

---

1 http://exchange.nagios.org
2 http://monitoring-exchange.org
3 http://www.nagios-portal.de

und schnell hochgeladen wurden, es nahezu identische Plugins unterschiedlichster Programmierqualität gibt, der Autor unbekannt verzogen ist, oder man zur Abdeckung seiner Anforderung fünf Plugins braucht, weil diese jeweils nur einen einzelnen Aspekt berücksichtigen. Es ist schade, dass es bisher nicht gelungen ist, Ordnung in dieses Chaos zu bringen. Ein Anwender hat dann die Qual der Wahl. In manchen Fällen wird man sich dann entscheiden, selbst ein maßgeschneidertes Plugin zu schreiben. Wie man dabei vorgeht und was man beachten sollte, damit auch andere von der Arbeit profitieren können, wird in diesem Kapitel beschrieben.

3.1 Grundlagen

Plugins werden vom Nagios-Prozess in seiner Rolle als Scheduler üblicherweise in festen Zeitabständen aufgerufen. In den meisten Fällen dürften diese Intervalle von 5 Minuten pro Service sein, die auf eine Minute verkürzt werden, sobald eine Fehlersituation festgestellt wurde. Da Nagios im Normalfall als Daemon unter der Benutzerkennung *nagios* läuft, müssen beim Schreiben von Plugins ein paar Regeln eingehalten werden, damit es in dieser Laufzeitumgebung nicht zu Fehlern kommt:

» Das Plugin darf keine Eingaben von STDIN erwarten. Dies würde zu einem Timeout führen, da Nagios sämtlichen Input ausschließlich über Kommandozeilenparameter oder Environmentvariablen an Plugins liefert.

» Das Plugin muss ohne die Environmentvariable *$DISPLAY* lauffähig sein. Das bedeutet, dass keine Kommandos benutzt werden dürfen, die ein graphisches Terminal voraussetzen. Wenn der Nagios- oder NRPE-Prozess, der das Plugin ausführt, nicht in einer XWindows-Umgebung läuft (was der Normalfall ist), dann schlagen solche Kommandos fehl.

» Plugins dürfen kein kontrollierendes Terminal voraussetzen. Sie werden als Backgroundprozesse ausgeführt, d. h. selbst wenn man Nagios in einem Terminalfenster startet und im Vordergrund laufen lässt, die Plugins werden vom TTY entkoppelt.

» Der Nagios- bzw. NRPE-Prozess läuft üblicherweise unter der Kennung des Nagios-Benutzers, somit auch die von ihnen gestarteten Plugins. Daher ist darauf zu achten, dass alle vom Plugin verwendeten Dateien und externen Kommandos lesbar bzw. ausführbar sind.

» Plugins sollen ihre Aufgabe so schnell wie möglich erfüllen. Als Faustregel gilt, dass eine Laufzeit von unter einer Sekunde anzustreben ist. In Umgebungen mit mehreren tausend Services und langsamen Plugins summieren sich selbst Zehntelsekunden und können für erhöhte Latenzzeiten verantwortlich sein.

3.1.1 Ein einfaches Beispiel

Zur Einführung soll ein Plugin vorgestellt werden, welches feststellt, ob der root-Benutzer an der Console eines Computers angemeldet ist und die Sitzung seit über einem Tag inaktiv war. So etwas kann ein Sicherheitsrisiko darstellen. Möglicherweise hat sich ein Systemadministrator im Rechenzentrum eingeloggt, wurde abgelenkt und hat dann vergessen, sich wieder abzumelden. Ein Unbefugter könnte dann mit der offenen root-Shell Schaden anrichten. Zunächst ruft man das **w**-Kommando auf, mit dem man sich die existierenden Sitzungen anzeigen lassen kann.

```
# w
10:15am   up 5 day(s), 19:14, 4 users, load average: 0.89, 0.95, 1.36
User      tty             login@   idle    JCPU    PCPU   what
root      console         Mon 3pm  6days      14          -sh
root      pts/2           Sat 1pm         772:19          -sh
root      pts/4           Mon 3pm  6days   2:14    2:14   sh
root      pts/5           Tue 8am  1:10       23          bash
nagios    pts/5           10:17am                         -sh
```

Wie man sieht, gibt es an der Konsole eine Session, die seit 6 Tagen inaktiv ist. Man kann davon ausgehen, dass jemand vergessen hat, sich auszuloggen. Das Plugin wird also die Ausgabe von **w** einlesen und dann zunächst nach root-Benutzern suchen. Im zweiten Schritt wird das verwendete Terminal untersucht. Lautet dessen Name „*console*" oder wie es bei Linux der Fall ist, *tty[0-9]*, dann liegt hier kein Login mit ssh oder ähnlichen Clients vor, sondern an der Hardwarekonsole des Servers selbst. Nun wird noch die Idle-Time bewertet. Dabei interessieren nur diejenigen Zeiten, die bereits in Tagen gezählt werden. Mit dem **expr**-Befehl ermittelt man per Mustervergleich die Anzahl der Tage. Ist diese grösser als 1, dann wird die Variable *sessions* hochgezählt. Diese gibt am Schluss auch den Ausschlag, ob das Resultat des Checks OK oder CRITICAL ist. Einen WARNING-Zustand liefert dieses Plugin nicht, da eine einzige offene root-Shell genauso problematisch ist wie hundert.

Listing 3.1: **check_idle_console**

```sh
#! /bin/sh

exec 3>&1 4>&2 >/dev/null 2>&1
TMPFILE=/tmp/check_idle_console.$$
w > $TMPFILE
sessions=0
while read user terminal rest
do
echo user $user term $terminal
  if [ "$user" = "root" ]; then
    if expr "$terminal" : "console" || \
       expr "$terminal" : "tty[0-9]"; then
      days=`expr "$rest" : '.*[ ]\([0-9]*\)days'`
      if [ -n "$days" ]; then
        if [ $days -gt 1 ]; then
          sessions=`expr $sessions + 1`
```

```
        fi
      fi
    fi
  fi
done < $TMPFILE
rm -r $TMPFILE
exec 1>&3 2>&4 3>&- 4>&-

if [ $sessions -ge 1 ]; then
  echo "$sessions idle root shells found"
  exit 1
else
  echo "no idle root shells found"
  exit 0
fi
```

Was einem bei diesem Beispiel vielleicht auffällt, sind die **exec**-Zeilen. Diese dienen dazu, eventuelle Ausgaben der einzelnen Kommandos nach */dev/null* umzuleiten. Beispielsweise gibt der **expr**-Befehl beim Mustervergleich die Anzahl der gematchten Zeichen aus. Ohne den Trick mit **exec** müsste man jedes Kommando einzeln mit *>/dev/null* zum Schweigen bringen. Im Einzelnen passiert dann folgendes:

» 3>&1 4>&2 bewirkt, dass die Filehandles 1 und 2 (stdout und stderr) dupliziert werden, so dass Handle 3 und 4 die ursprünglichen Werte zwischenspeichern.

» >/dev/null 2>&1 leiten stdout und stderr nach /dev/null um. Sollten die nun folgenden Kommandos irgendwelche Zeichen ausgeben, so werden diese im Output des Plugins nicht sichtbar sein. Erst am Schluss soll ein Resultat ausgegeben werden. Dazu müssen stdout und stderr wieder hergestellt werden.

» 1>&3 2>&4 3>&- 4>&- setzt die Filehandles 1 und 2 wieder auf ihren ursprünglichen Wert und schließt die temporären Kanäle 3 und 4. Damit werden stdout und stderr wieder auf das Terminal umgeleitet.

Weiterhin fragt man sich vielleicht, warum die Ausgabe des **w**-Kommandos in eine Datei umgeleitet wurde, anstatt sie dem **read**-Befehl direkt mit einer Pipe zuzuführen.

```
w | while read user terminal rest
do
…
done
```

Der Inhalt der while-Schleife würde in diesem Fall in einer eigenen Subshell ausgeführt, die nur eine Kopie der *session*-Variablen erhalten und diese erhöhen würde. Das Original würde weiterhin den Wert 0 behalten. Es gibt zwar Konstrukte, die dafür sorgen, dass diese Schleife im Kontext des aufrufenden Scripts ausgeführt wird, allerdings unterscheiden sich diese je nach verwendeter Shell. Die Lösung mit der temporären Datei ist daher aus Gründen der Portablilität vorzuziehen. Man darf aber nicht vergessen, sie wieder zu löschen.

Man sieht also, dass das Monitoring mit Nagios durch einfachste Mittel in seiner Funktionalität erweitert werden kann. Wie man Plugins für kompliziertere Einsatzfälle erstellt, welche formalen Regeln dabei eingehalten werden müssen und welche Hilfsmittel einem dabei zur Verfügung stehen, wird nun im Detail beschrieben.

3.1.2 Developer Guidelines

Auf der Nagios-Homepage[4] gibt es die Beschreibung Nagios Plugin API. Dort findet man die zwei wichtigsten Regeln, die ein Nagios-Plugin erfüllen muss:

» Ausgabe von mindestens einer Zeile Text

» Beendigung mit einem der Exitcodes 0, 1, 2, 3.

Mehr ist im Grunde nicht nötig, um ein beliebiges Script oder Binary als Nagios-Plugin einzusetzen. Dabei ist insbesondere unerheblich in welcher Script- oder Programmiersprache es erstellt wurde. Weiterhin ist auf dieser Seite sehr anschaulich beschrieben, wie die Performancedaten an die Ausgabe angehängt werden. Darauf wird im nächsten Abschnitt noch genauer eingegangen.

Die umfassendste Anleitung von Regeln, die bei der Erstellung von Plugins zu beachten sind, findet man in den *Nagios plug-in development guidelines* Dort wird beschrieben, welche Kommandozeilenparameter von jedem Plugin unterstützt werden sollten, welche Systemaufrufe zu vermeiden sind und wie man Timeouts handhabt. Daneben gibt es auch eine ausführliche Beschreibung des Formats, in dem Performancedaten dargestellt werden müssen.

3.1.3 Beispiele für erlaubte Ausgabeformate

Mit der Version 3 von Nagios wurde eine wichtige Neuerung eingeführt. Früher musste die gesamte Ausgabe eines Plugins in eine einzige Zeile gepackt und die Performancedaten durch ein Pipe-Symbol getrennt an diese angehängt werden. Das aktuelle Release akzeptiert und verarbeitet jetzt aber auch Ausgaben, die sich über mehrere Zeilen erstrecken. Begrenzt wird dies nur durch die maximale Puffergröße von 8k. Alles, was darüber hinausgeht, wird von Nagios einfach abgeschnitten. (Wie man den Puffer vergrößern kann, wurde im Kapitel *Installation* beschrieben). Verwendet man zusätzlich Performancedaten, dann sind einige Regeln zu beachten.

» Zeile 1 darf Ausgabetext und, durch das Pipe-Symbol abgetrennt, Performancedaten enthalten. Das entspricht dem Verhalten von Nagios 2.x.

» Die (optionalen) weiteren Zeilen 2...n dürfen ausschließlich Ausgabetext enthalten.

---

4   http://nagios.sourceforge.net/docs/3_0/pluginapi.html

» Die Zeile n+1 darf wieder Ausgabetext und, durch das Pipe-Symbol abgetrennt, Performancedaten enthalten.

» Die Zeilen ab n+2 dürfen nur noch Performancedaten enthalten.

> **TIPP**
>
> Die Ausgabe eines Plugins kann auch HTML-Code sein. Damit lassen sich Informationen in der Nagios-Weboberfläche schöner, z.B. in Tabellenform darstellen. Das Plugin **check_multi** kennt beispielsweise eine Option, mit der die Ergebnisse der einzelnen Checks untereinander angezeigt werden, wobei sie je nach Exitcode farblich in rot, gelb oder grün unterlegt werden. Die gesamte Ausgabe wird nur im Fenster *Service State Information* angezeigt. Bei den anderen, wie z.B. *Service Status Details For Host* erscheint nur die erste Zeile. Diese wird üblicherweise auch in Notifications versandt. Man sollte also deshalb die erste Zeile in normalem Text ausgeben und, idealerweise durch eine Option zuschaltbar, den Rest als HTML. So bleiben Mails und SMS lesbar und die Übersichtsseiten der Weboberfläche werden nicht überfrachtet. Erst wenn man direkt auf einen Service klickt, erscheint die vollständige und grafisch aufgewertete Ausgabe des Plugins. Die Voraussetzung für die Verwendung von HTML-Code ist das Setzen des Parameters *escape_html_tags=1* in der Konfigurationsdatei *cgi.cfg*, da man ansonsten den Quelltext sehen würde.

Die Kombinationsmöglichkeiten sollen nun anhand von Beispielen aufgezählt werden. Jeweils gefolgt werden sie von einer Tabelle, in der die Makros $SERVICEOUTPUT$, $SERVICEPERFDATA$ und $LONGSERVICEOUTPUT$ angeführt werden. Die rechte Spalte beinhaltet die Werte, wie sie von Nagios nach dem Aufruf des beispielhaften Plugins **check_things** gesetzt werden. Die Makros sowie die aus ihnen entstehenden Environmentvariablen sind für die weitere Verarbeitung der Checkergebnisse durch Eventhandler oder Notificationscripts wichtig.

Eine Zeile Text ohne Performancedaten

```
01 nagsrv$ check_things --warning 5 --critical 10
02 OK - Things are ok, Thing A is 2, Thing B is 4, Thing C is 0, Thing D is 4
```

Dieses und das nächste Beispiel zeigen die "klassische" Variante einer Plugin-Ausgabe, wie sie bis einschließlich Nagios 2.10 aussehen musste. Das Resultat inklusive der optionalen Performancedaten besteht aus genau einer Zeile Text.

$SERVICEOUTPUT$	Things are ok, Thing A is 2, Thing B is 4, Thing C is 0
$SERVICEPERFDATA$	
$LONGSERVICEOUTPUT$	

Eine Zeile Text mit Performancedaten

```
01 nagsrv$ check_things --warning 5 --critical 10
02 OK - Things are ok, Thing A is 2, Thing B is 4, Thing C is 0 | things=3
thing_a=2;5;10 thing_b=4;5;10 thing_c=0;5;10
```

$SERVICEOUTPUT$	Things are ok, Thing A is 2, Thing B is 4, Thing C is 0
$SERVICEPERFDATA$	things=3 thing_a=2;5;10 thing_b=4;5;10 thing_c=0;5;10
$LONGSERVICEOUTPUT$	

Mehrzeiliger Text ohne Performancedaten

```
01 nagsrv$ check_things --warning 5 --critical 10
02 OK - Things are ok
03 Thing A is 2
04 Thing B is 4
05 Thing C is 0
```

Dieses und das nächste Beispiel zeigen, wie ein Plugin die relevante Information in der ersten Zeile unterbringen und damit auch zur Version 2 von Nagios kompatibel sein kann. Die Zeilen 2–5 dienen der weiteren Verdeutlichung des Checkergebnisses und werden auf der Seite *Service Details* der Nagios Weboberfläche angezeigt. Sie stehen auch z.B. einem Notificationscript zur Verfügung und können somit versandt werden. Dabei gibt es zwei Möglichkeiten der Übergabe. Entweder per Kommandozeilenparameter, indem man in der entsprechenden Command-Definition die Makros in der hier gezeigten Notation angibt, oder indem das Script die Environmentvariablen *$NAGIOS_SERVICEOUTPUT* usw. auswertet. Zu beachten ist hierbei, im Macro *$LONGSERVICEOUTPUT$* nicht die gesamte Ausgabe des Plugins steht, sondern nur der mit Zeile 2 beginnende Abschnitt. Diese Aufteilung lässt sich bei der Konfiguration der Notifications so nutzen, dass man z.B. bei SMS-Alarme nur den kurzen *$SERVICEOUTPUT$* verschickt. Bei anderen Transportmedien wie Email oder Tickets, deren Inhalt beliebig lang sein darf, kann man hingegen *$SERVICEOUTPUT$* und *$LONGSERVICEOUTPUT$* aneinanderhängen und so die Checkergebnisse in aller Ausführlichkeit mitschicken.

$SERVICEOUTPUT$	Things are ok
$SERVICEPERFDATA$	
$LONGSERVICEOUTPUT$	Thing A is 2\nThing B is 4\nThing C is 0

Mehrzeiliger Text mit Performancedaten in der ersten Zeile

```
01 nagsrv$ check_things --warning 5 --critical 10
02 OK - Things are ok | things=3 thing_a=2;5;10 thing_b=4;5;10 thing_
c=0;5;10
03 Thing A is 2
04 Thing B is 4
05 Thing C is 0
```

$SERVICEOUTPUT$	Things are ok
$SERVICEPERFDATA$	things=3 thing_a=2;5;10 thing_b=4;5;10 thing_c=0;5;10
$LONGSERVICEOUTPUT$	Thing A is 2\nThing B is 4\nThing C is 0

Mehrzeiliger Text mit Performancedaten in der ersten und der letzten Zeile

```
01 nagsrv$ check_things --warning 5 --critical 10
02 OK - Things are ok | things=3
03 Thing A is 2
04 Thing B is 4
05 Thing C is 0 | thing_a=2;5;10 thing_b=4;5;10 thing_c=0;5;10
```

Dieses und die zwei folgenden Beispiele demonstrieren, wie Performancedaten aufgeteilt werden müssen, wenn sie mehrere Zeilen umfassen. Wichtig ist dabei nur, dass nur die erste und die letzte Zeile mit dem Ergebnistext Performancedaten enthalten dürfen.

$SERVICEOUTPUT$	Things are ok
$SERVICEPERFDATA$	things=3 thing_a=2;5;10 thing_b=4;5;10 thing_c=0;5;10
$LONGSERVICEOUTPUT$	Thing A is 2\nThing B is 4\nThing C is 0

Mehrzeiliger Text mit Performancedaten in der letzten Zeile

```
01 nagsrv$ check_things --warning 5 --critical 10
02 OK - Things are ok
03 Thing A is 2
04 Thing B is 4
05 Thing C is 0| things=3 thing_a=2;5;10 thing_b=4;5;10 thing_c=0;5;10
```

Wenn während der Ausführung eines Plugins Informationen und Performancedaten gesammelt werden und man die Ergebnisse erst am Schluss ausgibt, dann ist diese Form der Ausgabe für die Programmierung am einfachsten.

KAPITEL 3 Erstellen eigener Plugins

$SERVICEOUTPUT$	Things are ok
$SERVICEPERFDATA$	things=3 thing_a=2;5;10 thing_b=4;5;10 thing_c=0;5;10
$LONGSERVICEOUTPUT$	Thing A is 2\nThing B is 4\nThing C is 0

Mehrzeiliger Text mit mehrzeiligen Performancedaten

```
01 nagsrv$ check_things --warning 5 --critical 10
02 OK - Things are ok | things=3
03 Thing A is 2
04 Thing B is 4
05 Thing C is 0 | thing_a=2;5;10
07 thing_b=4;5;10
08 thing_c=0;5;10
```

Auch Performancedaten dürfen mehrzeilig ausgegeben werden, sofern sie am Ende der Ausgabe stehen. Nach dem Pipe-Symbol in Zeile 5 ist kein erläuternder Text mehr erlaubt.

$SERVICEOUTPUT$	Things are ok
$SERVICEPERFDATA$	things=3 thing_a=2;5;10 thing_b=4;5;10 thing_c=0;5;10
$LONGSERVICEOUTPUT$	Thing A is 2\nThing B is 4\nThing C is 0

3.1.4 Programmiersprachen

Wie bereits erwähnt, ist es unerheblich, in welcher Sprache ein Nagios-Plugin erstellt wurde. Wichtig ist allein die Einhaltung der Konventionen bezüglich der Ausgabe und des Exitcodes. Dennoch sollten Sie als Plugin-Autor nicht drauflos programmieren, sondern sich überlegen, wie kompliziert es für den Anwender ist, das Resultat zu installieren. Mindestens genau so wichtig ist es, dass jemand, der im Plugin einen Fehler findet, diesen idealerweise selbst beheben kann. Daher sollen nun die Vor- und Nachteile der gebräuchlichsten Script- und Programmiersprachen gegenübergestellt werden.

» Shell

   Vorteile

   » Einfache Probleme lassen sich mit Shellscripts sehr schnell lösen. Im einfachsten Fall ist lediglich die Ausführung eines Systemkommandos nötig, um einen Fehlerzustand im Betriebssystem oder einer Applikation festzustellen. Es muss dann nur noch mit wenigen Zeilen Code eine aussagekräftige Meldung und der Exitcode erzeugt werden, um ein gültiges Plugin zu bekommen.

   » In vielen Firmen existieren bereits Prüfscripts, die zu Vor-Nagios-Zeiten erstellt wurden. Oft ist es möglich, diese durch geringfügige Änderungen in Nagios-Plugins zu verwandeln und ihre Funktionalität für das neue Monitoring-System weiterzuverwenden.

KAPITEL 3 Erstellen eigener Plugins

» Da eine Shell integraler Bestandteil eines jeden Unix-Systems ist, lassen sich Shell-Plugins mit, wenn überhaupt nötig, nur kleinen Anpassungen auf beliebigen Plattformen verwenden.

Nachteile

» Bei komplexeren Scripts muss man sehr diszipliniert programmieren, damit die Übersichtlichkeit erhalten bleibt.

» Aufwändige Mustervergleiche, sowie Such- und Ersetz-Operationen sind mit Bordmitteln oft nicht möglich und müssen durch Aufrufe von sed oder awk abgearbeitet werden.

» Fehlerbehandlung ist durch den eingeschränkten Sprachumfang kompliziert und macht den Code unleserlich.

» Perl

Vorteile

» Routinen, die spezifisch für Nagios-Plugins sind, müssen nicht selbst programmiert werden. Man kann auf das Modul *Nagios::Plugin* zurückgreifen, wodurch Funktionen wie *add_message()* oder *exit_plugin()* automatisch zur Verfügung stehen.

» Den meisten Administratoren ist die Programmierung in Perl bestens vertraut. Die Hemmschwelle, bei Unklarheiten in den Quellcode zu schauen, sinkt dadurch. Das verbreitete Know-how kann sogar dem Plugin-Entwickler insofern helfen, dass Anwender ihm fertige Bugfixes schicken, anstatt einfach nur auf Fehlermeldungen hinzuweisen.

» Ein Perl-Interpreter gehört heute zum Standardumfang der gebräuchlichen Unix-Derivate. Die Unterschiede zwischen den einzelnen Releases sind für die meisten in Perl geschriebenen Plugins unerheblich. Auch für das Windows-Betriebssystem gibt es mehrere (auch kostenlose) Interpreter, so dass die Portabilität auch auf diese Plattform ausgedehnt werden kann.

» Perl-Scripts lassen sich zur Not auch kompilieren und als ausführbare Binärdateien verteilen. Damit hat man die Möglichkeit, Perl-Plugins auf Windows-Systemen einzusetzen, ohne auf allen Rechnern einen Interpreter installieren zu müssen.

» Nagios verfügt über einen *embedded Perl Interpreter*. Verwendet man diesen, dann wird der Perl-Code des Plugins direkt im Nagios-Prozess ausgeführt, ohne dass ein eigener Prozess für einen externen Interpreter gestartet werden muss.

» Es gibt zahlreiche Module, die mächtige Funktionalität bereitstellen, so dass man sich bei der Erstellung eines Plugins auf die Programmlogik konzentrieren kann und sich nicht um Details auf einer niedrigeren technischen Ebene kümmern muss. Beispiele für diese Module sind *Net::SNMP*, *Net::LDAP*, *DBI* uvm.

Nachteile

- » Keine bekannt.

» C, C++

Vorteile

- » Bei kompilierten Plugins fallen die Startupzeiten für einen Kommandointerpreter weg. Sie gelten in Puncto Laufzeit als unschlagbar.

Nachteile

- » Die Programmierung von Plugins in C (oder einer ähnlichen Sprache) erfordert eine entsprechende Entwicklungsumgebung. Diese ist zwar bei den meisten Linux-Systemen bereits bei einer Defaultinstallation vorhanden, jedoch gilt dies nicht für andere Unix-Plattformen oder Windows. In manchen Umgebungen ist es dem Nagios-Administrator auch nicht erlaubt, sich Compiler zu besorgen und zu installieren.
- » Tauchen Bugs in einem Plugin auf, so bleibt die Fehlersuche mit Sicherheit am Entwickler hängen, da die Anwender entweder nur ein kompiliertes Binary erhalten haben oder davor zurückschrecken, C-Code zu debuggen.

» Python, PHP

Vorteile

- » Die Verwendung von zwar durchaus gebräuchlichen, im Bereich der Nagios-Plugins aber eher exotischen Sprachen, hat keinen erkennbaren Vorteil gegenüber z.B. Perl. Die Motivation, Python oder PHP zu verwenden, basiert meistens auf persönlichen Präferenzen. Um auch hier wenigstens einen Pluspunkt zu vergeben, kann man sagen, dass manches Plugin seine Existenz dem Spaß am Programmieren verdankt und der Autor es ansonsten nicht geschrieben hätte.

Nachteile

- » Unter Linux ist zumindest PHP weit verbreitet. Auch Python lässt sich leicht nachinstallieren. Anders sieht es aus, wenn man Nagios auf proprietären Plattformen betreibt und PHP/Python womöglich aus den Sources kompilieren muss. Dabei kann erheblicher Aufwand entstehen, der in keinem Verhältnis zum Gewinn steht. In der gleichen Zeit könnte man das Plugin auch in Perl umschreiben.
- » Manche Firmen haben Restriktionen, was die eingesetzten Programmiersprachen für unternehmenskritische Anwendungen betrifft. Erlaubt sind nur solche, die im Standardumfang von Betriebssystemen enthalten sind, z.B. Shell und eventuell noch Perl. 3rd Party-Produkte dürfen nicht verwendet werden. Der Grund dafür ist nicht unbedingt Misstrauen, sondern das Fehlen eines einklagbaren Supports.

» Java

Vorteile

» Die Prüfung von Java-Applikationen durch ein Plugin ist u. U. nicht anders möglich als durch die clientseitige Verwendung dieser Programmiersprache. Der bekannteste Vertreter dieser Klasse von Plugins ist **check_jmx**. Java-Applicationserver geben ihr Innenleben meist nur über das JMX-Protokoll preis, das in keiner anderen Sprache implementiert wurde. Man kann aber nicht von einem echten Vorteil sprechen, wenn die Verwendung von Java zwingend erforderlich ist.

Nachteile

» Man muss eine aufgeblähte Java-Laufzeitumgebung installieren. Vorgefertigte RPM-Pakete sind i. d. R. nicht verfügbar.

» Im Administratoren-Umfeld ist Java-Know-how nur spärlich vorhanden.

» Bei jedem Plugin-Aufruf muss die Java Virtual Machine gestartet werden. Das Problem der erheblichen Startzeiten hat sich zwar mit neuen Java-Versionen gebessert, jedoch ist der Speicherverbrauch mit ca. 300MB (bei Perl ca. 80KB) sehr hoch.

Natürlich ist es jedem Plugin-Autor überlassen, die Programmiersprache seiner Wahl zu verwenden. Eine weite Verbreitung wird man aber nur erreichen, wenn man entweder etwas Einzigartiges geschrieben hat oder es den potentiellen Anwendern leicht macht. Letzteres erreicht man, indem auf die Software-Infrastruktur Rücksicht nimmt, die üblicherweise in den Firmen bereits vorhanden ist, sowie auf das in Admin-Kreisen verbreitete Programmier-Know-how. Daher lautet hier die Empfehlung: Perl.

3.1.5 Performancetuning

Wenn man Shell-Scripts verwendet, sollte man darauf achten, dass wenige externe Programme aufgerufen werden, insbesondere nicht in Schleifen. Die Korn-Shell und die BASH bieten die Möglichkeit, Pattern Matching vorzunehmen, ohne dabei **grep** aufrufen zu müssen. Ein kleines Beispiel soll demonstrieren, welchen Geschwindigkeitsgewinn man erzielen kann, wenn man die Features moderner Shells benutzt. Das Script soll die Datei */etc/mtab* auslesen und die Anzahl der NFS-Mounts zählen. Der Einfachheit halber werden diese durch einen Doppelpunkt identifiziert

```
nagsrv$ cat /etc/mtab
/dev/mapper/VolGroup00-LogVol00 / ext3 rw 0 0
proc /proc proc rw 0 0
sysfs /sys sysfs rw 0 0
devpts /dev/pts devpts rw,gid=5,mode=620 0 0
/dev/sda1 /boot ext3 rw 0 0
tmpfs /dev/shm tmpfs rw 0 0
none /proc/sys/fs/binfmt_misc binfmt_misc rw 0 0
sunrpc /var/lib/nfs/rpc_pipefs rpc_pipefs rw 0 0
dbsrv12:/opt/ibm/expc /root/expc nfs rw,addr=10.0.12.145 0 0
```

KAPITEL 3 — Erstellen eigener Plugins

```
/dev/sdc1 /opt/ibm ext3 rw 0 0
nas.naprax.de:/mnt/md1/db2 /mnt/account-p nfs rw,addr=10.0.4.216 0 0
...
```

Mit den üblichen Unix-Hilfsmitteln im Hinterkopf würde man in den meisten Fällen so vorgehen, dass man den Dateiinhalt mit **cat** ausliest, in jeder Zeile den Doppelpunkt mit **grep** sucht und die Zählervariable mit dem „Taschenrechner" **bc** erhöht.

Listing 3.2: **slowscript**

```
#! /bin/ksh
nfsmounts=0
for line in `cat /etc/mtab`
do
  echo $line | grep ':' >/dev/null 2>&1
  if [ $? -eq 0 ]; then
    nfsmounts=`echo $nfsmounts + 1 | bc`
  fi
done
echo $nfsmounts nfsmounts
```

Ausgeführt auf einem Computer, der 130 Mounts hat, wovon 120 NFS-Mounts sind, würde dies bedeuten, dass 130 mal **grep** aufgerufen wird und 120 mal **bc**. (Es wird davon ausgegangen, dass **echo** ein Builtin-Kommando ist, ansonsten müsste man weitere 120 Aufrufe dazuzählen). Damit kommt man auf 250 Fork-Exec-Operationen, die in der Schleife ausgeführt werden. Es dürfte klar sein, dass sich das auf die Gesamtlaufzeit des Plugins negativ auswirkt.

```
$ time slowscript
120 nfsmounts

real    0m5.50s
user    0m1.78s
sys     0m5.32s
```

5 Sekunden für so eine einfache Aufgabenstellung sind viel zu hoch. Richtig verheerend können in so einem Szenario mehrfach verschachtelte Schleifen sein, da der Zeitaufwand pro Zeile exponentiell ansteigen würde. Bei gewöhnlichen Scripts, die ein Administrator für seine täglichen Aufgaben benutzt, kommt es auf ein paar Sekunden mehr oder weniger sicher nicht an. Im Falle von Nagios-Plugins jedoch sollte man sich die Mühe machen und, falls die fehlende Portabilität nicht dagegen spricht, modernere Shell-Konstrukte verwenden, um die Laufzeit so gering wie möglich zu bekommen. Das beginnt damit, dass man das **cat**-Kommando durch eine einfache Dateiumleitung mit dem Kleiner-Zeichen ersetzt. Reguläre Ausrücke kann man mit Variableninhalten vergleichen, indem man *Conditional Expressions* verwendet, die in doppelten eckigen Klammern stehen. Genauso verfährt man mit *Arithmetic Expressions* und doppelten runden Klammern. Sowohl Bash als auch KSH beherrschen diese Syntax. Letztere Shell dürfte auf den meisten Unix-Betriebssystemen vorhanden sein, so dass auch die Portabilität gewährleistet ist. Das getunte Script sieht dann so aus:

Listing 3.3: **fastscript**

```
#! /bin/ksh
nfsmounts=0
for line in $(< /etc/mtab)
do
  if [[ "$line" == *:* ]]; then
    nfsmounts=$(($nfsmounts + 1))
  fi
done
echo $nfsmounts nfsmounts
```

Tatsächlich hat sich der Aufwand gelohnt, denn die Laufzeit konnte drastisch (um das Hundertfache) verkürzt werden.

```
$ time   fastscript
120 nfsmounts

real     0m0.05s
user     0m0.05s
sys      0m0.00s
```

Verwendet man andere Scriptsprachen, wobei in den meisten Fällen Perl damit gemeint sein wird, steht einem ein größerer Sprachumfang als bei einer Shell zur Verfügung. Die Notwendigkeit, externe Programme aufrufen zu müssen, beschränkt sich dann nur noch auf spezielle Command Line Tools, die den Zustand von Geräten oder Applikationen ermitteln. Trotzdem sollte man auch hier prüfen, ob sich der Aufruf eines solchen Kommandos nicht dadurch ersetzen lässt, indem man z.B. Dateien aus dem /proc- bzw. /sys-Filesystem liest.

Für in C geschriebene Plugins kann man noch erwähnen, dass die Binaries nach dem Kompilieren mit dem **strip**-Kommando von Debugging-Ballast befreit werden sollten. Davon darf man sich zwar keine Wunder erhoffen, aber bei einer großen Anzahl von Services lässt sich so der durch die Plugins verbrauchte Speicher ein wenig reduzieren. Der Aufwand dafür ist minimal.

3.1.6 Superuser-Privilegien

Sind für die Ausführung eines Plugins Superuser-Privilegien nötig, dann muss dies über *sudo*-Berechtigungen geregelt werden. Das Plugin unter der *root*-Kennung laufen zu lassen wäre mehr als fahrlässig. Beispielsweise ruft das Plugin check_mailq das Kommando */usr/bin/mailq* auf. Dieses benötigt aber bei manchen Linux-Distributionen root-Rechte und schlägt zunächst fehl.

```
nagsrv$ check_mailq -w 10 -c 50
Program mode requires special privileges, e.g., root or TrustedUser.
CRITICAL: Error code 78 returned from /usr/bin/mailq
```

Der falsche Weg wäre, jetzt gleich das gesamte Plugin mit root-Rechten aufzurufen, also die entsprechende Nagios-Konfiguration so zu ändern, dass das Check-Command **sudo check_mailq -w 10 -c 50** lautet. Da aber das Script **check_mailq** möglicherweise mehreren Personen zugänglich ist, könnte es in böser Absicht manipuliert werden und somit Schaden anrichten. Besser ist es, nur so viele Teile des Plugins mit erhöhten Privilegien laufen zu lassen, wie minimal nötig sind. Man wird also **check_mailq** editieren und den Aufruf von **/usr/bin/mailq** in **sudo /usr/bin/mailq** ändern. Damit wird korrekte Ausführung bei minimaler Rechtevergabe erreicht. Die Regel lautet also: Plugins laufen immer unter der Kennung des Nagios-Benutzers und erlangen, falls nötig, höhere Privilegien durch wohldosierte Vergabe von sudo-Rechten. Es ist noch anzumerken, dass es ein grober Fehler ist, Plugins als root-Benutzer zu testen, da hierbei ein Berechtigungsniveau vorliegt, das im späteren Produktiveinsatz nicht mehr gegeben ist.

Neben den Programmen, die ein Plugin aufruft und die Superuser-Rechte verlangen, müssen eventuell auch Dateien gelesen werden, auf die der Nagios-Benutzer von Haus aus keine Leseberechtigung besitzt. Bevor man nun mit **chmod 644** o. ä. an eine Datei herangeht und somit den Zugriff auch für beliebige andere User erlaubt, sollte man sich die Möglichkeiten ansehen, die ACLs bieten. Damit lassen sich die Berechtigungen auf Objekte im Filesystem wesentlich feiner steuern als mit den traditionellen Mode-Bits. Insbesondere kann man damit gezielt einzelnen Benutzern Leserechte erteilen. Angenommen, ein Plugin muss auf die Datei */etc/my_application.conf* zugreifen.

```
nagsrv$ cat /etc/my_application.conf
cat: /etc/my_application.conf: Permission denied
nagsrv$ ls -l /etc/my_application.conf
-rw------- 1 root root 0 Apr 27 13:23 /etc/my_application.conf
```

Dies wird fehlschlagen, da ausschließlich der root-Benutzer Leserechte für die Datei besitzt. Unter Linux gibt es den Befehl **setfacl**, mit dem man die *Access Control List* einer Datei modifizieren kann. Man kann ihn einsetzen, um dem Benutzer nagios Leserechte zu erteilen.

```
nagsrv1# setfacl -m u:nagios:r-- /etc/my_application.conf
```

Man erkennt das Vorhandensein von ACLs daran, dass die Mode-Bits durch ein Plus-Zeichen ergänzt wurden. Nun darf der User nagios die Datei lesen.

```
[nagios@nagsrv1 tmp]$ ls -l /etc/my_application.conf
-rw-r-----+ 1 root root 61 Apr 27 13:27 /etc/my_application.conf
[nagios@nagsrv1 tmp]$ cat /etc/my_application.conf
[settings]
home_dir = /opt/my_application
start_server = yes
...
```

3.1.7 Timeouts

Gelegentlich kann es vorkommen, dass Scripts wesentlich länger laufen, als sie eigentlich sollten. Je nach Belastung des Computers, auf dem ein Plugin läuft, muss man mit Schwankungen von ein paar Sekunden rechnen, besonders dann, wenn aufwändigere Prüfungen durchgeführt werden. Eine Laufzeit von unter einer Sekunde wird als ideal angesehen, kann aber nicht immer eingehalten werden. Daher geht man in den meisten Fällen davon aus, dass ein Problem vorliegt, wenn das Script länger als 10 Sekunden läuft. Nagios selbst hat die Möglichkeit, sowohl systemweit als auch auf Service-Ebene, Timeouts zu setzen und die Ausführung des Plugins abzubrechen. Dies resultiert dann in einem *UNKNOWN*-Status. In manchen Fällen, in denen bereits eine unüblich lange Laufzeit auf Probleme hinweist, ist es aber sinnvoll, wenn das Plugin das Timeout-Handling selbst in die Hand nimmt. So kann man auch *WARNING*- oder *CRITICAL*-Zustände erreichen und die Fehlermeldung entsprechend aussagekräftig formulieren.

Bei einem Shell-Script kann man einen Timeout-Mechanismus so verwirklichen:

```
01 timeouthandler() {
02   echo "Timeout!!"
03   exit 2
04 }
05
06 timer() {
07   sleep $2
08   /usr/bin/kill -s ALRM $1   # nicht built-in kill verwenden!
09 }
10
11 trap 'timeouthandler' ALRM
12 timer $$ 10 &
13 TIMERPID=$!
14
15 for i in 1 2 3 4 5 6 7 8 9 0 1 2 3 4 5 6 7 8 9 0
16 do
17   echo nummer $i
18   sleep 1
19 done
20
21 kill $TIMERPID
22
23 # hier geht es weiter zur normalen Ausgabe des Checkresultats
24 ...
```

Hier wurde ersatzweise eine Schleife von 20 sleep-Befehlen verwendet, um eine lange Laufzeit zu simulieren. In der Zeile 11 wird festgelegt, dass zur Funktion *timeouthandler()* gesprungen wird, sobald das laufende Script ein *ALRM*-Signal empfängt. Dieses wird üblicherweise für Timer-Events verwendet. In Zeile 12 wird dann die Funktion *timer()* aufgerufen. Sie bekommt als Parameter die Prozess-Id des laufenden Scripts und die Anzahl der Sekunden, die dieses zu seiner Ausführung höchstens brauchen darf, bevor es gewaltsam beendet wird. Da die Zeile mit einem &-Zeichen endet, wird die *timer*-Funktion im Hintergrund, also in einem eigenen Prozess ausgeführt. Dessen *PID* wird in der Variablen *TIMER-*

PID gespeichert. In timer() selbst wird dann zuerst ein **sleep**-Kommando ausgeführt. Es bewirkt, dass erst die vereinbarte Zeit von 10 Sekunden verstreicht, bevor dann mit dem **kill**-Befehl das *ALRM*-Signal an den Hauptprozess geschickt wird. (Falls dieser tatsächlich so lange gebraucht hat und noch existiert). Parallel dazu läuft die for-Schleife. Nach zehn Sekunden trifft das *ALRM*-Signal ein und es wird sofort die Handler-Funktion *timeouthandler()* ausgeführt. Diese beendet dann das Programm mit einer entsprechenden Fehlermeldung „*Timeout!!*". Wäre das Script hingegen vor diesen zehn Sekunden fertig geworden, wäre damit auch der *timer*-Prozess überflüssig. In Zeile 21 wird er deshalb beendet.

Wenn man ein Plugin in Perl schreibt, wird der Umgang mit Timeouts etwas einfacher. Man kann dann einfach auf den *alarm*-Systemcall von Unix zurückgreifen.

```
01 eval {
02    local $SIG{ALRM} = sub {
03        die "timeout";
04    };
05    alarm(10);
06
07    for my $i (1..20) {
08       printf "nummer %d\n", $i;
09       sleep 1;
10    }
11
12    alarm(0);
13 };
14 if ($@) {
15    if ($@ =~ /timeout/) {
16       print "Timeout!!\n";
17       exit 2;
18    }
19    else {
20       print "sonstiger Programmfehler: $@\n";
21       exit 3;
22    }
23 } else {
24    # keine Timer-Probleme
25    # weiter zur normalen Ausgabe
26 }
```

Bei Perl gibt es die nützliche Funktion *eval*, mit der sich Programmteile in einem robusten Block ausführen lassen, der alle Arten von Fehlern auffängt. Nach dem *eval*-Block kann man die Variable *$@* auswerten, die normalerweise leer bleibt, bei Problemen jedoch die Fehlerursache enthält. Zunächst wird wieder eine Handlerfunktion eingerichtet, die beim Eintreffen eines *ALRM*-Signals ausgeführt wird. Dies geschieht in Zeile 2. Als Reaktion auf das Signal wird das normalerweise tödliche *die*-Statement ausgeführt. Anstatt aber das komplette Script abzubrechen, wird hier nur die lang laufende for-Schleife unterbrochen und der *eval*-Block verlassen. Mit der alarm-Funktion in Zeile 5 wird ein Timer auf 10 Sekunden gesetzt. Dieser kümmert sich dann darum, dass nach Ablauf dieser Zeit analog zum **kill**-Kommando in der Shell-Variante das *ALRM*-Signal geschickt wird. Gibt man dieser einen String mit, dann findet man diesen in der *$@*-Variablen. Somit kann man ab Zeile 14 ermitteln, ob ein Timeout vorlag, ein anderer schwerwiegender Fehler innerhalb des *eval* passiert ist oder ob alles normal verlief. In diesem Fall wäre *$@* dann undefiniert. Auch hier muss man in Zeile 12 den Timer wieder abschalten, wenn er nicht mehr gebraucht wird, um ein dann unerwünschtes Signal zu verhindern.

In anderen Programmiersprachen gibt es ähnliche Konstrukte, um den Programmfluss bei unerwünscht langen Laufzeiten vorzeitig abzubrechen. Es ist nicht in jedem Fall nötig, sein Plugin damit auszustatten. Man könnte auch jeweils zu Beginn und am Ende des Scripts die Zeit stoppen und aus der Differenz Schlüsse über mögliche Probleme ziehen. Manchmal kann man aber davon ausgehen, dass eine Verzögerung von 10 Sekunden durch z.B. Netzwerkprobleme verursacht wird, die mit Sicherheit auch noch nach einer Minute bestehen. In so einem Fall wird man die Ausführung des Plugins abbrechen. Ein hängender **nslookup**- oder **ping**-Befehl wäre ein Beispiel für so eine Situation.

3.1.8 Compilierung von Perl-Plugins

Bei den Vorteilen von Perl für die Entwicklung von Nagios-Plugins wurde erwähnt, dass es möglich sei, diese zu kompilieren und dann als ausführbare Binärdateien zu verteilen. Dieses Vorgehen ist für folgende zwei Situationen von großem Wert:

» Wenn eine Landschaft von Windows-Servern überwacht werden soll, dann braucht man nicht auf jeder Maschine einen Perl-Interpreter installieren und warten. Es ist durchaus üblich, dass Firmenrichtlinien dies sowieso verbieten. In dem Fall reicht es, wenn man auf einem Testrechner ein EXE-File des Plugins erzeugt und dieses dann im Netzwerk verteilt.

» Es gibt Unix-Altlasten, z.B. Server, die unter Solaris 6 laufen und auf denen ein entsprechend veraltetes Perl vorhanden ist. Nach dem Motto „never touch a running system" kann es unerwünscht sein, ein Update auf z.B. Perl 5.8.x vorzunehmen. Auch eine parallele Installation eines neueren Perl-Releases kommt aus verschiedenen Gründen nicht in Frage, etwa weil der vorhandene Speicherplatz nicht ausreicht oder kein C-Compiler verfügbar ist. Auf Plugins, die ein Perl neueren Datums voraussetzen, muss man aber trotzdem nicht verzichten. Man kompiliert sie auf einem binärkompatiblen Computer zu ausführbaren Binaries und setzt diese dann auf dem alten Gerät ein.

Wie das funktioniert, soll in diesem Abschnitt gezeigt werden. Es gibt mehrere, auch kommerzielle Tools, um aus einem Perl-Script ein Binary zu machen. Davon hat sich das Perl-Modul *PAR* als am zuverlässigsten und portabelsten herausgestellt. Obendrein ist es kostenlos. Die Installation nimmt wieder der root-User mit der CPAN-Shell vor:

```
nagsrv# perl -MCPAN -e 'install PAR::Packer'
```

Mit dem Modul *PAR::Packer* wird auch das Kommando **pp** installiert. Es steht für *Par Packager* und führt die Umwandlung eines Perl-Scripts in ein standalone-Executable durch. Die dafür benötigten Module *PAR* und *PAR::Dist* werden von der CPAN-Shell automatisch

KAPITEL 3 Erstellen eigener Plugins

mitinstalliert. Sollte es Probleme dabei geben, dann kann man auch manuell eingreifen. Dazu wechselt man in das Verzeichnis *$HOME/.cpan/build* und führt **make install** nacheinander in den drei Modul-Unterverzeichnissen aus.

```
nagsrv# cd $HOME/.cpan/build
nagsrv# cd PAR
nagsrv# make install
nagsrv# cd ../PAR-Dist
nagsrv# make install
nagsrv# cd ../PAR-Packer
nagsrv# make install
```

Danach kann man bereits aus einem einfachen Testscript das erste Binary erzeugen.

```
nagsrv$ cat test.pl
#! /usr/bin/perl
use strict;
foreach my $i (1..3) {
    print "hello$i ";
}
print "\n";

nagsrv$ file test.pl
test.pl: perl script text executable

nagsrv$ pp -o test test.pl
nagsrv$ ./test
hello1 hello2 hello3

nagsrv$ file test
test: ELF 32-Bit LSB executable, Intel 80386, version 1 (SYSV), for GNU/
Linux 2.6.9, dynamically linked (uses shared libs), for GNU/Linux 2.6.9,
stripped
```

Unter Windows ist es wichtig, einen geeigneten Perl-Interpreter zu verwenden. Mit dem verbreiteten *ActiveState-Perl* ist es nicht möglich (Stand April 2009), *PAR* erfolgreich zu installieren. Fehlerfrei funktioniert es hingegen mit *Strawberry-Perl*[5], einem OpenSource-Perl für Windows, das auch ansonsten der freien Version von *ActiveState-Perl* vorzuziehen ist. Danach geht man wie unter Unix vor, indem man das *PAR::Packer*-Modul mit der CPAN-Shell installiert. Man startet die Kompilierung und gibt dem Binary diesmal die Dateiendung *.exe*.

```
C:\Users\nagios> pp -o test.exe test.pl
C:\Users\nagios> dir test.
C:\Users\nagios>dir test*
 Volume in Laufwerk C: hat keine Bezeichnung.
 Volumeseriennummer: D4CD-31F1
```

---

5 http://www.strawberryperl.com

```
Verzeichnis von C:\Users\nagios

27.04.2009  20:54           2.702.696 test.exe
27.04.2009  20:53                  92 test.pl
               2 Datei(en)    2.702.788 Bytes
               0 Verzeichnis(se),  7.825.334.272 Bytes frei*

C:\Users\nagios> .\test
hello1 hello2 hello3
```

Beim ersten Aufruf des Executables wird man sich fragen, warum die Ausführung so lange dauert. Anders als beim Compilieren eines C-Programms wird hier kein schneller Maschinencode erzeugt. Stattdessen wird des Testscript mitsamt des Perl-Interpreters sowie den zur Laufzeit benötigten Modulen in eine einzige Datei gepackt. Bei deren Ausführung wird dann der Inhalt in ein temporäres Verzeichnis extrahiert und das Script mit der so entstandenen lokalen Perl-Umgebung aufgerufen. Bei allen weiteren Läufen fällt dann zwar der Auspack-Vorgang weg, aber hohe Ausführgeschwindigkeiten darf man trotzdem nicht erwarten. Der Vorteil der PAR-Methode ist einzig, ohne eine lokale Perl-Installation im Zielsystem auszukommen.

Was noch zu beachten ist, sind Module, die nicht mit der *use*-Anweisung in das Script eingebunden werden, sondern erst zur Laufzeit mit *require* nachgeladen werden. Diese sind zunächst nicht im Executable enthalten, wodurch dieses dann während der Ausführung mit einer Fehlermeldung abbricht. Solche Module muss man bei der Kompilierung explizit angeben, damit sie in das Archiv aufgenommen werden. Häufig ist davon *PerlIO* betroffen. Der Aufruf von **pp** lautet dann in diesem Fall

```
nagsrv$ pp -M PerlIO -o test test.pl
```

3.1.9 Kommandozeilenparameter

Nahezu jedes Script wird mit Kommandozeilenparametern aufgerufen. Es ist die Aufgabe des Programmierers, diese auf Gültigkeit zu prüfen und falls dieses geklappt hat, die Parameter den entsprechenden Variablen im Code zuzuweisen. Es ist üblich, dass ein Plugin einen Mindestsatz von allgemeingültigen Parametern unterstützt. Diese lauten:

» --version (-V) gibt die Versionsnummer des Plugins aus.

» --help (-h) liefert wiederum die Versionsnummer und zusätzlich eine Übersicht über die möglichen Kommandozeilenparameter. Sollten diese nur in bestimmten Kombinationen möglich sein, dann ist es hilfreich, an dieser Stelle auch Beispiele auszugeben, wie man das Plugin mit ihnen aufrufen kann.

» --timeout (-t) legt eine maximale Zeitspanne fest, die das Plugin zu seiner Ausführung benötigen darf. Nach deren Ablauf beendet es sich mit einer entsprechenden Timeout-Meldung. Damit kann man dem systemweiten Timeout-Mechanismus von Nagios zuvorkommen, der nur eine nichtssagende Meldung liefert.

KAPITEL 3 Erstellen eigener Plugins

» --verbose (-v) sorgt dafür, dass während der Ausführung des Plugins zusätzliche Informationen ausgegeben werden, die z.B. beim Debuggen hilfreich sein können.

» --warming (-w) legt einen Wertebereich fest, der, falls der gemessene Wert in ihm liegt, einen Exitcode 1 zur Folge hat. Dieser Parameter ist nur dann sinnvoll, wenn das Plugin einen numerischen Messwert ermittelt.

» --critical (-c) hat dieselbe Aufgabe, nur dass in diesem Fall ein Exitcode 2 resultiert.

» --hostname (-H) kommt nur bei Plugins zum Einsatz, die einen entfernten Host überprüfen. Man übergibt dem Plugin mit diesem Parameter dessen Hostnamen oder die entsprechende IP-Adresse.

Weitere häufig benutzte Parameter sind --*port*, --*url*, --*username*, --*password* und --*community*. Wie man bemerkt, ist hier bei Verwendung der Kurzform –*p* oder –*u* keine eindeutige Zuordnung mehr möglich. Es wird daher empfohlen, defaultmäßig die Langform zu benutzen und einzelne Buchstaben nur noch aus Kompatibilitätsgründen zur Einhaltung der o. g. Konventionen zu verwenden.

Wie man in einem selbstgeschriebenen Plugin die Parameterliste auswertet, wird nunmehr anhand eines Beispiels beschrieben. Die unterstützten Optionen sollen lauten:

» --version

» --help

» --timeout mit einem optionalen Integer-Wert (Default: 10)
   --*timeout [5]*

» --hostname mit einem String
   --*hostname srv.naprax.de*

» --port mit einem Integer-Wert
   --*port 8001*

» --environment mit einem Key-Value-String, wobei Mehrfachangaben möglich sind
   --*environment INSTDIR=/opt/plugin --environment INSTUSER=nagios*

» --index mit einem Integer-Wert, wobei Mehrfachangaben möglich sind
   --*index 3 --index 8 --index 29 --index 87*

» --coords mit drei Zahlen
   --*coords 129.2 10.83 19.12*

In einem Perl-basierten Plugin greift man dazu auf das Modul *Getopt::Long* zurück. Es erleichtert Ihnen die Auswertung selbst komplexer Kommandozeilenparameter ungemein. Die o. g. Liste würde man dann mit folgendem Code am Programmanfang verarbeiten.

```
use Getopt::Long qw(:config no_ignore_case);
%commandline = ();
my @params = (
```

KAPITEL 3 Erstellen eigener Plugins

```
    'version|V',
    'help|h',
    'timeout|t:10i',
    'hostname=s',
    'port=i',
    'environment|e=s%',
    'index|i=i@',
    'coords|c=f@{3}',
);
```

Mit der Funktion *GetOptions* werden dann die Parameter, mit denen das Script aufgerufen wurde, ausgewertet. Entsprechen diese nicht den Vorgaben, die durch die Variable *@params* beschrieben wurden, dann wird eine Funktion aufgerufen, die eine Übersicht der erlaubten Parameter ausgibt. Danach bricht das Script mit dem Exitstatus *UNKNOWN* ab.

```
if (! GetOptions(\%commandline, @params)) {
  print_usage();
  exit $ERRORS{UNKNOWN};
}
```

Wenn in der Liste der Parameter *--version* gefunden wurde, dann existiert ein entsprechender Key im Hash *%commandline* und die Versionsnummer kann mit Hilfe der Version *print_revision* ausgegeben werden. Da in diesem Fall das Plugin nichts weiter zu tun hat, wird es mit dem Status *OK* beendet.

```
if (exists $commandline{version}) {
  print_revision($PROGNAME, $REVISION);
  exit $ERRORS{OK};
}
```

Das gleiche passiert, wenn das Script mit *--help* aufgerufen wurde. Diesmal wird ein Text ausgegeben, der Zweck und Benutzung des Plugins beschreibt.

```
if (exists $commandline{help}) {
  print_help();
  exit $ERRORS{OK};
}
```

Der Parameter *--timeout* kann mit und ohne eine folgende Zahl angegeben werden. Fehlt diese, dann wird stattdessen der Defaultwert 10 angenommen. Das wurde in *@params* durch die Angabe *:10i* ausgedrückt. Da somit der Key *timeout* im *%commandline*-Hash in jedem Fall definiert ist, braucht man nicht erst dessen Existenz abfragen.

```
$timeout = $commandline{timeout};
```

Mit der Angabe =s wurde festgelegt, dass der Hostname ein String sein muss. Dieser darf auch Leerzeichen enthalten (was im Fall eines Hostnamens allerdings keinen Sinn ergibt), in dem Fall muss man den String beim Aufruf des Scripts in Anführungszeichen einschließen, z.B. --hostname „das ist kein gültiger Hostname".

```
if (exists $commandline{hostname}) {
    $hostname = $commandline{hostname};
}
```

Für die Portnummer gibt es keinen Defaultwert. Man muss also mit *exists* prüfen, ob der Parameter überhaupt angegeben wurde. Wenn ja, dann kann man den Integerwert (=i) einer Variablen zuweisen.

```
if (exists $commandline{port}) {
    $port = $commandline{port};
}
```

Der Parameter --*environment* kann mehrmals angegeben werden, wobei die einzelnen Werte die Form *key=value* annehmen müssen. Dies wurde mit der Vorschrift =s% ausgedrückt, die bewirkt, dass *$commandline{environment}* auf einen weiteren Hash verweist, der aus den Key-Value-Paaren von der Kommandozeile aufgebaut wurde.

```
if (exists $commandline{environment}) {
    foreach (keys %{$commandline{environment}}) {
        ...
    }
}
```

Ähnlich geht man vor, wenn ein Parameter mehrfach angegeben werden kann, und dabei einfache Werte, z.B. Integer, annimmt. In diesem Beispiel bewirkt die Angabe von =i@, dass *$commandline{index}* auf ein Array zeigt, in dem die mit den einzelnen --*index* angegebenen Zahlen gespeichert wurden.

```
if (exists $commandline{index}) {
    foreach (@{$commandline{index}}) {
        ...
    }
}
```

Im Falle von --*coords* wurde durch die Funktion *GetOptions* bereits überprüft, dass auch tatsächlich die durch =f{3} verlangten drei Zahlen angegeben wurden. Danach passiert in diesem Fall dasselbe wie im vorhergehenden. Diesmal zeigt *$commandline{coords}* auf ein Array der Länge 3, in dem die verlangten 3 Werte zu finden sind.

```
if (exists $commandline{coords}) {
    foreach (@{$commandline{coords}}) {
        ...
    }
}
```

Das Modul *Getopt::Long* sorgt also dafür, dass die Kommandozeilenparameter in strukturierter Form in der Variablen *%commandline* auftauchen. Dies soll an einem Beispiel verdeutlicht werden. Ruft man das Plugin mit folgenden Optionen auf

```
--timeout 11 --hostname nagsrv.naprax.de
--environment INSTDIR=/opt/plugin  --environment INSTUSER=nagios
--index 0 --index 5 --coords 12.3 16.01 2.45
```

dann sieht der Hash *%commandline* so aus:

```
{
    'environment' => {
        'INSTUSER' => 'nagios',
        'INSTDIR' => '/opt/plugin'
    },
    'index' => [
        0,
        5
    ],
    'coords' => [
        '12.3',
        '16.01',
        '2.45'
    ],
    'timeout' => 11,
    'hostname' => 'nagsrv.naprax.de'
};
```

Bei einem Shell-basierten Plugin ist das leider nicht ganz so einfach. Die modernen Shells kennen die Funktion *getopts*, die beim Zerlegen der Kommandozeilenparameter in handhabbare Portionen hilft, aber leider ist die Unterstützung von Langnamen nicht einheitlich implementiert bzw. gar nicht vorhanden. Etwas mehr Glück hat man mit dem externen Kommando *getopt*, jedoch gibt es auch damit keine 100%ige Portabilität. Komplexe Datentypen wie Arrays können mit diesen beiden Hilfsfunktionen gar nicht gebildet werden. Daher wird im folgenden Script eine Methode zur Interpretation von Kommandozeilenparametern vorgeschlagen, die zwar auf den ersten Blick umständlich erscheinen mag, jedoch portabel ist und mit den gängigsten Shells getestet wurde. Die Aufbereitung der Parameter *--environment*, *--index* und *--coords* findet hier in anderer Form statt, aber die jeweils angegebenen Werte stehen genauso wie bei der Perl-Variante zur weiteren Verarbeitung zur Verfügung.

KAPITEL 3 Erstellen eigener Plugins

Am Anfang des Shell-Scripts werden einige Variablen initialisiert, die entweder direkt die Werte der Kommandozeilenparameter aufnehmen werden oder für den Aufbau von Arrays nötig sind. Da es für den Timeout einen Defaultwert geben soll, wird dieser bereits hier vergeben. Die Variable *OPTERR* dient dazu, Fehlermeldungen zu speichern, falls die angegebenen Parameter nicht den Vorgaben entsprechen.

```
TIMEOUT=10
HOSTNAME=
INDEXARR=
INDEXINDEX=0
COORDS=
ENVINDEX=0

PROGNAME="check_beispiel"
REVISION="1.0"

OPTERR=
```

Zunächst werden wieder *stdout* und *stderr* nach */dev/null* umgeleitet, damit die Ausgaben der nachfolgenden **expr**-Kommandos unterdrückt werden. In einer while-Schleife wird dann der jeweils erste Kommandozeilenparameter *$1* der Variablen *OPTSTR* zugewiesen.

```
exec 3>&1 4>&2 >/dev/null 2>&1
while :; do
    case "$#" in 0) break; esac;
    OPTSTR="$1"
    shift
```

Danach wird geprüft, ob auf den ersten Parameter ein weiterer String folgt. Wenn ja, wird unterschieden, ob dieser mit einem Minuszeichen beginnt und somit eine eigene Option darstellt, oder nicht. In dem Fall ist er im Zusammenhang mit dem Parameter *OPTSTR* zu sehen und wird in der Variablen *OPTARG* gespeichert.

```
    if [ ! -z "$2" ]; then
        if { expr "$2" : "-[\-]*[a-z]"; }; then
            OPTARG=
        else
            OPTARG=$2
            shift
        fi
    fi
```

Die Anweisung **shift** bewirkt, dass der erste Parameter von der Liste entfernt und die folgenden um eine Position nach links rutschen. Nun beginnt eine Verzweigung, denn die unterschiedlichen Parameter müssen unterschiedlich behandelt werden. Die Zeichenfolge -- schließt die Verarbeitung der vordefinierten Parameter ab. Man verwendet sie aber nur, wenn z.B. eine Liste von Dateinamen angegeben wurde, die nach dieser Schleife abgearbeitet werden soll.

KAPITEL 3 | Erstellen eigener Plugins

```
case "$OPTSTR" in
    --)
        break
        ;;
```

Wurde das Script mit –help aufgerufen, dann wird die Ausgabeumleitung aufgehoben und eine Funktion *print_help* aufgerufen, die den Pluginnamen, die Versionsnummer und einen Hilfetext ausgibt. Sie besteht im Grunde nur auch **echo**-Anweisungen und wird deshalb hier nicht explizit aufgeführt. Danach beendet man das Plugin mit einem *OK*-Status.

```
--help)
    exec 1>&3 2>&4 3>&- 4>&-
    print_help $PROGNAME $REVISION
    exit 0
```

Beim Parameter *--timeout* ist nichts weiter zu tun, als nachzusehen, ob ein Wert mitgegeben wurde. Wenn ja, wird dieser der Variablen *TIMEOUT* zugewiesen, andernfalls bleibt es beim Initialisierungswert 10.

```
--timeout)
    test ! -z "$OPTARG" && TIMEOUT=$OPTARG
    ;;
```

Da ein Hostname zwingend angegeben werden muss, wird geprüft, ob ein solcher in der Variablen *OPTARG* vorliegt. Ist diese leer, dann wird eine Fehlermeldung in *OPTERR* geschrieben. Dies würde dann am Ende der Schleife zum Abbruch und der Ausgabe dieser Meldung führen.

```
--hostname)
    if [ ! -z "$OPTARG" ]; then
        HOSTNAME=$OPTARG
    else
        OPTERR="--hostname needs an argument"
    fi
    ;;
```

Im Gegensatz zu Perl gibt es bei einer Shell keine Hash-Strukturen. Man behilft sich deshalb mit einem Workaround, bei dem Key-Value-Pärchen in zwei unterschiedlichen Variablen gespeichert werden. Diese wiederum sind durchnummeriert, wodurch auch mehrfache Angaben von *--environment* möglich sind. Der Basisname der Variablen lautet in diesem Beispiel *ENV*. Demzufolge würden die Paare *key1=value1* und *key2=value2* in *ENV0KEY* und *ENV0VAL* sowie *ENV1KEY* und *ENV1VAL* landen. Die laufende Nummer wird in der Variablen *ENVINDEX* gespeichert. Man braucht sie später bei der Auswertung der der *ENV${LFD_NR} VAL*-Variablen.

```
--environment)
    if [ ! -z "$OPTARG" ]; then
        if { expr "$OPTARG" : '.*=.*'; }; then
            TMP="`expr "$OPTARG" : '\(.*\)='`"
            eval ENV${ENVINDEX}KEY="\$TMP"
            TMP="`expr "$OPTARG" : '.*=\(.*\)'`"
            eval ENV${ENVINDEX}VAL="\$TMP"
            ENVINDEX=`expr $ENVINDEX + 1`
        else
            OPTERR="$OPTARG is not of format key=value"
        fi
    else
        OPTERR="--environment needs an argument"
    fi
    ;;
```

In ähnlicher Form werden auch die Angaben gespeichert, die auf evtl. mehrere Parameter vom Typ *--index* folgen. Es wird wieder ein Array simuliert, indem man Variablennamen vergibt, die eine laufende Nummer enthalten. In diesem Fall lautet der Name *INDEXARR${LFD_NR}*.

```
--index)
    if [ ! -z "$OPTARG" ]; then
        eval INDEXARR$INDEXINDEX="$OPTARG"
        INDEXINDEX=`expr $INDEXINDEX + 1`
    else
        OPTERR="--index needs an argument"
    fi
    ;;
```

3D-Koordinaten, die in diesem Beispiel mit dem Parameter *--coords* angegeben werden, werden durch Leerzeichen getrennt als String in der Variablen *COORDS* gespeichert. Das wird hier so gemacht, um eine weitere Alternative vorzustellen. Natürlich könnte man auch hier mit nummerierten Variablennamen und einem simulierten Array arbeiten. Als Besonderheit gibt es die for-Schleife, mit der die nächsten drei Parameter nach *--coords* eingelesen werden

```
--coords)
    if [ ! -z "$OPTARG" ]; then
        COORDS="$COORDS $OPTARG"
        for i in 1 2
        do
            if [ -z "$1" ]; then
                OPTERR="--coords needs 3 arguments"
            else
                if { expr "$1" : "-[\-]*[a-z]"; }; then
                    OPTERR="--coords needs 3 arguments"
                else
                    COORDS="$COORDS $1"
                    shift
                fi
```

```
            fi
        done
    else
        OPTERR="--coords needs 3 arguments"
    fi
    ;;
```

Zuletzt werden Kommandozeilenparameter abgefangen, die nicht in der vorhergehenden Liste namentlich genannt wurden. Diese gelten dann als unbekannt, was mit einer entsprechenden Fehlermeldung quittiert wird.

```
        *)
            OPTERR="unknown: $OPTSTR"
            break
            ;;
    esac
```

Als letzte Anweisung in der Schleife wird geprüft, ob im vorhergehenden Schritt ein Formatfehler festgestellt wurde. Ist die Variable *OPTERR* infolge dessen nicht leer, dann wird die Schleife an dieser Stelle verlassen.

```
    if [ ! -z "$OPTERR" ]; then
        break
    fi
done
```

Jetzt kann die Ausgabeumleitung wieder aufgehoben werden, da zumindest in diesem Beispiel nur noch **echo**-Befehle folgen. Deren Ausgabe ist natürlich ausdrücklich erwünscht.

```
exec 1>&3 2>&4 3>&- 4>&-
```

Falls es zu einem Fehler gekommen ist, dann wird er an dieser Stelle ausgegeben und das Plugin mit einem *UNKNOWN*-Code beendet.

```
if [ ! -z "$OPTERR" ]; then
  echo "$OPTERR"
  exit 3
fi
```

Nachdem nun die Kommandozeilenparameter analysiert und verarbeitet wurden, stehen die entsprechenden Variablen für den eigentlichen Plugin-Code zur Verfügung.

```
echo timeout $TIMEOUT
echo hostname $HOSTNAME
CNT=0
while [ $CNT -lt $ENVINDEX ]; do
  eval ENVKEY="\$ENV${CNT}KEY"
  eval ENVVAL="\$ENV${CNT}VAL"
```

```
    echo $ENVKEY=$ENVVAL
    CNT=`expr $CNT + 1`
  done
  CNT=0
  while [ $CNT -lt $INDEXINDEX ]; do
    eval INDEXVAL="\$INDEXARR$CNT"
    echo INDEX: $INDEXVAL
    CNT=`expr $CNT + 1`
  done
  echo coords $COORDS
```

Wenn man vorhat, viele Plugins auf Shell-Basis zu schreiben, sollte man einen Blick auf die Bibliothek *Shflags*[6] werfen. Sie stellt eine API bereit, mit der sich das Handling von Kommandozeilenparametern schnell und portabel programmieren lässt.

3.1.10 Das Perl-Modul Nagios::Plugin

Von Ton Voon, dem Maintainer des *Nagios Plugin Project* stammt ein Perl-Modul, welches das Programmieren von Plugins zu einem Kinderspiel macht. Zwar muss man nach wie vor den eigentlichen Code schreiben, der Applikationen und Geräte abfragt, um einen Fehler festzustellen. Wie das zu bewerkstelligen ist, weiß nur der Plugin-Autor, der ein konkretes Problem zu lösen hat. Aber viele Funktionen wie das Handling der Kommandozeilenparameter, Ausgabe von Usage- und Help-Texten, Formatierung von Performancedaten und das Berechnen des Exit-Status bekommt man vorgefertigt geliefert, wenn man das Modul *Nagios::Plugin* benutzt. Es gibt mehrere Möglichkeiten, dieses Modul zu installieren.

» Wenn man die Nagios-Plugins aus den Sourcen compiliert (wie im Kapitel Installation beschrieben), dann muss man configure noch eine weitere Option angeben.

```
./configure … --enable-perl-modules
```

Dadurch wird das Perl-Modul ins Verzeichnis /usr/local/nagios/perl/lib installiert.

» Die neueste Version von *Nagios::Plugin* erhält man auf der CPAN-Seite[7]. Entweder man führt Download und Installation selbst durch, oder man geht den bequemeren Weg und benutzt die CPAN-Shell.

```
Perl -MCPAN -eshell ,install Nagios::Plugin'
```

Dabei ist jedoch zu beachten, dass das Modul in diesem Fall nicht unter *~/perl* landen wird, sondern in einem Pfad, den die lokale Perl-Installation vorgibt, üblicherweise */usr/lib/perl5*. Deshalb benötigt man für diese Methode root-Rechte.

---

6   http://code.google.com/p/shflags
7   http://search.cpan.org/~tonvoon/Nagios-Plugin-0.32/

» Wenn man die Nagios-Plugins nicht selber kompiliert, sondern auf ein fertiges Paket zurückgreift, hängt es von der Distribution ab, ob das Perl-Modul mitgeliefert wird. Wenn ja, dann wird es i. d. R. ebenfalls unter */usr/lib/perl5* zu finden sein.

Beginnt man nun mit dem Schreiben eines Plugins, dann muss man zuerst dafür sorgen, dass *Nagios::Plugin* zur Laufzeit geladen wird. Das erreicht man mit der folgenden Anweisung zu Beginn des Scripts.

```
use Nagios::Plugin;
```

Danach stehen einem die Funktionen aus dem Modul zur Verfügung, genauer gesagt die Definition der Klasse *Nagios::Plugin* und zahlreiche Methoden. Ebenfalls vordefiniert sind die Konstanten *OK*, *WARNING*, *CRITICAL*, *UNKNOWN* und *DEPENDENT*. Sie stehen für die numerischen Entsprechungen 0, 1, 2, 3, 4 und sollten diesen aus Gründen der leichteren Lesbarkeit des Codes vorgezogen werden. Man beginnt, indem man ein Objekt dieser Klasse erzeugt. Dazu verwendet man den Konstruktor *new* und erhält eine Variable, die einen Zeiger auf das Objekt darstellt.

```
my $plugin = Nagios::Plugin->new();
```

Dem Aufruf von *new* kann man verschiedene Parameter mitgeben, die dann insbesondere beim Aufruf des Plugins mit *--help* oder *--version* zum Tragen kommen.

» *shortname* ist ein Bezeichner, der der Ausgabe des Plugins vorangestellt wird. Fehlt diese Angabe, dann wird ersatzweise der Dateiname (in Großbuchstaben und ohne führendes „check_") des Plugins verwendet.

» *usage* ist ein Text, der mehrere Zeilen umfassen darf und der in kurzer Form die möglichen Kommandozeilenparameter auflistet. Er wird ausgegeben, wenn ein ungültiger Parameter die falsche Anzahl von Argumenten angegeben wurde. Der Text erscheint auch, wenn das Plugin mit *--usage* aufgerufen wurde. Bei Angabe von *--help* taucht er ebenfalls im Vorspann auf.

» *version* ist ein String, der die Versionsnummer beinhaltet. Er wird für den Aufruf des Plugins mit *--version* benötigt.

» *url* ist ein Link, der auf die Homepage des Plugins verweist. Die Angabe ist optional und erscheint, wenn man *--version* oder *--help* angibt.

» *blurb* ist ein kurzer Text (1-2 Zeilen), der grob den Zweck des Plugins beschreibt. Er wird bei Angabe des Parameters *--help* als Titel ausgegeben.

» *license* beschreibt die Lizenz, unter der das Plugin veröffentlicht wurde. Fehlt dieser Parameter, dann wird stattdessen ein Hinweis auf die GPL eingesetzt. Die Lizenz erscheint bei Angabe von *--help* am Kopf der Ausgabe.

- » *extra* ist ein langer Hilfetext, der ausgegeben wird, wenn das Plugin mit *--help* aufgerufen wurde. Üblicherweise beinhaltet er nähere Informationen über die Funktionsweise des Plugins und die Handhabung von Thresholds.
- » *plugin* ist der Name des Plugins, der bei *--version*, *--usage* und *--help* ausgegeben wird. Lässt man diesen Parameter weg, so wird der Dateiname des Plugins verwendet.
- » *timeout* gibt die maximale Laufzeit des Plugins in Sekunden an. Wird diese Zeitspanne überschritten, dann wird das Plugin vorzeitig mit einer entsprechenden Timeout-Meldung abgebrochen. Allerdings geschieht das nicht automatisch. Den dazu nötigen Aufruf der *alarm*-Funktion müssen Sie selbst schreiben. Wie das gemacht wird, sehen Sie in den folgenden Beispielen. Fehlt dieser Parameter und wurde auch auf der Kommandozeile mit *--timeout* kein Wert angegeben, dann kann das Plugin theoretisch unendlich lange Zeit laufen und wird auch nicht vorzeitig beendet.

Der Konstruktor könnte beispielsweise mit folgenden Argumenten aufgerufen werden:

```
my $plugin = Nagios::Plugin->new(
    shortname => 'fileproc',
    usage => "Usage: %s [ -v|--verbose ]  [-H <host>] [-t <timeout>]
    [ -F|--file = <the file to monitor> ]
    [ -P|--proc=<the process to monitor> ],
    [ -c|--critical=<critical threshold> ]
    [ -w|--warning=<warning threshold> ]",
    version => '1.2',
    blurb => 'This plugin monitors a file and a process
It is written inPerl using the Nagios::Plugin modules.  It accepts a pathname and and a process id',
    extra => 'Please note that the -proc parameter is optional and will be set to the default value 1 if missing.',
    plugin => 'check_beispiel',
    url => 'http://www.naprax.de/plugins',
);
```

Beim Ausführen des Plugins mit den Parametern *--version* und *--usage* würden dann (vorausgesetzt man ergänzt obigen Code um den weiter unten vorgestellten Methodenaufruf *$plugin->getopts();*) folgende Ausgaben produziert:

```
$ check_beispiel --version
check_beispiel 1.2 [http://www.naprax.de/plugins]

$ check_beispiel --usage
Usage: check_beispiel [ -v|--verbose ]  [-H <host>] [-t <timeout>]
    [ -F|--file = <the file to monitor> ]
    [ -P|--proc=<the process to monitor> ],
    [ -c|--critical=<critical threshold> ]
    [ -w|--warning=<warning threshold> ]
```

Die Kurzbezeichnung *shortname* kommt zum Vorschein, wenn man das Plugin wie vorgesehen aufruft:

```
$ check_beispiel --file /dev/null --proc 1
fileproc OK - file and proc found
```

Diese Form der Ausgabe mit einem Präfix vor dem Statuscode ist eher unüblich. Leider lässt sich *shortname* auch dann nicht unterdrücken, wenn man beim Aufruf von *new* diesem Parameter einen Leerstring oder *undef* zuweist. Es gibt aber einen Trick, wie man diesen Bezeichner trotzdem los wird. Mit einem Typeglob definiert man einfach die verantwortliche Funktion um, dann beginnt die Ausgabe wieder mit OK.

```
*Nagios::Plugin::Functions::get_shortname = sub {
    return undef; # suppress output of shortname
};
```

Nachdem nun das *Nagios::Plugin*-Objekt *$plugin* erzeugt wurde, lassen sich darauf allerhand Methoden anwenden, die dem Programmierer Arbeit abnehmen. Die erste Gruppe dient dazu, den Umgang mit Kommandozeilenparametern zu vereinfachen. (Sie verwenden intern das Perl-Modul *Getopt*, das im vorhergehenden Abschnitt behandelt wurde).

Optionsmethoden

Nach dem Aufruf des Konstruktors *new* kennt das Plugin bereits die Basisparameter *--help*, *--usage* sowie *--version*, ohne dass dafür extra Code programmiert werden müsste. Natürlich reichen diese in vielen Fällen nicht aus, um die Besonderheiten eines Plugins zu berücksichtigen. Im soeben gezeigten Beispiel kommen die Parameter *--file* und *--proc* vor. Man muss also dafür sorgen, dass diese als gültig erkannt werden. Das geht ganz einfach mit der Methode *add_arg*. Man übergibt dieser den Namen und, falls auch Argumente erwartet werden, den entsprechenden Datentyp. Das ist aber noch nicht alles, was *add_arg* kann. Wie hilfreich die Methode ist, soll an den folgenden zwei Aufrufen gezeigt werden:

```
$plugin->add_arg(
    spec => 'file=s',
    help => "--file
  The name of the file to be monitored",
    required => 1,
);
$plugin->add_arg(
    spec => 'proc=i',
    help => "--proc
  The pid of the process",
    required => 0,
    default => 1,
);
```

KAPITEL 3 Erstellen eigener Plugins

Diese Zeilen sorgen dafür, dass der Kommandozeilenparameter --*file* ein Argument in Form eines Strings erwartet, dass beim Aufruf des Plugins mit --*help* ein Hilfetext in die Ausgabe einfließt, der die Aufgabe des --*file*-Parameters beschreibt und dass --*file* zwingend angegeben werden muss. Der zweite Aufruf definiert einen optionalen Parameter --*proc*, dessen Argument eine Zahl sein muss. Ersatzweise wird ein Defaultwert von 1 angenommen. Man kann also mit dieser Methode sehr einfach Parameter hinzufügen oder auch wegnehmen, wobei die „Gebrauchsanleitung" beim Aufruf des Plugins mit --*help* dynamisch erzeugt wird. Wenn die Definition der erlaubten Kommandozeilenparameter vollständig ist, ruft man die Methode *getopts* auf.

```
$plugin->getopts();
```

Diese sorgt dafür, dass die tatsächlich angegebenen Parameter zur Laufzeit des Plugins evaluiert und mit den Vorgaben verglichen werden. Stimmen Anzahl und Format nicht, dann wird die Kurzanleitung ausgegeben, die beim Aufruf des Konstruktors *new* mit *usage* definiert wurde. Im Normalfall aber werden interne Flags und Variablen gesetzt, indem ihnen die Werte der Argumente von der Kommandozeile zugewiesen werden. Im weiteren Verlauf des Plugins wird dann mit Hilfe der Methode *opts* auf ihren Inhalt zugegriffen. Für jeden bekannten Kommandozeilenparameter wurde zu diesem Zweck automatisch eine gleichnamige Funktion erzeugt.

```
my $filename = $plugin->opts()->file();
my $pid = $plugins->opts()->proc();
```

Die leeren Klammern können auch weggelassen werden. Sie wurden hier nur angegeben, um zu verdeutlichen, dass es sich um Methodenaufrufe handelt. Im Beispiel sind die Variablen *$filename* und *$pid* Skalare. Wie bei der Erläuterung des Perl-Moduls Getopt gezeigt wurde, sind bei Mehrfachangabe des gleichen Parameters auch Hashes und Arrays möglich. In dem Fall würde man dann einen Zeiger auf eine Variable des entsprechenden Datentyps erhalten. Nach der Definition und dem Einlesen von Kommandozeilenparametern wird man im Plugin mit der Programmierung individuellen Codes weitermachen, der die Prüfungen vornimmt und somit die Kernaufgabe wahrnimmt. Dabei fallen in den meisten Fällen Messwerte an, deren Größe ausschlaggebend für das Endergebnis des Plugins ist.

Thresholdmethoden

Man schließt von den Messwerten auf den Zustand des überprüften Systems, indem man sie mit vordefinierten Schwellwerten vergleicht. Liegen die Messungen in einem bestimmten Intervall, so geht man davon aus, dass alles in Ordnung ist. Liegen sie außerhalb des gewünschten Bereichs, dann kann das ein Zeichen von bereits eingetretenen oder zu erwartenden Problemen sein. In dem Fall muss man noch unterscheiden, ob eine Warnung ausreicht, oder ob der Messwert so weit vom Normalwert abweicht, dass ein Critical Error

KAPITEL 3 Erstellen eigener Plugins

gerechtfertigt ist. Üblicherweise gibt man in so einem Fall beim Aufruf des Plugins die Parameter *--warning* und *--critical* an, aus deren Über- oder Unterschreitung ein entsprechender WARNING- oder CRITICAL-Status resultieren kann. Die dazu nötigen Berechnungen führt die Methode *check_threshold* durch, deren Rückgabewert eine der Konstanten *OK*, *WARNING* oder *CRITICAL* ist. Es gibt drei Varianten der Anwendung von *check_threshold*.

» Im einfachsten Fall wurden bereits durch die Kommandozeilenparameter *--warning* und *--critical* zwei Schwellwerte vergeben. Man muss dann nur noch den Messwert angeben, der mit ihnen verglichen werden soll.

```
my $result = $plugin->check_threshold(
    check => $messwert
);
```

Entgegen der Dokumentation des Plugins werden die Thresholds nicht automatisch gesetzt, wenn man *--warning* oder *--critical* angibt. Daran ändern auch Defaultwerte in den entsprechenden *add_arg*-Aufrufen nichts. Dies mag sich in Zukunft ändern. Bis dahin sollte man aber nach dem Aufruf von *getopts()* mit folgenden Zeilen die Erzeugung eines *Nagios::Plugin::Threshold*-Objekts erzwingen:

```
$plugin->set_thresholds(
    warning => $p->opts->warning,
    critical => $p->opts->critical,
);
```

Ohne diesen Schritt würde ein *check_threshold* nicht richtig funktionieren.

» Man kann die Schwellwerte auch direkt beim Aufruf von check_thresholds angeben. Diese hätten Vorrang vor etwaigen (von *--warning* und *--critical* stammenden) internen Thresholds.

```
my $result = $plugin->check_threshold(
    check => $messwert
    warning => ‚10:‘,
    critical => ‚5:‘,
);
```

» Mit der Methode *set_threshold* lassen sich an jeder Stelle im Programm neue Schwellwerte setzen. Dadurch lässt sich auf bestimmte Rahmenbedingungen reagieren. Beispielsweise könnte die Uhrzeit Einfluss darauf haben, wie „streng" eine gemessene Zahlengröße bewertet wird.

```
$plugin->set_threshold(
    warning => $warning,
    critical => $critical,
);
...
```

```
my $result = $plugin->check_threshold(
    check => $messwert
);
```

Als Schwellwerte kann man Zahlen sowie Strings angeben. Letzteres ist nötig, um z.B. sogenannte *falling thresholds* auszudrücken, also Schwellwerte, bei deren **Unter**schreitung ein Alarm ausgelöst werden soll (Bsp. „*10:*"). Auch der Vergleich von Zahlenwerten mit sog. *Ranges* ist dadurch möglich. Intern werden die Schwellwerte in einem *Nagios::Plugin::Threshold*-Objekt gespeichert. Man wird *check_thresholds* selten für sich allein verwenden. Meistens benutzt man sie im Zusammenhang mit der *add_message* Methode.

Messagemethoden

Einfache Plugins sind so aufgebaut, dass eine Prüfung stattfindet, die ein Ergebnis liefert und dieses anschließend am Programmende in Textform ausgegeben wird. Manchmal werden aber auch mehrere, z. T. voneinander unabhängige Untersuchungen angestellt, Schleifen durchlaufen, wobei jedes Mal ein Einzelprüfergebnis anfällt. Diese müssten dann zusammengeführt werden, damit am Schluss ein Gesamtergebnis ausgegeben werden kann. Dafür gibt es die Methode *add_message*, mit der sich das *$plugin*-Objekt ein Zwischenergebnis zum Zwecke der späteren Verarbeitung erst einmal merken kann. Man übergibt ihr einen der Codes *OK*, *WARNING* oder *CRITICAL* und einen String, der damit auch gleich in die richtige Kategorie eingeordnet wird.

```
$plugin->add_message(WARNING, 'Process not running');
```

Damit wird erreicht, dass die Meldung sozusagen mit der Markierung WARNING versehen und für die spätere Verwendung zwischengespeichert wird. Wie bereits erwähnt, benutzt man häufig *check_thresholds* zusammen mit *add_message*. Da letztere Funktion als ersten Parameter einen Errorlevel erwartet und *check_thresholds* einen Returncode genau dieser Art liefert, kann man die beiden folgendermaßen kombinieren:

```
my $messwert = …..;
$plugin->add_message(
    $plugin->check_threshold(
        check => $messwert
    ),
    sprintf("Messwert: %d", $messwert),
);
```

Intern wird das so gehandhabt, dass im $plugin-Objekt für jeden Errorlevel ein Array existiert. Mit *add_message* wird dann der Message-String als neues Element in das entsprechende Array aufgenommen. Auf diese Weise könnte man auch vorgehen, wenn man ein Plugin schreibt, das nicht auf die Funktionen in *Nagios::Plugin* zurückgreift.

Die sich ansammelnden Meldungen müssen am Ende des Plugins zusammenhängend ausgegeben werden. Damit die wichtigsten Informationen zuerst kommen, erscheinen die Teilstücke sinnvollerweise in der Reihenfolge CRITICAL, WARNING, OK. Dabei hilft die Methode *check_messages*. Ruft man diese im skalaren Kontext auf, dann liefert sie einfach den Exitcode, den sie aus dem Vorhandensein von Meldungen der unterschiedlichen Schweregrade ermittelt.

```
my $exitcode = $plugin->check_messages();
```

Ruft man die Methode hingegen im Listenkontext auf, dann erhält man einen Exitcode sowie einen String, der sich aus den einzelnen Meldungen zusammensetzt und für die endgültige Ausgabe des Plugins verwendet werden kann.

```
my ($exitcode, $exitmessage) = $plugin->check_messages();
```

Ruft man *check_messages* in dieser Form auf, dann wird *$exitmessage* nach folgendem Algorithmus aufgebaut: Wenn es Messages der Kategorie *X* gibt, dann werden diese zusammengehängt, wobei jeweils ein Leerzeichen als Trennzeichen dient. Dabei wird nach der Reihenfolge CRITICAL, WARNING, OK vorgegangen. Es ist zu beachten, dass ausschließlich Meldungen einer Kategorie für die Ausgabe verwendet werden. Wurden mit *add_message()* sowohl eine CRITICAL- als auch eine WARNING-Message gespeichert, dann wird letztere nicht auftauchen. Anhand einiger Beispielmeldungen soll dies demonstriert werden:

```
$plugin->add_message(CRITICAL, "crit1");
$plugin->add_message(WARNING, "warn1");
$plugin->add_message(CRITICAL, "crit2");
$plugin->add_message(CRITICAL, "crit3");
$plugin->add_message(WARNING, "warn2");
$plugin->add_message(OK, "ok1");
```

Der oben gezeigte Aufruf von *check_messages* ohne weitere Parameter würde dann folgende Ergebnisse liefern:

```
$exitcode    == CRITICAL
$exitmessage == 'crit1 crit2 crit3'
```

Dieses Verhalten kann man aber auch beeinflussen. *check_messages* akzeptiert dazu einige Namensparameter.

» *join* legt einen String fest, der die einzelnen Meldungen einer Kategorie voneinander trennt. Defaultmäßig wird dafür ein Leerzeichen verwendet.

» *join_all* sorgt dafür, dass nicht nur die Meldungen der Kategorie mit der größten Kritikalität ausgegeben werden, sondern sämtliche zwischengespeicherten Strings. Die einzelnen Kategorien werden wiederum durch eine Zeichenfolge getrennt, die man dem Parameter join_all mitgibt.

KAPITEL 3   Erstellen eigener Plugins

» *critical* ist ein Zeiger auf ein Array, mit dem man *$exitmessage* neben denen durch add_message erzeugten *CRITICAL*-Strings noch weitere Meldungen beimischen kann.

» *warning* ist ebenfalls eine Arrayreferenz, mit der man zusätzliche *WARNING*-Meldungen einfügen kann.

» *ok* dient dazu, abschließende Meldungen unterzubringen, die informellen Zwecken dienen.

Der folgende Überblick soll zeigen, wie sich die Ausgabe verändert, wenn diese Parameter zum Einsatz kommen.

```
$plugin->check_messages(
    join => ', '
);
crit1, crit2, crit3

$plugin->check_messages(
    join => ', '
    join_all => '; ',
);
crit1, crit2, crit3; warn1, warn2; ok1

$plugin->check_messages(
    join => ', '
    join_all => '; ',
    warning => ['warna', 'warnb'],
    critical => ['crita'],
);
crita, crit1, crit2, crit3; warna, warnb, warn1, warn2; ok1
```

Wie diese Methode im Plugin eingesetzt wird, sieht man später im Abschnitt *Exitmethoden*.

Performancedatenmethoden

Ähnlich geht man vor, wenn Messwerte am Schluss als Performancedaten an die Ausgabe des Plugins angehängt werden sollen. Auch hier steht eine Methode zur Verfügung, die sowohl die Zwischenspeicherung übernimmt als auch bei der korrekten Formatierung der Performancedaten behilflich ist.

```
$plugin->add_perfdata(
    label => 'filesize',
    value => $messwert,
    uom => 'B',
    threshold => $plugin->threshold(),
);
```

Die Bedeutung der Parameter *label* und *value* dürfte klar sein. Laut *Plugin Development Guidelines* sind dies die Mindestangaben für ein gültiges Performancedatum. Optional ist dagegen die *Unit of Measurement*, die die Einheit ausdrückt, in der *$messwert* gemessen wurde. In diesem Fall ist dies *B* und steht für *Bytes*. Ebenfalls optional ist hier die Angabe von Thresholds. Es wird ein Objekt des Typs *Nagios::Plugin::Threshold* erwartet. Dieses erhält man durch Aufruf der Methode *threshold()*, allerdings liefert diese nur dann ein Ergebnis, wenn zuvor mit *set_threshold()* dieses (globale) Objekt erzeugt wurde. Bei einem angenommenen Messwert von 10 und Critical- und Warningschwellwerten von 20 und 30 würde dann in diesem Beispiel folgende Zeichenkette Bestandteil der Plugin-Ausgabe sein:

```
filesize=10B;20;30
```

Am Schluss des Plugins müssen die gesammelten Zwischenergebnisse und Performancedaten noch zusammengefasst und der endgültige Exitcode ermittelt werden.

Exitmethoden

Die letzten beiden Befehle in einem Plugin sind üblicherweise die Ausgabe des Checkergebnisses in Form eines Textes und das Verlassen des Programms mit einem Exitcode. Die Methode *nagios_exit()* fasst sie zu einem einzigen Statement zusammen.

```
$plugin->nagios_exit(OK, 'no errors detected');
```

Wie man sieht, besteht die Parameterliste aus einem Exitcode und einem Text. Es liegt also nahe, hier einfach die Ausgabe von *check_messages* einzusetzen.

```
$plugin->nagios_exit(
    $plugin->check_messages()
);
```

Daneben gibt es noch die Alternative *nagios_die()*. Sie unterscheidet sich von *nagios_exit()* dadurch, dass die Liste der Parameter umgedreht ist, wobei der nunmehr zweite Parameter für den Exitcode optional ist. Fehlt dieser, dann wird *UNKNOWN* dafür verwendet. Diese Funktion kommt dann zum Einsatz, wenn ein Plugin nicht in der Lage ist, festzustellen, ob ein Fehlerfall vorliegt oder nicht. In dem Fall wird die Programmausführung mit *nagios_die()* kurzerhand vorzeitig abgebrochen.

Sonstiges

Auch wenn man das Plugin mit dem standardmäßig vorhandenen Kommandozeilenparameter *--timeout* aufgerufen hat, muss man sich selbst darum kümmern, dass ein Timer gestartet wird, der nach Ablauf der vorgesehenen Zeit den normalen Programmfluss unterbricht. Dies macht man mit folgender Anweisung, die man am besten unmittelbar nach dem Aufruf von *getopts()* platziert.

```
alarm $plugin->opts->timeout;
```

Wenn die Zeit abgelaufen ist, wird zu einem Signalhandler gesprungen, um dessen Initialisierung sich *getopts()* gekümmert hat. Der Handler gibt dann noch eine entsprechende Meldung aus und beendet das Plugin mit dem Status UNKNOWN.

```
UNKNOWN - plugin timed out (timeout 15s)
```

Wem diese Meldung nicht gefällt, der kann auch seinen eigenen Signalhandler definieren.

```
$SIG{ALRM} = sub {
  $plugin->nagios_die("mein eigener Text");
};
```

Damit lässt sich dann die Ausgabe im Timeout-Fall den eigenen Bedürfnissen anpassen.

Extra-opts

Ein sehr praktisches Feature, welches mit dem Release 1.4.12 der Nagios-Plugins eingeführt wurde, sind die Extra-Opts. Damit ist es möglich, Parameter von der Kommandozeile in eine Datei zu verlagern. Für den Aufruf eines Plugin bedeutet dies, dass nur noch ein einziger Parameter *--extra-opts* nötig ist, der dann bewirkt, dass alle weiteren Parameter aus einer Datei gelesen werden. Dadurch ist es möglich, sensible Daten, die man z.B. mit *--password* mitgibt und die dadurch in der Prozessliste zu sehen sind, in einer speziellen Datei zu verstecken. Da die Extra-Opts auch vom Modul *Nagios::Plugin* unterstützt werden, soll hier näher auf sie eingegangen werden. Anhand eines Beispiels wird demonstriert, wie man einem Plugin **check_beispiel** die Parameter *--file* und *--proc* mit Hilfe einer Datei übergibt. Der traditionelle Weg des Plugin-Aufrufs lautet:

```
check_beispiel --file /tmp/testfile --proc 1
```

Steckt man die Parameter nun in eine Datei namens *myparams.ini* mit folgendem Format

```
[check_beispiel]
file=/tmp/testfile
proc=1
```

dann verkürzt sich der Aufruf des Plugins auf:

```
check_beispiel --extra-opts @myparams.ini
```

So eine Optionsdatei ist in Sektionen (in diesem Fall nur eine einzige, *[check_beispiel]*) unterteilt, wie man es von INI-Dateien unter Windows kennt. Sektionen werden durch einen Bezeichner in eckigen Klammern eingeleitet, danach folgen Key-Value-Paare bis zur nächsten Sektion oder dem Dateiende. Im Beispiel wurde *--extra-opts* ein Dateiname mitgegeben. Man kann diesen auch weglassen, dann sucht sich das Plugin selbständig eine Parameterdatei. Dabei wird folgende Liste von Pfaden durchprobiert, bis ein Treffer erfolgt.

```
/etc/nagios/plugins.ini
/usr/local/nagios/etc/plugins.ini
/usr/local/etc/nagios/plugins.ini
/etc/opt/nagios/plugins.ini
/etc/nagios-plugins.ini
/usr/local/etc/nagios-plugins.ini
/etc/opt/nagios-plugins.ini
```

In den folgenden Beispielen wird davon ausgegangen, dass */usr/local/nagios/etc/plugins.ini* die Konfigurationsdatei der Wahl ist, in der die verschiedenen Parameter zentral gespeichert sind. Daher wird ab hier die Angabe von *@myparams.ini* wegfallen. Man sollte aber im Hinterkopf behalten, dass es jederzeit möglich ist, Parameter in beliebige Dateien auszulagern. Im INI-File wird dann nach einer Sektion gesucht, deren Name dem Plugin-Namen entspricht. Dieser ist durch den Parameter *plugin* im Aufruf von *new* oder ersatzweise durch den Dateinamen des Plugins vorgegeben.

In der Regel wird man mehrere Services in Nagios definiert haben, die auf demselben Plugin aufbauen. Sollten hier unterschiedliche Parameterlisten zum Einsatz kommen, dann ist es auch möglich, dies durch den direkten Aufruf einer bestimmten Sektion zu berücksichtigen. Man erweitert dazu die Datei */usr/local/nagios/etc/plugins.ini*

```
[testfile]
file=/tmp/testfile
proc=1

[prodfile]
file=/tmp/prodfile
proc=29
```

Jetzt kann man *check_beispiel* auf zwei Arten aufrufen und dabei die gewünschte Sektion angeben:

```
check_beispiel --extra-opts testfile

check_beispiel --extra-opts prodfile
```

In der herkömmlichen, ausführlichen Schreibweise hätten die Aufrufe so ausgesehen:

```
check_beispiel --file /tmp/testfile --proc 1

check_beispiel --file /tmp/prodfile --proc 29
```

Selbstverständlich steht diese Art des Aufrufs nach wie vor als dritte Variante zur Verfügung. Wenn die entsprechende Servicedefinition keine Leerzeichen enthält, dann bietet es sich an, diese als Sektionsbezeichnung zu verwenden. Man könnte dann die Konfiguration folgendermaßen aufbauen:

```
define service {
    service_description     app_beispiel_check_testfile
    ...
    check_command           check_beispiel_extra
}
define service {
    service_description     app_beispiel_check_prodfile
    ...
    check_command           check_beispiel_extra
}
define command {
    command_name            check_beispiel_extra
    command_line            $USER2$/check_beispiel \
                            --extra-opts $SERVICEDESC$
}
```

Die entsprechenden Abschnitte in der INI-Datei, die herangezogen wird, sehen dann folgendermaßen aus:

```
[app_beispiel_check_testfile]
file=/tmp/testfile
proc=1

[app_beispiel_check_prodfile]
file=/tmp/prodfile
proc=29
```

Wie bereits erwähnt, funktioniert das nicht, wenn die Service- und somit die Sektionsbezeichnung Leerzeichen enthält.

Der Parameter *--extra-opts* kann auch mehrfach angegeben werden. Damit ist es möglich, Daten aus mehreren Sektionen zu mischen. Angenommen, **check_beispiel** soll nun grundsätzlich mit dem Parameter *--timeout 20* aufgerufen werden. Dann könnte man diesen in einer von allen gemeinsam genutzten Sektion unterbringen, wohingegen die individuellen Parameter in eigenen Sektionen stehen.

```
[check_beispiel]
timeout=20

[app_beispiel_check_testfile]
file=/tmp/testfile
proc=1

[app_beispiel_check_prodfile]
file=/tmp/prodfile
proc=29
```

In diesem Fall reicht dann die Angabe von *--extra-opts* ohne Argument, um den Timeout-Eintrag zu finden. Für die restlichen Parameter ergänzt man *--extra-opts* je nach Einzelfall mit dem entsprechenden Sektionsnamen.

```
check_beispiel --extra-opts --extra-opts app_beispiel_check_prodfile
```

KAPITEL 3 — Erstellen eigener Plugins

Der äquivalente ausführliche Aufruf würde lauten:

```
check_beispiel --timeout 20 --file /tmp/prodfile --proc 29
```

Es ist auch möglich, ein Plugin so aufzurufen, dass ein Teil der Parameter über den Weg einer INI-Datei und der andere Teil auf herkömmlichen Weg durch Angabe auf der Kommandozeile vorliegt. In dem Fall ist es nicht so, dass z.B. ein *--file* auf der Kommandozeile ein *file=* in der Datei überschreibt, wie man meinen könnte. Tatsächlich sieht es aus der Sicht des Plugin-Codes so aus, als stünden beide Parameter auf der Kommandozeile. Dies ist zu berücksichtigen, wenn beispielsweise Mehrfachangaben möglich sind.

Der wichtigste Grund, die Extra-Opts einzusetzen ist sicher der, dass man Plugins nicht mehr mit sensiblen Login-Daten (*--username, --password*) aufrufen möchte. Diese wären dann für jedermann sichtbar, der Zugang zum Nagios-Server hat und dort das **ps**-Kommando ausführt. Daneben ist es praktisch, sich häufig ändernde Anforderungen durch Anpassung der INI-Files zu erfüllen, ohne die Nagios-Konfiguration anfassen zu müssen. Dies ermöglicht es auch beliebigen Betriebsteams, eigenständig Änderungen vorzunehmen, ohne dass das Nagios-Team tätig werden muss. Man könnte z.B. mittels ACLs einem Serverbetreiber das Editieren eines für ihn reservierten INI-Files gestatten, in dem er die Liste der z.B. von **check_disk** überprüften Filesysteme ändern kann. Nicht zuletzt können die INI-Dateien auch dazu beitragen, die Nagios-Konfiguration zu verschlanken.

3.1.11 Der Nagios Embedded Perl Interpreter

Wenn man bei der Installation von Nagios die Option *--enable-embedded-perl* gewählt hat, dann erhält man eine besondere Variante von Nagios, genannt ePN (*embedded Perl Nagios*). Diese unterscheidet sich von der Standardausführung dadurch, dass ein Perl-Interpreter im Nagios-Core enthalten ist. Dadurch ist Nagios in der Lage, Perl-Code unmittelbar auszuführen, ohne erst einen externen Interpreter */usr/bin/perl* starten zu müssen. Zum Einsatz kommt diese Methode bei in Perl geschriebenen Plugins, Event Handlern und Notification Scripts. Speziell bei Ersteren kann ein deutlicher Performancegewinn erzielt werden, da sie wesentlich häufiger ausgeführt werden. ePN erkennt an der ersten Zeile, in welcher Sprache ein Plugin geschrieben wurde. Taucht dort das bekannte *#! /usr/bin/perl* auf, so ist das Plugin ein potentieller Kandidat für den internen Perl-Interpreter. (Auch andere Pfade sind möglich, etwa *#! /usr/local/bin/perl*). Ob dann der entsprechende Perl-Interpreter in einem eigenen Prozess gestartet wird oder ob der Plugin-Code von Nagios eingelesen und mit dem internen Interpreter ausgeführt wird, hängt von mehreren Konfigurationseinstellungen ab. Die wichtigste befindet sich in der Datei *nagios.cfg*.

```
enable_embedded_perl=1
```

Diese Option entscheidet systemweit, ob die Verwendung des embedded Perl Interpreter überhaupt gewünscht ist. Gibt man hier 0 an, dann wird er sozusagen auskonfiguriert und

KAPITEL 3   Erstellen eigener Plugins

alle Plugins werden auf die herkömmliche Art ausgeführt. Man kann die Option aber getrost auf aktiv setzen, denn es kommen noch weitere Regeln zum Zuge. Hat ePN also erkannt, dass es sich um ein Perl-Plugin handelt, dann werden dessen erste 10 Zeilen untersucht. Dort kann man mittels eines speziellen Kommentars angeben, ob es mit dem embedded Perl Interpreter ausgeführt werden soll oder nicht. Der Kommentar muss in folgendem Format vorliegen:

```
# nagios: +epn
```

Mit dieser Zeile teilt man Nagios mit, dass ausdrücklich gewünscht ist, das Plugin vom embedded Interpreter ausführen zu lassen. Das wird dann der Fall sein, wenn durch ausführliche Tests nachgewiesen wurde, dass dadurch keine Probleme zu erwarten sind. Im Zweifelsfall, oder wenn bekannt ist, dass ein Plugin die Voraussetzungen für einen Einsatz mit ePN nicht erfüllt, schaltet man die Sonderbehandlung besser ab:

```
# nagios: -epn
```

Dadurch sorgt man dafür, dass der in der ersten Zeile vorgefundene Perl-Interpreter gestartet wird, der dann in einem eigenen Prozess den Plugin-Code ausführt. Fehlt diese Angabe komplett, dann entscheidet ein weiterer Parameter in *nagios.cfg*, wie weiter verfahren wird.

```
use_embedded_perl_implicitly=1
```

Setzt man den Parameter auf 1, dann wird ein Plugin im Zweifelsfall vom embedded Perl Interpreter ausgeführt. Auf welchem Wege Nagios zu einer Entscheidung findet, verdeutlicht das folgende Ablaufdiagramm.

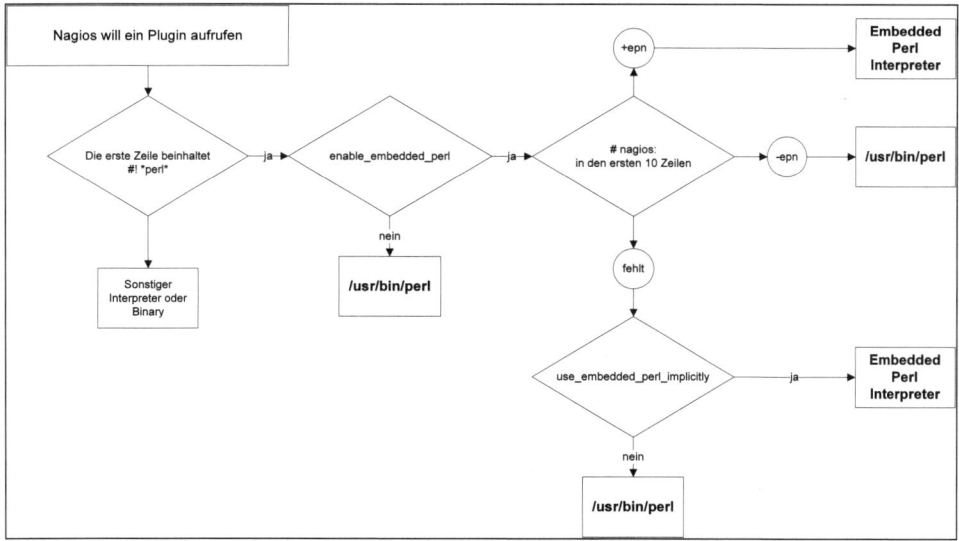

Abbildung 3.1: **Entscheidung für einen externen Perl-Interpreter oder embedded Perl**

Worauf ist nun zu achten, wenn nicht */usr/bin/perl* o.ä., sondern der Nagios-Prozess selbst ein Perl-Plugin ausführt. Als Programmierer muss man sich an einige Vorschriften[8] halten, wenn man ein ePN-fähiges Plugin programmiert. Diese sind auf der Webseite von Nagios genau beschrieben, deshalb sollen sie hier nicht noch einmal wiederholt werden. Deshalb wird davon ausgegangen, dass ein neues Plugin bereits erstellt wurde. Vor dem produktiven Einsatz sollte es dann in einer simulierten Umgebung auf seine ePN-Kompatibilität getestet werden. Dazu gibt es im *contrib*-Verzeichnis der Nagios-Sourcen das Programm **new_mini_epn**. Zumindest in der Version 3.10 von Nagios wird dieses nicht erstellt, wenn man **make contrib** aufruft. Man muss die Kompilierung und Installation von Hand ausführen.

```
nagsrv$ cd contrib
nagsrv$ make; make install
```

Danach ruft man **new_mini_epn** auf, das im letzten Schritt nach */usr/local/nagios/bin* kopiert wurde. Das Programm verlangt die Eingabe einer Kommandozeile, also dem Plugin mit dessen vollständiger Parameterliste.

```
nagsrv$ new_mini_epn
plugin command line:
```

Dabei muss man darauf achten, den vollständigen Pfad zum Plugin anzugeben, damit die Simulation dem realen Verhalten von Nagios entspricht. (Dort gibt man ja bei der Command-Definition i. d. R. *$USERx$/plugin* an). Danach liest **new_mini_epn** den Inhalt der Datei ein, führt ihn mit Hilfe des eingebauten Perl-Interpreters aus und zeigt dann den Exitcode und den Output des Plugins an.

```
nagsrv$ new_mini_epn
plugin command line: /usr/local/nagios/locallibexec/check_fs_ping --path /
mnt/missing
embedded perl plugin return code and output was: 2 & CRITICAL - /mnt/missing
does not exist | /mnt/missing=0.101345s;3;4
plugin command line:
```

Als Plugin-Entwickler sollte man nun alle möglichen Szenarien durchprobieren. Das Ausbleiben einer Fehlermeldung bedeutet aber noch nicht, dass sich das Plugin über einen längeren Zeitraum im realen Einsatz korrekt verhalten wird. Beim Test mit **new_mini_epn** treten nur die offensichtlichsten Fehler zutage. Man sollte also sein Plugin in einer Nagios-Umgebung eine Weile laufen lassen und beobachten, ob unerwartete Fehlermeldungen auftauchen oder ob Memory Leaks den Speicherbedarf des Nagios-Prozesses wachsen lassen.

Die Meinungen über ePN gehen auseinander. Aufgrund der Erfahrungen, von denen Anwender berichteten, kann der Einsatz von ePN weder empfohlen noch davon abgeraten werden. Manche sind begeistert vom Performancegewinn, andere gerieten in Teufels Küche. Man muss es

---

8   http://nagios.sourceforge.net/docs/3_0/epnplugins.html

KAPITEL 3 Erstellen eigener Plugins

einfach ausprobieren. Grundsätzlich sollte Nagios aber mit Embedded Perl kompiliert werden. Danach kann man mit *use_embedded_perl_implicitly=0* Schritt für Schritt einzelne Plugins mit *#epn+* vom internen Interpreter ausführen lassen und ihr Verhalten beobachten.

3.2 Ein nützliches Beispiel

Häufig werden große Datenbestände auf NAS-Filern abgelegt und in sogenannten Shares bereitgestellt. Server mounten sich dann diese Shares (im Unix-Bereich üblicherweise mit NFS) und greifen auf die Daten zu. Dadurch entsteht allerdings eine Abhängigkeit von externen Geräten. Nicht nur der Filer selbst kann ausfallen, auch das Netzwerk ist eine potentielle Fehlerquelle. Aber es muss noch nicht einmal zum Abbruch der Verbindung zwischen Server und Filer kommen. Bei parallelem Zugriff durch viele NFS-Clients kann es vorkommen, dass die Platten im NAS-Storage an die Grenzen ihrer Leistungsfähigkeit stoßen. Daten können dann nicht mehr in der gewünschten Geschwindigkeit an die Clients ausgeliefert werden. Auch Probleme im Netzwerk können den Datentransfer durch viele Retransmits und verlorene Pakete erheblich bremsen. In dieser Situation häufen sich i. d. R. die Beschwerden über langsam reagierende Applikationen. Bei der Fehlersuche wird man dann feststellen, dass ein Webserver Seiten nur mit Verzögerung ausliefert, danach stellt man fest, dass die Datenbank träge reagiert und bis man schließlich beim Filesystem-IO angelangt ist, kann eine Weile vergehen. Dabei hätte man womöglich lange vorher bemerken können, dass Dateizugriffszeiten ungewöhnlich lange dauern.

Ein anderes Szenario ist der Ausfall einer Netzwerkkomponente zwischen Server und Filer. Die gemounteten Filesysteme reagieren dann gar nicht mehr. Schlimmer noch, Prozesse, die die dort liegenden Dateien verarbeiten wollen, bleiben einfach stehen und lassen sich im Falle von Hard-Mounts noch nicht einmal mehr mit dem kill-Kommando beenden. Das ist natürlich ein beabsichtigtes Verhalten, damit nach der Behebung der Störung die Prozesse weiterlaufen, als sei nichts geschehen. Dennoch sollte man bei so einem Stillstand unbedingt alarmiert werden. Als Beispiel soll der folgende Mount dienen:

```
nagsrv# df /storage
Filesystem           1K-blocks      Used Available Use% Mounted on
nas.naprax.de:/mnt/md1/db2
                     961076704 842225600  70031168  93% /storage
```

Auf dem Server *nagsrv* gibt es also ein Verzeichnis */storage*, in welchem nicht-lokale Daten liegen. Tritt nun eine Störung auf, z.B. versehentliches Löschen der Berechtigung, Netzwerkausfall oder gar ein Absturz des Filers *nas.naprax.de*, dann sind Dateioperationen im Fileystem */storage* nicht mehr möglich. Ein Prozess, der einen Systemaufruf wie *open*, *read*, *stat* o. ä. ausführen möchte, wird vom Kernel blockiert und bleibt einfach hängen. Gleichzeitig erscheinen in der Messages-Datei des NFS-Clients *nagsrv* Meldungen der folgenden Form:

```
Apr 21 15:32:41 nagsrv kernel: nfs: server nas.naprax.de not responding,
still trying
```

KAPITEL 3 Erstellen eigener Plugins

Allerdings bemerkt der Kernel erst dann, dass der NFS-Server ein Problem hat, wenn ein Prozess auf die Daten im gemounteten Filesystem zugreifen will. Vorher fällt nicht auf, dass es zu einer Blockade kommen wird. Falls beispielsweise ein Cronjob zu jeder vollen Stunde eine Datei aus einem lokalen Verzeichnis nach */storage* kopiert und 5 Minuten später zieht jemand ein Netzwerkkabel aus dem Filer, dann verstreicht fast eine ganze Stunde zwischen dem Eintritt der Störung und deren Auswirkungen. Diese Zeit könnte man nutzen, um den Fehler zu beseitigen und die Ausführung des Cronjobs würde dann in keiner Weise beeinträchtigt sein. Das Ziel dieses Kapitels ist daher, ein Plugin zu schreiben, welches solche Fehlersituationen frühzeitig erkennt.

3.2.1 Die Spezifikation

Bevor man sich an die Erstellung eines Plugins macht, sollte der Funktionsumfang klar definiert werden.

» Das Plugin greift auf ein beliebiges Verzeichnis oder eine Datei zu, welche sinnvollerweise unterhalb eines nicht-lokalen Mountpoints liegen. Den Namen gibt man mit dem Kommandozeilenparameter *--path* an. Mehrfachnennung soll möglich sein. Besteht ein Wert hinter *--path* aus durch Kommas getrennten Verzeichnissen, so sollen sie behandelt werden, als seien sie einzeln angegeben worden. Beispielsweise ist *--path /mnt/data1,/mnt/data2* gleichbedeutend mit *--path /mnt/data1 --path /mnt/data2*.

» Die Zeit, die gebraucht wird, um Informationen über das Verzeichnis oder die Datei einzuholen, soll gestoppt werden.

» Existiert dieses Verzeichnis oder die Datei nicht, soll daraus ein CRITICAL-Status resultieren.

» Dauert das Einholen der Information länger als die durch *--warning* und *--critical* festgelegte Anzahl von Sekunden, soll daraus ein entsprechender Status resultieren.

» Bleibt ein Dateisystemzugriff hängen (z.B. wegen eines der soeben beschriebenen Fehlerszenarien), dann soll nach Ablauf eines Timeouts das Plugin mit CRITICAL-Status beendet werden. Die maximale Wartezeit gibt man mit dem Parameter *--timeout* vor.

» Es sollen Performancedaten ausgegeben werden, die als Reaktionszeit eines Filesystems interpretiert werden können.

» Das Plugin soll in Perl geschrieben werden.

Es wurde bereits angesprochen, dass ein Prozess beim Zugriff auf ein Verzeichnis, das mit NFS gemountet wurde, hängen bleibt, wenn der NFS-Server nicht mehr richtig funktioniert. Das gilt natürlich auch für Nagios-Plugins. Erschwerend kommt hinzu, dass der Prozess in diesem Zustand auch nicht beendet werden kann. Selbst ein **kill -9** bleibt wirkungslos. Das hat dann zur Folge, dass Nagios je nach Konfiguration alle 5 Minuten einen neuen Plugin-Prozess startet und diesen nach Ablauf der Timeout-Zeit zu beenden versucht, er aber

KAPITEL 3   Erstellen eigener Plugins

trotzdem in der Prozessliste verbleibt. Auch Cronjobs, die das fragliche Filesystem benutzen tragen dazu bei, dass sich mehr und mehr hängende Prozesse auf dem Nagios-Server ansammeln. Eine Methode, mehrfach laufende Plugins zu verhindern, wäre die Benutzung eines pid-Files. Bei jedem Aufruf würde ermittelt, ob es bereits ein laufendes Plugin gibt. Ist das der Fall, dann wird davon ausgegangen, dass das wegen eines nicht reagierenden Filesystems so ist und es wird ein *CRITICAL*-Status zurückgeliefert. Es gibt aber noch eine elegantere Methode, die überhaupt nicht zu hängenden Prozessen führt. Threads werden zwar auch bei der Ausführung von IO-Operationen blockiert, können jedoch in dieser Situation im Gegensatz zu Prozessen beendet werden. Dies macht man sich im Plugin zunutze, indem man die kritischen Dateizugriffe in eigenen Threads laufen lässt. Sie kehren unter normalen Umständen dann freiwillig zum Hauptthread zurück, oder werden durch einen Timeout zwangsweise beendet.

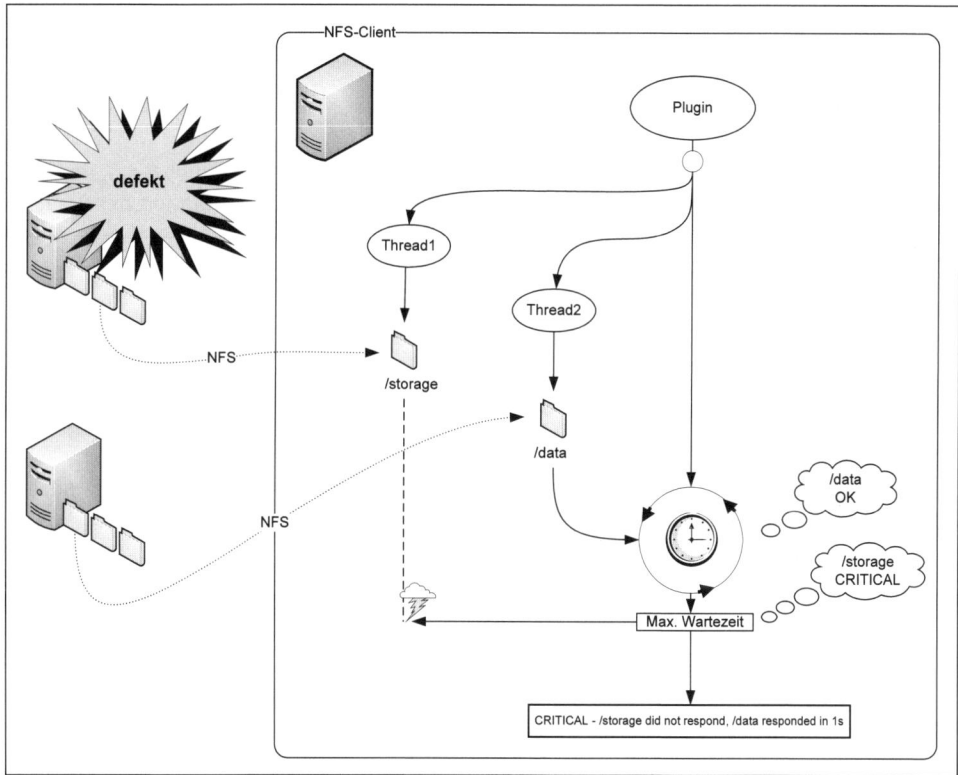

Abbildung 3.2: **Threads prüfen die Verfügbarkeit von Filesystemen**

3.2.2 check_fs_ping

Da sich das Plugin auf beliebige Arten von Filesystemen anwenden lassen soll und auch prüfen soll, ob ein Zugriff innerhalb einer bestimmten Zeitspanne erfolgreich ausgeführt

KAPITEL 3 | Erstellen eigener Plugins

wird, liegt der Vergleich mit **check_ping** nahe, dass Knoten im Netzwerk auf ihre Erreichbarkeit prüft und die Antwortzeiten misst. Der Name für das hier beschriebene Plugin soll daher **check_fs_ping** lauten.

Zwar beinhaltet Perl bereits im Standardumfang das Modul *thread.pm*, jedoch fehlt diesem zumindest bei der Version 5.8.8 die Funktion *is_joinable()*. Diese ist jedoch für das Plugin unverzichtbar. Ob sie verfügbar ist, prüft man mit diesem Kommando:

```
perl -Mthreads -e '$t = threads->create(sub {}); $t->is_joinable();'
```

Erscheint daraufhin eine Fehlermeldung, die mit dem folgendem Text beginnt: *Can't locate auto/threads/is_joinable.al*, dann muss man die aktuelle Version des Moduls installieren, die auf CPAN zum Download bereitliegt. Am bequemsten geht das mit der CPAN-Shell.

```
nagsrv# perl -MCPAN -eshell
cpan> o conf http_proxy http://proxy.naprax.de:3128/
cpan> install thread
```

Das Plugin soll auch das Perl-Modul *Nagios::Plugin* verwenden. Es ist daher nötig, dass der Perl-Interpreter dessen Installationspfad kennt. Wenn es bei der Installation der Nagios-Plugins (siehe Kapitel Installation) im Unterverzeichnis *perl/lib* des Nagios-Homeverzeichnisses abgelegt wurde, dann muss man folgende Environmentvariable setzen:

```
export PERL5LIB=$PERL5LIB:$HOME/perl/lib
```

Alternativ kann auch direkt im Plugin dieser Pfad angegeben werden. Darauf wird an entsprechender Stelle hingewiesen.

Das fertige Plugin kann aus dem Netz heruntergeladen[9] werden. Schritt für Schritt soll nun der Code erläutert werden.

```
#! /usr/bin/perl
```

In der ersten Zeile findet sich nach den Zeichen *#!* der Pfad des Perl-Interpreters. Das ist ein Hinweis an den Unix-Kernel, wie die vorliegende Datei ausgeführt werden muss. Normalerweise müsste ein Perl-Script mit **perl <scriptname>** und z.B. ein Shell-Script mit **sh <scriptname>** aufgerufen werden. Da es aber üblich ist, den Interpreter wegzulassen und direkt **<scriptname>** aufzurufen, braucht man diese besondere Form eines Kommentars in der ersten Zeile. Aus *<scriptname>* macht dann im vorliegenden Fall das Betriebssystem selbständig **/usr/bin/perl -w <scriptname>**.

---

9   http://www.consol.de/opensource/nagios/check-fs-ping

KAPITEL 3 Erstellen eigener Plugins

```perl
use strict;
# use lib '/usr/local/nagios/perl/lib';
use Nagios::Plugin;
use threads;
```

Mit der use-Anweisung werden beim Programmstart externe Module geladen, die den Funktionsumfang von Perl erweitern. Der erste Eintrag dient dazu, den Code im Script besonders akribisch auf Fehler zu prüfen. Man sollte sich angewöhnen, immer *use strict* zu verwenden. Das zweite Modul *Nagios::Plugin* stellt die bereits besprochenen Plugin-Funktionen zur Verfügung. Zuletzt wird noch das *threads*-Modul benötigt. Es ermöglicht die Erzeugung und Verwaltung von Threads in einem Perl-Programm. Die aus kommentierte Zeile ist die angedeutete Alternative zur Environmentvariablen *$PERL5LIB*.

```perl
my $plugin = Nagios::Plugin->new(
    usage => 'Usage: %s '.
        [ -v|--verbose ] [-t <timeout>] '.
        '--warning <seconds> --critical <seconds> '.
        '--path <path to check> [--path <path to check> ...]'
);
```

Mit dieser Anweisung wird ein Perl-Objekt namens *$plugin* ins Leben gerufen. Der Konstruktor *new* bekommt hier mit *usage* einen String mitgeteilt, der als Hinweistext ausgegeben wird, falls das Plugin mit ungültigen Kommandozeilenparametern aufgerufen wird.

```perl
$plugin->add_arg(
    spec => 'warning|w=f',
    help => ['-w, --warning=INTEGER|FLOAT.',
            'Minimum "hang" time until warning. (default is 1s)'],
    required => 0,
);
```

Danach folgen die Definitionen für die zu erwartenden Kommandozeilenparameter durch die Methode *add_arg*. Im ersten Abschnitt wird mit *spec* angegeben, dass sowohl *--warning* als auch *-w* erlaubt sind. Der Parameter kann Ganz- oder auch Kommazahlen als Wert entgegennehmen. Das wird durch das *=f* ausgedrückt. Mit *help* teilt man dem *$plugin*-Objekt mit, dass der folgende Text zur Erläuterung der Option ausgegeben werden soll, wenn das Plugin mit *--help* aufgerufen wird. Schließlich folgt mit *require* noch der Hinweis, dass dieser Parameter nicht zwingend erforderlich ist. (Falls er fehlt, wird ein Defaultwert angenommen).

```perl
$plugin->add_arg(
    spec => 'critical|c=f',
    help => ['-c, --critical=INTEGER|FLOAT',
            'Minimum "hang" time until critical. (default is 5s)'],
    required => 0,
);
```

KAPITEL 3   Erstellen eigener Plugins

Dieser Aufruf ist mit dem vorherigen identisch. Auf dieselbe Art und Weise wird der Parameter *--critical* bekannt gemacht.

```
$plugin->add_arg(
    spec => 'path|p=s@',
    help => '--path=STRING . The path leading to the filesystem/file.',
    required => 1,
);
```

Das Besondere am Parameter *--path* ist, dass er mehrfach angegeben werden kann. Die einzelnen Werte, also die unterschiedlichen Verzeichnisnamen, werden dem Plugin dann als Array zur Verfügung stehen. Dies wird durch *=s@* ausgedrückt. Das *s* bedeutet dabei, dass dieses Mal statt einer Zahl ein beliebiger String erwartet wird. Natürlich handelt es sich hier um einen Pflichtparameter, daher bekommt *required* den Wert 1. Das Plugin muss ja mindestens ein Verzeichnis überprüfen.

```
$plugin->getopts();
```

Die Methode *getopts* parst nach dem Aufruf des Plugins die Kommandozeilenparameter und überprüft sie mit den soeben gemachten Definitionen auf ihre Korrektheit. Taucht ein unbekannter Parameter auf oder wird z.B. ein Wort vorgefunden, wo eine Zahl erwartet wurde, führt dies zur Ausgabe eines Hilfetextes und zum Abbruch des Scripts. Der Hilfetext setzt sich aus den Angaben zusammen, die bei den *add_arg*-Aufrufen mit *help* vorgegeben wurden.

```
$plugin->set_thresholds(
    warning  => ($plugin->opts->warning()  || 1),
    critical => ($plugin->opts->critical() || 5),
);
```

Wenn die Analyse der Plugin-Parameter erfolgreich war, werden die Schwellwerte gesetzt, mit denen später die ermittelten Messwerte verglichen werden. Hier muss darauf geachtet werden, dass *--warning* und *--critical* freiwillige Angaben sind. Werden sie auf der Kommandozeile weggelassen, dann muss dafür ein Defaultwert vergeben werden. Die Schwellwerte stehen nach dem Aufruf von *getopts* als Rückgabewerte von Funktionen zur Verfügung. Mit *$plugin->opts->warning()* bekommt man beispielsweise die Zahl, die man nach dem Parameter *--warning* eingegeben hat. Hat man hier keine Angaben gemacht, so ist der Rückgabewert der Funktion *undef*. Obige OR-Ausdrücke in Klammern liefern daher vorzugsweise den Wert von der Kommandozeile und falls es diesen nicht gibt, einen vorgegebenen Defaultwert.

```
my $threads = {};
foreach (map { split ',' } @{$plugin->opts->path}) {
  $threads->{$_}->{thread} = threads->create(
      sub {
          if (-e $_) {
```

```
            return 1;
        } else {
            return 0;
        }
    }
);
}
```

In diesem Abschnitt wurde für jeden der Pfade, die mit *--path* angegeben wurden, ein eigener Thread erzeugt. Dazu dient der Konstruktor *threads->create()*. Er bekommt als Parameter eine Referenz auf eine Perl-Subroutine. Diese wird dann in einem eigenen Thread parallel zum Hauptprogramm ausgeführt. Die Subroutine macht nichts weiter als festzustellen, ob der angegebene Pfad existiert. Der Rückgabewert ist dann entsprechend 1 oder 0. Allerdings wird das *return*-Statement nur ausgeführt, wenn das unter dem Pfad liegende Filesystem verfügbar ist. Bei Problemen bleibt nämlich der Thread in der Abfrage -e hängen. Das kann im Falle eines defekten NFS-Servers so lange dauern, bis dieser repariert wurde. Ein Thread muss also dahingehend geprüft werden, ob er am Ende seiner Laufzeit mit *return* eine Aussage über die Existenz des abgefragten Pfades liefert und oder ob er sich überhaupt nicht beendet hat.

```
my $sleep = sub { sleep(shift) };
my $granularity = 1;
eval {
  require Time::HiRes;
  import Time::HiRes "sleep";
  $sleep = sub { Time::HiRes::sleep(shift) };
  $granularity = 0.1;
};
```

Diese Zeilen haben mit dem eigentlichen Ziel des Plugins nichts zu tun. Sie dienen nur dazu, die Aussagekraft des Plugin-Outputs zu verbessern. Die *sleep()*-Funktion von Perl dient dazu, den Programmfluss für eine gewisse Zeit zu stoppen und eine Pause einzulegen. Dazu ruft man das *sleep()*-Kommando auf und übergibt diesem die gewünschte Anzahl von Sekunden. Defaultmäßig sind hier nur ganze Zahlen möglich. Lädt man allerdings das Modul *Time::HiRes*, dann kann sleep auch mit Gleitkommazahlen umgehen. Damit kann man ein Perl-Script auch z.B. für eine Zehntelsekunde anhalten. Der obige Code definiert mit der Variablen *$sleep* eine Referenz auf eine Funktion, die entweder dem Default-*sleep()* oder, falls das Modul *Time::HiRes* verfügbar ist, dem hochauflösenden *sleep()* entspricht. Daneben wird noch eine Variable *$granularity* definiert, die angibt, in welchen Zeitintervallen geprüft werden soll, ob ein Thread beendet wurde.

Der nun folgende Abschnitt wird aus Gründen der Übersichtlichkeit verkürzt dargestellt. Die ausführliche Version findet man nach diesen Erläuterungen.

```
my $elapsed = 0;
my $timeout = $plugin->opts->timeout || 15;
```

KAPITEL 3   Erstellen eigener Plugins

In der Variablen *$elapsed* wird die verstrichene Zeit gespeichert. Sie wird in der folgenden Schleife ständig wachsen. Die Variable *$timeout* gibt die maximale Zeit an, während der auf zurückkehrende Threads gewartet wird. Spätestens wenn diese um ist, beendet sich das Plugin. Entweder man gibt beim Aufruf des Plugins mit dem Parameter *--timeout* die gewünschte Anzahl von Sekunden an, oder es wird ein Defaultwert von 15 Sekunden verwendet.

```
while ($elapsed < $timeout) {
   last if ! scalar(keys %{$threads});
   foreach (keys %{$threads}) {
```

In der nun beginnenden Schleife sollen alle laufenden Threads (von denen einer für jedes mit *--path* angegebene Verzeichnis gestartet wurde) überprüft werden, ob sie ihre Aufgabe erledigt haben. Wenn das bei einem Thread der Fall ist, wird der entsprechende Eintrag aus dem *$threads*-Hash entfernt. Deshalb wird die Schleife mit dem *last*-Kommando verlassen, wenn es keine Threads mehr zu überprüfen gibt. Innerhalb der *foreach*-Schleife enthält die Schleifenvariable *$_* den Verzeichnisnamen.

```
      # Feststellen, ob der Thread beendet wurde.
      if ($threads->{$_}->{thread}->is_joinable()) {
```

Mit der Methode *is_joinable()* stellt man fest, ob ein Thread fertig ist und vom Hauptprogramm „eingesammelt" werden kann. Dies macht man mit der Methode *join()*, die einen Thread endgültig beendet. Sie gibt dabei den Wert weiter, der im Thread mit *return* geliefert wurde.

```
         if ($threads->{$_}->{thread}->join()) {
```

Wenn die Subroutine mit return 1 bestätigt hat, dass das gewünschte Verzeichnis existiert und der Zugriff auf das zugrundeliegende Filesystem nicht wegen eines NFS-Problems blockiert wurde, kann in diesem Abschnitt ein Ergebnis für die spätere Ausgabe formuliert werden. Dazu muss man erst noch den Wert von *$elapsed* überprüfen. Er gibt an, wie lange der Zugriff gedauert hat. Man vergleicht ihn mit den Warning- und Critical-Schwellwerten und kann dann *add_nagios()* mit den entsprechenden Parametern aufrufen.

```
         } else {
```

Im Alternativzweig wird der Fall behandelt, bei dem zwar das zugrundeliegende Filesystem innerhalb des Timeouts auf den Zugriff reagiert hat, aber das gewünschte Verzeichnis oder die gewünschte Datei nicht gefunden wurde. In diesem Fall wird hier ein critical Status für diesen Pfad vermerkt. Man fragt sich vielleicht:»Wozu?«. Das Filesystem war ja immerhin ansprechbar. Es könnte ja sein, dass der NFS-Mount versehentlich weggefallen ist und der

Zugriff im lokalen Mountpoint stattgefunden hat. Deshalb gibt man mit *--path* auch idealerweise ein Verzeichnis oder eine Datei an, die nur auf dem gemouteten und nicht im lokalen Filesystem existiert.

```
        }
        delete $threads->{$_};
```

Nachdem ein Thread behandelt wurde, der sich freiwillig beendet und ein Resultat geliefert hat, kann er aus dem Hash *$threads* entfernt werden.

```
    } elsif ($threads->{$_}->{thread}->is_running()) {
```

In diesem Zweig werden Threads untersucht, die auch nach *$elapsed* Sekunden noch nicht fertig sind. Ein einfaches *else* hätte hier auch genügt, aber zur Verdeutlichung wird die Methode *is_running()* aufgerufen. Zugriffe auf funktionierende Filesysteme werden üblicherweise bereits beim ersten Schleifendurchlauf im vorhergehenden Zweig abgearbeitet. An diese Stelle im Code gelangt man dann nur noch, wenn tatsächlich ein hängendes Filesystem vorliegt.

```
        if ($plugin->check_threshold($elapsed) == 2) {
```

Hat die Wartezeit, ausgedrückt durch *$elapsed* bereits die Critical-Schwelle überschritten, kann man auch mit der Untersuchung des aktuellen Verzeichnisses aufhören. Weitere Wartezyklen würden nur die Laufzeit des Plugins erhöhen und sind unnötig, da der Status CRITICAL bereits feststeht. Man wird also an dieser Stelle mit *add_nagios()* eine entsprechende Fehlermeldung erzeugen.

```
            $threads->{$_}->{thread}->detach();
            delete $threads->{$_};
```

Danach kann der Thread zwangsweise beendet und der entsprechende Eintrag im *$threads*-Hash gelöscht werden. An dieser Stelle ist übrigens deutlich zu sehen, wie sich Prozesse und Threads von einander unterscheiden. Ein durch eine hängende IO-Operation blockierter Prozess ließe sich durch keinerlei Maßnahmen beenden (zumindest nicht bei einem NFS-Mount mit der Option *hard*). Threads dagegen kann man mit *detach()* aufräumen.

```
        }
      }
    }
    $elapsed += &$sleep($granularity);
}
```

Nach jedem Zyklus, bei dem die Threads untersucht wurden, wird eine kleine Pause eingelegt. Die dafür vorgesehene Zeit richtet sich danach, ob das *Time::HiRes*-Modul zur Verfügung steht oder nicht. Wenn ja, wird eine Zehntelsekunde gewartet, andernfalls eine ganze Sekunde. Die Verwendung des hochauflösenden Timers hat einzig einen kosmetischen Grund für die Aufzeichnung der Performancedaten (beispielsweise durch PNP). Ohne *Time::HiRes* würde man für die y-Achse ausschließlich ganzzahlige Werte erhalten, i. d. R. 1. Dadurch bekäme man einfach eine durchgehende horizontale Linie. Mit *Time::HiRes* hingegen würden die kleinen Schwankungen im Zehntelsekundenbereich für einen eher gezackten Kurvenverlauf sorgen. Eigentlich müsste man zu *$elapsed* noch die Zeit dazuzählen, die bei der Behandlung der Threads aufgewendet werden musste. Da sie sich aber im Bereich weniger Microsekunden bewegt, wird darauf verzichtet.

```
my ($code, $message) = $plugin->check_messages(join_all => ', ');
$plugin->nagios_exit($code, $message);
```

Abschließend werden aus den Zwischenergebnissen, die mit *add_nagios()* im $plugin-Objekt gespeichert wurden, der Exitcode und der Ausgabetext erstellt. Durch die *nagios_exit()*-Methode werden noch die Performancedaten an den Text angehängt, dann beendet sich das Script mit dem vorgegebenen Exitcode.

Das komplette Plugin mit den *add_nagios()* und *add_perfdata()*-Aufrufen sieht dann folgendermaßen aus:

```
#! /usr/bin/perl

use strict;
use Nagios::Plugin;
use threads;
#use threads::shared;

*Nagios::Plugin::Functions::get_shortname = sub {
    return undef; # suppress output of shortname
};
my $plugin = Nagios::Plugin->new(
    shortname => '',
    usage => 'Usage: %s [ -v|--verbose ] [ -t <timeout> ] '.
        '--warning <seconds> --critical <seconds> '.
        '--path <path to check> [--path <path to check> ...]'
);
$plugin->add_arg(
    spec => 'path|p=s@',
    help => '--path=STRING . The path leading to the filesystem in question.',
    required => 1,
);
$plugin->add_arg(
    spec => 'warning|w=s',
    help => ['-w, --warning=INTEGER.',
            'Minimum "hang" time until warning. (default is 1s)'],
    required => 0,
);
$plugin->add_arg(
    spec => 'critical|c=s',
```

KAPITEL 3   Erstellen eigener Plugins

```perl
        help => ['-c, --critical=INTEGER',
                'Minimum "hang" time until critical. (default is 5s)'],
        required => 0,
    );

    $plugin->getopts();
    $plugin->set_thresholds(
        warning  => ($plugin->opts->warning()  || 1),
        critical => ($plugin->opts->critical() || 5),
    );

    my $threads = {};
    foreach (map { split ',' } @{$plugin->opts->path()}) {
        $threads->{$_}->{thread} = threads->create(
            sub {
                if (-e $_) {
                    return 1;
                } else {
                    return 0;
                }
            }
        );
    }

    my $sleep = sub { sleep shift };
    my $granularity = 1;
    eval {
        require Time::HiRes;
        import Time::HiRes "sleep";
        $sleep = sub { Time::HiRes::sleep(shift) };
        $granularity = 0.1;
    };
    my $elapsed = 0;
    my $timeout = $plugin->opts->timeout || 15;
    while ($elapsed < $timeout) {
        last if ! scalar(keys %{$threads});
        foreach (keys %{$threads}) {
            if ($threads->{$_}->{thread}->is_joinable()) {
                if ($threads->{$_}->{thread}->join()) {
                    my $level = $plugin->check_threshold($elapsed);
                    $plugin->add_message($level,
                        sprintf "%s responded within %.2fs", $_, $elapsed);
                } else {
                    $plugin->add_message(CRITICAL,
                        sprintf "%s does not exist", $_);
                }
                $plugin->add_perfdata(
                    label => $_,
                    value => $elapsed,
                    uom   => 's',
                    threshold => $plugin->threshold(),
                );
                delete $threads->{$_};
            } elsif ($threads->{$_}->{thread}->is_running()) {
                if ($plugin->check_threshold($elapsed) == 2) {
                    $threads->{$_}->{thread}->detach();
                    $plugin->add_message(CRITICAL,
```

```
                    sprintf "%s did not respond within %.2fs",
                        $_, $elapsed);
                $plugin->add_perfdata(
                    label => $_,
                    value => $elapsed,
                    uom => 's',
                    threshold => $plugin->threshold(),
                );
                delete $threads->{$_};
            }
        }
    }
    $elapsed += &$sleep($granularity);
}
my ($code, $message) = $plugin->check_messages(join_all => ', ');
$plugin->nagios_exit($code, $message);
```

Bevor man das Plugin in die produktive Nagios-Installation durch Kopieren in das *remote-libexec*-Verzeichnis einbindet, führt man üblicherweise ein paar Tests auf der Kommandozeile aus. Dabei sind zwei Dinge zu beachten:

» Nagios ruft die Plugins mit ihrem vollen Pfadnamen auf. Üblicherweise wird in der Command-Definition beim *check_command*-Attribut ein *$USERx$*-Makros verwendet, hinter dem sich das Unterverzeichnis *remotelibexec* verbirgt. Steht dort z.B.
  check_command $USER3$/check_plugin
  dann führt Nagios **/usr/local/nagios/libexec/check_plugin** aus. Genauso sollte man Plugins auch beim Testen aufrufen. Der Grund dafür ist, dass manche Plugins den Pfad auswerten, mit dem sie gestartet wurden, um Perl-Module nachzuladen. Ein Beispiel dafür ist *utils.pm*, das gemeinsam mit den Plugins im Unterverzeichnis *libexec* liegt.

» Plugins testet man als der User, unter dessen ID auch der Nagios-Daemon läuft und **niemals als root**. Man spart sich dadurch unangenehme Überraschungen, wenn das Plugin besondere Privilegien oder Pfadeinstellungen benutzt, die in einer root-Shell bestehen, aber später unter der Nagios-Kennung nicht mehr.

Mit dem **id**-Kommando prüft man also, ob man wirklich als User *nagios* angemeldet ist. Das mag übertrieben erscheinen, aber kostet nicht viel Mühe. Man sollte sich wirklich angewöhnen, bewusst als *nagios* zu arbeiten.

```
nagsrv$ id
uid=500(nagios) gid=500(nagios) groups=500(nagios),501(nagcmd)
```

Danach ruft man das Plugin mit dem vollen Pfadnamen auf. So sieht das Resultat aus, wenn das NFS-gemountete Filesystem */storage* ordnungsgemäß funktioniert:

```
nagsrv$ /usr/local/nagios/libexec/check_fs_ping --path /storage
OK - /storage responded within 0.10s | /storage=0.10131s;1;5
```

Wichtiger ist es allerdings, dass ein Plugin Fehler erkennt, denn das ist ja seine eigentliche Aufgabe. Deshalb sollte man alle erdenklichen Szenarien simulieren. Wenn das aus betrieblichen Gründen nicht möglich ist, sollte man zumindest im Code an den entsprechenden Stellen Manipulationen vornehmen, die dem Plugin eine Fehlersituation vortäuschen. Bei **check_fs_ping** könnte man beispielsweise durch Einfügen einer *sleep*-Anweisung die Ausführung der Threads künstlich anhalten.

```
$threads->{$_}->{thread} = threads->create(
    sub {
      sleep(300);
      if (-e $_) {
        return 1;
      } else {
        return 0;
      }
    }
);
```

Damit simuliert man einen blockierten IO-Systemaufruf. Natürlich ist es noch „authentischer", wenn man die Möglichkeit hat, einen NAS-Filer zu rebooten oder zumindest ein Netzwerkkabel zu ziehen. Dadurch würde jeder Zugriff auf das */storage*-Verzeichnis geblockt und die Ausgabe von **check_fs_ping** würde so aussehen:

```
nagsrv$ /usr/local/nagios/libexec/check_fs_ping --path /storage
CRITICAL - /storage did not respond within 5.05s | /storage=5.045139s;3;4
```

Wenn der NFS-Server wieder verfügbar ist, sollte normalerweise der Zugriff auf ein von ihm gemountetes Filesystem so funktionieren, als wäre nie etwas geschehen. Leider gibt es Fälle, in denen ein Mount nach dem Wiederanlauf beschädigt ist.

```
nagsrv# df
Filesystem          1K-blocks      Used Available Use% Mounted on
...
nas.naprax.de:/mnt/md1/db2
                         -           -         -    -  /storage

nagsrv# ls /storage
ls: /storage: Permission denied
```

Auch dann liefert **check_fs_ping** einen Critical-Status und man kann den Fehler beheben, indem man das Filesystem unmountet und anschließend wieder neu mountet.

```
nagsrv$ /usr/local/nagios/libexec/check_fs_ping --path /storage
CRITICAL - /storage does not exist | /storage=0.100482s;1;5
```

KAPITEL 3 | Erstellen eigener Plugins

Wenn ein Host mehrere Filesysteme von verschiedenen Filern mountet, empfiehlt es sich für die Nagios-Konfiguration, die Mountpoints in jeweils einem Service pro Filer zusammenzufassen. Angenommen, der **df**-Befehl zeigt auf dem Server *wwwsrv18* folgende Mounts an:

```
wwwsrv18# df -t nfs
   1K-blocks     Used Available Use% Mounted on
netapp176.naprax.de:/vol/vgm448/qgm09766/sw-linux
    26214400  18255632   7958768  70% /mnt/sw/sw_linux
netapp161.naprax.de:/vol/vgm374/qgm08657/roll/shared1
     2406400    366584   2039816  16% /mnt/www/roll-p-shared1
netapp176.naprax.de:/vol/vgm448/qgm09834/intern/shared1
    10485760    695248   9790512   7% /mnt/www/intern-p-shared1
netapp176.naprax.de:/vol/vgm448/qgm09834/intern/web-intern1
    10485760    695248   9790512   7% /mnt/www/intern-p-web-intern1
netapp166.naprax.de:/vol/vgm373/qgm08396/erp/shared1
      204800     49304    155496  25% /mnt/www/erp-p-shared1
netapp166.naprax.de:/vol/vgm373/qgm08400/bench2/shared1
      921600      5672    915928   1% /mnt/www/bench2-p-shared1
netapp166.naprax.de:/vol/vgm373/qgm08426/ada/shared1
     3276800    122184   3154616   4% /mnt/www/ada-p-shared1
netapp171.naprax.de:/vol/vgm449/qgm10201/bded/web1
     1048576    138968    909608  14% /mnt/www/bded-p-web1
netapp161.naprax.de:/vol/vgm374/qgm08736/quick/shared1
     3276800   2608872    667928  80% /mnt/www/quick-p-shared1
netapp161.naprax.de:/vol/vgm374/qgm08737/print/shared2
     3145728     62560   3083168   2% /mnt/www/print-p-shared2
netapp171.naprax.de:/vol/vgm449/qgm10013/content/shared
     1048576     67384    981192   7% /mnt/www/content_shared
netapp161.naprax.de:/vol/vgm374/qgm08156/admin/shared1
     2097152     39848   2057304   2% /mnt/www/admin-p-shared1
netapp176.naprax.de:/vol/vgm448/qgm09709/depot/shared1
     1572864    705392    867472  45% /mnt/www/depot-p-shared1
netapp014.naprax.de:/vol/vgm018/qgm00745/bded2/web1
      307200    192024    115176  63% /mnt/bded2-p-web1
netapp014.naprax.de:/vol/vgm018/qgm00761/data12/web
      276480     23704    252776   9% /mnt/data12-p
netapp031.naprax.de:/vol/vgm017/qgm00858/account/web1
      204800       184    204616   1% /mnt/account-p
netapp031.naprax.de:/vol/vgm017/qgm00894/PREPRO/web1
     2560000   2301392    258608  90% /mnt/prepro-p
netapp031.naprax.de:/vol/vgm061/qgm00940/webapp-ssl
      102400       256    102144   1% /mnt/webapp-ssl
netapp031.naprax.de:/vol/vgm017/qgm00942/rollout/web1
      204800    123336     81464  61% /mnt/rollout-p
```

Wie man sieht, werden Filesysteme von den Storage-Systemen *netapp176*, *netapp161*, *netapp166*, *netapp014* und *netapp031* gemountet. Es gibt drei mögliche Varianten, wie man dann die Services des Hosts *wwwsrv18* in Nagios aufteilen kann:

» Ein einziger Service, wobei dem Plugin check_fs_ping sämtliche Mountpoints auf einmal übergeben werden. Dadurch würde die Ausgabe sehr lang (und womöglich wegen der Begrenzung auf 8192 Zeichen durch Nagios abgeschnitten) und unübersichtlich. Eine Alarmierungs-SMS wäre nur schwer lesbar.

KAPITEL 3   Erstellen eigener Plugins

» Ein Service pro Mountpoint. Diese Lösung wäre am übersichtlichsten, hätte aber zur Folge, dass beim Ausfall eines Filers gleich mehrere Alarme versandt würden.

» Ein Service pro Filer. In dieser Variante übergibt man dem Plugin **check_fs_ping** jeweils die zu einem bestimmten Filer gehörenden Mountpoints. Das hat gegenüber Methode 1 den Vorteil, dass nicht so viel Text in einer Notification auftaucht und gegenüber Methode 2, dass weniger Notifications verschickt werden. Man kann auch noch weiter gehen und das Ganze mit **check_multi** realisieren.
Das hätte den Vorteil, dass auch in der Ansicht *Service Detail* auf der Nagios-Webseite die Mounts übersichtlich untereinander anzeigen werden.

Listing 3.4: **check_fs_ping_multi_netapp031.cfg**

```
command [accountp] = \
    $USER2$/check_fs_ping --path /mnt/account-p
command [preprop] = \
    $USER2$/check_fs_ping --path /mnt/prepro-p
command [webappssl] = \
    $USER2$/check_fs_ping --path /mnt/webapp-ssl
command [rolloutp] = \
    $USER2$/check_fs_ping --path /mnt/rollout-p
```

Service State Information

Current Status:	**OK** (for 0d 0h 10m 48s)
Status Information:	OK - 4 plugins checked, 0 critical, 0 warning, 0 unknown, 4 ok [1] accountp OK - /mnt/account-p responded within 0.10s [2] preprop OK - /mnt/prepro-p responded within 0.10s [3] webappssl OK - /mnt/webapp-ssl responded within 0.10s [4] rolloutp OK - /mnt/rollout-p responded within 0.10s
Performance Data:	/mnt/account-p=0.100075s;3;4 /mnt/prepro-p=0.100852s;3;4 /mnt/webapp-ssl=0.100702s;3;4 /mnt/rollout-p=0.101135s;3;4

Abbildung 3.3: **Die Shares des Filers netapp031 auf einen Blick**

```
From: Armin Admin
To: Bernd Berserker
Subject: Re: NFS-Probleme

Hallo Bernd,

das Plugin ist fertig und leistet nützliche Dienste. Da es bisher kein ver-
gleichbares Plugin gab, würde ich es gern veröffentlichen. Ich möchte ande-
ren ersparen, das Rad nochmal erfinden zu müssen. Wie stehst du dazu? Da ich
die üblichen Einwände und Bedenken erwarte, ein paar Gedanken von mir dazu:
-  wir verschenken zwar Know How, aber es bringt uns keinerlei
   Vorteil, dieses geheimzuhalten. Und bitte sag jetzt nicht,
   dass wir mehr Geschäft machen, wenn unsere Konkurrenz sich
   nach wie vor mit NFS-Ausfällen rumärgern muss.
-  sollten Bugs in unserem Plugin sein, dann werden die hoffentlich
   von anderen entdeckt und wir bekommen gratis eine
   Qualitätssicherung
```

- möglicherweise haben die Anwender Ideen, wie man das Plugin noch einsetzen könnte, auf die wir selber gar nicht gekommen wären.
- da ich das übliche Geheule von „Haftung" und „rechtlich" erwarte, wobei mir nie jemand erklären konnte, was er sich denn genau drunter vorstellt … uns kann keiner was. Wir schenken ein Stück Software her und zwingen niemand, es einzusetzen. Obendrein als Quellcode. Wenn's nicht funktioniert und sich jemand beschwert… Pech gehabt, er hätte sich den Code anschauen können.
- Wir haben eine Menge Geld gespart durch Nagios. Dass wir unsere Erfahrung an die Szene zurückgeben, ist doch wohl das Mindeste.

Gruss,
Armin

p.s. wenn seitens NAPRAX kein Interesse an einer Veröffentlichung besteht oder die Rechtsabteilung dich in endlose Diskussionen verwickelt, darf ich dann so tun, als hätte ich das Plugin in meiner Freizeit entwickelt und es als Privatperson veröffentlichen?

3.3 Veröffentlichen des Plugins

OpenSource-Projekte wie Nagios leben von der Mitwirkung vieler Freiwilliger. Eine der Stärken von Nagios, die immense Zahl von Plugins für jedes erdenkliche Einsatzszenario, ist dieser Bereitschaft zu Teilen zu verdanken. Versiegt der Strom an Ideen und Lösungen aus der Community, dann kann ein OpenSource-Produkt schneller uninteressant werden, als man denkt. Es wird dann einfach von Alternativen verdrängt, bei denen die Anwender einen gewissen Schwung und somit auch mehr Zukunftssicherheit sehen. Insbesondere wenn man in der eigenen Firma viel investiert hat, um Nagios als Monitoring-Lösung zu etablieren, wird man daran interessiert sein, dass die weitere Entwicklung nicht zum Stillstand kommt. Deshalb sollte jeder dazu beitragen, den Wert von Nagios durch Hinzufügen neuer und Verbesserung vorhandener Funktionalität zu steigern. Die zentrale Webseite, wo die meisten der selbstgeschriebenen Plugins abgelegt werden, ist *Nagios Exchange*[10]. Das von Nagios Enterprises betriebene Repository bietet eine Kategorisierung nach Anwendungsbereichen, eine Art Wiki für die Dokumentation des Plugins und eine Bewertungsfunktion. Man muss sich nur registrieren und kann dann seine Kreationen hochladen. Danach sollte man im *Nagios-Portal*[11] eine Ankündigung posten. Dort tummeln sich viele Profis, die das Plugin auf Herz und Nieren testen und wertvolle Vorschläge liefern, was man noch verbessern könnte. Auch eine Ankündigung auf der Mailingliste *nagios-users* ist zu empfehlen, um einen internationalen Kreis von möglichen Interessenten zu erreichen.

---

10 http://exchange.nagios.org
11 http://www.nagios-portal.de

KAPITEL 3 Erstellen eigener Plugins

Jeder, der Nagios im Einsatz hat, wird irgendwann vor der Aufgabe stehen, selbst ein Plugin für spezielle Belange schreiben zu müssen. Es sollte eine Selbstverständlichkeit sein, das Resultat der Allgemeinheit zur Verfügung zu stellen, sofern nicht firmenspezifische Richtlinien dieses verbieten. Um Erlaubnis bitten, kostet aber nichts und im Zweifelsfall wird die Firma einverstanden sein, wenn der Autor sein Plugin auf rein privater Basis veröffentlicht und jeden Bezug zur Firma weglässt. Programmieranfänger sind oft der Meinung, ihre Arbeit könne den kritischen Blicken von Profis nicht standhalten und genieren sich, etwas einem breiten Publikum zum Download anzubieten. Hierzu ist zu sagen, dass die Nagios-Community niemanden herablassend behandeln wird. Jeder hat mal klein angefangen. Wichtiger als ausgefeilter Programmierstil ist die äußere Form von Plugins und die Dokumentation. Wenigstens eine kurze README-Datei ist zu empfehlen, schon deshalb, weil man damit auch einen gewissen Respekt vor den künftigen Anwendern ausdrückt.

> **TIPP**
>
> Je nach Umfang des Plugins kann es sinnvoll sein, nicht nur das Script zu verteilen, sondern es zusammen mit der *README*-Datei, Dokumentation und sonstigen Dreingaben in ein *tgz*-Archiv zu packen. Unter Umständen kann es sogar nötig sein, eine vollständige, auf *./configure;make* basierende Build-Umgebung zu liefern. Die Beschreibung so einer Distribution würde den Rahmen dieses Kapitels sprengen, da detaillierte Kenntnisse der GNU-*autotools* nötig sind. Als Vorlage können die Plugins der *check_*_health*-Familie dienen, die im Kapitel *Datenbanken* beschrieben sind.

Wenn man ein Plugin veröffentlicht, muss man natürlich auch damit rechnen, Fragen dazu beantworten zu müssen. Daraus können sich interessante Diskussionen entwickeln und Ideen, auf die man selber nicht gekommen wäre. Die unangenehme Seite soll natürlich auch nicht verschwiegen werden. Im ungünstigsten Fall bekommt man mehrmals am Tag Mails, die zwar zunächst einen gewissen Unterhaltungswert haben, einem aber irgendwann ziemlich auf die Nerven gehen können.

```
Hi Mr Armin
Good evening.

I write you for the nagios plugin check_mssql_healt.
I have read and search in your forum but, for me, i am a beginner, is avery
problem. Your plugin is very, very,very good. I cannot install. Do i need
NRPE? please give advice. URGENT!!!
```

3.3.1 Aufwertung des Plugins

Das Anbieten eines Plugins zum öffentlichen Download ist ein erster Schritt, um auch andere an der Lösung eines spezifischen Problems teilhaben zu lassen. Man kann aber noch mehr tun, um das Werk abzurunden.

Konfigurationsbeispiele

Hat der künftige Anwender ein Plugin heruntergeladen, kann er es erst richtig nutzen, wenn es in das Nagios-System eingebunden wurde. Er steht also zunächst vor der Aufgabe, entsprechende Service- und Command-Definitionen zu erstellen. Das ist in vielen Fällen trivial, kann aber je nach Funktionsumfang des Plugins auch zu einer kniffligen Aufgabe werden. Man sollte also zumindest den Anfängern zuliebe ein Beispiel mitliefern, das zeigt, wie eine Servicedefinition aussehen könnte. Ausgehend vom vorher beschriebenen Beispiel mit dem Server *wwwsrv18* und dessen Mounts vom Filer *netapp031* könnte man folgende Definition vornehmen:

```
define service {
    service_description     os_linux_fs_check_ping_netapp031
    host_name               wwwsrv18
    use                     os_linux_default,pnp-preview-popup
    check_command           \
        check_nrpe_arg!30!\
        check_fs_ping!/mnt/account-p,/mnt/prepro-p,/mnt/webapp-ssl,/mnt/rollout-p
}
```

Damit würde der Service *os_linux_fs_check_ping_netapp031* sämtliche vom Filer *netapp031* gemounteten Filesysteme überwachen. Eine Alternative stellt wie bereits erwähnt, die Verwendung von **check_multi** dar. Die einzelnen Filesysteme werden dann nicht in der Nagios-Konfiguration, sondern in einer eigenen **check_multi**-Konfigdatei hinterlegt. Das hat den Vorteil, dass Nagios bei einer Änderung nicht neu gestartet werden muss. Auch ist es dadurch möglich, dass Benutzer, die nicht zum Nagios-Team gehören, die Liste der Filesysteme selbständig auf dem aktuellen Stand halten können. Man muss dazu nur die Konfigurationsdatei *check_fs_ping_multi_netapp031.cfg* in einem geeigneten Verzeichnis hinterlegen, das für diese Fremdbenutzer zugänglich ist. Die Servicedefinition für diese Variante sieht dann so aus:

```
define service {
    service_description     os_linux_fs_check_ping_multi_netapp031
    host_name               wwwsrv18
    use                     os_linux_default,pnp-preview-popup
    check_command           \
        check_nrpe_arg!30!\
        check_fs_ping_multi!check_fs_ping_multi_netapp031.cfg
}
```

Auf diese Art und Weise legt man dann für jeden benutzten Filer einen eigenen Service an. Aus Gründen der Übersichtlichkeit sollte man sie in einer eigenen Datei speichern. Ein möglicher Name, der ausdrücken soll dass hier die Filesystem-bezogenen Checks zu finden sind, wäre *os_linux_fs.cfg*. Da das Plugin check_fs_ping auf dem NFS-Client *wwwsrv18* ausgeführt werden soll, muss dort auch der NRPE-Daemon entsprechend vorbereitet sein. Die Definitionen in *nrpe.cfg* sehen für die beiden vorgeschlagenen Services so aus:

KAPITEL 3   Erstellen eigener Plugins

Listing 3.5: **nrpe.cfg auf dem NFS-Client wwwsrv18**

```
command[check_fs_ping]=/usr/local/nagios/locallibexec/check_fs_ping --path
$ARG1$

command[check_fs_ping_multi]=/usr/local/nagios/locallibexec/check_multi -f /
usr/local/nagios/etc/plugin-configs/$ARG1$ --set
USER2=/usr/local/nagios/locallibexec
```

PNP-Template

Nagios verändert sich mit der Zeit von einem reinen Incident Management System zu einer umfassenden Plattform, die auch Performance Management beinhaltet. Diese Schlagwörter sagen nichts anderes aus, als dass viele Firmen die anfallenden Performancedaten aufheben und auswerten. Als de-Facto-AddOn für die graphische Aufbereitung der Daten hat sich PNP durchgesetzt. Dank seiner sehr einfachen Installationsprozedur fügt es einem Nagios-System großen Mehrwert hinzu. Zwar kann PNP die Performancedaten beliebiger Plugins visualisieren, es benutzt dafür jedoch ein generisches Design. Mit wenig Aufwand lässt sich jedoch für ein Plugin ein sogenanntes PNP-Template erstellen, das durch Farbgebung und Beschriftung individuell gestaltet werden kann. Wie das geht, wird im Kapitel *PNP* genau beschrieben. Man kann deshalb sein selbstgeschriebenes Plugin sozusagen auch optisch aufwerten, indem man ein solches PNP-Template beilegt. Das ist nicht übermäßig kompliziert, zumal mit PNP viele Templates mitgeliefert werden, die man als Vorlage benutzen kann.

```php
<?php
#
# Copyright (c) Armin Admin (armin.admin@naprax.de)
# Plugin: check_fs_ping
#
$green = "33FF00E0";
$yellow = "FFFF00E0";
$red = "F83838E0";
$defcnt = 1;
foreach ($DS as $i) {
    $warning = ($WARN[$i] != "") ? $WARN[$i] : "";
    $critical = ($CRIT[$i] != "") ? $CRIT[$i] : "";
    $ds_name[$defcnt] = "Response Time";
    $opt[$defcnt] = "--vertical-label \"Response Time [s]\" -l 0 -r --title
\"Response time for filesystem $NAME[$i]\" ";
    $def[$defcnt] .= "DEF:response=$rrdfile:$DS[$i]:AVERAGE:reduce=LAST " ;
    $def[$defcnt] .= "CDEF:ag=response,$WARN[$i],LE,response,0,GT,INF,UNKN,I
F,UNKN,IF,ISINF,response,0,IF ";
    $def[$defcnt] .= "CDEF:ay=response,$CRIT[$i],LE,response,$WARN[$i],GT,IN
F,UNKN,IF,UNKN,IF,ISINF,response,0,IF ";
    $def[$defcnt] .= "CDEF:ar=response,100,LE,response,$CRIT[$i],GT,INF,UNKN
,IF,UNKN,IF,ISINF,response,0,IF ";
    $def[$defcnt] .= "AREA:ag#$green: " ;
    $def[$defcnt] .= "AREA:ay#$yellow: " ;
    $def[$defcnt] .= "AREA:ar#$red: " ;
    $def[$defcnt] .= "LINE:response#111111:\" \" ";
```

KAPITEL 3 — Erstellen eigener Plugins

```
    $def[$defcnt] .= "VDEF:lresponse=response,LAST " ;
    $def[$defcnt] .= "VDEF:mresponse=response,MAXIMUM " ;
    $def[$defcnt] .= "VDEF:aresponse=response,AVERAGE " ;
    $def[$defcnt] .= "GPRINT:lresponse:\"$NAME[$i] response time was %.2lfs
(LAST)\" " ;
    $def[$defcnt] .= "GPRINT:mresponse:\"%.2lfs (MAX)\" ";
    $def[$defcnt] .= "GPRINT:aresponse:\"%.2lfs (AVG)\" ";
    $defcnt++;
}
?>
```

So ein PNP-Template als Dreingabe rundet das Plugin ab. Anwender, die großen Wert auf das optische Erscheinungsbild ihrer Nagios-Installation legen, werden es Ihnen danken.

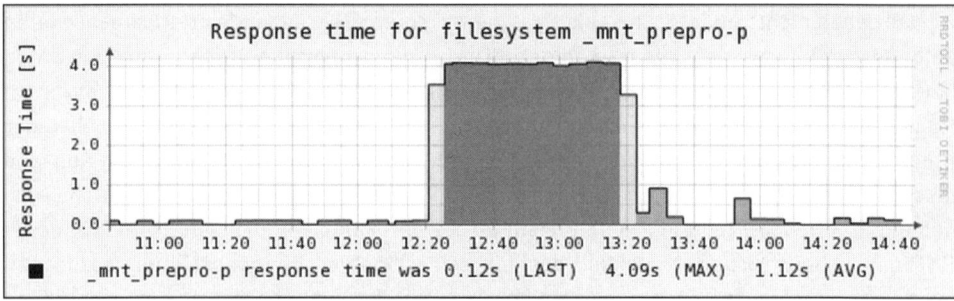

Abbildung 3.4: **Aufwertung des Plugins durch Erstellung eines Graphen**

3.4 Modifizieren existierender Plugins

Es ist nicht immer nötig, gleich ein neues Plugin zu schreiben. Wenn es bereits eines gibt, das eine ähnliche Thematik abdeckt, sollte man besser dazu beitragen, die neue Funktionalität in das vorhandene Plugin einfließen zu lassen. Damit hilft man den Nagios-Anwendern, den Überblick zu behalten. Es gibt bereits genug Mini-Plugins, die jeweils nur einen Einzelaspekt prüfen.

Die Problematik der hängenden NFS-Mounts tritt im Zusammenhang mit Nagios besonders bei der Verwendung von **check_disk** zu Tage. Mit diesem Plugin überwacht man üblicherweise das Vorhandensein und den freien Speicherplatz von Filesystemen. Fällt ein NFS-Server aus, gilt für **check_disk** das gleiche wie für jeden anderen Prozess auch: Er bleibt beim Aufruf einer Kernelroutine im IO-System stehen (im Fall von **check_disk** ist das der *stat*-Systemaufruf) und lässt sich nicht einmal mehr mit **kill -9** beenden. Nagios wird in diesem Fall einen Timeout feststellen und den Prozess, in dem das Plugin läuft, abschießen. Allerdings kümmert Nagios sich nicht darum, ob dieses den gewünschten Erfolg gezeigt hat. Nach Verstreichen des Retro-Intervalls startet es die Prozedur erneut, was wiederum mit Timeout und einem weiteren hängenden Prozess endet. Nach und nach füllt sich so die Prozessliste mit **check_disk**-Prozessen. Es liegt also nahe, dem Plugin **check_disk** den Trick mit den Threads beizubringen. Damit wäre es in der Lage, hängende NFS-Mounts zu erkennen und somit zu alarmieren und würde sich gleichzeitig auf saubere Art beenden. Die

KAPITEL 3   Erstellen eigener Plugins

Stelle, an der man ansetzt, ist die Funktion *stat_path()*. Jedes Mal bevor die Information über den freien Speicherplatz eines Filesystems eingeholt wird, ruft **check_disk** diese Funktion auf, um festzustellen, ob der entsprechende Pfad überhaupt existiert. Wenn das nicht der Fall ist, dann wird die Ausführung des Plugins sofort mit einer Fehlermeldung abgebrochen.

Listing 3.6: **check_disk.c(stat_path)**

```
void
stat_path (struct parameter_list *p)
{
  /* Stat entry to check that dir exists and is accessible */
  if (verbose >= 3)
    printf("calling stat on %s\n", p->name);
  if (stat (p->name, &stat_buf[0])) {
    if (verbose >= 3)
      printf("stat failed on %s\n", p->name);
    printf("DISK %s - ", _("CRITICAL"));
    die (STATE_CRITICAL, _("%s %s: %s\n"), p->name, _("is not accessible"),
stre
rror(errno));
  }
}
```

Der in dieser Funktion enthaltene *stat()*-Aufruf soll künftig in einem eigenen Thread laufen, dessen Ende vom Hauptprogramm abgefragt wird. Damit durch die Modifikationen möglichst wenig am Original-Code verändert wird, behält man diese Routine bei. Sie soll unverändert im Thread laufen, bekommt aber einen anderen Funktionsnamen. Den alten Namen bekommt eine neue Subroutine, die sich um Threaderzeugung und Fehlerbehandlung kümmert.

An diesem Beispiel soll im restlichen Kapitel demonstriert werden, wie man einen Patch für vorhandenen Code erstellt und wie man ihn beim Nagios-Plugin-Projekt einreicht. Gleichzeitig soll damit auch dazu aufgerufen werden, Plugins oder allgemein OpenSource-Software nicht als unantastbare Black Box zu sehen, sondern aktiv an der Verbesserung mitzuarbeiten.

Zur Erstellung eines Patches entpackt man am besten das Archiv *nagios-plugins-<release>.tar.gz*, so dass dessen Dateibaum im Originalzustand ohne Modifikationen durch ./configure oder make vorliegt.

```
nagsrv$ tar zxvf nagios-plugins-1.4.13.tar.gz
...
```

Danach erstellt man von dem entstandenen Verzeichnis eine Kopie. Diese dient dann als Arbeitsverzeichnis, in dem man die eigenen Modifikationen vornimmt.

```
nagsrv$ mkdir nagios-plugins-1.4.13.nfs
nagsrv$ cp -r nagios-plugins-1.4.13/ nagios-plugins-1.4.13.nfs
...
```

KAPITEL 3 Erstellen eigener Plugins

Aus Rücksicht auf Betriebssysteme, die die für die Verbesserung benötigten Thread-Routinen nicht kennen, schließt man den neuen Code in eine *#ifdef*-Anweisung für den Precompiler ein. Damit ist gewährleistet, dass nur Systeme, die POSIX-Thread-kompatibel sind, die zusätzliche Funktionalität benutzen. Für alle anderen Plattformen verhält sich das Plugin so wie bisher. Der Ersatz für die alte Funktion *stat_path()* sieht dann so aus:

```
void
stat_path (struct parameter_list *p)
{
#ifdef HAVE_PTHREAD_H
  pthread_t stat_thread;
  int status;
  int statdone = 0;
  int timer = timeout_interval;
  struct timespec req, rem;
  req.tv_sec = 0;
  pthread_create(&stat_thread, NULL, do_stat_path, p);
  while (timer-- > 0) {
    req.tv_nsec = 10000000; /* sleep 1/100s */
    nanosleep(&req, &rem);
    if (pthread_kill(stat_thread, 0)) {
      statdone = 1;
      break;
    } else {
      req.tv_nsec = 990000000; /* sleep 99/100s */
      nanosleep(&req, &rem);
    }
  }
  if (statdone == 1) { /* thread ended normally */
    pthread_join(stat_thread, (void *)&status);
  } else { /* thread is still running. kill it */
    pthread_detach(stat_thread);
    if (verbose >= 3)
      printf("stat did not return within %ds on %s\n", timeout_interval,
p->name
);
    printf("DISK %s - ", _("CRITICAL"));
    die (STATE_CRITICAL, _("%s %s: %s\n"), p->name, _("hangs"), _("Time-
out"));
  }
#else
  do_stat_path(p);
#endif
}

void
do_stat_path (struct parameter_list *p)
{
  /* Stat entry to check that dir exists and is accessible */
  if (verbose >= 3)
    printf("calling stat on %s\n", p->name);
  if (stat (p->name, &stat_buf[0])) {
    if (verbose >= 3)
      printf("stat failed on %s\n", p->name);
    printf("DISK %s - ", _("CRITICAL"));
```

```
    die (STATE_CRITICAL, _("%s %s: %s\n"), p->name, _("is not accessible"),
stre
rror(errno));
  }
}
```

Wie man sieht, wurde *stat_path()* in *do_stat_path()* umbenannt. Wenn *HAVE_PTHREAD_H* nicht definiert ist, also das ausführende Betriebssystem die Voraussetzungen für die neue Funktionalität nicht erfüllt, dann wird einfach der alte Code ausgeführt. Im Normalfall hingegen wird mit *pthread_create()* ein eigener Thread erzeugt, der die Routine *do_stat_path()* ausführt. Danach wird in sekündlichen Abständen mit *pthread_kill(stat_thread, 0)* geprüft, ob der Thread seine Aufgabe erfüllt hat und darauf wartet, vom Hauptprogramm „entlassen" zu werden. Die Verzögerung mittels *nanosleep* dauert eine Hundertstel Sekunde und lässt normal funktionierenden Filesystemen genügend Zeit, damit die entsprechenden Threads bereits beim ersten *pthread_kill*-Aufruf als beendet erkannt werden. Nur wenn dieses kurze Intervall nicht gereicht hat, um *do_stat_path* auszuführen, wird eine weitere Pause von 99 Hundertstel Sekunden eingelegt und danach ein erneuter Versuch gestartet. Wenn nach Ablauf des Timeouts von defaultmäßig 10 s ein Thread immer noch läuft, kann man davon ausgehen, dass der *stat*-Systemcall blockiert wurde und möglicherweise nie wieder zurückkehrt. In dem Fall wird mit *pthread_detach()* wenigstens der allokierte Speicher freigegeben und der Thread so weit wie möglich zerstört. Danach beendet sich das Plugin mit einer *CRITICAL*-Fehlermeldung. Am Dateianfang muss noch der Prototyp für die neue Funktion *do_stat_path()* eingefügt werden, sowie mittels einer *#include*-Direktive die Headerdatei *pthread.h* geladen werden. Diese beiden Änderungen wurden hier aus Gründen der Übersichtlichkeit nicht aufgelistet. Sie werden später beim Erzeugen des Patches sichtbar werden.

Neben der Datei *plugins/check_disk.c* muss man auch noch *configure.in* anpassen. Diese Datei ist die Grundlage des **configure**-Kommandos. Dieses soll später ermitteln, ob der ausführende Computer POSIX Threads kennt, bzw. ob die benötigten Headerfiles und Bibliotheken installiert sind. Dazu fügt man folgende Zeilen in *configure.in* ein:

```
dnl Check for POSIX thread libraries
AC_CHECK_HEADERS(pthread.h)
AC_CHECK_LIB(pthread,pthread_create,THRLIBS="-lpthread")
AC_SUBST(THRLIBS)
```

Durch diese zusätzlichen Anweisungen ergeben sich bei der späteren Ausführung von **./configure** Änderungen an zwei Stellen In der Datei *config.h* erscheint die Zeile

```
/* Define to 1 if you have the <pthread.h> header file. */
#define HAVE_PTHREAD_H 1
```

Dies ist das Flag, das in *check_disk.c* dafür verantwortlich ist, dass der aktualisierte Code übersetzt wird. Kennt ein Betriebssystem keine POSIX Threads, dann bleibt *HAVE_PTHREAD_H* undefiniert und das Plugin wird ohne die neue Funktionalität kompiliert. Daneben wird noch festgestellt, ob die Bibliothek *libpthread* existiert und falls ja, die Variable *THRLIBS* auf den Wert *–lpthread* gesetzt. Diese Einstellung wird benötigt, damit der Linker die Thread-Library zum fertigen Plugin **check_disk** dazubindet. Dazu muss man auch noch die Datei *plugins/Makefile.am* ändern, indem man *THRLIB* zur Liste der für **check_disk** benötigten Objectfiles und Libraries hinzufügt.

```
check_disk_LDADD = $(BASEOBJS) popen.o $(THRLIBS)
```

Da nicht nur C-Sourcen verändert wurden, sondern auch die für den Build-Prozess wichtige Datei *configure.in*, muss man mit dem Kommando **autoreconf** das Script **configure** neu erzeugen. Dieser Schritt setzt die Installation zweier RPMs voraus:

```
nagsrv# yum install autoconf
nagsrv# yum install libtool
```

Danach kann man die Übersetzung starten, an deren Ende ein Plugin **check_disk** entstehen wird, das die neue Funktionalität beinhaltet.

```
nagsrv# autoreconf
nagsrv# ./configure;make
```

Bevor man etwas veröffentlicht, sollte man es ausführlich testen. Zumindest auf den geläufigsten Plattformen sollte es funktionieren. Da die Nagios-Plugins auf den verschiedensten Betriebssystemen eingesetzt werden, ist es selbst der Entwicklermannschaft um Ton Voon nicht möglich, auf jedem von ihnen Testläufe durchzuführen. (**check_fs_ping** wurde unter Linux 2.6 und Solaris10 erfolgreich compiliert und eingesetzt). Zunächst mountet man sich auf den Testmaschinen ein NFS-Filesystem:

```
nagsrv# uname -a
Linux nagsrv1 2.6.18-92.1.22.el5 #1 SMP Tue Dec 16 11:57:43 EST 2008 x86_64
x86_64 x86_64 GNU/Linux
nagsrv# mount nas.naprax.de:/mnt/md1/db2 /mnt

solsrv1# uname -a
SunOS solsrv1 5.10 Generic_137138-09 i86pc i386 i86pc
solsrv1# mount nas.naprax.de:/mnt/md1/db2 /mnt
```

Danach prüft man, ob sich das Plugin so verhält, wie es das ohne die Modifikationen getan hätte.

```
nagsrv$ check_disk -w 2G -c 1G /mnt
DISK OK - free space: /mnt 67815 MB (7% inode=99%);| /mnt=823060
MB;938549;938550;0;938551

solsrv1$ check_disk -w 2G -c 1G -p /mnt
DISK OK - free space: /mnt 67815 MB (7% inode=99%);| /mnt=823060
MB;938549;938550;0;938551
```

KAPITEL 3 Erstellen eigener Plugins

Das Plugin sollte aber nicht nur funktionieren, wenn alles in Ordnung ist. Wichtig ist natürlich, dass es den Fehlerfall erkennt, im konkreten Beispiel ein hängendes NFS-Filesystem. Deshalb wird zum Testen das Storage-Device kurzerhand abgeschaltet. Sollte man kein Gerät haben, das man beliebig außer Betrieb setzen kann, genügt es auch mit Hilfe einer manipulierten Route die IP-Adresse des NFS-Servers unerreichbar werden zu lassen.

```
nagsrv$ check_disk -w 2G -c 1G /mnt
DISK CRITICAL - /mnt hangs: Timeout

solsrv1$ check_disk -w 2G -c 1G -p /mnt
DISK CRITICAL - /mnt hangs: Timeout
```

Sinnvollerweise finden die Tests in einem dritten Verzeichnis statt, da durch die **configure**- und **make**-Läufe eine Menge Dateien verändert werden, die den Patch unnötig aufblähen würden. Erst wenn alles fehlerfrei funktioniert, kopiert man die o. g. Dateien *plugins/check_disk.c*, *configure.in* und *plugins/Makefile.am* in das Verzeichnis *nagios-plugins-1.4.13.nfs*, das man durch Kopieren der Original-Quellen erzeugt hat. Dadurch hat man zwei Verzeichnisbäume. Einen „sauberen", der die Originalquellen enthält und einen modifizierten mit den eigenen Anpassungen. Danach kann man die Unterschiede zwischen den beiden Releases mit dem **diff**-Befehl ermitteln. Dabei wechselt man in das Verzeichnis, in dem Original- und modifizierte Sourcen nebeneinander liegen. Der Aufruf lautet **diff -Naur <originalverzeichnis> <modifiziertes verzeichnis>**

```
nagsrv$ diff -Naur nagios-plugins-1.4.13 nagios-plugins-1.4.13.nfs
diff -Naur nagios-plugins-1.4.13/configure.in nagios-plugins-1.4.13.nfs/con-
figure.in
--- nagios-plugins-1.4.13/configure.in   2008-09-25 10:15:58.000000000 +0200
+++ nagios-plugins-1.4.13.nfs/configure.in       2009-04-30
17:55:06.000000000 +0200
@@ -453,6 +453,11 @@
        with_gnutls="no"
 fi

+dnl Check for POSIX thread libraries
+AC_CHECK_HEADERS(pthread.h)
+AC_CHECK_LIB(pthread,pthread_create,THRLIBS="-lpthread")
+AC_SUBST(THRLIBS)
+
 dnl
 dnl Checks for header files.
 dnl
diff -Naur nagios-plugins-1.4.13/plugins/check_disk.c nagios-plugins-1.4.13.
nfs/plugins/check_disk.c
--- nagios-plugins-1.4.13/plugins/check_disk.c   2008-07-10
12:03:55.000000000 +0200
+++ nagios-plugins-1.4.13.nfs/plugins/check_disk.c       2009-04-30
17:55:01.000000000 +0200
@@ -55,6 +55,9 @@
 # include <limits.h>
 #endif
 #include "regex.h"
```

KAPITEL 3 Erstellen eigener Plugins

```diff
+#if HAVE_PTHREAD_H
+# include <pthread.h>
+#endif

 /* If nonzero, show inode information. */
@@ -129,6 +132,7 @@
 void print_usage (void);
 double calculate_percent(uintmax_t, uintmax_t);
 void stat_path (struct parameter_list *p);
+void do_stat_path (struct parameter_list *p);

 double w_dfp = -1.0;
 double c_dfp = -1.0;
@@ -993,6 +997,42 @@
 void
 stat_path (struct parameter_list *p)
 {
+#ifdef HAVE_PTHREAD_H
+  pthread_t stat_thread;
+  int status;
+  int statdone = 0;
+  int timer = timeout_interval;
+  struct timespec req, rem;
+  req.tv_sec = 0;
+  pthread_create(&stat_thread, NULL, do_stat_path, p);
+  while (timer-- > 0) {
+    req.tv_nsec = 10000000;
+    nanosleep(&req, &rem);
+    if (pthread_kill(stat_thread, 0)) {
+      statdone = 1;
+      break;
+    } else {
+      req.tv_nsec = 990000000;
+      nanosleep(&req, &rem);
+    }
+  }
+  if (statdone == 1) {
+    pthread_join(stat_thread, (void *)&status);
+  } else {
+    pthread_detach(stat_thread);
+    if (verbose >= 3)
+      printf("stat did not return within %ds on %s\n", timeout_interval,
p->name);
+    printf("DISK %s - ", _("CRITICAL"));
+    die (STATE_CRITICAL, _("%s %s: %s\n"), p->name, _("hangs"), _("Time-
out"));
+  }
+#else
+  do_stat_path(p);
+#endif
+}
+
+void
+do_stat_path (struct parameter_list *p)
+{
```

KAPITEL 3　Erstellen eigener Plugins

```
   /* Stat entry to check that dir exists and is accessible */
   if (verbose >= 3)
     printf("calling stat on %s\n", p->name);
diff -Naur nagios-plugins-1.4.13/plugins/Makefile.am nagios-plugins-1.4.13.
nfs/plugins/Makefile.am
--- nagios-plugins-1.4.13/plugins/Makefile.am    2008-07-08
11:31:04.000000000 +0200
+++ nagios-plugins-1.4.13.nfs/plugins/Makefile.am       2009-04-30
17:54:54.000000000 +0200
@@ -54,7 +54,7 @@
 check_apt_LDADD = $(BASEOBJS) runcmd.o
 check_cluster_LDADD = $(BASEOBJS)
 check_dig_LDADD = $(NETLIBS) runcmd.o
-check_disk_LDADD = $(BASEOBJS) popen.o
+check_disk_LDADD = $(BASEOBJS) popen.o $(THRLIBS)
 check_dns_LDADD = $(NETLIBS) runcmd.o
 check_dummy_LDADD = $(BASEOBJS)
 check_fping_LDADD = $(NETLIBS) popen.o
```

Die Ausgabe dieses Kommandos zeigt in einem speziellen Format die Unterschiede zwischen den beiden Dateibäumen. Sie enthält Anweisungen, wie man durch Löschen und Einfügen von Zeilen von der alten Version zur neuen kommt. Zeilen, die mit einem Minuszeichen beginnen, müssen entfernt werden, wohingegen Zeilen, die mit einem Pluszeichen beginnen, neu sind und eingefügt werden müssen. Wie man an den mit *diff* beginnenden Zeilen sieht, sind Änderungen für die drei besprochenen Dateien *plugins/check_disk.c*, *configure.in* und *plugins/Makefile.am* enthalten. So kann man also beliebig viele Files in einem Projekt anpassen und die Änderungen in einer einzigen Datei zusammenfassen. Man leitet diese Ausgabe in eine Datei um und kann sie dann später zusammen mit dem **patch**-Kommando verwenden, um die Modifikationen an den Originalsourcen vorzunehmen.

```
diff -Naur nagios-plugins-1.4.13 nagios-plugins-1.4.13.nfs \
   > nagios-plugins-1.4.13.check_disks.nfs.patch
```

Diese Patchdateien sind auch die im OpenSource-Bereich übliche Art, um Korrekturen an die Projektverantwortlichen zu schicken. Das Schöne daran ist, dass man auf einen Blick sieht, an welchen Stellen etwas geändert wurde. Natürlich muss man jetzt noch prüfen, ob die Anwendung des Patches fehlerfrei funktioniert. Dazu wechselt man in das Verzeichnis mit den Originalsourcen.

```
nagsrv$ cd ../nagios-plugins-1.4.13
```

Der **patch**-Befehl liest dann die Liste der Änderungsanweisungen ein und nimmt die geforderten Lösch- und Einfügeaktionen an den betreffenden Dateien vor. Am besten ruft man ihn zuerst einmal mit dem Parameter *--dry-run* auf. Damit werden die Änderungen nicht tatsächlich vollzogen, sondern nur geprüft, ob die Informationen in der Patchdatei sich auch wirklich anwenden lassen oder ob es zu Konflikten kommen wird.

KAPITEL 3 Erstellen eigener Plugins

```
nagsrv$ patch --dry-run --strip 1 \
   <../nagios-plugins-1.4.13.check_disks.nfs.patch
patching file configure.in
patching file plugins/check_disk.c
patching file plugins/Makefile.am
```

Nachdem der Trockenlauf fehlerfrei war, wiederholt man das Kommando, aber diesmal ohne *--dry-run*. Dadurch wurde das Verzeichnis mit den Originalsourcen auf den neuen Stand gebracht und enthält alle vorgenommenen Änderungen an den genannten drei Dateien. Nun muss man noch den Patch einreichen. Er wird dann begutachtet, auf Herz und Nieren getestet und hoffentlich Bestandteil des nächsten Releases der Nagios-Plugins sein.

Dazu öffnet man die SourceForge-Webseite *http://sourceforge.net/projects/nagiosplug*, wo das Projekt *Nagios Plugin Development* beheimatet ist. Dort findet man unter dem Menüpunkt *Tracker* eine Anwendung, in der man Bugs melden, neue Features vorschlagen und Patches hochladen kann.

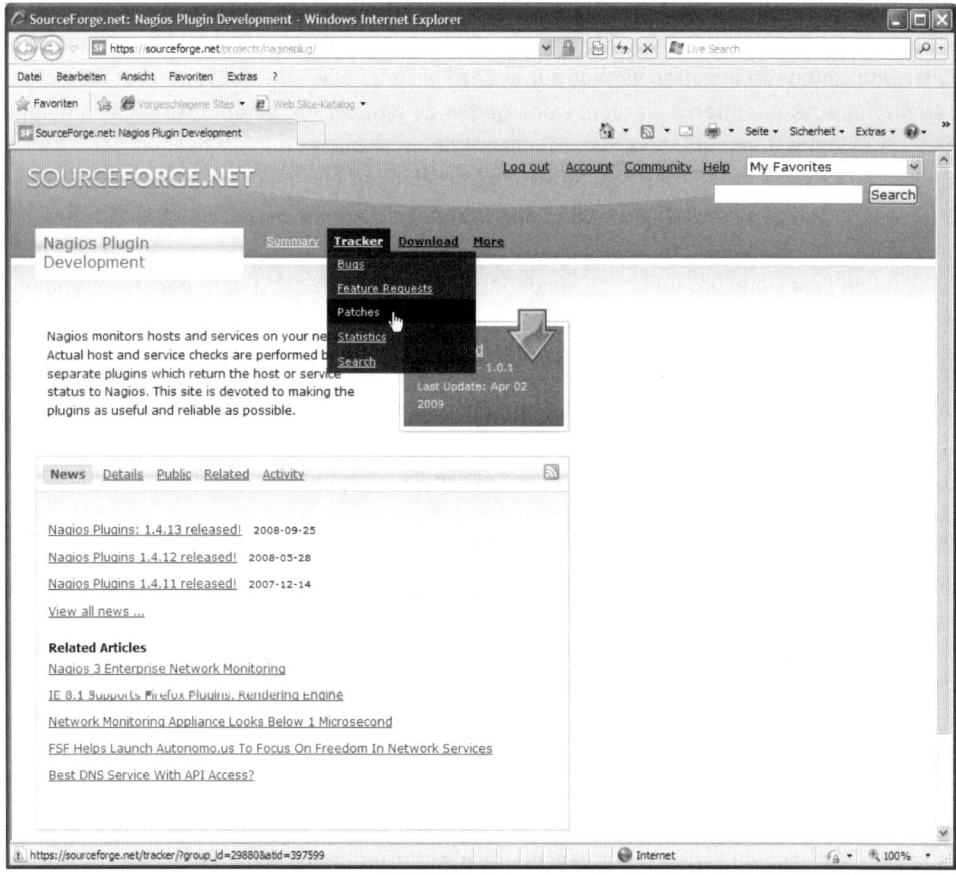

Abbildung 3.5: **Der Tracker bietet die Möglichkeit, Patches hochzuladen**

KAPITEL 3 Erstellen eigener Plugins

Danach klickt man auf den Link *Add new* und füllt ein Formular aus. Die Beschreibung sollte die erzielte Verbesserung umfassen, sowie die Plattformen, auf denen der Patch getestet wurde. Wenn alles gut geht, erscheint irgendwann ein neues Release der Nagios-Plugins (oder eines anderen Plugins, das man erweitert und dem Autor einen Patch geschickt hat). Dadurch erreicht man, dass allen anderen Benutzern ebenfalls die neuen Funktionen zur Verfügung stehen. Für Firmen ist noch wichtig, dass man statt einer individuellen Anpassung wieder auf die „offizielle" Version eines Plugins zurückgreifen kann.

```
From: Armin Admin
To: Bernd Berserker
Subject: Re: NFS-Probleme

Hallo Bernd,

wenn wir Glück haben, wird mein Patch akzeptiert und wandert in die of-
fiziellen Nagios-Plugins. Damit brauchen wir keine Services mehr, die auf
check_fs_ping aufsetzen, sondern können unsere Anforderung mit check_disk
abdecken. Wir hätten dann zweierlei erreicht: Naprax steht als Wohltäter da
und wir können unsere Nagios-Konfiguration einfach halten.

Gruss,
Armin

p.s. Das Einsenden von Patches ist aber nur dann sinnvoll, wenn möglichst
viele andere Anwender auch etwas davon haben. Glaub jetzt aber nicht, ich
könne alle unsere teils abstrusen, firmeninternen Anforderungen in ein offi-
zielles Release reindrücken. Die werden mir was pfeifen.
```

4. Visualisierung von Performancedaten mit PNP

From: Bernd Berserker
To: Armin Admin
Subject: Bunte Bilder

Hallo Armin,
ich muss dich schon wieder nerven. Mir geht es nicht viel besser. Unser Management hatte Besuch von ein paar Herren, die ihre Monitoringlösung präsentiert haben. Das Ding kostet viel, taugt wenig, aber es ist bunt und blinkt und malt viele Kurven. Unsere Chefs waren begeistert von diesem Spielzeug und rümpfen jetzt die Nase über unser Nagios mit seiner schnöden Oberfläche. Dass Nagios unsere IT bestens überwacht, haben sie schon wieder vergessen. Wir müssen schnellstens was tun, um irgendwelche Graphen und Reports erzeugen zu können. Dann sind sie vielleicht auch wieder sachlichen Argumenten zugänglich. Lass dir was einfallen.

Bernd

Die Hauptaufgabe von Nagios ist die Überwachung von Services und Hosts, sowie die Alarmierung bei Problemen. Dazu werden in regelmäßigen Abständen Plugins aufgerufen, die den Zustand der Services überprüfen. Das Ergebnis der Prüfung wird Nagios in Form eines Exitcodes und eines Ausgabestrings zurückgegeben. Der Exitcode gibt an, ob der Zustand des Services als *OK*, *WARNING*, *CRITICAL* oder *UNKNOWN* eingestuft wird. Der Ausgabestring wird in der Weboberfläche und in den Notifications wiedergegeben. Während der Ausführung der meisten Plugins fallen aber noch allerlei Messwerte an. Bei Plugins für Hostchecks können das z.B. die Laufzeiten der Ping-Pakete sein. Bei Servicechecks sind es Füllgrade von Filesystemen, Antwortzeiten von Webservern, Anzahl von Prozessen und vieles mehr. Das Endresultat eines Services entsteht dabei meistens durch den Vergleich der ermittelten Zahlen mit definierten Schwellwerten. Die gewonnenen Messwerte selbst sind dann zwar ein Abfallprodukt, aber doch viel zu wertvoll, um sie wegzuwerfen. Es liegt nahe, sie einer weiteren Verwendung zuzuführen. Mit ihnen lassen sich Trends ermitteln, Abhängigkeiten mehrerer Services und Zeiten erhöhter Aktivität erkennen, sowie Reports erstellen. Nagios deckt damit neben seiner ursprünglichen Aufgabe Fault Management auch noch die Bereiche Performance Management und Capacity Management ab.

Wie nützlich diese Messwerte sein können, kann man an einem Beispiel sehen (vgl. Abbildung 4.1). Der Server „shop" wurde um 10:53 von Nagios für nicht mehr erreichbar erklärt. Demzufolge wurde eine Notification versandt mit dem Inhalt „Host shop is DOWN". Kurz darauf war der Server wieder erreichbar. Normalerweise müsste man sich damit abfinden, wenn der Fehler nicht wieder auftaucht. Der Vorfall würde unter „unerklärlicher Netzwerk-

KAPITEL 4   Visualisierung von Performancedaten mit PNP

aussetzer" abgehakt werden. Hat man jedoch so etwas wie die folgende Graphik zur Verfügung, dann lernt man etwas mehr über die mögliche Ursache. Wie man sieht, blieb die Laufzeit einzelner Pakete ziemlich stabil. Die Verlustrate im zweiten Bild jedoch bringt etwas ans Licht, was lange vor dem eigentlichen Ausfall passiert ist. Bereits ab 10:00 gingen Pakete verloren. Der Hostcheck hat das nur nicht bemerkt, weil seine Schwellwerte hoch eingestellt waren. Nun kann man weiter nachforschen, was ab dem fraglichen Zeitpunkt passiert ist. Vielleicht wurde am Kabel gezogen und es steckte nicht mehr richtig im Slot oder eine Bohrmaschine hat elektrische Störungen verursacht.

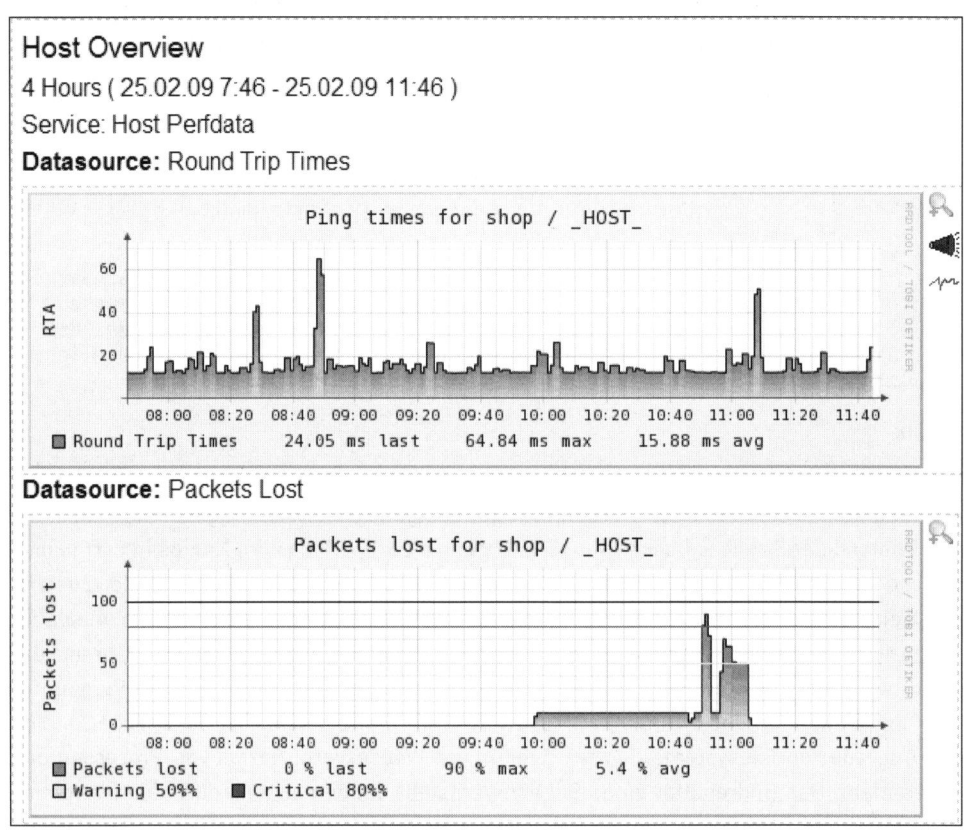

Abbildung 4.1: **Bereits einige Zeit vor der Alarmierung durch Nagios sind Unregelmäßigkeiten sichtbar.**

Die Erweiterung von Nagios, um diese Art von Graphiken zu erzeugen, ist mit dem richtigen Werkzeugen nicht schwer. Zunächst soll aber erläutert werden, wie die besagten Messwerte aussehen und wie Nagios damit umgeht.

4.1 Was sind Performancedaten?

Der Standard für Nagios-Plugins sieht vor, die Ausgabe eines Plugins durch ein Pipe-Symbol in zwei Abschnitte zu teilen. Die eigentliche Ausgabe, also das Ergebnis der Prüfung als Text und die sogenannten Performancedaten. Letztere dienen der Ausgabe der ermittelten Messwerte in einem genau festgelegten Format. Die über lange Zeiträume so entstehenden Zahlenreihen eignen sich hervorragend zur graphischen Darstellung. Unter dem Begriff Performancedaten versteht man eine durch Leerzeichen getrennte Liste von einem oder mehreren Label/Value-Paaren, die jeweils die Bezeichnung und den gemessenen Wert darstellen. Der formale Aufbau so eines Elements ist folgendermaßen festgelegt:

```
'label'=value[UOM];[warn];[crit];[min];[max]
```

- **label** ist ein eindeutiger Bezeichner für einen Messwert. Es sind beliebige Zeichen erlaubt. Falls Leerzeichen, = oder , Bestandteil des Labels sind, dann muss alles in Hochkommata gesetzt werden. Ansonsten ist dies optional.
- **value** ist der gemessene Wert. Erlaubt sind Zahlen sowie das Minuszeichen und ein Dezimalpunkt.
- **UOM** (unit of mesaurement) gibt die Einheit des Messwertes **value** an. Erlaubte Einheiten sind:
  - Keine Einheit. Wenn eine Anzahl (von Prozessen, Usern, ...) ermittelt wurde, für die keine Maßeinheit existiert.
  - **s** für Sekunden.
  - **%** für Prozentangaben (z.B. Füllgrad, Cache Hit-Rate)
  - **B** für Bytes (dsgl. **KB**, **MB**, **TB**)
  - **c** für einen sich kontinuierlich erhöhenden Zähler. (z.B. Requests, die ein Webserver empfängt)
- **warn** gibt einen ersten Schwellwert an, bei dessen Überschreitung das Plugin WARNING ausgibt. Je nach Plugin kann dies der Fall sein, wenn der Messwert den Schwellwert über- oder unterschreitet. Wenn geprüft wird, wie viel freier Speicher noch zur Verfügung steht, wird dies sicher beim Unterschreiten der Fall sein. Geht es hingegen um etwas, das einen Server belastet, wird der WARNING-Fall beim Überschreiten eintreten.
- **crit** gibt den zweiten Schwellwert an, bei dessen Erreichen das Plugin CRITICAL ausgibt.
- **min** ist die Untergrenze des zu erwartenden Wertebereichs. In der Regel wird dies 0 sein.
- **max** gibt die Grenze an, oberhalb derer keine Messwerte zu erwarten sind.

KAPITEL 4 Visualisierung von Performancedaten mit PNP

Folgende Regeln gelten außerdem:

» **label** kann beliebig lang sein. Man sollte bei der Wahl des Bezeichners aber nicht übertreiben, zumal z.B. NRPE Checkergebnisse ab einer Länge von 1024 Zeichen einfach abschneidet. Trotzdem ist es zu empfehlen, den Namen so zu wählen, dass er im Zusammenhang mit dem Plugin selbsterklärend ist.

» Wenn die **UOM** % ist, dann sind die Angaben **min** und **max** nicht nötig. Es wird davon ausgegangen, dass sich der Messwert zwischen 0% und 100% bewegt.

» **warn**, **crit**, **min** und **max** sind keine Pflichtangaben und können weggelassen werden. Wenn es möglich ist, sollten sie aber in den Performancedaten erscheinen, da sie bei der Erstellung von Graphiken hilfreich sein können. Beispielsweise kann die Y-Achse so dargestellt werden, dass sie nur den Ausschnitt zwischen **min** und **max** zeigt.

» Leere Abschnitte zwischen Semikolons können ausgehend vom Ende weggelassen werden. Sind z.B. **min** und **max** nicht bekannt, dann kann man statt *label=10;3;5;;* auch *label=10;3;5* schreiben.

» **min** und **max** müssen die gleiche Einheit wie **value** besitzen.

Am Beispiel des Plugins check_icmp soll das verdeutlicht werden.

```
nagsrv$ check_icmp -H 85.25.67.68 --critical 800
OK - 85.25.67.68: rta 12.642ms, lost 0%
|rta=12.642ms;200.000;800.000;0; pl=0%;40;80;;
```

Mit check_icmp prüft man die Erreichbarkeit eines Hosts, indem 5 ICMP Echo Request Pakete abgeschickt werden. Aus der Zeit, die bis zum Eintreffen der entsprechenden ICMP Echo Reply Pakete (Round Trip Time) wird die sogenannte Round Trip Average errechnet, also wie lange im Schnitt ein Paket für den Hin- und Rückweg gebraucht hat. Bei schlechter Leitungsqualität kann es auch vorkommen, dass nicht jedes der Request-Pakete beantwortet wird. Dann spricht man von Packet Loss (Paketverlust). Die Ausgabe des Plugins beinhaltet die besagten zwei Teile. Einmal den normalen Text, der in der Weboberfläche angezeigt wird und nach dem |-Symbol die Performancedaten. Diese bestehen aus zwei Datensätzen, einer für die Round Trip Time und einer für Packet Loss

LABEL	VALUE	UOM	WARN	CRIT	MIN	MAX
rta	12.642	ms	200	800	0	
pl	0	%	40	80		

Tabelle 4.1: **Performancedaten des Plugins check_icmp**

Dazu ist soviel zu sagen, dass die warn-Schwelle von 200ms vom Plugin vorgegeben wurde. Mit dem Parameter --*warning* ließe sich die Grenze auch an die lokalen Gegebenheiten anpassen, so wie dies mit --*critical* gemacht wurde. Es sollte nur verdeutlicht werden, dass die

Angabe dieser beiden Parameter in den Performancedaten wiederzufinden sind. Als min-Wert von *rta* wird 0 ausgegeben, was verständlich ist, da es keine negativen Laufzeiten geben kann. Andererseits sind zumindest theoretisch beliebig hohe Zeiten denkbar, weshalb keine Obergrenze erscheint. Ein Programm, das aus solchen Datensätzen eine graphische Darstellung generieren soll, kann sich also darauf einstellen, dass die Y-Achse nicht in den Bereich negativer Zahlen gezeichnet werden muss und dass der obere Rand der Graphik etwas über dem höchsten bisher ermittelten Wert von **value** liegt. Die Angaben **warn** und **crit** können verwendet werden, um horizontale Linien zu zeichnen, was die Aussagekraft des Bildes erhöht. Bei den Angaben zu **rt** wurden **min** und **max** weggelassen, da im Zusammenhang mit der UOM **%** automatisch 0 und 100 angenommen werden. Damit ergibt sich auch ein Hinweis, wie der Ausschnitt aus der Y-Achse zu wählen ist.

In den *Nagios plug-in development guidelines*[1] ist das Format der Performancedaten genauestens beschrieben. Es gibt keinen Grund, von diesem Standard abzuweichen. Trotzdem findet man immer wieder Plugins, die die abenteuerlichsten Formate verwenden. Daran kann man auch erkennen, wie ernst es der Plugin-Autor gemeint hat. Falls man vorhat, mit Nagios Messwerte zu visualisieren, sollte man solche Plugins meiden. Ebenso sollte man die Performancedaten nicht außer Acht lassen, wenn man selber Plugins erstellt. Auch wenn es das primäre Ziel ist, nur einen Fehlerzustand festzustellen, schadet es nicht, weiterzudenken. Fallen auf dem Weg zum Endergebnis irgendwelche Kennzahlen an? Sind diese für eine Langzeitbetrachtung interessant? Welche Werte würden dabei helfen, eine Prognose zu erstellen? Wenn ich mir einen Graphen mit diesen Werten vorstelle, ließe sich daraus auf künftige Probleme schließen? Welche Messwerte haben nicht unmittelbare Aussagekraft für die korrekte Funktion des überwachten Systems, geben aber Auskunft über das generelle Verhalten einer Applikation?

4.2 Wie geht Nagios mit Performancedaten um?

Damit Nagios die Performancedaten von Hosts und Services überhaupt erkennt und einer weiteren Verarbeitung zuführt, muss dies explizit eingeschaltet werden. Eine Möglichkeit ist das Setzen einer globalen Option in der zentralen Konfigurationsdatei *nagios.cfg*. Der „Hauptschalter" ist

```
process_performance_data = 1
```

Mit dieser Einstellung werden die Performancedaten sämtlicher Hosts und Services einer Betrachtung unterzogen. Will man das nicht, weil nur für ausgewählte Objekte Graphen erstellt werden sollen, dann lässt man die Defaulteinstellung *process_performance_data=0*. Danach aber müssen in den entsprechenden Host- und Servicedefinitionen lokale Einstellungen mit der Direktive *process_perf_data* vorgenommen werden. Am Besten erstellt man sich dafür ein Template

---

[1] http://nagiosplug.sourceforge.net/developer-guidelines.html

```
define service {
   service_description    process_perf_data
   register               0
   process_perf_data      1
}
```

Dieses bindet man dann in die endgültigen Servicedefinitionen ein:

```
define service {
   service_description    http_responsetime
   use                    webserver,process_perf_data
   ...
}
```

Mit Hostchecks verfährt man genauso.

> **TIPP**
>
> Die Performancedaten von Hostchecks (i. d. R. Antwortzeiten von Pings) aufzuzeichnen ist nur dann sinnvoll, wenn die optionalen *regularly scheduled host checks* eingeschaltet wurden. Die gibt es seit der Version 3 von Nagios. Mit diesen wird ein Hostcheck nicht nur bei Serviceproblemen ausgeführt, sondern daneben auch in regelmäßigen Zeitabständen analog zu den Servicechecks. Dazu muss in der Hostdefinition der Parameter *check_interval* auf einen Wert größer Null gesetzt werden, z.B. 5. Mit dieser Einstellung wird ein Host dann alle 5 Minuten angepingt.

Danach gibt es zwei alternative Vorgehensweisen.

Variante 1. Sofortige Ausführung des Perfdata-Handlers nach jedem Check

Die relevanten Optionen sind

```
service_perfdata_command=process-service-perfdata
```

```
host_perfdata_command=process-host-perfdata
```

Jeweils für Host- und Servicechecks werden zwei Commands genannt, die in der Datei *commands.cfg* definiert sein müssen. Jedes Mal, wenn ein Check beendet wurde und sein Resultat abgeliefert hat, wird das hinter der Command-Definition steckende Script ausgeführt. Host- und Servicename sowie die Performancedaten werden in Form von Environmentvariablen an das Script übergeben. Diese sind im Falle von PNP

» $NAGIOS_HOSTNAME – der Name des Hosts, so wie er in Nagios definiert ist.

» $NAGIOS_SERVICEDESC – der Name des Services (außer es war ein Hostcheck)

» $NAGIOS_PERFDATA – die abgetrennten Performancedaten

» $NAGIOS_SERVICECHECKCOMMAND – das für die Ausführung des Checks verantwortliche Kommando (command_name) und die an das Kommando übergebenen Parameter ($ARGn$)

» $NAGIOS_HOSTCHECKCOMMAND – das Äquivalent bei einem Hostcheck.

Man muss sicherstellen, dass Nagios diese Environmentvariablen auch wirklich erzeugt. Dafür ist folgende Einstellung vorzunehmen:

```
enable_environment_macros=1
```

In großen Installationen mit sehr vielen Services kann es zu einer erheblichen Belastung für Nagios führen, wenn nach jedem Check ein weiteres Kommando ausgeführt werden muss. Außerdem ist Nagios während der Ausführung dieses Kommandos blockiert, d. h. erst nach dessen Beendigung kann mit den Überwachungsaufgaben weitergemacht werden. Deshalb gibt es die zweite Alternative, bei der die Performancedaten zunächst einfach nur in eine Datei geschrieben werden und von Zeit zu Zeit ein externes Kommando aufgerufen wird, das die angesammelten Daten in einem Rutsch verarbeitet.

Variante 2. Sammeln der Performancedaten und asynchrone Verarbeitung

Bei dieser Methode sind mehrere Einstellungen vorzunehmen.

```
service_perfdata_file=/usr/local/nagios/var/service-perfdata
service_perfdata_file_template=[SERVICEPERFDATA]\t$TIMET$\t$HOSTNAME$\
t$SERVICEDESC$\t$SERVICEEXECUTIONTIME$\t$SERVICELATENCY$\t$SERVICEOUTPUT$\
t$SERVICEPERFDATA$
service_perfdata_file_mode=a
service_perfdata_file_processing_interval=15
service_perfdata_file_processing_command=process-service-perfdata-file

host_perfdata_file=/usr/local/nagios/var/host-perfdata
host_perfdata_file_template=[HOSTPERFDATA]\t$TIMET$\t$HOSTNAME$\
t$HOSTEXECUTIONTIME$\t$HOSTOUTPUT$\t$HOSTPERFDATA$
host_perfdata_file_mode=a
host_perfdata_file_processing_interval=15
host_perfdata_file_processing_command=process-host-perfdata-file
```

Die Parameter bedeuten zusammengefasst, dass Nagios nach jedem Servicecheck die Ergebnisse in dem durch *service_perfdata_file_template* beschriebenen Format (das hier abgebildete Format stammt aus einer Defaultinstallation von Nagios und dient nur als Beispiel) in die Datei *service-perfdata* schreibt. Der Wert „a" („append") für *service_perfdata_file_mode* besagt, dass an die bestehende Datei angehängt werden soll. Alle 15 Sekunden soll dann ein Kommando aufgerufen werden, das sich um die Weiterverarbeitung der Datei kümmert. Für Hostchecks gilt dasselbe, nur mit den entsprechend benannten Parametern.

Nagios selbst bringt aber noch keine Funktionen mit, Performancedaten geeignet abzuspeichern und zu visualisieren. Es stellt nur die genannten Methoden zur Verfügung, die Performancedaten an andere Programme zu übergeben. Derer gibt es mehrere (Perfparse, Perf2rrd, NagiosGrapher, ...), es soll hier aber nur das am besten gepflegte vorgestellt werden: PNP

PNP wurde von Jörg Linge geschrieben. Seine Intention war es, ein AddOn für Nagios zur Verfügung zu stellen, das mit minimalem Aufwand selbständig Performancedaten erkennt, speichert und graphisch aufbereitet. Anders als bei vergleichbaren Tools sollte dem Administrator die Konfiguration der Graphenerstellung und -darstellung weitestgehend abgenommen werden. Entstanden ist ein vorzüglich dokumentiertes und mittlerweile weit verbreitetes Framework, bei dem, abgesehen von der Installation und dem Setzen weniger Parameter in Nagios, kein weiterer Aufwand nötig ist. Liefert ein Plugin saubere Performancedaten, dann werden diese auch automatisch angezeigt.

Kernpunkte von PNP sind die Speicherung der Performancedaten in RRD-Datenbanken und die Visualisierung mittels einer PHP-Webapplikation. Die Erstellung von Reports mit ausgewählten Graphen als PDF-Datei ist ebenfalls möglich.

4.3 Wie funktioniert PNP?

PNP setzt auf den Round Robin Databases von Tobi Oetiker auf. Das sind Dateien, in denen sich zeitabhängige Messwerte speichern lassen, ohne dass die Dateigröße ein vorher konfiguriertes Maximum überschreitet. Der Trick dabei ist, die Messwerte in vergangenen Zeitintervallen durch die Errechnung des Durchschnitts zu verdichten und nur für die aktuellste Periode die Zahlen in der maximalen Auflösung zu speichern.

Wie funktionieren RRD-Files?

RRDtool[2] wurde ursprünglich von Tobias Oetiker entwickelt und ist ein System, bei dem zeitbasierte Messwerte gespeichert, komprimiert und visualisiert werden können. RRD steht für „Round Robin Database" und bezieht sich auf die Art und Weise, in der die Daten aufgehoben werden. Zuerst wird eine Datenbank (eine Datei mit der Endung .rrd) angelegt, die groß genug ist, um die Dateien einer festen Zeitspanne aufnehmen zu können. Am Ende dieser Zeitspanne wird nicht die Datei vergrößert, sondern die ältesten Messwerte mit Hilfe der sogenannten Konsolidierungs-Funktion verdichtet. Innerhalb der RRD-Datenbank gibt es dazu mehrere RRAs, die „Round Robin Archive". Diese fassen die Daten von Zeiträumen zusammen, die von besonderem Interesse sind. PNP legt in der Default-Einstellung folgende RRA-Aufteilung fest:

» 48 Stunden: 2880 Einträge in Schritten von einer Minute

» 10 Tage: 2880 Einträge in Schritten von 5 Minuten

» 90 Tage: 4320 Einträge in Schritten von 30 Minuten

» 4 Jahre: 5840 Einträge in Schritten von 6 Stunden

---

2   http://oss.oetiker.ch/rrdtool/

Wenn ein Update mit einem neuen Messwert erfolgt und ein RRA voll ist, dann wird der älteste Eintrag in das nächst höhere RRA verschoben und die dortigen Messwerte mit Hilfe der Konsolidierungsfunktion (i. d. R. durch Bildung des Mittelwerts) neu berechnet. Dadurch behält die RRD-Datei ihre ursprüngliche Größe. Der Nachteil dabei ist, dass die Auflösung bei älteren Messwerten nicht mehr so fein ist. Wenn man also den Verlauf der Messwerte im vergangenen Jahr anschauen will, dann muss man sich darüber im Klaren sein, dass nur noch Durchschnittswerte aus 6-Stunden-Intervallen zur Verfügung stehen. Für die meisten Installationen sollte dies jedoch voll ausreichen. Ansonsten ist der Export von Performancedaten in ein Data-Warehouse nötig.

Wie kommen die Performancedaten vom Plugin in die RRD-Files?

Nachdem Entstehung und Speicherung der Performancedaten beschrieben wurden, stellt sich die Frage, was passiert dazwischen? In der folgenden Abbildung soll veranschaulicht werden, wie die einzelnen Komponenten zusammenspielen.

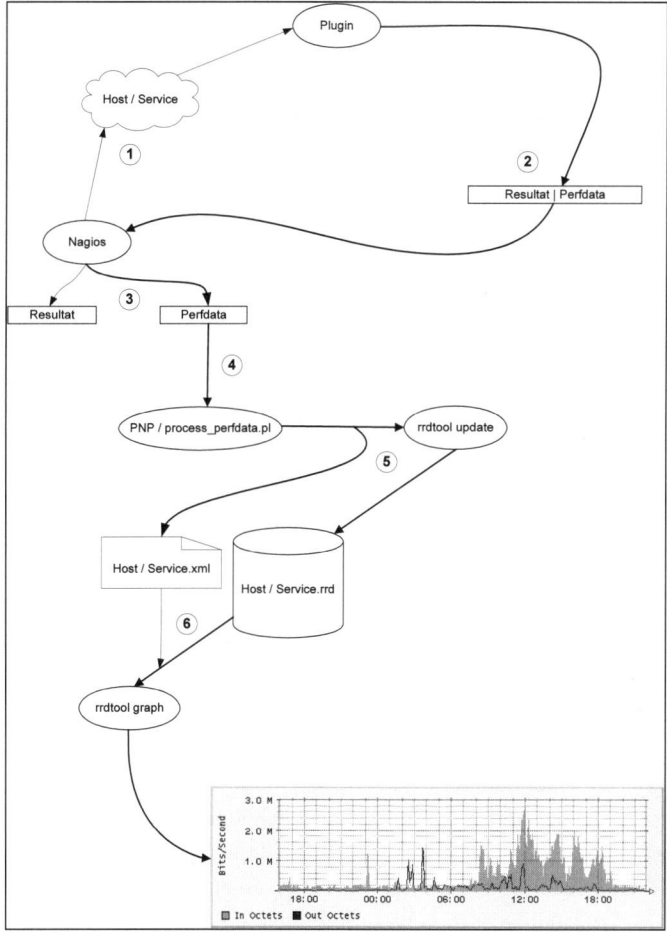

Abbildung 4.2: **Performancedaten auf dem Weg vom Plugin zur graphischen Darstellung**

KAPITEL 4 | Visualisierung von Performancedaten mit PNP

1. Am Anfang steht die Ausführung eines Checks durch Nagios. Servicedefinition, Hostdefinition und Commanddefinition bilden dabei einen Kontext, in dem das dazugehörige Plugin läuft.

2. Das Plugin liefert am Ende seiner Laufzeit das Ergebnis der Überprüfung als Ausgabe in Textform und als numerischen Exitcode an den Nagios-Kern zurück.

3. Der Exitcode ist nur für die Bewertung des Ergebnisses relevant und spielt bezüglich der Performancedaten keine Rolle mehr. Von der Textausgabe spaltet Nagios die Performancedaten ab und leitet sie, sofern das *process_perf_data*-Flag gesetzt ist, der weiteren Verarbeitung zu. Dabei sind die beiden beschriebenen Varianten des unmittelbaren Aufrufs eines Folgekommandos oder das Zwischenspeichern in einer Datei möglich.

4. Nun kommt PNP ins Spiel. Das Script **process_perfdata.pl** ist für beide Methoden geeignet. Es kann sofort nach dem Lauf eines Checks dessen Ergebnisse über Environmentvariablen empfangen und es kann auch angesammelte Zeilen aus einer Datei interpretieren.

5. Mit Hilfe des **rrdtool**-Kommandos oder des RRDs-Perl-Moduls werden die Performancedaten in eine RRD-Datei namens *<service>.rrd* geschrieben. Existiert diese nicht, dann wird sie auch automatisch angelegt und zwar im Unterverzeichnis *var/perfdata/<host>/*. Für jedes Label in den Performances wird eine eigene Datasource erstellt. Der dafür verwendete Datentyp ist GAUGE. PNP ist aber so schlau, den Typ COUNTER zu vergeben, wenn als UOM ein c vorgefunden wurde. Jeder Service bekommt also ein RRD-File, das genau zu den vom entsprechenden Plugin gelieferten Performancedaten passt, vorausgesetzt diese sind gültig. Neben dem Update der Round-Robin-Datenbankdatei wird, ebenfalls in *var/perfdata/<host>/,* noch eine XML-Datei erzeugt, die für die spätere Visualisierung gebraucht wird. Sie ist daneben ein wichtiges Hilfsmittel beim Debugging, falls PNP einmal nicht so reibungslos arbeiten sollte wie gewohnt. In ihr wird protokolliert, welche Werte **process_perfdata.pl** beim letzten Lauf in die RRD geschrieben hat und ob dies erfolgreich war. Daneben finden sich auch Host- und Servicename, sowie die Command-Definition, also gewissermaßen die Rahmenbedingungen, unter denen diese Performancedaten entstanden.

6. Die graphische Darstellung der gesammelten Messwerte eines Services erreicht man über Webseiten, die auf PHP basieren. Mit Hilfe von HTTP-Parametern werden Host- und Servicename an das Script übergeben, so dass es die zugehörige RRD-Datei findet. Aus den darin gespeicherten Zahlen erzeugt dann wieder das **rrdtool**-Kommando eine Graphik im PNG-Format. Defaultmäßig wird für jedes Label der Performancedaten ein eigenes Bildchen generiert. Farben, Linienbreite etc. sind dabei vorgegeben. Aber PNP hat noch einen Trumpf im Ärmel: die Templates. Das sind kleine PHP-Scripts, mit deren Hilfe das Aussehen des entstehenden Bildes sehr flexibel gestaltet werden kann. Beispielsweise können mehrere zusammengehörige Kurven in einer einzigen Grafikdatei dargestellt werden. Das ist möglich, indem das Template die Parameter für den

Aufruf von **rrdtool graph** modifiziert. Wie das genau funktioniert, wird später beschrieben. Ohne diese Extras kommt immer das Template *default.php* zum Einsatz, das die Standardansicht generiert.

4.4 Installation von PNP

Vorbereitung des Betriebssystems

Bevor man PNP installieren kann, müssen einige wenige Voraussetzungen erfüllt werden. Erforderlich sind:

» Perl >= 5.x (CentOS5.3 beinhaltet 5.10)

» RRDtool >= 1.x

» PHP >= 5.2 (CentOS5.3 beinhaltet 5.1)

» PHP-gd

» PHP-zlib

» gcc

Unter CentOS5.3 ist *php-gd* nicht im Standardumfang enthalten. Man muss das fehlende Paket daher nachinstallieren.

```
nagsrv# yum install php-gd
```

Nun sind zwar alle erforderlichen PHP-Pakete vorhanden, allerdings nicht in der erforderlichen Version 5.2. Diese gibt es nur im Test-Repository von CentOS. Um einen Update durchführen zu können, legt man eine Datei */etc/yum.repos.d/CentOS-Testing.repo* mit folgendem Inhalt an:

```
[c5-testing]
name=CentOS-5 Testing
baseurl=http://dev.centos.org/centos/$releasever/testing/$basearch/
enabled=0
gpgcheck=1
gpgkey=http://dev.centos.org/centos/RPM-GPG-KEY-CentOS-testing
```

Danach führt man den folgenden Befehl aus, um die PHP-Installation auf den neuesten Stand zu bringen:

```
yum --enablerepo=c5-testing update php
```

Auch *RRDtool* ist nicht in den offiziellen Repositories von CentOS enthalten. Glücklicherweise gibt es Freiwillige, die eigene Sammlungen von RPMs zur Verfügung stellen. Einer von ihnen ist Dag Wieers, dessen Kollektion einen ausgezeichneten Ruf genießt, was Umfang und Aktualität betrifft. Sein Repository registriert man beim Betriebssystem, indem man eine Datei */etc/yum.repos.d/dag.repo* anlegt und folgende Zeilen hineinschreibt:

```
[dag]
name=Dag RPM Repository for Red Hat Enterprise Linux
baseurl=http://apt.sw.be/redhat/el$releasever/en/$basearch/dag
gpgcheck=1
gpgkey=http://dag.wieers.com/rpm/packages/RPM-GPG-KEY.dag.txt
enabled=0
```

Danach kann man rrdtool wie gewohnt installieren.

```
nagsrv# yum --enablerepo=dag install rrdtool
```

Bei anderen Linux-Distributionen muss man darauf achten, dass das Modul *RRDs* und nicht nur *RRDp* installiert wurde. Letzteres ist nämlich nicht mehr als ein Wrapper um das **rrdtool**-Kommando, während *RRDs* die *librrd.so* benutzt und daher das performantere Modul ist. Ob die richtige Version vorhanden ist, lässt sich einfach mit folgendem Befehl prüfen:

```
perl -e 'use RRDs'
```

Installation von PNP

Die Software PNP ist erhältlich unter www.pnp4nagios.org[3]. Nach dem Download der aktuellen Entwicklerversion wird diese entpackt.

```
nagsrv$ cd /home/nagios/sources/
nagsrv$ wget -q http://www.pnp4nagios.org/_media/dwnld/pnp-latest.tar.gz
nagsrv$ tar zxvf pnp-latest.tar.gz
pnp-latest/
pnp-latest/aclocal.m4
pnp-latest/summary.in
pnp-latest/sample-config/
...
nagsrv$ cd pnp-latest
```

Natürlich kann anstelle der Entwicklerversion *pnp-latest* auch das Stable-Paket verwendet werden. Allerdings hat die Entwicklerversion stets gute Qualität bewiesen und kann bedenkenlos empfohlen werden. Bevor man sich dafür entscheidet, sollte man das Changelog durchlesen. Dort findet man die neuesten Features und Bugfixes, aber eventuell auch Warnhinweise. Die aktuelle Version zum Erscheinungstermin dieses Buches ist die 0.6. Sie wurde anlässlich der Nagios-Konferenz 2009 von Jörg Linge freigegeben.

---

3 http://www.pnp4nagios.org/pnp/dwnld

KAPITEL 4   Visualisierung von Performancedaten mit PNP

Nach dem Entpacken des Archivs folgt der Aufruf von **./configure**. Dabei können die folgenden Parameter von Interesse sein:

» *--help*

Damit wird eine Übersicht der weiteren möglichen Optionen angezeigt. Diese zu studieren ist unumgänglich, wenn man PNP nicht nach der Defaultmethode installieren will.

» *--with-layout=<default,default-0.4,debian,suse>*

Dieser Parameter legt ein Verzeichnisschema für die Installation fest. Defaultmäßig werden alle Dateien in Verzeichnisse unterhalb von */usr/local/pnp4nagios* kopiert. Will man sich hingegen an den Konventionen der verwendeten Betriebssystemdistribution orientieren, so kann man auch *debian* oder *suse* angeben. Die Zielverzeichnisse sind dann */etc/pnp4nagios*, */usr/lib/pnp4nagios*, */usr/bin* usw. Zu empfehlen sind diese Varianten nur, wenn man eine Aversion gegen die Benutzung von */usr/local* hat. Da sich die in diesem Buch vorgestellte Installation von Nagios im Verzeichnis */usr/local/nagios* befindet, sollte man passender Weise auch für PNP das Defaultschema wählen.

» *--prefix=<Basisverzeichnis von PNP im Default-Layout>*

Falls man beim letzten Parameter *default* angegeben hat und zusätzlich vom voreingestellten Installationsverzeichnis */usr/local/pnp4nagios* abweichen möchte, so kann man mit diesem Parameter ein eigenes Basisverzeichnis bestimmen. In diesem werden dann die Unterverzeichnisse *etc*, *var* und *libexec* etc. angelegt. Man wird diesen Parameter nur in Ausnahmefällen verwenden, z.B. um firmeninterne Konventionen einzuhalten, die Installationsverzeichnisse von 3rd-Party-Software regeln.

» *--with-perfdata-spool-dir=<Verzeichnis, in dem sich die Performancedatendateien ansammeln. Nur für Bulk Mode relevant>*

Wenn Nagios für den Bulk Mode von PNP konfiguriert wurde, dann werden in diesem Verzeichnis die Dateien mit den Performancedaten zur Weiterverarbeitung bereitgestellt. Dieses Verzeichnis kann z.B. aus Performancegründen in einem eigenen Filesystem liegen.

» *--with-perfdata-dir=<Verzeichnis, in dem die RRD-Files abgelegt werden>*

Da die Verarbeitung von RRD-Files ziemlich IO-intensiv ist, kann auch dieses Verzeichnis bei Bedarf in ein eigenes Filesystem auf einem schnellen Speichermedium gelegt werden.

Die beiden letzten Parameter können auch noch nach der Installation durch Einträge in Konfigurationsdateien geändert werden. Wenn man damit einverstanden ist, dass PNP komplett in */usr/local/pnp4nagios* installiert wird (Die vom Autor dieses Buches empfohlene Variante), dann reicht der Aufruf **./configure** völlig aus. Waren alle Voraussetzungen erfüllt, so zeigt sich danach folgende Zusammenfassung:

KAPITEL 4 Visualisierung von Performancedaten mit PNP

```
*** Configuration summary for pnp4nagios-0.6.0 07-30-2009 ***

    General Options:
    ------------------------                    -------------------
    Nagios user/group:                          nagios nagios
    Install directory:                          /usr/local/pnp4nagios
    HTML Dir:                                   /usr/local/pnp4nagios/share
    Config Dir:                                 /usr/local/pnp4nagios/etc
    Location of rrdtool binary:                 /usr/bin/rrdtool Version 1.2.29
    RRDs Perl Modules:                          FOUND (Version 1.2029)
    RRD Files stored in:                        /usr/local/pnp4nagios/var/perfdata
    process_perfdata.pl Logfile:                /usr/local/pnp4nagios/var/perfdata.log
    Perfdata files (NPCD) stored in:            /usr/local/pnp4nagios/var/spool

    Web Interface Options:   -------------------------           ------------------
    ---
    HTML URL:                                   http://localhost/pnp4nagios/
    Apache Config File:                         /etc/httpd/conf.d/pnp4nagios.conf


    Review the options above for accuracy.  If they look okay,
    type 'make all' to compile.
```

Danach macht man mit dem Aufruf von **make all** weiter. Nachdem auch dieses Kommando durchgelaufen ist, werden die erzeugten Dateien mit **make install** in die Zielverzeichnisse kopiert. Zwei weitere Schritte sind optional.

» **make install-config**. Damit werden vorgefertigte Konfigurationsdateien für **process_perfdata** und **npcd** in das *etc*-Verzeichnis kopiert. Man erspart sich damit die Mühe, sie von Hand erstellen zu müssen. Da auch eine Konfigurationsdatei für den Apache-Webserver */etc/httpd/conf.d/pnp4nagios.conf* installiert wird, sind für diesen Schritt root-Rechte erforderlich.

» **make install-init**. Damit wird ein Init-Script */etc/init.d/npcd* angelegt, falls man den npc-Daemon verwenden will und dieser beim Booten automatisch gestartet werden soll. Für diesen make-Aufruf sind ebenfalls root-Rechte erforderlich.

Das *Perl-RRDs*-Modul ist keine zwingende Voraussetzung, da es einen Fallback-Mechanismus gibt, der auf das **rrdtool**-Kommando zurückgreift. Trotzdem sollte es installiert werden, da seine Verwendung weniger Last erzeugt als der Aufruf des externen **rrdtool**.

Nach erfolgter Installation, insbesondere wenn durch **make install-config** auch die Apache-Konfigurationsdateien geändert wurden, muss der Webserver neu gestartet werden.

Ruft man daraufhin im Browser die URL http://<server-ip>/pnp4nagios auf, so erscheint eine Diagnose-Seite. In dieser findet man idealerweise den in grüner Farbe unterlegten Hinweis „*Your environment passed all requirements.Remove or rename the install.php file now.*". In diesem Fall löscht man wie aufgefordert die Datei *install.php* im Verzeichnis */usr/local/pnp4nagios/share*. Sollte jedoch eine der vorausgesetzten Komponenten fehlen, so wird dies in roter Farbe angezeigt.

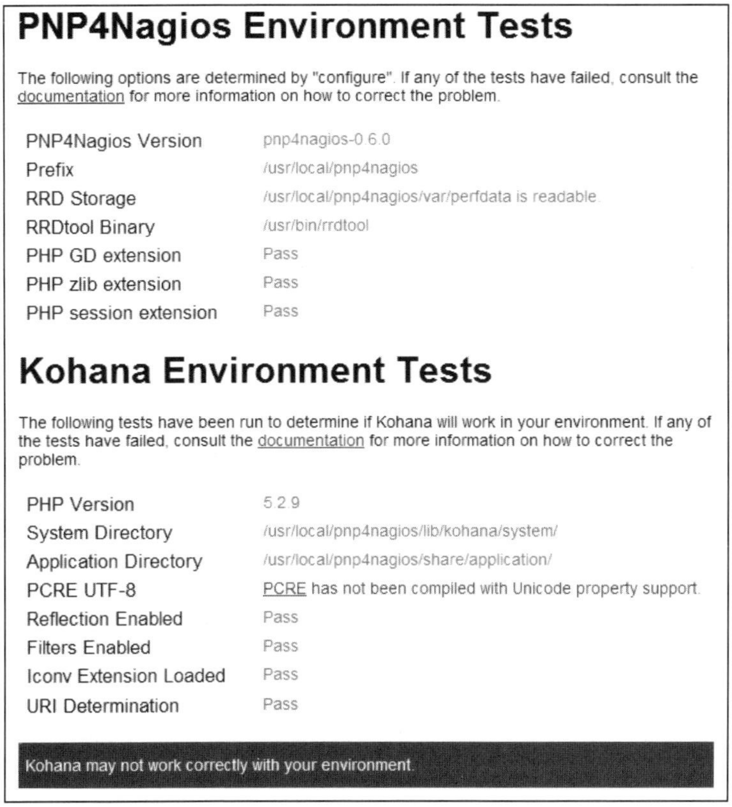

PNP4Nagios Environment Tests

The following options are determined by "configure". If any of the tests have failed, consult the documentation for more information on how to correct the problem.

PNP4Nagios Version	pnp4nagios-0.6.0
Prefix	/usr/local/pnp4nagios
RRD Storage	/usr/local/pnp4nagios/var/perfdata is readable.
RRDtool Binary	/usr/bin/rrdtool
PHP GD extension	Pass
PHP zlib extension	Pass
PHP session extension	Pass

Kohana Environment Tests

The following tests have been run to determine if Kohana will work in your environment. If any of the tests have failed, consult the documentation for more information on how to correct the problem.

PHP Version	5.2.9
System Directory	/usr/local/pnp4nagios/lib/kohana/system/
Application Directory	/usr/local/pnp4nagios/share/application/
PCRE UTF-8	PCRE has not been compiled with Unicode property support.
Reflection Enabled	Pass
Filters Enabled	Pass
Iconv Extension Loaded	Pass
URI Determination	Pass

Kohana may not work correctly with your environment.

Abbildung 4.3: **PHP-PCRE liegt nicht in der geforderten Version vor.**

4.5 Konfiguration von Nagios und PNP

Wie bereits geschrieben, kennt Nagios zwei verschiedene Arten der Übergabe von Performancedaten an externe Tools. Die einfachere der beiden, die unmittelbare Ausführung eines Folgekommandos nach dem Servicecheck ist auch der Default-Mode von PNP.

4.5.1 Synchronous Mode

Im Synchronous Mode von PNP Bis zur Version 0.4 wurde dieser *Normal Mode* genannt) wird nach jedem Lauf eines Checks das Script **process_perfdata.pl** aufgerufen, welches die gewonnenen Performancedaten in eine RRD-Datenbank schreibt. Die Voraussetzung dafür ist, dass wie bereits beschrieben, in der Datei *nagios.cfg* die Option *process_performance_data* auf 1 gesetzt wurde. Wichtig ist beim *Synchronous Mode* auch, dass Makros als Environmentvariablen zur Verfügung stehen. Auf diesem Weg werden nach erfolgter Ausführung eines Service die Resultate an das Handlerscript **process_perfdata.pl** übergeben. Deshalb muss die Option *enable_environment_macros* ebenfalls auf 1 gesetzt werden.

Konfiguration von Nagios

Listing 4.1: **nagios.cfg**

```
process_performance_data=1
enable_environment_macros=1
service_perfdata_command=process-service-perfdata
host_perfdata_command=process-host-perfdata
```

Für *process-service-perfdata* und *process-host-perfdata* müssen eigene Command-Definitionen angelegt werden, die letztlich für den Aufruf von **process_perfdata.pl** sorgen.

Listing 4.2: **commands.cfg**

```
define command {
   command_name process-service-perfdata
   command_line $USER5$/process_perfdata.pl
}
define command {
   command_name process-host-perfdata
   command_line $USER5$/process_perfdata.pl -d HOSTPERFDATA
}
```

Bis zur Version 0.4 von PNP lag das Script **process_perfdata.pl** im Unterverzeichnis *libexec* des Nagios-Installationsverzeichnisses. Deshalb konnte man in der Command-Definition einfach *$USER1$* als Prefix angeben. Durch die Trennung von Nagios- und PNP-Verzeichnis bei der Version 0.6 ist es erforderlich, in der Datei *resource.cfg* ein weiteres Macro *$USER5$* anzulegen, das auf den neuen Pfad */usr/local/pnp4nagios/libexec* verweist.

Nach jedem Service- oder Hostcheck wird nun **process_perfdata.pl** dann aufgerufen. Es benötigt neben den Performancedaten auch den Host- und Servicenamen, sowie den Namen des zum Service gehörenden Commands. Die Übergabe dieser Daten erfolgt in Form von Environmentvariablen. Bei einem Servicecheck sind dies:

» *$NAGIOS_SERVICEPERFDATA* – Die Performancedaten.

» *$NAGIOS_SERVICEDESC* – Der Name des Service.

» *$NAGIOS_HOSTNAME* – Der Host, zu dem der Service gehört.

» *$NAGIOS_SERVICECHECKCOMMAND* – Das zum Service gehörende Check-Command.

Wurde ein Hostcheck ausgeführt, so sieht die Liste ähnlich aus. Der Parameter *-d HOSTPERFDATA* teilt **process_perfdata.pl** mit, dass das Ergebnis eines Hostchecks verarbeitet werden soll. Bei größeren Installationen ist zu berücksichtigen, dass während der Ausführung eines dieser Verarbeitungsscripts der Nagios-Prozess blockiert ist und warten muss. Eine große Anzahl von Services, deren Performancedaten auf diese Art verarbeitet werden, kann daher den flüssigen Ablauf der Checks bremsen.

Konfiguration von PNP

Wie eingangs erwähnt, wurde PNP geschrieben, um mit möglichst wenig Aufwand ans Ziel zu kommen. Deshalb gibt es hier auch keine Konfigurationsanleitung. Sie ist schlichtweg nicht nötig. Ein Neustart von Nagios mit den soeben beschriebenen Einstellungen genügt und nach kurzer Zeit tauchen im Verzeichnis */usr/local/pnp4nagios/var/perfdata* die ersten RRD-Dateien auf.

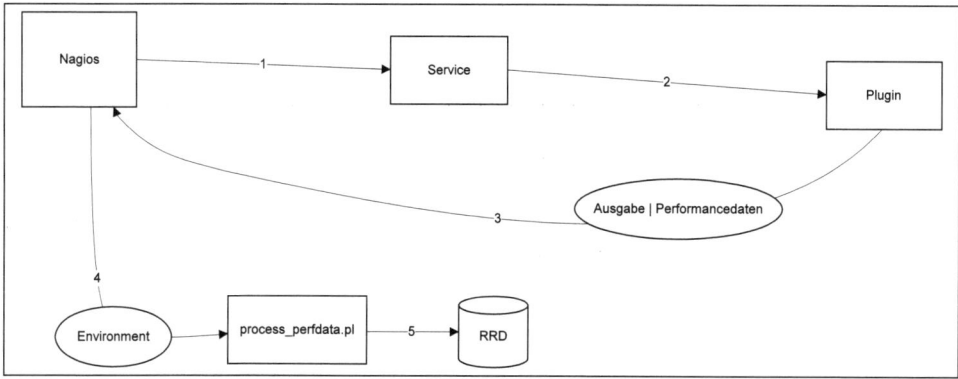

Abbildung 4.4: **Verarbeitung von Performancedaten im Default Mode**

Die grafische Darstellung der Performancedaten kann man sich nun unter der URL *http://<nagiosserver>/pnp4nagios* anschauen. Natürlich dauert es eine Weile, bis ausreichend viele Messwerte für einen durchgehenden Kurvenverlauf gesammelt wurden. Aber schon wenige Minuten reichen für einen ersten Eindruck, der sicher positiv sein wird (vgl. Abbildung 4.5):

Mit der beschriebenen Vorgehensweise sollte sich eine Nagios-Installation von bis 1000 Services betreiben lassen, ohne dass Performanceprobleme zu erwarten wären.

KAPITEL 4 | Visualisierung von Performancedaten mit PNP

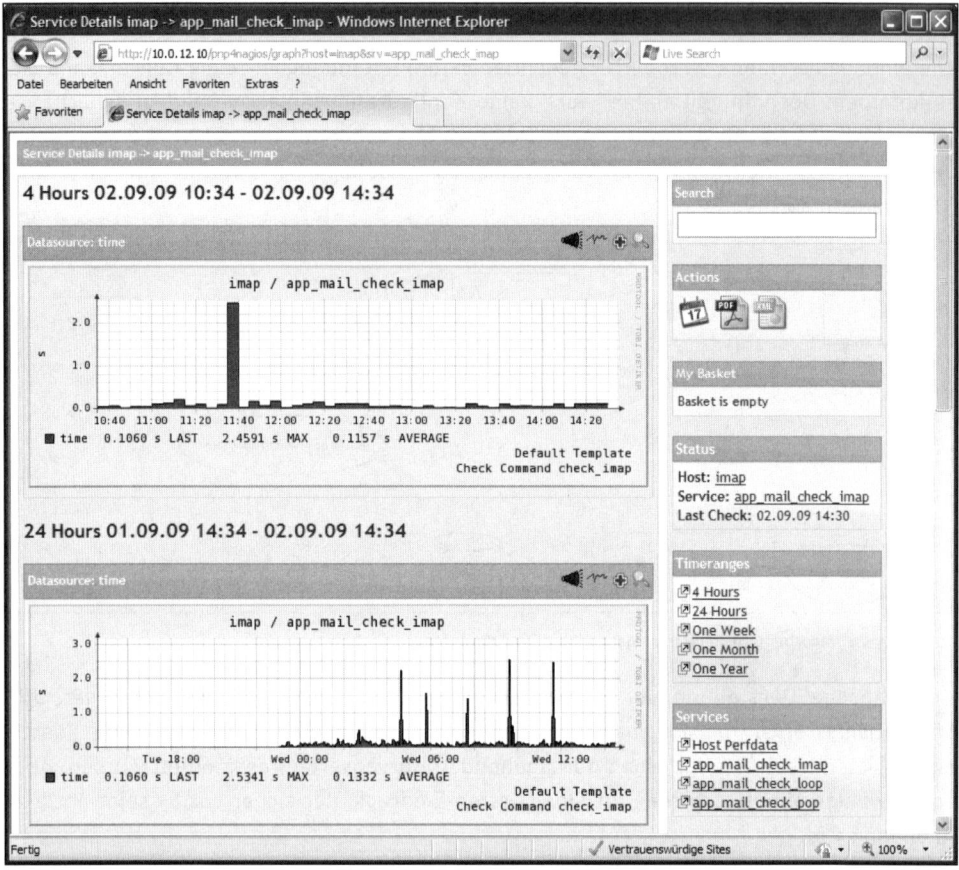

Abbildung 4.5: **Ein erster Blick auf die von PNP erzeugten Graphen**

4.5.2 Bulk Mode

Mit steigender Anzahl von Services steigt auch die Belastung von Nagios, weil zur reinen Nettolaufzeit der Plugins noch die Zeit zur Verarbeitung der jeweiligen Performancedaten hinzukommt. Abhilfe schafft das Verfahren, bei dem die Performancedaten zunächst in eine Spooldatei geschrieben werden und diese unabhängig von den Checks in regelmäßigen Abständen von **process_perfdata.pl** ausgelesen und weiterverarbeitet wird. Die CPU-intensiven Berechnungen bei der Aktualisierung der RRD-Dateien lassen sich dadurch zwar nicht vermindern, aber zumindest wird die Anzahl zeitraubender Starts des Perl-Interpreters für **process_perfdata.pl** reduziert.

Konfiguration von Nagios

Listing 4.3: **nagios.cfg**

```
service_perfdata_file=/usr/local/pnp4nagios/var/service-perfdata
service_perfdata_file_template=DATATYPE::SERVICEPERFDATA\
tTIMET::$TIMET$\tHOSTNAME::$HOSTNAME$\tSERVICEDESC::$SERVICEDESC$\tS
ERVICEPERFDATA::$SERVICEPERFDATA$\tSERVICECHECKCOMMAND::$SERVICECHE
CKCOMMAND$\tHOSTSTATE::$HOSTSTATE$\tHOSTSTATETYPE::$HOSTSTATETYPE$\
tSERVICESTATE::$SERVICESTATE$\tSERVICESTATETYPE::$SERVICESTATETYPE$
service_perfdata_file_mode=a
service_perfdata_file_processing_interval=15
service_perfdata_file_processing_command=process-service-perfdata-file

host_perfdata_file=/usr/local/pnp4nagios/var/host-perfdata
host_perfdata_file_template=DATATYPE::HOSTPERFDATA\tTIMET::$TIMET$\
tHOSTNAME::$HOSTNAME$\tHOSTPERFDATA::$HOSTPERFDATA$\tHOSTCHECKCOMMAND::$HOST
CHECKCOMMAND$\tHOSTSTATE::$HOSTSTATE$\tHOSTSTATETYPE::$HOSTSTATETYPE$
host_perfdata_file_mode=a
host_perfdata_file_processing_interval=15
host_perfdata_file_processing_command=process-host-perfdata-file
```

Listing 4.4: **commands.cfg**

```
define command {
   command_name    process-service-perfdata-file
   command_line    $USER5$/process_perfdata.pl \
                   --bulk=/usr/local/pnp4nagios/var/service-perfdata
}

define command {
   command_name    process-host-perfdata-file
   command_line    $USER5$/process_perfdata.pl \
                   --bulk=/usr/local/pnp4nagios/var/host-perfdata
}
```

Derart konfiguriert schreibt Nagios nach jedem Service- und Hostcheck die Performancedaten in die durch die Parameter *service_perfdata_file* und *host_perfdata_file* spezifizierten Dateien. Mit der Option *service_perfdata_file_template* wird genau festgelegt, in welcher Form und mit welchen zusätzlichen Informationen so ein Eintrag geschrieben werden soll. Die Angaben im Listing entsprechen genau dem Format, das von **process_perfdata.pl** erwartet wird. Die Option *service_perfdata_file_options=a* bewirkt, dass die Checkergebnisse zeilenweise ans Dateiende angehängt werden. In Abständen von 15 Sekunden wird **process_perfdata.pl** dann aufgerufen, diesmal mit dem zusätzlichen Parameter *--bulk*. Dieser bekommt als Argument den Namen der Spooldatei.

Die darin angesammelten Performancedaten werden dadurch als Block verarbeitet und nicht mehr einzeln wie beim *Synchronous Mode*. Das 15-Sekunden-Intervall kann man mit *service_perfdata_file_processing_interval* gegebenenfalls ändern.

Konfiguration von PNP

Auch bei dieser Konstellation funktioniert PNP „out of the box". Trotzdem soll hier auf die Konfigurationsdatei */usr/local/pnp4nagios/etc/process_perfdata.cfg* hingewiesen werden. Sie wird bei der Installation von PNP nicht automatisch angelegt. Allerdings gibt es eine Beispieldatei *process_perfdata.cfg-sample* (falls man bei der Installation **make install-config** ausgeführt hat), die man unverändert übernehmen kann. In ihr gibt es den Parameter *LOG_LEVEL*, der standardmäßig auf 0 gesetzt ist. Es lohnt sich aber, ihm probehalber den Wert 2 zu geben und einen ersten Blick in die mit dem Parameter *LOG_FILE* definierte Datei *perfdata.log* zu werfen. Hier landen alle Nachrichten, mit denen **process_perfdata.pl** seine Aktionen protokolliert.

```
2009-07-30 12:04:24 [18696] [2] Using Config File /usr/local/pnp4nagios/etc/
process_perfdata.cfg parameters
2009-07-30 12:04:24 [18696] [1] process_perfdata.pl-0.6.0 starting in BULK
Mode called by Nagios
2009-07-30 12:04:24 [18696] [2] searching for /usr/local/pnp4nagios/var/
service-perfdata
2009-07-30 12:04:24 [18696] [2] renaming /usr/local/pnp4nagios/var/service-
perfdata to /usr/local/pnp4nagios/var/service-perfdata-PID-18696 for bulk
update
2009-07-30 12:04:24 [18696] [2] reading /usr/local/pnp4nagios/var/service-
perfdata-PID-18696 for bulk update
2009-07-30 12:04:24 [18696] [2] Processing Line 1
2009-07-30 12:04:24 [18696] [2] Datatype set to 'SERVICEPERFDATA'
2009-07-30 12:04:24 [18696] [1] Found Performance Data for dbsrv1 / app_
oracle_default_NAPRAX_check_login (connection_time=0.8491;5;10)
...
```

Man sieht hier, dass als Erstes die Datei *service-perfdata* umbenannt wird, indem einfach die Prozess-ID des **process_perfdata.pl** an den Namen angehängt wird. Dadurch kann Nagios eine neue *service-perfdata* anlegen und sofort wieder hineinschreiben, während die alte Datei verarbeitet wird. Auf diese Weise wird verhindert, dass es zu konkurrierenden Schreib- und Lesezugriffen kommt.

Bei einer Nagios-Installation mit mehreren tausend Services kann es auch hier zu Performanceproblemen kommen. Die Aufrufe von **process_perfdata.pl** finden zwar nicht mehr nach jedem Service statt, aber dafür kann die Spooldatei *service-perfdata* während des 15-sekündigen Intervalls stark anwachsen. Infolgedessen erhöht sich auch die Laufzeit von **process_perfdata.pl** und somit die Zeit, in der Nagios für andere Aufgaben blockiert ist. Daneben kann es auch zu Timeouts kommen, wenn so viele Daten zu verarbeiten sind, dass Nagios die Ausführung von **process_perfdata.pl** abbricht.

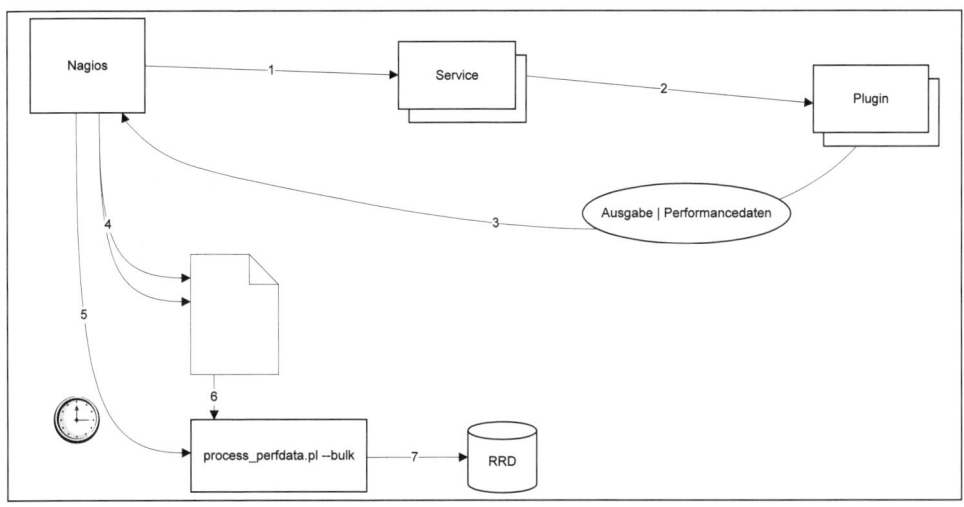

Abbildung 4.6: **Verarbeitung von Performancedaten im Bulk Mode**

4.5.3 Bulk Mode mit NPCD

Die Idee hinter diesem dritten Mode ist die völlige Entkopplung des Sammelns der Performancedaten von deren Speicherung in RRD-Datenbanken. Ersteres erledigt weiterhin Nagios. Der aufwändigere zweite Teil jedoch wird außerhalb der Kontrolle von Nagios von einem unabhängigen Prozess übernommen.

Konfiguration von Nagios

Die Parameter in der Datei nagios.cfg sehen genauso aus wie beim normalen Bulk-Mode. Daten werden im gleichen Format nach *service-perfdata* und *host-perfdata* geschrieben. Nur kümmert sich Nagios jetzt nicht mehr darum, was mit diesen Daten passiert. Anstatt **process-perfdata.pl** in irgendeiner Form aufzurufen, werden die Spooldateien einfach mit einem **mv**-Befehl umbenannt (oder gegebenenfalls in ein anderes Verzeichnis geschoben) und bekommen einen Zeitstempel ans Ende des Dateinamens gehängt.

Listing 4.5: **commands.cfg**

```
define command{
   command_name    process-service-perfdata-file
   command_line    /bin/mv \
                   /usr/local/pnp4nagios/var/service-perfdata \
                   /usr/local/pnp4nagios/var/service-perfdata.$TIMET$
}

define command{
   command_name    process-host-perfdata-file
   command_line    /bin/mv \
                   /usr/local/pnp4nagios/var/host-perfdata \
                   /usr/local/pnp4nagios/var/host-perfdata.$TIMET$
}
```

Mit dem Verschieben der Dateien hat Nagios bereits seine Schuldigkeit getan und kann sich wieder der Ausführung von Checks widmen. Der Aufruf des **mv**-Kommandos ist in so kurzer Zeit erledigt, dass von ihm keinerlei Einfluss auf das Timing bzw. Latency der Checks zu erwarten ist. Befinden sich Ziel und Quelle im gleichen Filesystem, dann sind nur elementare Operationen auf Inode-Ebene nötig, nicht länger als ein paar Millisekunden dauern. Nach dem Neustart von Nagios mit der neuen Konfiguration tauchen dann im Verzeichnis /usr/local/pnp4nagios/var Dateien auf, die jeweils die Performancedaten aus einem Zeitraum von 15 Sekunden beinhalten.

```
nagsrv$ ls -l /usr/local/pnp4nagios/var/*-perfdata.*
total 184
-rw-r--r-- 1 500 500  207 02-10 12:10 host-perfdata.1234264260
-rw-r--r-- 1 500 500    0 02-10 12:11 host-perfdata.1234264275
...
-rw-r--r-- 1 500 500 2860 02-10 12:10 service-perfdata.1234264245
-rw-r--r-- 1 500 500  458 02-10 12:10 service-perfdata.1234264260
-rw-r--r-- 1 500 500 1361 02-10 12:11 service-perfdata.1234264275
-rw-r--r-- 1 500 500  545 02-10 12:11 service-perfdata.1234264290
...
```

Konfiguration von PNP

Anders als in den beiden vorhergehenden Szenarien wird das **process_perfdata**-Script nicht mehr von Nagios selbst gestartet. Das ist jetzt Aufgabe des Daemons *NPCD*. Auch für diesen wurde bei der Installation von PNP eine Beispiel-Konfigurationsdatei erzeugt, die /usr/local/pnp4nagios/etc/npcd.cfg-sample heißt. Sie ist ohne Modifikationen verwendbar, deshalb benennt man sie einfach in npcd.cfg um. Da der *NPCD* außerhalb der Kontrolle von Nagios läuft, muss er mit einem Initscript gestartet werden.

```
nagsrv# /etc/init.d/npcd start
```

Danach läuft im Hintergrund der Prozess **npcd**, der alle 15 Sekunden im Verzeichnis /usr/local/pnp4nagios/var nach Neuzugängen sucht. Findet er dort Dateien so wie oben aufgelistet, dann startet er für jede von ihnen das bekannte Script **process_perfdata.pl** in einem eigenen Thread. Defaultmäßig sind bis 5 parallele Threads möglich. Es können also 5 Spooldateien gleichzeitig abgearbeitet werden. Die mit diesem Verfahren erreichte Verarbeitungsgeschwindigkeit übersteigt bei weitem die der beiden vorher beschriebenen. Auch die technische Trennung von Datenerfassung und -speicherung wirkt sich so aus, dass selbst die Verarbeitung tausender Performancedaten das Timing von Nagios hier nicht mehr durcheinanderbringen kann. Durch Änderungen in der Konfigurationsdatei etc/pcd.cfg kann man das Verhalten von NPCD zur Laufzeit den eigenen Vorstellungen anpassen. Normalerweise gibt es aber dafür keinen Grund. Jedoch sollte zumindest für eine Weile auch hier Logging eingeschaltet werden, damit man einen Einblick in die Arbeitsweise von NPCD bekommt. In der Grundeinstellung werden nur Startup-Meldungen an Syslog geschickt.

KAPITEL 4 Visualisierung von Performancedaten mit PNP

Folgende Einstellungen sorgen dafür, dass in */usr/local/pnp4nagios/var/npcd.log* protokolliert wird, welche Spooldateien gefunden und wie sie verarbeitet werden.

```
log_type = file
log_file = /usr/local/nagios/var/npcd.log
log_level = 2
```

Ein laufender NPCD kann mit **kill -HUP <PID von NPCD>** zum erneuten Einlesen seiner Konfiguration veranlasst werden. Mit den soeben gemachten Änderungen erscheinen danach folgende Meldungen in *var/npcd.log*:

```
[07-30-2009 14:21:01] NPCD: Found 4 files in /usr/local/pnp4nagios/var/
[07-30-2009 14:21:01] NPCD: ThreadCounter 0/5 File is .
[07-30-2009 14:21:01] NPCD: ThreadCounter 0/5 File is ..
[07-30-2009 14:21:01] NPCD: ThreadCounter 0/5 File is host-perfda-
ta.1248956455
[07-30-2009 14:21:01] NPCD: Regular File: host-perfdata.1248956455
[07-30-2009 14:21:01] NPCD: A thread was started on thread_counter = 0
[07-30-2009 14:21:01] NPCD: ThreadCounter 1/5 File is service-perfda-
ta.1248956455
[07-30-2009 14:21:01] NPCD: Regular File: service-perfdata.1248956455
[07-30-2009 14:21:01] NPCD: A thread was started on thread_counter = 1
[07-30-2009 14:21:01] NPCD: Have to wait: Filecounter = 2 - thread_counter =
2
[07-30-2009 14:21:01] NPCD: Processing file host-perfdata.1248956455 with ID
1101007168 - going to exec /usr/local/pnp4nagios/libexec/process_perfdata.pl
-n -b /usr/local/pnp4nagios/var//host-perfdata.1248956455
[07-30-2009 14:21:01] NPCD: Processing file 'host-perfdata.1248956455'
[07-30-2009 14:21:01] NPCD: Processing file service-perfdata.1248956455 with
ID 1111497024 - going to exec /usr/local/pnp4nagios/libexec/process_perf-
data.pl -n -b /usr/local/pnp4nagios/var//service-perfdata.1248956455
[07-30-2009 14:21:01] NPCD: Processing file 'service-perfdata.1248956455'
[07-30-2009 14:21:01] NPCD: No more files to process... waiting for 15
seconds
```

Natürlich wird auch weiterhin, wie im letzten Abschnitt erwähnt, in die Logdatei */usr/local/pnp4nagios/var/perfdata.log* geschrieben, diesmal jedoch von mehreren **process_perfdata.pl** gleichzeitig.

KAPITEL 4 Visualisierung von Performancedaten mit PNP

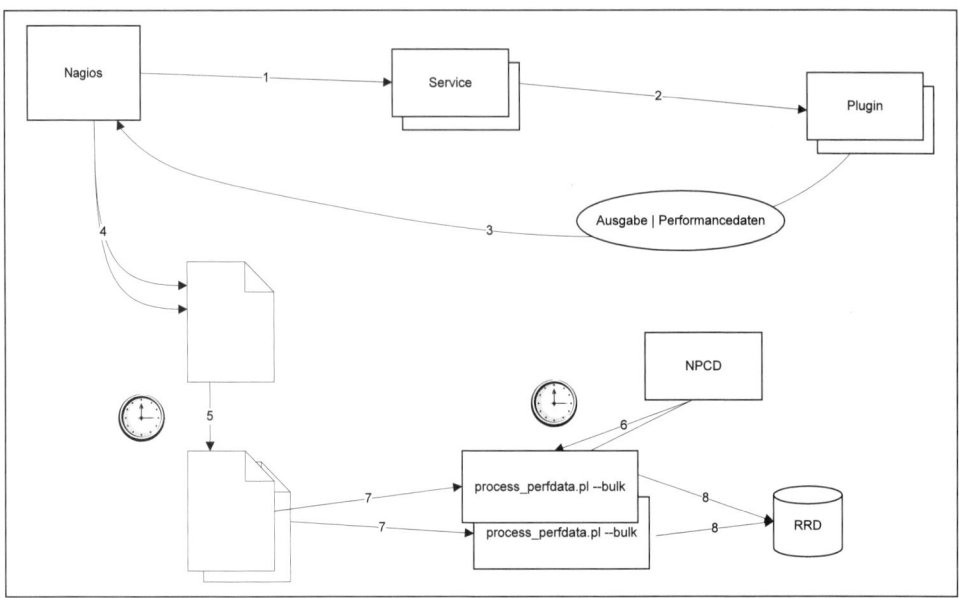

Abbildung 4.7: **Verarbeitung von Performancedaten im Bulk Mode mit NPCD**

4.5.4 Bulk Mode mit NPCD und npcdmod – Eine Variante für Tippfaule

Die letztgenannte Methode kann noch etwas vereinfacht werden. Hendrik Bäcker, auch eine bekannte Größe in der deutschen Nagios-Community und Co-Entwickler von PNP, hat das Event Broker Modul *npcdmod.o* geschrieben, das bereits im Kern von Nagios für das Wegschreiben der Performancedaten in eine Spool-Datei sorgt. Dazu hängt es sich in den internen Verarbeitungsablauf von Nagios mittels Callback-Funktionen ein. Nach der Beendigung jedes Service- und Hostchecks wird die Routine *npcdmod_handle_data* in *npcdmod.o* aufgerufen, die die Performancedaten abspeichert. Auch das Verschieben der Spool-Datei nach 15 Sekunden erledigt *npcdmod*. Dank dieser Vorgehensweise müssen in der Konfigurationsdatei *nagios.cfg* keine komplizierten Anpassungen mehr gemacht werden. Alle in den Abschnitten 4.5.1 und 4.5.2 vorgestellten Optionen in *nagios.cfg* können einfach auskommentiert werden. Nun muss man Nagios nur noch dazu bringen, das Broker Modul beim Hochfahren zu laden. Dazu genügt ein einziger Eintrag in *nagios.cfg*, der wie hier der Anschaulichkeit halber mit einem Backslash auf zwei Zeilen aufgeteilt werden kann:

```
broker_module=/usr/local/pnp4nagios/bin/npcdmod.o \
    config_file=/usr/local/pnp4nagios/etc/npcd.cfg
```

Wie man sieht, wird die Konfigurationsdatei des *NPCD* gelesen. Diese enthält nämlich auch einen kleinen Abschnitt, *npcdmod* betreffend. Damit stehen alle Informationen, die für das Zusammenspiel von Broker Modul *npcdmod.o* und *NPCD* nötig sind, zur Verfügung. Speziell sind dies *perfdata_file*, die Datei, in die alle Host- und Serviceresultate geschrieben werden und *perfdata_spool_dir*, das Verzeichnis, in das sie alle 15 Sekunden unter einem neuen Namen *perfdata.<timestamp>* verschoben wird. Nach einem Restart von Nagios zeigt ein Blick in die Logdatei *nagios.log*, dass das Modul seine Arbeit aufgenommen hat.

```
[1248961806] Nagios 3.2.0 starting... (PID=31679)
[1248961806] Local time is Thu Aug 30 15:50:06 CEST 2009
[1248961806] LOG VERSION: 2.0
[1248961806] npcdmod: Copyright (c) 2008-2009 Hendrik Baecker (andurin@
process-zero.de) - http://www.pnp4nagios.org
[1248961806] npcdmod: /usr/local/pnp4nagios/etc/npcd.cfg initialized
[1248961806] npcdmod: spool_dir = '/usr/local/pnp4nagios/var/spool/'.
[1248961806] npcdmod: perfdata file '/usr/local/pnp4nagios/var/perfdata.
dump'.
[1248961806] npcdmod: Ready to run to have some fun!
[1248961806] Event broker module '/usr/local/pnp4nagios/bin/npcdmod.o'
initialized successfully.
[1248961806] Finished daemonizing... (New PID=31680).
```

Diese Methode mit einem eigenen Broker Modul mag auf Nagios-Anfänger vielleicht ein wenig abschreckend wirken. Tatsächlich spricht aber nichts gegen diese Art der Konfiguration. Im Gegenteil, die zusätzliche Belastung des Nagios-Prozesses ist hier am geringsten und auch der Administrator muss nur ein Minimum an Anpassungen in der *nagios.cfg* vornehmen.

Nachdem nun vier Möglichkeiten beschrieben wurden, wie die Performancedaten von Nagios an PNP übergeben werden können, stellt sich die Frage, was PNP bzw. **process_perfdata.pl** damit eigentlich anstellt. Das Ziel ist ja schließlich, dass Grafiken erstellt werden, die die ermittelten Messwerte über einen mehr oder weniger langen Zeitraum darstellen.

4.6 Die Weboberfläche von PNP

Im Abschnitt 4.5.1 „*Synchronous Mode*" wurde bereits ein erster Blick auf die Webansicht von PNP unter der URL *http://<nagiosserver>/pnp4nagios* geworfen. Ohne Angabe weiterer HTTP-Parameter tauchen dort die Graphen für den Host auf, der in der vorliegenden Nagios-Installation der alphabetisch Erste ist. Um sich Daten anderer Hosts anzusehen, die Zeitintervalle zu ändern oder die Graphen einzelner Services im Detail anzuzeigen, bedient man die Steuerelemente am rechten Bildschirmrand. Mit Hilfe dieser Bedienfelder steuert man Art und Umfang der grafischen Darstellung der Performancedaten.

» *Eingabefeld für den Hostnamen* – Bereits beim Tippen der ersten Buchstaben im Eingabefeld erscheint eine Auswahl von in Frage kommenden Hosts. Auf diese Art muss man nicht sämtliche Namen im Kopf haben. Ein Klick auf den gewünschten Hostnamen sorgt dafür, dass die Webseite neu geladen und alle Graphen dieses Hosts dargestellt werden.

KAPITEL 4 | Visualisierung von Performancedaten mit PNP

» *Details zum angezeigten Service* – In diesem Abschnitt findet man einen Hinweis auf den Zeitpunkt der letzten Aktualisierung durch Nagios, falls man sich einen einzelnen Service (oder die Grafik des Hostchecks) ansieht.

» *Angezeigtes Zeitfenster* – Beim ersten Aufruf der PNP-Seite werden Graphen gezeichnet, die die Performancedaten während der letzten 24 Stunden wiedergeben. Will man sehen, wie sich die Messwerte in einem anderen Zeitraum entwickelt haben, so stehen dazu vordefinierte Intervalle zur Verfügung. Durch Klicken auf eine dieser Timeranges werden die Kurven entsprechend neu gezeichnet.

Timeranges
- 4 Hours
- 24 Hours
- One Week
- One Month
- One Year

» *Liste der verfügbaren Services* – Darunter befindet sich eine Liste von Links auf die einzelnen Services, die dem aktuell angezeigten Host zugeordnet sind. Durch Klicken auf einen Service werden im zentralen Frame nur noch die zu ihm gehörenden Graphen angezeigt.

KAPITEL 4 — Visualisierung von Performancedaten mit PNP

Services
- Host Perfdata
- app_mail_check_imap
- app_mail_check_loop
- app_mail_check_pop

Wenn für einen Service längere Zeit keine neuen Performancedaten mehr angeliefert wurden (z.B. wenn der Netzverkehr auf einem Port überwacht wird, dieser aber down ist), dann kann man den Link nicht mehr anklicken. Will man trotzdem die historischen Daten ansehen, dann muss man in der Konfigurationsdatei *etc/pnp/config_local.php* die Einstellung *max_age* ändern. Sie gibt an, wie lange man nach dem letzten Update eines RRD-Files noch auf die darin gespeicherten Daten zugreifen kann. (Default: 6 Stunden).

Eigentlich könnte man die Änderung auch in der Datei *etc/pnp/config.php* vornehmen. Da diese jedoch bei einem Update von PNP überschrieben wird, gibt es *config_local.php*. Die darin gefundenen benutzerdefinierten Einstellungen haben Vorrang vor den Systemweiten.

Im großen Frame, der die linken zwei Drittel des Bildschirms einnimmt, sieht man schließlich die aus den RRD-Files erzeugten Graphen. Diese sind zunächst nach den Servicenamen alphabetisch angeordnet, wobei auffällt, dass manche Services mehr als eine Graphik haben. Das kommt daher, weil manche Plugins mehr als einen Messwert liefern und PNP diese getrennt voneinander darstellt. Das Plugin **check_ping** liefert beispielsweise jeweils eine Zahl für die Round Trip Time in Millisekunden und für die Paketverlustrate in Prozent. Bei anderen Services hingegen werden mehrere Kurven zusammen in einen Graphen gepackt. Dies ist durchaus sinnvoll, wenn sich die zugrundeliegenden Messwerte in den gleichen Größenordnungen bewegen und in einem gemeinsamen Koordinatensystem nahe beieinander liegen. Beim Plugin **check_load** mit seinen Zahlen *load1*, *load5* und *load15* ist das der Fall. PNP erkennt ein paar dieser Spezialfälle automatisch anhand der Command-Definition und gestaltet die Graphen entsprechend. (Später wird noch gezeigt, wie so etwas für andere Anwendungen selbst angepasst werden kann). In der Standardansicht werden die aufgezeichneten Werte der letzten 24 Stunden angezeigt.

Ruft man die URL *http://<nagiosserver>/pnp4nagios* ohne weitere Parameter auf, dann gelangt man wie gesagt zur Vollansicht des alphabetisch ersten Hosts. Mit Hilfe der soeben gezeigten Steuerelemente navigiert man zu den anderen Hosts bzw. Services.

Über spezielle URLs ist es aber auch möglich, Hosts oder Services direkt zu adressieren. Dies kann recht nützlich sein, wenn z.B. in einem Wiki die Rechner dokumentiert werden und man Links in die Seiten einbettet, über die man sofort zur entsprechenden PNP-Seite gelangt.

KAPITEL 4 Visualisierung von Performancedaten mit PNP

Will man sich einen ganz bestimmten Host anzeigen lassen, dann verwendet man dazu den *host*-Parameter

```
http://10.0.12.10/pnp4nagios/graph?host=localhost
```

Gibt man diese URL im Browser ein, so bekommen man die Graphen des Hosts *localhost* angezeigt. Wie bereits erwähnt zeigen diese defaultmäßig den Verlauf während der letzten 24 Stunden.

Um den Beobachtungszeitraum zu ändern, gibt es den Parameter *view*. Der kann die Werte 0 für 4 Stunden, 1 für 24 Stunden, 2 für eine Woche, 3 für einen Monat und 4 für ein ganzes Jahr annehmen. Die erweiterte URL

```
http://10.0.12.10/pnp4nagios/graph?host=localhost&view=2
```

zeigt dann die Aufzeichnung der Performancedaten aller Services von *localhost* die während der vergangenen Woche erfasst wurden. Kopiert man das Array *$views[]* von *config.php* in die Datei *config_local.php*, dann kann man weitere Intervalle definieren. An Stelle von vordefinierten Zeiträumen mit dem *view*-Parameter kann man auch Start- und Endzeitpunkt angeben. Dazu gibt verwendet man *start* und *end*, denen man als Werte Timestamps (Sekunden seit 1.1.1970) übergibt.

Auch auf einzelne Services kann zugegriffen werden. Der Parameter *srv* sorgt dafür, dass nur noch Graphen eines bestimmten Services angezeigt werden.

```
http://10.0.12.10/pnp4nagios/graph?host=localhost&srv=Load
```

Ohne den Parameter *view* werden für diesen Service alle 4 vordefinierten Zeitintervalle von 4 Stunden, einer Woche und einem Monat angezeigt.

Von besonderem Interesse ist der Zugriff auf einzelne Graphen (also die reinen Grafikdateien im PNG-Format) über eine URL. Dazu ist die Angabe des Hosts, des Services und des Zeitraums nötig. Bei einem Service, dessen Performancedaten mehrere Messwerte umfassen und in dessen RRD-File somit mehrere Datasources angelegt wurden, muss man noch mit dem *source*-Parameter die gewünschte Datenreihe wählen. Damit keine HTML-Seite mit dem üblichen PNP-Aufbau generiert wird, sondern nur eine Grafikdatei, ersetzt man in der URL *graph?* durch *image?*.

```
http://10.0.12.10/pnp4nagios/image?host=localhost&srv=Current_Load
```

Liegen für einen Service mehrere Datenreihen vor, so kann man mit dem Parameter *source* noch genauer spezifizieren, für welche davon die Grafik generiert werden soll.

KAPITEL 4 Visualisierung von Performancedaten mit PNP

Speziell für Popups gibt es noch die Möglichkeit, sich eine HTML-Tabelle ausgeben zu lassen, deren Elemente die Graphen eines Services sind.

```
http://10.0.12.10/pnp4nagios/popup?host=localhost&srv=Load
```

Es ist eher unüblich, diese URLs mit ihren Parameterlisten in einem Browser aufzurufen. Ausgehend von der Einstiegsseite von PNP kann man sich recht bequem durch die Hosts und Services klicken. Allerdings gibt es wie angedeutet Gründe, warum diese speziellen URLs hier beschrieben wurden. Sie lassen sich gut in die Webseiten anderer Applikationen einbetten. Wie das funktioniert, soll am Beispiel des Webinterfaces von Nagios gezeigt werden.

Verlinken der Webseiten von Nagios und PNP

In einer Servicedefinition kann man den Parameter *action_url* angeben. Dieser bewirkt, dass in der Weboberfläche von Nagios neben dem betreffenden Service ein Icon (es sieht aus wie ein roter Klecks) angezeigt wird. Genauer gesagt handelt es sich dabei um ein HTML-A-Element, das einen Link auf die *action_url* darstellt. Durch Klicken auf das Icon wird ein neues Browser-Fenster geöffnet und darin die mit der *action_url* festgelegte Webseite aufgerufen. Im letzten Abschnitt wurden bereits einige Beispiele für URLs aufgeführt, die man hier verwenden kann.

Am Besten benutzt man für die Konfiguration ein Template, welches dann allen Services, die so einen Link anzeigen sollen, zuweist.

```
define service {
   register     0
   name         pnp-link
   action_url   \
      /pnp4nagios/graph?host=$HOSTNAME$&srv=$SERVICEDESC$
}

define service {
   service_description   os_esxi_common_check_cpu
   host_name             esxi1
   use                   os_esxi_common,pnp-link
   check_command         check_local!$USER3$/check_esx3 \
      -H $HOSTADDRESS$ -u nagios -p narrisch -l cpu
}
```

Hier im Beispiel wird eine relative Adresse verwendet. Wenn PNP und Nagios über denselben Webserver aufgerufen werden, ist das die übliche Vorgehensweise. Wie man in der folgenden Abbildung sieht, erscheint am unteren Rand des Browserfensters die korrekte URL, sobald man mit dem Mauszeiger über den Klecks fährt. (In diesem Fall beginnt sie mit https, da die Nagios-Webseite mit SSL abgesichert wurde). Natürlich kann man bei der *action_url* auch eine vollständige URL angeben, die mit *http://* oder *https://* beginnt.

KAPITEL 4 Visualisierung von Performancedaten mit PNP

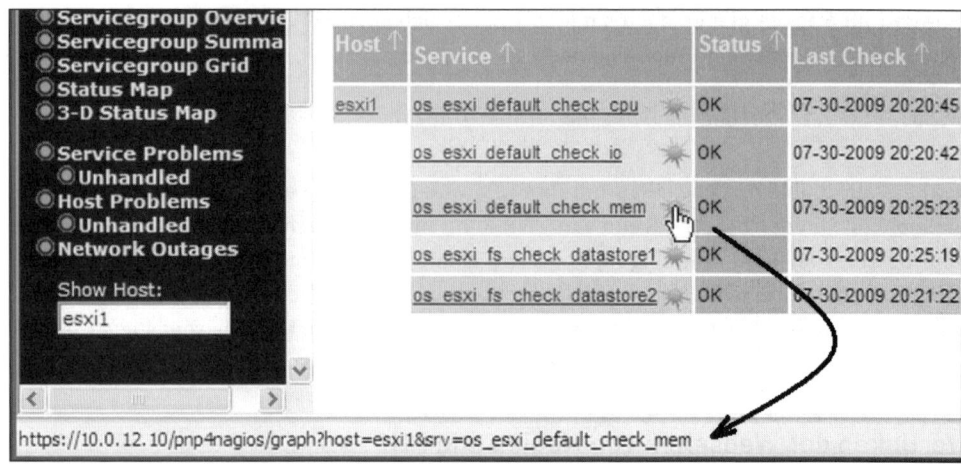

Abbildung 4.8: **Die Action-URL verweist auf die PNP-Ansicht des Services.**

Mancher Administrator mag es als lästig empfinden, wenn jeder Klick ein neues Browserfenster öffnet. Außerdem wäre eine Art Vorschau nicht schlecht. Schließlich hätte man gern den Zustand eines Services und die graphische Darstellung der Performancedaten gleichzeitig im Blick. Auch das lässt sich konfigurieren und bekommt sogar noch einen Wow-Effekt dazu.

Verlinken mit einem Pop-Up

Mit dieser zweiten Methode soll erreicht werden, dass sich ein kleines Popup-Fenster öffnet, sobald man mit dem Mauszeiger das Klecks-Icon berührt. In diesem Fenster erscheint dann der zum Service gehörende PNP-Graph (der Erste, falls es mehrere geben sollte), so dass man die Nagios-Webseite nicht mehr verlassen muss. Es ist aber nach wie vor möglich, durch einen Klick ein neues Browserfenster mit der vollständigen PNP-Ansicht zu öffnen. Dazu modifiziert man einfach das soeben erstellte Service-Template *pnp-link*.

```
define service {
   register                  0
   name                      pnp-link-popup
   action_url \
     /pnp4nagios/graph?host=$HOSTNAME$&srv=$SERVICEDESC$'\
     class="tips"\
     rel='/pnp4nagios/popup?host=$HOSTNAME$&srv=$SERVICEDESC$&view=0
}
```

Aus Gründen der Übersichtlichkeit wurden hier Fortsetzungszeichen am Zeilenende eingefügt. Wie kommt nun das Popup zustande? Der Trick besteht darin, dem Link die CSS-Attribute *class="tips"* und *rel="<Ziel-URL>"* zuzuweisen. Den Rest erledigt das *Tooltip*-Plugin der JavaScript-Bibliothek *JQuery*, die seit der Version 0.6 zusammen mit PNP ausgeliefert wird. Die URL im *rel*-Attribut ist dabei für den Inhalt des Popups maßgeblich.

KAPITEL 4   Visualisierung von Performancedaten mit PNP

Um diese Funktion nutzen zu können, muss allerdings dafür gesorgt werden, dass JQuery in die HTML-Seiten von Nagios eingebunden wird.

Dies erreicht man, indem man die Datei *share/ssi/status-header.ssi* im Nagios-Homeverzeichnis anlegt, die die nötigen Include-Anweisungen für JavaScript- und CSS-Dateien enthält. Sie werden dann bei jedem Aufruf eines CGI-Scripts, das für Nagios eine Status-Seite generiert, in den HTML-Code dieser Seite eingebettet. Das klingt komplizierter als es ist. Bei der Installation von PNP wurde bereits eine Musterdatei erzeugt. Sie befindet sich im *contrib/ssi*-Verzeichnis der PNP-Sourcen und muss nur noch ins Verzeichnis */usr/local/nagios/share/ssi* kopiert werden.

Damit sind die Vorbereitungen abgeschlossen und nach einem Restart von Nagios kann man sich das Ergebnis auf der Weboberfläche ansehen.

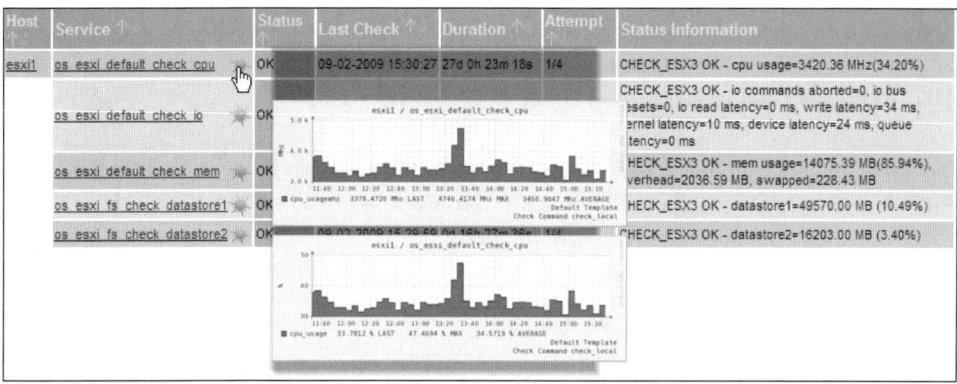

Abbildung 4.9: **Ein von PNP erzeugter Graph als Popup**

Mit dieser Methode kann sich der Administrator schnell einen Überblick über den zeitlichen Verlauf von Performancedaten verschaffen. Er muss dazu nur den Mauszeiger über die zu den entsprechenden Services gehörenden Icons bewegen. Man kann aber noch einen Schritt weitergehen.

Einbetten von Vorschau-Graphen in die Nagios-Webseite

Anstelle des Klecks-Icons kann auch eine Mini-Vorschau der PNP-Graphen neben jedem Service eingeblendet werden. Diese Darstellung eignet sich besonders für die Darstellung der Nagios-Weboberfläche in Kontrollmonitoren, die z.B. an die Wand gehängt werden.

Am Administratorarbeitsplatz ist es aber nach wie vor möglich, ein Popup mit den Graphen in Großansicht zu öffnen, indem mit dem Mauszeiger das Vorschaubildchen berührt wird. Klicken ist ebenfalls möglich, nur wird diesmal die PNP-Seite nicht in einem externen Browserfenster, sondern direkt in den Hauptframe von Nagios geöffnet.

KAPITEL 4 | Visualisierung von Performancedaten mit PNP

Der Effekt basiert diesmal auf einem sogenannten *Icon Image*. Mit dem Parameter *icon_image* kann man Nagios anweisen, neben eine Servicedescription eine beliebige Grafik im Gif-, Jpeg- oder PNG-Format zu platzieren. Der Wert dieses Parameters ist ein Dateiname, der dann vom CGI-Script in den HTML-Code für einen Link eingebettet wird. Es wird erwartet, dass die Datei im Verzeichnis */usr/local/nagios/share/images/logos* liegt.

```
define service {
   service_description   check_cpu
   icon_image   icon.gif
...
}
```

Dieses Attribut in der Servicedefinition sorgt dafür, dass in der Nagios-Weboberfläche folgender HTML-Code erscheint:

```
<A HREF='extinfo.cgi?type=2&host=esxi&service=check_cpu'>
<IMG SRC='/nagios/images/logos/icon.gif' border="0"></A>
```

Der Trick besteht nun darin, das eigentliche Icon verschwinden zu lassen und den für den PNP-Mini-Graphen zusätzlich benötigten HTML-Code einzuschleusen. Dazu erstellt man zunächst wieder ein spezielles Service-Template.

```
define service {
   register    0
   name        pnp-preview-popup
   icon_image \
     Invisible.png' border="0"></a>\
       <a href="/pnp4nagios/graph?host=$HOSTNAME$&srv=$SERVICEDESC$"\
          class="tips"\
          rel="/pnp4nagios/popup?host=$HOSTNAME$&srv=$SERVICEDESC$">\
       <img width="100" height="20" \
     src='/pnp4nagios/image?host=$HOSTNAME$&srv=$SERVICEDESC$&view=0'"
}
```

Die benötigte Graphikdatei *Invisible.png* ist 1x1 Pixel groß und enthält einen transparenten Punkt. Man kann sie sich einfach aus dem Internet herunterladen[4]. Wenn man sich nun vorstellt, dass anstelle des vorhergehenden *icon.gif* obiger HTML- und JavaScript-Code steht, ergibt sich folgendes Bild: Neben dem unsichtbaren Pixel *Invisible.png* stehen dann die Anweisungen, um den Mini-Graphen und das Popup-Fenster darzustellen. Wie bei der vorhergehenden Methode muss auch hier die Datei *status-header.ssi* aus dem *contrib/ssi*-Verzeichnis von PNP nach */usr/local/nagios/share/ssi* kopiert werden. Damit sind die Vorbereitungen abgeschlossen und nach einem Restart von Nagios kann man sich das Ergebnis auf der Weboberfläche ansehen.

---

4   http://upload.wikimedia.org/wikipedia/commons/e/e1/Invisible.png

KAPITEL 4 Visualisierung von Performancedaten mit PNP

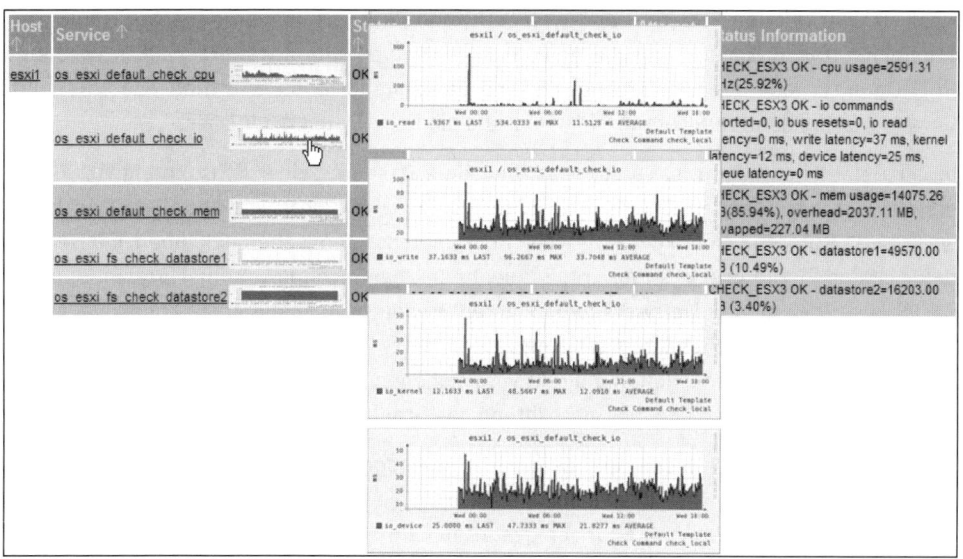

Abbildung 4.10: **Miniaturausgaben der PNP-Graphen**

So schön die kleinen Vorschaubildchen in der Serviceansicht auch aussehen mögen, einen Haken hat die Sache leider doch. PNP muss jedes von ihnen durch einen Aufruf von **rrdtool graph** erst erzeugen. Die Graphen werden zwar in Miniaturform dargestellt. Der zu ihrer Generierung nötige Rechenaufwand ist jedoch keineswegs gering. Es ist die gleiche Arbeit nötig wie bei der Darstellung großer Graphen. Zehn PNG-Dateien für eine *„Host Detail"*-Seite zu generieren ist noch vertretbar, aber ein Klick auf den *„Service Overview"*-Link einer Installation mit 1000 Services kann den Nagios-Server in die Knie zwingen.

Man mag die Vorschau-Graphen auch für eine Spielerei halten. Einen Anwendungsfall jedoch gibt es, bei dem sie von großem Wert sind: Testsysteme, die zu Evaluierungszwecken und zum Vergleich mit anderen Monitoringlösungen aufgebaut werden. Hier treten Produkte in Konkurrenz zu Nagios, die durchaus mit Absicht über eine ansprechende Oberfläche verfügen und mit der integrierten Anzeige von Performancegraphen punkten können. Stattet man allerdings das Nagios-System mit den soeben beschriebenen Vorschaugrafiken aus, so nimmt man ihnen den Wind aus den Segeln. Der Autor kann aus eigener Erfahrung bestätigen, dass dieser coole Effekt die Entscheidung für Nagios in mehreren Fällen positiv beeinflusst hat.

4.7 Templates

Als Jörg Linge anfing PNP zu entwickeln, war sein Ziel, mit minimalem Aufwand Performancedaten in Graphen zu verwandeln. Wie man an den Beispielen in diesem Kapitel sieht, ist ihm das auch gelungen.

KAPITEL 4 | Visualisierung von Performancedaten mit PNP

Nach der Installation von PNP und wenigen Konfigurationseinstellungen bei Nagios erscheinen wie von Geisterhand die gewünschten Kurven. Ohne weiteres Zutun wird eine RRD-Datei für jeden Service erzeugt und mit den zugehörigen Performancedaten gefüllt. Daraus werden dann mit Hilfe von PHP-Scripts die PNG-Dateien generiert.

In der Defaulteinstellung ist es so, dass für jede Datasource einer RRD ein eigener Graph erstellt wird. Bei manchen Plugins, die mehrere Datensätze liefern, wäre es aber wünschenswert, deren Kurven in einem gemeinsamen Koordinatensystem sehen zu können. Ein Beispiel dafür ist das Plugin **check_snmp_int**. Es dient der Überwachung von Interfaces, i. d. R. bei Switches und ähnlichen Netzwerkkomponenten. In seiner Ausgabe erscheinen zwei Messwerte, jeweils für eingehenden und ausgehenden Netzwerk-Traffic. Es wäre übersichtlicher, die beiden übereinander legen und direkt vergleichen zu können. In anderen Fällen möchte man vielleicht die Farben und die Beschriftung des Graphen verändern.

Damit dies kein Wunsch bleibt, gibt es bei PNP die sogenannten Templates. Dahinter verbergen sich kleine PHP-Programme, mit denen man die graphische Darstellung der Performancedaten nach seinen Vorstellungen gestalten kann.

Graphenerstellung mit dem Default-Template

An einem konkreten Beispiel soll das im Folgenden erläutert werden. Der Port 1 des Routers *core-1-ext* wird überwacht, wobei

```
define service {
   host_name              core-1-ext
   service_description    os_ats63_ports_check_traffic_1
   check_command          check_port_traffic!public!Giga Port 1
}
define command {
   command_name           check_port_traffic
   command_line           $USER3$/check_snmp_int \
      --hostname $HOSTADDRESS$ --community $ARG1$ \
      --perfcheck --perfparse -2 \
      --warning 64,64 --critical 100,100 \
      --noregexp --name „$ARG2$"
}
```

Die Performancedaten, die das verwendete Plugin **check_snmp_int** mit diesen Parametern liefert, sehen so aus:

```
'Allied Telesyn AT-9448T/SP_in_octet'=2170567597c 'Allied Telesyn AT-9448T/SP_out_octet'=2088577689c
```

Es gibt also zwei Werte, jeweils die Anzahl der Incoming Octets und der Outgoing Octets. Ohne weiteres Zutun werden diese Werte als zwei Datasources im RRD-File *share/perfdata/core-1-ext/os_ats63_ports_check_traffic_1.rrd* gespeichert und auf der Weboberfläche von PNP als zwei einzelne Graphen angezeigt.

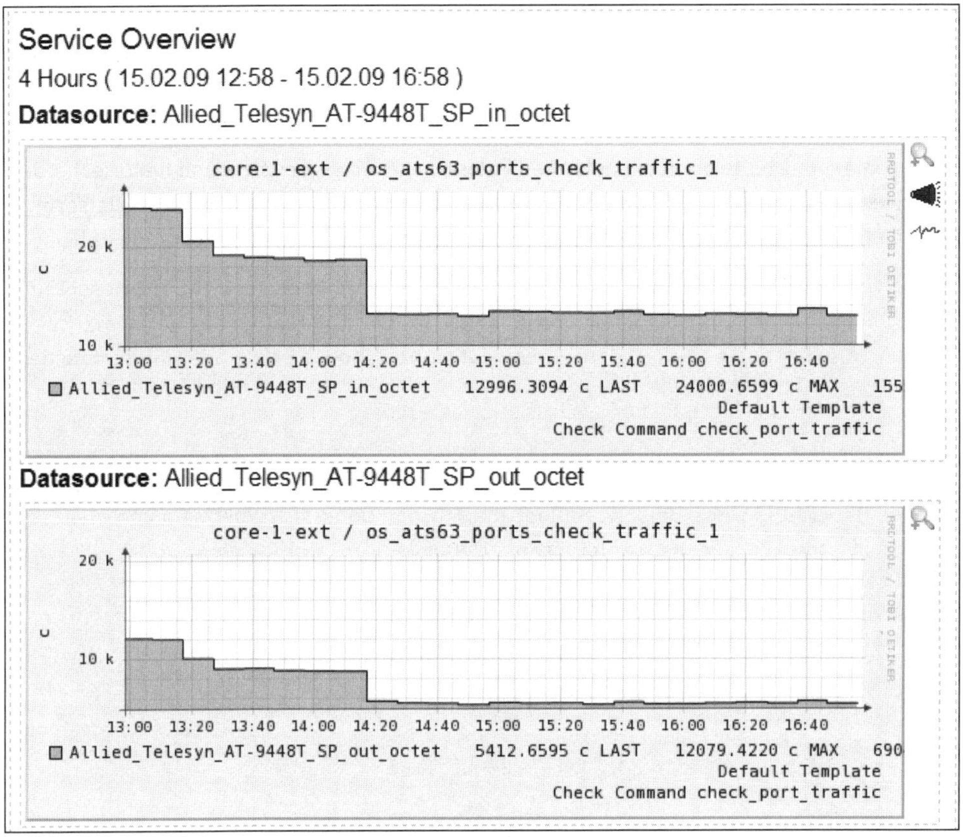

KAPITEL 4 Visualisierung von Performancedaten mit PNP

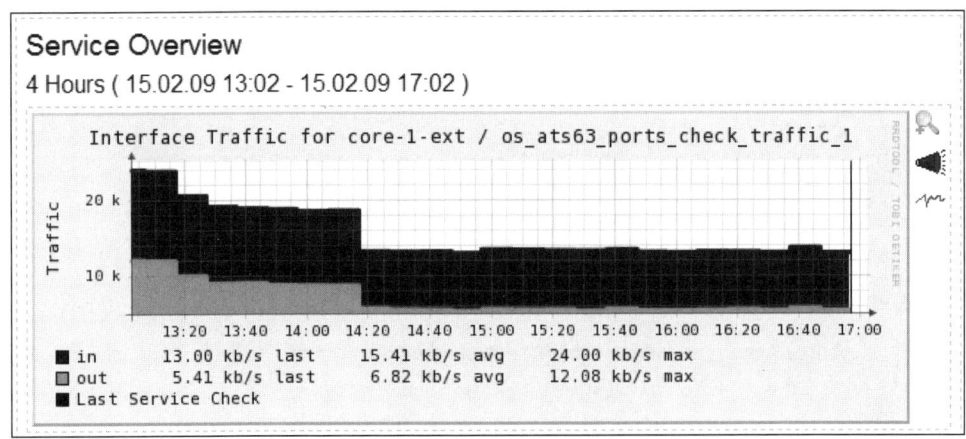

Abbildung 4.11: **Inbound und Outbound Traffic werden defaultmäßig getrennt dargestellt**

Es wäre aber schöner, beide in einem Bild zu vereinen, so dass man die gezeichneten Kurven im gleichen Koordinatensystem vergleichen kann.

Abbildung 4.12: **Gemeinsame Darstellung von Inbound und Outbound Traffic**

KAPITEL 4 Visualisierung von Performancedaten mit PNP

Wie man das macht, wird im nächsten Abschnitt beschrieben. Zunächst wird aber untersucht, was im Default-Fall passiert. Jedesmal, wenn PNP, speziell das **process_perfdata.pl**-Script neue Messwerte für einen Service von Nagios einliest, kommen zwei Dateien ins Spiel.

» *<Service>.rrd* Hier werden die aktuellen Zahlenwerte abgespeichert und historische Daten verdichtet. Die Performancedaten werden gegebenenfalls in einzelne Werte zerlegt und als Datasources für die *update-* oder *create-*Funktion von **rrdfile** bereitgestellt.

» *<Service>.xml* Diese Datei wird nach jedem Update-Vorgang neu erstellt. Sie beschreibt die Laufzeitumgebung des Services zum Zeitpunkt der Entstehung der Performancedaten, die Daten, die beim Update verwendet wurden, sowie Erfolg oder Misserfolg des Updates.

Die XML-Datei, das Bindeglied zwischen Speicherung und Visualisierung

Bei der Betrachtung des Beispiels findet man in der Datei *share/perfdata/core-1-ext/os_ats63_ports_check_traffic_1.xml* interessante Details.

```
<?xml version="1.0" encoding="UTF-8" standalone="yes"?>
<NAGIOS>
  <DATASOURCE>
    <TEMPLATE>check_port_traffic</TEMPLATE>
    <RRDFILE>/usr/local/pnp4nagios/var/perfdata/core-1-ext/os_ats63_ports_check_traffic_1.rrd</RRDFILE>
    <RRD_STORAGE_TYPE>SINGLE</RRD_STORAGE_TYPE>
    <IS_MULTI>0</IS_MULTI>
    <DS>1</DS>
    <NAME>_Allied_Telesyn_AT-9448T_SP_in_octet_</NAME>
    <LABEL>Allied Telesyn AT-9448T/SP_in_octet</LABEL>
    <UNIT>c</UNIT>
    <ACT>1549764258</ACT>
    <WARN></WARN>
    <WARN_MIN></WARN_MIN>
    <WARN_MAX></WARN_MAX>
    <WARN_RANGE_TYPE></WARN_RANGE_TYPE>
    <CRIT></CRIT>
    <CRIT_MIN></CRIT_MIN>
    <CRIT_MAX></CRIT_MAX>
    <CRIT_RANGE_TYPE></CRIT_RANGE_TYPE>
    <MIN></MIN>
    <MAX></MAX>
  </DATASOURCE>
  <DATASOURCE>
    <TEMPLATE>check_port_traffic</TEMPLATE>
    <RRDFILE>/usr/local/pnp4nagios/var/perfdata/core-1-ext/os_ats63_ports_check_traffic_1.rrd</RRDFILE>
    <RRD_STORAGE_TYPE>SINGLE</RRD_STORAGE_TYPE>
    <IS_MULTI>0</IS_MULTI>
    <DS>2</DS>
    <NAME>_Allied_Telesyn_AT-9448T_SP_out_octet_</NAME>
    <LABEL>Allied Telesyn AT-9448T/SP_out_octet</LABEL>
    <UNIT>c</UNIT>
```

```
        <ACT>1343370182</ACT>
        <WARN></WARN>
        <WARN_MIN></WARN_MIN>
        <WARN_MAX></WARN_MAX>
        <WARN_RANGE_TYPE></WARN_RANGE_TYPE>
        <CRIT></CRIT>
        <CRIT_MIN></CRIT_MIN>
        <CRIT_MAX></CRIT_MAX>
        <CRIT_RANGE_TYPE></CRIT_RANGE_TYPE>
        <MIN></MIN>
        <MAX></MAX>
    </DATASOURCE>
```

Zunächst findet man die Beschreibungen der Datasources, die aus den einzelnen Komponenten der Performancedaten entstanden sind. Die relevanten Einträge, die beim letzten Update der XML-Datei und damit einhergehend der RRD-Datei gemacht wurden, lauten:

» *DS* ist eine laufende Nummer für die einzelnen Datasources. In diesem Fall gibt es zwei davon, oft wird man hier nur einen einzigen finden, nämlich wenn das Plugin nur einen Messwert in seinen Performancedaten ausgibt.

» *NAME* ist die Bezeichnung der Datasource und wird aus dem Label des Performancedatums gewonnen.

» *ACT* ist der gemessene Wert, in diesem Fall die bisher aufgelaufene Anzahl von Octets.

» *UNIT* ist die dazugehörige Maßeinheit, hier „c" weil es sich laut Plugin Development Guidelines um einen sich ständig erhöhenden Counter handelt.

» *TEMPLATE* ist der entscheidende Eintrag, der später das Aussehen der graphischen Darstellung der Messwerte bestimmt. Wie bereits bemerkt, steht hier der Name aus der Command-Definition.

Der nächste Abschnitt beschreibt, was beim Update der RRD-Datei passiert ist.

```
    <RRD>
      <RC>0</RC>
      <TXT>successful updated</TXT>
    </RRD>
```

Erwartungsgemäß hat es funktioniert, da die Performancedaten ein gültiges Format hatten. Im dritten Teil finden sich Informationen über die Umgebung, in der die Performancedaten entstanden sind. Sie wurden aus den Laufzeit-Makros von Nagios gewonnen.

```
    <NAGIOS_CHECK_COMMAND>check_port_traffic!public!1!1024,1024!2048,2048</
NAGIOS_CHECK_COMMAND>
      <NAGIOS_DATATYPE>SERVICEPERFDATA</NAGIOS_DATATYPE>
      <NAGIOS_DISP_HOSTNAME>core-1-ext</NAGIOS_DISP_HOSTNAME>
      <NAGIOS_DISP_SERVICEDESC>os_ats63_ports_check_traffic_1</NAGIOS_DISP_
SERVICEDESC>
      <NAGIOS_HOSTNAME>core-1-ext</NAGIOS_HOSTNAME>
      <NAGIOS_MULTI_PARENT></NAGIOS_MULTI_PARENT>
```

KAPITEL 4　Visualisierung von Performancedaten mit PNP

```
    <NAGIOS_PERFDATA>'Allied Telesyn AT-9448T/SP_in_octet'=1549764258c 'Allied
Telesyn AT-9448T/SP_out_octet'=1343370182c </NAGIOS_PERFDATA>
    <NAGIOS_RRDFILE>/usr/local/pnp4nagios/var/perfdata/core-1-ext/os_ats63_
ports_check_traffic_1.rrd</NAGIOS_RRDFILE>
    <NAGIOS_SERVICECHECKCOMMAND>check_port_traffic!publ
ic!1!1024,1024!2048,2048</NAGIOS_SERVICECHECKCOMMAND>
    <NAGIOS_SERVICEDESC>os_ats63_ports_check_traffic_1</NAGIOS_SERVICEDESC>
    <NAGIOS_SERVICEPERFDATA>'Allied Telesyn AT-9448T/SP_in_octet'=1549764258c
'Allied Telesyn AT-9448T/SP_out_octet'=1343370182c</NAGIOS_SERVICEPERFDATA>
    <NAGIOS_SERVICESTATETYPE>1</NAGIOS_SERVICESTATETYPE>
    <NAGIOS_TIMET>1252306857</NAGIOS_TIMET>
    <NAGIOS_XMLFILE>/usr/local/pnp4nagios/var/perfdata/core-1-ext/os_ats63_
ports_check_traffic_1.xml</NAGIOS_XMLFILE>
</NAGIOS>
```

Diese Angaben können zur Beschriftung der Graphen verwendet werden. Außerdem tauchen sie auch auf im HTML-Code der Webansicht von PNP auf.

Generierung eines Graphen, zuerst ohne spezielles Template

Wenn man nun die URL *http://<nagiosserver>/pnp4nagios/graph?host=core-1-ext&srv=os_ats63_ports_check_traffic_1* aufruft, dann passiert Folgendes:

» Das PHP-Script, das hinter der Webseite steckt, schaut im Verzeichnis *share/perfdata/core-1-ext* nach, ob es eine RRD-Datei namens *os_ats63_ports_check_traffic_1.rrd* und eine XML-Datei namens *os_ats63_ports_check_traffic_1.xml* gibt.

» Aus der XML-Datei wird der Eintrag *TEMPLATE* geholt, in diesem Fall lautet er *check_port_traffic*.

» Ein dazu passendes Template wird gesucht und zwar nacheinander unter den Pfadnamen.

  » */usr/local/pnp4nagios/share/templates/check_port_traffic.php*

  » */usr/local/pnp4nagios/share/templates.dist/check_port_traffic.php*

  Existiert keines dieser PHP-Scripts, dann gibt es einen Fallback zum Default-Template. Auch danach wird wieder in den gleichen beiden Verzeichnissen gesucht.

  » */usr/local/pnp4nagios/share/templates/default.php*

  » */usr/local/pnp4nagios/share/templates.dist/default.php*

  Im Installationsumfang von PNP sind bereits einige Templates enthalten. Diese liegen im Verzeichnis *templates.dist*. In diesem sollte man nichts verändern, da es beim Einspielen einer neuen PNP-Version überschrieben wird. Für eigene Entwicklungen und Modifikationen ist das Verzeichnis *templates* gedacht, deshalb wird es auch als Erstes durchsucht. Was auf jeden Fall gefunden wird, ist das Template *default.php*. Es ist verantworlich für die Standard-Darstellung, in der für jede Datasource ein eigener Graph gezeichnet wird. Wem diese nicht gefällt, der kann im *templates*-Verzeichnis eine Kopie von *default.php* anlegen und nach seinem Geschmack anpassen.

KAPITEL 4 Visualisierung von Performancedaten mit PNP

» Das Template-Script (*default.php* oder ein echtes Template) wird ausgeführt. Dabei werden mehrere vordefinierte Variablen verändert, die zum Zusammenstellen der Parameter für das folgende rrdtools-Kommando dienen.

» Durch den Aufruf von **rrdtool graph** mit den soeben gebildeten Optionen wird eine oder mehrere Graphikdateien im PNP-Format generiert und in die Webseite eingebettet.

Wenn man sich noch kein Template *check_port_traffic.php* gebaut hat (und auch keins von PNP selbst nach *templates.dist* installiert wurde, was auch der Fall ist), dann erscheinen wie eingangs gezeigt zwei Graphen, jeweils einer für Inbound und Outbound Octets.

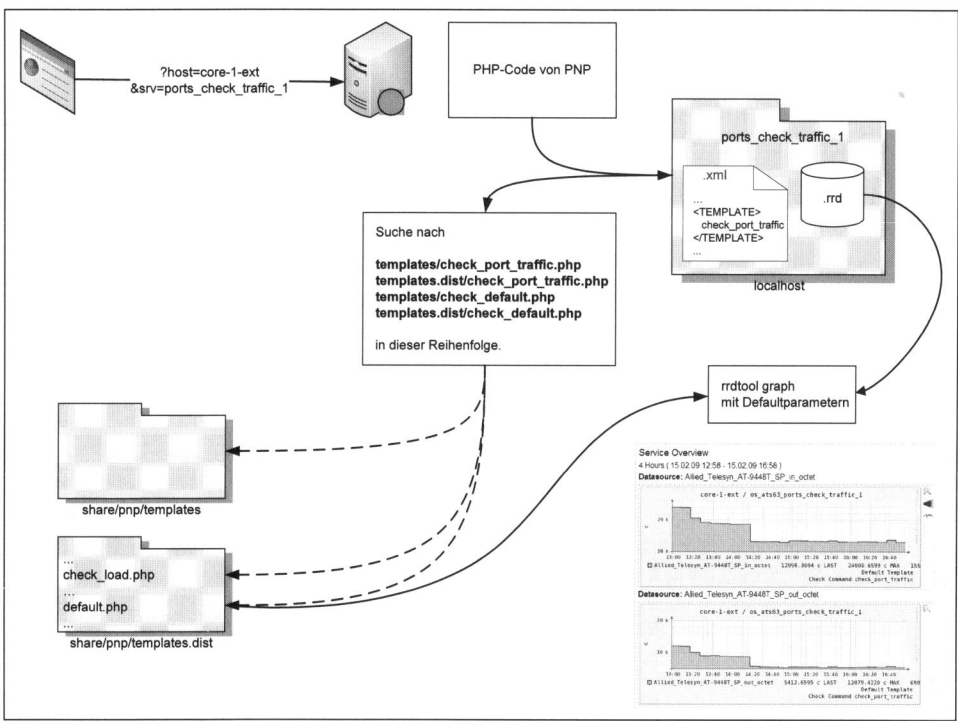

Abbildung 4.13: **Defaultdarstellung, wenn kein passendes Template existiert**

Generierung eines Graphen mit einem eigenen Template

Um nun die Anzeige der Performancedaten nach eigenen Vorstellungen zu gestalten, muss man ein Template *check_port_traffic.php* im Verzeichnis *share/templates* erstellen. Dazu stehen dem Programmierer einige vordefinierte Variablen und Arrays zur Verfügung, die von PNP anhand der Informationen aus der XML-Datei automatisch mit Werten versieht.

Für alle Elemente im *DATASOURCE*-Unterzweig wird ein gleichnamiges Array erzeugt. Der Wert des Elements *DS* bezeichnet die Datasource, dient aber gleichzeitig als Index für die anderen Arrays. Zur Verdeutlichung wird noch einmal folgender Ausschnitt aus dem bekannten XML-File betrachtet.

KAPITEL 4   Visualisierung von Performancedaten mit PNP

```
<DATASOURCE>
    <TEMPLATE>check_port_traffic</TEMPLATE>
    <IS_MULTI>0</IS_MULTI>
    <DS>2</DS>
    <NAME>Allied_Telesyn_AT-9448T_SP_out_octet</NAME>
    <UNIT>c</UNIT>
    <ACT>2838872054</ACT>
```

In einem PNP-Template stehen dann zur Laufzeit die Arrays *TEMPLATE, IS_MULTI, DS, NAME, UNIT, ACT* uvm. zur Verfügung. Auf die in diesem *DATASOURCE*-Element vorkommenden Werte kann mit dem Index 2 zugegriffen werden. *$UNIT[2]* ist z.B. „c" und *$NAME[2]* ist „Allied_Telesyn_AT-9448T_SP_out_octet".

Neben diesen Arrays gibt es noch die Variablen *$hostname* und *$servicedesc*, deren Bedeutung klar sein dürfte, sowie *$rrdfile*, die den vollständigen Pfad zur RRD-Datei beinhaltet. Die eigentliche Aufgabe des Templates ist die Formulierung des Aufrufs von **rrdtool graph**.

Dazu müssen die beiden Arrays *$opt[]$* und *$def[]$* gefüllt werden. Diese haben so viele Elemente, wie Graphen erzeugt werden sollen. Aus *$opt[1]* und *$def[1]* wird die **rrdtool graph** Kommandozeile gebildet. *$opt[1]* ist ein String, der üblicherweise die Überschrift setzt, *$def[1]* beinhaltet die Anweisungen zum Zeichnen des ersten Graphen. Das fertige Template *check_port_traffic.php* sieht dann so aus:

```
<?php
    $opt[1] = „ --vertical-label \"Traffic\" -b 1000 --title \"Interface
Traffic for $hostname / $servicedesc\" „;
    $def[1]  = „DEF:in=$rrdfile:$DS[1]:AVERAGE „ ;
    $def[1] .= „DEF:out=$rrdfile:$DS[2]:AVERAGE „ ;
    $def[1] .= „LINE3:in#003300:\"in \" „ ;
    $def[1] .= „AREA:in#003300: „ ;
    $def[1] .= „GPRINT:in:LAST:\"%7.2lf %Sb/s last\" „ ;
    $def[1] .= „GPRINT:in:AVERAGE:\"%7.2lf %Sb/s avg\" „ ;
    $def[1] .= „GPRINT:in:MAX:\"%7.2lf %Sb/s max\\n\" „ ;
    $def[1] .= „LINE3:out#00ff00:\"out \" „ ;
    $def[1] .= „AREA:out#00ff00: „ ;
    $def[1] .= „GPRINT:out:LAST:\"%7.2lf %Sb/s last\" „ ;
    $def[1] .= „GPRINT:out:AVERAGE:\"%7.2lf %Sb/s avg\" „ ;
    $def[1] .= „GPRINT:out:MAX:\"%7.2lf %Sb/s max\\n\" „;
?>
```

Auf der Homepage des RRD-Projekts[5] findet sich eine umfassende Beschreibung der Zeichenkommandos. Hier soll nur kurz darauf eingegangen werden:

» *DEF* vergibt einen Variablennamen für eine Datenreihe eines RRD-Files. In diesem Fall lautet der Name in (In Datasource 1 wird der Performancewert Allied_Telesyn_AT-9448T_SP_in_octet gespeichert).

---

5   http://oss.oetiker.ch/rrdtool

- » *LINE3* zeichnet eine Linie von 3 Pixel Dicke aus den Werten der Variablen in.
- » *AREA* zeichnet eine farblich gefüllte Fläche unterhalb der Linie.
- » *GPRINT* erzeugt eine Legende.

Wird nun die URL *http://<nagiosserver>/pnp4nagios/graph?host=core-1-ext&srv=os_ats63_ports_check_traffic_1* erneut aufgerufen, dann erscheint der gewünschte Graph, der die Kurven von Inbound und Outbound Packets in einem Koordinatensystem zusammenlegt.

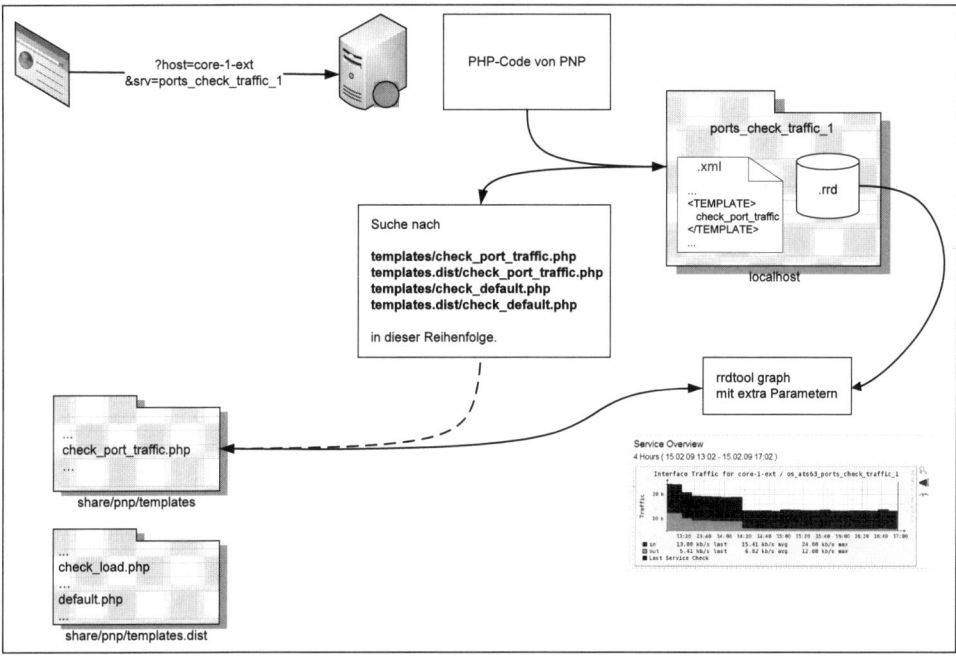

Abbildung 4.14: **Schicke Darstellung, wenn ein passendes Template gefunden wurde**

Wie in der Abbildung mit *check_load.php* angedeutet, bringt PNP bereits bei der Installation einige häufig gebrauchte Templates mit.

Templates, die mit variabler Anzahl von Performancedaten zurechtkommen

Im vorhergehenden Beispiel wurde ein Plugin-Aufruf behandelt, der die Performancedaten stets im gleichen Format liefert. Unabhängig von der überwachten Netzwerkkomponente und vom Port werden jedesmal zwei Werte für Inbound und Outbound Traffic ausgegeben.

Was aber, wenn ein Plugin eine unterschiedliche Anzahl von Messwerten ermittelt, je nachdem, welches Objekt angesprochen wird? Dazu ein konkretes Beispiel: **check_hpasm** wird für das Monitoring der Hardware von Proliant-Servern eingesetzt. Es liest u. a. Lüfterdrehzahlen und Temperaturen aus. Je nach Servertyp ändert sich die Anzahl dieser Bauteile.

KAPITEL 4 Visualisierung von Performancedaten mit PNP

```
OK - System: 'proliant dl380 g5', S/N: 'CAC7963WM6', ROM: 'P56
10/04/2007', hardware working fine, da: 1 logical drives, 2 physical dri-
ves| fan_1=50%;0;0 fan_2=46%;0;0 fan_3=50%;0;0 fan_4=51%;0;0 fan_5=35%;0;0
fan_6=34%;0;0 'temp_1_ioboard'=37;70;70 'temp_2_ambient'=18;39;39 'temp_3_
cpu'=30;127;127 'temp_4_cpu'=30;127;127 'temp_5_powersupply'=46;77;77
'temp_6_cpu'=30;127;127 'temp_7_cpu'=30;127;127

OK - System: 'proliant dl380 g3', S/N: '82BDLDS72D', ROM: 'P29
09/15/2004', hardware working fine, da: 2 logical drives, 5 physical dri-
ves| fan_1=50%;0;0 fan_2=28%;0;0 fan_3=35%;0;0 fan_4=50%;0;0 fan_5=50%;0;0
fan_6=31%;0;0 fan_7=30%;0;0 fan_8=30%;0;0 'temp_1_cpu'=32;62;62 'temp_2_
cpu'=31;73;73 'temp_3_ioboard'=45;68;68 'temp_4_powersupply'=28;55;55
```

Wie man sieht, hat der erste Server 6 Lüfter und 7 Temperaturen, der zweite dagegen 8 Lüfter und 4 Temperaturen. PNP wird das RRD-File des ersten Services mit 16 Datasources und das des zweiten Services mit 12 Datasources anlegen. Auch die Defaultdarstellung mit getrennten Graphen für jeden Performancewert ist kein Problem. Trotzdem wird man sich wünschen, einerseits die Temperaturen und andererseits die Lüfterdrehzahlen in jeweils einem Bild zusammengefasst zu sehen.

Mit dem PNP-Template-Mechanismus ist das kein Problem, allerdings wird man scheitern, wenn man das PHP-Script so schreibt, wie soeben gezeigt. Die Datasources sind nicht mehr bestimmten Messwerten fest zugeordnet. Datasource Nr.7 wäre im ersten Fall *temp_1_ioboard*, im zweiten Fall jedoch *fan_7*. Glücklicherweise ist im XML-File zu jeder Datasource auch der dazugehörige Name (das Label aus den Performancedaten) gespeichert worden, entsprechend enthält *$NAME[7]* den String *temp_1_ioboard* oder *fan_7* im Fall des zweiten Servers. Bei der Programmierung des Templates kann man sich dies zu Nutze machen. Indem man alle Datasources in einer Schleife laufen lässt und mittels eines regulären Ausdrucks die *$NAME*-Variable untersucht, kann man dafür sorgen, dass alle Lüfter-Werte in Graph 1 und alle Temperaturwerte in Graph 2 landen.

```
$colors=array („CC3300", "CC3333", "CC3366", "CC3399", "CC33CC", "CC33FF",
„336600", „336633", „336666", „336699", „3366CC", „3366FF");

foreach($DS as $i){
   if(preg_match ('/^fan_/',$NAME[$i])){
      # jetzt kommt ein Lüfter -> Graph 1
      $ds_name[1] = „Fan Speed";
      $opt[1] = „-X0 --slope-mode --title \"HPASM Fan Speed\" „;
      $def[1] .= „DEF:ovar$i=$rrdfile:$DS[$i]:AVERAGE „ ;
      $def[1] .= „CDEF:var$i=ovar$i,100,/,$max_rpm,* „ ;
      $def[1] .= „LINE:var$i#".$colors[$i].":\"$NAME[$i]\" „ ;
      $def[1] .= „GPRINT:var$i:LAST:\"%6.01f RPM LAST \" „;
      $def[1] .= „GPRINT:var$i:MAX:\"%6.01f RPM MAX \" „;
      $def[1] .= „GPRINT:var$i:AVERAGE:\"%6.21f RPM AVERAGE \\n\" „;
   }
   if(preg_match ('/^temp_/',$NAME[$i])){
      # jetzt kommt eine Temperatur -> Graph 2
      $ds_name[2] = „Temperature";
```

```
            $opt[2] = „--slope-mode --title \"HPASM Temperature\" ";
            $def[2] .= „DEF:var$i=$rrdfile:$DS[$i]:AVERAGE " ;
            $def[2] .= „LINE:var$i#".$colors[$i].":\"$NAME[$i]\" " ;
            $def[2] .= „GPRINT:var$i:LAST:\"%6.0lf $UNIT[$i] LAST \" ";
            $def[2] .= „GPRINT:var$i:MAX:\"%6.0lf $UNIT[$i] MAX \" ";
            $def[2] .= „GPRINT:var$i:AVERAGE:\"%6.2lf $UNIT[$i] AVERAGE \\n\" ";
      }
}
```

Mit der *DEF*-Anweisung wird die Drehzahl in Prozent des Maximalwertes aus der entsprechenden Datasource in der Variable *ovar* gespeichert. Die darauf folgende *CDEF*-Anweisung rechnet sie unter Verwendung von *$max_rpm* in absolute Drehzahlen um. Dies nur als Hinweis, dass Messwerte mit *CDEF* noch weiter manipuliert werden können. Damit jede Kurve in einer anderen Farbe gezeichnet wird, gibt es noch das Array *$colors* mit vordefinierten Farbwerten.

Templates, die unterschiedliche Arten von Performancedaten verarbeiten

Es gibt noch eine weitere Besonderheit, die bei der Programmierung von PNP-Templates beachtet werden muss. Manche Plugins besitzen einen großen Funktionsumfang und können je nach Anwendungsfall völlig unterschiedliche Formen von Performancedaten ausgeben. Als Beispiel soll wieder **check_snmp_int** dienen. Es wurde in diesem Kapitel bereits benutzt, um die Anzahl ein- und ausgehender Netzwerkpakete aufzuzeichnen. Das entsprechende Command, die Plugin-Ausgabe und die resultierenden Performancedaten sehen so aus:

```
define command {
   command_name         check_port_traffic
   command_line         $USER3$/check_snmp_int \
      --hostname $HOSTADDRESS$ --community $ARG1$ \
      --perfcheck --perfparse -2 \
      --warning 64,64 --critical 100,100 \
      --noregexp --name „$ARG2$"
}

Allied Telesyn AT-9448T/SP:UP (13.2KBps/5.5KBps):1 UP: OK |
'Allied Telesyn AT-9448T/SP_in_octet'=2001114048c
'Allied Telesyn AT-9448T/SP_out_octet'=1925165285c
```

Wenn man den Parameter *--perfprct* dazunimmt, dann ändert das Plugin sein Verhalten. Anstatt wie bisher die übertragene Datenmenge in Bytes/sec zu messen, wird nun berechnet, wie viel Prozent der maximalen Übertragungskapazität derzeit benutzt werden. Definiert man einen neuen Service *check_bandwidth*, der den geänderten Parametersatz benutzt, dann sehen Ausgabe und Performancedaten anders aus:

```
define command {
   command_name         check_port_bandwidth
   command_line         $USER3$/check_snmp_int \
      --hostname $HOSTADDRESS$ --community $ARG1$ \
```

KAPITEL 4 Visualisierung von Performancedaten mit PNP

```
            --perfcheck --perfprct --intspeed --perfparse -2 \
            --warning 60,60 --critical 80,80 --prct\
            --noregexp --name "$ARG2$"
}

Allied Telesyn AT-9448T/SP:UP (8.2%/1.9%):1 UP: OK
'Allied Telesyn AT-9448T/SP_in_prct=8.2%;70;90;0;100
'Allied Telesyn AT-9448T/SP_out_prct'=1.9%;70;90;0;100
'Allied Telesyn AT-9448T/SP_speed_bps'=100000000
```

Wie man sieht, unterscheiden sich die Performancedaten jetzt sowohl in Anzahl als auch im Format. Zwar legt PNP auch für diesen neuen Service automatisch eine RRD-Datei an (diesmal mit 3 Datasources vom Typ *GAUGE*), das Template *check_port_traffic.php* ist aber nicht mehr geeignet, die Daten darzustellen, obwohl wieder das Plugin check_snmp_int zugrundeliegt. Es muss also ein weiteres Template *check_port_bandwith.php* programmiert werden. Ideal wäre es natürlich, wenn man ein universelles Template hätte, das mit allen möglichen Ausprägungen von Performancedaten eines Plugins zurechtkommt. Dann müsste man einfach nur symbolische Links anlegen, die auf in diesem Fall *check_snmp_int.php* zeigen.

```
nagsrv$ cd share/templates
nagsrv$ ln -s check_snmp_int.php check_port_traffic.php
nagsrv$ ln -s check_snmp_int.php check_port_bandwidth.php
```

Auch ein universelles Template zu erstellen, ist keine Kunst. Man bedient sich wieder der *preg_match*-Funktion, um festzustellen, welcher Satz von Performancedaten vorliegt und parst dann davon abhängig die restlichen Werte, da man ja weiß, welche Labels zu erwarten sind.

```
foreach ($DS as $i) {
    if(preg_match('/^(.*)_in_prct$/', $NAME[$i])) {
      # 'Allied Telesyn AT-9448T/SP_in_prct=3%;70;90;0;100
      # 'Allied Telesyn AT-9448T/SP_out_prct'=0%;70;90;0;100
      # 'Allied Telesyn AT-9448T/SP_speed_bps'=100000000
        $ifname = $match[1];
        $inpct = $i;
        foreach ($DS as $t) {
            if(preg_match('/^(.*)_out_prct$/', $NAME[$t])) {
                $outpct = $t;
            }
            if(preg_match('/^(.*)_speed_bps$/', $NAME[$t])) {
                $speed = $t;
            }
        }
        $ds_name[1] = "Interface In/Out in % of Max Speed";
        $opt[1] = "--vertical-label \"Percent of Max\" --title \"Interface
Traffic for $hostname / $servicedesc\" ";
        $def[1] =   "DEF:inpct=$rrdfile:$DS[$inpct]:AVERAGE " ;
        $def[1] .=  "DEF:outpct=$rrdfile:$DS[$outpct]:AVERAGE " ;
        $def[1] .=  "LINE:inpct#8bfc89 " ;
        $def[1] .=  "AREA:inpct#4dfb4b:\"inbound\" " ;
```

```
            $def[1] .= „LINE1:outpct#599afd „ ;
            $def[1] .= „AREA:outpct#59fafd:\"outbound\" „ ;
            $def[1] .= „GPRINT:inpct:LAST:\"%3.2lf LAST \" „;
            $def[1] .= „GPRINT:inpct:MAX:\"%3.2lf MAX \" „;
            $def[1] .= „GPRINT:inpct:AVERAGE:\"%3.2lf AVERAGE \" „;
            $def[1] .= „GPRINT:outpct:LAST:\"%3.2lf LAST \" „;
            $def[1] .= „GPRINT:outpct:MAX:\"%3.2lf MAX \" „;
            $def[1] .= „GPRINT:outpct:AVERAGE:\"%3.2lf AVERAGE \" „;
        }
     if(preg_match('/^(.*)_in_octet$/', $NAME[$i])) {
        # 'Allied Telesyn AT-9448T/SP_in_octet'=2001114048c
        # 'Allied Telesyn AT-9448T/SP_out_octet'=1925165285c
        $ifname = $match[1];
        $inoctets = $i;
        foreach ($DS as $t) {
            if(preg_match('/^(.*)_out_octet$/', $NAME[$t])) {
                $outoctets = $t;
            }
        }
        $opt[1] = „ --vertical-label \"Traffic\" -b 1000 --title \"Interface
Traffic for $hostname / $servicedesc\" „;
        $def[1] = „DEF:var1=$rrdfile:$DS[$inoctets]:AVERAGE „ ;
        $def[1] .= „DEF:var2=$rrdfile:$DS[$outoctets]:AVERAGE „ ;
        $def[1] .= „LINE3:var1#003300:\"in \" „ ;
        $def[1] .= „AREA:var1#003300: „ ;
        $def[1] .= „GPRINT:var1:LAST:\"%7.2lf %Sb/s last\" „ ;
        $def[1] .= „GPRINT:var1:AVERAGE:\"%7.2lf %Sb/s avg\" „ ;
        $def[1] .= „GPRINT:var1:MAX:\"%7.2lf %Sb/s max\\n\" „ ;
        $def[1] .= „LINE3:var2#00ff00:\"out \" „ ;
        $def[1] .= „AREA:var2#00ff00: „ ;
        $def[1] .= „GPRINT:var2:LAST:\"%7.2lf %Sb/s last\" „ ;
        $def[1] .= „GPRINT:var2:AVERAGE:\"%7.2lf %Sb/s avg\" „ ;
        $def[1] .= „GPRINT:var2:MAX:\"%7.2lf %Sb/s max\\n\" „;
     }
}
```

> **TIPP**
>
> Entwickler von Plugins können ihre Arbeit enorm aufwerten, wenn sie ein PNP-Template beilegen, das wie soeben gezeigt, sämtliche Ausprägungen von Performancedaten beherrscht und damit bei jeder erdenklichen Verwendung anschauliche Graphen generiert. Die Anwender werden es zu würdigen wissen, wenn sie beim Einsatz des Plugins keinen Gedanken daran verschwenden müssen und ihre Nagios-Installation automatisch aufgewertet wird.

Custom Templates

Betrachtet man nun den folgenden Fall, den man sehr häufig vorfinden dürfte, dann wird man sich fragen, wie PNP damit zurechtkommt:

```
define command {
   command_name         check_nrpe_arg
   command_line         $USER1$/check_nrpe \
     -H $HOSTADDRESS$ -t $ARG1$ -c $ARG2$ -a $ARG3$
}
```

KAPITEL 4 Visualisierung von Performancedaten mit PNP

```
define service {
    service_description     os_linux_fs_check_disk_/
    host_name               lxsrv12
    check_command           check_nrpe_arg!60!check_disk!/ 5GB 1GB
}
define service {
    service_description     os_linux_default_check_swap
    host_name               os_linux_default
    check_command           check_nrpe_arg!60!check_swap!15% 8%
}
```

Der Füllgrad eines Filesystems und die Benutzung des Swap-Spaces sind ideale Kandidaten für eine graphische Aufzeichnung. Ein Blick auf die entsprechenden Bilder kann u. U. ausreichen, um einen drohenden Engpass vorherzusehen, lange bevor Nagios ein Warning herausschickt. Es wäre schade, wenn dafür nur die Default-Graphen generiert würden. Nach allem, was bisher geschrieben wurde, ist der command_name ausschlaggebend für die Wahl des passenden Templates. Ein Blick in die XML-Datei *os_linux_common_check_swap.xml* unter *share/perfdata/lxsrv12* zeigt, dass dies auch der Fall ist:

```
<NAGIOS>
  <DATASOURCE>
    <TEMPLATE>check_nrpe_arg</TEMPLATE>
```

Nur würde dies hier für beide Services bedeuten, dass nach einem *check_nrpe_arg.php* gesucht wird. Selbst wenn es so ein Template gäbe, müsste es sowohl mit den Performancedaten von **check_disk** als auch denen von **check_swap** zurechtkommen. Damit nicht genug, da prinzipiell jedes Plugin per **check_nrpe** ausgeführt werden kann, müsste *check_nrpe_arg.php* ein Monster-Template sein, das die Performancedaten sämtlicher existierender Plugins darstellen kann. So war der Aufruf im vorherigen Abschnitt natürlich nicht gemeint.

Es muss also einen Weg geben, auf dem das Template nicht mehr stur aus dem *command_name* abgeleitet wird. PNP wäre nicht das Schlaueste unter den graphischen AddOns für Nagios, wenn es dafür nicht auch eine Lösung parat hätte. Wenn das Script **process_perfdata.pl** die Performancedaten eines Services verarbeitet, dann sucht es vor der Erzeugung der XML-Datei im Verzeichnis *etc/check_commands* nach einer Konfigdatei *<check_command>.cfg*. Für das obige Beispiel würde diese *check_nrpe_arg.cfg* heißen. In dieser kann die Option *CUSTOM_TEMPLATE* gesetzt werden, die dafür sorgt, dass nicht das *check_command* das Template vorgibt, sondern eines seiner Argumente.

Im Beispiel ist *$ARG1$* der Timeout und *$ARG2$* das auszuführende Kommando. (Tatsächlich sind **check_disk** und **check_swap** nur symbolische Kommandos für den NRPE-Daemon, aber wichtig ist nur, dass sie für die beiden Services unterschiedlich sind und für Plugins stehen). Man erzeugt eine Datei *etc/check_commands /check_nrpe_arg.cfg* folgenden Inhalts

```
CUSTOM_TEMPLATE = 2
```

Nach dem nächsten Lauf des Services zeigt sich etwas Erfreuliches in der XML-Datei:

```
<NAGIOS>
  <DATASOURCE>
    <TEMPLATE>check_swap</TEMPLATE>
```

Schaut man sich jetzt die Graphen dieses Hosts in der PNP-Weboberfläche an, dann sieht man statt der Default-Darstellung die schöner gestalteten Bilder, so wie sie von *check_swap.php* und *check_load.php* erzeugt werden.

Wie geht PNP mit den Performancedaten von check_multi um?

Das Plugin **check_multi**[6] von Matthias Flacke wird verwendet, um mehrere Checks in einem einzigen Nagios-Service zu bündeln. Häufig findet man in Firmen aus der Branche Maschinenbau oder Automobiltechnik Cluster von Linux-Servern, die identisch aufgesetzt sind und die aufwändige Berechnungen durchführen. Ein Ausfall eines einzelnen Servers verlangsamt diese zwar, bedeutet aber noch keinen Stillstand. Entsprechend abgespeckt kann dann auch das Monitoring sein. Für diese Server reicht es, einen einzigen Service in Nagios zu definieren, der dann mit Hilfe von **check_multi** einen Gesamtstatus liefert. So eine Definition könnte folgendermaßen aussehen:

```
define service {
   service_description      check_all
   host_name                lxcae29
   check_command            check_nrpe_arg!60!check_multi!default.cmd
}
```

Die Datei *default.cmd* auf dem Zielrechner beinhaltet vier Einzelchecks, die durch die sogenannten Tags gekennzeichnet werden.

```
#         Tag                    Plugin-Aufruf
command[ proc_crond ]          = check_procs -c 1: -C crond
command[ disk_root ]           = check_disk -w 20% -c 10% -p /
command[ disk_var ]            = check_disk -w 20% -c 10% -p /var
command[ check_swap ]          = check_swap -w 15% -c 8%
```

Ausgabe und Performancedaten des Services sehen dann etwas ungewohnt aus.

```
WARNING - 4 plugins checked, 0 critical, 2 warning, 0 unknown, 2 ok
[ 1] proc_crond PROCS OK: 1 process with command name 'crond'
[ 2] disk_root DISK WARNING - free space: / 548 MB (17% inode=83%);
[ 3] disk_var DISK WARNING - free space: / 548 MB (17% inode=83%);
[ 4] check_swap SWAP OK - 100% free (0 MB out of 0 MB) |check_
multi::check_multi::plugins=4 time=0.341350 disk_root::check_
disk::/=2626MB;2677;3012;0;3347 disk_var::check_disk::/
```

---

6   http://my-plugin.de/wiki/projects/check_multi/start

```
var=186MB;1612;1813;0;2015
check_swap::check_swap::swap=0MB;0;0;0;0
```

Die Labels der Performancedaten wurden um Präfixe ergänzt, aus denen sich die Herkunft ableiten lässt. Das neue Format ist jetzt:

```
<check_multi-Tag>::<verwendetes Plugin>::
```

Die erweiterten Labels leiten jeweils eine Sequenz von Messwerten ein. PNP interpretiert so etwas als „Achtung, alle folgenden Performancedaten gehören zum Tag *disk_root* und wurden mit dem Plugin **check_disk** gewonnen". Der erste Abschnitt nimmt dabei eine Sonderrolle ein.

```
check_multi::check_multi::plugins=4 time=0.200147
```

Damit wird ausgedrückt, dass **check_multi** vier Einzelchecks ausgeführt und dafür 0,2 Sekunden gebraucht hat. Die restlichen Daten sind aber diejenigen, die für eine graphische Aufzeichnung relevant sind. PNP hat bisher für jeden Nagios-Service eine RRD-Datenbank und eine XML-Beschreibungsdatei angelegt. In diesem Spezialfall ist es aber sinnlos, die Performancedaten verschiedenster Plugins in einem gemeinsamen RRD-File zu speichern. Ein Template wäre mit der Darstellung überfordert. Ein Blick in das Verzeichnis *share/perfdata/lxcae29* zeigt aber, dass PNP wieder einmal mitgedacht hat.

```
nagsrv$ ls -l share/perfdata/lxcae29
total 2712
-rw-rw-rw- 1 nagios nagios 384952 Feb 16 11:58 check_swap.rrd
-rw-rw-rw- 1 nagios nagios   1630 Feb 16 11:58 check_swap.xml
-rw-rw-rw- 1 nagios nagios 384952 Feb 16 11:58 disk_root.rrd
-rw-rw-rw- 1 nagios nagios   1632 Feb 16 11:58 disk_root.xml
-rw-rw-rw- 1 nagios nagios 384952 Feb 16 10:57 disk_var.rrd
-rw-rw-rw- 1 nagios nagios   1720 Feb 16 10:57 disk_var.xml
-rw-rw-rw- 1 nagios nagios 768224 Feb 16 11:57 _HOST_.rrd
-rw-rw-rw- 1 nagios nagios   1672 Feb 16 11:57 _HOST_.xml
-rw-rw-rw- 1 nagios nagios 768224 Feb 16 11:58 check_all.rrd
-rw-rw-rw- 1 nagios nagios   2060 Feb 16 11:58 check_all.xml
```

PNP hat den ersten Abschnitt des erweiterten Labels dazu benutzt, um einen eigenen Nagios-Service zu simulieren. Den zweiten Abschnitt hat es benutzt, um das zu verwendende Template festzulegen. Ein Blick in *disk_root.xml* bestätigt dies.

```
<?xml version="1.0" encoding="UTF-8" standalone="yes"?>
<NAGIOS>
  <DATASOURCE>
    <TEMPLATE>check_disk</TEMPLATE>
    <IS_MULTI>2</IS_MULTI>
```

KAPITEL 4 Visualisierung von Performancedaten mit PNP

Was es mit dem Wert 2 im Abschnitt *IS_MULTI* auf sich hat, lässt sich erahnen, wenn man sich die zum Service check_all gehörende PNP-Webseite anschaut. Dort sieht man zunächst die wenig interessanten Graphen, die die Anzahl der Einzelchecks und deren Laufzeit darstellen. Am rechten Rand sind aber zusätzliche Links aufgetaucht.

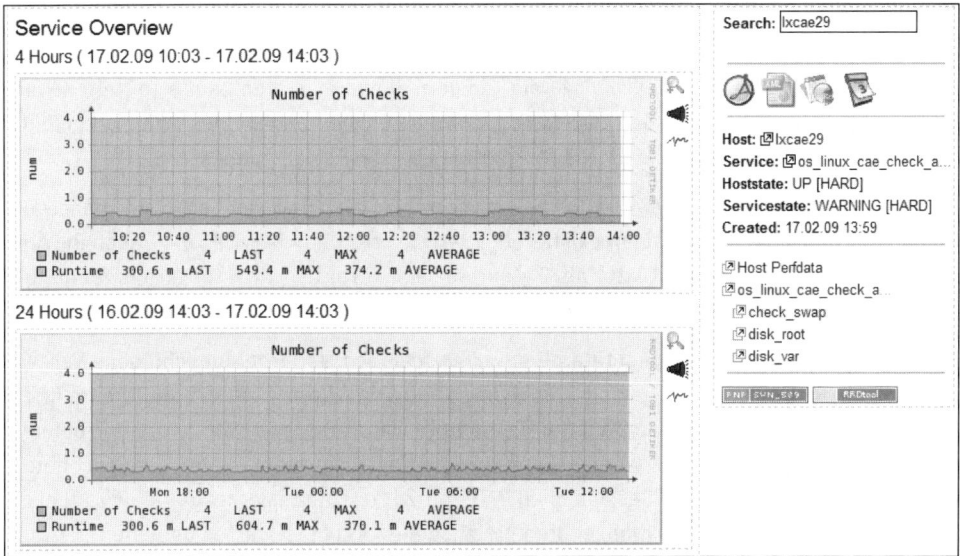

Abbildung 4.15: **Ansicht eines check_multi-basierenden Services mit Links zu den Unter-Checks**

Über diese Level-2-Links gelangt man zu den Graphen, die aus den Performancedaten der Einzelchecks erzeugt werden. Da in Nagios nur der übergeordnete Service *check_all* bekannt ist, ist dies der einzige Weg, wie man z.B. an den grafischen Verlauf des Swapspaces kommt. Der Grund, warum für *proc_crond* kein Link angezeigt wird, ist einfach. Das Plugin **check_procs** erzeugt leider keine Performancedaten und wird somit von PNP nicht weiter beachtet.

4.8 Fehlersuche

In der Konfigurationsdatei von **process_perfdata.pl** gibt es den Parameter *RRDPATH*, welcher defaultmäßig auf */usr/local/pnp4nagios/var/perfdata* verweist. In diesem Verzeichnis wird für jeden Host ein Unterverzeichnis angelegt, sobald erstmalig das Resultat eines ihm zugeordneten Services abgearbeitet wird. Wenn **process_perfdata.pl** die Performancedaten eines Servicechecks analysiert hat, werden zwei Dateien (ein rrd- und ein xml-File) aktualisiert. Diese befinden sich in dem entsprechenden Hosts-Unterverzeichnis und sind nach dem Service benannt.

Falls wider Erwarten für einen Service keine Graphen auftauchen, dann sind jetzt die Komponenten bekannt, die dafür verantwortlich sein könnten. Anhand der Abbildung 4.3 geht man bei der Fehlersuche der Reihe nach vor.

Indem man das Plugin auf der Kommandozeile mit den Optionen aufruft, die in der Service- und Command-Definition stehen, überzeugt man sich, dass die ausgegebenen Performancedaten ein korrektes Format aufweisen. Ist das nicht der Fall, dann hat man schlechte Karten. PNP besteht völlig zu Recht auf der Einhaltung der Plugin Developer Guidelines. Nur dann hat PNP eine Chance, auch ohne manuelle Konfiguration zu funktionieren.

» Auf der Weboberfläche von Nagios klickt man sich bis zur Detailansicht des Services. Dort gibt es das Feld „*Performance Data*", in dem die beim letzten Lauf ermittelten Werte stehen. Damit hat man den Nachweis, dass Nagios die Ausgabe des Plugins korrekt in zwei Teile zerlegt hat, die Statusinformation und die Performancedaten.

» Im Verzeichnis *var/perfdata/<hostname>* müssen für jeden Service, der Performancedaten produziert, zwei Dateien existieren: *<Service>.rrd* und *<Service.xml>*. Auch ihr Änderungsdatum sollte nicht älter als 5 Minuten sein. Verantwortlich für ihre Erzeugung ist das Script **process_perfdata.pl**.

» Das Logfile von **process_perfdata.pl** ist *var/perfdata.log*. Jeder fehlgeschlagene Versuch, ein RRD-File anzulegen oder upzudaten, wird darin protokolliert. Außerdem findet man hier auch, welches Template für die spätere Darstellung gewählt wurde. Probleme treten an dieser Stelle auf, wenn sich die Anzahl der Performancedaten geändert hat. Das Updaten eines RRD-Files, welches PNP mit 2 Datasources erzeugt hat, wird fehlschlagen, wenn die Performancedaten plötzlich aus drei Messwerten bestehen.

» Wenn die Methode „Bulk Mode mit NPCD" eingesetzt wird, dann muss selbstverständlich dafür Sorge getragen werden, dass der Daemon **npcd** auch tatsächlich läuft. Tut er das nicht, dann sammeln sich unbearbeitete Spool-Dateien im Verzeichnis *var/spool* an. Man erkennt sie am Zeitstempel im Dateinamen.

» Probleme bei der Generierung von Grafiken mit dem Befehl **rrdtool graph** werden direkt auf der Weboberfläche von PNP angezeigt. Auch hier ist meistens die Ursache, dass ein Template mehrere Datasources erwartet als tatsächlich im RRD-File gespeichert sind.

4.9 Maßnahmen bei großen Installationen

Nagios-Installationen mit mehreren Tausend Services sind keine Seltenheit mehr. Ab einer bestimmten Ausbaustufe wird die Systemlast ansteigen, weil bei jedem Wegschreiben neuer Messwerte drei Schritte notwendig sind.

1. Einlesen der RRD-Datenbankdatei.
2. Einfügen der neuen Messwerte, ggf. Verdichtung historischer Daten und Neuberechnung der Mittelwerte, Aktualisieren der Headerinformationen.
3. Abspeichern der Datenbankdatei.

Irgendwann sind dann so viele RRD-Dateien im Spiel, dass auch der Filesystem-Cache nicht mehr effizient arbeiten kann. Bevor der reibungslose Betrieb des Monitorings durch einen überlasteten Nagios-Server gefährdet wird, sollte man Maßnahmen ergreifen.

Bulk Mode mit NPCD

Bei mehreren Updates pro Sekunde sind die Grenzen der Hardware schnell erreicht. Mit der Trennung von Erfassung und Verarbeitung durch NPCD wird schon viel gewonnen, insbesondere entsteht Nagios kein zeitlicher Aufwand durch die RRD-Updates, was der Service Latency zugute kommt. Wenn man nicht von Anfang an diese Methode verwendet hat, dann sollte man dies bei den ersten Anzeichen hoher IO-Last nachholen, um wenigstens den Nagios-Prozess in seiner Arbeit nicht unnötig durch Schreiboperationen zu bremsen.

Aufräumen

Es ist auch zu überlegen, ob man wirklich für alle Services eine graphische Aufzeichnung der Performancedaten benötigt. Defaultmäßig werden ja RRD-Files angelegt, sobald ein Plugin die Voraussetzungen dazu mitbringt. Aber wird jemals irgendjemand Verwendung für die dazugehörigen Graphen haben? In Abschnitt 4.2 wurde gezeigt, wie man für bestimmte Services die Berücksichtigung der Performancedaten mittels Servicetemplates gezielt ein- und ausschaltet. Auch bei der Einführung neuer Services ist zu berücksichtigen, ob man sie nur für die reine Überwachung und Alarmierung braucht, oder auch Langzeitmessungen durchführen möchte.

RRDcached

Das Problem mit der hohen IO-Last bei vielen RRD-Files haben auch die RRDtool-Entwickler erkannt. Ihre Lösung ist ein Caching-Daemon, der über einen TCP-Port oder einen Unix-Socket von den Clients angesprochen wird. Das **rrdtool**-Kommando hat dazu einen neuen Parameter *--daemon* bekommen. Updates werden damit nicht mehr direkt an einer lokalen Datei vorgenommen, sondern als Request an den *RRDcached* geschickt. Normalerweise werden beim Update von RRD Datenbanken nur wenige Bytes verändert. Jedoch liest der Kernel beim Zugriff auf Dateien immer ganze Datenblöcke ein, was zur Folge hat, dass der Disk Cache bei einer großen Anzahl von RRD Datenbanken nicht effektiv eingesetzt werden kann. An dieser Stelle kommt der rrdcached zum Einsatz. Updates werden nun an den **rrdcached** übergeben und nicht sofort auf Platte gespeichert. Erst nach einer einstellbaren Zeitspanne werden die RRD Datenbanken aktualisiert. Wählt man z.B. eine Cache Zeit von 6 Stunden und sammelt alle 5 Minuten Daten, so werden 72 Datenreihen auf einmal geschrieben und der Disk Cache kommt wieder zum tragen. Durch den Einsatz paralleler Write-Threads kann das Betriebssystem auch den Plattendurchsatz mittels IO-Reordering erhöhen. Damit man aber nicht 6 Stunden auf aktuellen Daten warten muss, wird dem **rrdcached** beim Erstellen eines Graphen mit **rrdtool graph** das Kommando „flush" für die betreffenden RRD Datenbanken gesendet. Somit ist jederzeit gewährleistet das die Graphen aktuelle Werte darstellen.

KAPITEL 4 | Visualisierung von Performancedaten mit PNP

Damit PNP von dieser effizienten Methode profitieren kann, muss zuerst der RRDcache Daemon gestartet werden.

```
nagsrv# daemon rrdcached --user=nagios rrdcached \
  -p /var/run/cached.pid \
  -j /var/cache/rrdcached \
  -l 127.0.0.1:8888
```

Die Angabe einer Portnummer ist nur notwendig, wenn man die Defaulteinstellung *udp/42217* nicht beibehalten will. Damit **process_perfdata.pl** die neue Option benutzt und Updates an den Daemon schickt, muss in der Konfigdatei *etc/pnp/process_perfdata.cfg* eingetragen werden, wie dieser zu erreichen ist.

```
RRD_DAEMON_OPTS = 127.0.0.1:8888
```

Damit auch das Lesen von den RRD-Files nicht mehr lokal, sondern über den Cache-Daemon läuft, muss auch die PHP-Webapplikation von PNP darauf hingewiesen werden. Dazu trägt man Folgendes in die Datei *share/pnp/config.php* ein:

```
$conf['RRD_DAEMON_OPTS'] = '127.0.0.1:8888';
```

Die Netzwerkfähigkeit des **rrdcached** bedeutet jedoch nicht, dass man die Verwaltung der RRD Datenbanken komplett auf einen anderen Rechner verlagern kann. Der Cache Daemon verwaltet nur Updates. Zum Erstellen der Datenbanken und der Graphen ist ein direkter Zugriff auf die Dateien weiterhin notwendig. Damit dürfte klar, sein, warum im Beispiel die Loopback-Adresse *127.0.0.1* angegeben wurde. Sie kann nicht durch eine beliebige IP-Adresse eines entfernten Rechners ersetzt werden.

> **ACHTUNG**
>
> RRDcached ist zum Zeitpunkt der Erstellung dieses Buches noch nicht im offiziellen Release der rrdtools enthalten. Voraussichtlich wird das neue Feature mit dem Release 1.4 veröffentlicht werden. Die Qualität der Entwicklungsversion ist jedoch so gut, dass nichts gegen ihre Verwendung spricht. Natürlich liegt das im Ermessen des einzelnen Administrators, der schon wissen sollte, was er tut. Der Autor von PNP setzt RRDcached in einer Testumgebung ein und verarbeitet damit die Daten von 8000 Services ohne Performanceprobleme, und das auf einem Macbook.

4.10 Pages

```
From: Bernd Berserker
To: Armin Admin
Subject: bunte Bilder


Hallo Armin,
kann man sich bestimmte Graphen, die zu einem übergeordneten Verbund gehö-
ren, irgendwie zusammenklicken, damit man auf einen Blick die Historie des
Gesamtsystems bekommt? Also z.B. Antwortzeiten des Webservers, Last der da-
hinterhängenden Datenbank, Traffic an unserem Internetgateway…

Bernd
```

Bei PNP gibt es die sogenannten Pages. Darunter versteht man die Zusammenfassung von Graphen (bzw. Nagios-Services, aus deren Performancedaten sie erzeugt werden), die in einem logischen Bezug zueinander stehen.

Zu einem Webauftritt in einer DMZ gehört z.B. der Apache-Webserver, eine Datenbank, eine Firewall, womöglich eine Shop-Software oder gar ein Warenwirtschaftssystem. Aus der Sicht von Nagios besteht dieses System somit aus mehreren Hosts (wenn man davon ausgeht, dass nicht alle diese Teilsysteme auf einen Server gepackt wurden) und einer gewissen Anzahl von unterschiedlichen Services, die diesen Hosts zugeordnet sind. Tritt an irgendeiner Stelle in diesem Verbund ein Performanceproblem auf, so kann dies das Gesamtsystem verlangsamen. Sich durch alle beteiligten Hosts und Services zu klicken wäre etwas mühsam. Daher ist es bei der Analyse hilfreich, wenn man alle für die Anwendung relevanten Graphen in einem Bild zusammengefasst untersuchen kann.

Anlegen von Pages-Konfigurationsdateien

Damit PNP weiß, welche Services so eines übergeordneten Systems es gemeinsam in der Weboberfläche darstellen soll, muss man eine Konfigurationsdatei erstellen. In dieser werden dann die Services eingetragen, die zusammen eine Page bilden. Dazu legt man im Verzeichnis */usr/local/pnp4nagios/etc/pages* eine Datei für jede gewünschte Page an. Die Syntax ist der von Nagios nachempfunden. Zunächst gibt man globale Optionen an.

```
define page {
   page_name Mail Infrastructure
}
```

Der Text hinter *page_name* dient dazu, einer Sammlung von Services einen Namen zu geben, der den Zweck ihrer gemeinsamen Darstellung beschreibt. Er wird später im Titel der Webseite erscheinen

Danach kommt die Aufzählung der Services, die zu diesem Verbund gehören.

KAPITEL 4 Visualisierung von Performancedaten mit PNP

Listing 4.6: **/usr/local/pnp4nagios/etc/pages/mail.cfg**

```
# Graph 1 - Antwortzeit des DNS-Servers
define graph {
        host_name       dns
        service_desc    app_dns_check_response
}

# Graph 2  - Antwortzeit des IMAP-Servers
define graph {
        host_name       imap
        service_desc    app_mail_check_imap
}

# Graph 3 - Antwortzeit des SMTP-Servers
define graph {
        host_name       mail
        service_desc    app_mail_check_smtp
}

# Graph 4 - Anzahl verarbeiteter Mails pro Sekunde
define graph {
        host_name       smtp
        service_desc    app_mail_check_smtp_mails
}

# Graph 5 - Anzahl der am IMAP-Server angemeldeten User
define graph {
        host_name       imap
        service_desc    app_mail_check_imap_users
}

# Graph 6 - Anzahl der als Spam identifizierten Mails pro Sekunde
define graph {
        host_name       spam
        service_desc    app_mail_check_spams
}
```

> **TIPP**
>
> Wenn man mehrere gleichartige Hosts hat und diese nicht einzeln aufführen möchte, dann kann man die Konfiguration auch abkürzen. Mit *use_regex* gibt man an, ob in den folgenden Regeln Host- und Servicenamen auch in Form von regulären Ausdrücken akzeptiert werden.
>
> ```
> define  page  {
>    page_name Internet Shop Performance
>    use_regex 1
> }
> ```
>
> Lauten die Hostnamen von drei Mailhubs beispielsweise *mhub1*, *mhub2* und *mhub3*, dann lässt sich die Definition von drei gleichartigen Graphen so zusammenfassen
>
> ```
> define graph {
>         # Diese Regel gilt für mhub1, mhub2 und mhub3.
>         # Es wird für jeden der drei Mailhubs ein Graph generiert.
>         host_name       ^mhub
>         service_desc    app_mail_check_smtp_mails
> }
> ```

Allerdings muss man jetzt bei den anderen Hosts darauf achten, dass auch ihre Namen als reguläre Ausdrücke interpretiert werden. Gäbe es z.B. einen Loadbalancer *mhub* (ohne die Nummerierung), so würde auch dieser in die Regel einbezogen werden. Man möchte dies aber nicht, da für ihn kein Service *app_mail_check_smtp_mails* definiert wurde. Daher verhindert man durch Einbeziehung der Nummerierung und Setzen von Anfangs- und Endezeichen, dass dieser Hostname vom regulären Ausdruck erfasst wird.

```
define graph {
        host_name       ^mhub\d+$
        service_desc    app_mail_check_smtp_mails
}
```

Nach dem Speichern der Konfigurationsdatei steht die neue PNP-Page zur Verfügung. Dies macht sich durch das Auftauchen des neuen Icons „*GoTo Pages*". im Gruppenrahmen „*Actions*" bemerkbar.

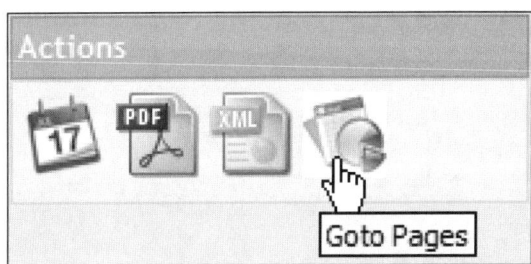

Abbildung 4.16: **Pages anzeigen**

Klickt man auf dieses Symbol, so erscheint in der rechten Spalte ein neuer Gruppenrahmen „*Pages*". In diesem befindet sich eine Liste von Links, je ein Link pro erstellter Konfigurationsdatei. Die Linknamen entsprechen den mit der Option *page_name* vergebenen Page-Titeln. Wählt man nun einen davon, so werden im Hauptframe die entsprechenden Graphen angezeigt.

Auf diese Weise kann man sich jederzeit einen Überblick über die zu einem logischen Verbund gehörenden Services verschaffen. Dies ist besonders nützlich, wenn man regelmäßig ein Auge auf das Verhalten einer Applikation haben muss.

Für einmalige Analysen, die man z.B. bei einem akuten Problem durchführen muss, gibt es noch eine weitere Möglichkeit.

On-the-fly Pages

Seit der Version 0.6 von PNP gibt es ein praktisches Feature, mit dem sich Services auch ohne die Erstellung einer Konfigurationsdatei gemeinsam darstellen lassen. Allerdings ist die Lebensdauer so einer Kollektion auf die Laufzeit des Browsers begrenzt, da die zusammengehörenden Services in der Session gespeichert werden.

KAPITEL 4 | Visualisierung von Performancedaten mit PNP

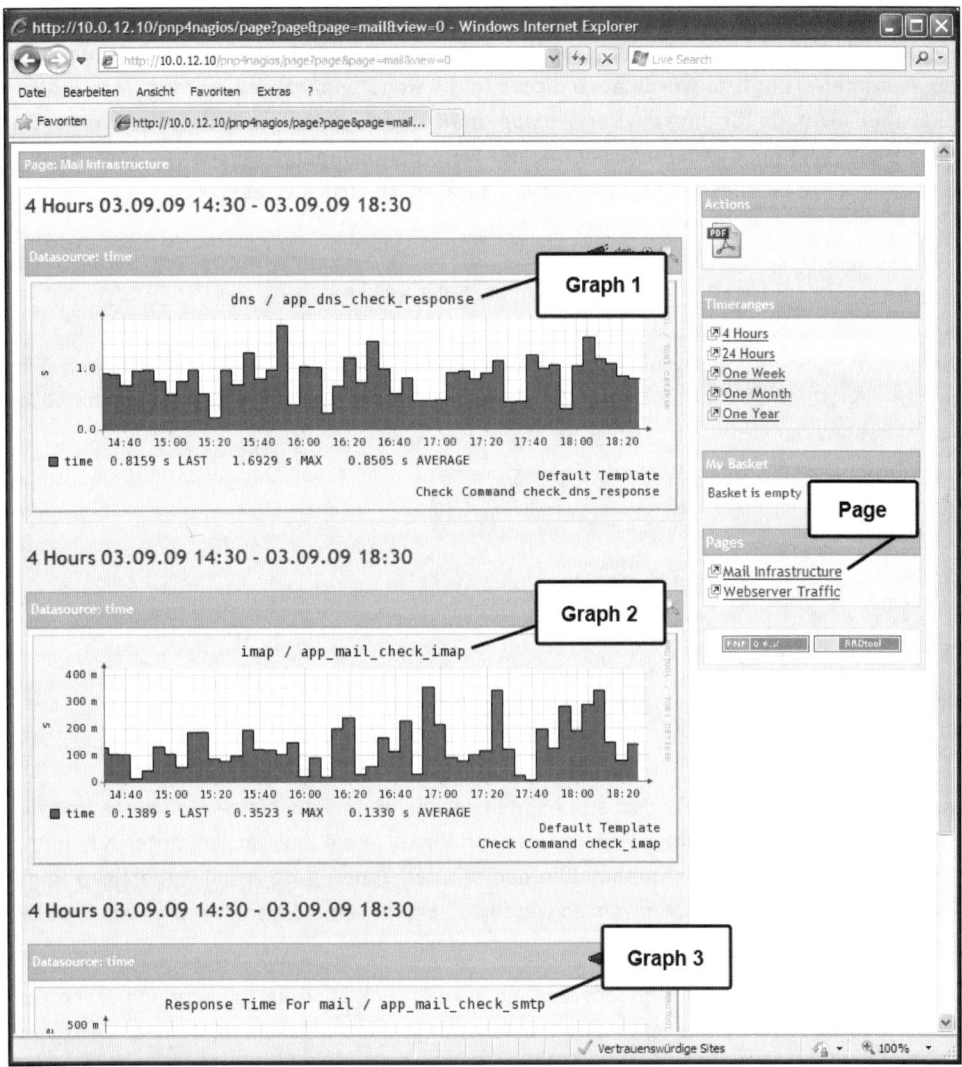

Abbildung 4.17: **Services verschiedener Hosts werden logisch zusammengefasst.**

Am rechten Bildschirmrand gibt es einen Rahmen „*My Basket*", der die gleiche Funktion hat wie ein Warenkorb beim Online-Shopping, nur dass die Artikel in diesem Fall Services sind. Will man also eine bestimmte Auswahl von Services vorübergehend zusammenfassen und in einer Gesamtansicht darstellen, so begibt man sich auf „Einkaufstour" und legt die gewünschten Services in den Warenkorb, indem man auf das Plus-Symbol in der Titelleiste des Graphen klickt.

KAPITEL 4 — Visualisierung von Performancedaten mit PNP

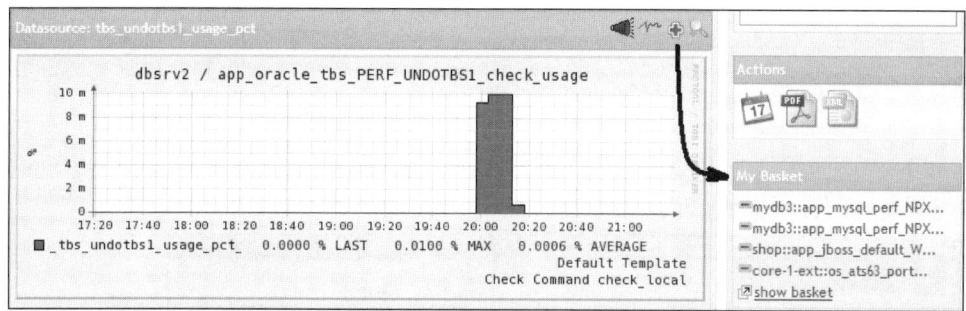

Abbildung 4.18: **Ein Service wird in den „Warenkorb" gelegt.**

Abschließend wählt man den Link „*show basket*" und erhält eine gemeinsame Darstellung aller selektierten Graphen.

Bisher wurde gezeigt, wie man sich die Entwicklung von Performancedaten über einen langen Zeitraum hinweg im Browser ansieht. Für Reportingzwecke ist es aber wichtig, diese Daten in einem versend- bzw. druckbaren Format zu besitzen. PNP ermöglicht es daher, die angezeigten Graphen in einem PDF-File zu speichern.

Erzeugen von PDF-Dokumenten

Am rechten Bildschirmrand findet man im Gruppenrahmen „*Action*" ein „*Adobe Acrobat*"-Symbol. Betätigt man es, so wird ein PDF-Dokument generiert, welches die aktuell angezeigte Auswahl von Graphen enthält. Je nach Browsereinstellung öffnet sich ein PDF-Reader oder ein Download-Fenster. Die erzeugte Report-Datei kann man dann per Mail versenden oder ausdrucken.

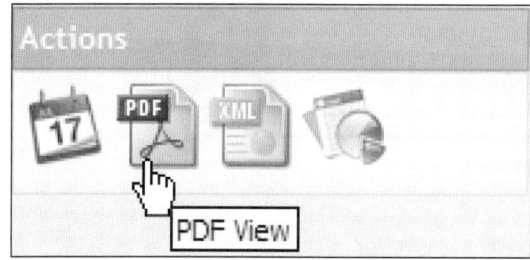

Abbildung 4.19: **Generieren eines PDF-Dokuments**

Das funktioniert für jede Webseite von PNP, sowohl für die normale Ansicht der Services eines Hosts als auch für die benutzerdefinierte Auswahl von Services bei den Pages. Für letztere gibt es aber noch eine Besonderheit. Die PDF-Seite kann mit einem eigenen Hintergrund individuell ausgestattet werden, der z.B. ein Logo enthält oder im Corporate-Identity-Farbstil gehalten ist. Der Seitenhintergrund ist selbst eine PDF-Datei, deren Pfad in der Konfiguration der entsprechenden Page angegeben werden muss.

KAPITEL 4 Visualisierung von Performancedaten mit PNP

```
define page {
   page_name Internet Shop Performance
   background_pdf /usr/local/pnp4nagios/etc/pages/naprax-vorlage.pdf
}
```

Lässt man sich jetzt die Page als PDF-Datei generieren, dann werden die Graphen vor einem Hintergrund im Corporate Design dargestellt.

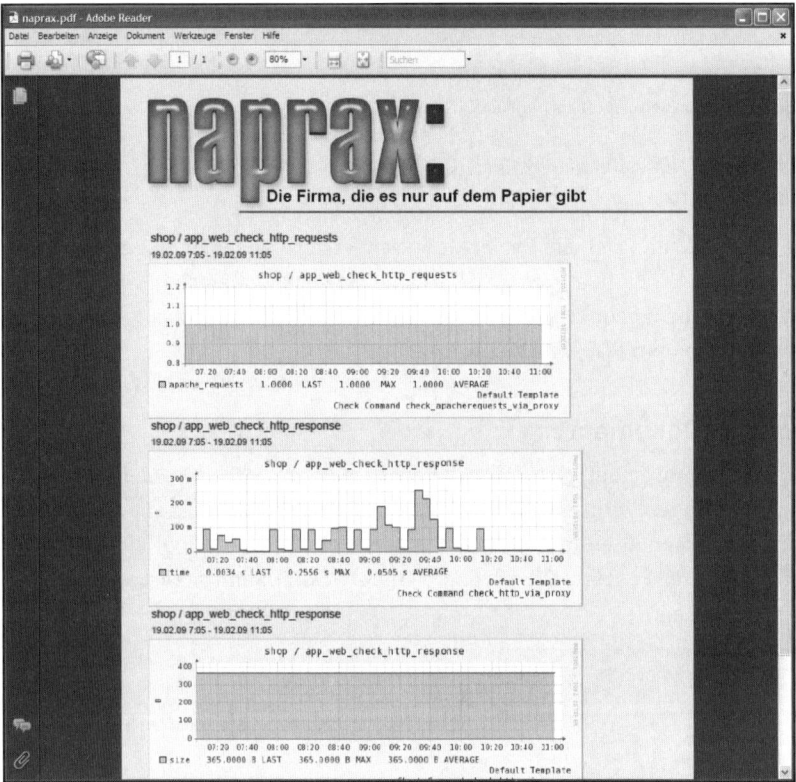

Abbildung 4.20: **Eine Performance-Übersicht als PDF im CI-Stil**

Eigene Zusammenstellungen mit Hilfe der PNP-URLs

Im Abschnitt 4.6 wurde gezeigt, wie man einzelne Graphen mit Hilfe einer speziellen URL darstellen kann. Die allgemeine Form folgt diesem Format:

```
http://<nagios-server>/pnp4nagios/image?host=<hostname>&srv=<servicename>&view=<darstellungszeitraum>
```

Für immer wiederkehrende Aufgaben kann man damit eigene Webseiten erstellen, in die die entsprechenden URLs eingebettet werden. Wenn man zum Beispiel den Performanceverlauf der Mailinfrastruktur auf einen Blick sehen will, erzeugt man eine HTML-Datei mit folgendem Inhalt:

KAPITEL 4 — Visualisierung von Performancedaten mit PNP

```html
<!DOCTYPE HTML PUBLIC „-//W3C//DTD HTML 4.01 Transitional//EN">
<html>
<head>
<meta http-equiv="refresh" content="60">
</head>
<body>
<h3>Performancedaten der Mailinfrastruktur</h3>
<table>
 <tr><td>
  <img src="/pnp4nagios/image?host=firewall&srv=internet-traffic">
 </td></tr>
 <tr><td>
  <img src="/pnp4nagios/image?host=smtp&srv=messages">
 </td></tr>
 <tr><td>
  <img src="/pnp4nagios/image?host=smtp&srv=responsetime">
 </td></tr>
 <tr><td>
  <img src="/pnp4nagios/image?host=imap&srv=connected_users">
 </td></tr>
 <tr><td>
  <img src="/pnp4nagios/image?host=spamhost&srv=spamdetection">
 </td></tr>
</table>
</body>
</html>
```

Solche Seiten mit zusammengefassten Performancegraphen werden gerne auf Wandbildschirmen in Kontrollräumen gezeigt (sofern man dafür nicht das High End Tool NagVis[7] verwendet). Man hat dadurch die Auslastung der wichtigsten Systeme immer im Blick und kann bei sich abzeichnenden Trends schnell reagieren. Der abgebildete HTML-Code ist aber nur ein ganz grober Vorschlag. In der Praxis wird man sich mehr Mühe geben und z.B. die Größe der Images anpassen.

PNP-Graphen lassen sich über diese Links auch hervorragend in Wiki-Seiten einbetten. Der Phantasie sind keine Grenzen gesetzt.

```
From: Armin Admin
To: Bernd Berserker
Subject: Re: bunte Bilder

Hallo Bernd,

du kannst jetzt am rechten Rand der PNP-Seite auf „GoTo Pages" klicken.
Pages sind Zusammenfassungen der relevanten Graphen eines rechnerübergrei-
fenden Systems. Ich habe auf die Schnelle unseren Internetshop mit Web-
server, Firewall und Datenbank und unsere DNS- und Mailinfrastruktur zu-
sammengestellt. Klick auf den entsprechenden Link, dann bekommst du die
graphische Gesamtübersicht. Wie findest du den Report im PDF-Format, den ich
hier angehängt habe. Sieht super aus, oder? Den kannst du dir ausdrucken und
damit rumwedeln, das verleiht dir einen Hauch von Wichtigkeit. :-)

Armin
```

---

7 http://www.nagvis.org

5. Nagios-Cluster mit DRBD und Heartbeat

From: Armin Admin <armin.admin@naprax.de>
To: Bernd Berserker
Subject: Alles rot!!!

Tach Chef,
welcher Depp hat gestern Nacht das Netzwerkkabel vom Nagios-Server ausgesteckt? Ich komme heute früh rein, schaue auf die Konsole und denk, mich trifft der Schlag. Alle Server tot.
Gott sei Dank ist nichts Schlimmes passiert, was Nagios entgangen wäre. Ich hätte das wieder ausbaden müssen.
Wir sollten schnellstens einen zweiten Server beschaffen und einen Cluster für Nagios aufsetzen, dann bleibt uns noch so ein Blindflug erspart.

Gruß,
Armin

5.1 Einführung

Wenn ein Unternehmen sich entschieden hat, seine Rechnerlandschaft durch ein System wie Nagios überwachen zu lassen, dann geschieht dies nicht aus Neugierde, sondern um Schaden abzuwenden. Ausfälle sollen vermieden oder zumindest schnell erkannt werden. Die Auswirkungen so eines Ausfalls reichen von Verzögerungen und Unannehmlichkeiten im Arbeitsablauf bis hin zu einem Produktionsstillstand. Auch Datenverluste können auftreten, die auch immer einen Verlust von Geld und Reputation bedeuten. Leider ist es aber oft so, dass das Thema System-Monitoring nur ein Feigenblatt ist, um das schlechte Gewissen zu beruhigen. Es wird zunächst in ein Monitoring-System investiert, es aber danach stiefmütterlich behandelt, sobald es erstmal läuft. Dabei wird übersehen, dass auch Nagios bzw. der Nagios-Server selbst ausfallen kann. Bis zum Wiederanlauf findet dann ein Blindflug statt, während dem die angesprochenen Szenarien unentdeckt bleiben.

Im folgenden Kapitel soll ein Weg vorgestellt werden, an dessen Ende ein Nagios-System steht, das vor Hardware- und Softwareausfällen weitgehend sicher ist, so dass ein unterbrechungsfreies Monitoring der Firmenrechner ermöglicht wird. Die Aspekte, die besonders berücksichtigt werden, sind

» *Hardwareausfall* – Bei Verlust einer Platte oder eines Netzwerkadapters soll durch das Einspringen von redundanten Bauteilen ein Weiterarbeiten möglich sein. Selbst der Totalausfall eines Servers soll nicht zum Ausfall des Monitorings führen.

» *Ausfall einzelner Prozesse* – Beim Absturz von Softwarekomponenten soll versucht werden, diese neu zu starten, wenn es sein muss auch auf einem anderen Server.

» *Schutz vor Datenkorruption* – Fehler beim Schreibzugriff, die auf eine defekte Platte schließen lassen, sollen dazu führen, dass das entsprechende Gerät gesperrt wird und die schreibenden Applikationen auf einen anderen Server migriert werden.

» *Transparenz* – Das Nagios-System wird über eine eigene IP-Adresse angesprochen, die zwischen den beteiligten Servern wandern kann und sich immer auf dem System befindet, das als fehlerfrei gilt. Aus Client-Sicht ist es dann egal, auf welchem Knoten im Cluster Nagios läuft. Auch bei einem Ausfall und Clusterswitch ist die Weboberfläche nach ein paar Sekunden wieder zu sehen.

» *Backup* – Datenverluste durch unachtsames Löschen können bis zu einem bestimmten Punkt in der Vergangenheit wieder rückgängig gemacht werden, indem ein Backup eingespielt wird. Die Erstellung des Backups soll den normalen Betrieb nicht unnötig beeinflussen.

Diese Anforderungen lassen sich mit einem Cluster verwirklichen. Darunter versteht man ganz grob einen Verbund aus zwei oder mehreren Servern, die sich gegenseitig überwachen und die jeweils die Aufgaben eines Partners bei Ausfall desselben übernehmen können. Unter dem Linux-Betriebssystem hat sich der Heartbeat-Cluster etabliert. Anfangs stand damit nur ein einfacher Mechanismus zur gegenseitigen Überwachung zweier Server auf Totalausfall zur Verfügung. Dabei spielte ein Server die aktive Rolle und trug die gesamte Last der Software-Applikationen, während der andere in der passiven Rolle nicht mehr tat, als auf den Ausfall des aktiven Knotens zu warten, um dann seinerseits die Applikationen zu starten. In der mittlerweile erschienenen Version 2 ist aber ein Clusterframework entstanden, das sich durchaus mit kommerziellen Clustern messen kann.

Damit im Falle einer Übernahme vom defekten Knoten1 zu Knoten2 die Applikationen, insbesondere Nagios, auf die Konfigurations- und Statusdateien zugreifen können, wie sie zum Zeitpunkt des Ausfalls ausgesehen haben, müssen diese auf einem gemeinsam genutzten Datenspeicher liegen. Man könnte also das Filesystem, das Nagios benutzt auf einem NFS-Server ablegen oder auf einem SAN-Device, auf das von beiden Knoten zugegriffen wird. Jedoch holt man sich damit weitere Komponenten ins Boot, die ihrerseits kaputtgehen können. Eine elegantere Methode ist es, die Daten lokal vorzuhalten und jede Änderung unverzüglich auf das lokale Gerät des Partnerknotens zu übertragen. Zu diesem Zweck wurde DRBD (Distributed Replicated Block Device) entwickelt. Es handelt sich dabei um einen Blockdevice-Treiber für Linux, der jeden Schreibvorgang über eine TCP/IP-Verbindung mit einem Replikationspartner abstimmt. Die geänderten Blöcke werden dann auf beiden Endsystemen in ein darunterliegendes physikalisches Device übernommen. Auf diese Weise spiegelt man Festplattenpartitionen über Rechnergrenzen hinweg.

5.2 DRBD

DRBD[1] wurde von Philipp Reisner unter der Open-Source-Lizenz entwickelt. Kernstück des Systems ist ein Kernelmodul, das den Inhalt von Festplattenpartitionen in Echtzeit von einem Server zu einem anderen (mittlerweile auch zwei anderen) Server spiegelt. Er arbeitet dabei mit einem Daemon zusammen, der sich um die Netzwerkkommunikation mit dem Partnersystem kümmert. Man kann DRBD als Raid1 betrachten, dessen Spiegelhälften auf getrennten Rechnern liegen.

5.2.1 Installation

Unter CentOS besteht DRBD aus zwei RPM-Paketen, die mit yum installiert werden.

```
yum install kmod-drbd83
yum install drbd83
```

Ersteres beinhaltet besagtes Kernelmodul, das zwischen physikalischem Blockdevice und der Schicht sitzt, in der Volume Manager und Filesysteme zu finden sind. Das Paket *drbd82* besteht aus dem Init-Script und den Kommandos zum Initialisieren von DRBD-Devices. Nach der Installation müssen die an der Replikation beteiligten Platten vorbereitet und zusammen mit den Servern in einer Konfigurationsdatei definiert werden.

5.2.2 Konfiguration

Das Ziel der Konfiguration ist, auf beiden Knoten zu jeder Zeit auf die gleiche Nagios-Konfiguration und –Laufzeitumgebung zugreifen zu können. Dies wird erreicht, indem das Installationsverzeichnis von Nagios in ein eigenes Filesystem gelegt wird, dessen zugrundeliegendes Blockdevice auf beiden Knoten identisch gehalten wird. Genauer gesagt, es gibt einen Primärknoten, der das Filesystem gemountet hat und auf dem Nagios läuft. Alle schreibenden Fileoperationen auf diesem Knoten finden auf einer lokalen Partition statt und werden mit DRBD auf die äquivalente Partition des Sekundärknotens repliziert. Auf diesem ist das Filesystem nicht gemountet. Erst bei Ausfall des Primärknotens und Übernahme der Services wird auf dem zweiten Knoten ein Filesystemcheck ausgeführt und */usr/local/nagios* gemountet. Der Check ist notwendig, da das Blockdevice ohne Mitwirkung eines lokalen Filesystems beschrieben wurde und bedingt durch den Crash möglicherweise nicht alle Änderungen repliziert wurden, so dass das Filesystem nicht in einem konsistenten Zustand ist, so wie das nach einem sauberen umount der Fall wäre. Durch die Verwendung eines journalling Filesystems wie *ext3* ist der Zeitaufwand für die Konsistenzprüfung aber minimal, i. d. R. unter einer Sekunde. Als erster Schritt werden die DRBD-Devices eingerichtet und initialisiert. Der Cluster spielt momentan noch keine Rolle.

---

1 http://www.drbd.org

KAPITEL 5 Nagios-Cluster mit DRBD und Heartbeat

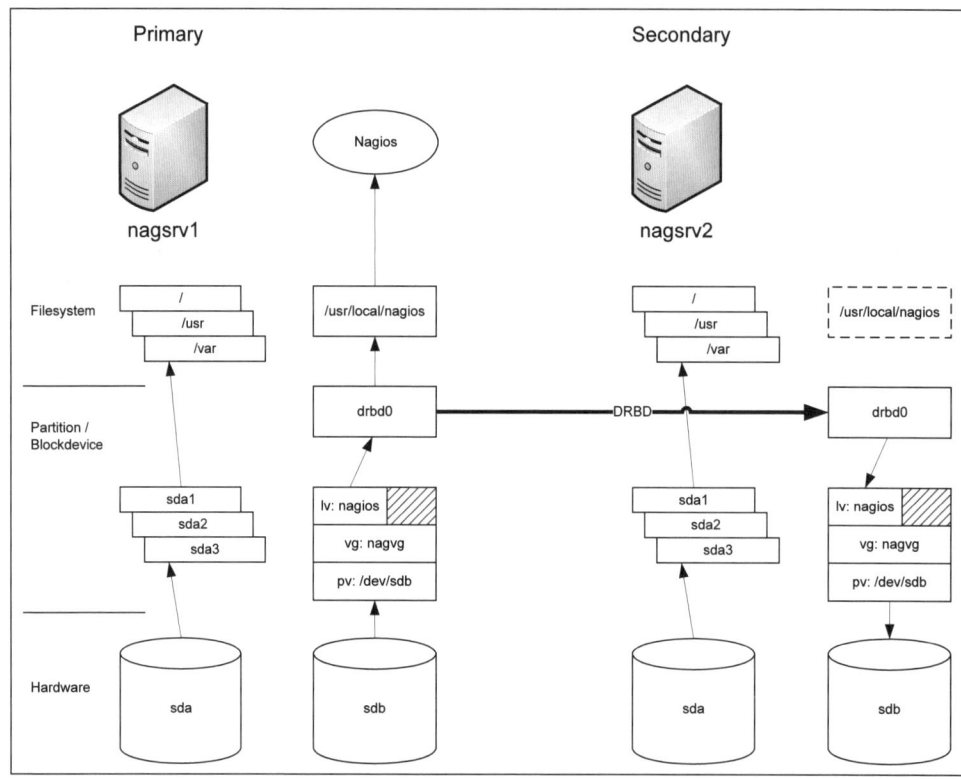

Abbildung 5.1: **Replikation des Nagios-Filesystems**

In der folgenden Anleitung wird davon ausgegangen, dass für Nagios eine eigene Festplatte (idealerweise ein Hardware-Raid) eingebaut wurde. Diese ist als /dev/sdb sichtbar. Für das künftige Filesystem /usr/local/nagios sollen zunächst 2GB reserviert werden mit der Option, es später noch vergrößern zu können. Dazu muss der Festplattenplatz von einem Volume Manager verwaltet werden, in diesem Fall LVM. Die Vorteile von LVM sind wie gewünscht, die Vergrößerung von Volumes im laufenden Betrieb, die Erstellung von Snapshots für das Backup und die Möglichkeit, weitere Platten hinzufügen zu können. Auch eine Spiegelung kann mit LVM realisiert werden. Wem das alles zu kompliziert ist, der findet anschließend noch eine simplere Methode, die eine Partition der Systemplatte *sda* benutzt.

Physikalische Datenträger müssen für die Benutzung mit LVM speziell präpariert werden. Danach können sie vom System immer wieder identifiziert werden, auch wenn sie in einen anderen Slot gesteckt werden. Dies geschieht mit dem Befehl **pvcreate**.

```
nagsrv1# pvcreate /dev/sdb
  Physical volume „/dev/sdb" successfully created
nagsrv1# pvdisplay
  „/dev/sdb" is a new physical volume of „8.00 GB"
  --- NEW Physical volume ---
  PV Name                /dev/sdb
  VG Name
```

KAPITEL 5 — Nagios-Cluster mit DRBD und Heartbeat

```
  PV Size                 8.00 GB
  Allocatable             NO
  PE Size (KByte)         0
  Total PE                0
  Free PE                 0
  Allocated PE            0
  PV UUID                 5Z5FxO-TfjA-2EZs-aFRw-UZK8-OFkg-pzc6hf
```

Eine Ebene über den Physical Volumes kommt die Volume Group. In so einer Gruppe können mehrere Physical Volumes gebündelt werden (In diesem Beispiel aber nur ein einziges). Sie abstrahiert die physikalische Ebene und bekommt daher einen symbolischen Namen. In diesem Fall lautet er „nagvg".

```
nagsrv1# vgcreate nagvg /dev/sdb
  Volume group „nagvg" successfully created
nagsrv1# vgdisplay
  --- Volume group ---
  VG Name                 nagvg
  System ID
  Format                  lvm2
  Metadata Areas          1
  Metadata Sequence No    1
  VG Access               read/write
  VG Status               resizable
  MAX LV                  0
  Cur LV                  0
  Open LV                 0
  Max PV                  0
  Cur PV                  1
  Act PV                  1
  VG Size                 8.00 GB
  PE Size                 4.00 MB
  Total PE                2047
  Alloc PE / Size         0 / 0
  Free  PE / Size         2047 / 8.00 GB
  VG UUID                 413FsZ-AkE6-BwSi-Cvaq-qxwn-M92U-5e6O7K
```

Wiederum eine Ebene höher kommen die Logical Volumes. Betrachtet man eine Volume Group als logische Festplatte, dann sind Logical Volumes so etwas wie logische Partitionen. Die Besonderheit dabei ist, dass sich diese Partitionen über Festplattengrenzen hinweg anlegen lassen, da die Platten durch die Volume Group nicht mehr einzeln sichtbar sind, sondern als eine große Platte erscheinen. Aus Sicht des Betriebssystems kann ein Logical Volume wie eine normale Festplattenpartition behandelt werden. Insbesondere kann man ein Filesystem in ihm erzeugen und mounten. Auch Logical Volumes erhalten symbolische Namen, in diesem Fall lautet dieser „nagios".

```
nagsrv1# lvcreate -n nagios -L 2G nagvg
  Logical volume „nagios" created
nagsrv1# lvdisplay
  --- Logical volume ---
  LV Name                 /dev/nagvg/nagios
```

```
VG Name                nagvg
LV UUID                jrc900-FhWz-ODJG-o4ag-tAPc-WOgG-bJy7FL
LV Write Access        read/write
LV Status              available
# open                 0
LV Size                2.00 GB
Current LE             512
Segments               1
Allocation             inherit
Read ahead sectors     auto
- currently set to     256
Block device           253:0
```

Damit liegt jetzt */dev/nagvg/nagios* als 2GB großes Blockdevice vor. Da nur der Inhalt des Physical Volume repliziert wird, nicht aber die logische LVM-Struktur bis hinauf zum Logical Volume, müssen diese Befehle auch auf dem Sekundärknoten ausgeführt werden.

```
nagsrv2# pvcreate /dev/sdb
  Physical volume „/dev/sdb" successfully created
nagsrv2# vgcreate nagvg /dev/sdb
  Volume group „nagvg" successfully created
nagsrv2# lvcreate -n nagios -L 2G nagvg
  Logical volume „nagios" created
```

ACHTUNG

Wenn das im Abschnitt 0 beschriebene Backup-Verfahren mit LVM-Snapshots eingesetzt werden soll, dann muss an dieser Stelle noch ein weiteres Logical Volume erzeugt werden.

```
nagsrv1# lvcreate -n nagios_meta -L 32M nagvg
  Logical volume „nagios_meta" created

nagsrv2# lvcreate -n nagios_meta -L 32M nagvg
  Logical volume „nagios_meta" created
```

Die Größe von 32 MB ist für dieses Beispiel zwar etwas überdimensioniert. Mit 32 MB Metadaten können DRBD-Nutzdaten bis zu einem Terabyte verwaltet werden. Dem Leser wird durch die großzügige Auslegung aber erspart, selbst den Speicherplatz für die Metadaten ausrechnen[2] zu müssen.

Der nächste Schritt ist die Bearbeitung der Konfigurationsdatei */etc/drbd.conf*. In ihr werden die beteiligten Rechner aufgeführt, sowie die Devices, deren Datenblöcke synchronisiert werden sollen. So ein Pärchen von zwei korrespondierenden Devices auf zwei unterschiedlichen Servern nennt man *„resource"*.

```
global {
  usage-count no;
}

common {
```

---

2 http://www.drbd.org/users-guide-emb/ch-internals.html#s-meta-data-size

KAPITEL 5 — Nagios-Cluster mit DRBD und Heartbeat

```
  protocol C;
}

resource nagios {
  device    /dev/drbd0;
  disk      /dev/nagvg/nagios;
  meta-disk internal;
  on nagsrv1 {
    address  192.168.10.98:7789;
  }
  on nagsrv2 {
    address  192.168.10.99:7789;
  }
  disk {
    on-io-error detach;
    #no-disk-flushes; # bringt mehr Performance, darf aber nur
                     # eingeschaltet werden, wenn /dev/sdb
                     # batteriegepuffert ist.
  }
  net {
    after-sb-0pri discard-zero-changes;
    after-sb-1pri discard-secondary;
    after-sb-2pri disconnect;
  }
  syncer {
    verify-alg sha1;
  }
}
```

Die Bedeutung der einzelnen Einträge kann im DRBD User's Guide[3] nachgelesen werden. Hier sollen nur Teile des Abschnitts *„resource"* genauer beschrieben werden.

```
resource nagios {
   device    /dev/drbd0;
```

Device gibt an, unter welchem Namen das synchronisierte Device später angesprochen und für ein Filesystem benutzt werden kann.

```
   disk      /dev/nagvg/nagios;
```

Unter dem Punkt *„disk"* wird das „eigentliche" Device eingetragen, auf dem die Daten physikalisch gespeichert sind, das sogenannte Backing Device.

```
   meta-disk internal;
```

DRBD legt auch eigene Metadaten an. Diese können aus Performancegründen auf einem eigenen Device liegen. In diesem Fall sollen sie aber zusammen mit den Nutzdaten in der Partition */dev/nagvg/nagios* liegen. Man vergibt dazu den Wert *„internal"*.

---

[3] http://www.drbd.org/users-guide

KAPITEL 5 Nagios-Cluster mit DRBD und Heartbeat

ACHTUNG

Wenn das im Abschnitt 5.5 beschriebene Backup-Verfahren mit LVM-Snapshots eingesetzt werden soll, dann müssen die Metadaten in einem eigenen Logical Volume liegen. Dieses wurde hoffentlich mit dem Namen nagios_meta bereits erzeugt. Metadaten und Nutzdaten dürfen nicht zusammen in einer Partition liegen. In der Konfigurationsdatei muss der entsprechende Eintrag dann lauten:

```
flexible-meta-disk /dev/nagvg/nagios_meta;

on nagsrv1 {
   address    192.168.10.98:7789;
}
on nagsrv2 {
   address    192.168.10.99:7789;
}
```

Dieser Abschnitt beschreibt den Kommunikationsweg zwischen den beiden Servern, deren */dev/nagvg/nagios* synchron gehalten werden soll. Idealerweise verwendet man dafür ein eigenes dediziertes Netzwerk und eigene Netzwerkkarten (Im Beispiel wurde das Subnetz 192.168.10 auf den jeweiligen eth1-Interfaces konfiguriert). Für jede Ressource wird ein eigener Port benutzt, über den die Kommunikation läuft. In diesem Fall verwenden wir Port 7789. Die Parameter *device*, *disk* und *meta-disk* könnten auch jeweils in den beiden Abschnitten *on <hostname>* liegen. Da sie im vorliegenden Beispiel aber identisch sind, wurden sie eine Ebene höher in den *resource*-Abschnitt verlegt und gelten damit automatisch für beide *on*-Regeln. Zu beachten ist hier auch noch, dass die Hostnamen nach dem *on*-Statement exakt der Ausgabe von **uname –n** auf dem jeweiligen Knoten entsprechen müssen. Damit beide Partner voneinander wissen und sich einig werden können, muss auf jedem Knoten eine identische Kopie der Konfigurationsdatei vorliegen.

```
nagsrv1# scp /etc/drbd.conf nagsrv2:/etc/drbd.conf
```

Jetzt wird auf beiden Seiten die neue Ressource initialisiert. Mit dem **create-md**-Kommando wird auf dem physikalischen Device eine Headerstruktur angelegt, die DRBD bei seinen Synchronisationsaktionen benötigt.

```
nagsrv1# drbdadm create-md nagios
v08 Magic number not found
v07 Magic number not found
v07 Magic number not found
v08 Magic number not found
Writing meta data...
initialising activity log
NOT initialized bitmap
New drbd meta data block sucessfully created.

nagsrv2# drbdadm create-md nagios
```

> **ACHTUNG**
>
> In *drbd.conf* wurde der Port 7789 für die Kommunikation zwischen den beiden Knoten gewählt. Bevor die DRBD-Prozesse gestartet werden, muss sichergestellt sein, dass keine Firewall diesen Port blockiert. Wurde CentOS mit der Option *SELinux/permissive* installiert, dann erstellt man mit dem **setup**-Kommando eine Ausnahme.

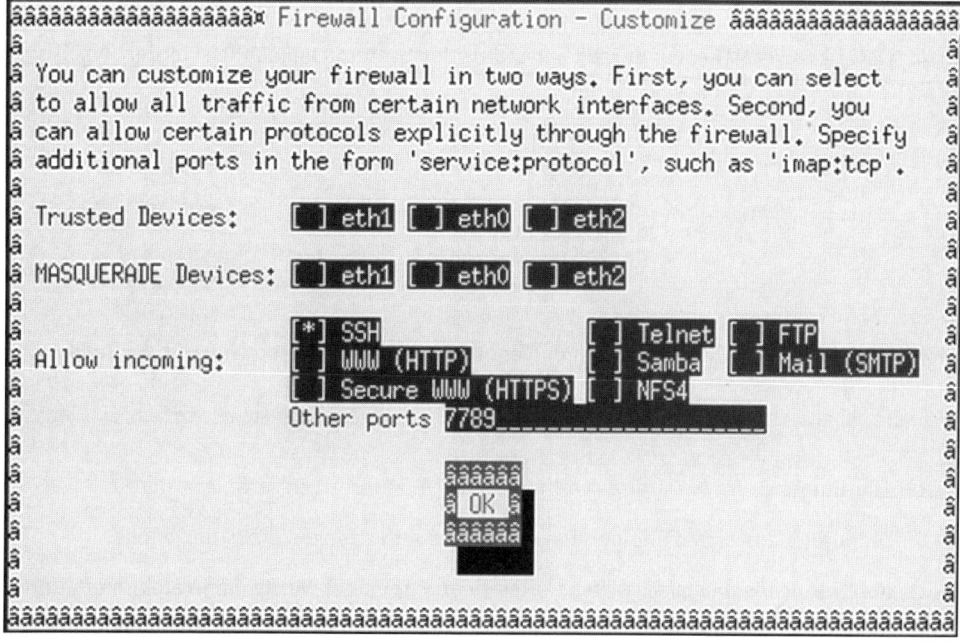

Abbildung 5.2: **Freischaltung für Port 7789**

Nun kann das DRBD-System hochgefahren werden. Mit **/etc/init.d/drbd start** wird erst das *drbd*-Kernelmodul geladen und dann die Prozesse gestartet. Dieser Vorgang bleibt auf dem ersten Knoten dann zunächst hängen, weil keine Kommunikation zum Partner hergestellt werden kann. Erst nach dem Start auf der zweiten Maschine geht es weiter und der Prompt taucht wieder auf.

```
nagsrv1# /etc/init.d/drbd start
Starting DRBD resources:    [ d(nagios) s(nagios) n(nagios) ].
..........
****************************************************************
 DRBD's startup script waits for the peer node(s) to appear.
```

Und parallel dazu...

```
nagsrv2# /etc/init.d/drbd start
```

Mit **ps** sieht man, dass mehrere Prozesse gestartet wurden und **lsmod** zeigt das geladene Kernelmodul:

```
nagsrv1# ps -ef | grep drbd
root      19432     1  0 Jan14 ?        00:00:00 [drbd0_worker]
root      19435     1  0 Jan14 ?        00:00:00 [drbd0_receiver]
root      19476     1  0 Jan14 ?        00:00:00 [drbd0_asender]
nagsrv1# lsmod | grep drbd
drbd                  199424  3
```

In der Datei */proc/drbd* kann jederzeit der Status des Systems angesehen werden. Nach dem ersten Start sieht es so aus:

```
nagsrv1# cat /proc/drbd
version: 8.3.2 (api:88/proto:86-90)
GIT-hash: dd7985327f146f33b86d4bff5ca8c94234ce840e build by mockbuild@v20z-
x86-64.home.local, 2009-08-29 14:07:55
 0: cs:Connected ro:Secondary/Secondary ds:Inconsistent/Inconsistent C r---
    ns:0 nr:0 dw:0 dr:0 al:0 bm:0 lo:0 pe:0 ua:0 ap:0 ep:1 wo:f oos:4194140
```

Man sieht eine Menge Informationen in dieser Datei. Zunächst ist davon nur die Zeile

```
0: cs:Connected ro:Secondary/Secondary ds:Inconsistent/Inconsistent
```

von Bedeutung.

» *0* : bedeutet, dass sich die folgenden Angaben auf das Device *drbd0* beziehen.

» *cs* steht für *connection status*. Wenn alles richtig gemacht wurde, dann steht hier „Connected". Andernfalls muss man überprüfen, ob die IP-Adressen korrekt eingetragen wurden, keine Firewall den Port 7789 blockiert und auf jedem Knoten die oben angezeigten Prozesse laufen.

» *ro* bedeutet *role*. Der erste Wert ist für den lokalen Knoten, der zweite für den Partnerknoten. In diesem Fall spielen beide die Rolle des Sekundärknotens und es findet noch kein Abgleich zwischen den Devices statt. Im nächsten Schritt wird dann der lokale Knoten von Hand zum Primärknoten gemacht. Später werden die Rollen durch das Clusterframework automatisch zugeteilt. (Bis zur Version 8.2 von DRBD lautete die Bezeichnung *state* und wurde hier als *st:* angezeigt)

» *ds* bezeichnet die *disk states*. Der Zustand *Inconsistent* bei beiden Knoten ist hier normal, da die Synchronisierung noch nicht angelaufen ist.

Nun wird dem lokalen Knoten die Rolle *Primary* übertragen. Nur auf diesem Knoten dürfen dann Schreibvorgänge ausgeführt werden und jede Änderung auf Blockebene wird sofort auf den Sekundärknoten übertragen.

```
nagsrv1# drbdadm -- --overwrite-data-of-peer primary nagios
```

Ein weiterer Blick in */proc/drbd* zeigt, dass Bewegung in die Sache gekommen ist.

KAPITEL 5   Nagios-Cluster mit DRBD und Heartbeat

```
nagsrv1# cat /proc/drbd
version: 8.3.2 (api:88/proto:86-90)
GIT-hash: dd7985327f146f33b86d4bff5ca8c94234ce840e build by mockbuild@v20z-
x86-64.home.local, 2009-08-29 14:07:55
 0: cs:SyncSource ro:Primary/Secondary ds:UpToDate/Inconsistent C r---
    ns:800 nr:0 dw:0 dr:800 al:0 bm:0 lo:0 pe:0 ua:0 ap:0 ep:1 wo:f
oos:4193340
        [>....................] sync'ed:  0.1% (4193340/4194140)K
        finish: 1:56:28 speed: 400 (400) K/sec
```

Es dauert eine Weile, bis die Platte auf beiden Seiten synchronisiert sind und nur noch die Updates übertragen werden. Bereits jetzt kann man aber auf dem Primary-Knoten ein Filesystem anlegen.

```
nagsrv1# mke2fs -j /dev/drbd0
nagsrv1# mkdir /usr/local/nagios
nagsrv1# mount /dev/drbd0 /usr/local/nagios
```

Nach einer Weile sieht es dann so aus:

```
nagsrv1# cat /proc/drbd
version: 8.3.2 (api:88/proto:86-90)
GIT-hash: dd7985327f146f33b86d4bff5ca8c94234ce840e build by mockbuild@v20z-
x86-64.home.local, 2009-08-29 14:07:55
 0: cs:Connected ro:Primary/Secondary ds:UpToDate/UpToDate C r---
    ns:0 nr:0 dw:0 dr:0 al:0 bm:0 lo:0 pe:0 ua:0 ap:0 ep:1 wo:f oos:0
```

Nun sind beide Devices synchronisiert und man kann testen, ob ein Failover funktioniert.

```
nagsrv1# echo test123 > /usr/local/nagios/test.txt
nagsrv1# drbdadm secondary nagios

nagsrv2# drbdadm primary nagios
nagsrv2# mkdir /usr/local/nagios
nagsrv2# mount /dev/drbd0 /usr/local/nagios
nagsrv2# cat /usr/local/nagios/test.txt
test123
```

Es hat geklappt!

DRBD ohne LVM

Die eingangs angesprochene einfachere Variante, welche eine Partition der Systemplatte *sda* benutzt unterscheidet sich nur durch die Angabe des Backing-Devices in der */etc/drbd.conf*. Angenommen die momentane Aufteilung der Platte sähe so aus:

```
nagsrv1# parted /dev/sda print

Model: VMware Virtual disk (scsi)
Disk /dev/sda: 8590MB
```

```
Sector size (logical/physical): 512B/512B
Partition Table: msdos

Number  Start    End      Size     Type      File system     Flags
1       32.3kB   132MB    132MB    primary   ext2            boot
2       132MB    1209MB   1078MB   primary   linux-swap
3       1209MB   3356MB   2147MB   primary   ext3
4       3356MB   8587MB   5231MB   extended

nagsrv1# df
Filesystem           1K-blocks      Used Available Use% Mounted on
/dev/sda3              2030768   1188544    737400  62% /
/dev/sda1               124427     12363    105640  11% /boot
tmpfs                   127796         0    127796   0% /dev/shm
/dev/drbd0             4128284     73792   3844788   2% /usr/local/nagios
nagsrv1# cat /proc/swaps
Filename                                Type            Size      Used
Priority
/dev/sda2                               partition       1052248 0
-1
```

Die Partitionen *sda1*, *sda2* und *sda3* sind also bereits für */*, */boot* und *swap* vergeben. In der extended Partition *sda4* sind aber noch 5GB frei. Man kann also eine neue 2GB große Partition innerhalb der extended Partition anlegen.

```
nagsrv1# parted -s /dev/sda mkpart logical 3356 $(expr 3356 + 2048)
nagsrv1# parted /dev/sda print

Model: VMware Virtual disk (scsi)
Disk /dev/sda: 8590MB
Sector size (logical/physical): 512B/512B
Partition Table: msdos

Number  Start    End      Size     Type      File system     Flags
1       32.3kB   132MB    132MB    primary   ext2            boot
2       132MB    1209MB   1078MB   primary   linux-swap
3       1209MB   3356MB   2147MB   primary   ext3
4       3356MB   8587MB   5231MB   extended
5       3356MB   5404MB   2048MB   logical
```

Auch diese Befehle müssen auf beiden Knoten ausgeführt werden. Die neue Partition */dev/sda5* kann man dann direkt als Backing-Device in der *drbd.conf* eintragen.

```
resource nagios {
  device     /dev/drbd0;
  disk       /dev/sda5;
  meta-disk internal;
  ...
```

5.3 Der Heartbeat-Cluster

Zunächst sollen einige Begriffe erläutert werden, die im weiteren Verlauf des Kapitels vorkommen und für das Verständnis des Heartbeat-Clusters hilfreich sind.

- *Knoten / Node* – Ein Knoten ist ein Computer, auf dem die Clustersoftware läuft und der im Verbund mit einem oder mehreren anderen Knoten den Cluster bildet.
- *Ressource* – Mit Ressource bezeichnet man jede Art von Dienst, der durch die Clustersoftware verwaltet wird. Beispiele für Ressourcen sind IP-Adressen, Filesysteme, Prozesse, Netzwerkservices, uvm. Sie laufen auf bestimmten Knoten, können aber bei dessen Ausfall oder per Kommando auf andere Knoten migriert werden.
- *Constraint* – Darunter versteht man Bedingungen, die festlegen in welcher Reihenfolge Ressourcen gestartet werden, ob einige davon zusammen auf einem Knoten laufen sollen und ob es für bestimmte Ressourcen bevorzugte Knoten gibt.
- *Designated Coordinator* – Der DC ist derjenige Knoten, der die Masterkopie der Clusterkonfiguration CIB hält. Er regelt die Verteilung der Ressourcen. Wer diese Rolle bekommt, wird in einem eigenen Algorithmus bestimmt, üblicherweise wird aber derjenige Knoten zum DC, der als erster die Clustersoftware startet.
- *CIB* – Die Cluster Information Base ist die zentrale Konfigurationsdatei des Clusters, in der die Knoten, Ressourcen und Constraints, sowie Laufzeitinformationen gespeichert sind. Die CIB wird vom DC zu den anderen Knoten repliziert. Die Datei kann von Hand editiert werden, sie liegt im XML-Format vor.

Am Ende der Integration von Nagios in einen Heartbeat-Cluster sollen folgende Ziele erreicht worden sein:

- Nagios bzw. der zugehörige Apache-Webserver soll unter einer eigenen Adresse erreichbar sein. Dabei ist es unerheblich, auf welchem physikalischen Server Nagios gerade läuft. Die IP-Adresse wandert einfach mit Nagios mit.
- Das Management des DRBD-Systems wird vom Cluster übernommen. Der Knoten, auf dem Nagios läuft spielt immer die Primary-Rolle und stellt das Nagios-Filesystem.
- Bei Ausfall eines Clusterknotens soll der verbliebene Knoten die gesamten Dienste übernehmen.
- Bei Ausfall einer Clusterressource soll versucht werden, diese erneut zu starten. Schlägt dies fehl, dann soll die Ressource auf dem anderen Knoten gestartet werden.
- Das Filesystem */usr/local/nagios*, die virtuelle IP-Adresse, der Nagios-Prozess und der Webserver bilden eine Gruppe und laufen immer gemeinsam auf einem Knoten. Soweit es möglich ist, soll dies immer der Knoten *nagsrv1* sein.

» Das Filesystem */var/lib/mysql* und der MySQL-Prozess bilden eine Gruppe und laufen immer gemeinsam auf einem Knoten, vorzugsweise *nagsrv2*.

» Aus der Sicht der Nagios-Clients sollen alle Zugriffe von der virtuellen IP-Adresse kommen.

5.3.1 Installation

Wie üblich werden die benötigten Pakete mit **yum** aus dem CentOS-Repository heruntergeladen und installiert. Dazu führt man folgenden Befehl aus:

```
nagsrv1# yum install heartbeat
nagsrv1# yum install heartbeat-pils
nagsrv1# yum install heartbeat-gui
nagsrv1# yum install heartbeat-stonith
```

> **ACHTUNG**
>
> Beim Erscheinen dieses Buchs war die aktuelle Version von Heartbeat 2.1.3. Diese arbeitet nicht mit DRBD8.3 zusammen, da sich hier, wie bereits erwähnt, die Bezeichnung *state* in *role* geändert hat. Um herauszufinden, ob man bereits ein passendes Release von Heartbeat installiert hat, ruft man folgendes Kommando auf:
>
> ```
> nagsrv1# grep role /usr/lib/ocf/resource.d/heartbeat/drbd
> ```
>
> Taucht hier **nicht** der String „*otherwise use role*" auf, muss man ein passendes Resource-Script nachinstallieren.
>
> ```
> nagsrv1# cd /usr/lib/ocf/resource.d/heartbeat
> nagsrv1# wget \
>   http://hg.linux-ha.org/dev/raw-file/3317a881ba21/resources/OCF/drbd
> ```

Wenn man die graphische Administrationsoberfläche **hb_gui** verwenden will, dann benötigt man unter CentOS noch weitere Pakete:

```
nagsrv1# yum install xorg-x11-fonts-base
nagsrv1# yum install xorg-x11-fonts-Type1
```

Die Installation der GUI lohnt sich auf jeden Fall, da man während der folgenden Schritte schön beobachten kann, wie die Knoten und Ressourcen nacheinander in der grafischen Darstellung auftauchen.

Wichtig bei einem Cluster-Server ist der Einbau mehrerer Netzwerkkarten, damit mehrere redundante Pfade zu den Applikationsclients und den anderen Clusterknoten bestehen. Selbst hochwertige Markenprodukte sind für weniger als 50 € zu bekommen, es besteht also keinerlei Grund, an dieser Stelle zu sparen. Für die Netzwerkinterfaces, die nur zur Kommunikation der Knoten untereinander verwendet werden, kann man Adressen aus einem beliebigen Bereich vergeben. Typischerweise bedient man sich dafür bei den Klasse-C-Netzen *192.168.0.0/16*. Für das Beispiel wurde folgende Adressvergabe gewählt:

KAPITEL 5 Nagios-Cluster mit DRBD und Heartbeat

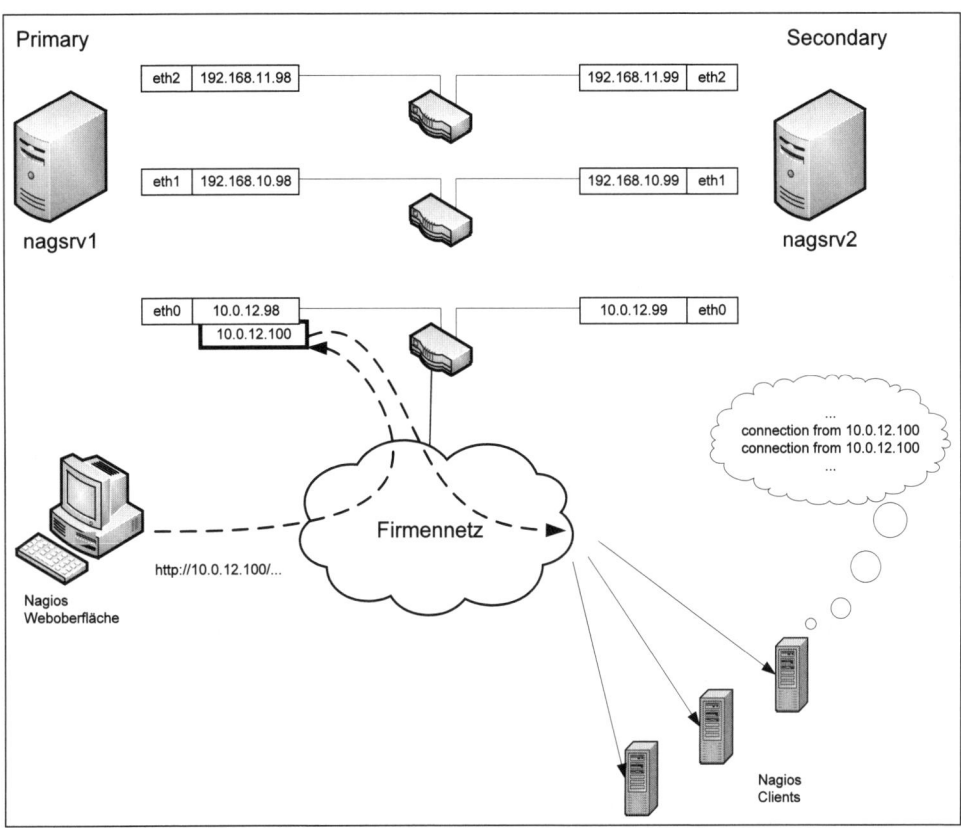

Abbildung 5.3: **IP-Adressen im Cluster**

5.3.2 Konfiguration

Der erste Schritt bei der Konfiguration eines Heartbeat-Clusters besteht in der Erstellung der Datei */etc/ha.d/ha.cf*. In ihr werden die am Cluster beteiligten Knoten und die Topologie der Netzwerkkommunikation untereinander festgelegt.

Listing 5.1: **/etc/ha.d/ha.cf**

```
ucast   eth0  10.0.12.98
ucast   eth0  10.0.12.99
ucast   eth1  192.168.10.98
ucast   eth1  192.168.10.99
ucast   eth2  192.168.11.98
ucast   eth2  192.168.11.99
ping    10.0.1.1
node    nagsrv1
node    nagsrv2
crm     on
use_logd on
```

Im Einzelnen bedeuten diese Einträge:

» *ucast <Interface> <IP-Adresse>* – Die Knoten des Clusters kommunizieren über Unicast. Dabei werden die IP-Adressen aller potentiellen Partner angegeben sowie das Interface, welches für das entsprechende Subnetz konfiguriert wurde. Es fällt vielleicht auf, dass für jedes Subnetz sowohl die Adresse von nagsrv1 als auch die von nagsrv2 aufgeführt wurde. Im vorliegenden Beispiel mit nur zwei Clusterknoten würde es reichen, nur die IP-Adresse des anderen Knotens anzugeben. In dem Fall müsste man allerdings zwei Versionen der Datei pflegen, da sie sich von Knoten zu Knoten unterscheiden würden. Glücklicherweise ignoriert Heartbeat die Einträge mit lokalen Adressen, so dass man clusterweit eine einzige, einheitliche Datei verteilen kann. Der Zweck dieser Inter-Cluster-Kommunikation ist der Austausch von Konfigurations- und Status-Updates sowie von „*Mir geht es gut, wie geht es dir?*"-Nachrichten. Die Clusterknoten merken so, wenn ein anderer Knoten z.B. abgestürzt ist. Damit es keine diesbezüglichen Irrtümer aufgrund einer Netzwerkstörung gibt, verwendet man mehrere Netzwerkkarten und physikalisch getrennte Subnetze zum redundanten Austausch von Lebenszeichen. Der dabei verwendete Port ist *694/udp*. Verwendet man eine Firewall, so muss dies unbedingt berücksichtigt werden. Wenn CentOS als „*permissive*" installiert wurde, muss der Port mit dem **setup**-Tool unter dem Menüpunkt „*Firewall*" eingetragen werden.

» *ping <IP-Adresse>* – Die (optionale) Angabe eines sogenannten Ping-Hosts hilft einem Knoten bei der Einschätzung von Fehlersituationen. Der hier angegebene Hostname oder IP-Adresse wird fortlaufend angepingt und dient einem Clusterknoten als Nachweis, dass seine Verbindung ins Netzwerk fehlerfrei funktioniert.

» *node <name>* – Hier werden alle am Cluster beteiligten Server aufgeführt. Die aufgeführten Namen müssen exakt der Ausgabe des Kommandos **uname -n** auf den jeweiligen Knoten entsprechen.

» *crm on* – Mit dieser Option wird bestimmt, dass Heartbeat mit einer XML-basierten Konfiguration arbeiten soll. Diese ersetzt seit der Version2 die Datei *haresources*. In dieser Version sind Konfiguration und Status der Knoten und Ressourcen in der Datei */var/lib/heartbeat/crm/cib.xml* zu finden

» *use_logd on* – Dieser Schalter sorgt dafür, dass ein eigener Daemon gestartet wird, der das Schreiben von Logging-Informationen in die entsprechenden Dateien durchführt. Wie diese Dateien heißen, kann in der Datei */etc/logd.conf* hinterlegt werden.

Eine weitere Datei namens */etc/ha.d/authkeys* beschreibt die Verschlüsselung der Inter-Cluster-Kommunikation. Sie muss unbedingt mit den Permissions 600 angelegt werden, da sie ein Klartextpasswort enthält. Sie ist recht einfach aufgebaut.

Listing 5.2: **/etc/ha.d/authkeys**

```
auth 1
1 sha1 einmoeglichstlangesgeheimespasswort
```

Listing 5.3: **/etc/logd.conf**

```
# so werden Messages an Syslog geschickt
logfacility daemon

# Dieser Eintrag ist nötig, wenn man eine eigene Datei mit
# Degbugging-Informationen haben will.
debugfile /var/log/ha-debug

# Dieser Eintrag ist nötig, wenn man eine eigene Datei mit
# allgemeinen Event-Informationen haben will
logfile /var/log/ha-log
```

> **ACHTUNG**
>
> **In dieser Heartbeat-V2-Konfiguration muss man unbedingt verhindern, dass DRBD beim Bootvorgang gestartet wird. Der Ressource Agent besteht darauf, dies nach dem Start des Clusters selber zu tun.**
>
> ```
> nagsrv1# /etc/init.d/drbd stop
> nagsrv1# chkconfig --del drbd
>
> nagsrv2# /etc/init.d/drbd stop
> nagsrv2# chkconfig --del drbd
> ```

Wenn man schon dabei ist, kann man auch gleich den Autostart der Heartbeat-Software einschalten. Defaultmäßig ist dieser nach der Installation nämlich abgeschaltet.

```
nagsrv1# chkconfig --add heartbeat
nagsrv2# chkconfig --add heartbeat
```

Damit ist die Grundkonfiguration bereits erledigt und auf beiden Knoten kann das Clusterframework hochgefahren werden.

```
nagsrv1# /etc/init.d/heartbeat start
nagsrv2# /etc/init.d/heartbeat start
```

Wie schon erwähnt, ist es ratsam, nebenbei die grafische Oberfläche des Clusters zu beobachten. Dazu muss man für den System-Benutzer *hacluster* mit dem Befehl **passwd hacluster** noch ein Passwort vergeben. Danach startet man die GUI mit dem Kommando **hb_gui**. Er erscheint zunächst ein Login-Fenster, in dem man sich als *hacluster* mit dem soeben eingerichteten Passwort anmeldet (Auch andere User dürfen sich hier einloggen, sofern sie Mitglieder der Gruppe *haclients* sind.). Nach dem Hochfahren des Clusters kann es ein paar Sekunden dauern, bis der Login akzeptiert wird, weil erst der *mgmtd*-Daemon laufen muss. Das Warten lohnt sich aber, denn nun erscheint ein erstes Abbild des Nagios-Clusters.

KAPITEL 5 Nagios-Cluster mit DRBD und Heartbeat

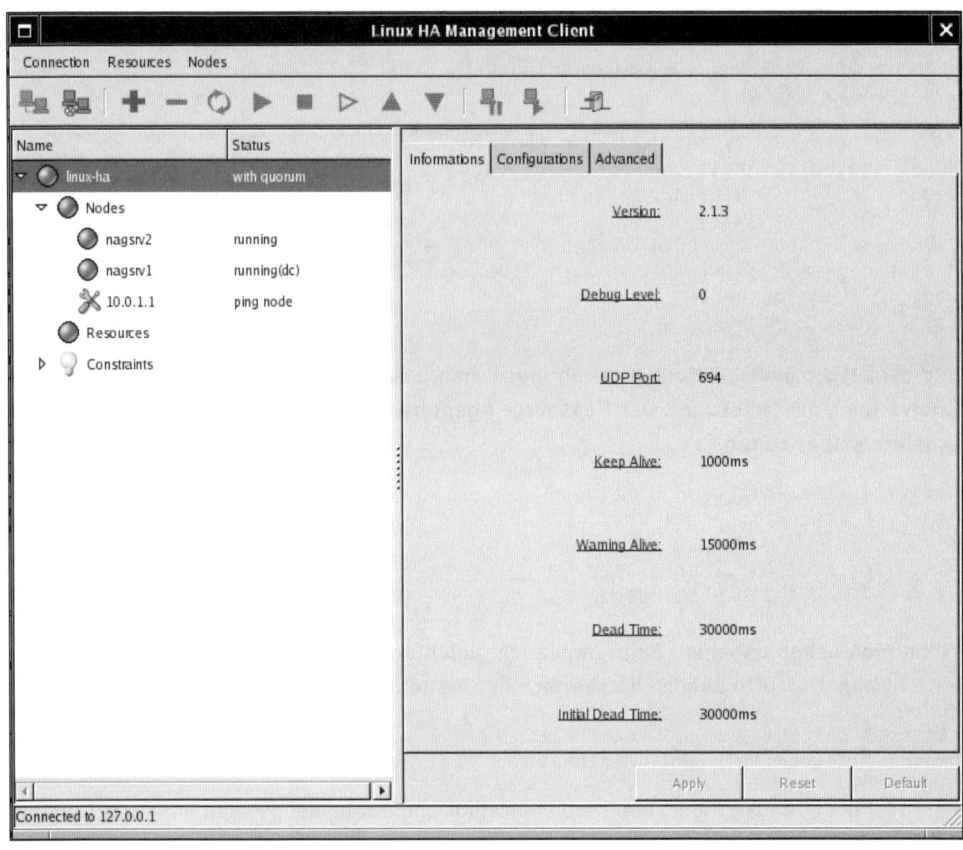

Abbildung 5.4: **Cluster noch ohne Ressourcen**

Als Nächstes wird die Konfiguration der ersten Ressource in Angriff genommen. Auf der untersten Ebene des künftigen Nagios-Clusters befindet sich das DRBD-Device, in dem das Nagios-Filesystem beheimatet ist. Im ersten Schritt muss man dafür sorgen, dass die Primary- und Secondary-Rollen der Replikationspartner vom Heartbeat-Cluster verwaltet werden, so dass es zu keinen Kollisionen kommen kann. DRBD ist ein oft genanntes Beispiel für eine sogenannte Multi-State-Ressource. Dieser Typ ermöglicht, gleichartige Ressourcen auf mehreren Knoten parallel auszuführen, allerdings mit unterschiedlichen Zuständen. Im Fall von DRBD entspricht die Master-Ressource dem Primary und die Slave-Ressource dem Secondary. Der Cluster kümmert sich darum, dass nicht gleichzeitig zwei Primary laufen und kann gegebenenfalls auch einen Tausch der Rollen veranlassen. Die erste Master-Slave-Ressource ist also für den DRBD-Unterbau zuständig und wird „*ms-nagios-drbd0*" heißen. Es ist ratsam, alle Konfigurationsdateien, die im Folgenden entstehen, in einem eigenen Unterverzeichnis zu sammeln. Mit ihnen kann ein Cluster jederzeit wieder neu aufgesetzt werden.

Listing 5.4: **drbd_nagios.xml**

```xml
<master_slave id="ms-nagios-drbd0">
   <meta_attributes>
      <attributes>
         <nvpair id="ma-ms-nagios-drbd0-1" name="clone_max" value="2"/>
         <nvpair id="ma-ms-nagios-drbd0-2" name="clone_node_max" value="1"/>
         <nvpair id="ma-ms-nagios-drbd0-3" name="master_max" value="1"/>
         <nvpair id="ma-ms-nagios-drbd0-4" name="master_node_max" value="1"/>
         <nvpair id="ma-ms-nagios-drbd0-5" name="notify" value="yes"/>
         <nvpair id="ma-ms-nagios-drbd0-6" name="globally_unique" value="false"/>
         <nvpair id="ma-ms-nagios-drbd0-7" name="target_role" value="stopped"/>
      </attributes>
   </meta_attributes>
   <primitive id="nagios-drbd0" class="ocf" provider="heartbeat" type="drbd">
      <instance_attributes>
         <attributes>
            <nvpair id="ia-ms-nagios-drbd0-1" name="drbd_resource" value="nagios"/>
         </attributes>
      </instance_attributes>
      <operations>
         <op id="op-ms-nagios-drbd0-1" name="monitor" interval="59s" timeout="10s" role="Master"/>
         <op id="op-ms-nagios-drbd0-2" name="monitor" interval="60s" timeout="10s" role="Slave"/>
      </operations>
   </primitive>
</master_slave>
```

So eine XML-Konfigurationsdatei wird mit dem **cibadmin**-Befehl beim Cluster Ressource Manager registriert. Ihr Inhalt wird damit zu einem Teilbaum der zentralen Datei */var/lib/heartbeat/crm/cib.xml*.

```
nagsrv1# cibadmin -C -o resources -x drbd_nagios.xml
```

Die Ressource wurde zunächst mit dem Status *stopped* angelegt. Damit wird verhindert, dass Heartbeat versucht, sie sofort zu aktivieren. Erst wenn die weiteren Regeln und abhängigen Ressourcen eingetragen wurden, soll das geschehen.

Meistens möchte man, dass die Ressource auf einem bestimmten Knoten die Master-Rolle spielt (also DRBD Primary). Neben Ressourcen gibt es noch die Constraints. Dabei handelt es sich um Regeln, die die Beziehungen der Ressourcen und Nodes untereinander festlegen. Will man also, dass eine Ressource wenn immer möglich auf einem festgelegten Knoten läuft, dann drückt man dies mit folgender Location-Rule aus:

KAPITEL 5   Nagios-Cluster mit DRBD und Heartbeat

Listing 5.5: **drbd_nagios_preferred_node.xml**

```xml
<rsc_location id="primary_on_nagsrv1" rsc="ms-nagios-drbd0">
  <rule role="master" score="100">
    <expression attribute="#uname" operation="eq" value="nagsrv1"/>
  </rule>
</rsc_location>
```

Auch dieses Script wird mit dem **cibadmin**-Kommando eingetragen, diesmal aber nicht als Ressource, sondern als Constraint:

```
nagsrv1# cibadmin -C -o constraints \
    -x drbd_nagios_preferred_node.xml
```

DRBD ist nur der Unterbau für das gesamte Nagios-System. Jetzt fehlen noch Ressourcen für die IP-Adresse des Nagios-Clusters, das Filesystem */usr/local/nagios*, den Nagios-Prozess und den Apache-Webserver. Dazu definiert man eine Gruppe *nagios-group*, die diese zusammengehörigen Ressourcen umfasst.

Listing 5.6: **nagios_group.xml**

```xml
<group ordered="true" collocated="true" id="nagios-group">
   <primitive id="nagios-ip" class="ocf" provider="heartbeat" type="IPaddr2">
      <meta_attributes>
         <attributes>
            <nvpair id="ma-nagios-ip-1" name="target_role" value="stopped"/>
         </attributes>
      </meta_attributes>
      <instance_attributes>
         <attributes>
            <nvpair id="ia-nagios-ip-1" name="ip" value="10.0.12.100"/>
            <nvpair id="ia-nagios-ip-2" name="nic" value="eth0"/>
         </attributes>
      </instance_attributes>
   </primitive>
   <primitive id="nagios-src-ip" class="ocf" provider="naprax" type="IPsrcaddr">
      <meta_attributes>
         <attributes>
            <nvpair id="ma-nagios-src-ip-1" name="target_role" value="stopped"/>
         </attributes>
      </meta_attributes>
      <instance_attributes>
         <attributes>
            <nvpair id="ia-nagios-src-ip-1" name="ipaddress" value="10.0.12.100"/>
         </attributes>
      </instance_attributes>
   </primitive>
   <primitive id="nagios-fs" class="ocf" provider="heartbeat" type="Filesystem">
      <meta_attributes>
```

KAPITEL 5 — Nagios-Cluster mit DRBD und Heartbeat

```xml
            <attributes>
                <nvpair id="ma-nagios-fs-1" name="target_role" value="stopped"/>
            </attributes>
        </meta_attributes>
        <instance_attributes>
            <attributes>
                <nvpair id="ia-nagios-fs-1" name="device" value="/dev/drbd0"/>
                <nvpair id="ia-nagios-fs-2" name="directory" value="/usr/local/nagios"/>
                <nvpair id="ia-nagios-fs-3" name="fstype" value="ext3"/>
            </attributes>
        </instance_attributes>
    </primitive>
<primitive class="ocf" provider="naprax" type="nagios" id="nagios-nagios">
    <instance_attributes id="ia-nagios">
        <attributes>
            <nvpair id="ia-nagios-1" name="nagios" value="/usr/local/nagios/bin/nagios"/>
            <nvpair id="ia-nagios-2" name="configfile" value="/usr/local/nagios/etc/nagios.cfg"/>
        </attributes>
    </instance_attributes>
    <operations>
        <op id="op-nagios-1" name="monitor" interval="30s" timeout="30s"/>
    </operations>
 </primitive>
    <primitive id="apache" class="ocf" provider="heartbeat" type="apache">
        <meta_attributes>
            <attributes>
                <nvpair id="ma-apache-1" name="target_role" value="stopped"/>
            </attributes>
        </meta_attributes>
        <instance_attributes>
            <attributes>
                <nvpair id="ia-apache-1" name="httpd" value="/usr/sbin/httpd"/>
                <nvpair id="ia-apache-2" name="configfile" value="/etc/httpd/conf/httpd.conf"/>
                <nvpair id="ia-apache-3" name="statusurl" value="http://localhost:80/error/noindex.html"/>
            </attributes>
        </instance_attributes>
    </primitive>
</group>
```

Die Attribute *ordered* und *collocated* der Gruppe „*nagios-group*" bedeuten, dass die einzelnen Ressourcen in genau der Reihenfolge gestartet werden, in der sie im XML-File stehen. Wie man sieht, wird eine Ressource im Wesentlichen durch die Angabe *type* und mehrere Attribute definiert. Deren Bedeutung soll nun für die verwendeten Typen genauer betrachtet werden.

IP-Adresse

Als erstes wird die virtuelle Clusteradresse eingerichtet. Gemäß den Attributen *ip* und *nic* wird sie an ein spezielles Interface gebunden. Beim Start so einer Ressource vom Typ *IPAddr2* werden die benachbarten Server auch durch ein ARP-Broadcast darauf aufmerksam gemacht, dass die IP-Adresse jetzt mit einer neuen MAC-Adresse verknüpft ist. Würde man das nicht machen, dann würden die anderen Server nach einem Failover der Adresse diese immer noch mit Hilfe der alten MAC-Adresse zu erreichen versuchen.

IP-Source-Adresse

Wenn von einem Clusterknoten aus eine Netzwerkverbindung in Richtung eines Nagios-Clients aufgebaut wird, z.B. durch ein **check_by_ssh**-Kommando, dann soll dieser als Absenderadresse nicht die IP-Adresse des Knotens sehen, sondern die virtuelle Clusteradresse. Damit ist auch für die überwachten Server völlig transparent, auf welchem Knoten Nagios gerade läuft. Es sieht immer so aus, als käme die Verbindung von einem einzigen Nagios-Server. Damit spart man sich Konfigurationsarbeit. Es muss beispielsweise nur noch eine statt zwei Firewallregeln gepflegt werden. Leider funktioniert das nicht, wenn sich überwachte Server im selben Subnetz wie der Nagios-Cluster befinden. Das mit der Heartbeat-Software installierte Script */usr/lib/ocf/resource.d/heartbeat/IPsrcaddr* manipuliert die Default-Route und somit funktioniert der Trick nur mit Empfängern, die sich vom Nagios-Cluster aus gesehen hinter dem Defaultrouter befinden. Um das gewünschte Verhalten unabhängig vom Netzwerk zu erzielen, wurde das **IPsrcaddr**-Script verändert und im Verzeichnis */usr/lib/ocf/resource.d/naprax* abgelegt. Wenn man genau hinschaut, sieht man in der XML-Datei die Angabe *provider="naprax"*, was ein Hinweis auf den gleichnamigen Ablageort unter */usr/lib/ocf/resource.d* ist. Im geänderten Script wird die Umsetzung der Quelladresse mit Hilfe von *IPTables* vorgenommen, weshalb es im Gegensatz zum Originalscript nur unter Linux einsetzbar ist.

Filesystem

Bevor der Nagios-Prozess starten kann, muss erst das Verzeichnis mit den Konfigurationsdateien und Nagios-Binaries vorhanden sein. Die Attribute *device*, *directory* und *fstype* werden benutzt, um das Verzeichnis (in diesem Fall */usr/local/nagios*) zu mounten. Man sollte darauf achten, dass es keinen entsprechenden Eintrag in der */etc/fstab* gibt. Das Mounten und Unmounten liegt in der alleinigen Verantwortung des Clusters.

Nagios

Nachdem */usr/local/nagios* verfügbar ist, kann nun Nagios selbst gestartet werden. Das zugehörige OCF-Script liegt unter */usr/lib/ocf/resource.d/naprax/nagios* und nimmt die Parameter *nagios* und *configfile*, die auf die Pfade des Nagios-Binaries und die Hauptkonfigurationsdatei *nagios.cfg* verweisen. Neben Start und Stop von Nagios kümmert sich das Script auch um Überwachung der Ressource. Es prüft, ob es einen laufenden Prozess gibt und ob die Statusdatei in regelmäßigen Abständen aktualisiert wird.

Apache

Zuletzt wird noch der Webserver gestartet, der den Zugriff auf die Benutzeroberfläche von Nagios gestattet. Auch hier gibt es die Parameter *httpd* und *configfile* mit den Pfaden zum Binary und der zentralen Konfigurationsdatei Die Angabe *statusurl* bei der Apache-Ressource dient dem Monitoring. Es wird periodisch mit **wget** auf diese URL zugegriffen um festzustellen, ob der Webserver noch antwortet. Defaultmäßig wird dazu *http://localhost:80/server-status* verwendet, jedoch müsste man dafür in der Apache-Konfiguration einige Änderungen vornehmen, die den Zugriff auf den Serverstatus gestatten. Das kann man sich sparen, denn die URL *http://localhost:80/error/noindex.html* ist immer vorhanden und tut es genauso. Sehr wichtig ist es auch, bei eingeschaltetem SELinux die *www-* und *wwws*-Ports in der Firewall zu öffnen. Vergisst man dies, dann schlägt das Monitoringscript für den Apache fehl und es wird versucht, die gesamte Gruppe auf den zweiten Knoten zu migrieren. Dort wird dann das Gleiche passieren und der Cluster endet in einem Fehlerzustand.

Zu der Ressourcegruppe „*nagios-group*" gehören noch zwei weitere Regeln, die dafür sorgen, dass der Start erst initiiert wird, nachdem die DRBD-Ressource läuft und auch nur auf dem Knoten, der das DRBD-Primary-Device beheimatet.

Listing 5.7: **drbd_nagios_before_nagios_group.xml**

```
<constraints>
   <rsc_order from="nagios-group" action="start" to="ms-nagios-drbd0" to_action="promote"/>
   <rsc_colocation to="ms-nagios-drbd0" to_role="master" from="nagios-group" score="INFINITY"/>
</constraints>
```

Mit dem **cibadmin**-Kommando werden die beiden verbliebenen XML-Dateien registriert.

```
nagsrv1# cibadmin -C -o resources -x nagios_group.xml
nagsrv1# cibadmin -C -o constraints -x \
   drbd_nagios_before_nagios_group.xml
```

Nachdem die Konfiguration der Ressourcen und Constraints (Bedingungen) abgeschlossen wurde, kann überall die Angabe „*stopped*" in „*#default*" geändert werden, was dazu führt, dass der Cluster die Ressourcen startet.

```
nagsrv1# crm_resource -r ms-nagios-drbd0 -v '#default' -p target_role --meta
nagsrv1# crm_resource -r nagios-ip -v '#default' -p target_role --meta
nagsrv1# crm_resource -r nagios-src-ip -v '#default' -p target_role --meta
nagsrv1# crm_resource -r nagios-fs -v '#default' -p target_role --meta
nagsrv1# crm_resource -r apache -v '#default' -p target_role --meta
```

In der grafischen Ansicht des Clusters sollten jetzt die grauen Kreise vor den Ressourcen der Reihe nach grün werden.

Einbindung der MySQL-Datenbank in den Cluster

Da normalerweise zu jeder größeren Nagios-Installation auch eine MySQL-Datenbank gehört, bietet es sich an, auch diese in das Clusterframework einzubinden. Die zugehörigen Ressourcen sind ähnlich aufgeteilt wie bei Nagios. Man braucht eine virtuelle IP-Adresse, unter der die Datenbank angesprochen wird, ein DRBD-basiertes Filesystem mit den Datenbankdateien und das **mysqld**-Binary, das die Datenbank startet.

KAPITEL 5 | Nagios-Cluster mit DRBD und Heartbeat

Als Erstes wird wieder ein Logical Volume angelegt, welches sich ebenfalls in der Volume Group *nagvg* befindet. Es bekommt den Namen „*mysql*" und soll auch 2 GB groß sein.

```
nagsrv1# lvcreate -n mysql -L 2G nagvg
  Logical volume „mysql" created
nagsrv1# lvdisplay
  --- Logical volume ---
  LV Name                /dev/nagvg/nagios
  VG Name                nagvg
  LV UUID                jrc900-FhWz-ODJG-o4ag-tAPc-W0gG-bJy7FL
  LV Write Access        read/write
  LV Status              available
  # open                 2
  LV Size                4.00 GB
  Current LE             1024
  Segments               1
  Allocation             inherit
  Read ahead sectors     auto
  - currently set to     256
  Block device           253:0

  --- Logical volume ---
  LV Name                /dev/nagvg/mysql
  VG Name                nagvg
  LV UUID                41Bd6n-zUsG-Wf0v-QlW0-p02s-Vaj0-Utfpkg
  LV Write Access        read/write
  LV Status              available
  # open                 0
  LV Size                2.00 GB
  Current LE             512
  Segments               1
  Allocation             inherit
  Read ahead sectors     auto
  - currently set to     256
  Block device           253:1
```

Das erzeugte Logical Volume */dev/nagvg/mysql* dient als Backing Device für eine weitere DRBD-Ressource „*mysql*", die ein replizierendes Blockdevice */dev/drbd1* anbieten wird. Man erweitert dazu die Datei */etc/drbd.conf*.

```
resource mysql {
    device    /dev/drbd1;  #------------------!!!!
    disk      /dev/nagvg/mysql;
    meta-disk internal;
    on nagsrv1 {
      address   192.168.10.98:7790;
    }
    on nagsrv2 {
      address   192.168.10.99:7790;  #---------------------!!!!
    }
    disk {
      on-io-error detach;
      #no-disk-flushes; # if you have battery backed devices
    }
    net {
```

```
  after-sb-0pri discard-zero-changes;
  after-sb-1pri discard-secondary;
  after-sb-2pri disconnect;
  }
  syncer {
    verify-alg sha1;
  }
}
```

> **TIPP**
>
> **Auch hier ist im Hinblick auf das später beschriebene Backup-Verfahren zu beachten, dass gegebenenfalls ein weiteres Logical Volume *mysql_meta* analog zu *nagios_meta* angelegt und für die Speicherung der Metadaten konfiguriert werden muss.**

Damit alle beteiligten Parteien auf dem Laufenden bleiben, wird die Konfiguration wieder verteilt.

```
nagsrv1# scp /etc/drbd.conf nagsrv2:/etc/drbd.conf
```

Bevor man weitermacht, ist es ratsam, den Cluster auf beiden Knoten herunterzufahren. Danach kann die Partition auf beiden Seiten initialisiert werden.

```
nagsrv1# drbdadm create-md mysql
v08 Magic number not found
v07 Magic number not found
v07 Magic number not found
v08 Magic number not found
Writing meta data...
initialising activity log
NOT initialized bitmap
New drbd meta data block sucessfully created.


nagsrv2# drbdadm create-md mysql
```

> **ACHTUNG**
>
> **Damit es nicht zu Kollisionen mit der laufenden Cluster-Ressource *ms-nagios-drbd0* kommt, darf man jetzt keinesfalls wie vorhin */etc/init.d/drbd* benutzen, sondern muss *drbd1* von Hand starten.**

```
nagsrv1# drbdadm attach mysql
nagsrv1# drbdadm connect mysql

nagsrv2# drbdadm attach mysql
nagsrv2# drbdadm connect mysql
```

Zur Erklärung: Mit **attach** wird die Verbindung zwischen dem Backing-Device */dev/nagvg/mysql* und dem DRB-Device */dev/drbd1* hergestellt. Man sieht, dass ein entsprechender Prozess gestartet wurde:

```
nagsrv1# ps -ef|grep drbd1
root      4681     1  0 16:24 ?        00:00:00 [drbd1_worker]
```

KAPITEL 5 — Nagios-Cluster mit DRBD und Heartbeat

Mit **connect** wird ein Receiver-Prozess gestartet und sobald ein Kontakt zum zweiten Knoten hergestellt wurde, läuft auch ein Sender-Prozess.

```
nagsrv1# ps -ef|grep drbd1
root      4681     1  0 16:24 ?        00:00:00 [drbd1_worker]
root      5484     1  0 16:26 ?        00:00:00 [drbd1_receiver]
root      5623     1  0 16:26 ?        00:00:00 [drbd1_asender]
```

Der Status des Gesamtsystems sieht nun so aus:

```
nagsrv1# cat /proc/drbd
version: 8.3.2 (api:88/proto:86-90)
GIT-hash: dd7985327f146f33b86d4bff5ca8c94234ce840e build by mockbuild@v20z-
x86-64.home.local, 2009-08-29 14:07:55 0: cs:Connected st:Primary/Secondary
ds:UpToDate/UpToDate C r---
    ns:28144 nr:0 dw:28136 dr:1129 al:16 bm:1 lo:0 pe:0 ua:0 ap:0 oos:0
 1: cs:Connected st:Secondary/Secondary ds:Inconsistent/Inconsistent C r---
    ns:0 nr:0 dw:0 dr:0 al:0 bm:0 lo:0 pe:0 ua:0 ap:0 ep:1 wo:b oos:2097052
```

Diesmal soll der Knoten *nagsrv2* die Rolle Primary annehmen. Deshalb wird der folgende Befehl zum Einschalten der Synchronisierung auf diesem Server ausgeführt:

```
nagsrv2# drbdadm -- --overwrite-data-of-peer primary mysql
```

Jetzt dauert es wieder eine Weile, bis beide Seiten synchron sind. Man kann aber bereits das Filesystem vorbereiten und die Benutzerrechte für das künftige Verzeichnis /var/lib/mysql vergeben.

```
nagsrv2# mke2fs -j /dev/drbd1
nagsrv2# mount /dev/drbd1 /mnt
nagsrv2# chown mysql:mysql /mnt
nagsrv2# umount /mnt
```

Wenn die MySQL-Datenbank später unter der Aufsicht des Clusters läuft, wird periodisch geprüft, ob sie noch antwortet und SQL-Befehle ausführen kann. Dazu richtet man einen eigenen Datenbankbenutzer *heartbeat* ein. Dieser soll im Besitz einer Tabelle *heartbeat* sein, die im Rahmen der Prüfung ausgelesen wird. Falls MySQL noch nie auf dem System gestartet wurde, muss vorher auch noch ein Passwort für den *root*-Benutzer vergeben werden.

```
nagsrv2# /etc/init.d/mysqld start
nagsrv2# /usr/bin/mysqladmin -u root password 'GeHeIm'
nagsrv2# mysql -u root -p
Enter password:
Welcome to the MySQL monitor.  Commands end with ; or \g.
Your MySQL connection id is 6
Server version: 5.0.45 Source distribution
```

KAPITEL 5   Nagios-Cluster mit DRBD und Heartbeat

```
Type 'help;' or '\h' for help. Type '\c' to clear the buffer.
mysql> grant all on *.* to 'root'@'127.0.0.1' identified by 'GeHeIm';
mysql> flush privileges;
mysql> create database heartbeat;
Query OK, 1 row affected (0.00 sec)

mysql> grant all on heartbeat.* to heartbeat identified by 'heartbeat';
Query OK, 0 rows affected (0.00 sec)
mysql> flush privileges;
Query OK, 0 rows affected (0.00 sec)

nagsrv2# mysql -u heartbeat -p heartbeat
Enter password:
Welcome to the MySQL monitor.  Commands end with ; or \g.
Your MySQL connection id is 4
Server version: 5.0.45 Source distribution

Type 'help;' or '\h' for help. Type '\c' to clear the buffer.

mysql> create table heartbeat (dummy integer);
Query OK, 0 rows affected (0.00 sec)

nagsrv1# /etc/init.d/mysqld stop
Stopping MySQL:                                             [  OK  ]
```

MySQL ist jetzt für den Einsatz unter dem Heartbeat-Cluster vorbereitet. Da die Dateien, die den Datenbestand bilden momentan im lokalen Verzeichnis /var/lib/mysql liegen, dieses aber später durch den Mount des Devices /dev/drbd1 überdeckt wird, muss man sie vom jetzigen Filesystem in das künftige Filesystem kopieren.

```
nagsrv2# ls /var/lib/mysql/
heartbeat  ibdata1  ib_logfile0  ib_logfile1  mysql   test
nagsrv2# mount /dev/drbd1 /mnt

nagsrv2# rsync -a /var/lib/mysql/ /mnt
nagsrv2# ls /mnt
heartbeat  ibdata1  ib_logfile0  ib_logfile1  lost+found  mysql   test
nagsrv2# umount /mnt
```

Im nächsten Schritt werden die Ressourcen in der CIB angelegt. Es gibt wieder eine XML-Datei für den DRBD-Unterbau, eine weitere Datei, die Filesystem, Datenbank-IP-Adresse und den MySQL-Prozess als Gruppe umfasst. Wie bei Nagios gibt es auch noch zwei kleine Dateien, die regeln, dass MySQL nur auf dem Knoten läuft, der die Primary-Rolle für *drbd1* innehat und dass die Datenbank vorzugsweise auf dem Server *nagsrv2* gestartet wird.

Listing 5.8: **drbd_mysql.xml**

```xml
<group ordered="true" collocated="true" id="mysql-group">
   <primitive id="mysql-fs" class="ocf" provider="heartbeat" type="Filesystem">
      <meta_attributes>
         <attributes>
            <nvpair id="ma-mysql-fs-1" name="target_role" value="stopped"/>
         </attributes>
```

```xml
            </meta_attributes>
            <instance_attributes>
                <attributes>
                    <nvpair id="ia-mysql-fs-1" name="device" value="/dev/drbd1"/>
                    <nvpair id="ia-mysql-fs-2" name="directory" value="/var/lib/
                    mysql"/>
                    <nvpair id="ia-mysql-fs-3" name="fstype" value="ext3"/>
                </attributes>
            </instance_attributes>
            <operations>
                <op id="op-mysql-fs-1" name="monitor" interval="10s" timeout="10s"
    on_fail="restart"/>
            </operations>
        </primitive>
        <primitive id="mysql-ip" class="ocf" provider="heartbeat" type="IPaddr2">
            <meta_attributes>
                <attributes>
                    <nvpair id="ma-mysql-ip-1" name="target_role" value="stopped"/>
                </attributes>
            </meta_attributes>
            <instance_attributes>
                <attributes>
                    <nvpair id="ia-mysql-ip-1" name="ip" value="10.0.12.101"/>
                    <nvpair id="ia-mysql-ip-2" name="nic" value="eth0"/>
                </attributes>
            </instance_attributes>
        </primitive>
        <primitive id="mysql" class="ocf" provider="heartbeat" type="mysql">
            <meta_attributes>
                <attributes>
                    <nvpair id="ma-mysql-1" name="target_role" value="stopped"/>
                </attributes>
            </meta_attributes>
            <instance_attributes>
                <attributes>
                    <nvpair id="ia-mysql-1" name="binary" value="/usr/bin/mysqld_
                    safe"/>
                    <nvpair id="ia-mysql-2" name="datadir" value="/var/lib/mysql"/>
                    <nvpair id="ia-mysql-3" name="pid" value="/var/run/mysqld/
                    mysqld.pid"/>
                    <nvpair id="ia-mysql-4" name="socket" value="/var/lib/mysql/
                    mysql.sock"/>
                    <nvpair id="ia-mysql-5" name="test_user" value="heartbeat"/>
                    <nvpair id="ia-mysql-6" name="test_passwd" value="heartbeat"/>
                    <nvpair id="ia-mysql-7" name="test_table" value="heartbeat"/>
                </attributes>
            </instance_attributes>
            <operations>
                <op id="op-mysql-1" name="monitor" interval="60s" timeout="10s"
                on_fail="restart"/>
            </operations>
        </primitive>
    </group>
```

KAPITEL 5   Nagios-Cluster mit DRBD und Heartbeat

Die Einträge für IP-Adresse und Filesystem sehen aus wie gehabt. Auch die Attribute der Ressource *mysql* sollten selbsterklärend sein. Hier taucht auch wieder der Datenbankbenutzer *heartbeat* mit seiner Tabelle auf.

Listing 5.9: **drbd_mysql_before_mysql_group.xml**

```xml
<constraints>
    <rsc_order id="drbd1_before_mysql" from="mysql-group" action="start"
to="ms-mysql-drbd1" to_action="promote"/>
    <rsc_colocation id="drbd1_with_mysql" to="ms-mysql-drbd1" to_
role="master" from="mysql-group" score="INFINITY"/>
</constraints>


<rsc_location id="primary_on_nagsrv2" rsc="ms-nagios-drbd1">
  <rule role="master" score="100">
    <expression attribute="#uname" operation="eq" value="nagsrv2"/>
  </rule>
</rsc_location>
```

Listing 5.10: **drbd_mysql_preferred_node.xml**

```
nagsrv2# cibadmin -C -o resources   -x drbd_mysql.xml
nagsrv2# cibadmin -C -o constraints -x drbd_mysql_preferred_node.xml
nagsrv2# cibadmin -C -o resources   -x mysql_group.xml
nagsrv2# cibadmin -C -o constraints -x drbd_mysql_before_mysql_group.xml
```

Zum Abschluss wird wieder der Status „*stopped*" zurückgenommen und gegen „*#default*" ausgetauscht, was zum Start der Ressourcen führt.

```
nagsrv1# crm_resource -r ms-mysql-drbd1 -v '#default' -p target_role --meta
nagsrv1# crm_resource -r mysql-fs -v '#default' -p target_role --meta
nagsrv1# crm_resource -r mysql-ip -v '#default' -p target_role --meta
nagsrv1# crm_resource -r mysql-db -v '#default' -p target_role --meta
```

Mit **ps** und **df** kann man sich davon überzeugen, dass Filesystem und Prozesse wie gewünscht aktiv sind.

```
nagsrv2# df
Filesystem           1K-blocks      Used Available Use% Mounted on
/dev/sda3              2030768   1399072    526872  73% /
/dev/sda1               124427     12363    105640  11% /boot
tmpfs                   127796         0    127796   0% /dev/shm
/dev/drbd1             2064108     57200   1902056   3% /var/lib/mysql
nagsrv2# ps -ef| grep mysql
root      1275     1  0 16:55 ?        00:00:00 /bin/sh /usr/bin/mysqld_safe
--defaults-file=/etc/my.cnf --pid-file=/var/run/mysqld/mysqld.pid --socket=/
var/lib/mysql/mysql.sock --datadir=/var/lib/mysql --user=mysql
mysql     1317  1275  0 16:55 ?        00:00:00 /usr/libexec/mysqld --de-
faults-file=/etc/my.cnf --basedir=/usr --datadir=/var/lib/mysql --user=mysql
--pid-file=/var/run/mysqld/mysqld.pid --skip-external-locking --socket=/var/
lib/mysql/mysql.sock
```

KAPITEL 5 Nagios-Cluster mit DRBD und Heartbeat

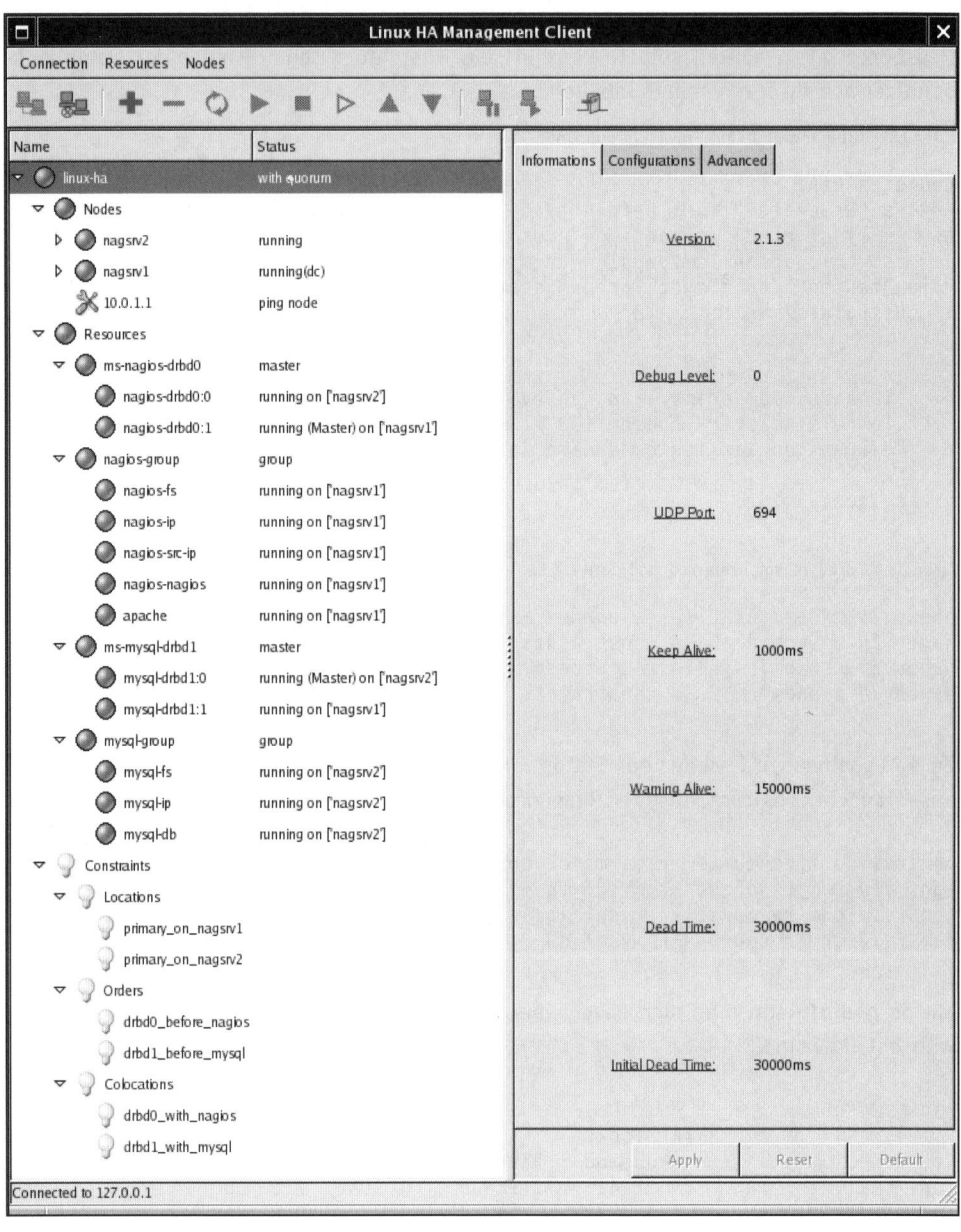

Abbildung 5.5: **Der fertige Cluster in der GUI-Ansicht**

Ein genauer Blick auf das Netzwerkinterface eth0 zeigt, dass auch die virtuelle Adresse *10.0.12.101* (für MySQL) eingerichtet wurde.

```
nagsrv2# ip addr show dev eth0
2: eth0: <BROADCAST,MULTICAST,UP,LOWER_UP> mtu 1500 qdisc pfifo_fast qlen
1000
    link/ether 00:0c:29:06:3c:df brd ff:ff:ff:ff:ff:ff
```

```
inet 10.0.12.99/16 brd 10.0.255.255 scope global eth0
inet 10.0.12.101/32 brd 10.0.12.200 scope global eth0
inet6 fe80::20c:29ff:fe06:3cdf/64 scope link
   valid_lft forever preferred_lft forever
```

Es kann von Zeit zu Zeit erforderlich sein, Wartungsarbeiten oder einen Reboot eines Clusterknotens durchzuführen. Dazu müssen die auf diesem laufenden Clusterressourcen vorher auf den verbleibenden Knoten migriert werden. Das macht man mit dem Kommando **crm_resource –c <resource> -M -H <Zielknoten>**. Angenommen, die MySQL-Datenbank soll vom angestammten Server *nagsrv2* auf den *nagsrv1* umziehen, dann lautet der Befehl:

```
nagsrv1# crm_resource -r mysql-group -M -H nagsrv1
```

Dabei ist aber zu beachten, dass die Änderung permanent ist, d. h. dass die Zuordnung einer Ressource zu einem bevorzugten Knoten aufgehoben wird. Um diese wiederherzustellen, muss man die Ressource anschließend sofort „un-migrieren".

```
nagsrv1# crm_resource -r mysql-group -U
```

Nach einen Stoppen und Starten der MySQL-Ressource wird diese dann wieder auf dem Server *nagsrv2* laufen.

5.4 Vergrößern eines Filesystems

Am Anfang des Kapitels wurde erwähnt, dass die Verwendung des Logical Volume Managers den Vorteil hat, dass Filesysteme jederzeit und im laufenden Betrieb vergrößert werden können. Es soll nun gezeigt werden, wie man das Filesystem */var/lib/mysql* (welches das 2GB große Logical Volume *mysql* benutzt) um zwei Gigabyte erweitert werden kann. Folgende Grafik zeigt anschaulich die notwendigen Schritte:

In Schritt 1 wird das Logical Volume „*mysql*" um 2 GB vergrößert. Das macht man mit dem Kommando **lvresize** auf beiden Knoten:

```
nagsrv1# lvresize --size +2G /dev/nagvg/mysql
   Extending logical volume mysql to 4.00 GB
   Logical volume mysql successfully resized

nagsrv2# lvresize --size +2G /dev/nagvg/mysql
```

DRBD bekommt die Änderungen in den Backing Devices nicht automatisch mit. Damit der neu gewonnene Plattenplatz ebenfalls repliziert wird, muss man in Schritt 2 mit dem **drbdadm**-Befehl nachhelfen.

```
nagsrv2# drbdadm resize
```

KAPITEL 5 | Nagios-Cluster mit DRBD und Heartbeat

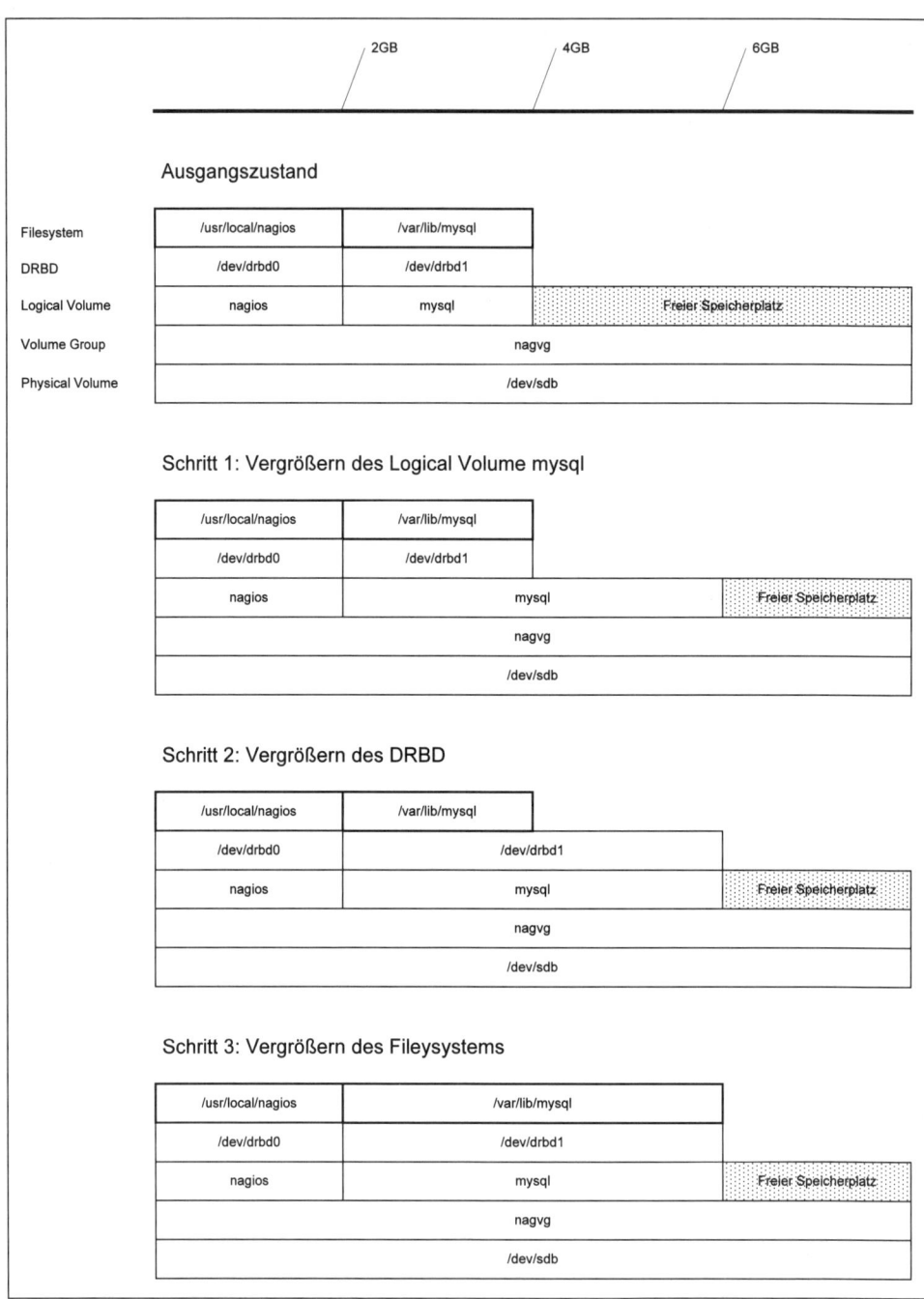

Abbildung 5.6: **LVM- und Filesystem-Resize**

Wie zu erwarten war, führt DRBD jetzt eine vollständige Synchronisierung beider Spiegelhälften durch.

```
nagsrv2# cat /proc/drbd
version: 8.3.2 (api:88/proto:86-90)
GIT-hash: dd7985327f146f33b86d4bff5ca8c94234ce840e build by mockbuild@v20z-
x86-64.home.local, 2009-08-29 14:07:55
 0: cs:Connected st:Secondary/Primary ds:UpToDate/UpToDate C r---
    ns:0 nr:265692 dw:265692 dr:0 al:0 bm:1 lo:0 pe:0 ua:0 ap:0 ep:1 wo:f
oos:0
 1: cs:SyncSource st:Primary/Secondary ds:UpToDate/Inconsistent C r---
    ns:1462144 nr:0 dw:184 dr:1465073 al:6 bm:90 lo:0 pe:0 ua:0 ap:0 ep:1
wo:b oos:1044668
        [>....................] sync'ed:  0.4% (1044668/1048572)K
        finish: 0:43:31 speed: 336 (324) K/sec
```

In Schritt 3 muss man zuletzt dafür sorgen, dass das Filesystem sich über den hinzugewonnenen Platz im Logical Volume ausdehnt. Dies ist nicht mit allen Filesystemtypen möglich. Gegenwärtig kann das ein 2.6-Kernel nur in Verbindung mit *ext3*. Das Kommando **resize2fs** erweitert das Dateisystem. Ohne Angabe einer Wunschgröße wird einfach sämtlicher zur Verfügung stehende Platz genutzt.

```
nagsrv2# resize2fs -p /dev/drbd1
resize2fs 1.39 (29-May-2006)
Filesystem at /dev/drbd1 is mounted on /var/lib/mysql; on-line resizing re-
quired
Performing an on-line resize of /dev/drbd1 to 1032071 (4k) blocks.
The filesystem on /dev/drbd1 is now 1032071 blocks long.
```

Das war nicht schwer. Mit **df** kann nun kontrolliert werden, ob das Filesystem jetzt tatsächlich 4GB groß ist.

```
nagsrv2# df -k /var/lib/mysql
Filesystem           1K-blocks      Used Available Use% Mounted on
/dev/drbd1             4128284    102736   3815844   3% /var/lib/mysql
```

Jetzt dürfte auch klar sein, warum hier die DRBD-Metadaten in einem eigenen kleinen Logical Volume liegen müssen. Hätte man in der *drbd.conf „meta-disk internal"* angegeben, dann wären die Metadaten am Ende von */dev/drbd1* angelegt worden und durch den **resize2fs**-Befehl zerstört worden.

5.5 Backup

Datenverlust durch den Ausfall einer Festplatte sollte im beschriebenen Szenario kein Thema mehr sein. DRBD sorgt dafür, dass alle Schreibvorgänge doppelt, d. h. auf zwei Servern und somit zwei physikalischen Platten ausgeführt werden. Treten I/O-Fehler auf, dann wird gegebenenfalls die Primary-Rolle auf die Partnerplatte gelegt und die Applikation auf den

KAPITEL 5 | Nagios-Cluster mit DRBD und Heartbeat

entsprechenden Knoten migriert. Nach dem Austausch der defekten Festplatte wird automatisch wieder eine vollständige Synchronisierung durchgeführt. Ein Datenverlust durch Schreibfehler wird somit vermieden. Gegen versehentliches Löschen von Dateien durch unachtsame Administratoren kann man sich damit aber nicht schützen. Angenommen jemand möchte im Nagios-Homeverzeichnis aufräumen (z.B. Entfernen aller Dateien, die auf *.tmp* enden) und vertippt sich:

```
nagsrv$ ls
cgi.cfg           host_templates.cfg   service_templates.cfg
commands.cfg      inventar.tmp         rechnerliste.tmp
timeperiods.cfg   contacts.cfg         nagios.cfg
resource.cfg      todo.tmp
nagios@nagsrv1$ rm * .tmp
rm: cannot remove `.tmp': No such file or directory
```

Ein versehentliches Leerzeichen nach dem ***** hat dafür gesorgt, dass sämtliche Dateien verloren gehen. In so einem Fall braucht man ein Backup der Daten, um den Verlust wieder rückgängig machen zu können. Idealerweise besitzt man eine Sicherung des Dateibestandes, die so aktuell ist, dass man nicht einmal Änderungen an der Konfiguration nachziehen muss. Mit der Snapshot-Technik kann man in Sekundenschnelle ein Abbild eines Logical Volumes anfertigen, ohne dass die darauf aufsetzenden Applikationen gestoppt werden müssen.

Mit dem Logical Volume Manager funktioniert ein Backup folgendermaßen:

» Vom Logical Volume *nagios* wird ein Snapshot erstellt. Dieser ist nichts anderes als ein weiteres Logical Volume, das die Daten enthält, so wie sie exakt zum Erstellungszeitpunkt ausgesehen haben.

» Das Backupvolume wird unter ein temporäres Verzeichnis gemountet.

» Der Inhalt dieses Verzeichnisses wird gesichert. Dafür verwendet man entweder Unix-Bordmittel wie **tar** oder eine Backup-Software.

» Das temporäre Verzeichnis wird wieder mit umount abgehängt.

» Das Backupvolume wird gelöscht.

Ein Snapshot eines Logical Volume wird mit dem Kommando **lvcreate** angefertigt.

```
nagsrv1# lvcreate --snapshot --name nagios_snap --size 500M  /dev/nagvg/
nagios
  Logical volume „nagios_snap" created
```

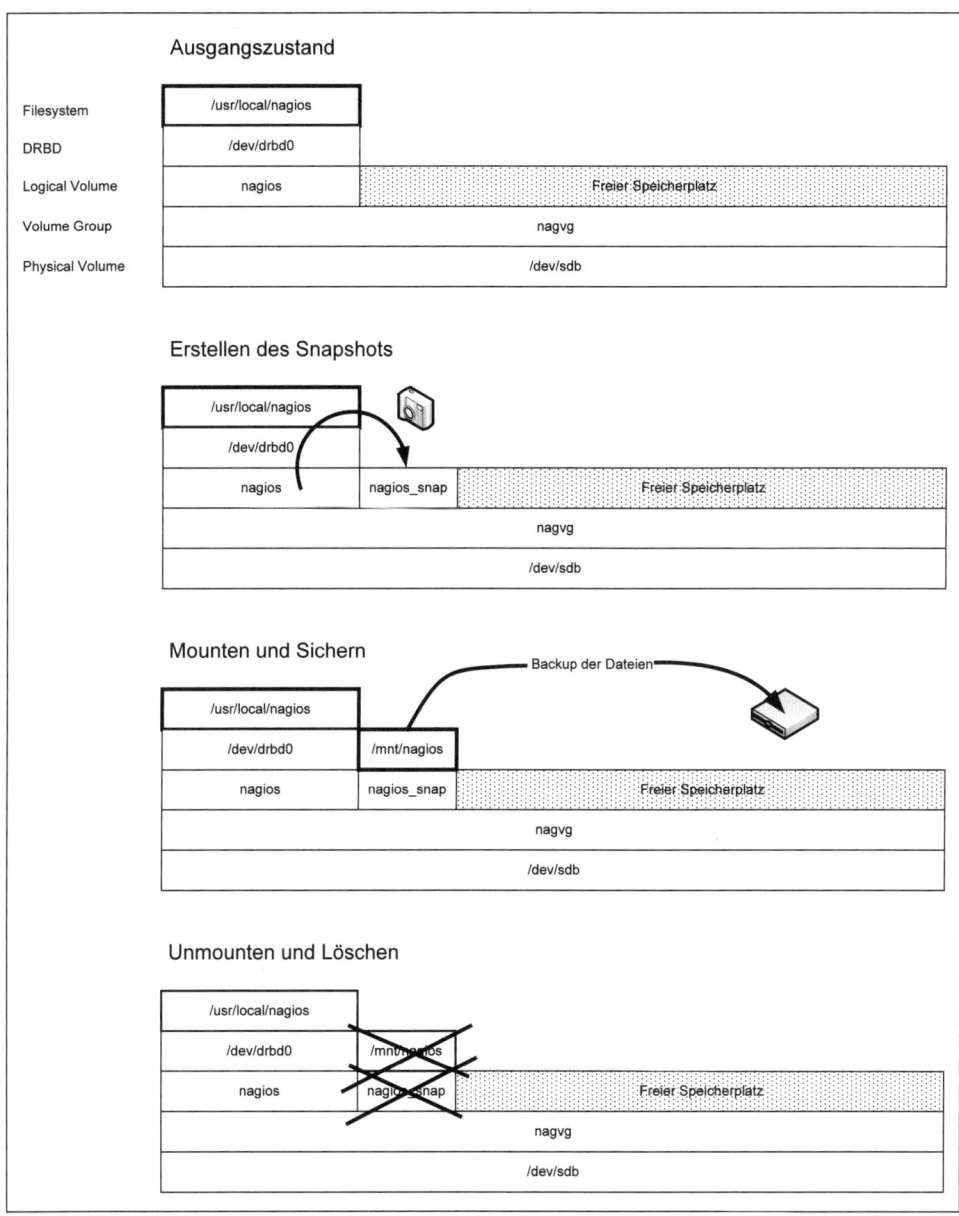

Abbildung 5.7: **Backup mit Snapshot**

Technisch gesehen werden nicht alle Datenblöcke des Originalvolumes *nagios* kopiert, denn das würde viel zu lange dauern. Tatsächlich ist es so, dass zuerst ein leeres Volume angelegt wird, in das die während der Lebensdauer des Snapshots anfallenden Änderungen auf Blockebene geschrieben werden. Die Größenangabe 500 MB ist nur eine Obergrenze, bei deren Erreichen der Snapshot automatisch gelöscht wird. Ansonsten würde mit fortlaufender Änderung des Ursprungsvolumes der Platzverbrauch des Snapshots immer weiter wachsen. Das Erstellen hat nur Sekundenbruchteile gebraucht und anschließend kann man auf die eingefrorenen Daten zugreifen.

```
nagsrv1# mount /dev/nagvg/nagios_snap /mnt
nagsrv1# tar cf /ein/sicherer/ort/nagios-backup.tar /mnt
nagsrv1# umount /mnt
nagsrv1# lvremove --force /dev/nagvg/nagios_snap
  Logical volume „nagios_snap" successfully removed
```

Diese Kommandos sollte man in ein Backup-Script packen und per Cronjob mindestens täglich aufrufen.

Besonderheiten beim Backup des MySQL-Volumes

Beim Backup des *mysql*-Volumes ist darauf zu achten, dass die Datenbankdateien in einem konsistenten Zustand sind. Bevor der Snapshot erstellt wird, müssen sämtliche Daten aus den Caches auf die Platten geschrieben werden. Man erreicht dies, indem man zuerst den Datenbankbefehl **FLUSH TABLES WITH READ LOCK** ausführt, dann auf Betriebssystemebene **lvcreate --snapshot** aufruft und abschließend die Tabellen mit **UNLOCK TABLES** wieder freigibt. Von Lenz Grimmer stammt das Tool **mylvmbackup**[4], das einem diese Arbeit abnimmt.

> **TIPP** Bei Verwendung von InnoDB ist das Flushen der Tabellen nicht nötig. Beim Wiederanlauf nach dem Einspielen von Datenbankdateien aus der Sicherung verhält sich die InnoDB-Engine wie nach einem Systemcrash und führt ein Recovery durch.

5.6 Ausblick

Neben Nagios und Mysql können auf die beschriebene Art weitere Softwarepakete in den Cluster aufgenommen werden. Als Kandidaten sind denkbar:

» *ndo2db* – der Prozess, der sämtliche Statusupdates von Nagios in die NDO-Datenbank schreibt

» *npcd* – falls PNP installiert wurde.

» *snmptrapd* – ein Daemon, der SNMP Traps auffängt und für Nagios aufbereitet

» *nsca* – der Nagios Service Check Acceptor.

Ein Ressource-Script für NPCD können Sie auf der Webseite zum Buch herunterladen.

---

4   http://lenz.homelinux.org/mylvmbackup/

6. Überwachung von Ereignissen in Logfiles

From: Bernd Berserker <bernd.berserker@naprax.de>
To: Armin Admin <armin.admin@naprax.de>
Subject: Fehlermeldungen in Dateien aufspüren

Hallo Armin,

Ein Auszug aus der /var/adm/messages von svdny008:
Feb 12 01:26:50 svdnyc008
SUNW,UltraSPARC-III+: [ID 722060 kern.info] NOTICE: [AFT0] Corrected system bus (CE) Event detected by CPU8 at TL=0, errID 0x002ca294.e8676780
Feb 12 01:26:50 svdnyc008 AFSR 0x00000002<CE>.000001b2 AFAR 0x00000041.fe2ab8e0
Feb 12 01:26:50 svdnyc008 Fault_PC 0x10026fa8 Esynd 0x01b2 /N0/SB4/P1/B1/D1 J14401
Feb 12 01:26:50 svdnyc008 SUNW,UltraSPARC-III+: [ID 204453 kern.info] [AFT0] errID 0x002ca294.e8676780 Corrected Memory Error on /N0/SB4/P1/B1/D1 J14401 is Persistent
Feb 12 01:26:50 svdnyc008 SUNW,UltraSPARC-III+: [ID 311462 kern.info] [AFT0] errID 0x002ca294.e8676780 Data Bit 107 was in error and corrected
Feb 12 01:26:50 svdnyc008 SUNW,UltraSPARC-III+: [ID 941264 kern.info] [AFT2] errID 0x002ca294.e8676780 E$tag PA=0x00000000.7faab8c0 does not match AFAR=0x00000041.fe2ab8c0

So sieht's aus, wenn eine SUN-Maschine Speicherprobleme hat und langsam den Geist aufgibt. Leider haben die Jungs vom Solaris-Betrieb keine Zeit, ständig einen Blick in die messages-Datei zu werfen, um rechtzeitig wichtige Applikationen abzuschalten und Daten zu retten. Hätten sie das gestern mal getan, dann wäre uns ein Absturz erspart geblieben. Kann nicht Nagios alle paar Minuten nachschauen, ob irgendwelche Fehlermeldungen aufgetaucht sind? Es gibt da nicht nur für diesen speziellen Fall grossen Bedarf. Wir haben ja eine Menge Applikationen, die Logs schreiben. Normalerweise macht sich keiner die Mühe und schaut da rein, erst dann, wenn es wieder zu spät ist. Eine automatische Suche nach Fehlermeldungen in beliebigen Logfiles wäre sehr, sehr nützlich.

Gruss,
Bernd

6.1 Einführung

Viele Komponenten eines IT-Systems protokollieren Ereignisse in Logdateien. Angefangen vom Betriebssystem, über Volume Manager, Clustersoftware, Datenbanken, Webserver bis zu selbstgeschriebenen Applikationen.

KAPITEL 6 Überwachung von Ereignissen in Logfiles

Das Problem aus der Sicht von Nagios ist dabei, dass es in vielen Fällen keine Möglichkeit gibt, den Zustand dieser Komponenten durch ein Plugin abzufragen. Dazu wäre ein Kommando zur Abfrage des Status nötig oder zumindest ein API, um das man ein eigenes Script zu diesem Zweck schreiben könnte. Hat man aber eine „Black Box" vor sich, so gibt es diese Möglichkeit meistens nicht. Die einzige Chance, solche »verschlossenen« Applikationen in ein Monitoringsystem einbinden zu können, ist die Auswertung von Meldungen, die sie per Syslog oder direkt in Logfiles schreiben.

Man kann sich den Unterschied zwischen Applikationen, die ein Kommando oder Plugin zur direkten Abfrage des Status besitzen und solchen, die nur Logs schreiben folgendermaßen vorstellen:

Im ersten Fall ist die Applikation ein Haus und das Nagios-Plugin schaut periodisch durch ein Fenster hinein und fragt die Bewohner, ob alles in Ordnung ist. Deren Antwort bestimmt dann Ausgabe und Exitcode des Plugins.

Im zweiten Fall sind die Fenster schwarz angestrichen und ein Kontakt zu den Bewohnern ist nicht möglich. Allerdings können diese Nachrichten auf einen Zettel schreiben und durch einen Schlitz von innen in einen Kasten stecken, der von außen geöffnet werden kann. Das Nagios-Plugin schaut dann periodisch in diesen Kasten und entnimmt, falls vorhanden, diese Zettel. Die Nachrichten oder gar Hilferufe bestimmen dann das Resultat des Plugins. Nachdem durch Nagios ein Alarm ausgelöst wurde, können die Zettel weggeworfen werden, denn das Monitoringsystem hat seine Aufgabe erfüllt. Würde man jedes Mal sämtliche Zettel analysieren, könnten längst veraltete Hilferufe Alarme verursachen.

Technisch gesprochen bedeutet das, dass bei jeder Anfrage durch Nagios nur die Zeilen in einer Logdatei auf Fehlermeldungen geprüft werden dürfen, die seit der letzten Anfrage neu hinzugekommen sind. Ein Plugin, das einfach mit **grep** die komplette Datei nach Fehlermeldungen absucht, ist ungeeignet, weil dem Suchmuster entsprechende Logeinträge bei jedem Lauf des Plugins aufs neue gefunden und gemeldet werden – solange, bis die Logdatei gelöscht wird. Außerdem könnten dem Administrator die nach einem *CRITICAL*-Status neu hinzugekommenen Fehlermeldungen entgehen, wenn er die Plugin-Ausgabe nicht ständig beobachtet.

Welche Plugins gibt es nun, die diese Anforderungen erfüllen?

Bei den Nagios-Plugins ist bereits **check_log** dabei, ein Plugin, das nach einem bestimmten Muster in einer Logdatei sucht. Das Besondere dabei ist, dass nicht die gesamte Datei durchsucht wird, sondern wie bereits gefordert, nur der Teil, der seit dem letzten Lauf neu dazugekommen ist. Dabei geht **check_log** nach folgender Methode vor:

1. Die aktuelle Logdatei wird mit einer abgespeicherten Version verglichen. Dazu bedient sich **check_log** des **diff**-Kommandos. Die Differenz sind die neu hinzugekommenen Zeilen.

2. In diesen Differenz-Zeilen wird mit dem **grep**-Kommando nach dem kritischen Muster gesucht. Ein Treffer bedeutet, dass das Plugin mit einem CRITICAL-Status endet.

3. Das aktuelle Logfile wird ins */tmp*-Verzeichnis kopiert und wird beim nächsten Lauf zum Vergleich mit dem dann aktuellen Logfile herangezogen.

Dieses sehr einfache Verfahren hat allerdings gravierende Mängel.

» Üblicherweise werden Logfiles bei Erreichen einer bestimmten Größe oder in regelmäßigen Zeitabständen archiviert und neu angelegt. Bei dem von **check_log** verwendeten Verfahren können dabei Lücken in der Überwachung entstehen. Werden nach dem n-ten Lauf weitere Zeilen an die Logdatei angehängt und diese danach archiviert, werden diese Zeilen keiner Untersuchung zugeführt. Lediglich die Zeilen der frisch angelegten Logdatei werden in Lauf n+1 durch den Vergleich mit der Referenzdatei als neu erkannt. Bei der Überwachung kritischer Systeme kann man sich solche Lücken nicht erlauben.

» Ein weiterer Schwachpunkt tritt zu Tage, wenn Logfiles beachtlicher Größe behandelt werden sollen. Mehrere Megabyte sind hierbei durchaus üblich, mehrere Gigabytes nicht ausgeschlossen. Beim Vergleichen mit der alten und dem abschließenden Speichern der neuen Referenzdatei werden jedes Mal große Datenmengen bewegt, obwohl die wirklich relevanten Daten nur die neu hinzugekommenen Zeilen sind. Dadurch können die Messergebnisse anderer Plugins (z.B. check_diskio) beeinträchtigt werden.

» Man kann nur einen einzigen regulären Ausdruck angeben, nach dem gesucht werden soll.

» Es gibt keine Unterscheidung zwischen Warning und Critical.

Es gibt noch weitere Plugins wie **check_log2** und **check_logs**, die zwar besser sind als **check_log**, aber nicht die Anforderungen eines umfassenden Monitorings unternehmenskritischer Logdateien erfüllen. In vielen Unternehmen, die aus Kostengründen auf Nagios umsteigen wollen, wird zur Logfile-Überwachung Tivoli mit seinem sehr mächtigen „Logfile Adapter" eingesetzt. Oftmals wohl (und beinahe auch in einem konkreten Fall des Autors) scheiterte eine Migration zu Nagios, weil es kein Plugin gab, welches in dieser Disziplin Tivoli ersetzen konnte. Aus so einer Situation heraus entstand **check_logfiles**, das dank zahlreicher Anregungen aus der Nagios-Community seitdem um viele nützliche Features erweitert wurde.

Das restliche Kapitel befasst sich mit den Möglichkeiten, die **check_logfiles** bietet.

6.2 Installation von check_logfiles

Nach dem Download[1] der aktuellen Version entpackt man wie gewohnt das Tar-Archiv in einem Arbeitsverzeichnis, z.B. */home/nagios*. Danach geht es weiter mit **./configure**, wobei man hier ein paar Parameter abgeben kann, um spezielle Laufzeitumgebungen zu berücksichtigen.

```
nagsrv$ tar zxf check_logfiles-3.0.tar.gz
nagsrv$ cd check_logfiles-3.0
nagsrv$ ./configure --help
`configure' configures check_logfiles 3.0 to adapt to many kinds of systems.
...
```

---

1 http://www.consol.de/opensource/nagios/check-logfiles

```
  --prefix=PREFIX     install architecture-independent files in PREFIX
                      [/usr/local/nagios]
...
  --with-nagios-user=USER set user name to run nagios
  --with-nagios-group=GROUP set group name to run nagios
  --with-seekfiles-dir=PATH sets directory for the state files
(default=/tmp)
  --with-protocols-dir=PATH sets directory for the protocol files
(default=/tmp)
  --with-trusted-path=PATH sets trusted path for executables called by
scripts (default=/bin:/sbin:/usr/bin:/usr/sbin)
  --with-perl=PATH        sets path to perl executable
```

In den meisten Fällen braucht man diese Parameter nicht, da bereits mit den Defaulteinstellungen ein problemloser Einsatz des Plugins möglich ist.

- » --prefix gibt das Basisverzeichnis der Nagios-Installation an. Die Defaulteinstellung ist /usr/local/nagios. Das endgültige Zielverzeichnis von check_logfiles liegt in <Basisverzeichnis>/libexec. Dorthin wird das Plugin kopiert, wenn man im übernächsten Schritt die Installation mit **make install** vornimmt.

- » --with-nagios-user und --with-nagios-group geben an, welchem Benutzer und welcher Gruppe das Plugin bei der späteren Installation gehören soll. Die Defaulteinstellung ist nagios:nagios.

- » --with-seekfiles-dir bestimmt das Verzeichnis, in dem die Seekfiles abgelegt werden. Defaultmäßig wird /var/tmp/check_logfiles verwendet. Es wird beim ersten Lauf von **check_logfiles** ggf. neu angelegt. Beim Einsatz auf geclusterten Systemen ist darauf zu achten, dass hier ein gemeinsames Filesystem verwendet wird, damit nach einem Failover der aktive Knoten auf aktuellen Statusinformationen aufsetzen kann. Dieser Parameter lässt sich auch zur Laufzeit ändern.

- » --with-protocols-dir gibt das Verzeichnis an, in dem die sog. Protocol Files abgelegt werden. In diese Dateien werden bei jedem Lauf von check_logfiles die Trefferzeilen geschrieben. Die Defaulteinstellung ist /tmp, aber auch dieser Parameter lässt sich zur Laufzeit angeben, um ein anderes Zielverzeichnis zu wählen.

- » --with-trusted-path bestimmt die Pfade, in denen nach externen Scripts gesucht wird. Die Defaulteinstellung ist /bin:/sbin:/usr/bin:/usr/sbin.

- » --with-perl gibt den Pfad des Perl-Interpreters an, der für die Ausführung des Plugins verwendet werden soll. Lässt man diesen Parameter weg, so wird die PATH-Variable durchsucht und das erste gefundene **perl**-Kommando verwendet. Üblicherweise ist dies **/usr/bin/perl**. Normalerweise verwendet man --with-perl nicht, außer wenn z.B. für die Nagios-Plugins ein eigener Perl-Interpreter installiert wurde, der nicht an erster Stelle im Suchpfad zu finden ist.

Nachdem **./configure** gelaufen ist, baut man das Plugin mit dem **make**-Befehl zusammen. Danach kann man entweder mit **make install** dafür sorgen, dass **check_logfiles** in das mit dem Parameter --*prefix* gewählte Verzeichnis kopiert wird oder man kopiert *plugins-scripts/check_logfiles* manuell an einen Ort seiner Wahl.

Unter dem Windows-Betriebssystem sieht es ein wenig anders aus. Entweder man hat sich die Binärdatei **check_logfiles.exe** heruntergeladen, die unmittelbar verwendet werden kann, oder man entscheidet sich für die Perl-Version. In diesem Fall ruft man folgenden Befehl auf:

```
perl winconfig.pl
```

Danach kann man *plugins-scripts\check_logfiles* in ein Verzeichnis seiner Wahl kopieren.

6.3 Wie funktioniert check_logfiles?

Die entscheidende Frage beim Logfile-Monitoring lautet: Wo soll gesucht werden und wonach soll gesucht werden? Aus technischer Sicht entspricht „wo" einer (Log-)Datei und „wonach" einem regulärer Ausdruck. Mit diesen beiden Parametern kann **check_logfiles** bereits einfache Überwachungsaufgaben wahrnehmen. Die folgenden Beispiele beziehen sich auf eine fiktive Logdatei namens */var/tmp/messages*, die man sicher unter keinem Betriebssystem vorfinden wird. Die Verwendung des */var/tmp*-Verzeichnisses ermöglicht es aber dem Leser, sie auch als unprivilegierter Benutzer anlegen und mit ihr experimentieren zu können.

Kommandozeile und Konfigurationsdatei

```
check_logfiles --tag errmsgs --logfile /var/tmp/messages \
    --criticalpattern 'ERROR|FATAL' --warningpattern 'WARN'
```

So aufgerufen durchsucht **check_logfiles** die Datei */var/tmp/messages* nach Zeilen, die die angegebenen Pattern enthalten. Wird *ERROR* oder *FATAL* in einer der Zeilen gefunden, endet das Plugin mit dem Exitcode *CRITICAL*. Weniger schwerwiegend ist das Muster *WARN*. Taucht dieses in der Logdatei auf, resultiert daraus nur der *WARNING*-Exitcode. Der Parameter --*tag* gibt diesem Suchauftrag einen eindeutigen Namen. In einem der folgenden Abschnitte wird genauer auf ihn eingegangen, da er eine wichtige Rolle spielt.

Im Beispiel wurden die für eine Suche benötigten Parameter auf der Kommandozeile angegeben. Für einfache Fälle ist dies völlig ausreichend. Es gibt aber daneben noch die Möglichkeit, alle für einen Suchauftrag relevanten Informationen in eine Konfigurationsdatei zu schreiben. Entscheidet man sich für diese Variante, ruft man **check_logfiles** nur noch mit dem Parameter --*config* auf und gibt diesem als Argument den Dateinamen. Mit folgender Konfiguration wird die gleiche Suche wie vorhin ausgeführt:

Listing 6.1: **/tmp/beispiel1.cfg**

```
@searches = ({
   tag => 'errmsgs',
   logfile => '/var/tmp/messages',
   criticalpatterns => 'ERROR|FATAL',
   warningpatterns => 'WARN',
});
```

```
check_logfiles --config /tmp/beispiel1.cfg
```

Wie man später noch lesen wird, sind manche Features von **check_logfiles** nur dann möglich, wenn man Konfigurationsdateien benutzt. Im Rest des Kapitels werden für diese beiden Varianten die Bezeichnungen *Commandline-Modus* und *Configfile-Modus* benutzt.

Durchsuchen neu hinzugekommener Zeilen

Wie bereits erwähnt, ist eine Besonderheit von **check_logfiles**, dass jeweils nur die seit dem letzten Aufruf **neu** hinzugekommenen Zeilen eines Logfiles durchsucht werden. Hierzu liest **check_logfiles** eine Datei bis zu ihrem Ende ein und merkt sich dann die erreichte Position (die der Dateilänge entspricht) in einer eigenen Datei. Diese wird im Folgenden *Seekfile* genannt. Beim nächsten Lauf von **check_logfiles** wird als erstes dieses Seekfile gelesen. Daraufhin „erinnert" sich **check_logfiles** dann, an welcher Position im Logfile die Suche beim letzten Lauf beendet wurde. Erst danach wird die Logdatei geöffnet und der Lesevorgang an der gemerkten Stelle fortgesetzt. Soweit der Normalfall, bei dem die Logdatei zwischen den einzelnen Checks jeweils um ein paar Zeilen wächst. Daneben wird noch zwischen zwei anderen Situationen unterschieden, die **check_logfiles** vorfinden kann. Wenn die Logdatei nicht gewachsen ist, also ihre Größe dem gemerkten Offset entspricht, dann gibt es nichts zu tun und das Plugin beendet sich mit OK. Ist sie hingegen geschrumpft oder hat die Größe 0, dann bedeutet dies, dass die Logdatei gelöscht und neu angelegt wurde. In diesem Fall beginnt die Suche nach den Pattern dann am Dateianfang.

Die Konsequenz daraus ist, dass sich jeder Lauf von **check_logfiles** vom vorherigen unterscheidet, da nicht derselbe Abschnitt im Logfile durchsucht wird. Ein Treffer ist also nicht reproduzierbar. Daher muss man bei der Erstellung der entsprechenden Servicedefinition stets darauf achten, das Flag *is_volatile* auf 1 zu setzen. Das gilt auch für *check_max_attempts*, da eine Wiederholung des Checks aus den eben genannten Gründen keinen Sinn ergibt.

> **ACHTUNG**
>
> Beim allerersten Lauf von **check_logfiles** ist der Exitcode grundsätzlich OK. Das liegt daran, dass noch keine Information darüber vorliegt, bis zu welcher Position die Logdatei beim letzten Lauf gelesen wurde. Somit weiß das Plugin auch nicht, an welcher Stelle es weiterlesen soll. Am Dateianfang zu beginnen wäre keine gute Idee, da uralte Fehlermeldungen einen Alarm in Nagios verursachen könnten. Deshalb werden beim ersten Aufruf keine Zeilen der Logdatei untersucht. Stattdessen wird eine Initialisierung durchgeführt,

> indem einfach das Ende der Datei angefahren und der der erreichte Offset abgespeichert wird. Wird check_logfiles danach erneut ausgeführt, hält es sich an den normalen Ablauf. Der gespeicherte Offset wird gelesen und als Startposition verwendet. Von hier aus wird dann der Rest der Datei durchsucht.

Umgang mit Rotation und Archivierung von Logfiles

Üblicherweise werden Logfiles entweder täglich oder bei Erreichen einer bestimmten Größe rotiert, bevor sie zu viel Platz in einem Filesystem verbrauchen. Die aktive Datei wird umbenannt und eine neue, leere Datei angelegt. Meistens wird die umbenannte Version noch komprimiert. Solche Operationen zu erkennen und auch die archivierte Logdatei noch zu Ende zu lesen, ist eine Stärke von **check_logfiles**. Zur Verdeutlichung der Problematik soll folgendes Szenario dienen, bei dem die Datei */var/log/messages* eines Linux-Systems nach Fehlermeldungen durchsucht wird:

» 23:56 – Nagios führt einen Logfile-Service aus. Nachdem **check_logfiles** mit Hilfe des Seekfiles festgestellt hat, dass die Suche beim letzten Lauf bei Zeile *N* geendet hatte, wird der Lesezeiger auf die Zeile *N+1* positioniert und */var/log/messages* bis zum Ende durchsucht. Dieses sei beispielsweise bei Zeile *N+8*. Der Suchvorgang ist dann ein paar Sekunden nach 23:56 abgeschlossen und das Plugin beendet sich, nachdem es sich im Seekfile die Endposition und das Änderungsdatum von */var/log/messages* notiert hat.

» 23:58 – Weitere Ereignisse werden protokolliert, darunter auch eine kritische Fehlermeldung. Die Logdatei ist nun *N+12* Zeilen lang.

» 00:00 – Per Cronjob wird Logrotate gestartet. Die *messages*-Datei wird in *messages.0* umbenannt und eine leere Datei *messages* wird angelegt. In die erste Zeile wird geschrieben, dass der syslog-Daemon neu gestartet wurde.

» 00:01 – Nagios führt den Logfile-Check erneut aus. Einfache Plugins würden zwar erkennen, dass eine Rotation stattgefunden hat und würden die *messages*-Datei vom Anfang an durchsuchen, die kritische Fehlermeldung (welche bereits wegrotiert wurde) aber dabei übersehen. Anders **check_logfiles**. Mit Hilfe der Informationen im Seekfile erkennt es nicht nur, dass */var/adm/messages* geschrumpft ist und offensichtlich rotiert wurde. Anhand des Änderungsdatums und des regulären Ausdrucks *messages\.\d+* sucht es auch nach archivierten Logdateien, die seit dem letzten Lauf entstanden sind und wird fündig. Danach weiß das Plugin, dass es erst *messages.0* ab der Zeile *N+9* bis zum Dateiende und dann messages ab dem Dateianfang lesen muss. Dadurch entsteht keine Lücke, durch die wichtige Fehlermeldungen entwischen könnten.

Der Anschaulichkeit halber wurden hier Zeilennummern verwendet. In der Praxis arbeitet **check_logfiles** byte-orientiert. Der im letzten Schritt erwähnte reguläre Ausdruck ist parametrisierbar, d. h. bei Applikationen und Betriebssystemen, die ein anderes Namensschema für die Logfile-Rotation verwenden, funktioniert diese Methode ebenfalls. Der Parameter, mit dem man **check_logfiles** mitteilt, wie die archivierten Dateien heißen, hat sinnigerweise den Namen *rotation*. Dieser Parameter benötigt einen regulären Ausdruck als Argument, der aus allen Dateinamen in einem Verzeichnis diejenigen herausfiltert, die als Archive in Frage kommen. Für die geläufigsten Namensschemata gibt es aber auch vordefinierte Werte, die man dem Parameter anstelle des regulären Ausdrucks als Argument mitgeben kann.

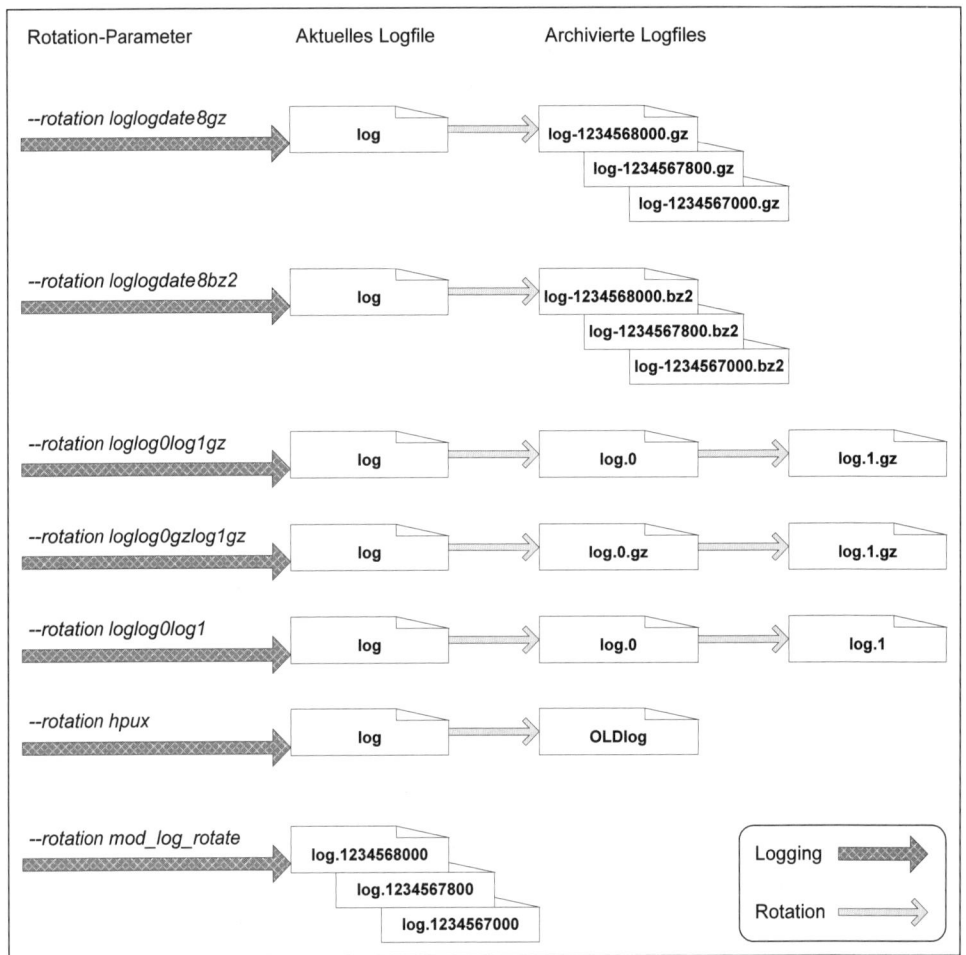

Abbildung 6.1: **Vordefinierte Log-Rotations**

Unter dem Solaris-Betriebssystem sieht die Rotationsstrategie beispielsweise so aus, dass die aktuellen Meldungen in die Datei */var/adm/messages* geschrieben werden und es die Archive */var/adm/messages.0* bis */var/adm/messages.4* gibt. Zu einem festgelegten Zeitpunkt werden dann vom System folgende Aktionen durchgeführt.

» */var/adm/messages.4* wird verworfen

» */var/adm/messages.3* wird in */var/adm/messages.4* umbenannt

» */var/adm/messages.2* wird in */var/adm/messages.3* umbenannt

» */var/adm/messages.1* wird in */var/adm/messages.2* umbenannt

- */var/adm/messages.0* wird in */var/adm/messages.1* umbenannt
- */var/adm/messages* wird in */var/adm/messages.0* umbenannt
- Eine leere Datei */var/adm/messages* wird angelegt.

Damit **check_logfiles**, alle nach einer Rotation in Frage kommenden Archive identifizieren kann, wählt man in diesem Fall *--rotation loglog0log1*. Dahinter verbirgt sich ein regulärer Ausdruck, den man auch direkt mit *--rotation ‚messages\.\d+'* hätte angeben können. In diesem Zusammenhang ist ein weiterer Parameter von Bedeutung, den man braucht, wenn die wegrotierten Logdateien nicht im gleichen Verzeichnis wie das Logfile selbst (im Beispiel */var/adm*) gespeichert, sondern an einen anderen Speicherort (z.B. */var/archive*) verschoben werden. Mit der Option *--archivedir /var/archive* findet check_logfiles die Archivdateien somit auch an anderer Stelle.

Die Bedeutung des Tags

Der im ersten Beispiel angegebene Parameter *--tag* dient dazu, unterschiedliche Suchaufträge (die von unterschiedlichen Nagios-Services ausgeführt werden) voneinander zu unterscheiden. Als Argument sollte ein sinnvoller Name gewählt werden, da dieser in der Ausgabe des Plugins und den Performancedaten wieder auftaucht. Außerdem fließt der Tag in den Dateinamen des Seekfiles ein. Damit wird erreicht, dass jeder Suchauftrag sein eigenes Seekfile bekommt und somit die gemerkten Dateioffsets und –änderungszeiten eindeutig zuordenbar sind. Angenommen, man konfiguriert in Nagios zwei Services mit **check_logfiles**, die dasselbe Logfile nach unterschiedlichen Pattern durchsuchen. Würde man ihnen keinen eindeutigen Tag zuweisen, dann gäbe es Lücken in der Überwachung, weil Service2 an der Stelle im Logfile mit der Suche beginnen würde, an der Service1 aufgehört hat. Beide müssen aber getrennt voneinander die jeweils erreichte Dateiposition verwalten.

Die Bedeutung des Seekfiles

Wie bereits mehrfach erwähnt, merkt sich **check_logfiles** innerhalb eines jeden Logfiles die Position, bis zu der der Dateiinhalt analysiert wurde. Auch das Datum der letzten Änderung spielt bei der Erkennung einer Log-Rotation eine wichtige Rolle. Da diese Informationen für die korrekte Funktion von **check_logfiles** so wichtig sind, soll die Datei, in der sie zwischengespeichert werden, in diesem Abschnitt genauer vorgestellt werden. Der Name dieser Datei setzt sich aus mehreren Komponenten zusammen und wird beim Aufruf von **check_logfiles** gebildet:

```
/<seekfilesdir>/<cfgbase>.<logfile>.<tag>
```

- *seekfilesdir* ist defaultmäßig ein Systemverzeichnis, in dem temporäre Dateien abgelegt werden. Unter Unix ist dies */var/tmp/check_logfiles* und unter Windows *C:\TEMP*. Man kann aber auch selbst ein Verzeichnis angeben, in dem die Zwischenstände gespeichert werden sollen. Hierzu verwendet man entweder den Parameter *--seekfilesdir* beim

Aufruf des Plugins (oder die $seekfilesdir$-Variable in der Konfigurationsdatei) oder man gibt bei der Installation von **check_logfiles** das gewünschte Verzeichnis mit *./configure --with-seekfiles-dir <Verzeichnis>* an. Es wird dann anstelle von */var/tmp/check_logfiles* als Default hart codiert.

» *cfgbase* wird aus dem Basename der Konfigurationsdatei gebildet, sofern man **check_logfiles** mit dem Parameter *--config* aufgerufen hat. Verwendet man dagegen ausführliche Kommandozeilenparameter *--logfile*, *--criticalpattern* usw., so wird hier der String „*check_logfiles*" eingesetzt.

» *logfile* wird aus dem kompletten Pfad des Logfiles gebildet, wobei die Zeichen Slash, Backslash und Doppelpunkt durch ein Underscore ersetzt werden.

» *tag* ist der bereits angesprochene Bezeichner, der mit *--tag* beim Plugin-Aufruf angegeben werden sollte. Fehlt er, wird ersatzweise der String „*default*" verwendet. In dem Fall kann es aber zu Problemen kommen, wenn zwei auf **check_logfiles** aufbauende Services das gleiche Logfile durchsuchen. Da in dem Fall beide das gleiche Seekfile benutzen, kommen sie sich gegenseitig in die Quere. Zur Vergabe von Tags wird daher dringend geraten. Da im Configfile-Modus der Name der Konfigurationsdatei einfließt, reicht es in diesem Fall, wenn der Tag innerhalb dieser Datei eindeutig ist.

Als Beispiel soll ein einfacher Aufruf von **check_logfiles** dienen:

```
nagsrv$ check_logfiles --logfile /var/tmp/messages \
    --criticalpattern "scsi:.*error" --tag scsierror
CRITICAL - May 18 21:09:58 nagsrv1 nagios: scsi: dev 0:0:2:0: sporadic read
error |scsierror_lines=8 scsierror_warnings=0 scsierror_criticals=1
scsierror_unknowns=0
```

Im */var/tmp/check_logfiles*-Verzeichnis wird man danach eine Datei finden, in der die für den nächsten Lauf wichtigen Informationen gespeichert wurden.

```
nagsrv$ ls -l /var/tmp/check_logfiles/*scsierror*
-rw-rw-r-- 1 nagios nagios 471 May 18 20:53 /var/tmp/check_logfiles/check_
logfiles._var_tmp_messages.scsierror
```

Schaut man sich diese Datei nun genau an, so stellt man fest, dass es sich um ein Stück Perl-Code handelt. Die Hash-Referenz *$state* ist das „Gedächtnis" von **check_logfiles**.

```
nagsrv$ cat /tmp/check_logfiles._var_tmp_messages.scsierror
$state = {
           'runcount' => 4,
           'serviceoutput' => 'May 18 21:09:58 nagsrv1 nagios: scsi: dev
0:0:2:0: sporadic read error',
           'logoffset' => 329843,
           'runtime' => 1242673808,
           'devino' => '64768:197699',
           'privatestate' => {
```

```
                        'runcount' => 4,
                        'lastruntime' => 1242673620
                      },
            'logtime' => 1242673804,
            'servicestateid' => 2,
            'tag' => 'scsierror'
          };

1;
```

Die wichtigen Einträge wurden hier fett markiert. Sie bedeuten im Einzelnen:

» *logoffset* ist die Position (gezählt in Bytes) innerhalb der Datei, an der die Suche nach Pattern eingestellt wurde. Da **check_logfiles** immer bis zum Ende einer Logdatei sucht, ist dies gleichzeitig die Dateilänge. Diese wird beim nächsten Lauf als erstes ermittelt. Ist sie dann länger, so bedeutet dies, dass neue Ereignisse eingetreten sind und die entsprechenden Meldungen an die Logdatei angehängt wurden. Ist sie kleiner, dann bedeutet dies, dass eine Rotation stattgefunden hat.

» *devino* setzt sich aus der Device- und Inode-Nummer der Logdatei zusammen. Hat diese sich geändert, dann deutet dies auf eine Rotation bzw. ein Löschen und erneutes Anlegen hin.

» *logtime* ist die modification time der Logdatei. Hat diese sich nicht geändert, dann bedeutet das, dass keine Schreibzugriffe erfolgt sind. In dem Fall wird **check_logfiles** mit der Durchsuchung erst gar nicht anfangen.

Einige der anderen Einträge werden im weiteren Verlauf dieses Kapitels noch genauer besprochen werden.

Protokolldateien

Da die Ausgabe von Nagios-Plugins nicht beliebig lang sein darf, es aber vorkommen kann, dass sehr viele Fehlermeldungen in einem Logfile gefunden wurden, werden die Treffer in einer eigenen Datei protokolliert. Die Ausgabe von **check_logfiles** umfasst normalerweise die Anzahl der gefundenen Critical- und Warningpattern, einen Hinweis auf die Protokolldatei und die Zeile, die den zuletzt ermittelten Treffer enthält. Der Administrator kann dann mit Hilfe dieses Hinweises die Protokolldatei genauer untersuchen. Der Name dieser Datei setzt sich aus mehreren Komponenten zusammen und wird beim Aufruf von **check_logfiles** gebildet:

/<protocolsdir>/<cfgbase>.protocol-<Zeitstempel>

» *protocolsdir* ist defaultmäßig ein Systemverzeichnis, in dem temporäre Dateien abgelegt werden. Unter Unix ist dies */tmp* und bei Windows *C:\TEMP*. Will man seine Protokolle an einem anderen Ort ablegen, so lässt sich dies leicht ändern. Entweder man benutzt dazu den Parameter *--protocolsdir* beim Aufruf des Plugins (oder die *$protocolsdir-*

KAPITEL 6 — Überwachung von Ereignissen in Logfiles

Variable in der Konfigurationsdatei) oder man gibt bei der Installation von **check_logfiles** das gewünschte Verzeichnis mit *./configure --with-protocols-dir <Verzeichnis>* an. Es wird dann anstelle von */tmp* bzw *C:\TEMP* als Default hart codiert.

» *cfgbase* wird aus dem Basename der Konfigurationsdatei gebildet, sofern man **check_logfiles** mit dem Parameter *--config* aufgerufen hat. Verwendet man dagegen den Commandline-Modus mit *--logfile*, *--criticalpattern* usw., wird hier der String „*check_logfiles*" eingesetzt.

» Der Zeitstempel wird nach dem Schema *YYYY-MM-DD-HH-MI-SS* gebildet.

Wir betrachten einen Auszug aus der Datei */var/adm/messages* eines SUN-Servers.

```
Feb 12 01:26:50 svdnyc008 SUNW,UltraSPARC-III+: [ID 722060 kern.info]
NOTICE: [AFT0] Corrected system bus (CE) Event detected by CPU8 at TL=0,
errID 0x002ca294.e8676780
Feb 12 01:26:50 svdnyc008 AFSR 0x00000002<CE>.000001b2 AFAR 0x00000041.
fe2ab8e0
Feb 12 01:26:50 svdnyc008 Fault_PC 0x10026fa8 Esynd 0x01b2 /N0/SB4/P1/B1/D1
J14401
Feb 12 01:26:50 svdnyc008 SUNW,UltraSPARC-III+: [ID 204453 kern.info] [AFT0]
errID 0x002ca294.e8676780 Corrected Memory Error on /N0/SB4/P1/B1/D1 J14401
is Persistent
Feb 12 01:26:50 svdnyc008 SUNW,UltraSPARC-III+: [ID 311462 kern.info] [AFT0]
errID 0x002ca294.e8676780 Data Bit 107 was in error and corrected
Feb 12 01:26:50 svdnyc008 SUNW,UltraSPARC-III+: [ID 941264 kern.info] [AFT2]
errID 0x002ca294.e8676780 E$tag PA=0x00000000.7faab8c0 does not match
AFAR=0x00000041.fe2ab8c0
...
```

Hier wurde nur ein winziger Ausschnitt aus dem Logfile gezeigt, üblicherweise taucht die gesuchte Fehlermeldung jedoch mehrmals im Untersuchungszeitraum auf. Lässt man nun **check_logfiles** nach dem Pattern „*Corrected Memory Error*" suchen, dann wird dieser im vorliegenden Beispiel auch gefunden.

```
check_logfiles --tag memerr --logfile /tmp/messages \
    --criticalpattern 'Corrected Memory Error'
CRITICAL - (6 errors in check_logfiles.protocol-2009-02-12-01-29-12) - Feb
12 01:26:50 svdnyc008 SUNW,UltraSPARC-III+: [ID 204453 kern.info] [AFT0]
errID 0x002ca294.e8676780 Corrected Memory Error on /N0/SB4/P1/B1/D1 J14401
is Persistent ...|memerr_lines=62 memerr_warnings=0 memerr_criticals=6
memerr_unknowns=0
```

In der Ausgabe von **check_logfiles** findet man dann die Anzahl der Treffer, den letzten Treffer im Wortlaut und den Namen der Protokolldatei, wo man sämtliche Zeilen findet, die die gesuchte Meldung enthalten. Wie man unschwer an obigem Auszug erkennt, wäre die Suche im Logfile unter all den kryptischen Meldungen etwas mühsam. Schaut man aber in die Datei */tmp/ check_logfiles.protocol-2009-02-12-01-29-12*, so findet man hier die relevanten Zeilen ohne den Ballast der restlichen harmlosen Meldungen.

```
nagsrv$ cat /tmp/check_logfiles.protocol-2009-02-12-01-29-12
CRITICAL Errors in messages (tag memerr)
Feb 12 01:24:18 svdnyc008 SUNW,UltraSPARC-III+: [ID 204453 kern.info] [AFT0]
errID 0x002ca294.e8676780 Corrected Memory Error on /N0/SB4/P1/B1/D1 J14401
is Persistent
Feb 12 01:24:56 svdnyc008 SUNW,UltraSPARC-III+: [ID 204453 kern.info] [AFT0]
errID 0x002ca294.e8676780 Corrected Memory Error on /N0/SB4/P1/B1/D1 J14401
is Persistent
Feb 12 01:26:50 svdnyc008 SUNW,UltraSPARC-III+: [ID 204453 kern.info] [AFT0]
errID 0x002ca294.e8676780 Corrected Memory Error on /N0/SB4/P1/B1/D1 J14401
is Persistent
Feb 12 01:27:01 svdnyc008 SUNW,UltraSPARC-III+: [ID 204453 kern.info] [AFT0]
errID 0x002ca294.e8676780 Corrected Memory Error on /N0/SB4/P1/B1/D1 J14401
is Persistent
Feb 12 01:28:33 svdnyc008 SUNW,UltraSPARC-III+: [ID 204453 kern.info] [AFT0]
errID 0x002ca294.e8676780 Corrected Memory Error on /N0/SB4/P1/B1/D1 J14401
is Persistent
Feb 12 01:28:59 svdnyc008 SUNW,UltraSPARC-III+: [ID 204453 kern.info] [AFT0]
errID 0x002ca294.e8676780 Corrected Memory Error on /N0/SB4/P1/B1/D1 J14401
is Persistent
```

6.4 Kommandozeilenparameter und Konfigurationsdatei

Wie bereits erwähnt, gibt es den Commandline-Modus, bei dem man das zu durchsuchende Logfile und die Pattern per Kommandozeile angibt und den Configfile-Modus, bei dem man all diese Informationen in eine Konfigurationsdatei packt. Eine Besonderheit bei den Konfigurationsdateien für **check_logfiles** ist, dass sie aus Perl-Code bestehen. Sie werden zur Laufzeit des Plugins mit dem *require*-Befehl eingelesen und interpretiert. Diese Arbeitsweise wurde absichtlich so gewählt, da die meisten Administratoren über Perl-Kenntnisse verfügen und somit mit der Syntax vertraut sind. Im folgenden Abschnitt werden Kommandozeilenparameter und Konfigurationsdatei ausführlich beschrieben.

6.4.1 Searches

Searches sind die zentralen Komponenten von **check_logfiles**. Unter einem Search versteht man einen „Suchauftrag", der durch folgende Mindestangaben genau spezifiziert wird.

» Wie nennt sich dieser Suchauftrag? Der bereits angesprochene Tag ist ein (pro Konfigurationsdatei im Configfile-Modus oder pro Nagios-Service im Commandline-Modus) eindeutiger Bezeichner, der dafür sorgt, dass sich mehrere Suchaufträge nicht in die Quere kommen können.

» Wo wird gesucht? Dies ist in der Regel ein bestimmtes Logfile, dessen Pfad entweder auf der Kommandozeile oder in der Konfigurationsdatei angegeben wird.

» Wonach wird gesucht? Die einzelnen Zeilen im Logfile werden mit regulären Ausdrücken verglichen. Bei einer Übereinstimmung wird dann ein Trefferzähler erhöht und ggf. eine Aktion ausgeführt. Dabei lassen sich die regulären Ausdrücke in die Klassen *CRITICAL*, *WARNING* und *UNKNOWN* einteilen. Auf diese Weise sorgt man dafür, dass sich der Exitcode des Plugins nach der Kritikalität der gefundenen Ereignisse richtet.

Im Commandline-Modus spezifiziert man mit Hilfe der Kommandozeilenparameter *--tag*, *--logfile*, *--criticalpattern* und ggf. *--rotation*, *--warningpattern* etc. genau einen Suchauftrag. Dagegen ist es im Configfile-Modus möglich, mehrere Aufträge anzugeben, was dazu führt, dass **check_logfiles** während eines Laufs mehrere Logfiles überprüft. Genauso lässt sich auch ein und dasselbe Logfile mehrmals durchsuchen, nur jeweils mit einem anderen Satz von zusammengehörenden Pattern. Dazu gibt es das Array *@searches*, das die einzelnen Suchaufträge in Form von Hash-Referenzen aufnimmt. Eine Konfigurationsdatei mit zwei solchen Einträgen sieht beispielsweise so aus:

```
@searches = ({
    tag => 'lamp-apache',
    logfile => '/var/log/apache/error.log',
    criticalpatterns => ['.*error.*', '.*fatal.'],
    rotation => 'error\.log\.\d+'
}, {
    tag => 'lamp-mysql',
    logfile => '/var/log/mysql.log',
    criticalpatterns => ['corruption', 'you hit a bug']
});
```

In den meisten Fällen wird man aber pro Konfigurationsdatei nur einen einzigen Search angeben. Wie bereits erwähnt, handelt es sich dabei um eine Referenz auf einen Hash. Dessen Keys, im folgenden Search-Attribute genannt, werden verwendet, um die Details zu spezifizieren. Die Wichtigsten sollen nun einzeln vorgestellt werden.

tag

Wie bereits mehrfach erwähnt, dient der Tag dazu, Searches voneinander zu unterscheiden. Da dieser String in der Ausgabe des Plugins und den Performancedaten vorkommt, sollte man hier keinen Phantasienamen vergeben, sondern eine Bezeichnung wählen, die zur gesuchten Fehlersituation passt. Im Commandline-Modus gibt man den Tag mit dem Parameter *--tag* an.

type

Mit dem Attribut *type* gibt man check_logfiles einen Hinweis auf Besonderheiten, die beim zu durchsuchenden Logfile zu beachten sind. Im Commandline-Modus verwendet man dafür den Parameter *--type*.

- » *simple* – Manche Logfiles werden zu einem bestimmten Zeitpunkt einfach gelöscht und neu angelegt. Eine Rotation und Archivierung findet nicht statt. **Check_logfiles** würde in diesem Fall noch korrekt erkennen, dass eine Veränderung der Logdatei stattgefunden hat, aber vergeblich nach einer wegrotierten Archivdatei suchen. Der Typ *simple* sorgt dafür, dass dieser Schritt übersprungen und die neue Logdatei von der ersten Zeile an gelesen wird.

- » *rotating* – Im Normalfall wird ein Logfile entweder zu einem festgelegten Zeitpunkt oder bei Erreichen einer bestimmten Größe zu Archivierungszwecken verschoben und umbenannt. Manchmal wird die verschobene Datei auch noch komprimiert. Mit dem Typ rotating weist man **check_logfiles** an, auch die archivierten Dateien in den Suchvorgang einzubeziehen, wenn eine Rotation festgestellt wurde. Auf diese Weise erwischt man auch noch Ereignisse, die zwischen dem letzten Lauf von **check_logfiles** und der Rotation stattgefunden haben. Wurde als Typ *rotating* angegeben, so wird **zwingend** erwartet, dass es auch noch den Parameter *rotation* gibt, der weiter unten beschrieben wird und dabei hilft, nach einer Rotation die archivierten Dateien vom aktuellen Logfile zu unterscheiden.

- » *rotating::uniform* – Meistens lassen sich Archivdateien bereits anhand ihres Namens vom Logfile unterscheiden. Im einfachsten Fall wird z.B. */var/log/messages* nach */var/log/messages.0* verschoben. Wenn aber für Archivdateien und Logfile die gleiche Namenskonvention gilt, ist die Unterscheidung nicht mehr so einfach. Ein Beispiel ist die Verwendung des Moduls *mod_log_rotate* für den Apache-Webserver. Hier bekommt die bei einer Rotation neu angelegte Logdatei einen Zeitstempel an den Dateinamen gehängt. Aktuelle und archivierte Logfiles lassen sich so nicht mehr anhand ihres Namens voneinander trennen. Deshalb gilt bei diesem speziellen Typ: Die Datei mit dem neuesten Änderungsdatum ist die aktuelle Logdatei. Auch dieser Typ erfordert **zwingend** den weiter unten beschriebenen Parameter *rotation*. (Bsp. ... --type rotating::uniform --rotation mod_log_rotate)

- » *virtual* – Dieser Typ wurde eingeführt, um eine Art von Dateien zu überwachen, wie sie z.B. im */proc-* oder */sys*-Filesystem von Linux vorkommen. Es handelt sich hier nicht um Dateien im herkömmlichen Sinn, sondern um Views auf Kernel-Internas, die über die Filesystem-Schnittstellen angesprochen werden. Das Besondere dabei ist, dass diese „Dateien" nicht wachsen, sondern in dem Moment entstehen, in dem sie geöffnet und angesehen werden. Die übliche Vorgehensweise, bei der nur neu hinzugekomme Zeilen analysiert werden, funktioniert hier nicht. Bei jedem Lauf von **check_logfiles** muss am Dateianfang mit dem Lesen begonnen werden.

- » *errpt, eventlog, oraclealertlog, ipmitool* – Diese speziellen Typen verwendet man, wenn keine Datei durchsucht werden soll, sondern die Ausgabe von Applikationen, welche in **check_logfiles** integriert wurden. Sie werden in einem späteren Abschnitt dieses Kapitels ausführlich behandelt werden.

logfile

Mit diesem Parameter teilt man **check_logfiles** mit, welche Datei untersucht werden soll. Für den Fall, dass es sich um eine Windows-Datei mit Backslashs im Pfadnamen handelt, muss man darauf achten, den Filenamen in einfache Hochkommas zu setzen. Leerzeichen im Pfad sind erlaubt. Man sollte allerdings nicht auf die Idee kommen, Wildcards zu verwenden. Es ist ausschließlich ein eindeutiges Logfile erlaubt.

rotation

Dieser Parameter ist zwingend erforderlich, falls man bei *type* den Wert *rotating* gesetzt hat. Wenn **check_logfiles** feststellt, dass das Logfile nicht mehr die gleiche Datei ist wie beim letzten Lauf, also dass eine Rotation stattgefunden hat, kann mit Hilfe des *rotation*-Parameters die ehemalige Logdatei identifiziert und zu Ende durchsucht werden. Man gibt hier einen regulären Ausdruck in Perl-Notation an, kann aber auch auf einen Satz von vordefinierten Konstanten zurückgreifen. (vgl. Abbildung 1.1: Vordefinierte Log Rotations)

Wenn beispielsweise eine Applikation Ereignisse ins Logfile */var/log/appl.log* schreibt und dieses regelmäßig in */var/log/appl.old* umbenannt wird, so ruft man **check_logfiles** im Commandline-Modus mit den Parametern *--logfile /var/log/appl.log --type rotating --rotation ‚appl\.old'* auf.

Das Attribut *rotation* bestimmt auch den Default-*type*., falls dieser nicht angegeben wurde. Fehlen sowohl *type* als auch *rotation*, so wird von einem *simple*-Typ ausgegangen. Fehlt *type*, jedoch nicht *rotation*, so wird der Typ *rotating* verwendet.

archivedir

Wie bereits erwähnt, wird manchmal nach einer Rotation das alte Logfile in ein anderes Verzeichnis verschoben. In diesem Fall muss man **check_logfiles** den entsprechenden Pfad mitteilen, in dem die Archivdateien liegen.

criticalpatterns und warningpatterns

Diese Attribute bestimmen das „Wonach soll gesucht werden". Sie geben hier einen oder mehrere reguläre Ausdrücke (Perl Regular Expressions) an. Jede Zeile im Logfile wird dann mit diesen verglichen und bei einem Treffer zwischengespeichert. Dabei wird unterschieden, ob das Vorkommen eines Ausdrucks als *CRITICAL* oder *WARNING* eingestuft wird.

```
@searches = ({
    tag => 'example',
    criticalpatterns => '.*fatal error',
    warningpatterns => '.*failed.*retrying.*',
...
```

Es ist auch möglich, mehrere Patterns anzugeben. In diesem Fall sind *warningpatterns* und *criticalpatterns* Zeiger auf Arrays, dessen Elemente die Suchmuster sind.

KAPITEL 6 — Überwachung von Ereignissen in Logfiles

```
@searches = ({
    tag => 'example',
    criticalpatterns => [
        '.*fatal error',
        'ERROR', 'scsi.*Timeout.*',
    ],
    warningpatterns => [
        '.*failed.*retrying.*',
        '.*is nearly full',
    ]
...
```

Im Commandline-Modus ist zu beachten, dass die entsprechenden Parameter im Singular angegeben werden müssen. Im Gegensatz zum Configfile-Modus ist ja als Argument nur eine einzige Regular Expression möglich.

```
check_logfiles --tag example \
    --warningpattern '.*failed.*retrying.*' \
    --criticalpattern '.*fatal error'
```

Verwendet man das Stern-Symbol in einem Pattern, dann ist unbedingt darauf zu achten, einfache Hochkommas zu verwenden, da es ansonsten von der Shell als Sonderzeichen interpretiert würde.

> **TIPP**
>
> Es gibt zwei vordefinierte Pseudopattern, die im Commandline-Modus als Argumente der Parameter *--warningpattern* und *--criticalpattern* anstelle von regulären Ausdrücken angegeben werden können.
>
> » *match_them_all* – Diesen String kann man im Commandline-Modus anstelle von ‚.*' verwenden. Man wird dies insbesondere dann zu schätzen wissen, wenn **check_logfiles** über **check_by_ssh** aufgerufen wird. Diese Methode ist recht empfindlich, was Shell-Sonderzeichen anbelangt. Wenn man z.B. *--criticalpattern ‚.*'* verwenden will, sollte man stattdessen lieber *--criticalpattern match_them_all* schreiben. Man erspart sich dadurch Hochkommas und Escape-Zeichen in der Service- bzw. Command-Definition.
>
> » *match_never_ever* – Verwendet man diesen String als Argument für *--criticalpattern* oder *--warningpattern* , so hat das den gleichen Effekt, als hätte man den Parameter ganz weggelassen. Dieser Pseudopattern erlaubt es, eine generische Command-Definition wie z.B.
>
> ```
> command_name    check_logfiles
> command_line    $USER2$/check_logfiles --tag $ARG1$ \
>                     --logfile $ARG2$ \
>                     --warningpattern '$ARG3$' \
>                     --criticalpattern '$ARG4$'
> ```

KAPITEL 6 | Überwachung von Ereignissen in Logfiles

> **TIPP**
>
> auch für Checks zu verwenden, in denen nur ein Pattern (warning oder critical) angegeben werden kann/muss. Die ansonsten notwendigen Definitionen
>
> ```
> command_name    check_logfiles_onlywarn
> command_line    $USER2$/check_logfiles --tag $ARG1$ \
>                     --logfile $ARG2$ \
>                     --warningpattern '$ARG3$'
>
> command_name    check_logfiles_onlycrit
> command_line    $USER2$/check_logfiles --tag $ARG1$ \
>                     --logfile $ARG2$ \
>                     --criticalpattern '$ARG4$'
> ```
>
> kann man sich somit ersparen. Angenommen, man möchte Logfiles überwachen, bei denen keine Warnmeldungen vorgesehen sind und man somit auch keine *--warningpattern* beim Aufruf von **check_logfiles** angibt. In dem Fall würde man den Service dann folgendermaßen formulieren:
>
> ```
> check_command    check_logfiles\
>                  !test\
>                  !/var/log/messages\
>                  !match_never_ever!error|fatal
> ```

Die Bedeutung eines Patterns lässt sich auch umdrehen. Wenn **check_logfiles** ein Ausrufezeichen am Beginn eines regulären Ausdrucks vorfindet, wird ein Alarm ausgelöst, wenn keine der durchsuchten Zeilen mit ihm übereinstimmt. Lautet der Ausdruck beispielsweise

```
check_logfiles --tag backup --criticalpattern '!.*backup succeeded.*' …
```

so geht **check_logfiles** davon aus, dass diese Zeichenkette unbedingt vorhanden sein **muss**. Ist das nicht der Fall, dann gilt dies als Fehler. Auf diese Art kann man z.B. sein nächtliches Backup kontrollieren, indem man mit einer geeigneten *check_period* dafür sorgt, dass **check_logfiles** an jedem Morgen genau einmal ausgeführt wird.

criticalexceptions und warningexceptions

Nicht alle durch einen Criticalpattern als Fehlermeldungen eingestufte Ereignisse sind wirklich kritisch. Es kann sich um Sonderfälle handeln, die eine zwar schlimm aussehende, aber in Wirklichkeit harmlose Meldung erzeugen, welche ignoriert werden kann. Folgendes Beispiel zeigt, wie man die *messages*-Datei eines Solaris-Servers auf Fibrechannel-Fehler überwacht.

```
@searches = (
  {
    tag => 'san',
    logfile => '/var/adm/messages',
    rotation => 'solaris',
    criticalpatterns => ['Link Down Event received',
```

```
            'vxdmp: disabled path',
            'vxio:.*Uncorrectable.*read error',
            'vxio:.*Uncorrectable.*write error',
            'Loop OFFLINE', 'fctl:.*disappeared from fabric',
            '.*scsi.*Command Timeout.*', '.*Lun.*disappeared.*',
            'genunix:.*multipath status: degraded.*is offline.*',
            'Mismatch in Diskgroup'
        ],
        criticalexceptions => [
            '.*Lun=0 .*disappeared.*',
        ],
    },
);
```

Hier beachte man besonders den Pattern „.*Lun.*disappeared.*". Taucht diese Meldung im Logfile auf, so ist das ein Grund, Alarm auszulösen. Einzig die *Lun 0* soll hiervon ausgenommen werden. Anstatt einen komplexen regulären Ausdruck in *criticalpatterns* zusammenzubauen, welcher alle Fehler, jedoch nicht die Ausnahmen matcht, formuliert man die Ausnahmen einfach als zusätzliches Muster in *criticalexceptions*.

okpatterns

Mit Okpatterns ist es möglich, den internen Fehlerzähler zurückzusetzen und somit sämtliche vorangegangenen Treffer von Critical- oder Warningpatterns zu annullieren. Man benutzt diese Methode, wenn eine Applikation nicht nur dann ins Logfile schreibt, wenn ein Fehler aufgetreten ist, sondern auch wenn dieser wieder behoben wurde. Ein Beispiel sind „*Link down*" und darauf folgende „*Link up*"-Meldungen, so wie im folgenden Auszug aus einer messages-Datei:

```
Feb 1 03:20:25 Solaris rtls: [ID 995022 kern.notice] NOTICE: rtls0 -- link
down
Feb 1 03:20:27 Solaris rtls: [ID 255059 kern.notice] NOTICE: rtls0 -- link
up 100Mbps Full_Duplex
```

Wie man sieht, hat die Netzwerkstörung nur zwei Sekunden gedauert. Nicht jeder Administrator möchte deshalb mitten in der Nacht aus dem Bett geklingelt werden. Da der Link wieder funktioniert, gäbe es sowieso nichts für ihn zu tun. Man muss also dafür sorgen, dass der Up-Event den Down-Event aus Sicht von **check_logfiles** ungeschehen macht. Dazu definiert man einfach einen entsprechenden Okpattern:

```
@searches = ({
    tag => 'linkdown',
    logfile => '/var/log/messages',
    criticalpatterns => ['Link down'],
    okpatterns => ['Link up'],
    ...
```

Ein berechtigter Einwand ist natürlich „und was, wenn der Link alle paar Sekunden weg und gleich darauf wieder da ist?". Diese Situation ist nicht mehr ganz so harmlos und rechtfertigt eine Notification durch Nagios. Man würde in dem Fall einen zweiten Search definieren, der nur auf „Link down" prüft und die im folgenden Abschnitt besprochene *threshold*-Option verwendet. Somit wäre sichergestellt, dass bei mehr als einem Down-Event ein Alarm generiert würde.

6.4.2 Optionen

Mit den bisher besprochenen Attributen lassen sich die meisten Anforderungen bereits abdecken. Für Spezialfälle gibt aber noch einen Satz von Optionen, mit denen der Ablauf und das Resultat eines Suchlaufs gesteuert werden kann. In jedem Search kann man ein Attribut *options* angeben. Dieses ist ein einfacher String, der eine durch Kommas getrennte Liste von einzelnen Optionen enthält.

```
@searches = ({
    tag => 'linkdown',
    logfile => '/var/log/messages',
    options => 'option1,option2,…',
…
```

Die Werte, die man hier eintragen kann und ihre Bedeutung werden in diesem Abschnitt nun einzeln vorgestellt.

noprotocol

Nicht in jedem Fall wird die Protokollierung von Trefferzeilen gewünscht. Manchmal reicht es aus, einfach nur beim Auftreten von Fehlerzeilen benachrichtigt zu werden, ohne dass eine ausführliche Analyse nötig ist. In diesem Fall kann man das Schreiben von Protokolldateien abschalten. Man macht dies mit der Option *noprotocol*.

```
options => 'noprotocol'
```

Im Commandline-Modus verwendet man dafür den Parameter *--noprotocol*. Da sich jedoch **check_logfiles** selbständig um das Löschen alter Protokolle kümmert und so die Gefahr eines überlaufenden Filesystems nahezu ausgeschlossen werden kann, wird man diese Funktion eher dazu verwenden, um die Ausgabe des Plugins zu verkürzen. Der Hinweis auf eine geschriebene Protokolldatei entfällt hier nämlich.

noperfdata

Defaultmäßig ist bei **check_logfiles** die Ausgabe von Performancedaten eingeschaltet. Die Werte geben an, wie viele Zeilen insgesamt untersucht wurden und wie viele Treffer erzielt wurden. Letztere sind aufgeteilt in *CRITICAL*, *WARNING* und *UNKNOWN*. Dabei wird für jeden Eintrag im *searches*-Array ein eigener Satz von Performancedaten geschrieben. Angenommen, es liegt folgende Konfiguration vor:

```
@searches = (
{
    tag => 'san',
    logfile => '/var/adm/messages',
    rotation => 'loglog0log1',
    criticalpatterns => [
        'Loop OFFLINE',
        'fctl:.*disappeared from fabric',
        '.*scsi.*Command Timeout.*',
        '.*Lun.*disappeared.*',
    ],
    warningpatterns => [
        'genunix:.*multipath status: degraded.*is offline.*',
    ],
    options => 'noprotocol',
}, {
    tag => 'net',
    logfile => '/var/adm/messages',
    rotation => 'loglog0log1',
    warningpatterns => [
      # netwerkkabel wurde gezogen
      'WARNING: \w+: fault detected external to device; service degraded',
    ],
    options => 'noprotocol',
});
```

Ruft man **check_logfiles** mit dieser Konfigurationsdatei auf, dann könnte ein mögliches Ergebnis so aussehen:

```
CRITICAL - (3 errors, 2 warnings) - Loop OFFLINE ...|san_lines=5 san_
warnings=0 san_criticals=3 san_unknowns=0 net_lines=5 net_warnings=2 net_
criticals=0 net_unknowns=0
```

Die einzelnen Abschnitte der Performancedaten bedeuten dabei:

» *san_lines* – Anzahl der Zeilen in */var/adm/messages*, die vom *san*-Search durchsucht wurden

» *san_warnings* – Anzahl der Zeilen, in denen Warningpatterns von „*san*" vorkamen

» *san_criticals* – Anzahl der Zeilen, in denen Criticalpatterns von „*san*" vorkamen

» *san_unknowns* – Anzahl der Zeilen, in denen Unknownpatterns von „*san*" vorkamen

» *net_lines* – Anzahl der Zeilen in */var/adm/messages*, die vom *net*-Search durchsucht wurden

» *net_warnings* – Anzahl der Zeilen, in denen Warningpatterns von „*net*" vorkamen

» *net_criticals* – Anzahl der Zeilen, in denen Criticalpatterns von „*net*" vorkamen

» *net_unknowns* – Anzahl der Zeilen, in denen Unknownpatterns von „*net*" vorkamen

KAPITEL 6 — Überwachung von Ereignissen in Logfiles

Legt man keinen Wert auf Performancedaten oder beinhaltet die Konfigurationsdatei viele Searches, so lässt sich die Länge der Plugin-Ausgabe mit der Option

```
options => 'noperfdata'
```

erheblich verkürzen. Die Performancedaten werden hiermit unterdrückt.

```
CRITICAL - (3 errors, 2 warnings) - Loop OFFLINE ...
```

Im Commandline-Modus erzielt man das gleiche Ergebnis mit dem Parameter *--noperfdata*.

nocase

Wenn man nur eine unscharfe Überprüfung von Logeinträgen vornehmen will, also z.B. bei sämtlichen Vorkommen des Strings „*ERROR*", dabei aber nicht auf Groß- und Kleinschreibung achten will (etwa weil mehrere Applikationen in ein gemeinsames Logfile schreiben und die Groß- und Kleinschreibung unterschiedlich handhaben), so kann man dafür die Option *nocase* benutzen. Defaultmäßig ist sie auf *case* gesetzt, was bedeutet, dass man die Critical- und Warningpatterns so schreiben muss, dass sie exakt den erwarteten Fehlerereignissen entsprechen. Wenn man z.B. *criticalpatterns => ‚ERROR'* gewählt hat, dann bleibt eine Zeile mit dem Inhalt „*Error:*" unentdeckt. Erst die Angabe von *options => ‚nocase'* sorgt dafür, dass sowohl „*ERROR*", „*Error*" als auch „*error*" zu einem Alarm führen. Auch für den Aufruf per Kommandozeile gibt es hierfür den Parameter *--nocase*.

warningthreshold, criticalthreshold, savethresholdcount

Manche Ereignisse in einem Logfile sind kein Grund zur Sorge, solange sie nur sporadisch auftreten. Wenn sich z.B. jemand bei der Eingabe seines Passworts vertippt, so wird dies unter Linux durch einen Eintrag in */var/log/secure* vermerkt. Das ist aber noch lange kein Grund, um in Nagios einen kritischen Zustand anzeigen und eine Benachrichtigung zu versenden. Anders sieht es aus, wenn jemand mit Hilfe eines Einbruchs-Tools versucht sich Zugang zu einem Computer zu verschaffen, indem Passwörter einfach wahllos oder mit Hilfe eines Wörterbuchs durchprobiert werden. In dem Fall sieht dann das Protokoll so aus:

```
May 20 14:53:48 vs2067068 sshd[24558]: Failed password for root from
89.110.151.177 port 38818 ssh2
May 20 14:53:48 vs2067068 sshd[24558]: Failed password for root from
89.110.151.177 port 38818 ssh2
May 20 14:53:48 vs2067068 sshd[24560]: Connection closed by 89.110.151.177
May 20 14:53:49 vs2067068 sshd[25624]: Failed password for root from
89.110.151.177 port 38827 ssh2
May 20 14:53:50 vs2067068 sshd[25624]: Failed password for root from
89.110.151.177 port 38827 ssh2
May 20 14:53:50 vs2067068 sshd[25625]: Connection closed by 89.110.151.177
May 20 14:53:51 vs2067068 sshd[25688]: Failed password for root from
89.110.151.177 port 38832 ssh2
```

KAPITEL 6 Überwachung von Ereignissen in Logfiles

```
May 20 14:53:51 vs2067068 sshd[25688]: Failed password for root from
89.110.151.177 port 38832 ssh2
May 20 14:53:51 vs2067068 sshd[25691]: Connection closed by 89.110.151.177
May 20 14:53:52 vs2067068 sshd[25765]: Failed password for root from
89.110.151.177 port 38843 ssh2
May 20 14:53:52 vs2067068 sshd[25765]: Failed password for root from
89.110.151.177 port 38843 ssh2
May 20 14:53:52 vs2067068 sshd[25766]: Connection closed by 89.110.151.177
May 20 14:53:54 vs2067068 sshd[25812]: Failed password for root from
89.110.151.177 port 38845 ssh2
May 20 14:53:54 vs2067068 sshd[25812]: Failed password for root from
89.110.151.177 port 38845 ssh2
May 20 14:53:54 vs2067068 sshd[25813]: Connection closed by 89.110.151.177
...
```

Mit Hilfe von Schwellwerten kann man **check_logfiles** anweisen, Patterns nur dann als kritisch einzustufen, wenn sie mehrfach gefunden werden. Die Konfiguration, mit der solche Einbruchsversuche aufgedeckt werden können, ohne zu viele Fehlalarme auszulösen, könnte folgendermaßen aussehen:

```
@searches = ({
    tag         => 'ssh_breakins',
    logfile     => '/var/log/secure',
    rotation    => 'loglog0log1',
    criticalpatterns => [
         'Failed password'
    ],
    options     => 'criticalthreshold=50',
});
```

Die Option *criticalthreshold=50* bewirkt, dass nur jeder 50. Treffer als solcher gezählt wird. Damit ist bei einem *check_interval* von 5 Minuten ausgeschlossen, dass die erwähnten Tippfehler bei der Eingabe eines Passworts das Checkresultat bestimmen. Ein automatisiertes Tool wird aber sicher mehr als 50 Wörter durchprobieren und somit einen Alarm auslösen. Auch Warningpatterns lassen sich auf diese Art behandeln. Man gibt dann im Optionen-String *warningthreshold=<Schwellwert>* an. Auch wenn man keine Konfigurationsdatei verwendet, kann man dieses Feature nutzen. Dafür gibt es die beiden Kommandozeilenparameter *--warningthreshold* und *--criticalthreshold*.

Dass nur jeder n-te Treffer für das Ergebnis des Plugins maßgeblich ist, bedeutet aber auch, dass sich langsam aufsummierende Ereignisse zu einem Alarm führen können, da der Zählerstand nicht automatisch nach jedem Lauf von **check_logfiles** zurückgesetzt wird. Wenn man annimmt, dass sich jede Stunde ein Mitarbeiter bei der Eingabe seines Passworts vertippt und der Service alle 5 Minuten von Nagios gestartet wird, dann wird nach jedem 12. Lauf ein Treffer gezählt. Nach dem 50x12=600. Lauf überschreitet der Zählerstand dann den Schwellwert 50 und **check_logfiles** meldet *CRITICAL*. Das ist dann natürlich für das besprochene Szenario ein klarer Fehlalarm. Deshalb gibt es eine weitere Option *nosavethresholdcount*, die dafür sorgt, dass nach jedem Lauf von **check_logfiles** der Trefferzähler gelöscht wird. Somit werden Schwellwerte nur für diejenigen Ereignisse wirksam, die im letzten *check_interval* aufgelaufen sind. Man sollte also für eine Überwachung wie die soeben beschriebene den Optionen-String wie folgt erweitern:

```
options => 'criticalthreshold=50,nosavethresholdcount'
```

Defaultmäßig wird das Zwischenergebnis der Zählung weitergereicht (mit *savethresholdcount*), da viele Anwendungsfälle auch solche sich langfristig aufsummierende Treffer berücksichtigen müssen.

encoding

Unter Windows-Betriebssystemen kommen gelegentlich Logfiles vor, die nicht den ASCII-Zeichensatz, sondern Unicode verwenden. In solchen Fällen muss man die verwendete Encodierung als Option angeben. Die einzelnen Zeilen im Logfile werden dann nach dem Einlesen und Pattern-Vergleich intern in ASCII umgewandelt. Am besten funktioniert das mit folgendem Argument:

```
options => 'encoding=ucs-2'
```

Man kann hier jede Codierungsmethode angeben, die von der Perl-Funktion *Encode::decode()* unterstützt wird, jedoch ist darauf zu achten, dass das entsprechende Perl-Modul vorhanden ist. In der Binary-Version **check_logfiles.exe**, ist *Encode::UCS-2* enthalten, weshalb auch obiges Beispiel die bevorzugte Vorgehensweise unter Windows ist. Auch für den Commandline-Modus gibt es dafür einen eigenen Parameter *--encoding*.

maxlength

Manche Anwendungen schreiben sehr, sehr lange Zeilen in ihre Logfiles. Ein Beispiel ist der Symantec-Virenscanner, von dem folgendes Beispiel stammt:

```
2009-02-19 09:21:47,Erzwungene proaktive TruScan-Bedrohung
gefunden,Computer-Name: pcw0280,Erkennungstyp: Heuristisch,Anwendungsname:
Java(TM) Platform SE 6 U11,Anwendungstyp: Trojaner-Wurm,Anwendungsversion:
6.0.110.3,Hash-Typ: SHA-1,Anwendungs-Hash: a6abbadf4a7d0be5c45ec25be328b0d9
eee601d9,Firmenname: Sun Microsystems\~ Inc.,Dateigröße (Byte): 144792,Emp-
findlichkeit: 0,Erkennungsergebnis: 0,Übertragungsempfehlung: 0,Grund für
Anwendungszulassung: 0,Quelle: Heuristic Scan,Risikoname: ,Vorkommnisse:
1, c:/windows/system32, Vorkommnisse2009-02-19 11:31:50,Erzwungene pro-
aktive TruScan-Bedrohung erkannt,Computer-Name: pcw0144,Erkennungstyp:
Heuristisch,Anwendungsname: Java(TM) Platform SE 6 U11,Anwendungstyp:
Trojaner-Wurm,Anwendungsversion: 6.0.110.3,Hash-Typ: SHA-1,Anwendungs-
Hash: a6abbadf4a7d0be5c45ec25be328b0d9eee601d9,Firmenname: Sun Microsys-
tems\~ Inc.,Dateigröße (Byte): 144792,Empfindlichkeit: 0,Erkennungsergebnis:
0,Übertragungsempfehlung: 0,Grund für Anwendungszulassung: 0,Quelle: Heuris-
tic Scan,Risikoname: ,Vorkommnisse: 1,c:/windows/system32
```

Dabei handelt es sich um eine einzige Zeile, die länger als 8192 Zeichen ist und somit die maximale Länge überschreitet, die ein Plugin an ein ungepatchtes Nagios liefern darf. Um solche langen Ausgaben zu verkürzen, gibt es die Option *maxlength*. Sie bekommt als Argument die Anzahl der Zeichen bzw. Position, ab der eine Trefferzeile für die Ausgabe abgeschnitten wird.

```
options => 'maxlength=80'
```

Im Commandline-Modus benutzt man dafür den Parameter *--maxlength <maximale Länge>*. Vor allem, wenn Notifications per SMS verschickt werden, ist es sinnvoll, die Länge der Plugin-Ausgabe zu begrenzen. Im vorliegenden Beispiel reicht es, die wenn die Trefferzeile den Namen des von einem Virus befallenen Computers enthält. Die folgenden Details sind für die Alarmierung nicht so wichtig und können später analysiert werden.

syslogserver

Üblicherweise gibt es in jeder Firma einen Loghost, der als zentraler Syslog-Server die Events sämtlicher Computer im Netzwerk sammelt. Auf diesen wird der lokale Syslog-Daemon so konfiguriert, dass die Systemmeldungen nicht nur in Dateien protokolliert werden, sondern jeweils auch eine Kopie mit dem Syslog-Protokoll an die IP-Adresse des Loghosts geschickt wird. Dort werden sie dann in einer Datei gespeichert. Diese kann je nach Konfiguration und Betriebssystem unterschiedlich sein, gewöhnlich werden aber */var/adm/messages*, */var/log/messages* oder */var/log/allmessages* verwendet. Man wird also in dieser Datei eine Mischung von Events der verschiedensten Rechner sowie die lokalen Events des Loghosts finden. Will man nun mit **check_logfiles** speziell letztere analysieren, so muss man dafür sorgen, dass nur diejenigen Zeilen mit den Critical- und Warningpatterns verglichen werden, die auch tatsächlich vom Loghost stammen. Dazu müsste man alle Pattern um dessen Hostnamen oder „*localhost*" ergänzen. Diese Arbeit kann einem aber auch die Option *syslogserver* abnehmen. Mit ihr gibt man **check_logfiles** den Hinweis: „Dies ist ein zentraler Syslog-Server, filtere also das Logfile in einem ersten Schritt so, dass nur die Zeilen übrig bleiben, die den lokalen Host betreffen".

```
options => 'syslogserver'
```

Im Commandline-Modus schaltet man dieses Feature mit dem Parameter *--syslogserver* ein.

syslogclient

Umgekehrt ist es aber auch möglich, nur die Zeilen zu untersuchen, die von einem bestimmten Remote-Server stammen. Betrachtet man zum Beispiel folgenden Auszug aus der Datei */var/log/messages* des Naprax-Loghosts, so finden sich darin die Events der Rechner *dns*, *dbsrv1* und *upsmon*.

```
May 28 10:28:53 dns dns ntpd[2001]: sendto(78.46.108.116) (fd=16): Network
is unreachable
May 28 12:09:25 dbsrv1 dbsrv1 sshd[14944]: Accepted publickey for nagios
from 10.0.12.10 port 34970 ssh2
May 28 12:06:31 upsmon yum-updatesd-helper: error getting update info:
Cannot find a valid baseurl for repo: base
May 28 12:14:25 dbsrv1 dbsrv1 sshd[15169]: Accepted publickey for nagios
from 10.0.12.10 port 42062 ssh2
May 28 12:19:25 dbsrv1 dbsrv1 sshd[15421]: Accepted publickey for nagios
from 10.0.12.10 port 58127 ssh2
May 28 12:21:46 dbsrv1 dbsrv1 syslog-ng[4373]: STATS: dropped 0
```

Man kann nun mit Hilfe der Option *syslogclient* dafür sorgen, dass **check_logfiles** ausschließlich die Zeilen analysiert, die von einem bestimmten Host stammen.

```
options => 'syslogclient=upsmon'
```

Dadurch geht dem eigentlichen Suchvorgang wieder eine Vorfilterung des Logfiles mit Hilfe des Patterns *upsmon* voraus. Später, im Abschnitt Templates wird man sehen, wie man mit dieser Methode Logfile-Checks in Nagios konfigurieren kann, die nicht mehr auf den einzelnen Hosts, sondern auf dem zentralen Syslog-Server ausgeführt werden.

nologfilenocry

Defaultmäßig beendet sich **check_logfiles** mit einem *UNKNOWN*-Status, wenn ein zu durchsuchendes Logfile nicht vorhanden ist.

```
nagsrv$ check_logfiles --logfile /var/log/gibtsnicht --criticalpattern ERROR
UNKNOWN - (1 unknown in check_logfiles.protocol-2009-05-28-12-47-16) - could
not find logfile /var/log/gibtsnicht |default_lines=0 default_warnings=0
default_criticals=0 default_unknowns=1
```

Das ist durchaus sinnvoll, denn erstens wäre es ja möglich, dass man sich bei der Eingabe des Dateinamens vertippt hat und zweitens kann auch das Verschwinden eines Logfiles ein Hinweis auf Probleme im System geben. Andererseits gibt es Fälle, in denen Applikationen ihre Logfiles nicht als leere Dateien anlegen, sondern diese erst dann erzeugt werden, wenn die erste Meldung geschrieben wird. Möglich ist auch, dass im Rahmen einer Rotation das Logfile einfach nur verschoben wird und zunächst kein neues auftaucht. Damit **check_logfiles** während dieses Zeitfensters keine Fehlalarme generiert, kann man mit der Option *nologfilenocry* dafür sorgen, dass dieser Zustand toleriert wird. Das Plugin verhält sich dann so, als würde ein Logfile der Größe 0 vorliegen.

```
options => 'nologfilenocry'
```

Im Commandline-Modus heißt der entsprechende Parameter *--nologfilenocry*.

sticky

Normalerweise sind Nagios-Checks, die auf **check_logfiles** basieren, mit dem Flag *is_volatile 1* gekennzeichnet. Dieser Typ von Services zeichnet sich dadurch aus, dass die Feststellung eines Fehlers nicht reproduzierbar ist. Beispiele dafür sind passive Services, die SNMP-Traps empfangen. Nagios wird dadurch mitgeteilt, dass eine Fehlersituation eingetreten ist und hat selbst keine Möglichkeit, dies zu verifizieren. Genauso sieht es aus, wenn in einem Logfile eine kritische Meldung auftaucht und daraus ein *CRITICAL*-Status resultiert. Ein erneutes Ausführen von **check_logfiles** wird hingegen i. d. R. *OK* liefern, obwohl der Fehler weiterbesteht. Die übliche Vorgehensweise, dass ein Service mehrmals (durch *max_check_attempts* festgelegt) ausgeführt wird und dabei zunächst Soft-States annimmt und erst bei Erreichen des Hard-States eine Notification verschickt, kann hier nicht angewandt werden. Nagios muss also den ersten *CRITICAL*-Status bereits ernst nehmen und unmittelbar danach die Fehlernachricht versenden. Damit erfüllt **check_logfiles** seinen Zweck: Taucht eine Zeile mit einem der gesuchten Patterns in einem Logfile auf, so wird der Administrator alarmiert. Allerdings muss man dabei in Kauf nehmen, dass der *CRITICAL*-Status nur während eines Check-Zyklus auf der Weboberfläche von Nagios sichtbar ist. Angenommen, ein nächtliches Backup soll überwacht werden. Wenn die Fehlermeldung „*backup failed*" im Logfile der Backup-Applikation erscheint, ist es fehlgeschlagen, auf der Nagios-Webseite wird der zugehörige Service rot dargestellt und eine entsprechende Notification wird versandt. Beim nächsten Check ist entweder das Logfile nicht weiter gewachsen oder die gesuchte Fehlermeldung kam in den anschließend analysierten Zeilen nicht vor, so dass der Service wieder grün erscheint. Der Administrator, der um 08:00 morgens im Büro erscheint, würde aber gerne im Tactical Overview von Nagios auf den ersten Blick sehen, dass etwas schief gelaufen ist. Man muss also dafür sorgen, dass der CRITICAL-Status erhalten bleibt. Dafür gibt es die Option *sticky*. Wie der Name schon sagt, „klebt" eine Fehlermeldung dann an **check_logfiles**. Damit kann ein Service nicht-volatil konfiguriert werden und durchläuft mehrere Soft-States, bevor eine Notification verschickt wird. Natürlich muss es hier aber auch die Möglichkeit geben, wieder einen *OK*-Zustand zu erreichen. Das kann auf zwei Arten geschehen. Variante 1 sorgt dafür, dass der *CRITICAL*-Zustand nur für einen bestimmten Zeitraum „mitgeschleift" wird. Man gibt dazu der *sticky*-Option ein Argument, das die gewünschte Dauer in Sekunden angibt. Die Konfiguration der beschriebenen Backup-Überwachung sieht dann so aus:

```
@searches = ({
    tag => 'backup',
    logfile => '/opt/backup/var/log/backup.log',
    criticalpatterns => ['backup failed'],
    options => 'sticky=28800',
...
```

Damit erreicht man, dass der Exitcode von **check_logfiles** bis zu 8 Stunden nach dem Auftauchen der Failed-Meldung *CRITICAL* bleibt. Danach wird er wieder OK sein. Natürlich wird der Timer zurückgesetzt, wenn während dieser Zeit eine weitere Fehlermeldung ins Logfile geschrieben wurde. Der Fehlerstatus bleibt also bis 8 Stunden nach dem **zuletzt**

gefundenen Criticalpattern erhalten. Auch die Textausgabe des Plugins richtet sich nach der aktuellsten Fehlerzeile. Die zweite Möglichkeit, um einen *CRITICAL*-Status zu beenden, ist Okpatterns anzugeben. Es könnte z.B. so sein, dass die Backupsoftware einen erneuten Anlauf unternimmt und dieser dann erfolgreich ist. Entsprechende Einträge im Logfile könnten „*retry backup*" und „*backup succeeded*" lauten. Die Konfiguration sieht dann folgendermaßen aus:

```
@searches = ({
    tag => 'backup',
    logfile => '/opt/backup/var/log/backup.log',
    criticalpatterns => ['backup failed'],
    okpatterns => ['backup succeeded'],
    options => 'sticky',
…
```

Natürlich ist auch hier zusätzlich eine Zeitangabe möglich, und eventuell sogar sinnvoll. Denn ohne eine Erfolgsmeldung würde der Status ewig oder zumindest bis zum nächsten funktionierenden Backup erhalten bleiben. Auch im Commandline-Modus wird diese Option unterstützt.

```
check_logfiles --tag backup \
    --logfile /opt/backup/var/log/backup.log \
    --criticalpattern 'backup failed' \
    --sticky 28800
```

beziehungsweise

```
check_logfiles --tag backup \
    --logfile /opt/backup/var/log/backup.log \
    --criticalpattern 'backup failed' \
    --okpattern 'backup succeeded' \
    --sticky
```

script, smartscript, supersmartscript

Eine der Stärken von **check_logfiles** ist die Möglichkeit, bei jedem Treffer ein Handler-Script ausführen zu lassen. Im übernächsten Abschnitt wird detailliert beschrieben, wie man so etwas konfiguriert. An dieser Stelle sollen die zugehörigen Optionen nur der Vollständigkeit halber aufgelistet werden.

nocount

Mit dieser Option wird der Fehlerzähler ausgeschaltet. Diese Option benutzt man, wenn der entsprechende Search ausschließlich für das Ausführen von Handlerscripts eingesetzt werden soll. Wurde in der Konfigurationsdatei es nur ein einziger Suchauftrag definiert, dann ist der Exitcode des Plugins grundsätzlich OK. Im Commandline-Modus gibt es diese Option nicht. Wegen des hier fehlenden Script-Features wäre sie auch sinnlos.

6.4.3 Globale Einstellungen

Neben den soeben vorgestellten Konfigurationsvariablen und Optionen, die jeweils nur für einen Search gelten, kann man auch Einstellungen vornehmen, die das Verhalten aller Searches und den Ablauf des Plugins insgesamt beeinflussen. Sie werden im Configfile-Modus wie Perl-Variablen angegeben. Man schreibt sie üblicherweise vor die Definition des *@searches*-Arrays. Für den Commandline-Modus gibt es entsprechende Kommandozeilenparameter.

protocolsdir und protocolsretention

Per Default werden die Protokolldateien in */tmp* oder einem anderen durch einen **configure**-Parameter festgelegten Verzeichnis abgelegt. Zur Laufzeit lässt sich das auch noch mit Hilfe der Variablen *$protocolsdir* ändern, die auf ein beliebiges Directory zeigen kann. In diesem werden die Protokolldateien für 7 Tage aufbewahrt, danach löscht **check_logfiles** sie automatisch. Um diese standardmäßig eingestellte Vorhaltezeit zu ändern, gibt es die Variable *$protocolsretention*. Sie bekommt einen Wert, der angibt, nach wie viel Tagen eine Protokolldatei wieder gelöscht werden soll. Im Configfile-Modus schreibt man dazu die optionalen Variablen in die Konfigurationsdatei.

```
$protocolsdir = '/usr/local/nagios/protocols';
$protocolsretention = 30;
```

Analog dazu benutzt man im Commandline-Modus beim Plugin-Aufruf die zwei Parameter *--protocolsdir /usr/local/nagios/protocols* und *--protocolsretention 30*.

seekfilesdir

In einem der vorangegangenen Abschnitte wurde die Wichtigkeit der Seekfiles bereits besprochen. Defaultmäßig werden sie im Verzeichnis */var/tmp/check_logfiles* abgelegt, falls nicht mit dem Parameter *--with-seekfiles-dir* beim Aufruf von **configure** ein anderer Default-Pfad gewählt wurde. Schließlich lässt sich auch noch zur Laufzeit des Plugins ein Ablageverzeichnis für die Seekfiles angeben. Dazu dient die globale Variable *$seekfilesdir*. Normalerweise gibt es keinen Grund, vom defaultmäßig vorgegebenen Wert abzuweichen. Sollte jedoch **check_logfiles** auf geclusterten Systemen zum Einsatz kommen, wobei das Plugin abwechselnd auf dem einen oder anderen Clusterknoten laufen wird, dann müssen die Seekfiles in einem Verzeichnis liegen, das von beiden Knoten aus erreichbar ist.

```
$seekfilesdir = '/shared/cluster/var/tmp/check_logfiles';
```

Im Commandline-Modus benutzt man dafür den Parameter *--seekfilesdir*.

scriptpath

Im Configfile-Modus ist es möglich, aus **check_logfiles** heraus externe Scripts aufzurufen. Wozu man das braucht, wird noch detaillierter beschrieben werden. In der Konfigurationsdatei wird nur der Basisname der Scripts angegeben. Sie werden dann im Defaultpfad */bin:/sbin:/usr/bin:/usr/sbin* gesucht. Falls man weitere Verzeichnisse für Handlerscripts anlegen möchte, dann kann man mit der Variablen *$scriptpath* einen angepassten Suchpfad vorgeben.

```
$scriptpath = '/usr/local/nagios/etc/handler-scripts';
```

MAKROS

Makros sind Platzhalter für Strings, die an mehreren Stellen in der Konfigurationsdatei vorkommen können. Zur Laufzeit des Plugins werden sie expandiert. Man verwendet Makros der Übersichtlichkeit halber. Daneben gibt es aber auch eine Reihe vordefinierter Makros. Am Besten sieht man das an einem Beispiel. Angenommen, eine Applikation läuft auf mehreren Servern und schreibt jeweils in ein Logfile, in dessen Dateiname der Hostname vorkommt. Normalerweise müsste man dann für jeden Host eine eigene Konfigurationsdatei erstellen.

Listing 6.2: **Konfiguration für den Server srv123**

```
@searches = ({
    tag => 'appl_err',
    logfile => '/opt/application/log/appl_srv123.log',
    ...
});
```

Listing 6.3: **Konfiguration für den Server srv456**

```
@searches = ({
    tag => 'appl_err',
    logfile => '/opt/application/log/appl_srv456.log',
    ...
});
```

Verwendet man hingegen ein Makro (das in diesem Fall *$CL_HOSTNAME$* heißt), so kann die gleiche Konfigurationsdatei auf alle betroffenen Server verteilt werden.

Listing 6.4: **Universell verwendbare Konfigurationsdatei**

```
@searches = ({
    tag => 'appl_err',
    logfile => '/opt/application/log/appl_$CL_HOSTNAME$.log',
    ...
});
```

KAPITEL 6 Überwachung von Ereignissen in Logfiles

Sobald **check_logfiles** die Datei eingelesen hat, wird das Makro aufgelöst. Es wird ersetzt durch den Hostnamen des Computers, auf dem **check_logfiles** gerade läuft. Daneben gibt es noch eine ganze Reihe weiterer solcher defaultmäßig vorhandener Makros. Die erste Gruppe, zu der das soeben vorgestellte $CL_HOSTNAME$ gehört, liefert Informationen über den Server und die Benutzerkennung, unter der **check_logfiles** ausgeführt wird.

$CL_USERNAME$	Der Name des Users, der check_logfiles gerade ausführt.
$CL_HOSTNAME$	Der Name (ohne Domain) des Rechners, auf dem check_logfiles gerade ausgeführt wird.
CL_DOMAIN	Der Name der zugehörigen DNS-Domain.
CL_FQDN	Der full qualified domain name.
$CL_IPADDRESS$	Die IP-Adresse, die zu CL_FQDN gehört.

Eine zweite Gruppe liefert Datumswerte. Später wird man sehen, wie man sie verwenden kann, um Logfiles zu überwachen, deren Dateiname aus Datum und/oder Uhrzeit gebildet wird.

CL_DATE_YYYY	Die aktuelle Jahreszahl.
CL_DATE_MM	Der aktuelle Monat
CL_DATE_DD	Der aktuelle Tag des Monats.
CL_DATE_HH	Die momentane Stunde (0..23).
CL_DATE_MI	Die momentane Minute (0..59).
CL_DATE_SS	Die momentane Sekunde (0..59).
CL_DATE_CW	Die aktuelle Kalenderwoche nach ISO 8601:1988.
$CL_DATE_TIMESTAMP	Der Unix-Timestamp (Sekunden seit Epoch).

Angenommen, eine Applikation schreibt Ereignisse in ein Logfile, welches um Mitternacht jeweils neu angelegt wird, wobei dem Dateinamen das Schema */var/log/application-<Jahr>-<Monat>-<Tag>.log* zugrunde liegt. Man würde in diesem Fall folgende Angaben im Konfigfile machen:

```
@searches = ({
    tag => 'appl_errors',
    type => 'rotating::uniform',
    logfile => '/var/log/application-'.
        '$CL_DATE_YYYY$-$CL_DATE_MM$-$CL_DATE_DD$.log',
    rotation => 'application\-\d{4}\-\d{2}\-\d{2}\.log',
    ...
});
```

Damit wird erreicht, dass **check_logfiles** bei jedem Lauf den gerade aktuellen Dateinamen des Logfiles genannt bekommt und auch die Datei des vergangenen Tages noch zu Ende durchsuchen kann.

Die folgenden Makros sind nützlich, wenn man externe Handler-Scripts verwendet. Man kann sie in den Attributen *scriptparams* und *scriptstdin* einsetzen.

CL_TAG	Die Tag-Bezeichnung des gerade ausgeführten Searches.
$CL_TEMPLATE$	Die Template-Bezeichnung, falls eine solche in der aktuellen Search-Definition verwendet wird.
$CL_SERVICEDESC$	Der Name der verwendeten Konfigurationsdatei ohne Extension.
$CL_LOGFILE$	Das aktuell durchsuchte Logfile.
$CL_SERVICEOUTPUT$	Die zuletzt gefundene Trefferzeile im Logfile. Benutzt man diesen Makro im Kontext eines Postscripts, dann beinhaltet er die Ausgabe des Plugins.
$CL_SERVICESTATEID$	Der numerische Trefferstatus (0..3). Innerhalb eines Searches bezieht sich der Status auf das Pattern-Matching und hängt davon ab, ob ein Critical- oder ein Warning-Pattern gefunden wurde. In einem Postscript drückt dieser Makro den Gesamtstatus und somit den voraussichtlichen Exitcode des Plugins aus.
$CL_SERVICESTATE$	Der Trefferstatus als Wort (*OK*, *WARNING*, *CRITICAL*, *UNKNOWN*).
$CL_SERVICEPERFDATA$	Die Performancedaten. Dieses Makro existiert nur für Postscripts.
$CL_PROTOCOLFILE$	Die während des aktuellen Laufs geschriebene Protokolldatei. Auch dieses Makro kann man nur innerhalb eines Postscripts verwenden.

Speziell für Handler-Scripts, welche mit **send_nsca** Nachrichten an den Nagios-Server schicken, gibt es noch fünf weitere Makros.

$CL_NSCA_SERVICEDESC$	DiesesMakro entspricht dem *$CL_SERVICEDESC$*
$CL_NSCA_HOST_ADDRESS$	Die IP-Adresse des Nagios-Servers bzw. dem Server, auf dem der NSCA-Daemon läuft. Defaultmäßig wird hier 127.0.0.1 vergeben. Wenn **check_logfiles** nicht auf dem Nagios-Server ausgeführt wird, was meistens der Fall sein wird, dann muss man dieses Makro umdefinieren.

CL_NSCA_PORT	Der Port, auf dem der NSCA-Daemon lauscht. Default ist 5667.
$CL_NSCA_TO_SEC$	Der Timeout, nach dem **send_nsca** abbrechen soll, wenn der NSCA-Server nicht antwortet. Default sind 10 Sekunden.
$CL_NSCA_CONFIG_FILE$	Der Pfad zur Konfigurationsdatei von send_nsca. Voreingestellt ist hier */usr/local/nagios/etc/send_nsca.cfg*.

Die vordefinierten Makros stehen in jedem Fall zur Verfügung. Sie sind fest im Plugin einprogrammiert. Daneben ist es auch möglich, eigene user-defined Makros anzugeben. Diese benutzt man, wenn man z.B. mehrfach wiederkehrende Strings in der Konfigurationsdatei nur an einer Stelle ändern möchte oder auch einfach aus Gründen der Übersichtlichkeit.

```
$MACROS = {
    'DEVICE1' => '/dev/sda2',
};

@searches = ({
...
    criticalpatterns => ['IO ERROR.*$DEVICE1$.*'],
...
```

Besonders bei den NSCA-Makros wird man in vielen Fällen von den vorgegebenen Werten abweichen. Genau wie die user-defined Makros können auch sie umdefiniert werden. Wenn z.B. ein anderer Server als 127.0.0.1 der Empfänger für NSCA-Nachrichten sein soll, dann vergibt man die gewünschte Adresse so:

```
$MACROS = {
    'CL_NSCA_HOST_ADDRESS' => '10.0.12.10',
};
```

Zur Laufzeit von **check_logfiles** werden Makros in folgenden Search-Attributen aufgelöst:

» *logfile* – Wie bereits in einem Beispiel gezeigt, kann man mit sich ändernden Filenamen umgehen, indem man an den entsprechenden Stellen Makros einbaut. Angenommen, es wird täglich um Mitternacht ein neues Logfile angelegt, das das aktuelle Tagesdatum im Namen beinhaltet, so kann man dies folgendermaßen ausdrücken:

```
logfile => ,/pfad/application-$CL_DATE_DD$.$CL_DATE_MM$.$CL_DATE_YYYY$.
log'
```

Da sich in diesem speziellen Fall aber das aktuelle und das alte Logfile nicht mehr durch einen Mustervergleich unterscheiden lassen, muss man bei *type* den Wert *rotating::uniform* eintragen.

» *archivedir* – Ein denkbares Szenario wäre die Archivierung von Logfiles in einem gemeinsamen NFS-Verzeichnis, wobei jeder Server ein eigenes Unterverzeichnis bekommt.

```
archivedir => ,/share/archives/application/$CL_HOSTNAME$'
```

» *criticalpatterns* und *criticalexceptions*, *warningpatterns* und *warningexceptions*, *unknownpatterns* und *unknownexceptions*, sowie *okpatterns*

» *rotation*

» *scriptparams*

» *scriptstdin*

6.4.4 Einbinden in Nagios I

Die überwiegende Zahl der Services, die auf **check_logfiles** basieren, werden sicherlich auf entfernten Rechnern ausgeführt werden. Auch das Monitoring der *messages*-Datei für die Selbstüberwachung des Nagios-Servers wird man aus Gründen der Einheitlichkeit so konfigurieren, dass mit **check_nrpe** eine Verbindung zum lokalen Host aufgebaut wird. Da sich im Laufe der Zeit einige **check_logfiles**-Konfigurationsdateien für die verschiedensten Checks ansammeln werden, sollte man sich Gedanken über ihren Ablageort machen.

Ablage von Konfigurationsdateien

Es hat sich bewährt, ein Unterverzeichnis *plugin-configs* unterhalb von *etc* im Verzeichnis der Nagios-Installation anzulegen. Hier können dann die Konfigurationsdateien von **check_logfiles** und natürlich auch die von anderen Plugins, insbesondere **check_multi**, abgelegt werden. Zwar könnte man auch *etc* direkt benutzen, aber übersichtlicher ist es, die Nagios-Konfiguration getrennt von Plugin-Konfigurationen zu speichern. Das gilt sowohl für den Nagios-Server selbst als auch für die überwachten Clients. Bei den folgenden Beispielen wird daher davon ausgegangen, dass es ein Verzeichnis */usr/local/nagios/etc/plugin-configs* gibt. Für Windows-Clients wird vorgeschlagen, das Installationsverzeichnis von **NSClient++** zu nutzen und dort entsprechend ein Unterverzeichnis *C:\Programme\NSClient++\scripts\plugin-configs* anzulegen.

check_logfiles über NRPE

Die übliche Vorgehensweise, Nagios-Checks auf den überwachten Client-Maschinen auszuführen, ist, auf diesen NRPE zu installieren. Leider verweigert der NRPE-Daemon die Ausführung von Kommandos, deren Argumente die Sonderzeichen „|`&><'"\\[]{};" enthalten. Damit scheidet der Commandline-Modus aus, sofern man sich bei der Auswahl der Pattern nicht auf einfache Worte (z.B. *Error*) beschränkt. Es lassen sich lediglich sehr einfache Überprüfungen durchführen, wie das folgende Beispiel zeigt:

KAPITEL 6 — Überwachung von Ereignissen in Logfiles

```
define command {
    command_name         check_nrpe_arg
    command_line         $USER1$/check_nrpe -H $HOSTADDRESS$ \
                         -c $ARG1$ -a $ARG2$
}
define service {
    service_description  os_solaris_default_check_errorlog
    use                  os_solaris_default,volatile
    host_name            solsrv1
    check_command        check_nrpe_arg!60\
                         !check_logfiles\
                         !test /var/adm/messages loglog0log1 \
                          match_never_ever ERROR
}
```

Der NRPE-Daemon führt check_logfiles dann mit den Parametern aus, die in dieser Zeile in *etc/nrpe.cfg* festgelegt wurden.

```
command[check_logfiles]=/usr/local/nagios/locallibexec/check_logfiles --tag
$ARG1$ --logfile $ARG2$ --rotation $ARG3$ --warningpattern '$ARG4$'
--criticalpattern '$ARG5$'
```

Keinen Einschränkungen unterliegt die Auswahl der Pattern, wenn man den Configfile-Modus wählt. Dazu trägt man auf der Client-Seite in der Datei *nrpe.cfg* folgendes Command ein:

```
command[check_logfiles_cfg]=/usr/local/nagios/locallibexec/check_logfiles
--config /usr/local/nagios/etc/plugin-configs/$ARG1$
```

Im Verzeichnis *etc/plugin-configs* legt man die Konfigurationsdateien für **check_logfiles** ab. Auf der Nagios-Seite ruft man dann **check_nrpe** mit einem Dateinamen als Argument auf. Man folgt am besten der Konvention, Konfigurationsdateien nach dem Service zu benennen, zu dem sie gehören. Damit behält man die Übersicht über die Dateien in *etc/plugin-configs* und man kann gleichzeitig in der Servicedefinition einen Platzhalter anstelle eines festen Dateinamens eintragen,

```
define service {
    service_description  os_solaris_fs_check_fcal
    use                  os_solaris_fs,volatile
    host_name            solsrv1
    check_command        check_nrpe_arg!60\
                         !check_logfiles_cfg\
                         !$SERVICEDESC$
}
```

In diesem Beispiel wird der NRPE-Daemon das folgende Kommando ausführen.

```
/usr/local/nagios/locallibexec/check_logfiles \
    --config /usr/local/nagios/etc/plugin-configs/os_solaris_fs_check_fcal
```

Die Konfigdatei kann man statt *os_solaris_fs_check_fcal* auch *os_solaris_fs_check_fcal.cfg* nennen. Bei der Auswertung des Parameters *--config* prüft **check_logfiles** zuerst, ob es eine Datei mit der Endung *.cfg* gibt. Ist das der Fall, so bekommt diese den Vorzug vor einer gleichnamigen Datei ohne Endung.

Lokaler Aufruf von check_logfiles

Logfiles, die ausschließlich auf dem Nagios-Server vorliegen, kann man auch lokal überwachen. Dazu definiert man ein Command, welches die im Commandline-Modus üblichen Parameter fest definiert.

```
define command {
   command_name check_logfiles
   command_line $USER2$/check_logfiles \
              --tag $ARG1$ \
              --logfile $ARG2$ \
              --rotation '$ARG3$' \
              --warningpattern '$ARG4$' \
              --criticalpattern '$ARG5$' \
              $ARG6$
}
```

Das letzte Argument *$ARG6$* ist optional und kann verwendet werden, um dem Pluginaufruf weitere Optionen wie z.B. *--noprotocol* mitzugeben. Der folgende Service setzt auf dieser Command-Definition auf. Hier wird das Logfile von Nagios selbst dahingehend überwacht, ob passive Checkresults von unbekannten Hosts oder Services eingetroffen sind. In so einem Fall soll eine Warnung erzeugt werden. Der Status CRITICAL ist nicht vorgesehen.

```
define service {
    service_description   app_nagios_default_check_unknownpassive
    use                   app_nagios_default,volatile
    host_name             nagsrv
    check_command         check_logfiles\
                          !unknpsv\
                          !/usr/local/nagios/var/nagios.log\
                          !nagios\-\d+\-\d+\-\d+\-\d+\.log\
                          !Passive check result was received.*but the.*could not be found\
                          !match_never_ever!\
                          !--archivedir \
                             /usr/local/nagios/var/archive \
                           --noprotocol \
                           --warningexception ALERT
}
```

Beim Auftauchen der folgenden Zeilen in *nagios.log* würde dann der Service den Status *WARNING* annehmen:

KAPITEL 6 Überwachung von Ereignissen in Logfiles

```
[1248343725] EXTERNAL COMMAND: PROCESS_SERVICE_CHECK_RESULT;ghosthost;ghosts
ervice;2;mir gehts nicht gut|
[1248343725] Warning:  Passive check result was received for service 'ghost-
service' on host 'ghosthost', but the host could not be found!
```

Besonders wichtig ist hier der letzte Parameter *--warningexception ALERT*. Da Nagios die Checkergebnisse wiederum protokolliert, würde das Suchmuster auch in diesen auftauchen und einen erneuten Alarm auslösen. Diese Zeilen beginnen mit *SERVICE ALERT*, daher werden sie mit diesem Ausnahmepattern ausgeblendet.

Natürlich kommt man auch beim lokalen Aufruf mit weniger Parametern aus, wenn man den Configfile-Modus benutzt. In der Command-Definition findet man daher nur noch *$ARG1$* für den Namen der Konfigurationsdatei.

```
define command {
   command_name check_logfiles_cfg
   command_line $USER2$/check_logfiles \
      --config /usr/local/nagios/etc/plugin-configs/$ARG1$
}
```

Genau wie bei der oben vorgestellten Methode mit NRPE bietet es sich auch hier an, die Konfigurationsdatei von **check_logfiles** nach dem aufrufenden Service zu benennen. Als Argument Nr.1 gibt man dann das Makro *$SERVICEDESC$* an.

```
define service {
   service_description  os_linux_default_check_errorlog
   use                  os_linux_default,volatile
   host_name            nagsrv
   check_command        check_logfiles_cfg!$SERVICEDESC$
}
```

check_logfiles.exe und NSClient++

Verwendet man **check_logfiles** auf einem Windows-Client, so sieht die Konfiguration der Commands und Services genauso aus wie bei einem Unix-Client mit *NRPE*. Voraussetzung dafür ist, dass man **NSClient++** verwendet und die *NRPE*-Emulation freischaltet. Die Einträge in der Konfigurationsdatei *NSC.ini* sehen dann so aus:

```
[modules]
NRPEListener.dll
...
[NRPE Handlers]
command[check_logfiles]=C:\Programme\NSClient++\scripts\check_logfiles --tag
$ARG1$ --logfile $ARG2$ --rotation $ARG3$ --warningpattern '$ARG4$'
--criticalpattern '$ARG5$'
command[check_logfiles_cfg]= C:\Programme\NSClient++\scripts\check_logfiles
--config C:\Programme\NSClient++\scripts\plugin-configs\$ARG1$
```

Ursprünglich wurde **check_logfiles** für Unix-Systeme entwickelt. Durch die Implementierung in Perl hielt sich auch der Aufwand für die Portierung auf Windows in Grenzen und das Plugin wird seitdem häufig auf der Microsoft-Plattform eingesetzt. Einzig die Notwendigkeit der Installation eines Perl-Interpreters war vielen Administratoren ein Ärgernis, musste doch allein wegen **check_logfiles** auf allen überwachten Rechnern *ActiveState* oder *Strawberry Perl* installiert werden. Um diesen zusätzlichen Aufwand zu vermeiden, gibt es mittlerweile ein **check_logfiles.exe** als natives Windows-Binary.

> **TIPP**
>
> Jedes in Perl geschriebene Plugin kann auf diese Art in eine EXE-Datei verwandelt werden, um lokal auf Windows-Servern zu laufen. Am Besten funktioniert dies mit der Distribution von *StrawBerry*. Wie das genau funktioniert, wird im Kapitel „*Plugins selber schreiben*" ausführlich beschrieben.
>
> ```
> pp -M PerlIO -o check_plugin.exe check_plugin
> ```

Mit diesen Beispielen lassen sich die meisten Logfile-Überwachungen bereits abdecken. Ob man sich für Commandline- oder Configfile-Modus entscheidet, ist Geschmackssache. Verwendet man den ersten Modus, so ist die Gestaltung der Servicedefinitionen aufwändiger. Diese sind für letzteren sehr einfach, dafür muss man eigene **check_logfiles**-Konfigurationsdateien anlegen.

Ein Grund jedoch, sich für den Configfile-Modus zu entscheiden, ist die Ausnutzung von Features, die **check_logfiles** nur bei Verwendung von Konfigurationsdateien anbietet. Das mächtigste, nämlich die Programmierung eigener Funktionalität mit Handler-Scripts, soll nun vorgestellt werden.

6.4.5 Scripts

Neben der Hauptaufgabe, bestimmte Pattern in den Zeilen von Logfiles zu entdecken und daraus eine entsprechende Plugin-Ausgabe samt passendem Exitcode zu formulieren, kann **check_logfiles** auch bei jedem Treffer eine Aktion ausführen. Dazu gibt es in der Search-Definition das Attribut *script*. Dieses kann zweierlei Arten von Handlerscripts angeben: Externe Scripts oder in der Konfigurationsdatei enthaltene Perl-Subroutinen. **Check_logfiles** kommuniziert mit ihnen auf verschiedene Arten. Grundsätzlich stehen jedem Script die Makros in Form von Environmentvariablen zur Verfügung. Dazu wird lediglich das *CL_* im Makronamen durch *CHECK_LOGFILES_* ersetzt. Auf die Trefferzeile kann daher mit *$CHECK_LOGFILES_SERVICEOUTPUT* zugegriffen werden. Daneben ist es auch möglich, einem Script Informationen per Standard Input zukommen zu lassen. Dafür gibt es den Parameter *scriptstdin*. Dieser bekommt als Wert einen String, in dem auch Makros vorkommen können. Das gleiche gilt für den Parameter *scriptparams*, der beim Aufruf eines externen Scripts verwendet werden kann. Die genaue Verwendung wird man später an einigen Beispielen sehen.

Externe Scripts

Bei einem Treffer kann ein beliebiges Script oder Binärprogramm aufgerufen werden. Das Attribut *script* gibt dabei nur den Dateinamen an. Dieser wird dann in den durch die globale Variable *$scriptpath* vorgegebenen Verzeichnissen gesucht und ausgeführt. Dazu ein Beispiel. Das Logfile */var/adm/messages* des Servers *solsrv1* soll nach Meldungen durchsucht werden, die auf Fibre-Channel-Probleme hinweisen. Die einzelnen Treffer sollen mit **/usr/local/nagios/bin/send_nsca** an den Nagios-Server geschickt werden, wo ein entsprechender passiver Service konfiguriert wurde.

Listing 6.5: **os_solaris_san_check_errmsg.cfg**

```
$scriptpath = '/usr/local/nagios/libexec:/usr/local/nagios/bin';
$MACROS = {
    CL_NSCA_HOST_ADDRESS => "10.0.12.10",
};

@searches = ({
    tag => 'san',
    logfile => '/var/adm/messages',
    rotation => 'solaris',
    criticalpatterns => [
        'fctl:.*disappeared from fabric',
        '.*Lun.*disappeared.*'
    ],
    options => 'script',
    script => 'send_nsca',
    scriptparams => '-H $CL_NSCA_HOST_ADDRESS$ '.
                    '-p $CL_NSCA_PORT$ '.
                    '-to $CL_NSCA_TO_SEC$ '.
                    '-c $CL_NSCA_CONFIG_FILE$',
    scriptstdin => '$CL_HOSTNAME$\t'.
                   '$CL_SERVICEDESC$\t'.
                   '$CL_SERVICESTATEID$\t'.
                   '$CL_SERVICEOUTPUT$\n',
});
```

Die entscheidenden Einträge in der Konfigurationsdatei wurden fett markiert. Wenn nun eines der gesuchten Muster im Logfile gefunden wird, dann passiert folgendes:

1. Die Option *script* weist **check_logfiles** darauf hin, dass eine Aktion ausgeführt werden soll.

2. Das Attribut *script* wird geprüft, ob es ein String oder eine Code-Referenz ist. In diesem Fall ist es ein String, also soll ein externes Script ausgeführt werden. In den Verzeichnissen von *$scriptpath* wird nach einer ausführbaren Datei namens **send_nsca** gesucht. Das Attribut *scriptparams* bedeutet, dass **send_nsca** mit weiteren Kommandozeilenparametern aufgerufen werden muss. Da in *scriptparams* Makros enthalten sind, werden diese nun aufgelöst. Aus den Defaultwerten und der Definition von *$CL_NSCA_HOST_ADDRESS$* entsteht daraus der String ,-H 10.0.12.10 -p 5667 -to 10 -c /usr/local/nagios/etc/send_nsca.cfg'.

3. Nun werden der vollständige Pfad und die Parameter zu einer Kommandozeile zusammengesetzt, die dann in einem eigenen Prozess ausgeführt wird:
   `./usr/local/nagios/bin/send_nsca -H 10.0.12.10 -p 5667 -to 10 -c /usr/local/nagios/etc/send_nsca.cfg´`

4. Das Programm **send_nsca** erwartet neben den Aufrufparametern, die für die Kontaktaufnahme zum NSCA-Server nötig sind, auch noch die Informationen, die den zu übermittelnden Event betreffen. Diese werden von der Standardeingabe in einem speziellen, durch Tabulatoren getrennten Format, gelesen. Das Attribut *scriptstdin* sorgt dafür, dass **send_nsca** diese Informationen auch geliefert bekommt. Dazu werden wieder die Makros aufgelöst, so dass der String *'solsrv1\tos_solaris_san_check_errmsg\t2\t/pci@7c0/pci@0/pci@9/SUNW,qlc@0/fp@0,0Lun=0 for target=e4 disappeared\n´* entsteht. Danach schreibt **check_logfiles** diesen String in den STDIN-Kanal des laufenden **send_nsca**-Kommandos.

5. Nachdem **send_nsca** beendet wurde, nimmt **check_logfiles** seine Arbeit wieder auf und untersucht die nächste Zeile im Logfile.

Für externe Programme wie **send_nsca** oder ähnliche, bereits vorhandene Scripts wird man diese Art des Aufrufs bevorzugen. Ihnen stehen neben den Informationen in *scriptparams* und *scriptstdin* auch sämtliche Makros in Form von Environmentvariablen zur Verfügung. Wäre **send_nsca** ein Shell-Script, so könnte man in diesem z.B. mit der Variablen *$CHECK_LOGFILES_NSCA_HOST_ADDRESS* arbeiten. Für Anforderungen, die neu programmiert werden müssen, ist es hingegen eleganter, die Programmlogik direkt als Perl-Code in der Konfigurationsdatei von **check_logfiles** unterzubringen.

Embedded Perl Scripts

Wie man im Schritt 2 der beispielhaften Ausführung von **send_nsca** gesehen hat, wird das Attribut *script* dahingehend überprüft, ob es ein String, also eine externe Datei, oder eine Code-Referenz ist. Dies ist dann der Fall, wenn das Handler-Script direkt in die Konfigurationsdatei eingebettet wurde. Damit die Unterschiede zwischen diesen zwei Arten von Handler-Scripts deutlich werden, wird **send_nsca** nun aus so einer Perl-Subroutine heraus aufgerufen.

Listing 6.6: **os_solaris_san_check_errmsg.cfg** in der Embedded-Form

```
$MACROS = {
    CL_NSCA_HOST_ADDRESS => "10.0.12.10",
};

@searches = ({
    tag => 'san',
    logfile => '/var/adm/messages',
    rotation => 'solaris',
    criticalpatterns => [
        'fctl:.*disappeared from fabric',
        '.*Lun.*disappeared.*'
    ],
```

KAPITEL 6 Überwachung von Ereignissen in Logfiles

```perl
        options => 'script',
        script => sub {
            my $cmdline = sprintf "%s -H %s -p %d -to %d -c %s",
                '/usr/local/nagios/bin/send_nsca',
                $ENV{CHECK_LOGFILES_NSCA_HOST_ADDRESS},
                $ENV{CHECK_LOGFILES_NSCA_PORT },
                $ENV{CHECK_LOGFILES_NSCA_TO_SEC },
                $ENV{CHECK_LOGFILES_NSCA_CONFIG_FILE };
            my $stdin = sprintf "%s\t%s\t%s\t%s\n",
                $ENV{CHECK_LOGFILES_HOSTNAME},
                $ENV{CHECK_LOGFILES_SERVICEDESC},
                $ENV{CHECK_LOGFILES_SERVICESTATEID},
                $ENV{CHECK_LOGFILES_SERVICEOUTPUT};
            open(CMD, "|$cmdline");
            printf CMD "%s", $stdin;
            close CMD;
        },
});
```

Wie man am Schlüsselwort *sub* sieht, wird hier dem *script*-Attribut eine Referenz auf eine Perl-Subroutine zugewiesen. In dieser finden drei Verarbeitungsschritte statt.

1. Es wird eine Kommandozeile aus den von den NSCA-Makros abgeleiteten Environmentvariablen zusammengebaut.

2. Ebenfalls aus von Makros abgeleiteten Environmentvariablen wird der String zusammengesetzt, den das **send-nsca**-Kommando von seiner Standardeingabe lesen wird.

3. Der in der Variablen *$cmdline* enthaltene Befehl wird aufgerufen, wobei eine Pipe geöffnet wird, durch die der String *$stdin* „nachgeschoben" wird.

Alternativ hätte man hier auch die Attribute *scriptparams* und *scriptstdin* setzen können. Sie werden beim Aufruf der Subroutine als Parameter übergeben. Das Handler-Script würde dann so aussehen:

```perl
        script => sub {
            my $scriptparams = shift;
            my $stdin = shift;
            my $cmdline = sprintf "%s %s",
                '/usr/local/nagios/bin/send_nsca', $scriptparams;
            open(CMD, "|$cmdline");
            printf CMD "%s", $stdin;
            close CMD;
        },
});
```

Es hat sich allerdings eingebürgert, bei der Methode mit dem Perl-Code sämtliche benötigten Informationen den Environmentvariablen zu entnehmen.

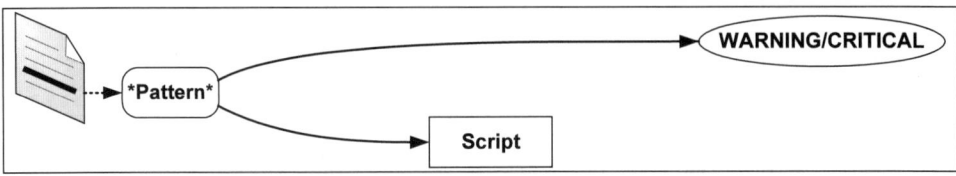

Abbildung 6.2: **script führt zu jeder Trefferzeile eine Aktion aus.**

Smarte Scripts

In den soeben gezeigten Beispielen wird ein Script ausgeführt, sobald **check_logfiles** in einer Zeile eines Logfiles einen der gesuchten regulären Ausdrücke findet. Auf das Endresultat des Plugins hatte es aber keinen Einfluss. Dieses richtet sich allein nach der Anzahl und der Einstufung nach Critical bzw. Warning der Trefferzeilen. Es gibt aber auch die Möglichkeit, den Returncode und die Ausgabe von Handlerscripts in die abschließende Bewertung von **check_logfiles** einfließen zu lassen. Dies kann auf zwei Arten geschehen. Bei der ersten Variante wird sowohl die Trefferzeile als auch der Returncode des Scripts gezählt. Man bezeichnet es daher als *Smart Script*. Eine Möglichkeit, sie zu verwenden ist das Restarten abgestürzter oder fehlerhaft laufender Dienste. Dazu lässt man **check_logfiles** nach einer Meldung im Logfile suchen, die auf eine Fehlersituation hinweist, die einen Neustart der Applikation erfordert. Dieser soll dann von einem Handler-Script durchgeführt werden. Schlägt das fehl, so soll daraus ein Critical Status resultieren. Die ursprüngliche Fehlermeldung soll aber zum Zweck der Dokumentation ebenfalls gemeldet werden, allerdings reicht dafür ein Warning-Level. Folgendes Beispiel implementiert dieses Verhalten:

Listing 6.7: **app_application_default_check_crash.cfg**

```
@searches = ({
    tag => 'appcrash',
    logfile => '/var/log/application.log',
    warningpatterns => [
        'application crashed',
        'corruption.*restart needed.*',
    ],
    options => 'smartscript',
    script => sub {
        system('sudo /etc/init.d/application restart');
        my $exitcode = $? >> 8;
        if ($exitcode) {
            #
            # Neustart fehlgeschlagen
            #
            print "restart of application failed";
            return 2;
        } else {
            return 0;
        }
    },
});
```

Sobald nun die Meldung „Application crashed" im Logfile erscheint, wird das Handler-Script alles Nötige veranlassen, um die Applikation wieder zum Laufen zu bringen. Im einfachsten Fall wird dies wie im Beispiel der Aufruf des entsprechenden Init-Scripts sein. Wenn der Neustart erfolgreich war, was durch einen Exitcode 0 des Init-Scripts ausgedrückt wird, dann führt dies zu einem Returncode von 0, den **check_logfiles** nicht weiter beachtet. Im Fehlerfall jedoch beendet sich das Handler-Script mit einer Ausgabezeile und dem Returncode 2, der wie in der Nagios-Welt üblich, einen Critical-Status anzeigt. Aus der Sicht von **check_logfiles** verhält sich das genauso, wie wenn eine Zeile im Logfile aufgetaucht wäre, die mit einem Criticalpattern übereinstimmt.

```
nagsrv$ check_logfiles --config app_application_default_check_crash.cfg
--report long
CRITICAL - (1 errors, 1 warnings in app_application_default_check_crash.
protocol-2009-06-08-11-10-17) - restart of application failed |appcrash_
lines=1 appcrash_warnings=1 appcrash_criticals=1 appcrash_unknowns=0
tag appcrash CRITICAL
restart of application failed
Mon Jun  8 11:10:15 CEST 2009 FATAL: application crashed
```

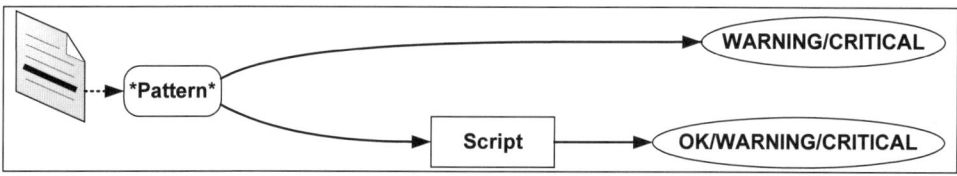

Abbildung 6.3: **smartscript fügt nach der Trefferzeile eine Pseudo-Trefferzeile ein.**

In diesem Beispiel mag es sinnvoll sein, dass die Meldung im Logfile zusätzlich zu den Ergebnissen der durch sie ausgelösten Scripts erhalten bleiben. Man kann aber noch einen Schritt weiter gehen und den Handler-Scripts die volle Kontrolle über das Resultat des Plugins überantworten.

Supersmarte Scripts

Die supersmarten Scripts haben die Fähigkeit, Trefferzeilen vollständig zu ersetzen anstatt sie nur zu ergänzen. Je nach dem Returncode so eines Scripts wird dabei ein Pattern Match entweder höher (*WARNING* wird zu *CRITICAL*) oder niedriger (*CRITICAL* wird zu *WARNING*) eingestuft oder der Treffer sogar ungeschehen gemacht (*WARNING/CRITICAL* wird zu *OK*). Der Text der gefundenen Zeile wird dabei durch die erste Zeile der Ausgabe des Scripts ersetzt. Dies soll an einem anschaulichen Beispiel erläutert werden. Im Logfile wird nach Einträgen gesucht, die von einem Thermometer stammen und die aktuelle Raum- oder RZ-Temperatur angeben. Bei einem Treffer wird im Handler-Script aus der entsprechenden Zeile die Grad-Zahl ermittelt und der Variablen *$grad* zugewiesen. Danach wird die Temperatur unter Einbeziehung des aktuellen Monats bewertet. Liegt sie unter 30 Grad, ist alles in Ordnung und ein Returncode von 0 sorgt dafür, dass diese Zeile nicht als kritisch gezählt wird. Das gilt auch für eine Temperatur von über 30 Grad in den Monaten Juni bis August. Im

Frühling und Herbst ist diese Wärme zwar ungewöhnlich, aber kein Grund zur Besorgnis, weshalb mit einem Returncode 1 die Kritikalität auf *WARNING* zurückgestuft wird. Nur von November bis Februar sind 30 Grad ein Grund, um Alarm zu schlagen.

```
@searches =({
    tag => 'heiss',
    logfile => '/var/log/messages',
    criticalpatterns => '.*Thermometer: \d+ Grad.*',
    options => 'supersmartscript',
    script => sub {
      my $grad = 0;
      $ENV{CHECK_LOGFILES_SERVICEOUTPUT} =~ /: (\d+) Grad/;
      $grad = $1;
      if ($grad > 30) {
        if (($ENV{CHECK_LOGFILES_DATE_MM} >= 6) &&
            ($ENV{CHECK_LOGFILES_DATE_MM} <= 8)) {
          printf "ist ja schliesslich Sommer\n";
          return 0; # Dieser Treffer hat somit niemals existiert.
        } elsif (($ENV{CHECK_LOGFILES_DATE_MM} >= 11) &&
            ($ENV{CHECK_LOGFILES_DATE_MM} <= 2)) {
          printf "es brennt!\n";
          return 2; # Das ist jetzt wirklich kritisch
        } else {
          printf "bisschen warm hier drin\n";
          return 1; # Nicht so schlimm, deshalb nur WARNING
        }
      } else {
        printf "unter 30 Grad\n";
        return 0; # Der Treffer kann ignoriert werden
      }
    }
});
```

Dieses Feature können Sie also verwenden, um jede Trefferzeile unter Zuhilfenahme beliebiger Rahmenbedingungen neu zu bewerten, den Schweregrad des Treffers zu ändern und den Text der Zeile auszutauschen.

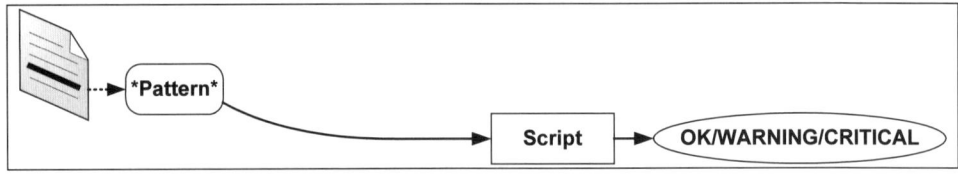

Abbildung 6.4: **supersmartscript ersetzt eine Trefferzeile.**

Mit der *supersmartscript*-Funktionalität bekommt der Nagios-Administrator ein sehr mächtiges Werkzeug zur Nachbearbeitung von Trefferzeilen in die Hand. Da Konfigurationsdateien von **check_logfiles** nichts weiter sind als Perl-Programme, lassen sich diese zusammen mit eingebetteten Handler-Scripts leicht ausbauen, um komplexe Aufgaben zu lösen, wobei **check_logfiles** quasi als Unterbau fungiert, der das lückenlose Auslesen von Logfiles und die Vorfilterung von Zeilen übernimmt. Allerdings ist es mit diesen Mitteln immer noch nicht möglich, auch die Ausgabe des Plugins beliebig umzuformulieren. Dazu muss man noch einen Schritt weitergehen. Die Handler-Scripts auf Search-Ebene, die bei jedem Treffer ausgeführt werden, haben noch zwei globale Pendants, das Prescript und das Postscript. Mit letzterem kann man sowohl den Exitcode als auch die Textausgabe von **check_logfiles** den eigenen Wünschen entsprechend gestalten.

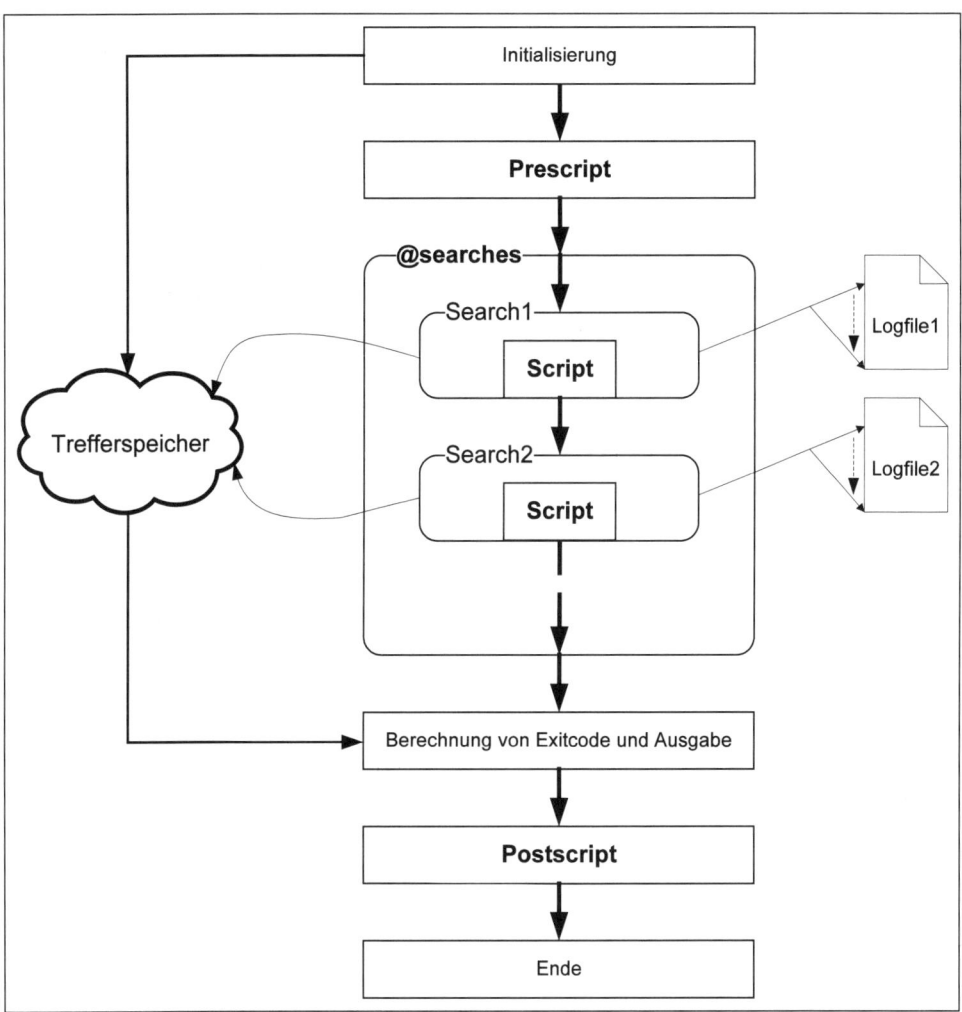

Abbildung 6.5: **An mehreren Stellen können Scripts in den Lauf von check_logfiles eingreifen.**

Prescript

Wenn man ein Prescript konfiguriert hat, dann wird dieses unmittelbar nach dem Start von **check_logfiles** ausgeführt, noch vor der Abarbeitung der Searches. Auch hier wird wieder zwischen „dummen" und „supersmarten" Scripts unterschieden. Erstere führen einfach eine Aktion aus, deren Ausgang keinen weiteren Einfluss auf den Ablauf und das Endergebnis von **check_logfiles** hat. Dagegen hat ein Returncode ungleich Null eines supersmart Prescripts zur Folge, dass die Ausführung von **check_logfiles** vorzeitig abgebrochen wird. Damit könnte man z.B. prüfen, ob bestimmte Rahmenbedingungen erfüllt sind, ohne die eine Suche im Logfile sinnlos oder gar kontraproduktiv wäre. Die zur Definition benötigten Variablen sind diesmal global, also nicht einzelnen Searches zugeordnet.

```
$prescript = sub {
    # beliebiger Perl-Code
};
$options = 'supersmartprescript,…';
```

Dazu ein praktisches Beispiel: Auf einem Solaris-Server soll sichergestellt werden, dass der Syslog-Daemon ordnungsgemäß funktioniert. Dabei wird nicht wie üblich mit **check_procs** einfach der Prozess **syslogd** überwacht. Stattdessen erzeugt man mit Hilfe des **logger**-Kommandos ein Ereignis und prüft nach einer kurzen Wartezeit, ob es auch wirklich in der *messages*-Datei angekommen ist.

```
$options = 'prescript';
$scriptpath = '/usr/bin';
$prescript = 'logger';
$prescriptparams = '-t nagios';
$prescriptstdin =
    'nagios syslog check '.
    '($CL_DATE_YYYY$-$CL_DATE_MM$-$CL_DATE_DD$'.
    ' $CL_DATE_HH$:$CL_DATE_MI$:$CL_DATE_SS$)';
$prescriptdelay = 5;

@searches = (
   {
      tag => 'syslogworks',
      logfile => '/var/adm/messages',
      rotation => 'solaris',
      criticalpatterns => ['!nagios\s+syslog\s+check'],
      options => 'noprotocol',
   },
);
```

Ruft man **check_logfiles** mit dieser Konfigurationsdatei auf, dann wird in einem ersten Schritt der Befehl **/usr/bin/logger –t nagios** aufgerufen. Dieser erwartet einen Text von seiner Standardeingabe. Der Parameter *$prescriptstdin* sorgt dafür, dass der String ‚nagios syslog check' gefolgt von einem Zeitstempel dorthin geschrieben wird. Sobald das geschehen ist, schickt **logger** diese Meldung an das Syslog-System. Dieses sorgt dann dafür, dass sie in die Logdatei */var/adm/messages* geschrieben wird. Weil es sich hier um einen asynchronen Schreibvorgang handelt, kann es zu einer kleinen Verzögerung kommen. Deshalb sorgt man mit dem Parameter *$prescriptdelay* dafür, dass **check_logfiles** eine Pause von 5 Sekunden einlegt. In dieser Zeit hat es das Ereignis sicher bis in die *messages*-Datei geschafft.

KAPITEL 6 Überwachung von Ereignissen in Logfiles

Danach fährt **check_logfiles** mit der Abarbeitung der Searches fort. In diesem Fall ist nur einer davon konfiguriert. Seine Aufgabe ist es, die soeben geschickte Nachricht in der *messages*-Datei wiederzufinden. Genauer gesagt soll Alarm geschlagen werden, wenn der gesuchte String nicht auftaucht. Daher wird mit dem Ausrufezeichen die Bedeutung des Criticalpatterns umgedreht.

Im Normalfall wird **check_logfiles** vom User *nagios* ausgeführt. Dieser verfügt jedoch nicht immer über die Privilegien, um beliebige Logfiles zu lesen. Spätestens, wenn man das Plugin unter einem Linux-Betriebssystem einsetzt und das */var/log/messages*-File überwachen will, wird man auf folgendes Problem stoßen:

```
nagsrv$ check_logfiles --logfile /var/log/messages \
    --criticalpattern ERROR --noprotocol
CRITICAL - (1 errors) - could not open logfile /var/log/messages |default_
lines=0 default_warnings=0 default_criticals=1 default_unknowns=0
```

Ein Blick auf die Permissions dieser Datei zeigt auch, warum **check_logfiles** hier gescheitert ist.

```
nagsrv$ ls -l /var/log/messages
-rw------- 1 root root 326559 Jul 20 19:43 /var/log/messages
```

> **TIPP**
>
> Anders als beispielsweise bei Solaris ist es unprivilegierten Benutzern nicht erlaubt, das Systemlog zu lesen. Man könnte jetzt mit **chmod 644 /var/log/messages** dafür sorgen, dass der nagios-Benutzer den Dateiinhalt zugreifen kann. Allerdings würde das dann für alle anderen User gelten, was möglicherweise nicht gewünscht ist. Abgesehen davon werden bei der nächsten Rotation des Logfiles sowieso wieder die alten Permissions vergeben, so dass mit dieser Methode nichts gewonnen ist.
>
> Seit längerem kennen die gängigen Filesysteme unter Linux sogenannte Access Control Lists (ACLs), mit denen Dateiberechtigungen nicht mehr nach dem Motto „Alles oder Nichts", sondern auf einzelne Userkennungen bezogen vergeben werden können. Damit ist es möglich, die traditionellen Permissions (in diesem Fall *rw-------*) zu umgehen und dem nagios-Benutzer Leserechte auf */var/log/messages* zu erteilen. Der Administrator ruft dazu nur folgenden Befehl auf:
>
> ```
> nagsrv# setfacl --modify=user:nagios:r /var/log/messages
> ```
>
> Beim nächsten Lauf von **check_logfiles** wird die messages-Datei dann ohne Probleme geöffnet und gelesen. Da dies aber nur bis zur nächsten Logfile-Rotation funktioniert, sorgt man dafür, dass der nagios-User sich selbst die nötigen Privilegien erteilen kann. Dazu muss in der Datei */etc/sudoers* folgende Zeile eingetragen werden:
>
> ```
> nagios ALL = (root) NOPASSWD: /usr/bin/setfacl --modify user\:nagios\:r /
> var/log/messages*
> ```

> Jetzt kann der *nagios*-Benutzer mit Hilfe des **sudo**-Kommandos die *messages*-Datei sowie die wegrotierten Archive für sich selbst lesbar machen. Damit dies bei jedem Aufruf von **check_logfiles** passiert, konfiguriert man das Prescript folgendermaßen:
>
> ```
> $scriptpath = '/usr/bin';
> $prescript = 'sudo';
> $prescriptparams = 'setfacl --modify user:$CL_USERNAME$:r /var/log/
> messages*';
> $options = "supersmartprescript";
> ```
>
> Damit wird erreicht, dass **check_logfiles** selbständig die zu durchsuchenden Dateien für den Lesezugriff freischaltet.

Postscript

Ein Postscript wird ausgeführt, nachdem sämtliche Einträge im *@searches*-Array, also alle Suchläufe, abgearbeitet wurden. Zu diesem Zeitpunkt liegt also das Ergebnis in Form von Ausgabe und Exitcode des Plugins fest. Manche Szenarien erfordern aber noch eine Nachbearbeitung bzw. Manipulation dieser Resultate. Dazu verwendet man ein Postscript. Auch hier kann wieder ein externes Programm oder ein embedded Perl-Script angegeben werden. Für erstere Variante stehen auch die Parameter *$postscriptparams* und *$postscriptstdin* zur Verfügung, die durch Makros dynamisch initialisiert werden können. In den folgenden Beispielen wird jedoch nur die Perl-Methode behandelt, da sie in den meisten Fällen bevorzugt werden wird.

Üblicherweise verwendet man hier die Option *supersmartpostscript*. Damit hat man ein mächtiges Werkzeug in der Hand, mit dem das Endresultat komplett neu formuliert werden kann. Der Returncode und die Ausgabe einer Postscript-Subroutine bestimmen nämlich den Exitcode und die Ausgabe des Plugins, unabhängig von irgendwelchen Treffern in Logfiles. Sie werden natürlich nicht willkürlich erzeugt, sondern basieren auf den gewonnenen Ergebnissen der Searches. Diese stehen einem Postscript in Form von Environmentvariablen zur Verfügung.

» *$ENV{CHECK_LOGFILES_SERVICEOUTPUT}* – Die Ausgabe des Plugins, die aus den Treffern gebildet wurde.

» *$ENV{CHECK_LOGFILES_SERVICESTATE}* – Der Status in wörtlicher Form – also OK, WARNING, CRITICAL oder UNKNOWN.

» *$ENV{CHECK_LOGFILES_SERVICESTATEID}* – Der Status in numerischer Form, also der voraussichtliche Exitcode des Plugins.

» *$ENV{CHECK_LOGFILES_SERVICEPERFDATA}* – Die Performancedaten, so wie sie defaultmäßig ausgegeben werden, also *<tag>_lines=<Anzahl der durchsuchten Zeilen> <tag>_warnings=...*

» *$ENV{CHECK_LOGFILES_PROTOCOLFILE}* – Der Name der Protokolldatei, in die die Trefferzeilen geschrieben wurden.

Ein einfaches Beispiel zeigt, wie man mit einem Perl-Script bei Bedarf die Ausgabe umschreiben kann.

```
$options = 'supersmartpostscript';
$postscript = sub {
   if ($ENV{CHECK_LOGFILES_SERVICESTATEID}) {
     # Im Fehlerfall wird die ganz normale Ausgabe beibehalten
     printf "%s | %s\n",
         $ENV{CHECK_LOGFILES_SERVICEOUTPUT},
         $ENV{CHECK_LOGFILES_SERVICEPERFDATA};
   } else {
     printf "Alles ist OK\n";
     return 0;
   }
};
```

Auch externe Programme können aufgerufen werden. Es wurde bereits gezeigt, wie einzelne Treffer unmittelbar mit Hilfe von **send_nsca** an den Nagios-Server geschickt werden können. Es ist natürlich auch möglich, anstelle der Einzelevents die Zusammenfassung, also das Endergebnis eines Laufs von **check_logfiles** zu versenden. In diesem Beispiel werden die Kommandozeilenparameter und die Eingabedaten für **send_nsca** mit Hilfe von Makros gebildet. Diese werden unmittelbar vor dem Aufruf des externen Programms aufgelöst.

```
$options = 'postscript';
$postscript = 'send_nsca';
$postscriptparams = '-H $CL_NSCA_HOST_ADDRESS$ '.
                    '-p $CL_NSCA_PORT$ '.
                    '-to $CL_NSCA_TO_SEC$ '.
                    '-c $CL_NSCA_CONFIG_FILE$';
$postscriptstdin = '$CL_HOSTNAME$\t'.
                   '$CL_SERVICEDESC$\t'.
                   '$CL_SERVICESTATEID$\t'.
                   '$CL_SERVICEOUTPUT$\n';
```

Üblicherweise wird **check_logfiles** mit so einer Konfiguration nicht im Rahmen eines aktiven Nagios-Services ausgeführt, sondern z.B. als Cronjob. Die Ergebnisse des Checks nimmt dann ein passiver Service entgegen.

Die Script-Funktionalität bietet die Möglichkeit, **check_logfiles** lediglich als Framework zu benutzen und die Logik für spezielle Anwendungen selbst zu programmieren.

Mit den bisher gezeigten Mitteln ist es nur möglich, jeden Lauf von **check_logfiles** als isoliertes Ereignis zu betrachten. Die Informationen über Treffer in den Logfiles gehen verloren, sobald sich das Plugin beendet und sein Ergebnis an Nagios weitergereicht hat. Es gibt aber die Möglichkeit, die gewonnenen Daten so zwischenzuspeichern, dass sie beim nächsten Lauf von **check_logfiles** wieder zur Verfügung stehen.

6.4.6 Scripts mit Gedächtnis

Da für jeden Search ein Seekfile erzeugt wird, in dem interne Statusinformationen abgelegt werden, bietet es sich an, hier auch benutzerspezifische Daten anzuhängen. Sie werden dann von einem Lauf zum nächsten weitergereicht. Dazu steht eine Variable namens $CHECK_LOGFILES_PRIVATESTATE zur Verfügung, auf die von perlbasierten Handlerscripts zugegriffen werden kann. $CHECK_LOGFILES_PRIVATESTATE ist eine Hashreferenz, man kann also beliebige Daten unter frei wählbaren Keys eintragen. Zwei davon sind bereits vordefiniert.

» $CHECK_LOGFILES_PRIVATESTATE->{lastruntime} ist ein Unix-Timestamp, der angibt, wann ein Search zuletzt gelaufen ist.

» $CHECK_LOGFILES_PRIVATESTATE->{runcount} ist ein Zähler, der nach jedem Lauf eines Searches erhöht wird.

Dies wird am besten an einem Beispiel klar. Bisher wurde in den Logfiles nach bestimmten Mustern gesucht und bei einem oder mehreren Treffern ein Fehlerstatus generiert. Dabei konnte jedoch die Anzahl der Treffer nicht in einem zeitlichen Zusammenhang betrachtet werden. Wenn man nun ermitteln will, wie oft in einem festen Zeitintervall Fehler aufgetreten sind, muss man zwei Dinge wissen:

» Wie viele der gesuchten Ereignisse sind seitdem im Logfile aufgetaucht? Dahinter steckt nichts weiter als die normale Zählung von Critical- oder Warningpatterns im aktuellen Lauf von **check_logfiles**.

» Wann fand die letzte Zählung statt, also wie viel Zeit ist zwischen dem letzten und dem aktuellen Lauf von **check_logfiles** vergangen? Diese lässt sich leicht errechnen, indem man die soeben vorgestellte Variable $CHECK_LOGFILES_PRIVATESTATE->{lastruntime} von der aktuellen Uhrzeit abzieht.

Jeder, der einen öffentlich zugänglichen Webserver betreibt, kennt sicher die folgenden Einträge im Apache-Logfile:

```
88.255.202.60 - - [26/Jul/2009:16:26:55 +0200] "GET /w00tw00t.at.ISC.SANS.
DFind:) HTTP/1.1" 400 305 "-" "-"
64.50.116.178 - - [26/Jul/2009:16:59:22 +0200] "GET /w00tw00t.at.ISC.SANS.
DFind:) HTTP/1.1" 400 305 "-" "-"
82.98.145.197 - - [26/Jul/2009:21:22:18 +0200] "GET /w00tw00t.at.ISC.SANS.
DFind:) HTTP/1.1" 400 305 "-" "-"
```

Sie stammen von einem Exploit-Scanner namens *DFind*, mit dessen Hilfe Script Kiddies versuchen, in Webserver einzubrechen. Das Apache-Log einfach nur auf Vorkommnisse dieses Strings zu überwachen, ist wenig sinnvoll. Sie werden immer da sein. Interessanter hingegen wäre es zu wissen, wie viele dieser Einbruchsversuche es pro Minute gibt. Wie man dies ermittelt, wird nun gezeigt. Die Anzahl der *w00tw00t*-Strings zählt man einfach mit Hilfe eines Handler-Scripts:

KAPITEL 6   Überwachung von Ereignissen in Logfiles

```perl
our $wootcount = 0;

@searches = ({
   tag => 'w00t',
   logfile => '/var/log/apache2/access.log',
   rotation => 'loglog0log1',
   criticalpatterns => 'w00tw00t',
   options => 'script,noprotocol',
   script => sub {
     $wootcount++;
   }
});
```

Nachdem der Search ausgeführt wurde, steht in der Variablen *$wootcount* die Zahl der Einbruchsversuche, die seit dem letzten Lauf von **check_logfiles** stattgefunden haben. Im nun folgenden Postscript wird sie weiter verwendet. Hier steht auch wieder eine Variable namens *$CHECK_LOGFILES_PRIVATESTATE* zur Verfügung. Allerdings gibt es jetzt eine Zwischenebene. Man muss als Hash-Key die Tag-Bezeichnung eines Searches einfügen, um so dessen Privatestate lesen zu können.

```perl
$options = 'supersmartpostscript';


$postscript = sub {
   my $tic = $CHECK_LOGFILES_PRIVATESTATE->{w00t}->{lastruntime} || 0;
   my $tac = time;
   my $rate = 60 * ($wootcount / ($tac - $tic));
```

Im Postscript wird dann der Variablen *$tic* der Zeitpunkt zugewiesen, zu dem der Search *w00tw00t* zuletzt gelaufen ist. (Der aktuelle Lauf wird dabei nicht gezählt. Genau gesagt ist der Zeitpunkt gemeint, zu dem im Rahmen des letzten Aufrufs von check_logfiles der Search *w00tw00t* ausgeführt wurde). Die Variable *$tac* bekommt die aktuelle Uhrzeit zugewiesen. Die Differenz *$tac* - *$tic* ist also die Zeit, die zwischen den letzten und dem aktuellen Lauf von **check_logfiles** verstrichen ist. Zusammen mit *$wootcount* lässt sich daraus errechnen, wie oft die gesuchte Zeile pro Sekunde gefunden wurde. Man multipliziert diesen Wert noch mit 60 und erhält dann die Treffer pro Minute. Daraus ergibt sich somit das Endergebnis für Nagios:

```perl
   if ($rate >= 10) {
     printf "CRITICAL - %.3f w00tw00ts / min | wootrate=%.3f\n",
         $rate, $rate;
     return 2;
   } elsif ($rate >= 1) {
     printf "WARNING - %.3f w00tw00ts / min | wootrate=%.3f\n",
         $rate, $rate;
     return 1;
   } else {
     printf "OK - %.3f w00tw00ts / min | wootrate=%.3f\n",
         $rate, $rate;
     return 0;
   }
};
```

KAPITEL 6   Überwachung von Ereignissen in Logfiles

Dieses war nur ein einfaches Beispiel, das als Anregung dienen soll, wie man mit Hilfe von **check_logfiles** auch Raten von Ereignissen überwachen kann. Ein normaler Webserver wird selten so häufig Ziel von Hackern sein, dass die Warning-Schwelle auch nur annähernd erreicht wird. Anders kann es bei einem Webauftritt eines Unternehmens aussehen, das aus irgendeinem Grund besondere Bekanntheit erlangt und daher verstärkt ungebetenen Besuch erhält.

```
nagsrv$ check_logfiles --config $HOME/etc/plugin-configs/w00tw00t.cfg
WARNING - 2.124 w00tw00ts / min | wootrate=2.124
```

Ein weiteres Anwendungsbeispiel, das ähnlich funktioniert, ist die Messung des Gesamtaufkommens von Events in einem Logfile. Will man überwachen, wie viele Zeilen bzw. Bytes pro Sekunde anfallen, so kann man dies mit der folgenden Konfiguration realisieren:

```
my $warn_rate = 2;   # WARNING, wenn mehr als zwei Zeilen pro Sekunde
                     # geschrieben werden
my $crit_rate = 10;  # CRITICAL bei mehr als zehn Zeilen

my $linecnt = 0;
my $bytecnt = 0;

@searches = ({
   tag => 'eventtraffic',
   logfile => '/var/log/messages',
   rotation => 'loglog0log1',
   criticalpatterns => '.*',     # jede Zeile wird zählt
   options => 'noprotocol,supersmartscript,nologfilenocry',
   script => sub {
     $linecnt++;
     $bytecnt += length($ENV{CHECK_LOGFILES_SERVICEOUTPUT}) + 1;
     return 0;
   },
});
```

Nachdem check_logfiles den Suchauftrag *eventtraffic* ausgeführt hat, liegen in den Variablen *$linecnt* und *$bytecnt* die Anzahl der Zeilen bzw. Bytes vor, um die das Logfile seit dem letzten Lauf von check_logfiles gewachsen ist. In einem Postscript wird dann mit Hilfe der seitdem verstrichenen Zeit die Zuwachsrate in Zeilen bzw. Bytes pro Sekunde errechnet.

```
$options = 'supersmartpostscript';
$postscript = sub {
   my $tic = $CHECK_LOGFILES_PRIVATESTATE->{eventtraffic}->{lastruntime};
   my $tac = time;
   my $linerate = ($linecnt / ($tac - $tic));
   my $byterate = ($bytecnt / ($tac - $tic));
   printf
       "logfile grew by %d lines (%d bytes) in the last %d seconds",
       $linecnt, $bytecnt, ($tac - $tic);
   printf " | lines_per_sec=%.2f bytes_per_sec=%.2f\n",
       $linerate, $byterate;
   return ($linerate >= $crit_rate) ? 2 :
         ($linerate >= $warn_rate) ? 1 : 0;
};
```

KAPITEL 6 Überwachung von Ereignissen in Logfiles

Der Returncode des Postscripts und somit der Exitcode des gesamten Plugins richtet sich danach, ob die Anzahl der Zeilen pro Sekunde einen der beiden Schwellwerte überschreitet. Auch Performancedaten werden geliefert, so dass man das Eventaufkommen z.B. mit PNP über einen langen Zeitraum hinweg grafisch aufzeichnen kann.

Wichtig ist noch zu erwähnen, dass im Postscript die Statusdaten der Searches nicht mehr verändert werden können. Die Variable $CHECK_LOGFILES_PRIVATESTATE->{w00tw00t} aus dem letzten Beispiel ist read-only. Das liegt daran, dass zu diesem Zeitpunkt das Seekfile, in dem diese Hashreferenz bis zum nächsten Aufruf von **check_logfiles** aufgehoben wird, bereits geschrieben wurde.

Ein weiteres, häufig vorkommendes Szenario soll im folgenden Beispiel beschrieben werden. Angenommen, es gibt eine Applikation, welche immer wieder Aktionen ausführt, deren Laufzeiten man überwachen möchte. Diese Aktionen sind namentlich unterscheidbar (hier *Aktion1*, *Aktion2* und *Aktion3*) und protokollieren jeweils ihren Start und ihr Ende mit Hilfe des Syslog-Mechanismus. Im Logfile */var/log/messages* würde man dann Einträge vorfinden, die in etwa so aussehen:

```
Jul 26 22:38:52 nagsrv1 nagios: Start Aktion1
Jul 26 22:38:56 nagsrv1 nagios: Start Aktion2
Jul 26 22:39:13 nagsrv1 nagios: Start Aktion3
Jul 26 22:39:18 nagsrv1 npcd[8641]: [8653]: INFO: npcd running
Jul 26 22:39:23 nagsrv1 nagios: Stop Aktion3
Jul 26 22:40:02 nagsrv1 kernel: drbd1: Writing meta data super block now.
Jul 26 22:41:49 nagsrv1 nagios: Stop Aktion2
...
```

Mit **check_logfiles** sucht man dann nach den Start/Stop-Events und ruft bei jedem Treffer ein Handlerscript auf. Dieses befüllt eine Datenstruktur mit Informationen über die ausgeführten Aktionen. Sie wird mit dem Key *actions* an den Statushash $CHECK_LOGFILES_PRIVATESTATE gehängt.

```
use Date::Manip;

@searches = ({
   tag => 'duration',
   logfile => '/var/log/messages',
   criticalpatterns => ['Start Aktion.*', 'Stop Aktion.*'],
   options => 'supersmartscript,noprotocol',
   script => sub {
      my $state = $CHECK_LOGFILES_PRIVATESTATE;
      if ($ENV{CHECK_LOGFILES_SERVICEOUTPUT} =~
          / ^([\w\s:]{15}).*(St.*) Aktion(\d+)/) {
         my $date = UnixDate(ParseDate($1), "%s");
         if ($2 eq 'Start') {
            $state->{actions}->{$3}->{start} = $date;
            delete $state->{actions}->{$3}->{duration};
         } else {
            $state->{actions}->{$3}->{duration} =
               $date - $state->{actions}->{$3}->{start};
```

```
            delete $state->{actions}->{$3}->{start};
         }
      }
   },
});
```

Nach dem Abarbeiten des Searches enthält diese Datenstruktur zwei Arten von Einträgen. Wurden abgeschlossene Aktionen gefunden, so wird deren Dauer gespeichert. Bei noch laufenden Aktionen enthält die Struktur den Startzeitpunkt.

```
{
   'actions' => {
      '1' => {
               'start' => 1248647332
            },
      '2' => {
               'duration' => 173
            },
      '3' => {
               'duration' => 10
            }
   }
}
```

Durch die Speicherung von *$CHECK_LOGFILES_PRIVATESTATE->{actions}* im Seekfile wird die darin enthaltene Information immer weitertransportiert. Dies ist insbesondere für die Startzeitpunkte wichtig, da es vorkommen kann, dass das Logfile nicht gewachsen ist und **check_logfiles** in dem Fall untätig bleibt. Nur dann, wenn irgendwann ein Stopevent gefunden wird, braucht man zur Berechnung der Ausführungsdauer einer Aktion den Zeitpunkt des zugehörigen Startevents.

Im Postscript werden nun alle erfassten Aktionen genau untersucht. Bei abgeschlossenen Aktionen wird geprüft, ob die gemessene Laufzeit ein durch die Variable *$maxduration* festgelegtes Limit nicht überschreitet. Bei Aktionen, die noch nicht als beendet gemeldet wurden (und dies aufgrund eines Absturzes womöglich niemals werden), wird die seit dem Startzeitpunkt verstrichene Zeit für den Vergleich mit der Maximaldauer herangezogen. Heraus kommt ein Array *@longactions*, das die Namen der Aktionen mit Zeitüberschreitung enthält. Ist es leer, so wird eine OK-Meldung ausgegeben. Falls nicht, wird aus den Namen der betroffenen Aktionen eine entsprechende Fehlermeldung erzeugt.

```
$postscript = sub {
   my $maxduration = 3600; # maximale Laufzeit ist eine Stunde
   my $state = $CHECK_LOGFILES_PRIVATESTATE->{duration};
   my @longactions = ();
   foreach my $action (keys %{$state->{actions}}) {
      if (exists $state->{actions}->{$action}->{duration}) {
         if ($duration > $maxduration) {
            push(@longactions, $action);
         }
      } elsif (exists $state->{actions}->{$action}->{start}) {
```

```
            if ((time - $state->{actions}->{$action}->{start}) >
                $maxduration) {
              push(@longactions, $action);
            }
          }
        }
      }
      if (@longactions) {
        printf "CRITICAL - time exceeded for %s\n",
            join(', ', @longactions);
        return 2;
      } else {
        printf "OK - no timeouts\n";
        return 0;
      }
    }
};
```

Für den produktiven Einsatz muss man den Code noch etwas erweitern, da er keine Behandlung von Sonderfällen (z.B. zwei aufeinanderfolgende Start-Events von ein und derselben Aktion) vornimmt. Mit diesem Beispiel sollte nur demonstriert werden, wie man beliebige Datenstrukturen an einen Status-Hash binden kann, so dass sie bei aufeinander folgenden Aufrufen von **check_logfiles** wie ein Gedächtnis funktionieren. Damit ist es möglich, einen Zusammenhang zwischen den in normalerweise voneinander unabhängigen Suchläufen ermittelten Trefferzeilen herzustellen.

6.5 Ausgabeformat mit --report

Defaultmäßig gibt **check_logfiles** nur eine einzige Zeile Output aus. Diese enthält die Anzahl aller gefundenen Suchmuster, aufgeteilt nach Critical und Warning, sowie die letzte Trefferzeile. Seit der Version 3.x von Nagios gibt es aber auch das Multiline-Feature, welches Plugins erlaubt, umfangreichere Ausgaben an Nagios zu übergeben. Damit lassen sich mehr Informationen auf der Weboberfläche darstellen bzw. in Notifications versenden. Für **check_logfiles** wurde daher der Parameter *--report* eingeführt, der dafür sorgt, dass nun alle Trefferzeilen ausgegeben werden können. Dabei gibt es zwei Varianten. Mit *--report long* erscheint die Ausgabe in lesbarer Form. Sie eignet sich, wenn man beim Versand von Notifications die Variable *$NAGIOS_SERVICELONGOUTPUT* verwendet. Auf diese Weise beinhaltet die Nachricht nicht nur den letzten Treffer und die Gesamtzahl der Fehler, sondern alle Zeilen, die mit einem der gesuchten Pattern übereinstimmen.

```
nagios@dbsrv1:~> check_logfiles --config ora.cfg  --noprotocol \
    --report long
CRITICAL - (3 errors) - ORA-01208: data file is an old version - not acces-
sing current version ...|alertlog_lines=4 alertlog_warnings=0 alertlog_crit-
icals=3 alertlog_unknowns=0
tag alertlog CRITICAL
ORA-01171: datafile 11 going offline due to error advancing checkpoint
ORA-01122: database file 11 failed verification check
ORA-01208: data file is an old version - not accessing current version
```

Legt man weniger Wert auf einen ausführlichen Text in den Notifications, aber dafür auf eine ansprechende Darstellung in der Weboberfläche, dann bietet sich die Option --*report html* an. Die Trefferzeilen werden dann in eine HTML-Tabelle gepackt und mit den Hintergrundfarben Gelb für *WARNING* oder Rot für *CRITICAL* unterlegt. Die reine Textausgabe ist in diesem Fall wenig brauchbar, wie man an diesem Beispiel sieht:

```
nagios@dbsrv1:~> check_logfiles --config ora.cfg \
    --report html --noprotocol
CRITICAL - (3 errors) - ORA-01208: data file is an old version - not
accessing current version ...|alertlog_lines=4 alertlog_warnings=0 alertlog_
criticals=3 alertlog_unknowns=0
<table style="border-collapse: collapse;"><tr valign="top">
<td class="serviceCRITICAL">tag alertlog</td></tr><tr valign="top">
<td nowrap width="100%" class="serviceCRITICAL" style="border: 1px
solid black;">ORA-01171: datafile 11 going offline due to error
advancing checkpoint</td></tr><tr valign="top"><td nowrap width="100%"
class="serviceCRITICAL" style="border: 1px solid black;">ORA-01122:
database file 11 failed verification check</td></tr><tr valign="top">
<td nowrap width="100%" class="serviceCRITICAL"
style="border: 1px solid black;">ORA-01208: data file is an old version -
not accessing current version</td></tr></table>
```

Im Webbrowser hingegen bekommt man damit eine ansehnliche Darstellung der letzten Trefferzeilen. Normalerweise verschwinden die Fehler beim nächsten Lauf von **check_logfiles** wieder. Setzt man aber die *sticky*-Option ein, so bleiben die Fehlermeldungen permanent sichtbar, so dass man allein durch Betrachten der „*Service Detail*"-Seite genügend Informationen erhält, um die Situation richtig einschätzen zu können.

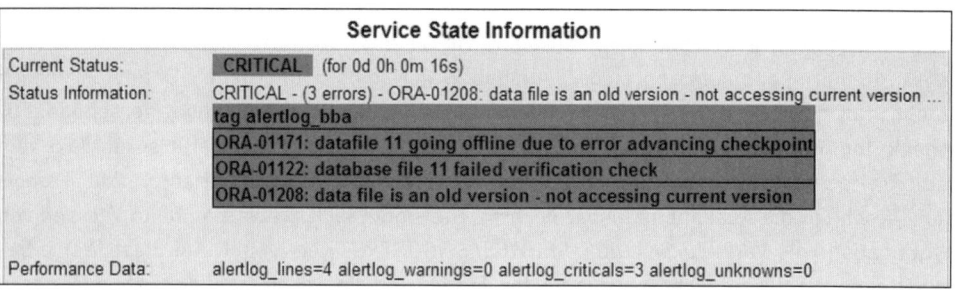

Abbildung 6.6: **Tabellarische Darstellung mit --report html**

Die maximale Länge des mit *long* oder *html* ausgegebenen Reports ist auf 4096 Zeichen begrenzt. Ausgehend vom letzten Treffer werden nur so viele **vollständige** Zeilen angezeigt, wie in so einen Block hineinpassen. Es werden keine Zeilen abgeschnitten, um den noch vorhandenen Platz zu füllen. Damit wird verhindert, dass der HTML-Code, der die Tabelle beschreibt, unvollständig ist und die Webseite falsch gerendert wird.

KAPITEL 6 Überwachung von Ereignissen in Logfiles

Von Yannick Charton stammt folgender Wrapper für **send_nsca**, mit dem es möglich ist, mehrzeiligen Output zu übertragen.

```
#!/bin/bash
#set -x
#Variables definition
NSCA_SCRIPT='/usr/local/nagios/bin/send_nsca'
NSCA_LOGFILE='/usr/local/nagios/var/nsca_multi.debug'

help() {
  cat <<END_TEXT >&2
Usage:
  $0 -h (this help)
  $0 -H <nagios server IP> -p <nsca server port> -t <timeout in sec> -c <config file>

END_TEXT
}

while getopts :h:H:p:t:c: OPT ;do
  case $OPT in
    h) help; exit;;
    H) NSCA_HOST_ADDRESS="$OPTARG";;
    p) NSCA_PORT="$OPTARG";;
    t) NSCA_TO_SEC="$OPTARG";;
    c) NSCA_CONFIG_FILE="$OPTARG";;
    \?) help; exit;;
  esac
done

#reformatting multiline output
MULTILINE_OUTPUT=""
i=1
while read STDIN
do
  if [ $i -eq 1 ]; then
    MULTILINE_OUTPUT="$STDIN"
  else
    MULTILINE_OUTPUT="$MULTILINE_OUTPUT\n$STDIN"
  fi
  i=$(expr $i + 1)
done
echo "$MULTILINE_OUTPUT" | \
    $NSCA_SCRIPT -H $NSCA_HOST_ADDRESS -p $NSCA_PORT \
       -to $NSCA_TO_SEC -c $NSCA_CONFIG_FILE \
    >> $NSCA_LOGFILE 2>&1
```

Listing 6.8: **send_nsca_multilines**

Konfiguriert man nun folgendes Postscript, so lässt sich selbst mehrzeiliger Output von **check_logfiles** an einen NSCA-Daemon senden:

```
$postscript = 'send_nsca_multilines';
$postscriptparams = '-H $CL_NSCA_HOST_ADDRESS$ '.
                    '-p $CL_NSCA_PORT$ '.
                    '-t $CL_NSCA_TO_SEC$ '.
                    '-c $CL_NSCA_CONFIG_FILE$';
```

> **TIPP**
>
> ```
> $postscriptstdin = '$CL_HOSTNAME$\t'.
>                    '$CL_SERVICEDESC$\t'.
>                    '$CL_SERVICESTATEID$\t'.
>                    '$CL_SERVICEOUTPUT$ | '.
>                    '$CL_SERVICEPERFDATA$\n$CL_LONGSERVICEOUTPUT$';
> ```

6.6 Templates und Selected Searches

Bei Nagios-Installationen für das Monitoring sehr großer Serverlandschaften wird man früher oder später auf gleichartige Logfiles treffen, die sich nur durch einen Bestandteil ihres Dateinamens unterscheiden. Ein Beispiel dafür sind Alertlogs von Oracle. Angenommen, es laufen zwei Datenbankinstanzen mit den SIDs *NPX1* und *NPX2* auf einem Server. Die zugehörigen Logdateien würden dann stark vereinfacht so heißen:

```
$ORACLE_HOME/.../NPX1/trace/alertNPX1.log  und
$ORACLE_HOME/.../NPX2/trace/alertNPX2.log
```

Wollte man diese beiden Dateien mit dem bisherigen Wissen überwachen, so würde man für jede von ihnen eine eigene Konfigurationsdatei für **check_logfiles** erstellen. Diese würden sich dann nur in der Angabe des Logfile-Namens unterscheiden. Für den Fall, dass beide Datenbankinstanzen auf einem einzigen Server laufen, könnte man einfach zwei Searches definieren und beide Logfiles durch einen einzigen Service prüfen lassen. Aber auch das wird irgendwann unübersichtlich, wenn man für jede neue SID einen eigenen Eintrag anlegen muss. Wie gesagt, diese unterscheiden sich einzig im Attribut *logfile*. Die Critical- und Warningpatterns sind identisch.

Listing 6.9: **Konfiguration ora.cfg mit einem Search pro SID**

```
@searches = ({
   tag => 'alertlog_npx1',
   logfile => '/u00/app/oracle/diag/rdbms/NPX1/trace/alertNPX1.log',
   …
}, {
   tag => 'alertlog_npx2',
   logfile => '/u00/app/oracle/diag/rdbms/NPX2/trace/alertNPX2.log',
   …
});
```

Würden sich nun *NPX1* und *NPX2* auf unterschiedlichen Servern befinden, so müsste man jeweils ein eigenes Konfigfile mit einem einzelnen Service anlegen. Auch das ist umständlich, da man alle diese Files erst mühsam erstellen müsste. Auch bei Änderungen z.B. bei den *criticalpatterns* hätte man erheblichen Aufwand, diese auf allen verteilten Dateien einzupflegen. Einzig die Angabe des Tags könnte man vereinfachen, indem man hier nur noch *alertlog* schreibt.

Templates

Aus diesem Grund wurde ein Template-Mechanismus eingeführt. Dieser erlaubt es, Searches als Vorlagen zu definieren, die Platzhalter enthalten dürfen, welche zur Laufzeit von **check_logfiles** dann ausgefüllt werden. Dabei wird das *tag*-Attribut durch ein *template*-Attribut ersetzt. Das vorliegende Beispiel sieht dann so aus:

Listing 6.10: **Konfiguration ora.cfg mit Platzhaltern**
```
@searches = ({
   template => 'alertlog',
   logfile =>
      '/u00/app/oracle/diag/rdbms/$CL_TAG$/trace/alert$CL_TAG$.log',
   ...
});
```

Man ruft check_logfiles genauso auf, wie bisher, nur mit dem Unterschied, dass man einen zusätzlichen Parameter *--tag* angeben muss. Das war bisher im Configfile-Modus nicht nötig.

```
nagsrv$ check_logfiles --config ora.cfg --tag NPX1
```

Was passiert nun hinter den Kulissen? Die Makros im *logfile*-Attribut werden aufgelöst und als Tag wird eine Kombination aus dem Templatenamen und dem *--tag* Parameter gebildet. Intern entsteht ein Search, der so aussieht:

```
@searches = ({
   tag => 'alertlog_NPX1',
   logfile => '/u00/app/oracle/diag/rdbms/NPX1/trace/alertNPX1.log',
   ...
});
```

Damit kann man von Außen steuern, welches Logfile analysiert werden soll. Außerdem wird der Tag eindeutig, so dass es keine Kollisionen der Seekfiles gibt. (In der Plugin-Ausgabe wird durch eine absichtliche Kürzung aber trotzdem nur *alertlog* erscheinen). Dadurch wurde erreicht, dass für sämtliche Datenbankserver nur noch eine einzige Konfigurationsdatei gepflegt und verteilt werden muss.

Wenn man einen zentralen Syslog-Server betreibt, dann hat man idealerweise eine einzige Logdatei, in der die Ereignisse von sämtlichen Rechnern eines Unternehmens landen. Denkbar ist auch das Sammeln von Events der Windows-Server, indem man auf ihnen einen Eventlog-Syslog-Forwarder installiert. In jedem Fall wird für das nächste Anwendungsbeispiel eine Logdatei zugrunde gelegt, die aus den unterschiedlichsten Quellen gefüttert wird. Bedingung ist nur, dass der Name des Ursprungshosts vor jeder Zeile steht. Mit Hilfe der Option *syslogclient* ist dann ein Trick möglich. Anstelle eines echten Hostnamens gibt man auch hier das Makro *CL_TAG* an, der zur Laufzeit durch das Argument des Parameters *--tag* ersetzt wird.

```
@searches = ({
   template => 'events',
   logfile => '/var/log/allerrors',
   options => 'syslogclient=$CL_TAG$',
   criticalpatterns => [ ... ],
   ...
});
```

Ruft man nun **check_logfiles** auf, indem man als Tag den Hostnamen eines der Syslog-Clients angibt, so werden ausschließlich die Zeilen durchsucht, die von diesem stammen.

```
nagsrv$ check_logfiles --config allerrors.cfg --tag pc0815
```

Selected Searches

Wie bereits bekannt ist, kann man in einer Konfigurationsdatei mehrere Searches definieren. Die zugrundeliegende Datenstruktur *@searches* ist ja ein Array, das beliebig viele Elemente aufnehmen kann. Diese werden durch das Attribut *tag* (oder *template*) voneinander unterschieden. Ruft man **check_logfiles** so wie bisher besprochen auf, so werden die Searches nacheinander abgearbeitet. Das vom Plugin gelieferte Endresultat ist dann die Summe der Ergebnisse dieser einzelnen Suchaufträge. Nun ist es aber denkbar, dass man auf bestimmten Hosts nur eine Teilmenge der konfigurierten Searches ausführen möchte.

Angenommen in einem Unternehmen sind 10 verschiedene Applikationen im Einsatz, die jeweils unterschiedliche Meldungen in unterschiedliche Logfiles schreiben und eigentlich nichts miteinander zu tun haben. Anstatt für jede Applikation eine eigene Konfigurationsdatei mit je einem Search zu erstellen, kann man auch die 10 Searches in ein einziges File packen. Mit dem Parameter *--selectedsearches* ist es nämlich möglich, einzelne Searches anhand ihres Tags herauszupicken. Sind auf einem Host beispielsweise Applikation3 und Applikation5 installiert, so bewirkt die Kommandozeile

```
nagsrv$ check_logfiles --config applications1-10.cfg --selectedsearches
'app3,app5'
```

dass nur die für diese Applikationen zuständigen Searches ausgeführt werden.

6.7 Einbindung in Nagios II

In diesem Abschnitt soll gezeigt werden, wie man die soeben vorgestellten Features *Templates* und *Selected Searches* in eine Nagios-Konfiguration einbaut. Zuerst definiert man ein Command, welches den neuen Parameter *--tag* benutzt. Das dritte Argument *$ARG3$* ist wieder optional. Je nach Anwendungsfall kann hier z.B. *--selectedsearches* über die Servicedefinition angegeben werden. Der Aufruf von **check_logfiles** findet lokal statt. Es wird der Einfachheit halber davon ausgegangen, dass der Nagios-Server gleichzeitig der zentrale Syslog-Server ist.

```
define command {
   command_name check_logfiles_cfg_tmpl
   command_line $USER2$/check_logfiles \
       --config /usr/local/nagios/etc/plugin-configs/$ARG1$ \
       --tag $ARG2$ \
       $ARG3$
}
```

KAPITEL 6 Überwachung von Ereignissen in Logfiles

Danach definiert man einen Service, der per Hostgruppen-Zugehörigkeit allen Windows-Rechnern zugewiesen wird.

```
define service {
   service_description  os_win_default_check_errorlog
   use                  os_win_default,volatile
   hostgroup_name       windows
   check_command        check_logfiles_cfg_tmpl\
                        !$SERVICEDESC$!$HOSTNAME$
}
```

Dadurch wird erreicht, dass der Pluginaufruf lokal auf dem Syslog- bzw. Nagios-Server stattfindet. Das zentrale Logfile wird durchsucht, wobei nur diejenigen Zeilen betrachtet werden, die von dem mit *$HOSTNAME$* spezifizierten Host stammen. Die Konfigurationsdatei von **check_logfiles**, die die Windows-spezifischen Pattern enthält, muss in diesem Beispiel *os_win_default_check_errorlog* heißen. Die Dateiendung *.cfg* ist möglich, aber nicht erforderlich.

Anstelle von einer Konfigurationsdatei pro Betriebssystem könnte man auch eine einzige Datei *os_errorlogs.cfg* erstellen, die aus mehreren Searches besteht und daraus den jeweils passenden mittels des Parameters *--selectedsearches* auswählen. Sie wäre nach folgendem Muster aufgebaut:

Listing 6.11: **os_errorlogs.cfg**

```
@searches = ({
   tag => 'windowserrors',
   logfile => '/var/log/allmessages',
   criticalpatterns => [ … windows-spezifische Pattern … ],
   …
}, {
   tag => 'hpuxerrors',
   logfile => '/var/log/allmessages',
   criticalpatterns => [ … hpux-spezifische Pattern … ],
   …
}, {
   …
```

Die Services werden wieder so definiert, dass sie den einzelnen Hosts entsprechend deren Zugehörigkeit zu einer bestimmten Hostgruppe zugewiesen werden. Davon ausgehend, dass es eine eigene Gruppe für jedes Betriebssystem gibt, sehen sie dann folgendermaßen aus:

```
define service {
   service_description  os_win_default_check_errorlog
   use                  os_win_default,volatile
   hostgroup_name       windows
   check_command        check_logfiles_cfg_tmpl\
                        !os_errorlogs!$HOSTNAME$\
                        !--selectedsearches 'windowserrors'
}
```

```
define service {
   service_description   os_hpux_default_check_errorlog
   use                   os_hpux_default,volatile
   hostgroup_name        hpux
   check_command         check_logfiles_cfg_tmpl\
                         !os_errorlogs!$HOSTNAME$\
                         !--selectedsearches 'hpuxerrors'
}
...
```

Am elegantesten wäre es natürlich, wenn man einfach *--selectedsearches ‚$HOSTGROUP NAME$errors'* schreiben könnte. In dem Fall würde eine einzige Servicedefinition ausreichen. Leider liefert dieses Makro aber keinen vorhersagbaren Wert, sobald ein Host mehreren Hostgroups angehört.

Die bisher gezeigten Anwendungsbeispiele gingen davon aus, dass **check_logfiles** im Rahmen von aktiven Services verwendet wird. Dabei wird das Plugin periodisch durch Nagios aufgerufen und übergibt diesem die Checkresultate direkt, gleichgültig welcher Exitcode vorliegt. Es ist allerdings auch möglich, passive Services auf Grundlage von **check_logfiles** zu implementieren und Nagios nur noch im Fehlerfall zu behelligen.

6.8 check_logfiles als Unix-Daemon und Windows-Service

Bei der Beschreibung der Script-Funktionalität wurde gezeigt, wie man einzelne Treffer im Logfile oder das Gesamtergebnis per NSCA an den Nagios-Server übermittelt. Es ist also naheliegend, **check_logfiles** nicht mehr unter der Regie von Nagios, sondern als eigenständige Applikation laufen zu lassen, die den Suchvorgang selbständig ausführt und asynchron Meldungen an Nagios übermittelt. Die einfachste Vorgehensweise ist, **check_logfiles** mittels eines Cronjobs periodisch aufzurufen. Da die Einrichtung solcher Jobs auf einer größeren Anzahl von Clients aufwändig ist und je nach Betriebssystem (z.B. HPUX) besondere Privilegien für den Nagios-User voraussetzt, wurde das Plugin um ein Feature erweitert, das die periodische Ausführung im Hintergrund aus eigener Kraft ermöglicht.

6.8.1 Unix-Hintergrundprozess

In den meisten Fällen wird **check_logfiles** im Rahmen eines aktiven Services eingesetzt. Dabei kümmert sich Nagios um den periodischen Aufruf des Plugins und nimmt dann das Checkresultat in Form eines Exitcodes und einer Textausgabe entgegen. Will man jedoch den Nagios-Server damit nicht belasten, so konfiguriert man einen passiven Service, der nur dann tätig werden muss, wenn es einen Treffer in einem Logfile gegeben hat und ansonsten nichts macht, außer auf ein Lebenszeichen von **check_logfiles** zu warten. Dazu muss natürlich das Plugin von sich aus aktiv werden und die Checkergebnisse (mit **send_nsca**) zum Nagios-Server senden. Man verwendet für solche Szenarien Handler-Scripts und das mit Version 3 eingeführte Daemon-Feature.

Ruft man **check_logfiles** mit dem zusätzlichen Parameter --*daemon* auf, so verrichtet das Plugin seine Aufgaben zunächst wie gewohnt. Anhand der Vorgaben von Konfigurationsdatei oder Kommandozeilenparametern werden Logfiles nach bestimmten Mustern durchsucht. Der Unterschied ist jedoch, dass das Plugin als Hintergrundprozess ausgeführt wird, der sich nach Ende des Suchvorgangs nicht beendet. Stattdessen schläft der Prozess für eine vorgegebene Zeitdauer und startet dann die Suche erneut.

```
nagsrv$ check_logfiles \
    --config /usr/local/nagios/etc/plugin-configs/passive.cfg \
    --daemon
nagsrv$ ps -ef | grep check_logfiles
nagios   21569     1  0 21:29 pts/3    00:00:00 check_logfiles --config /
usr/local/nagios/etc/plugin-configs/passive.cfg --daemon
```

Wie man an der Parent-Prozess-ID 1 sieht, ist der **check_logfiles**-Prozess von der aufrufenden Shell abgekoppelt und läuft im Hintergrund. Er kann mit den Signalen *INT*, *SIG* oder *TERM* beendet werden.

Per default dauert die Wartezeit zwischen den Suchläufen 5 Minuten. Das lässt sich aber auch ändern, indem man dem Parameter --*daemon* ein Argument mitgibt. Es steht für die Anzahl der Sekunden, die so eine Pause dauern soll.

6.8.2 Windows-Service

Unter dem Windows-Betriebssystem kann man solche Hintergrunddienste einrichten, indem man sie beim Service Control Manager SCM registriert. Im Grunde steckt dahinter nichts weiter als die Übergabe eines Kommandos samt Parametern, dessen Ausführung ständig überwacht wird. Das praktische an einem Windows-Service ist, dass er beim Bootvorgang automatisch ausgeführt wird. Außerdem kann der Dienst so konfiguriert werden, dass er bei Problemen neu gestartet oder eine beliebige Aktion ausgeführt wird.

Mit folgendem Kommando installiert man einen Service mit dem Namen *os_win_default_check_eventlog*:

```
C:\> check_logfiles.exe --config "C:\Programme\NSClient++\plugins\os_win_
default_evtlog.cfg"
--install --service os_win_default_check_eventlog
```

Dabei ist zu beachten, dass hier ausschließlich der Configfile-Modus möglich ist. Der Parameter --*service* dient dazu, dem Service einen eindeutigen Namen zu geben. Ein Vorschlag wäre, ihn so zu benennen wie sein Gegenstück auf der Nagios-Seite, also den zugehörigen passiven Service. Fehlt diese Angabe, dann wird defaultmäßig *check_logfiles* vergeben. Will man die Konfigurationdatei ändern, dann muss man dazu vorher den Service beenden (Rechtsklick und *Beenden*) und danach wieder starten (Rechtsklick uns *Starten*). Auch die Funktionen *Anhalten* und *Fortsetzen* stehen zur Verfügung, jedoch wird dabei die Konfigdatei nicht neu eingelesen.

KAPITEL 6 | Überwachung von Ereignissen in Logfiles

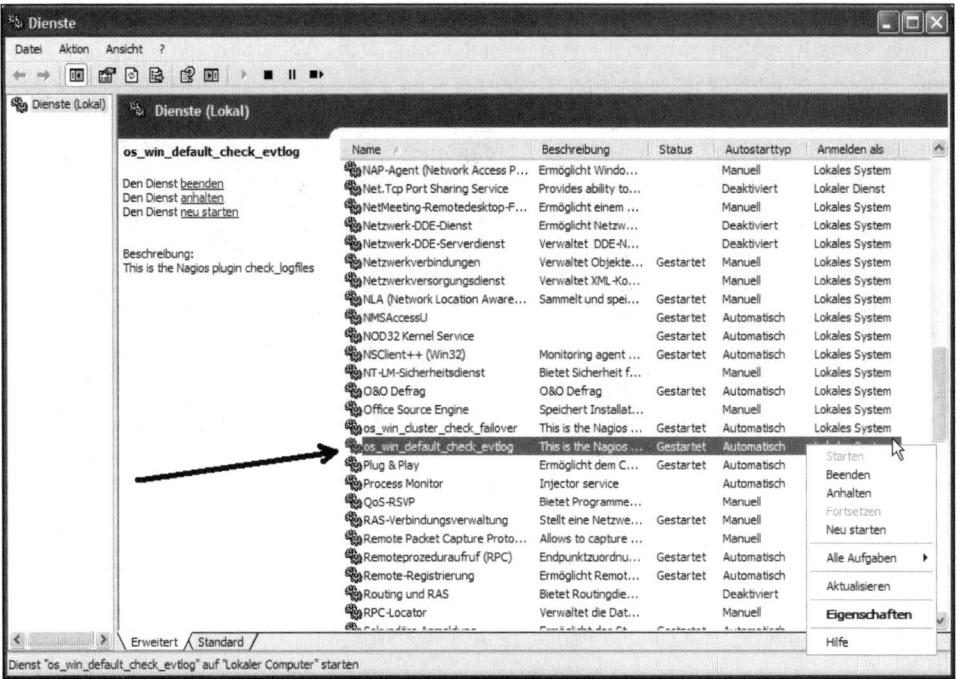

Abbildung 6.7: **check_logfiles als eigenständiger Service unter Windows**

Unter *Systemsteuerung / Verwaltung / Dienste* gelangt man zu obigem Fenster, in dem man Services steuern und ihre Eigenschaften ändern kann.

Deinstalliert wird ein Service, indem man **check_logfiles** mit dem Parameter *--deinstall* aufruft. Auch hier muss mit dem Parameter *--service* spezifiziert werden, welcher Service gemeint ist. Fehlt diese Angabe, dann bezieht sich das Kommando auf den Defaultnamen *check_logfiles*.

```
C:\> check_logfiles.exe --deinstall --service os_win_default_check_eventlog
```

Zusammen mit der im Abschnitt 0 vorgestellten Script-Methode zum Versenden von Treffern mit **send_nsca** ist der Einsatz von **check_logfiles** als eigenständiger Prozess eine ressourcenschonende Alternative zu aktiven Services.

```
C:\>check_logfiles --install --service os_win_default_check_evtlog --config "C:\
Programme\NSClient++\scripts\os_win_default_check_evtlog.cfg"
Successfully added service

C:\>net start os_win_default_check_evtlog
os_win_default_check_evtlog wird gestartet.
os_win_default_check_evtlog wurde erfolgreich gestartet.

C:\>net stop os_win_default_check_evtlog
os_win_default_check_evtlog wird beendet.
os_win_default_check_evtlog wurde erfolgreich beendet.

C:\>check_logfiles --deinstall --service os_win_default_check_evtlog
Successfully deinstalled service

C:\>
```

Abbildung 6.8: **Installieren und Deinstallieren von check_logfiles als Windows-Service.**

6.9 Überwachung von Logfiles, die keine sind

Die Fähigkeit von **check_logfiles**, neu hinzugekommene Zeilen in Dateien nach bestimmten Mustern zu durchsuchen und die Treffer nicht nur an Nagios zu melden, sondern auch selbständig mit Hilfe von externen Scripts oder von Perl-Code in seiner Konfigurationsdatei zu verarbeiten, beschränkt sich nicht auf echte Dateien. Auch beliebige Programme, die Meldungen zeilenweise ausgeben, können integriert werden. Als Voraussetzung dafür muss nur möglich sein, die Ausgabe entweder durch Angabe von Zeilennnummern oder Zeitstempel eingrenzen zu können. Dadurch ist es dem Plugin möglich, die Position der zuletzt analysierten Zeile nach jedem Lauf abzuspeichern und beim darauf folgenden Aufruf ab dieser Stelle mit der Suche nach besagten Mustern zu beginnen. Bisher wurden vier dieser Spezialfälle implementiert, die im Folgenden beschrieben werden.

6.9.1 AIX Error-Report

Das AIX-Betriebssystem schreibt wichtige Systemereignisse in die Datei /var/adm/ras/errlog. Da diese in einem Binärformat vorliegt, kann sie nicht mit **check_logfiles** oder auch anderen Unix-Tools wie **grep** nach Fehlermeldungen durchforstet werden. Dafür gibt es das Kommando **errpt**, das die Einträge in lesbarer Form anzeigt. Dieses Kommando kann aber von **check_logfiles** aufgerufen werden und seine Ausgabe wie gewohnt Zeile für Zeile analysiert werden. Die Einträge im Error-Log sind nach verschiedenen Kategorien klassifiziert. Es gibt Typ, Klasse und Ressource. Das **errpt**-Kommando kann mittels Kommandozeilenparametern angewiesen werden, nur die Fehler einer bestimmten Kategorie auszugeben. Die Error-Typen unterscheidet man nach:

KAPITEL 6 Überwachung von Ereignissen in Logfiles

» *PEND* – Verlust von Funktion steht unmittelbar bevor.
» *PERF* – Die Performance ist unterhalb eines akzeptablen Schwellwerts.
» *PERM* – Eine Komponente meldet einen dauerhaften Fehler
» *TEMP* – Das System konnte sich von einem Fehler erholen.
» *UNKN* – Es kann nicht festgestellt werden, wie schwerwiegend der Fehler ist.
» *INFO* – Information.

Daneben gibt es die Error Klassen, die angeben, von welcher Art die fehlerhafte Komponente ist:

» *H* – Hardwareereignis.
» *S* – Softwareereignis.
» *O* – Informationsereignis.
» *U* – unbestimmbares Ereignis, damit ist oft das Netzwerk gemeint.

Zuletzt kann man sich auch Ereignisse zeigen lassen, die von einer bestimmten Ressource stammen, beispielsweise dem *Logical Volume Device Driver (LVDD)*.

Dass das AIX Error-Log anstelle einer Logdatei durchsucht wird, teilt man dem Plugin mit der Angabe *type => ‚errpt'* mit. Damit **check_logfiles** im Hintergrund das **errpt**-Kommando mit den richtigen Parametern aufruft, gibt es noch einen eigenen Abschnitt, in dem eines oder mehrere der Schlüsselwörter *errorclass*, *errortype* und *errorresource* vergeben werden können.

Wenn man vor der Einführung von Nagios bereits ein Monitoring für AIX auf Basis selbstgeschriebener Scripts aufgesetzt hat, dann hat man sich bestimmt auf Grund schlechter Erfahrungen eine Liste von Fehlermeldungen zusammengestellt, die unbedingt die Aufmerksamkeit des Administrators erfordern. Es liegt nahe, diese Auflistung als Criticalpatterns für **check_logfiles** weiterzuverwenden. Ein Nagios-Check könnte also so aufgebaut sein, dass man sich sämtliche Ereignisse (bzw. wie üblich sämtliche neuen Ereignisse) anschaut, die **errpt** liefert und darin nach den vordefinierten Mustern sucht. Die Konfigurationsdatei für **check_logfiles** sieht dann so aus:

Listing 6.12: **os_aix_default_check_minor_errors.cfg**

```
@searches = ({
    tag => 'errpt',
    type => 'errpt',
    criticalpatterns => [
        'ADAPTER ERROR',
        'The largest dump device is too small.',
        'The copy directory is too small.',
        'Kernel heap use exceeds allocation count',
        'Kernel heap use exceeds percentage thres',
        'LINK ERROR',
        'Permanent fatal error',
```

```
            'SCSI BUS OR DEVICE ERROR',
            'SCSI DEVICE OR MEDIA ERROR',
            'Possible malfunction on local adapter',
            'ETHERNET DOWN',
            'UNABLE TO ALLOCATE SPACE IN KERNEL HEAP'
        ],
        options => 'noprotocol',
});
```

Ruft man jetzt **check_logfiles** mit dieser Konfiguration auf, dann werden sämtliche Events im Error-Log analysiert, die seit dem Zeitpunkt des letzten Laufs neu dazugekommen sind. Ist eine Zeile mit einem der gesuchten Pattern dabei, wird sie als Critical Error gemeldet.

```
nagsrv$ check_logfiles \
    --config etc/os_aix_check_minor_errors.cfg \
    --report long
CRITICAL - (1 errors) - EC0BCCD4    0214095609 T H ent1          ETHERNET
DOWN |errpt_lines=623 errpt_warnings=0 errpt_criticals=1 errpt_unknowns=0
tag errpt CRITICAL
EC0BCCD4    0214095609 T H ent1           ETHERNET DOWN
```

Eine weitere Variante, bei der speziell nach schwerwiegenden Hardwarefehlern gesucht wird, besteht darin, dass man die Errorklasse *H* für Hardware und den Errortyp **PERM** angibt. Damit werden nur solche Events geholt, die einen Hardwareschaden anzeigen, mit dem die Selbstheilungsmechanismen des Systems überfordert sind. Das verwendete Suchmuster grenzt die Suche nicht weiter ein, denn jegliche von errpt ausgegebene Zeile bedeutet, dass so ein schlimmes Ereignis eingetreten ist. Die Konfigurationsdatei für permanente Hardwareprobleme sieht so aus:

Listing 6.13: **os_aix_default_check_permhw_errors.cfg**

```
@searches = ({
    tag => 'permhw',
    type => 'errpt',
    errpt => {
        errorclass => 'H',
        errortype => 'PERM'
    },
    criticalpatterns => ['.*'],
    options => 'noprotocol',
});
```

Ruft man nun **check_logfiles** mit dieser Konfiguration auf, dann entdeckt man damit beispielsweise defekte Festplatten.

```
nagsrv$ check_logfiles \
    --config os_aix_logging_check_permhw_errors.cfg \
    --report long
CRITICAL - (3 errors) - FE9E9357    0105095909 P H pdisk2
DISK OPERATION ERROR ...|hwperm_lines=3 hwperm_warnings=0 hwperm_criticals=3
hwperm_unknowns=0
```

```
tag hwperm CRITICAL
IDENTIFIER  TIMESTAMP   T C RESOURCE_NAME  DESCRIPTION
FE9E9357    0308122609  P H pdisk2         DISK OPERATION ERROR
FFDFB692    0218142909  P H sisraid0       BATTERY PACK FAILURE
FE9E9357    0105095909  P H pdisk2         DISK OPERATION ERROR
```

Die dritte Alternative dient der gezielten Suche von Fehlern in bestimmten Subsystemen. Das folgende Beispiel zeigt, wie der Logical Volume Device Driver mit Nagios überwacht werden kann.

Listing 6.14: **os_aix_default_check_lvdd_errors.cfg**

```
@searches = ({
    tag  => 'errpt',
    type => 'errpt',
    errpt => {
       errorresource => 'LVDD',
    },
    criticalpatterns => ['.*'],
    options => 'noprotocol',
});
```

Hier kommt zum Beispiel der Verlust einer Spiegelhälfte zum Vorschein. Im normalen Betrieb würde man davon nichts merken. Jedoch ist in diesem Zustand keine Redundanz mehr gegeben, so dass ein weiterer Plattenfehler höchstwahrscheinlich Datenverlust zur Folge hätte. Es wird ausreichen, diesen Check nur stündlich ausführen zu lassen, ganz auf ihn verzichten sollte man aber keinesfalls.

```
nagsrv$ check_logfiles \
    --config os_aix_check_lvdd_errors.cfg \
    --report long
CRITICAL - (12 errors) - 28D33163   1213170008 U H LVDD          No mirror
copies were available to read ...|lvdd_lines=3 lvdd_warnings=0 lvdd_criti-
cals=12 lvdd_unknowns=0
tag lvdd CRITICAL
28D33163    1213170008 U H LVDD      No mirror copies were available to read
28D33163    1213170008 U H LVDD      No mirror copies were available to read
28D33163    1213170008 U H LVDD      No mirror copies were available to read
EAA3D429    1213165708 U S LVDD      PHYSICAL PARTITION MARKED STALE
EAA3D429    1213165708 U S LVDD      PHYSICAL PARTITION MARKED STALE
EAA3D429    1213165508 U S LVDD      PHYSICAL PARTITION MARKED STALE
EAA3D429    1213165408 U S LVDD      PHYSICAL PARTITION MARKED STALE
EAA3D429    1213165408 U S LVDD      PHYSICAL PARTITION MARKED STALE
...
```

Wenn man diese **check_logfiles**-Konfigurationsdateien auf die AIX-Server verteilt und ihnen den gleichen Namen gibt wie die entsprechenden Nagios-Services, dann sehen Command- und Servicedefinition so aus:

```
define service {
    service_description    os_aix_default_check_minor_errors
    host_name              aixserver
```

```
        command_name               \
            check_nrpe_arg!60!check_logfiles_cfg!$SERVICEDESCR$
}
define command {
    command_name            check_nrpe_arg
    command_line            $USER1$/check_nrpe \
        -H $HOSTADDRESS$ -t $ARG1$ -c $ARG2$ -a $ARG3$
}
```

Auf der Gegenseite nimmt dann der NRPE-Daemon die Anforderung entgegen und sorgt dafür, dass **check_logfiles** das zum Servicenamen passende Konfigurationsfile einliest.

```
command[check_logfiles_cfg]=/usr/local/nagios/locallibexec/check_logfiles
--config /usr/local/nagios/etc/plugin-configs/$ARG1$.cfg
```

Die beiden letzteren Anwendungsfälle benötigen keine explizite Aufzählung von Patterns und damit auch keine Konfigurationsdatei. Man kann **check_logfiles** in diesen Fällen auch mit erweiterten Kommandozeilenparametern aufrufen, um das gleiche Ergebnis zu erzielen.

```
define service {
    service_description     os_aix_default_check_permhw_errors
    host_name               aixserver
    check_command           \
        check_nrpe_arg!60!check_logfiles_arg!"\
            --tag permhw \
            --type errpt:errorclass=S,errortype=PERM \
            --criticalpattern match_them_all \
            --report html"
}
```

Hier wurde der reguläre Ausdruck „.*' durch den String *match_them_all* ersetzt, da der NRPE-Daemon solche Sonderzeichen nicht akzeptiert. Das entsprechende NRPE-Kommando nimmt dann alle diese Parameter über die Variable *$ARG1$* entgegen.

```
command[check_logfiles_arg]=/lfs/opt/nagios/nrpe/locallibexec/check_logfiles
$ARG1$
```

6.9.2 Oracle Alertlog

Es wurde bereits beschrieben, wie man das Alertlog-File einer Oracle-Instanz nach kritischen Fehlermeldungen durchsucht. Das ist kein Problem, wenn man auf dem Datenbankserver **check_logfiles** bzw. Nagios Clientsoftware installieren und sich als Nagios-Benutzer dort bewegen darf wie auf jedem anderen Server auch. Es gibt aber Installationen, die den Zugang restriktiver handhaben und weder Logins auf Betriebssystemebene noch die Installation irgendwelcher Fremdsoftware erlauben. Falls zum Zwecke des Monitorings jedoch der Remote-Zugriff auf eine Datenbank gestattet ist, dann gibt es die Möglichkeit, auf diesem Wege an das Alertlog heranzukommen. Seit der Version 10 von Oracle gibt es sogenannte *file based* *tables*, das sind Tabellen, deren Daten nicht in der Datenbank, sondern in externen Dateien gespeichert sind. Beim Anlegen mit *CREATE TABLE* wird lediglich definiert, wie aus einer Zeile der Datei die Spalten der Tabelle gebildet werden. Auf diese Weise ist es möglich, den Inhalt des Alertlogs so zu lesen, als stünde er in einer Datenbank-Tabelle. Damit **check_logfiles** wie gewohnt nur die seit dem letzten Lauf neu hinzugekommenen Meldungen untersucht, muss dafür gesorgt werden, dass die einzelnen Zeilen mit einem Index versehen werden. Es wird dann bis zum Ende der Tabelle lesen und der zuletzt gefundene Index als Startposition für den nächsten Lauf zwischengespeichert. Mit dem folgenden Script[2], das der Oracle-Administrator ausführen muss, werden datenbankseitig die Vorbereitungen dafür getroffen. Auch die nötigen Zugriffsrechte für den DB-Benutzer nagios werden damit erteilt.

Listing 6.15: **create_alert_log_table.sql**

```
DECLARE
  BDumpDir   VARCHAR2(200);
  SID        VARCHAR2(16);
  ObjectExists EXCEPTION;
  PRAGMA EXCEPTION_INIT(ObjectExists,-955);
BEGIN
  -- get the bdump dir
  SELECT value
  INTO BDumpDir
  FROM v$parameter
  WHERE name='background_dump_dest';
  -- create the directory for the bdump dir
  EXECUTE IMMEDIATE 'CREATE OR REPLACE DIRECTORY bdump_dir AS '''||
    BDumpDir||'''';
  -- grant the necessary privileges
  EXECUTE IMMEDIATE 'GRANT READ ON DIRECTORY bdump_dir TO system';
  EXECUTE IMMEDIATE 'GRANT READ ON DIRECTORY bdump_dir TO nagios';
  -- get the SID
  SELECT instance_name INTO SID FROM v$instance;
  -- create the external table
  EXECUTE IMMEDIATE 'CREATE TABLE system.alert_log_external
    (TEXT VARCHAR2(255)
    ) ORGANIZATION EXTERNAL
    (TYPE ORACLE_LOADER
     DEFAULT DIRECTORY BDUMP_DIR
     ACCESS PARAMETERS
     (records delimited by newline
      nobadfile
      nologfile
     )
     LOCATION (''alert_'||SID||'.log'')
    )
    REJECT LIMIT UNLIMITED';
    EXECUTE IMMEDIATE 'GRANT SELECT ON system.alert_log_external TO nagios';
-- ignore ORA-955 errors (object already exists)
EXCEPTION WHEN ObjectExists THEN NULL;
END;
/
```

---

2   http://www.singlequery.com/?p=23

```
CREATE OR REPLACE FUNCTION system.alert_log_date( text IN VARCHAR2 )
  RETURN DATE
IS
  InvalidDate  EXCEPTION;
  PRAGMA EXCEPTION_INIT(InvalidDate, -1846);
BEGIN
  RETURN TO_DATE(text,'Dy Mon DD HH24:MI:SS YYYY'
    ,'NLS_DATE_LANGUAGE=AMERICAN');
EXCEPTION
  WHEN InvalidDate THEN RETURN NULL;
END;
/

CREATE OR REPLACE FUNCTION system.oracle_to_unix(in_date IN DATE)
RETURN NUMBER
IS
BEGIN
  RETURN (in_date -TO_DATE('19700101','yyyymmdd'))*86400 -
  TO_NUMBER(SUBSTR(TZ_OFFSET(sessiontimezone),1,3))*3600;
END;
/
CREATE OR REPLACE FORCE VIEW system.alert_log as
SELECT row_num
      ,LAST_VALUE(low_row_num IGNORE NULLS)
         OVER(ORDER BY row_num ROWS BETWEEN UNBOUNDED PRECEDING
         AND CURRENT ROW) start_row
      ,LAST_VALUE(alert_date   IGNORE NULLS)
         OVER(ORDER BY row_num ROWS BETWEEN UNBOUNDED PRECEDING
         AND CURRENT ROW) alert_date
      ,LAST_VALUE(alert_timestamp   IGNORE NULLS)
         OVER(ORDER BY row_num ROWS BETWEEN UNBOUNDED PRECEDING
         AND CURRENT ROW) alert_timestamp
      ,alert_text
FROM (SELECT ROWNUM row_num
            ,NVL2(system.alert_log_date(text),ROWNUM,NULL) low_row_num
            ,system.alert_log_date(text) alert_date
            ,system.oracle_to_unix(system.alert_log_date(text))
                alert_timestamp
            ,text alert_text
       FROM system.alert_log_external
     )
;

DECLARE
  ObjectExists EXCEPTION;
  PRAGMA EXCEPTION_INIT(ObjectExists,-955);
BEGIN
  EXECUTE IMMEDIATE
      'CREATE PUBLIC SYNONYM alert_log FOR system.alert_log';
-- If the synonym exists, drop and recreate it
EXCEPTION WHEN ObjectExists THEN
  EXECUTE IMMEDIATE 'DROP PUBLIC SYNONYM alert_log';
  EXECUTE IMMEDIATE
      'CREATE PUBLIC SYNONYM alert_log FOR system.alert_log';
  EXECUTE IMMEDIATE 'GRANT SELECT ON alert_log TO nagios';
END;
/
```

KAPITEL 6   Überwachung von Ereignissen in Logfiles

Danach steht dem Nagios-Datenbankbenutzer eine View zur Verfügung, aus der die Oracle-Meldungen von jedem beliebigen Rechner aus mit einem SELECT-Statement gelesen werden.

```
nagsrv$ sqlplus nagios/oradbmon@naprax
SQL> describe system.alert_log;
 Name                                      Null?    Type
 ----------------------------------------- -------- ----------------
 ROW_NUM                                            NUMBER
 START_ROW                                          NUMBER
 ALERT_DATE                                         DATE
 ALERT_TIMESTAMP                                    NUMBER
 ALERT_TEXT                                         VARCHAR2(255)

SQL> select row_num, alert_timestamp, alert_text from system.alert_log where
alert_text like '%ORA-%';

   ROW_NUM ALERT_TIMESTAMP ALERT_TEXT
---------- ------------------------------------------------------------
       129      1222803696 ORA-1109 signalled during: ALTER DATABASE CLOSE
NORMAL...

       262      1222803707 ORA-00313: open failed for members of log group 1
of thread 1

       263      1222803707 ORA-00312: online log 1 thread 1: '/u01/oradata/
naprax/redo01.log'
...
```

Damit kann auch das Alertlog von Datenbankservern überwacht werden, für die keine Installation jeglicher Nagios-Clientsoftware vorgesehen ist. Da die erzeugte View betriebssystemunabhängig ist, funktioniert diese Vorgehensweise auch für Server, die unter dem Windows-Betriebssystem laufen.

Damit **check_logfiles** nun auf diese Tabelle zugreifen und die Einträge analysieren kann, muss das Perl-Modul *DBD::Oracle* auf dem Nagios-Server vorhanden sein, sowie das Plugin bzw. der Nagios-Prozess in einem Oracle-Environment mit den üblichen Variablen *ORACLE_HOME*, *TNS_ADMIN*, *LD_LIBRARY_PATH*, etc. laufen. Ist diese Umgebung vorhanden, dann erstellt man eine Konfigurationsdatei folgenden Inhalts:

Listing 6.16: **etc/check_logfiles/oracle_alertlog.cfg**

```
@searches = ({
    tag             => 'oerrs',
    type            => 'oraclealertlog',
    oraclealertlog  => {
        sid         => 'NAPRAX',
        username    => 'nagios',
        password    => 'oradbmon',
    },
    criticalpatterns => [
        'ORA\-0204',        # error in reading control file
        'ORA\-0206',        # error in writing control file
```

KAPITEL 6   Überwachung von Ereignissen in Logfiles

```
            'ORA\-0210',      # cannot open control file
            'ORA\-0257',      # archiver is stuck
...
```

Als Typ gibt man diesmal *oraclealertlog* an. Weitere Details folgen unter dem gleichnamigen Abschnitt und zwar sind dies die Daten, die das Plugin für den Verbindungsaufbau zur Datenbank benötigt. Damit verhält sich **check_logfiles** genauso, als würde es eine lokale Alertlog-Datei Zeile für Zeile lesen.

```
nagsrv$ check_logfiles \
    --config $HOME/etc/check_logfiles/oracle_alertlog.cfg \
    --report long
CRITICAL - (6 errors in ora.protocol-2009-03-23-21-58-50) - Mon Oct  6
16:13:27 2008 ORA-1653: unable to extend table SYSTEM.TEST_DATA by 128 in
tablespace TEST_TBS   ...|oerrs_lines=34 oerrs_warnings=0 oerrs_criticals=6
oerrs_unknowns=0
tag CRITICAL
Mon Mar 23 21:13:17 2008 ORA-1653: unable to extend table SYSTEM.TEST_DATA
by 128 in                tablespace TEST_TBS
Mon Mar 23 21:13:17 2008 ORA-1653: unable to extend table SYSTEM.TEST_DATA
by 128 in                tablespace TEST_TBS
Mon Mar 23 21:13:21 2008 ORA-1653: unable to extend table SYSTEM.TEST_DATA
by 128 in                tablespace TEST_TBS
...
```

Will man auf diese Art viele Datenbanken überwachen, dann bietet sich wieder der Template-Mechanismus an. Das eindeutige Unterscheidungsmerkmal ist die Oracle-SID. Der entsprechende Eintrag in der Konfigurationsdatei kann ein Makro enthalten und daher kann man an dieser Stelle *CL_TAG* eintragen.

```
@searches = ({
    template        => 'oerrs',
    type            => 'oraclealertlog',
    oraclealertlog  => {
        sid      => '$CL_TAG$',
        username => 'nagios',
        password => 'oradbmon',
    },
    criticalpatterns => [
...
```

Mit dem Parameter *--tag* wird dann die SID übergeben, so dass im aufgelösten Template die vollständigen Login-Daten vorliegen.

```
nagsrv$ check_logfiles \
    --config $HOME/etc/check_logfiles/oracle_alertlog.cfg \
    --tag NAPRAX
```

KAPITEL 6 — Überwachung von Ereignissen in Logfiles

Idealerweise wird man in sämtlichen Oracle-Instanzen den Nagios-Benutzer mit dem gleichen Passwort anlegen, so dass die Einträge *username* und *password* in der Konfigurationsdatei wie in obigem Beispiel hart codiert vorliegen können. Ausnahmen kann man aber nichtsdestotrotz mit wenig Aufwand einrichten. Auch an diesen beiden Stellen sind Makros erlaubt, so dass man die Konfiguration noch allgemeiner schreiben kann:

```
$MACROS = {
    CL_DBUSERNAME => 'nagios', # default
    CL_DBPASSWORD  => 'oradbmon' # default
};

@searches = ({
    template       => 'oerrs',
    type           => 'oraclealertlog',
    oraclealertlog => {
        sid       => '$CL_TAG$',
        username  => '$CL_DBUSERNAME$',
        password  => '$CL_DBPASSWORD',
    },
    criticalpatterns => [
...
```

Im Normalfall werden die Werte eingesetzt, die man als Makros definiert hat. Sollten nun die Zugangsdaten von Standard abweichen, dann stellt auch das kein Problem dar. Mit dem Parameter *--macro*, der mehrfach vorhanden sein darf, übergibt man Username und Passwort sozusagen „von Außen". Die Makrodefinitionen in der Konfigurationsdatei werden damit per Kommandozeile überschrieben.

```
nagsrv$ check_logfiles \
    --config $USER9$/oracle_alertlog.cfg \
    --tag NAPRAX \
    --macro CL_DBUSERNAME=dbuserxy --macro CL_DBPASSWORD=geheim
```

Die dazugehörige Konfiguration in Nagios für den Datenbankserver *dbsrv1* und die SID *NAPRAX* könnte dann vereinfacht so aussehen.

```
define service {
    service_description    app_oracle_logs_NAPRAX_check_alertlog
    host_name              dbsrv1
    check_command          \
        check_logfiles_alertlog!NAPRAX!dbuserxy!geheim
}

define command {
    command_name  check_logfiles_alertlog
    command_line  $USER1$/check_logfiles \
        --config $USER9$/oracle_alertlog.cfg \
        --tag $ARG1$ \
        --macro CL_DBUSERNAME=$ARG2$ --macro CL_DBPASSWORD=$ARG3$
}
```

Eine weitere Variante wäre noch die Übergabe der Login-Daten per Environmentvariablen. Diese erzeugt man durch die Vergabe von sogenannten *user defined attributes* in der Servicedefinition. Wenn in der Konfigurationsdatei *nagios.cfg* der Schalter *enable_environment_macros=1* gesetzt ist, dann stehen sie dem Plugin zur Laufzeit zur Verfügung. Die entsprechenden Service und Command-Definitionen sehen dann so aus:

```
define service {
    service_description     app_oracle_logs_NAPRAX_check_alertlog
    host_name               dbsrv1
    check_command           \
        check_logfiles_alertlog
    _oracle_sid             NAPRAX
    _oracle_user            dbuserxy
    _oracle_pass            geheim
}

define command {
    command_name  check_logfiles_alertlog
    command_line  $USER1$/check_logfiles \
        --config $USER9$/oracle_alertlog.cfg
}
```

In der Konfigurationsdatei von **check_logfiles**, die ja nichts anderes als ein Perl-Script ist, tauchen die Angaben im vordefinierten Hash *%ENV* wieder auf, so dass man sie direkt verwenden kann.

```
@searches = ({
    tag            => 'oerrs',
    type           => 'oraclealertlog',
    oraclealertlog => {
        sid      => $ENV{NAGIOS__SERVICEORACLE_SID},
        username => $ENV{NAGIOS__SERVICEORACLE_USER},
        password => $ENV{NAGIOS__SERVICEORACLE_PASS},
    },
    criticalpatterns => [
...
```

Es ist zu beachten, dass anstelle von *template* wieder *tag* am Anfang steht. Der Grund dafür ist, dass die Environmentvariablen in dem Moment aufgelöst werden, in dem **check_logfiles** die Konfigurationsdatei einliest. Für das Plugin sieht es so aus, als wären alle drei Angaben *sid*, *username* und *passwort* hart codiert worden. Der Vorteil dieser Methode ist, dass die sensiblen Zugangsdaten in der Prozessliste nicht zu entdecken sind, weil **check_logfiles** ohne die entsprechenden Kommandozeilenparameter aufgerufen wird.

6.9.3 IPMITOOL

Immer mehr Hardwarehersteller implementieren auf ihren Servern das Hardware-Diagnose-Framework *IPMI*. Dabei werden die kritischen Komponenten wie z.B. Memory-Boards, Stromversorgungsmodule, Lüfter, etc. mit Sensoren ausgestattet, die eine Statusabfrage erlauben. Dazu benutzt man üblicherweise das Kommando **ipmitool sdr**, mit dem die sogenannten *Sensor Data Records* ausgegeben werden.

Listing 6.17: **Ein Server mit zwei offensichtlich funktionierenden Stromversorgungen PS1 und PS2.**

```
ibmsrv28$ sudo ipmitool sdr|grep ^PS
PS 1R Fault      | 0x00         | ok
PS 2R Status     | 0x01         | ok
PS 3T Status     | Not Readable | ns
PS 4T Status     | Not Readable | ns
PS 4T Fan Fault  | Not Readable | ns
PS 1T Fan Fault  | Not Readable | ns
PS 2T Fan Fault  | Not Readable | ns
PS 3T Fan Fault  | Not Readable | ns
PS 1T Fan Detect | Not Readable | ns
PS 2T Fan Detect | Not Readable | ns
PS 3T Fan Detect | Not Readable | ns
PS 4T Fan Detect | Not Readable | ns
PS 1 StatusT     | Not Readable | ns
PS 2 StatusT     | Not Readable | ns
PS 1R Status     | 0x01         | ok
PS 2R Fault      | 0x00         | ok
PS 2T Fault      | Not Readable | ns
PS 1T Fault      | Not Readable | ns
PS 3T Fault      | Not Readable | ns
PS 4T Fault      | Not Readable | ns
```

Daneben gibt es auf der Hardwareebene noch das *System Event Log (SEL)*, einen Speicher, in dem wichtige Ereignisse im System, z.B. Ausfälle, protokolliert werden. In einem konkreten Fall wurde beobachtet, dass **ipmitool sdr** fälschlicherweise ok meldete, obwohl ein Netzkabel von einer Stromversorgung abgezogen worden war. Im *SEL* hingegen wurde dieser Vorfall korrekt angezeigt. Zum Auslesen der Events ruft man das Kommando **ipmitool sel list** auf.

```
ibmsrv28$ sudo ipmitool sel list
...
  2b | 02/07/2008 | 18:07:44 | Chassis #0xa8 | State Asserted
  2c | 02/08/2008 | 11:23:18 | Chassis #0xa8 | State Asserted
  2d | 02/09/2008 | 17:54:45 | Chassis #0x1e | Redundancy Lost
  2e | 02/09/2008 | 17:54:47 | Power Supply #0x71 | Failure detected |
Asserted
  2f | 02/09/2008 | 17:54:47 | Power Supply #0x71 | Power Supply AC lost |
Asserted
...
```

Diese Diskrepanz zwischen Sensor Data Records und System Event Log ist zwar auf einen Software-Bug zurückzuführen. Dieser bot aber den Anlass für eine Erweiterung von **check_logfiles**. Der Mechanismus des Lesens von neuen Zeilen in einem Logfile lässt sich leicht auf das *SEL* abbilden. Tauchen in diesem Events auf, die auf einen Hardwaredefekt hindeuten, so werden sie von **check_logfiles** entdeckt und an Nagios gemeldet. Mit der folgenden Konfiguration kann man beispielsweise die Stromversorgung eines Servers überwachen:

KAPITEL 6 Überwachung von Ereignissen in Logfiles

Listing 6.18: **os_linux_hardware_check_ipmisel.cfg**

```
@searches = ({
    tag => 'ipmisel',
    type => 'ipmitool',
    ipmitool => { # you don't need this if you are root
      path => "sudo /usr/local/bin/ipmitool",
    },
    criticalpatterns => [
        'Power Supply.*Failure detected',
        'Power Supply AC lost',
    ],
    warningpatterns => [
        'Power off'
    ],
    options => 'noprotocol',
});
```

Als Typ wird hier *ipmitool* angegeben. Das gleichnamige Attribut beinhaltet die Angabe, wie das **ipmitool**-Kommando aufgerufen werden soll. Im Beispiel sieht man, dass die **sudo**-Funktion benutzt wurde, da im Normalfall für einen Aufruf von **ipmitool** Administrator-Rechte benötigt werden. Aus diesem Grund ist daher auch ein entsprechender Eintrag in der Datei */etc/sudoers* anzulegen.

```
nagios ALL = NOPASSWD: /usr/local/bin/ipmitool sel list
```

Der hier verwendete Installationspfad */usr/local/bin/ipmitool* ist natürlich nur ein Beispiel.

Ruft man nun **check_logfiles** mit der oben gezeigten Konfigurationsdatei auf, so werden die seit dem letzten Lauf neu hinzugekommenen Events analysiert und im Fehlerfall angezeigt.

```
ibmsrv28$ check_logfiles \
    --config os_linux_hardware_check_ipmisel.cfg --report long
CRITICAL - (6 errors)  34 ; 02/09/2009 ; 17:54:55 ; Power Supply #0x39 ;
Failure detected ; Deasserted ...|ipmisel_lines=9 ipmisel_warnings=0 ipmi-
sel_criticals=6 ipmisel_unknowns=0
  2e ; 02/09/2009 ; 17:54:47 ; Power Supply #0x71 ; Failure detected ;
Asserted
  2f ; 02/09/2009 ; 17:54:47 ; Power Supply #0x71 ; Power Supply AC lost ;
Asserted
  30 ; 02/09/2009 ; 17:54:47 ; Power Supply #0x39 ; Failure detected ;
Asserted
  31 ; 02/09/2009 ; 17:54:53 ; Power Supply #0x71 ; Power Supply AC lost ;
Deasserted
  33 ; 02/09/2009 ; 17:54:55 ; Power Supply #0x71 ; Failure detected ;
Deasserted
  34 ; 02/09/2009 ; 17:54:55 ; Power Supply #0x39 ; Failure detected ;
Deasserted
```

Für diese Form der Hardwareüberwachung bietet sich der Daemon-Mode von **check_logfiles** zusammen mit einem passiven Nagios-Service an, da Ausfälle so selten vorkommen dürften, dass ein aktiver Check, selbst mit großzügigem *check_interval*, übertrieben scheint.

6.9.4 Windows Eventlog

Nach der Portierung des ursprünglich für den Einsatz unter Unix vorgesehenen **check_logfiles** auf die Windows-Plattform äußerten zahlreiche Anwender den Wunsch, auch das Windows-Eventlog überwachen zu können. Da mit dem Perl-Modul *Win32* ein API zum Zugriff auf das Eventlog zur Verfügung steht und die einzelnen Events in diesem mit einem Zeitstempel versehen sind, konnte der bekannte Mechanismus des Lesens bis zum letzten Eintrag und Speichern der erreichten Position auch für diesen Anwendungsfall implementiert werden. Sowohl die Perl- als auch die kompilierte Binärversion beherrschen das Auslesen des Eventlogs. Auch die mit dem Cygwin-System[3] ausgelieferte Version von Perl kann verwendet werden. Der Parameter *type* bekommt in diesem Anwendungsfall den Wert *eventlog* zugewiesen. Im einfachsten Fall sieht dann der Aufruf von **check_logfiles** so aus:

```
C:\> check_logfiles --type eventlog --criticalpattern 'ERROR'
```

Angaben bezüglich Logfile oder Rotationsverfahren entfallen auch hier. Windows kennt drei Typen von Eventlogs: System, Applikation und Sicherheit. Per Default wird das Systemlog ausgelesen. Es stehen weitere Parameter zur Verfügung, mit denen sich die Suche nach Ereignissen verfeinern oder auf entfernten Rechnern durchführen lässt.

» *eventlog* kann die Werte *system*, *application* oder *security* annehmen. Wird dieser Parameter nicht angegeben, wird wie bereits erwähnt das Systemlog durchsucht. Auch bei der deutschsprachigen Version von Windows verwendet man hier die englischen Bezeichnungen.

» *computer* ist der Name eines entfernten Computers, dessen Eventlog analysiert werden soll. Natürlich müssen die für einen Remotezugriff nötigen Berechtigungen vorhanden sein. Fehlt diese Angabe, so wird die Suche auf dem lokalen Host durchgeführt.

» *username* wird für den Zugriff auf das Eventlog eines entfernten Computers benötigt.

» *password* wird ebenfalls für den Remotezugriff benötigt.

» *source* gibt die Quelle der Ereignisse an, nach denen gesucht werden soll. Dadurch werden nur solche Ereignisse betrachtet, die von einer bestimmten Applikation stammen.

Auf der Kommandozeile gibt man diese Extra-Parameter als Key-Value-Paare an, die durch Kommas getrennt werden.

```
--type eventlog:eventlog=application,source=Word
```

Verwendet man dagegen eine Konfigurationsdatei, dann definiert man eine Hashreferenz wie im folgenden Beispiel:

---

3   http://www.cygwin.org

KAPITEL 6 Überwachung von Ereignissen in Logfiles

```
@searches = ({
   type => 'eventlog',
   eventlog => {
      eventlog => 'application',
      source => 'Word',
   },
...
```

Ansonsten unterscheidet sich die Suche in den Eventlogs nicht von der Suche in normalen Logdateien. Auch bei diesem speziellen Einsatzfall definiert man Critical- und Warningpatterns, die mit dem Beschreibungstext eines Events verglichen werden. In der folgenden Abbildung ist ein Ereignis zu sehen, welches die Applikation *NPXDOORS* gemeldet hat. Klickt man in der Ereignisanzeige auf den entsprechenden Eintrag, so erscheint eine Detailansicht mit Datum/Uhrzeit, Quelle, Type und Beschreibung des Events. Der Text „*door 12 opened*" ist hier der String, der mit den Patterns verglichen wird.

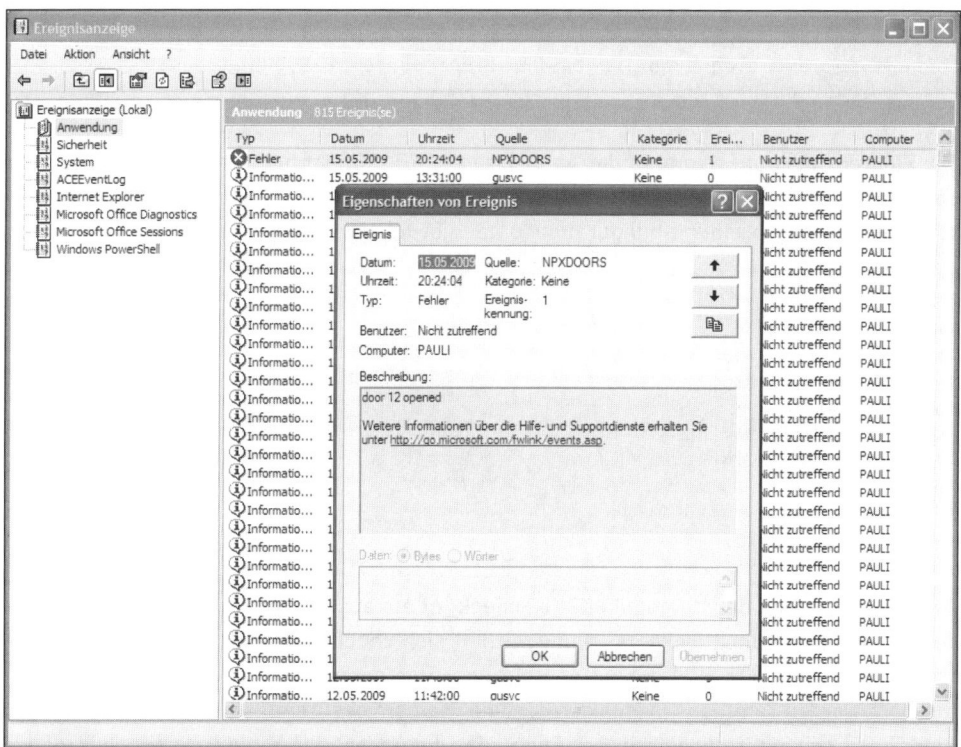

Abbildung 6.9: **Detailansicht eines Ereignisses im Eventlog**

Um die Applikation *NPXDOORS* zu überwachen und beim Auftreten der gezeigten Fehlermeldung einen Alarm in Nagios auszulösen, müsste man **check_logfiles** mit folgenden Parametern aufrufen:

```
check_logfiles --tag opendoors
    --type 'eventlog:eventlog=application:source=NPXDOORS'
    --criticalpattern 'door.*opened'
```

Windows Events sind durch ein Typ-Feld bereits vorklassifiziert. Es gibt daher die Möglichkeit, nicht selbst gezielt nach Pattern in ihrer Beschreibung zu suchen, sondern sich auf die auslösende Applikation stützen, die die Kategorien *Fehler* und *Warnung* vergibt. Dafür sorgt die Option *--winwarncrit*, die Critical- und Warning-Patterns überflüssig macht. Der Fehlertext spielt dann keine Rolle mehr. Ausschlaggebend ist nur noch, ob ein Event vom Typ *Fehler* oder *Warnung* ist. Entsprechend wird er dann als *CRITICAL* oder *WARNING* gezählt und am Ende von **check_logfiles** ausgegeben. Dadurch lassen sich auch Fehlermeldungen finden, deren Beschreibung vorher nicht bekannt ist. Die Meldung aus dem oben gezeigten Beispiel hätte man daher auch entdeckt, wenn **check_logfiles** folgendermaßen aufgerufen worden wäre.

```
check_logfiles --tag allnpxdoors
    --type 'eventlog:eventlog=application:source=NPXDOORS'
    --winwarncrit
```

Die Eingrenzung auf Ereignisse der Applikation *NPXDOORS* ist hier optional. Lässt man die *source*-Angabe weg, dann kann man sich bei allen erdenklichen Fehlermeldungen benachrichtigen lassen. In einer Konfigurationsdatei gibt man *winwarncrit* als Schlüsselwort im *options*-key an.

```
@searches = ({
    tag => 'allnpxdoors',
    type => 'eventlog',
    eventlog => {
        eventlog => 'application',
        source => 'NPXDOORS',
    },
    options => 'winwarncrit',
...
```

Mehr aus Gründen der Kompatibilität zu **check_nt** als aus Notwendigkeit wurde eine weitere Option eingeführt: *lookback*. Damit verhält sich **check_logfiles** nicht wie üblich, also dass nur die seit dem letzten Lauf neu hinzugekommenen Events untersucht werden. Mit *lookback* werden sämtliche Events gelesen, die in einem bestimmten Zeitraum eingegangen sind. Dazu verlangt *lookback* ein Argument, das die Anzahl der Minuten angibt, wie weit in die Vergangenheit zurückgeblickt werden soll. Damit verhält sich **check_logfiles** ähnlich wie mit der *sticky*-Option. Will man z.B. einen Service einrichten, der überprüft, ob in den vergangenen 30 Minuten von der Applikation *NPXDOORS* Fehler oder Warnungen gemeldet wurden, dann benutzt man folgende Parameter:

```
check_logfiles --tag allnpxdoors
    --type 'eventlog:eventlog=application:source=NPXDOORS'
    --winwarncrit --lookback 30
```

Der entsprechende Ausschnitt einer Konfigurationsdatei sieht so aus:

```
@searches = ({
    tag => 'allnpxdoors',
    type => 'eventlog',
    eventlog => {
        eventlog => 'application',
        source => 'NPXDOORS',
    },
    options => 'winwarncrit,lookback=30',
…
```

Es besteht kein Zwang, *lookback* zusammen mit *winwarncrit* einzusetzen. Genauso wäre es möglich gewesen, *critical-* und *warningpatterns* anzugeben. Worauf zu achten ist, wenn man *lookback* einsetzt, ist dass man analog zur *sticky*-Option keinen volatilen Service definieren darf.

6.10 Ablösung des Tivoli Logfile Adapters mit check_logfiles

```
From: Bernd Berserker <bernd.berserker@naprax.de>
To: Armin Admin <armin.admin@naprax.de>
Subject: Ablösung von Tivoli

Hallo Armin,

wir haben noch auf etlichen Servern einen Tivoli-Endpoint laufen, weil die
Anwender auf der weiteren Nutzung des Logfile Adapters bestehen. Sie mei-
nen, sie hätten zu viel Aufwand in die Erstellung der Formatfiles gesteckt
und haben keine Lust, das alles in regular Expressions für check_logfiles
nochmal zu schreiben. Ausserdem gibt es dort die Möglichkeit, Trefferzeilen
textmäßig umzuformulieren. So wie ich check_logfiles verstehe, könnte man
das auch mit Handler-Scripts machen, aber das wird ein Riesenaufwand. Hast
du einen Vorschlag, wie man die Ablösung eleganter hinbekommt?

Gruss,
Bernd
```

Die Überwachungssoftware Tivoli beinhaltet ein sehr mächtiges Tool zur Überwachung von Logfiles, den sog. *Tivoli Logfile Adapter*. Anders als **check_logfiles** läuft dieser als Daemon permanent und hängt sich an das Ende der überwachten Logdateien. Taucht eine neue Zeile auf, so wird sie sofort mit einer Liste vordefinierter Patterns verglichen. Trefferzeilen können mit Hilfe eigener Regeln so aufbereitet werden, dass ihr Text verständlicher wird. Die Grundlage dafür sind sogenannte Formatfiles. Diese sind aus einzelnen *FORMAT*-Blöcken aufgebaut, die jeweils ein Pattern (die zweite Zeile eines Blocks) beschreiben, bzw. wie weiter vorgegangen wird, wenn das Pattern matcht. Üblicherweise wird in dem Fall ein Event an die Tivoli Enterprise Console geschickt. Dazu benutzt man das Kommando **wpostemsg**. Dieses benötigt noch einige Parameter, die sogenannten Slots. Dazu zählen z.B. Hostname, Datum oder die Applikation, zu der das Logfile gehört. Die Slots sind entweder Konstanten oder sie werden aus der Trefferzeile gewonnen. Mit einer *FOLLOWS*-Anweisung ist es auch möglich, dass ein *FORMAT*-Block Regeln von seinen Vorgängern erbt.

Listing 6.19: **Auszug aus einem Formatfile des Tivoli Logfile Adapters**

```
FORMAT GAM_Base
%s* Event= %s:%s%n occurred at %s* and logged at %s*
hostname LABEL
adapter_host LABEL
origin DEFAULT
-V1 $1
silo $2
-msgpart $3
date $4
msg PRINTF("%s Event= %s:%s", V1, silo, msgpart)
severity MINOR
END

FORMAT Log_Linux_HW_GAM FOLLOWS GAM_Base
%s* Event= 87:%s%n occurred at %s* and logged at %s*
silo "87"
-msgpart $2
date $3
END

FORMAT Log_Linux_HW_GAM FOLLOWS GAM_Base
%s* Event= B:%s%n occurred at %s* and logged at %s*
silo "B"
-msgpart $2
date $3
END

FORMAT Log_Linux_HW_GAM FOLLOWS GAM_Base
%s* Event= C:%s%n occurred at %s* and logged at %s*
silo "C"
-msgpart $2
date $3
END
```

Seit der Version 3.0 ist **check_logfiles** in der Lage, solche Formatfiles zu verarbeiten. Will man nun den Logfile Adapter durch **check_logfiles** ersetzen, ohne mühevoll die entsprechenden Critical- und Warningpatterns neu zu schreiben, dann verwendet man das neue Attribut *tivolipatterns*. Diesem weist man den Pfad zum Formatfile, dessen Inhalt automatisch für die Benutzung mit **check_logfiles** aufbereitet wird. Ansonsten unterscheidet sich diese Technik nicht vom bekannten Vorgehen mit *criticalpatterns* und *warningpatterns*. Bei einem Treffer werden jedoch zusätzlich die Tivoli-spezifischen Angaben aus der auslösenden Format-Regel in ein Hash aufgenommen. Dieses steht einem Handler-Script als *$CHECK_LOGFILES_PRIVATESTATE->{'tivolimatch'}* zur Verfügung.

Zugriff auf die Slot-Daten von einem Handler-Script aus

Als Beispiel der eingangs gezeigten Formate *GAM_Base* und *Log_Linux_HW_GAM* soll gezeigt werden, wie so ein Hash aussieht. Angenommen folgende Zeilen tauchen im Logfile auf:

```
SeqNo=4 ctl=0 chn=0 tgt=0 lun=0 Event=  87:MLXEV_SYSDEV_CRITICAL
   occurred at Fri Jun  5 12:26:47 2009 and logged at Fri Jun  5 12:26:47
2009
```

Die Formatanweisung werden von hinten nach vorne durchprobiert, bis ein Pattern zu dem angezeigten Event passt, in diesem Fall das drittletzte. Durch die Vererbung sieht die entsprechende Format-Regel so aus:

```
FORMAT Log_Linux_HW_GAM FOLLOWS GAM_Base
%s* Event= 87:%s%n occurred at %s* and logged at %s*
hostname LABEL
adapter_host LABEL
origin DEFAULT
-V1 $1
silo "87"
-msgpart $2
date $3
END
```

Dadurch nimmt dann *$CHECK_LOGFILES_PRIVATESTATE->{,tivolimatch'}* folgende Form an:

```
{
    'logline' => '  occurred at Fri Jun  5 12:26:47 2009 and logged at Fri
Jun  5 12:26:47 2009',
    'format_name' => 'Log_Linux_HW_GAM',
    'exit_code' => 1,
    'subject' =>
 'SeqNo=4 ctl=0 chn=0 tgt=0 lun=0 Event= 87:MLXEV_SYSDEV_CRITICAL',
    'slots' => {
        'msg' =>
 'SeqNo=4 ctl=0 chn=0 tgt=0 lun=0 Event= 87:MLXEV_SYSDEV_CRITICAL',
        'date' => 'Fri Jun  5 12:26:47 2009',
        'silo' => '87',
        'origin' => '10.0.12.118',
        'hostname' => 'lxsrv29',
        'severity' => 'MINOR',
        'adapter_host' => 'lxsrv29'
    },
    'severity' => 'MINOR'
}
```

Die Keys in diesem Hash bedeuten im Einzelnen:

» *exit_code* – Da Tivoli mehrere Severities kennt (*FATAL, CRITICAL, SEVERE, WARNING, MINOR, HARMLESS* oder *UNKNOWN*) müssen diese auf geeignete Nagios-Severities abgebildet werden. Defaultmäßig wird dabei folgende Vorschrift benutzt:

KAPITEL 6 — Überwachung von Ereignissen in Logfiles

TIVOLI-SEVERITY	NAGIOS-SEVERITY
FATAL	CRITICAL
CRITICAL	CRITICAL
SEVERE	CRITICAL
WARNING	WARNING
MINOR	WARNING
HARMLESS	OK
UNKNOWN	-

In *exit_code* steht dann der zur Nagios-Severity gehörende numerische Wert von 0 bis 2.

» *format_name* – Der Name des *FORMAT*-Blocks, dessen Pattern den Treffer erzielt hat.

» *severity* – Die im *FORMAT*-Block angegebene (Tivoli-)Severity.

» *subject* – Die mittels eines *PRINTF*-Statements umgeschriebene Trefferzeile (*msg* im Format).

» *logline* – Die Trefferzeile selbst.

» *slots* – Eine weitere Hashreferenz, die die Slots beinhaltet, z.B. *origin* oder *hostname*.

Versenden von Trefferzeilen als Tivoli-Events an die TEC

Insbesondere die Slots werden benötigt, falls man bei einer Ablösung des Tivoli-Monitorings durch Nagios während einer Übergangszeit Treffer in Logfiles unmittelbar an die TEC schicken möchte. Ein Konfigurationsfile sieht dann folgendermaßen aus:

```
@searches = ({
    tag             => 'syslog',
    logfile         => '/var/log/messages',
    options         => 'supersmartscript,noprotocol',
    tivolipatterns  => '/opt/tivoli/lfadapter/syslog_linux.fmt',
    script          => {
        my $tivoli = $CHECK_LOGFILES_PRIVATESTATE->{'tivolimatch'};
        my $slots = $tivoli->{'slots'};
        if($tivoli->{'exit_code'} != 0) {
            system(
                '/opt/tivoli/bin/postemsg',
                '-S', 'tec.naprax.de',
#               '-r', $tivoli->{'severity'},
#               '-m', $tivoli->{'subject'},
                @{$slots->{origin}},
                'NagiosEvent', 'NAGIOS', # Class und Event
            );
        }
```

```
            print $tivoli->{'logline'};
            return($tivoli->{'exit_code'});
    },
});
```

Der Tivoli Logfile Adapter läuft als eigenständiger Prozess, der Treffer in Logfiles als Events an eine zentrale Konsole schickt. Bei Verwendung einer Konfiguration wie der hier gezeigten bietet es sich daher an, auch **check_logfiles** als Daemon laufen zu lassen.

Ein weiterer Schritt bei der Ablösung von Tivoli besteht darin, die Treffer nicht mehr an die TEC, sondern mit **send_nsca** an den Nagios-Server zu senden. Auf diesem nimmt dann ein passiver Service die Events entgegen. Der Exitcode von **check_logfiles** spielt in beiden Fällen keine Rolle. Dieser kommt erst dann ins Spiel, wenn man sich weniger für einzelne Zeilen, sondern für das Gesamtergebnis eines Suchlaufs interessiert.

Simulation des Logfile Adapters ohne Versand der Einzeltreffer

Bisher wurde in diesem Abschnitt der unmittelbare Versand von Trefferzeilen während der Laufzeit von **check_logfiles** beschrieben. Natürlich ist es auch möglich, einen aktiven Service zu konfigurieren, der dafür sorgt, dass **check_logfiles** in regelmäßigen Intervallen die neu hinzugekommenen Zeilen im Logfile untersucht. Dabei gefundene Fehlermeldungen werden Nagios dann gebündelt in Form von Exitcode und Plugin-Ausgabe übergeben. Eine Konfigurationsdatei würde dann viel einfacher aussehen:

```
@searches = ({
    tag             => 'syslog',
    logfile         => '/var/log/messages',
    options         => 'noprotocol',
    tivolipatterns  => '/opt/tivoli/lfadapter/syslog_linux.fmt',
});
```

Auch im Commandline-Modus kann man mit Tivoli-Formatfiles arbeiten. Bevor der entsprechende Aufruf gezeigt wird, noch eine Anmerkung zu einer Besonderheit bei der Verwendung des Tivoli-Kompatibilitätsmodus. Bei der Ausgabe des Plugins tauchen nicht die originalen Trefferzeilen aus dem Logfile auf. Stattdessen erscheinen die *msg*-Variablen aus den entsprechenden Format-Regeln, die ggf. mit einer *PRINTF*-Anweisung erzeugt wurden. An folgendem Beispiel soll dies demonstriert werden:

```
FORMAT Log_Linux_HW_Serverview FOLLOWS Logfile_Base
%t %s ServerView RAID: [0426][%s] %s*
id 0426
-V4 $4
msg PRINTF("Raid kaputt: %s", V4)
severity CRITICAL
END
```

Erscheint nun eine Fehlermeldung im Logfile */var/adm/messages*, die ein Problem mit einem Raid-Device anzeigt und zu dem gesuchten Pattern passt:

```
Jun 19 19:30:18 lxsrv27 ServerView RAID: [0426][MIRR_FAULT] mirror broken
```

Dann liefert ein Aufruf von **check_logfiles** anstelle dieser Zeile die umformulierte Meldung.

```
solsrv29$ check_logfiles --tag syslog --logfile ./var/adm/messages \
    --tivolipattern etc/syslog_enh_logfile_solaris.fmt \
    --noprotocol --noperfdata
CRITICAL - (1 errors) - Raid kaputt: mirror broken
```

Man muss hier beachten, dass analog zu *--criticalpattern* auch *--tivolipattern* im Singular angegeben wurde. Auf der Kommandozeile ist nämlich nur eine einzige Formatdatei zulässig, wohingegen beim Attribut *tivolipatterns* in einer Konfigurationsdatei auch ein Array von Dateinamen möglich ist.

Abbildung von Tivoli-Severities auf Nagios-Severities

Die defaultmäßige Abbildung von Tivoli-Severities auf Nagios-Severities kann auch modifiziert werden. Dazu gibt es das Attribut *tivolimapping*. In einer Konfigurationsdatei wird es folgendermaßen eingesetzt:

```
@searches = ({
    tag             => 'syslog',
    logfile         => '/var/log/messages',
    options         => 'supersmartscript,noprotocol',
    tivolipatterns  => '/opt/tivoli/lfadapter/syslog_linux.fmt',
    tivolimapping   => {
        'FATAL'    => 2,
        'CRITICAL' => 2,
        'SEVERE'   => 2,
        'WARNING'  => 2,   # in diesem Fall wird
                           # Tivoli-WARNING zu Nagios-CRITICAL
        'MINOR'    => 1,
        'HARMLESS' => 0,
        'UNKNOWN'  => 3,
    },
    script          => {
...
```

Es müssen nicht jedes Mal alle Tivoli-Severities aufgezählt werden. Es reicht, nur diejenigen anzugeben, die auf einen vom Default abweichenden Nagios-Wert abgebildet werden sollen. Dieses Attribut steht allerdings nur im Configfile-Modus zur Verfügung.

KAPITEL 6 — Überwachung von Ereignissen in Logfiles

```
From: Armin Admin <armin.admin@naprax.de>
To: Bernd Berserker <bernd.berserker@naprax.de>
Subject: Re: Ablösung von Tivoli

Hallo Bernd,

wir können die Funktionalität des Logfile Adapters so gut wie vollständig
mit Nagios und check_logfiles nachbilden. Ab jetzt gibt es eigentlich keinen
Grund mehr, die Tivoli-Endpoints weiterlaufen zu lassen und vor allem weiter
Lizenzgebühren dafür zu zahlen.
Das dürfte uns eine Menge Geld sparen. Denk daran, wem du das zu verdanken
hast ;-)

Gruss,
Armin
```

7. Überwachung von Datenbanken

From: Otto Orkl, DBA <otto.orkl@naprax.de>
CC: Meike Meiskl, DBA <meike.meiskl@naprax.de>
To: Armin Admin <armin.admin@naprax.de>
Subject: Monitoring unserer Datenbanken

Hi Armin,

Ludwig Linuks hat mir erzählt, dass du seine Server mit diesem Nagios überwachst und er meinte, das könne man auch für das Datenbank-Monitoring verwenden. Wir haben momentan einen Haufen selbstgeschriebener Scripte, die wir periodisch laufen lassen und die uns Mail schicken, wenn etwas faul ist. Mit dem Nagios soll das alles viel systematischer möglich sein. Kannst du mir da was drüber erzählen?

Otto

In der Firma Naprax wird seit Jahren Oracle als strategische Datenbankplattform eingesetzt. Es ist viel KnowHow vorhanden, wenn auch hinter den verschlossenen Türen der Datenbankabteilung. Die Oracle-Admins haben sich eine Menge Scripte zusammengeschrieben, mit denen sie ihren Betrieb organisieren.

Da Naprax im Laufe der Zeit immer mehr Linux-Rechner eingesetzt hat, sind MySQL-Datenbanken zuerst als U-Boote aufgetaucht, haben aber dann sehr schnell auch produktive Aufgaben übernommen. Dieses Datenbanksystem ist bei so gut wie allen Linux-Distributionen im Standardumfang enthalten und wird oft automatisch mitinstalliert. Viele Open-Source-Produkte setzen defaultmäßig auf MySQL auf, insbesondere im Webumfeld.

Datenbanken gehören zu den kritischsten Komponenten einer Firma. In ihnen wird das „Wissen" der Firma gespeichert, ohne das keine Entwicklung, keine Bestellung, keine Produktion, kein Vertrieb möglich ist. Als zentraler Informationsspeicher wird eine Datenbank von vielen Mitarbeitern und möglicherweise auch externen Kunden benutzt, auch wenn dies nicht auf den ersten Blick ersichtlich ist, weil eine Applikation oder ein Webserver die eigentliche Kommunikation mit der DB übernimmt. Eine langsame Datenbank kann also auch Menschen verärgern. Deshalb ist die Überwachung von Fehlerzuständen und Performance der Unternehmensdatenbanken von größter Wichtigkeit.

Bei Datenbanken muss man im Hinblick auf das Monitoring noch unterscheiden, ob sie von vielen Clients über das Netzwerk angesprochen werden (also ein Netzwerkdienst im Nagios-Sinn sind) oder ob sie nur als Backend einer Applikation genutzt werden und die Kommunikation zwischen Datenbank und Applikation nur innerhalb eines Rechners stattfindet. Im ersteren Fall muss der Kontakt vom Nagios-Server aus hergestellt werden, was die Installation der entsprechenden DB-Client-Software voraussetzt. Im zweiten Fall würden die Checks lokal auf dem Datenbank- oder Applikationsserver laufen, auf dem die nötige Software i. d. R. bereits vorhanden ist.

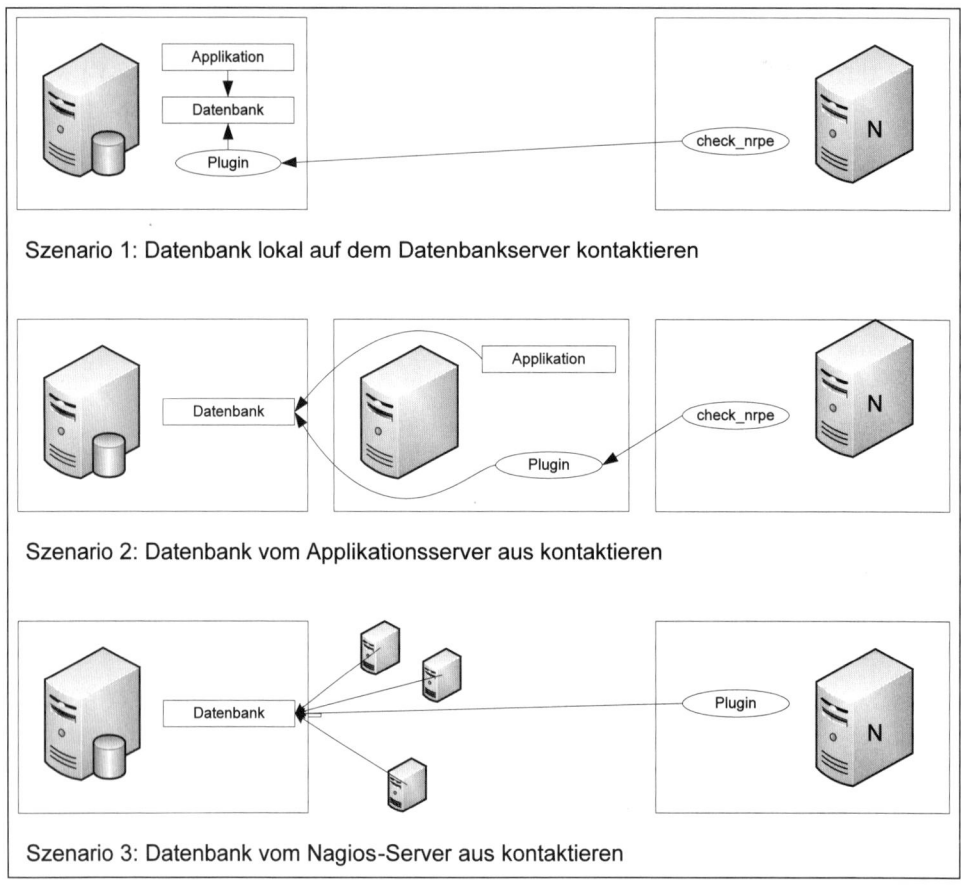

Abbildung 7.1: **Alternative Kontaktaufnahmen zur Datenbank**

7.1 MySQL

Die großen Unternehmensdatenbanken bei Naprax laufen unter Oracle. Es gibt Bedenken, einen Nagios-Benutzer einzurichten und automatisierte Zugriffe zu erlauben. Oracle-DBAs lassen nicht jeden an ihre Datenbanken, schon gar nicht mit irgendwelchen OpenSource-Tools. Deshalb soll Nagios sein Potential zunächst bei den MySQL-Datenbanken unter Beweis stellen.

Für Nagios unterscheidet sich eine Datenbank nicht von anderen überwachten Objekten. Man definiert einen Satz von Services, die jeweils einen bestimmten Aspekt der Datenbank überwachen. Das kann ein einfacher Service sein, der nur prüft, ob die Datenbank Anfragen entgegegen nimmt, oder ein Service, der nachsieht, ob Fehlermeldungen geschrieben wurden. Was in Nagios letztlich zu sehen ist, hängt stark von den Möglichkeiten der verwendeten Plugins ab.

7.1.1 Was gibt es bereits an Plugins?

Bei den Nagios-Plugins sind bereits zwei MySQL-relevante Plugins dabei – **check_mysql** und **check_mysql_query**. Es ist zu beachten, dass beides C-Programme sind und beim Übersetzen der Nagios-Plugins das *mysql-devel*-Paket installiert sein muss.

Check_mysql und **check_mysql_query** haben folgende Funktionen:

» *check_mysql* – Mit **check_mysql** ist es möglich, einen simplen Verbindungs- und Login-Check zu realisieren. Die Ausgabe des Plugins liefert auch Angaben zu einigen DB-Internas, jedoch sind diese leider nicht als gültige Performancedaten formuliert und deshalb nur mit zusätzlichem Aufwand mit den gängigen Auswertetools brauchbar.

» *check_mysql_query* – Mit **check_mysql_query** kann man einen beliebigen SQL-Befehl absetzen, dessen numerisches Ergebnis dann mit den vorgegebenen Schwellwerten verglichen wird. Damit lassen sich der Datenbank viele relevante Kennzahlen entlocken. Es fehlt jedoch die Möglichkeit, die Ergebnisse mit der Zeit in Relation zu setzen, also z.B. einen Zuwachs pro Minute auszugeben. Außerdem werden keine Performancedaten erzeugt.

Mit diesen beiden Plugins lässt sich eine rudimentäre Überwachung realisieren, die aber viele Wünsche offen lässt, besonders wenn man auch Datenbankperformance und Fehlerzustände überwachen will. Proprietäre Monitoringtools können auf diese Weise nicht abgelöst werden.

Neben diesen beiden „offiziellen" Plugins findet man im Netz noch weitere.

Auf der Webseite von Oli Sennhauser[1] gibt es eine Sammlung von Plugins (*nagios-mysql-plugins-0.3.tar.gz*), die sich hauptsächlich auf Master-Slave-Konfigurationen beziehen. (siehe folgende Seiten)

Ein weiteres Plugin, **check_mysql_health**, wurde entwickelt, um so viel Funktionalität wie möglich in einem einzelnen Plugin unterzubringen. Nicht jeder Administrator möchte sich mit einem Sammelsurium an Plugins herumschlagen, von denen jedes nur einen Teilaspekt eines Systems betrachtet und jeweils eigene Kommandozeilenparameter verwendet. Die Beispiele in diesem Abschnitt über MySQL setzen deshalb auf dem Plugin **check_mysql_health** auf.

---

1   http://www.shinguz.ch/MySQL/mysql_monitoring.html

7.1.2 check_mysql_health

Die Installation des Plugins **check_mysql_health** gestaltet sich recht einfach. Nach dem Download der aktuellen Version[2] wird das Paket in einem temporären Verzeichnis entpackt.

```
nagsrv$ tar zxvf check_mysql_health-2.0.4.1.tar.gz
check_mysql_health-2.0.4.1/
check_mysql_health-2.0.4.1/NEWS
check_mysql_health-2.0.4.1/Makefile.am
check_mysql_health-2.0.4.1/aclocal.m4
...
```

Danach wechselt man in das entstandene Verzeichnis und führt die Befehle

```
nagsrv$ configure; make; make install
```

aus. Auf das **make install** kann man auch verzichten und das fertige Plugin aus *plugins-scripts/check_mysql_health* an einen Ort seiner Wahl kopieren.

```
nagsrv$ check_mysql_health -V
check_oracle_health (2.0.4.1)
This nagios plugin comes with ABSOLUTELY NO WARRANTY. You may redistribute
copies of this plugin under the terms of the GNU General Public License.
```

Je nachdem, welche Komponente der Datenbank man abfragen will, gibt man verschiedene Kommandozeilenparameter an. Allen möglichen Aufrufen gemeinsam sind jedoch die Parameter, die zur Authentifizierung am gewünschten Server nötig sind, also Hostname, Username und Passwort. Eine MySQL-Datenbank kann entweder über einen TCP-Port kontaktiert werden oder über einen Unix-Socket im lokalen Filesystem. In letzterem Fall gibt man »*localhost*« als Hostnamen an.

```
check_mysql_health --hostname <host> \
    --username <username> --password <passwort>

check_mysql_health --hostname <host> --port <port> \
    --username <username> --password <passwort>

check_mysql_health --hostname localhost --socket <socket> \
    --username <username> --password <passwort>
```

Anstelle der Kommandozeilenparameter kann man diese Informationen auch per Environmentvariablen übergeben.

» nagsrv$*NAGIOS__SERVICEMYSQL_HOST* entspricht *--hostname*.

» nagsrv$*NAGIOS__SERVICEMYSQL_PORT* entspricht *--port*.

---

[2] http://www.consol.de/opensource/nagios/check-mysql-health

KAPITEL 7 Überwachung von Datenbanken

- nagsrv$*NAGIOS__SERVICEMYSQL_SOCKET* entspricht *--socket*.
- nagsrv$*NAGIOS__SERVICEMYSQL_USER* entspricht *--username*.
- nagsrv$*NAGIOS__SERVICEMYSQL_PASS* entspricht *--password*.
- nagsrv$*NAGIOS__SERVICEMYSQL_METH* entspricht *--method* (s. u.).

In den folgenden Beispielen wird aus Gründen der Übersichtlichkeit davon ausgegangen, dass die Environmentvariablen richtig gesetzt wurden. Da beim Login ein Username erforderlich ist, empfiehlt es sich, eigens für Nagios einen neuen User in der Datenbank anzulegen. Besondere Privilegien sind nicht erforderlich.

```
From: Armin Admin <armin.admin@naprax.de>
To: Meike Meiskl, DBA <meike.meiskl@naprax.de>
Subject: Datenbankuser

Hallo Meike,
ich bräuchte für die Überwachung deiner Testdatenbank NPXTST auf dem mydb3.
naprax.de einen eigenen User. Er verbindet sich von meinem Nagios-Server
nagsrv.naprax.de aus. Könntest du diesen bitte anlegen mit:
GRANT USAGE ON *.* to ‚nagios'@'nagsrv.naprax.de'
→IDENTIFIED BY ‚nagios';
FLUSH PRIVILEGES;

Danke,
Armin
```

Ist der User angelegt, kann man sich die Funktionsweise von **check_mysql_health** genauer ansehen.

Wenn in der lokalen Installation von Perl das Modul *DBD::MySQL* vorhanden ist, dann wird dieses zur Kommunikation mit der Datenbank verwendet. Als Alternative kann **check_mysql_health** auch auf das Kommando **mysql** zurückgreifen. Dies muss mit dem Parameter *--method* angezeigt werden.

```
nagsrv$ check_mysql_health … --method mysql
```

Mit dieser Methode ist für den Einsatz von **check_mysql_health** nichts weiter Voraussetzung als ein installierter MySQL-Client bzw. dessen **mysql**-Binary. Bei vielen Linux-Distributionen ist diese Voraussetzung bereits bei einer Standard-Server-Installation erfüllt. Die SQL-Statements werden dann nicht vom *Perl-DBI-Modul* an die Datenbank geschickt, sondern in eine Kommandodatei geschrieben, die vom **mysql**-Programm gelesen wird. Dessen Ausgabe wird dann wieder geparst.

7.1.3 Erreichbarkeit der Datenbank

Bevor man sich an die Überprüfung der Datenbank-Internas macht, muss natürlich erst sichergestellt sein, dass die Datenbank läuft und für einen Client erreichbar ist, sprich ein Login möglich ist. Ist der nicht innerhalb von wenigen Sekunden erfolgreich, scheint es Probleme mit der Datenbank zu geben.

Bei **check_mysql_health** steht für diese einfache Prüfung der Mode *connection-time* zur Verfügung. Damit wird gemessen, wie viel Zeit der Aufbau einer Datenbanksession braucht.

Verbindungsaufbau

```
nagsrv$ export NAGIOS__SERVICEMYSQL_HOST=mydb1.naprax.de
nagsrv$ export NAGIOS__SERVICEMYSQL_USER=nagios
nagsrv$ export NAGIOS__SERVICEMYSQL_PASS=nagios
nagsrv$ check_mysql_health --mode connection-time
OK - 0.009 seconds to connect as nagios|connection_time=0.01;2;10
```

Liefert dieser Check ein OK, dann spricht nichts dagegen, weitergehende Prüfungen an der Datenbank vorzunehmen.

Auch MySQL-Datenbanken sind nicht gegen Abstürze gefeit. Die Wiederanlaufzeit ist normalerweise sehr kurz, so dass unter Umständen niemand etwas von dem Absturz bemerkt, auch nicht Nagios. Trotzdem will man natürlich den Ursachen nachgehen. Dazu überwacht man die Uptime der Datenbank und schlägt Alarm, sollte diese eine bestimmte Anzahl von Minuten unterschreiten. Denkbar ist auch, dass man die Datenbank nach einer gewissen Zeit rein prophylaktisch durchstarten will. Durch geeignete Wahl der Schwellwerte lässt sich die Überwachung auch umkehren. Es wird dann alarmiert, wenn die Datenbank schon zu lange läuft. Mit folgendem Script prüft man, ob die Datenbank seit mindestens zehn Minuten läuft:

Uptime

```
nagsrv$ check_mysql_health --mode uptime --critical 10:
CRITICAL - database up since 6 minutes|uptime=6;10:;10:
```

7.1.4 Performance

Die Datenbankperformance hängt von den Konfigurationseinstellungen und etlichen äußeren Faktoren wie der Hardwareausstattung ab. Die Daten in einer Datenbank sollen nicht nur zuverlässig gespeichert und gelesen werden können. Die Zeit, die dafür benötigt wird, sollte so gering wie möglich sein, damit die Antwortzeiten nicht unangenehm lang werden.

Damit Datensätze schneller gefunden werden können, werden Tabellen indiziert, d. h. in Sogenannte Indizes werden die Werte ausgewählter Spalten sortiert gespeichert, zusammen mit einem Verweis auf die entsprechenden Zeilen in der Tabelle. Ein *SELECT* muss dann nicht mehr die gesamte Tabelle durchgehen und jede Zeile untersuchen, sondern kann die gesuchten Werte im Index zugriffsoptimiert heraussuchen und dann direkt auf die betreffenden Zeilen zugreifen. Insbesondere verschachtelte *SELECT*-Statements profitieren enorm von Indizes.

Index Usage

Dieser Wert gibt an, wie viel Prozent aller Lesezugriffe durch Benutzung von Indizes beschleunigt werden. Dieser Wert schwankt sicherlich stark von Installation zu Installation. Sie sollten ihre eigenen Schwellwerte finden, jedoch bei einer Verschlechterung aktiv werden und in jedem Fall die Entwickler darauf ansprechen. Sie erhalten den aktuellen Wert durch Eingabe des folgenden Befehls:

```
nagsrv$ check_mysql_health --mode index-usage
OK - 93.08% of all reads use Indizes|index_usage=93.08%;90::;80:
```

Großen Einfluss auf die Performance einer Datenbank hat die Nutzung der verschiedenen Caches, mit denen sich sowohl Platten-I/O reduzieren als auch bereits aufwendig gewonnene Informationen erneut ohne merkliche Verzögerung bereitstellen lässt.

Query Cache Hit-Rate

Ein bekannter Performance-Indikator von MySQL ist die Hit-Rate des Query Caches (Sofern dieser benutzt wird, denn es gibt auch Gründe, ihn abzuschalten). Er wird benutzt, um Resultate von schon einmal ausgeführten *SELECT*-Statements sofort ausliefern zu können, sofern sich in den zugrundeliegenden Tabellen nichts geändert hat.

```
nagsrv$ check_mysql_health --mode qcache-hitrate
OK - query cache hitrate at 96.12%|
→ qcache_hitrate=96.12%;90::;80:
→ qcache_hitrate_now=82.39% selects_per_sec=130.72
```

Bei den Performancedaten fällt auf, dass es zwei Werte die Hit-Rate betreffend gibt, *qcache_hitrate* und *qcache_hitrate_now*. Ersterer wird aus den Daten der gesamten Lebensdauer der Datenbank errechnet und letzterer aus den Änderungen seit dem letzten Lauf von **check_mysql_health**. Für den Vergleich mit den Schwellwerten wird nur der erste Messwert herangezogen. Der Messwert *qcache_hitrate_now* kann ziemlich starken Schwankungen unterliegen und würde zu häufigen Fehlalarmen führen. Trotzdem kann er wertvolle Hinweise liefern, wenn man ihn über längere Zeit aufzeichnet. Beispielsweise spiegeln sich Änderungen in der Applikation in ihm wieder. Als dritter Wert erscheint noch die Anzahl der Selects pro Sekunde. Je höher dieser Wert ist, desto zuverlässiger ist auch *qcache_hitrate_now*, denn bei vernachlässigbarer Cache-Aktivität ist es schwierig, eine sinnvolle Aussage zur Hitratio zu treffen.

Query Cache Lowmem Prunes

Sollte der Query Cache unterdimensioniert sein, so bemerkt man das an sogenannten Query Cache Lowmem Prunes. Dies sind »Putzaktionen« bei akutem Speichermangel.

```
nagsrv$ check_mysql_health --mode qcache-lowmem-prunes
OK - 0 querycache low memory prunes in 2 seconds (0.0000/sec)
→|qcache_lowmem_prunes_rate=0.0000;1;10
```

Der MyISAM Key Cache

Der Key Cache ist ein Bereich im Hauptspeicher, in dem Indexblöcke von MyISAM-Tabellen gehalten werden. (Für Datenblöcke gibt es so etwas nicht, hier wird einfach der Cache des zugrundeliegenden Filesystems benutzt). Zweck des Key Cache ist es, Festplattenzugriffe zu minimieren. Wegen der ungleich niedrigeren Zugriffszeiten auf den Hauptspeicher im Vergleich zum Zugriff auf Platten sollte man sehr großen Wert auf die optimale Nutzung dieses Caches legen. Auch hier gibt es wieder zwei Werte, einen für die Hit-Rate seit dem Start der Datenbank und einen für die Hit-Rate seit dem letzten Aufruf des Plugins.

```
nagsrv$ check_mysql_health --mode myisam-keycache-hitrate
CRITICAL - myisam key cache hitrate at 90.00% |
→ keycache_hitrate=99.97%;99:;95:
→ keycache_hitrate_now=100.00%;99:;95:
```

Der InnoDB Buffer Pool

Die Innodb-Engine verwendet Buffer für Daten und Indizes, um Festplattenzugriffe zu minimieren. Eine hohe Hit-Rate bedeutet hier wenige Plattenzugriffe.

```
nagsrv$ check_mysql_health --mode innodb-bufferpool-hitrate
CRITICAL - innodb buffer pool hitrate at 100.00% |
→ bufferpool_hitrate=100.00%;99:;95:;0;100
→ bufferpool_hitrate_now=100.00%;99:;95:;0;100
```

Der Table-Cache

Das Öffnen von Tabellen verbraucht Ressourcen, deshalb werden einmal geöffnete Tabellen im Table-Cache gehalten. Ist dieser Cache zu klein, dann werden bereits geöffnete Tabellen wieder geschlossen, nur um weitere Zugriffe auf Tabellen abarbeiten zu können.

```
nagsrv$ check_mysql_health --mode tablecache-hitrate
OK - table cache hitrate 86.54%, 16.17% filled |
→ tablecache_hitrate=86.54%;99:;95: tablecache_fillrate=16.17%
```

Hier gibt es auch noch einen zweiten Wert, der angibt, zu wie viel Prozent der Cache genutzt wird.

Temporäre Tabellen

Gelegentlich werden in MySQL temporäre Tabellen für interne Zwecke angelegt, z.B. für SQL-Subqueries oder wenn *ORDER BY* und *GROUP BY* verwendet werden. Idealerweise finden diese Tabellen im Hauptspeicher Platz, sie können aber auch im Filesystem mit den bekannten Performanceeinbußen angelegt werden. Der Anteil von plattengestützten temporären Tabellen sollte also so gering wie möglich sein.

```
nagsrv$ check_mysql_health --mode tmp-disk-tables
OK - 24.80% of 76 tables were created on disk |
→ pct_tmp_table_on_disk=24.80%;25;50
→ pct_tmp_table_on_disk_now=10.53%
```

Slow Queries

Sehr lange laufende Queries (default: länger als 10 Sekunden) werden als *slow queries* bezeichnet. Häufen sich diese Queries, so schlägt sich das in der Antwortzeit nieder und man sollte *slow_query_log* einschalten und die betreffenden SQL-Statements näher untersuchen.

```
nagsrv$ check_mysql_health --mode slow-queries \
    --warning 0.01 --critical 0.1
WARNING - 13 slow queries in 316 seconds (0.0411/sec)
→|slow_queries_rate=0.0411;1;10
```

Long running processes

Man sollte ein Auge auf Prozesse haben, die länger als eine Minute laufen. In der Regel stimmt mit solchen Prozessen etwas nicht.

```
nagsrv$ check_mysql_health --mode long-running-procs
WARNING - 2 long running processes|long_running_procs=2;1;10
```

7.1.5 Limits/Benutzer

Die Anzahl gleichzeitig verbundener Benutzer lässt sich auch überwachen. Interessant ist dieser Wert für eine Langzeitbeobachtung. Ist die Datenbank für eine bestimmte Nutzeranzahl dimensioniert worden, dann liefert dieser Check rechtzeitig eine Warnung, wenn das System an seine Grenzen stößt.

Connection Threads

```
nagsrv$ check_mysql_health --mode threads-connected
OK - 8 client connection threads | threads_connected=8;10;20
```

Insbesondere bei Web-Applikationen ist MySQL als Backend-Datenbank sehr beliebt. Eine hohe Anzahl an parallelen Verbindungen kann hier ein Hinweis darauf sein, dass die Anwendung Connection-Pooling schlecht oder gar nicht unterstützt.

```
From: Armin Admin <armin.admin@naprax.de>
To: Meike Meiskl, DBA <meike.meiskl@naprax.de>
Subject: So sieht deine Naprax-Datenbank aus

Hallo Meike,
ich habe diese NAPRAX-Testdatenbank jetzt in die Überwachung aufgenommen.
Für den Anfang wird noch nicht alles gecheckt, was möglich ist, aber mit den
jetzigen Services kann man schon mal viele typische Probleme rechtzeitig
aufdecken.

Gruß,
Armin

p.s. der Screenshot hängt hier dran
```

Host	Service	Status	Last Check	Duration	Attempt	Status Information
mydb3	app_mysql_common NPXTST check_login	OK	11-18-2008 17:30:33	0d 0h 14m 7s	1/4	OK - 0.20 seconds to connect as nagios
	app_mysql_perf NPXTST check_index_usage	OK	11-18-2008 17:29:33	0d 1h 1m 54s	1/4	OK - index usage 100.00%
	app_mysql_perf NPXTST check_inno_bpool_hits	OK	11-18-2008 17:29:33	0d 1h 2m 22s	1/4	OK - innodb buffer pool hitrate at 100.00%
	app_mysql_perf NPXTST check_longrunners	OK	11-18-2008 17:29:33	0d 1h 2m 49s	1/4	OK - 0 long running processes
	app_mysql_perf NPXTST check_qcache_hitrate	CRITICAL	11-18-2008 17:29:33	0d 2h 45m 27s	1/4	CRITICAL - query cache hitrate 22.28%
	app_mysql_perf NPXTST check_slow_queries	OK	11-18-2008 17:29:33	0d 3h 31m 16s	1/4	OK - 0 slow queries in 303 seconds (0.00/sec)
	app_mysql_perf NPXTST check_tcache_hits	CRITICAL	11-18-2008 17:29:33	0d 2h 44m 13s	1/4	CRITICAL - table cache hitrate 0.00%
	app_mysql_perf NPXTST check_temp_tables	WARNING	11-18-2008 17:32:33	0d 0h 12m 7s	4/4	WARNING - 29.03% of 31 tables were created on disk

Abbildung 7.2: **Einige performancerelevante Messwerte von MySQL**

7.1.6 Replikation

Eine häufig anzutreffende, weil einfach aufzusetzende Konstellation ist der Master-Slave-Betrieb zweier MySQL-Datenbanken, wobei der Master die Änderungen am Datenbestand so zeitnah wie möglich an den Slave weitergibt. Dabei startet der Master pro Slave einen I/O-Thread, der den Binlog-Inhalt an den entsprechenden I/O-Thread des jeweiligen Slaves verschickt. Ein Slave startet zusätzlich noch einen SQL-Thread, welcher die Binlog-Inhalte als Updates zur Datenbank hin ausführt. In größeren Installationen kann es durchaus mehr als nur einen Slave-Server geben. Üblicherweise werden dabei die Lesezugriffe durch einen Load-Balancer auf die Slave-Server verteilt und die Schreibzugriffe finden auf dem Master-Server statt.

Für das Monitoring dieses Szenarios gibt es drei Modi, die feststellen wie groß die zeitliche Differenz zwischen Master und Slave ist und ob SQL- und IO-Thread des Slaves überhaupt laufen. Der angesprochene Host ist in diesem Fall ein Slave-Server.

```
nagsrv$ check_mysql_health --mode slave-lag
WARNING - slave is 12sec behind master|
→ slave_lag=12;10;20

nagsrv$ check_mysql_health --mode slave-io-running
OK - slave io is running|slave_io_running=1

nagsrv$ check_mysql_health --mode slave-sql-running
OK - slave sql is running|slave_sql_running=1
```

Aus der oben erwähnten Plugin-Sammlung von Oli Sennhauser sind in diesem Zusammenhang zwei Plugins zu erwähnen.

- » *check_repl_mysql_heartbeat.pl* – Dieses Plugin geht bei der Ermittlung des Slave Lags einen Schritt weiter. Es verlässt sich nicht auf die Zeitdifferenz, die der MySQL-Server bei Aufruf von »*SHOW SLAVE STATUS*« liefert, sondern vergleicht den Inhalt einer sogenannten Heartbeat-Tabelle, die auf dem Master periodisch mit der aktuellen Uhrzeit befüllt wird (Näher beschrieben unter *http://www.maatkit.org/doc/mk-heartbeat.html*). Die damit ermittelte Zeitdifferenz liefert ein realistischeres Bild des Replikationsstatus.

- » *check_repl_mysql_cnt_slave_hosts.pl* – Dieses Plugin zählt die Anzahl verbundener Slave-Server und schlägt Alarm, sollte die erwartete Anzahl unterschritten werden. Will man bei einer größeren Datenbank-Farm nicht alle Slave-Server im Detail überwachen, dann ist dies eine Möglichkeit, trotzdem Probleme zu erkennen. Für den einzelnen Slave mag es dann bereits zu spät sein, aber das ist verschmerzbar, wenn das Gesamtsystem durch einen einzelnen Ausfall nicht in seiner Funktion beeinträchtigt ist.

7.1.7 Cluster

```
From: Meike Meiskl, DBA <meike.meiskl@naprax.de>
To: Armin Admin <armin.admin@naprax.de>
Subject: Wie sieht's mit MySQL-Clustern aus?

Hallo Armin,
danke für die Überwachung der Datenbank auf mydb3. Allerdings ist das nur
der SQL-Knoten eines MySQL-Clusters. Es gibt noch den Management-Knoten
myadm und die NDB-Knoten mydb1 und mydb2. Und genau diese zwei machen
manchmal Probleme. Entweder stürzt der ndb-Prozess ab, oder, so wie gestern
vorgekommen, es gibt ein Netzwerkproblem, so dass der NDB-Knoten nicht mehr
über sein Cluster-Interconnect-Netzwerk erreichbar ist. Obwohl auf mydb1 der
Prozess lief, zeigte uns der Management-Knoten sowas:
ndb_mgm> show
Connected to Management Server at: 192.168.100.4:1186
Cluster Configuration
---------------------
[ndbd(NDB)]     2 node(s)
id=2 (not connected, accepting connect from 192.168.100.1)
id=3    @192.168.100.2  (mysql-5.1.27 ndb-6.3.17, Nodegroup: 0, Master)

[ndb_mgmd(MGM)] 1 node(s)
id=1    @192.168.100.4  (mysql-5.1.27 ndb-6.3.17)

[mysqld(API)]   1 node(s)
id=4    @192.168.100.3  (mysql-5.1.27 ndb-6.3.17)

Wir müssten dringend alarmiert werden, wenn so ein NDB-Knoten nicht mehr
antwortet. Kriegst du das hin?

Gruß,
Meike
```

KAPITEL 7 — Überwachung von Datenbanken

Ein MySQL-Cluster besteht aus mehreren Servern, die jeweils spezielle Aufgaben wahrnehmen. Die Server-Typen sind: Datenknoten für *NDB* (**Network Data Base**), **Management Server** und *SQL-Server*. Die SQL-Server werden wie Standalone-Server überwacht, da sie sich nach außen von diesen nicht unterscheiden. Das besondere am MySQL-Cluster sind die Datenknoten. In diesen sind die Tabellen, die mit der Speicher-Engine NDB Cluster verwaltet werden, abgelegt. Schreiboperationen werden immer synchron auf allen Datenknoten durchgeführt, so dass der Datenbestand zu jedem Zeitpunkt auf allen Knoten identisch ist. Bei Ausfall eines NDB-Nodes kann zwar weitergearbeitet werden, da die Daten nach wie vor verfügbar sind, jedoch geht die Redundanz verloren. Deshalb muss überwacht werden, ob zu jeder Zeit alle Datenknoten verfügbar sind.

```
myadm$ check_mysql_health --mode cluster-ndbd-running
CRITICAL - ndb node 2 is not connected |
→ ndbd_nodes=1 ndb_mgmd_nodes=1 mysqld_nodes=1
```

Man könnte auch auf den Datenknoten selbst mit **check_procs –C ndbd** die Prozesse selbst überwachen, doch das würde in dem in der Mail beschriebenen Fall zu keinem Alarm führen. Sicherer ist es, den Management-Knoten zu befragen.

Das Plugin greift in dieser Betriebsart auf das **ndb_mgm**-Kommando zu. Der dazugehörige Nagios-Service wird in der Regel so konfiguriert (mit **check_nrpe** oder **check_by_ssh**), dass das Plugin auf dem Management-Node *myadm.naprax.de* ausgeführt wird. Eine Variante ist, das Plugin auf dem Nagios-Server laufen und mit Hilfe der Option *--hostname* zum Management-Server verbinden zu lassen. Dazu ist es notwendig, ein geeignetes Cluster-Client-Paket zu installieren (z.B. *MySQL-Cluster-gpl-tools-6.3.17-0.rhel5*), so dass auch hier das **ndb-mgm**-Kommando zur Verfügung steht.

```
nagsrv$ check_mysql_health --mode cluster-ndbd-running \
    --hostname myadm
OK - all ndb nodes are connected |
→ ndbd_nodes=2 ndb_mgmd_nodes=1 mysqld_nodes=1
```

Eine weitere Möglichkeit besteht darin, den Cluster Management Node so zu konfigurieren, dass Meldungen in eine eigene Datei geschrieben werden, die man mit **check_logfiles** regelmäßig durchsuchen lässt. Erfreulicherweise markiert MySQL die Einträge mit dem Prefix *INFO*, *WARNING*, *ERROR*, *CRITICAL* oder *ALERT*, wobei die vier letztgenannten die für das Monitoring interessanten sind. Es reicht also für den Anfang, einfach nach dem Ausdruck *ALERT|CRITICAL|ERROR* bzw. *WARNING* zu suchen.

```
[NDB_MGMD]
LogDestination FILE:filename=/var/log/mgmd,maxfile=6,maxsize=1000000
```

Ein eigener Service erzeugt dann einen Alarm, sobald der Management Daemon einen kritischen Fehler festgestellt und einen Eintrag im Logfile geschrieben hat.

KAPITEL 7 Überwachung von Datenbanken

```
define service {
   service_description        check_ndb_errmsg
   is_volatile                1
   max_check_attempts         1
   command_line               check_by_ssh\
                              !$USER1$/check_logfiles\
            --logfile /var/lib/mysql-cluster/ndb_1_cluster.log\
            --rotation loglog0log1\
            --criticalpattern ALERT\\\|CRITICAL\\\|ERROR \
            --warningpattern WARNING
}
define command {
   command_name               check_by_ssh
   command_line               $USER1$/check_by_ssh \
                                 -H $HOSTADDRESS$ -C '$ARG1$'
}
```

Alternativ kann als *LogDestination* auch *SYSLOG* angegeben werden. Die Fehlermeldungen würden dann im Messages-File des Betriebssystems landen und müssten entsprechend dort gesucht werden.

```
From: Armin Admin <armin.admin@naprax.de>
To: Meike Meiskl, DBA <meike.meiskl@naprax.de>
Subject: Cluster wird jetzt auch überwacht
Hallo Meike,
danke, dass du den Datenknoten runtergefahren hast. Nagios hat's bemerkt und
Alarm geschlagen. Der Management-Server myadm hat zwei Services bekommen.
Einen, um kritische Meldungen im Cluster-Logfile zu finden und einen ande-
ren, der mit ndb_mgm nachschaut, ob auch alle Datenknoten verfügbar sind.
Ich habe dir den Screenshot drangehängt.
Gruß,
Armin
```

Host	Service	Status	Last Check	Duration	Attempt	Status Information
myadm	app_mysql_clust_NPXTST_check_clusterlog	CRITICAL	11-19-2008 10:54:56	0d 0h 1m 39s	1/1	CRITICAL - (4 errors in check_logfiles_clusterlog.protocol-2008-11-19-10-55-01) - 2008-11-19 10:54:44 [MgmSrvr] ALERT -- Node 3: Arbitration won - positive reply from node 1 ...
	app_mysql_clust_NPXTST_check_ndbs	CRITICAL	11-19-2008 10:55:56	0d 0h 1m 39s	2/4	CRITICAL - ndb node 2 is not connected
mydb3	app_mysql_common_NPXTST_check_login	OK	11-19-2008 10:52:13	0d 0h 19m 22s	1/4	OK - 0.10 seconds to connect as nagios
	app_mysql_perf_NPXTST_check_index_usage	OK	11-19-2008 10:56:13	0d 18h 23m 49s	1/4	OK - index usage 100.00%
	app_mysql_perf_NPXTST_check_inno_bpool_hits	OK	11-19-2008 10:56:12	0d 18h 24m 17s	1/4	OK - innodb buffer pool hitrate at 100.00%
	app_mysql_perf_NPXTST_check_longrunners	OK	11-19-2008 10:56:12	0d 18h 24m 44s	1/4	OK - 0 long running processes
	app_mysql_perf_NPXTST_check_qcache_hitrate	OK	11-19-2008 10:56:12	0d 0h 20m 23s	1/4	OK - query cache hitrate 98.20%
	app_mysql_perf_NPXTST_check_slow_queries	OK	11-19-2008 10:56:12	0d 17h 53m 11s	1/4	OK - 0 slow queries in 302 seconds (0.00/sec)
	app_mysql_perf_NPXTST_check_tcache_hits	OK	11-19-2008 10:56:12	0d 0h 20m 23s	1/4	OK - table cache hitrate 99.73%
	app_mysql_perf_NPXTST_check_temp_tables	WARNING	11-19-2008 10:54:12	0d 0h 17m 23s	4/4	WARNING - 29.35% of 24 tables were created on disk

Abbildung 7.3: **Überwachung von Management Node und MySQL Node**

7.1.8 MySQL Enterprise Monitor

Sun bietet ein eigenes Tool zur Überwachung von MySQL-Datenbanken an, in dem ab der Silver-Version die Funktionalität »Notifications and Alerts« enthalten ist. Damit ist der Enterprise Monitor in der Lage, SNMP-Traps zu verschicken und kann in eine bestehende Nagios-Infrastruktur integriert werden. Zu beachten ist, dass Datenbankserver in Nagios

KAPITEL 7 Überwachung von Datenbanken

und MEM mit identischen Hostnamen geführt werden. Benachrichtigungen des Monitors/ Advisors können dann am besten mit *snmptt*[3] abgefangen und mit *NagTrap*[4] gespeichert werden.

Dazu besorgt man sich die MySQL-MIB und bereitet sie mit **snmpttconvert** auf. Dieser Schritt ist nicht unbedingt notwendig, allerdings stehen ohne ihn in der snmptt-Konfiguration ausschließlich numerische OIDs zur Verfügung, was nicht besonders übersichtlich ist.

```
snmpttconvertmib --in=/usr/local/nagios/.snmp/mibs/MYSQL-DB-MIB.mib
--out=mysql.conf
```

In der nun entstandenen Datei *mysql.conf* sucht man sich die interessanten Traps und ändert deren Severity von Normal zu Warning oder Critical

```
EVENT myTrapClusterUnreach .1.3.6.1.4.1.24993.42.255.2.6 "Status Events"
Critical
FORMAT The MySQL NDB Cluster specified no longer $*
SDESC
The MySQL NDB Cluster specified no longer responds to the agent.
Variables:
  1: ndbNodeEntry
EDESC
```

Wenn man **snmptt** so konfiguriert hat, dass die Traps in eine Datenbank geschrieben werden, kann man einen Service definieren, der beim Auftauchen dieser Traps alarmiert.

```
define service {
    service_description     svp_app_mysql_common_check_traps
    use                     volatile_services
    hostgroup_name          mysqlservers
    check_command           check_snmptraps!$HOSTNAME$\
                            !.1.3.6.1.4.1.24993.42.255.2.6
}

define command {
    command_name            check_snmptraps
    command_line            $USER2$/check_snmptraps \
                            -H $ARG1$ -O $ARG2$
}
```

---

3 http://www.snmptt.org/
4 http://nagtrap.org

7.2 Oracle

Auch wenn MySQL mehr und mehr an Terrain gewinnt, laufen die großen Firmendatenbanken nach wie vor unter proprietären Datenbanksystemen, von denen Oracle das bekannteste sein dürfte. Die Komplexität von Oracle hat in der Vergangenheit dazu geführt, dass es neben den klassischen Systemadministratoren auch Datenbankadministratoren gab und diese beiden Welten oft ohne Überschneidungen nebeneinander existierten. Der Wunsch bzw. Vorschlag, Oracle mit Nagios zu überwachen kommt i. d. R. von Seiten der Systemadministration. Dieser Initiative schlägt oft Misstrauen entgegen, da sich der OpenSource-Gedanke in der geschlossenen Oracle-Welt nicht so verbreitet hat wie in der Sysadmin-Welt. Auf der anderen Seite ist es nicht unüblich, eine Oracle-Installation mit einem Sammelsurium selbstgeschriebener Scripts zu überwachen, da »professionelle« Monitoring-Tools aus dem Hause Oracle oder von Drittanbietern meist hohe Kosten verursachen. Es spricht also nichts dagegen, diese Scripts in Nagios zu integrieren um von dessen Scheduling- und Notification-Fähigkeiten zu profitieren (,Zumindest als Plan, den man verwerfen kann, um dann auf Nagios-Oracle-Plugins umzusteigen). Die erste Hürde ist nämlich, einen Datenbankbenutzer zu bekommen, der auch noch über gewisse Privilegien verfügen muss. Oracle-DBAs können da sehr stur sein.

7.2.1 Welche Plugins gibt es?

Auch für Oracle bieten die Nagios-Plugins ein Plugin, das zumindest für den Einstieg ausreicht: **check_oracle**. Damit sind folgende Checks realisierbar:

» Ist der Listener erreichbar?
» Reagiert die Datenbank auf Logins?
» Laufen die nötigen Prozesse?
» Ist noch genügend Platz in den Tablespaces?
» Wird der Buffer Cache gut genutzt?

Es gibt noch eine Vielzahl weiterer Plugins. Leider trifft man hier auf dasselbe Problem wie bei MySQL. Es gibt viele Plugins, die nur für einen ganz bestimmten Zweck erstellt wurden und jeweils eigene Aufrufparameter verwenden. Auch die Qualität der Plugins streut sehr stark. Ein proprietäres Tool wie den Oracle Enterprise Manager mit Hilfe dieser Plugins durch Nagios abzulösen, ist unrealistisch. Aus dieser Situation heraus entstand **check_oracle_health**[5]. Ziel war es, mit einem einzigen Plugin so viele Checks wie möglich vornehmen und zukünftige Anforderungen leicht implementieren zu können. **Check_oracle_health** wurde in Perl geschrieben und benötigt als einzige Voraussetzung eine Oracle Client-Installation. Der Oracle Instant Client reicht völlig aus.

---

5 http://www.consol.de/opensource/nagios/check-oracle-health

7.2.2 Vorbereitungen

Oracle Client-Software

In Unternehmen mit mehreren Oracle-Datenbanken gibt es in der Regel ein Standardverfahren zur Installation von Oracle-Software. Soll der Nagiosserver als Datenbank-Client fungieren, dann empfiehlt es sich, diese Gepflogenheiten beizubehalten und eine dem Betriebshandbuch konforme Installation durchzuführen. Der Nagios-Administrator kann sich dann auf das Knowhow des Oracle-Betriebsteams verlassen und muss nicht selbst an *tnsnames.ora* und *sqlnet.ora* Hand anlegen.

Falls nicht auf eine vorhandene Client-Installation zurückgegriffen werden kann, empfiehlt es sich, *Oracle Instant Client* auf dem Nagiosserver zu installieren. Der Instant Client ist ein Minimalpaket, das nur die allernotwendigsten Dateien beinhaltet, die man braucht, um sich zu einer Oracle-Datenbank zu verbinden. Auf der Webseite des Oracle Tech Networks[6] findet man die für die gängigsten Betriebssysteme passenden Dateien. Für Monitoringzwecke benötigt man „*Instant Client Package – Basic*" und „*Instant Client Package – SQL*Plus*". Die Pakete liegen entweder als RPM- oder Tar-Pakete vor. Welches Format man wählt, ist Geschmackssache. Der Einfachheit halber wird hier auf RPM zurückgegriffen.

```
# rpm --install \
   oracle-instantclient11.1-basic-11.1.0.7.0-1.i386.rpm
# rpm --install \
   oracle-instantclient11.1-sqlplus-11.1.0.7.0-1.i386.rpm
# export LD_LIBRARY_PATH=/usr/lib/oracle/11.1/client/lib
# sqlplus
SQL*Plus: Release 11.1.0.7.0 - Production on Mon Nov 10 20:53:47 2008

Copyright (c) 1982, 2008, Oracle.  All rights reserved.

Enter user-name:
```

Sollte folgende Fehlermeldung erscheinen

```
sqlplus: error while loading shared libraries: /usr/lib/oracle/11.1/client/
lib/libnnz11.so: cannot restore segment prot after reloc: Permission denied
```

dann ist SELinux zu restriktiv eingestellt. Man muss den „*enforce mode*" in „*permissive mode*" ändern. Dazu ändert man in der Datei */etc/selinux/config* die Zeile

```
SELINUX=enforcing
```

in

```
SELINUX=permissive
```

Nach einem Reboot sollte es dann klappen.

---

6   http://www.oracle.com/technology/software/tech/oci/instantclient/index.html

KAPITEL 7 — Überwachung von Datenbanken

Eigener Datenbankbenutzer für das Monitoring

Nagios-Plugins, die über das reine Anpingen des Datenbank-Listeners hinausgehen, benötigen Username und Passwort, um sich an der Datenbank anzumelden. Es empfiehlt sich, einen eigenen User nur für das Nagios-Monitoring anzulegen.

```
From: Armin Admin <armin.admin@naprax.de>
To: Otto Orkl, DBA <otto.orkl@naprax.de>
Subject: Datenbankuser für Oracle


Hallo Otto,
Meike ist begeistert von ihrem neuen Monitoring. Ich könnte mir jetzt eure
Oracle-DBs vornehmen. Dazu bräuchte ich aber auch wieder einen eigenen Da-
tenbankuser. Keine Angst, der braucht zwar ein paar Privilegien, kann aber
nichts Schlimmes damit anrichten.

create user nagios identified by oradbmon;
grant create session to nagios;
grant select any dictionary to nagios;
grant select on V_$SYSSTAT to nagios;
grant select on V_$INSTANCE to nagios;
grant select on V_$LOG to nagios;
grant select on SYS.DBA_DATA_FILES to nagios;
grant select on SYS.DBA_FREE_SPACE to nagios;

Danke,
Armin
```

Bevor man sich mit den Nagios-Plugins beschäftigt, muss sichergestellt sein, dass mit Oracle-Mitteln eine Verbindung zu den Datenbanken möglich ist, die man überwachen will.

```
nagsrv$ sqlplus nagios/oradbmon@NAPRAX

SQL*Plus: Release 11.1.0.7.0 - Production on Tue Nov 11 13:05:18 2008

Copyright (c) 1982, 2008, Oracle.  All rights reserved.


Connected to:
Oracle Database 11g Enterprise Edition Release 11.1.0.6.0 - Production
With the Partitioning, OLAP, Data Mining and Real Application Testing
options

SQL>
```

Die Verbindung hat geklappt und damit steht dem Monitoring von Oracle mit Nagios nichts mehr im Wege. Im Gegensatz zu anderen Oracle-Clients begnügt sich der Instant Client mit der Environmentvariablen *ORACLE_HOME*.

```
nagsrv$ export ORACLE_HOME=/usr/lib/oracle/11.1/client
```

Gegebenenfalls muss noch die Variable *TNS_ADMIN* definiert werden, die auf das Verzeichnis verweist, in dem die Datei *tnsnames.ora* zu finden ist. Im einfachsten Fall ist liegt diese im Basisverzeichnis der Installation.

```
nagsrv$ export TNS_ADMIN=$ORACLE_HOME
```

Für den Fall, dass der Nagios-Administrator diese Datei selber pflegt, kann er sie unter *$HOME/.tnsnames.ora* ablegen. Damit wird auch die Variable *TNS_ADMIN* überflüssig.

7.2.3 check_oracle_health

Die Installation des Plugins **check_oracle_health** gestaltet sich recht einfach. Nach dem Download der aktuellen Version[7] wird das Paket in einem temporären Verzeichnis entpackt.

```
nagsrv$ tar zxvf check_oracle_health-1.6.3.tar.gz
check_oracle_health-1.6.3/
check_oracle_health-1.6.3/NEWS
check_oracle_health-1.6.3/Makefile.am
check_oracle_health-1.6.3/aclocal.m4
...
```

Sollten hier Fehlermeldungen erscheinen, dann liegt das an der verwendeten Version von tar. Manche Versionen kommen nicht mit Dateinamen zurecht, die länger als 100 Zeichen sind. In dem Fall lädt man das Paket mit der Endung *.shar.gz* herunter und entpackt es mit

```
nagsrv$ zcat check_oracle_health-1.5.0.1.shar.gz | sh
```

Man wechselt in das nun entstandene Verzeichnis und führt die bekannten Befehle

```
nagsrv$ configure; make; make install
```

aus. Auf das **make install** kann man auch verzichten und das fertige Plugin aus *plugins-scripts/check_oracle_health* an einen Ort seiner Wahl kopieren.

```
nagsrv$ check_oracle_health -V
check_oracle_health (1.6.3)
This nagios plugin comes with ABSOLUTELY NO WARRANTY. You may redistribute
copies of this plugin under the terms of the GNU General Public License.
```

Sollte in der lokalen Installation von Perl das Modul *DBD::Oracle* vorhanden sein, dann wird dieses zur Kommunikation mit der Datenbank verwendet. Als Alternative kann **check_**

---

7 http://www.consol.de/opensource/nagios/check-oracle-health

oracle_health auch auf das Kommando **sqlplus** zurückgreifen. Dies muss mit dem Parameter *--method* angezeigt werden.

```
nagsrv$ check_oracle_health --method sqlplus
```

Damit das Plugin die lokale Installation des Oracle-Clients findet, muss die Environmentvariable *ORACLE_HOME* gesetzt sein Diese Variable ist die einzige Voraussetzung, um mit **check_oracle_health** und dem Instant Client eine Datenbank zu kontaktieren. Am einfachsten ist es, die Variablendefinition in die *.bashrc* o. ä. des Nagios-Users zu packen. Wer das nicht will, kann dem Plugin Environmentvariablen auch per Kommandozeilenoption mitgeben.

```
nagsrv$ check_oracle_health \
   --environment ORACLE_HOME=/usr/lib/oracle/11.1/client
```

Für die Anmeldung an der Datenbank stehen verschiedene Alternativen zur Verfügung. Wie oben erwähnt, wurde ja ein eigener User *nagios* für Monitoringzwecke eingerichtet. In den meisten Fällen wird man sich mit diesem User und seinem Passwort an der Datenbank anmelden.

```
nagsrv$ check_oracle_health --mode connection-time\
    --connect NAPRAX --user nagios --password oradbmon

$ check_oracle_health \
    --connect nagios/oradbmon@NAPRAX
```

Diese Art der Anmeldung kann auch gänzlich ohne Kommandozeilenparameter durchgeführt werden, wenn die entsprechenden Angaben in den Environmentvariablen *$NAGIOS__SERVICEORACLE_SID*, *$NAGIOS__SERVICEORACLEUSER* und *$NAGIOS__SERVICEORACLEPASS* vorliegen. Die Namen erscheinen zunächst ungewöhnlich, aber erschließen sich einem, wenn man das Zustandekommen dieser Environmentvariablen kennt. In den Servicedefinitionen sind seit Nagios 3.x sogenannte custom variable möglich, die als Makros namens *$_SERVICE<variablenname>$* und zur Laufzeit eines Plugins sogar als Environmentvariable namens *$NAGIOS_SERVICE<variablenname>* zur Verfügung stehen. Aus der Servicedefinition

```
define service {
   service_description   oracle_naprax_users
   host_name             dbsrv1
   check_command         check_oracle_health
   _oracle_sid           NAPRAX
   _oracle_user          nagios
   _oracle_pass          oradbmon
}
```

entstehen genau diese Environmentvariablen, so dass bei der entsprechenden Kommandodefinition keine die Anmeldung betreffenden Parameter mehr nötig sind (*--connect*, *--username*, *--password*). Gleichzeitig hat es noch den Vorteil, dass in der Ausgabe von **ps** keine Login-Daten mehr sichtbar sind.

Wenn der Benutzer, der das Plugin aufruft, dazu berechtigt ist (z.B. über Zugehörigkeit zur Unix-Gruppe *dba*), dann ist auch ein Login als *sysdba* möglich. Ein eigener Datenbankuser ist dann nicht mehr erforderlich. Wegen der weitreichenden Privilegien des *sysdba* ist dies aber weniger ratsam.

```
nagsrv$ check_oracle_health \
    --connect=sysdba@NAPRAX
```

Oracle kann Zugangsdaten auch in einem sogenannten Password Store speichern. Dabei werden Username/Passwort-Pärchen durch sogenannte Token identifiziert, die man bei der Anmeldung angibt. Der Oracle-Client sorgt dann dafür, dass mit Hilfe so eines Tokens der Password Store geöffnet und die dazugehörige Username/Passwort-Kombination entnommen wird, mit der dann die weitere Anmeldung erfolgt. Dieses Vorgehen wird vom Perl-Modul *DBD::Oracle* nicht unterstützt, sie setzt deshalb die Verwendung von *--method sqlplus* voraus.

```
nagsrv$ check_oracle_health \
    --connect /@token --method sqlplus
```

Oracle kennt auch sogenannte externally authenticated user. Dies sind besondere User, die sich ohne Angabe eines Passworts an der Datenbank anmelden dürfen. Oracle verlässt sich dabei auf das Betriebssystem und dessen Authentifizierungsmechanismen.

```
nagsrv$ check_oracle_health \
    --connect NAPRAX --user extnagios
```

Nachdem nun eine geeignete Art der Authentifizierung gewählt wurde (in den meisten Fällen dürfte dies die erste Vorgehensweise mit Username und Passwort sein), geht es daran, eine geeignete Auswahl der Möglichkeiten von **check_oracle_health** für die eigene Installation zusammenzustellen.

Was **check_oracle_health** jeweils prüfen soll, wird ihm mit dem Parameter *--mode* mitgeteilt. Der Parameter *--name* wird verwendet, wenn der sich der Check nur auf einzelne Bestandteile der Datenbank beziehen soll (z.B. einzelne Tablespaces). In den folgenden Beispielen wird angenommen, dass SID, Username und Passwort in Form der o. g. Environmentvariablen vorliegen und somit die Parameter *--connect*, *--username* und *--password* weggelassen werden können.

7.2.4 Verbindung zur Datenbank/Login

Der wichtigste Service, der in Nagios konfiguriert werden muss, ist wieder der, der überprüft, ob die Datenbank überhaupt auf Anfragen reagiert.

Erreichbarkeit des Listeners

Bei einem Zugriff über das Netzwerk muss sichergestellt sein, dass auf dem Datenbankserver ein Listener läuft, der den Verbindungswunsch des anfragenden Clients an die entsprechende Datenbankinstanz weiterleitet.

```
nagsrv$ check_oracle_health --mode tnsping
OK - connection established to NAPRAX.
```

Login

Bereits die verstrichene Zeit, die für einen Login benötigt wird, kann ein erster Hinweis auf Probleme mit der Datenbank sein. Defaultschwellwerte sind 1 bzw. 5 Sekunden.

```
nagsrv$ check_oracle_health --mode connection-time
OK - 0.27 seconds to connect as NAGIOS | connection_time=0.2664;1;5
```

Anzahl verbundener Benutzer

Auch die Anzahl der momentanen Datenbank-Connections sollte überwacht werden. Bei der Dimensionierung eines Systems wird i. d. R. von einer maximal zu erwartenden Anzahl ausgegangen. Wird diese überschritten, dann entstehen Engpässe.

```
nagsrv$ check_oracle_health --mode connected-users
OK - 38 connected users | connected_users=38;50;100
```

7.2.5 Performance

Die *System Global Area (SGA)* einer Oracle-Instanz ist ein Bereich im Hauptspeicher, in dem Daten und Informationen gecached werden. Die bekanntesten Caches sind der *Buffer Cache*, der *Library Cache* und der *Dictionary Cache*. Auch die *Latches*, die konkurrierende Operationen vor Konflikten schützen, befinden sich in der SGA. Daneben gibt es noch die *Program Global Area (PGA)*, ein Speicherbereich der speziell für die User-Sessions reserviert ist. Auf der physikalischen Ebene gibt es die *Redo Logs* mit vielen Festplattenzugriffen. An diesen Stellen setzt das Monitoring von Oracle üblicherweise an.

Data Buffer Cache

Ein wichtiger Indikator für die Performance des Buffer Cache ist die Hit Ratio. Eine große Hit Ratio bedeutet, dass die Benutzerprozesse Daten überwiegend im Buffer Cache finden und nur selten auf die Festplatte zugreifen.

```
nagsrv$ check_oracle_health --mode sga-data-buffer-hit-ratio
OK - SGA data buffer hit ratio 99.56% |
→ sga_data_buffer_hit_ratio=99.56%;98:;95:
```

Dictionary Cache

Wird ein Statement an die Datenbank gesandt, so wird dessen syntaktische Korrektheit sowie das Vorhandensein der im Statement angesprochenen Objekte geprüft. Der Data Dictionary Cache hält diese Informationen in der SGA.

```
nagsrv$ check_oracle_health --mode sga-dictionary-cache-hit-ratio
WARNING - SGA dictionary cache hit ratio 92.52% |
→ sga_dictionary_cache_hit_ratio=92.52%;95:;90:
```

Library Cache

Wurde ein Statement erfolgreich geparst und geprüft, legt Oracle dieses sowie den zugehörigen Execution Plan in einem weiteren Pufferbereich, dem Library Cache ab. Wird dasselbe Statement ein weiteres Mal ausgeführt, ist der Aufwand für Parsen und Kompilieren nicht erneut nötig. Der Ausführungsplan und P-Code des Statements wird stattdessen direkt dem Library Cache entnommen.

```
nagsrv$ check_oracle_health --mode sga-library-cache-hit-ratio
OK - SGA library cache hit ratio 99.09% |
→ sga_library_cache_hit_ratio=99.09%;98:;95:
```

Redo Logs

Eine zentrale Komponente der Datenbank sind die Redo Logs. Diese werden bei jeder Änderung im Datenbestand beschrieben und liegen idealerweise auf schnellen Platten. Das IO-Aufkommen sollte dementsprechend beobachtet werden.

```
nagsrv$ check_oracle_health --mode redo-io-traffic
OK - Redo log io is 0.000048 MB/sec |
→ redo_log_io_per_sec=0.000048;100;200
```

PGA

Für jeden User-Prozess wird ein eigener Speicherbereich reserviert, die Program Global Area (PGA). Sortieroperationen werden bis zu einer bestimmten Größe vollständig in diesem Speicher durchgeführt. Größere Operationen werden als Disk-Sort in einem temporären Segment durchgeführt mit erheblichem Geschwindigkeitsverlust. Es ist daher unbedingt darauf zu achten, dass der Anteil der im Speicher durchgeführten Sorts so groß wie möglich ist.

```
nagsrv$ check_oracle_health --mode pga-in-memory-sort-ratio
OK - PGA in-memory sort ratio 100.00% |
→ pga_in_memory_sort_ratio=100.00%;99:;90:;0;100
```

Latches

Latches sind Strukturen, die den schreibenden Zugriff auf Speicherbereiche innerhalb der SGA serialisieren. Prozesse, die einen so geschützten Bereich ändern wollen, müssen warten, bis der derzeit schreibende Prozess ihn wieder freigibt und sie den Bereich ihrerseits durch einen Latch schützen können. Diese Wartezeiten können die Datenbankperformance negativ beeinflussen. Idealerweise treten solche Wartezyklen erst gar nicht auf. Der prozentuale Anteil von Hits (Latch-Operationen, die unverzüglich ausgeführt werden) sollte sehr hoch sein.

```
nagsrv$ check_oracle_health --mode sga-latches-hit-ratio
OK - SGA latches hit ratio 99.97% |
→ sga_latches_hit_ratio=99.97%;98:;95:
```

Soft Parse Ratio

Jedes Mal, wenn ein SQL-Statement abgesetzt wird, prüft der Datenbankserver ob exakt dieses Statement bereits verarbeitet wurde. Ist dies nicht der Fall, dann müssen mehrere Prüfungen vorgenommen werden. Nachdem die syntaktischen Korrektheit festgestellt wurde, folgt eine semantische Kontrolle, bei der das Vorhandensein aller referenzierten Datenbankobjekte (Tabellen, Tabellenspalten) bestätigt wird. Daraufhin wird das Statement geparst und in ein Oracle-internes Format übersetzt. Dazu gehört auch die Erstellung eines Execution Plans mit dem Ziel der möglichst effizienten Ausführung. Natürlich ist ein sogenannter „hard Parse" mit einem hohen Aufwand verbunden. Wesentlich schneller geht ein sogenannter „soft Parse", wenn das SQL-Statement diese Schritte bereits einmal durchlaufen hat und der Datenbankserver auf Informationen im Cache zurückgreifen kann. Man sollte auf einen möglichst hohen Anteil von „soft Parses" achten.

```
nagsrv$ check_oracle_health --mode soft-parse-ratio
OK - Soft parse ratio 98.66% | soft_parse_ratio=98.66%;98:;90:
```

In der folgenden Abbildung ist dargestellt, wie sich ein Releasewechsel der Applikationssoftware auswirken kann. Im konkreten Fall wurden WHERE-Klauseln in SELECT-Statements hart codiert (WHERE id = 12) anstatt Bind-Parameter zu verwenden (WHERE id = ?).

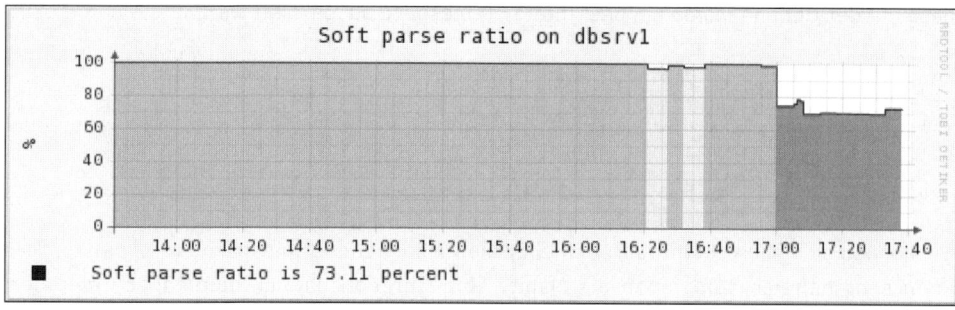

Abbildung 7.4: **Rapider Abfall der Soft Parse Ratio durch schlechtes SQL**

7.2.6 Tablespaces und Datafiles

Verbrauchter und freier Speicherplatz in Tablespaces

Oracle fasst Tabellen und Indizes in Organisationseinheiten zusammen, den Tablespaces. Diese wiederum setzen sich aus einem oder mehreren Datafiles zusammen, in denen die Daten physikalisch lagern. Tablespaces können eine maximale Größe haben oder aber vom Typ Autoextensible sein, d. h. sie allokieren benötigten Plattenplatz selbständig. Selbst diesem Wachstum sind aber durch das Betriebssystem Grenzen gesetzt. Jeder Datenbank-Administrator wird ein Auge auf den Füllstand seiner Tablespaces haben wollen. Dazu gibt es den Mode *tablespace-usage*.

```
nagsrv$ check_oracle_health --mode tablespace-usage
OK - tbs USERS usage is 53.09%, tbs UNDOTBS1 usage is 0.00%,
→ tbs TEMP usage is 0.00%, tbs SYSTEM usage is 2.51%,
→ tbs SYSAUX usage is 1.65% |
→ 'tbs_users_usage_pct'=53.09%;90;98
→ 'tbs_users_usage'=34792MB;58982;64225;0;65535
→ 'tbs_users_alloc'=40508MB;;;0;65535
→ 'tbs_undotbs1_usage_pct'=0.00%;90;98
→ 'tbs_undotbs1_usage'=1MB;29491;32112;0;32767
→ 'tbs_undotbs1_alloc'=9285MB;;;0;32767
→ 'tbs_temp_usage_pct'=0.00%;90;98
→ 'tbs_temp_usage'=0MB;29491;32112;0;32767
→ 'tbs_temp_alloc'=2387MB;;;0;32767
→ 'tbs_system_usage_pct'=2.51%;90;98
→ 'tbs_system_usage'=822MB;29491;32112;0;32767
→ 'tbs_system_alloc'=830MB;;;0;32767
→ 'tbs_sysaux_usage_pct'=1.65%;90;98
→ 'tbs_sysaux_usage'=541MB;29491;32112;0;32767
→ 'tbs_sysaux_alloc'=550MB;;;0;32767
```

Bereits bei einer kleinen Datenbank, die nur die standardmäßig angelegten Tablespaces hat, wird die Ausgabe ziemlich unübersichtlich und vor allem lang. In der Nagios-Webansicht ist höchstens auf den zweiten Blick zu erkennen, welcher Tablespace vollgelaufen ist. Schlimmstenfalls wird ein Problem übersehen, wenn *Tablespace1* den Service in einen *CRITICAL*-Zustand bringt und kurz darauf *Tablespace2* auch noch volläuft. Man sollte deshalb für jeden Tablespace einen eigenen Service definieren. Für das Plugin bedeutet dies, dass mit der Option *--name* ein bestimmter Tablespace ausgewählt wird.

```
nagsrv$ check_oracle_health --mode tablespace-usage --name USERS
OK - tbs USERS usage is 53.09% |
→ 'tbs_users_usage_pct'=53.09%;90;98
→ 'tbs_users_usage'=34792MB;58982;64225;0;65535
→ 'tbs_users_alloc'=40508MB;;;0;65535
```

Sie können sich auch einen Überblick über die vorhandenen Tablespaces verschaffen. Dies kann sehr hilfreich sein, wenn die Nagios-Konfigurationsdateien automatisch generiert werden sollen.

KAPITEL 7 Überwachung von Datenbanken

```
nagsrv$ check_oracle_health --mode list-tablespaces
SYSAUX
SYSTEM
TEMP
UNDOTBS1
USERS
XD73S_DAT_TAB
OK - have fun
```

Die Option *--name* kann auch als regulärer Ausdruck interpretiert werden. Dieses Verhalten wird mit der Option *--regexp* eingeschaltet. Wenn also ein Administrator trotz obiger Warnung nur einen einzigen Service definieren will, dann kann die Menge der überwachten Tablespaces mit Hilfe so eines Ausdrucks eingegrenzt werden. Gesetzt den Fall, man hätte die Tablespaces *CWMLITE, DATA, DRSYS, EXAMPLE, INDX, ODM, SYSTEM, TEMP, TOOLS, UNDOTBS1, USERS* und *XDB*, dann würde man die Anforderung „alle Tablespaces, deren Name mit *D* beginnt" so implementieren:

```
nagsrv$ check_oracle_health --mode tablespace-usage \
    --name '^D' --regexp
OK - tbs DRSYS usage is 0.03%, tbs DATA usage is 7.51% |
→ 'tbs_drsys_usage_pct'=0.03%;90;98
→ 'tbs_drsys_usage'=9MB;29491;32112;0;32767
→ 'tbs_drsys_alloc'=20MB;;;0;32767
→ 'tbs_data_usage_pct'=7.51%;90;98
→ 'tbs_data_usage'=2460MB;29491;32112;0;32767
→ 'tbs_data_alloc'=3372MB;;;0;32767
```

Umgekehrt kann man auch bestimmte Tablespaces vom Monitoring ausschließen, z.B. „alle Tablespaces, außer *TEMP, XDB* und *ODM*".

```
nagsrv$ check_oracle_health --mode tablespace-usage \
    --name '^(?!(TEMP$)|(XDB$)|(ODM$))' --regexp
```

Die Performancedaten haben folgende Bedeutung:

```
'tbs_drsys_usage_pct'=0.03%;90;98
```

Vom maximal verfügbaren Speicherplatz im Tablespace *DRSYS* sind derzeit 0,03% belegt. Bei Tablespaces mit Autoextend wird nicht die derzeitige Größe, sondern die maximal erreichbare Größe zur Berechnung herangezogen.

```
'tbs_drsys_usage'=9MB;29491;32112;0;32767
```

Die Messung hat ergeben, dass 9 MB belegt sind. Die maximal erreichbare Größe des Tablespaces sind 32767 MB, also 32 GB. Die Warnschwellen liegen bei ca. 29 GB und 31 GB.

```
'tbs_drsys_alloc'=20MB;;;0;32767
```

In diesem Tablespace wurden erst 20 MB von möglichen 32767 MB allokiert. Wenn man diesen Wert beobachtet, wird man sehen, wie Oracle bei wachsendem Datenbestand immer wieder ein Stück Speicherplatz zum Tablespace dazufügt.

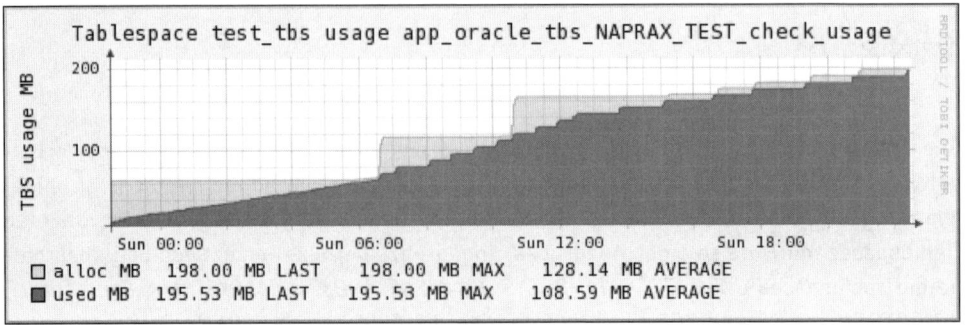

Abbildung 7.5: **Mit PNP visualisiertes Wachstum eines Tablespaces.**

Neben dem Mode *tablespace-usage*, der den belegten Speicher in Prozent misst, gibt es noch den Mode *tablespace-free*, mit dem der verbliebene freie Speicherplatz überwacht wird. Dies ist zunächst einfach eine Umkehrung der Messung, jedoch sind hier auch Schwellwertangaben in KB, MB und GB möglich. Damit lässt sich z.B. die Abfrage „alarmiere, wenn weniger als 30 GB bzw. 5 GB frei sind" formulieren.

```
nagsrv$ check_oracle_health --mode tablespace-free \
    --name USERS --warning 30: --critical 5: --units GB
WARNING - tbs USERS has 26.05GB free space left |
→ 'tbs_users_free_pct'=27.14%;31.25:;5.21:
→ 'tbs_users_free'=26.05GB;30.00:;5.00:;0;96.00
```

Entwicklung des Speicherplatzverbrauchs

Nicht nur die Beobachtung des aktuellen Füllstands eines Tablespaces ist wichtig, auch die zukünftige Entwicklung sollte im Auge behalten werden. Da es bei einem Engpass in den seltensten Fällen möglich sein wird, Daten einfach zu löschen, muss rechtzeitig die Beschaffung von zusätzlichem Speicher eingeleitet werden. Wie lange es beim derzeitigen Wachstum noch dauern wird, bis ein Tablespace voll ist, kann mit dem Mode *tablespace-remaining-time* ermittelt werden.

```
nagsrv$ check_oracle_health --mode tablespace-remaining-time \
    --name DATA
WARNING - tablespace USERS will be full in 41 days |
→ 'tbs_users_days_until_full'=41;90:;30:
```

Eine Vorwarnzeit von 90 Tagen sollte ausreichen, um zusätzlichen Speicherplatz zu beschaffen bzw. zu beantragen. Je nach Firma können die Schwellwerte natürlich mit den Optionen *--warning* und *--critical* angepasst werden. Mit dem Parameter *--lookback* kann man die Anzahl der Tage angeben, die der Berechnung zugrunde liegen, also wie weit man in die Vergangenheit zurückblickt, um das künftige Wachstum abzuschätzen. Die Defaulteinstellung beträgt 30 Tage. So lange muss man auch warten, bis das Plugin die erste Vorhersage trifft.

Datafile IO

Tablespaces sind logische Einheiten, die sich aus Datafiles zusammensetzen. Die Datafiles sind echte Dateien auf Betriebssystemebene. Damit die IO-Last einer Datenbank gleichmäßig verteilt wird und die IO-Last einzelner Datafiles das darunterliegende Speichermedium nicht überfordert, sollte man auch diesen Wert erfassen und möglichst grafisch darstellen.

```
nagsrv$ check_oracle_health --mode datafile-io-traffic \
    --name system01.dbf
OK - system01.dbf: 0.77 IO Operations per Second |
→ 'dbf_system01.dbf_io_total_per_sec'=0.77;1000;5000
```

7.2.7 Sysstats

Oracle bietet über die View *v$sysstat* Zugriff auf interne Zähler. Einige davon sind für die Datenbankperformance von großer Relevanz und sollten in das Monitoring aufgenommen werden. Eine Liste der verfügbaren Statistiken kann man sich mit dem Mode *list-sysstats* ausgeben lassen.

```
nagsrv$ check_oracle_health --mode list-sysstats
      286 CCursor + sql area evicted
       12 CPU used by this session
       11 CPU used when call started
      108 CR blocks created
      199 Cached Commit SCN referenced
      198 Commit SCN cached
       13 DB time
       69 DBWR checkpoint buffers written
       79 DBWR checkpoints
       ...
      340 parse count (failures)
      339 parse count (hard)
       ...
```

Mit dem Mode *sysstats* kann man dann einzelne Statistiken, die man mit dem Parameter --name spezifiziert (anstelle des ausgeschriebenen Namens ist auch die Zahl in der linken Spalte erlaubt), zeitabhängig beobachten. Dabei wird der Anstieg des jeweiligen Wertes durch die Zeit geteilt, die seit dem letzten Lauf von **check_oracle_health** verstrichen ist, so dass das Ergebnis des Checks als Anstieg pro Sekunde vorliegt. Beispielsweise kann man die Anzahl fehlerhafter SQL-Statements pro Sekunde überwachen mit

```
nagsrv$ check_oracle_health --mode sysstat \
    --name "parse count (failures)"
WARNING - 69.592105 parse count (failures)/sec |
→ 'parse count (failures)_per_sec'=69.592105;10;100
→ 'parse count (failures)'=21156
```

7.2.8 Programmierung eigener Funktionalität

From: Otto Orkl, DBA <otto.orkl@naprax.de>
CC: Meike Meiskl, DBA <meike.meiskl@naprax.de>
To: Armin Admin <armin.admin@naprax.de>
Subject: selbstgeschriebene Checks

Hallo Armin,
wir haben eine Tabelle, die kontinuierlich mit Daten gefüllt wird. Wenn
dieser Datenstrom abreisst, dann gibt's ein Problem. Wir haben das bisher so
gelöst, dass jeder Datensatz einen Zeitstempel beinhaltet und wir mit einem
Script abgefragt haben, wie alt der aktuellste Datensatz ist. Wenn seit 15
Minuten keine neuen Daten mehr eingetragen wurden, dann schickt unser Script
eine Mail an uns. Kannst du das mit Nagios auch hinbekommen?

Gruß,
Otto

p.s. die Tabelle heisst NEWS.TICKER und das Datumsfeld heisst UPDATED. Ich
habe deinem Nagios-User Leserechte erteilt.

Es ist kein Problem, an **check_oracle_health** ein individuelles SQL-Statement zu übergeben, solange dieses ein numerisches Ergebnis zurückliefert, welches mit Schwellwerten verglichen werden kann. Der entsprechende Mode lautet einfach *sql* und der Parameter *--name* nimmt das Statement auf. Die Schwellwerte werden mit *--warning* und *--critical* bestimmt. In diesem Beispiel soll die SQL-Anweisung die Minuten seit dem letzten Eintrag ermitteln.

```
SELECT (SYSDATE - MAX(updated)) *24*60*60 FROM NEWS.TICKER
```

Der Plugin-Aufruf lautet dann:

```
nagsrv$ check_oracle_health --mode sql --name \
    'SELECT (SYSDATE-MAX(updated)) *24*60*60 FROM NEWS.TICKER'
OK - select (sysdate-max(updated)) *24*60*60 from news.ticker: 8.58
```

Das ist natürlich nicht besonders lesbar, deshalb kann man mit der Option *--name2* einen String angeben, der in der Ausgabe und den Performancedaten auftaucht. Zur weiteren Verdeutlichung dient auch noch die Option *--units*, die in diesem Fall ein „s" für Sekunden an die Ausgabe und die Performancedaten hängt.

KAPITEL 7 Überwachung von Datenbanken

```
nagsrv$ check_oracle_health --mode sql --name \
    'SELECT (SYSDATE-MAX(updated)) *24*60*60 FROM NEWS.TICKER' \
    --name2 noticks --units s --warning 600 --critical 900
OK - noticks: 10.83s | 'noticks'=10.83s;600;900
```

Da dieser SQL-Befehl auch in der Command-Definition von Nagios stehen wird und womöglich Sonderzeichen beinhaltet, die umständlich entwertet werden müssen, gibt es die Möglichkeit, ihn zu encodieren.

```
nagsrv$ echo 'SELECT (SYSDATE-MAX(updated))*24*60*60 FROM NEWS.TICKER' |
check_oracle_health --mode encode
SELECT%20%28SYSDATE%2DMAX%28updated%29%29%20%2A24%2A60%2A60%20FROM%20
NEWS%2ETICKER
```

Den resultierenden String kann man nun beim Parameter --*name* angeben, ohne Hochkommata verwenden zu müssen.

```
From: Armin Admin <armin.admin@naprax.de>
To: Otto Orkl, DBA <otto.orkl@naprax.de>
Subject: Der Ticker-Check

Hallo Otto,
schau dir mal den Screenshot an. Sowas kommt raus, wenn die Tickertabelle
nicht mehr befüllt wird.
Armin
```

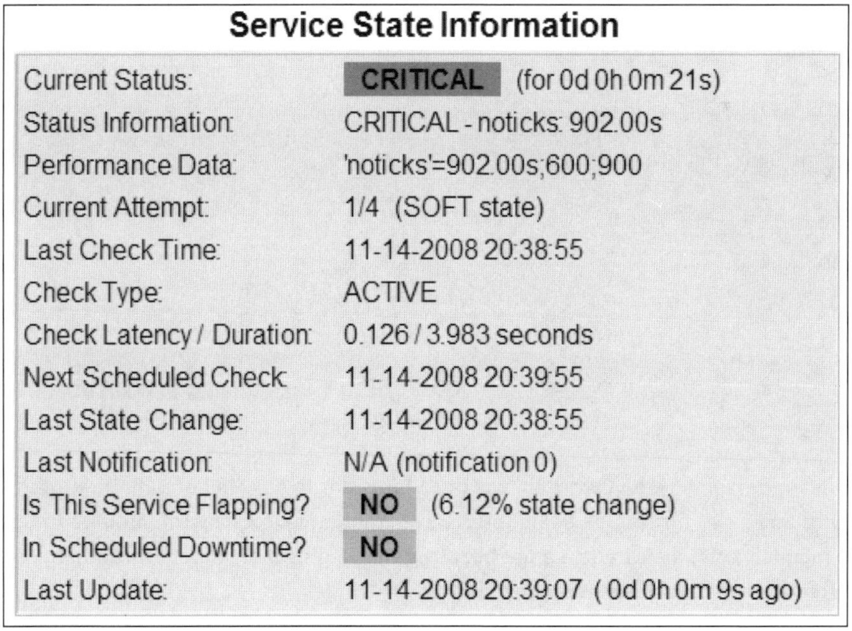

Service State Information

Current Status:	**CRITICAL** (for 0d 0h 0m 21s)
Status Information:	CRITICAL - noticks: 902.00s
Performance Data:	'noticks'=902.00s;600;900
Current Attempt:	1/4 (SOFT state)
Last Check Time:	11-14-2008 20:38:55
Check Type:	ACTIVE
Check Latency / Duration:	0.126 / 3.983 seconds
Next Scheduled Check:	11-14-2008 20:39:55
Last State Change:	11-14-2008 20:38:55
Last Notification:	N/A (notification 0)
Is This Service Flapping?	**NO** (6.12% state change)
In Scheduled Downtime?	**NO**
Last Update:	11-14-2008 20:39:07 (0d 0h 0m 9s ago)

Abbildung 7.6: **Ausgabe einer mit mode sql formulierten Erweiterung**

KAPITEL 7   Überwachung von Datenbanken

```
From: Otto Orkl, DBA <otto.orkl@naprax.de>
CC: Meike Meiskl, DBA <meike.meiskl@naprax.de>
To: Armin Admin <armin.admin@naprax.de>
Subject: Re: selbstgeschriebene Checks

Hallo Armin,
der Ticker-Check sieht gut aus. Jetzt haben wir aber noch andere, kompli-
ziertere Scripts im Einsatz. Kollege Jörg hat was gebaut, das Einträge in
einer Queue (Tabelle queues) ausliest. Dabei wird das Statusfeld ausgewertet
und dementsprechend ein Alert erzeugt.
Stati können sein „running", „waiting", „held", „cancelled". Wenn (held > 10
|| cancelled > 10)
oder (waiting > 20 && running < 3)
dann schlägt sein Script Alarm. Ausserdem gibt es noch eine Tabelle „queue_
status". Die hat nur einen einzigen Datensatz mit dem Feld „processed". Je-
desmal, wenn ein Job aus der Queue abgearbeitet wurde, dann wird „processed"
um 1 erhöht. Kann man die Anzahl der Jobs pro Sekunde überwachen? Geht sowas
auch mit dem check_oracle_health oder muss man da was eigenes schreiben?

Gruß,
Otto
```

Aufwendigere Checks, die nicht mit einem einzigen SQL-Statement behandelt werden können, sind ebenfalls möglich. **Check_oracle_health** lässt sich mit Routinen erweitern, die mit ihrer eigenen Mode-Bezeichnung aufgerufen werden. Der eigene Code wird in einer Datei namens *CheckOracleHealthExt1.pm* gespeichert. Für umfangreiche Erweiterungen sind mehrere Dateien möglich. Sie werden einfach aufsteigend von 1 an durchnumeriert. In so einer Datei wird nun das zu überprüfende Subsystem als Perl-Objekt angelegt. Das Grundgerüst sieht folgendermaßen aus:

```perl
package MyQueue;

our @ISA = qw(DBD::Oracle::Server);

sub init {
   my $self = shift;
   my %params = @_;
}

sub nagios {
   my $self = shift;
   my %params = @_;
}
```

Es soll in diesem Beispiel gezeigt werden, wie der Status der in der Mail erwähnten Queues abgefragt wird und einer für Nagios geeigneten Bewertung unterzogen wird. Als zweite Option soll es möglich sein, die Queue-Länge abzufragen. Da dies die einfachere Aufgabe ist, wird deren Realisierung als erstes demonstriert.

```perl
sub init {
   my $self = shift;
   my %params = @_;
   if ($params{mode} =~ /my::queue::length/) {
```

```
        $self->{length} = $self->{handle}->fetchrow_array(q{
            SELECT COUNT(*) FROM queues
        });
    }
}
sub nagios {
    my $self = shift;
    my %params = @_;
    if ($params{mode} =~ /my::queue::length/) {
        $self->add_nagios(
            $self->check_thresholds($self->{length}, 100, 500),
            sprintf "queue length is %d", $self->{length});
        $self->add_perfdata(sprintf "queuelen=%d;%d;%d",
            $self->{length}, $self->{warningrange},
            $self->{criticalrange});
    }
}
```

Die Funktionalität in dieser Datei kann nun auf zwei Arten in **check_oracle_health** einfließen.

Die statische Methode

Beim Aufruf von ./configure gibt man die Option --with-mymodules-dir=<Verzeichnis> an, wobei die Datei *CheckOracleHealthExt1.pm* in diesem Verzeichnis liegt. Beim folgenden Aufruf von **make** wird sie dann (und eventuell weitere Extension-Dateien) an das fertige Plugin **check_oracle_health** angehängt.

Die dynamische Methode

In diesem Fall gibt man die Option --with-mymodules-dyn-dir=<Verzeichnis> an. Anstelle die Extension-Dateien direkt einzubinden, wird diesmal das Plugin so vorbereitet, dass es diese zur Laufzeit im angegebenen Verzeichnis sucht und erst dann importiert. Dies ist dann nützlich, wenn man immer wieder Änderungen am eigenen Code vornehmen, aber nicht jedes Mal das **check_oracle_health** Plugin neu bauen und verteilen will.

Hinweise zur Erstellung von eigenen Codes

Folgende Methoden und Variablen erleichtern die Erstellung eigener Funktionalität:

```
if ($params{mode} =~ /my::queue::length/) {
```

In *$params{mode}* findet man das Argument der Kommandozeilenoption --mode wieder, wobei die Bindestriche durch jeweils zwei Doppelpunkte ersetzt wurden.

```
nagsrv$self->{length} = $self->{handle}->fetchrow_array(SQL-Statement)
```

In *$self->{handle}* wird die Verbindung zur Datenbank gespeichert. Die Methode *fetchrow_array* dürfte bekannt sein. Sie entspricht der gleichnamigen Methode aus dem Perl-Modul *DBI*.

```
nagsrv$self->add_nagios(Errorlevel, Output)
```

Die Methode *add_nagios* nimmt zwei Parameter. Eine Zahl von 0 bis 3, die Error-Level von Nagios und einen String, der dann in der Ausgabe des Plugins auftauchen wird. Ein mehrmaliger Aufruf ist möglich. Die Strings werden dann für die Ausgabe hintereinander gehängt.

```
nagsrv$self->check_thresholds(Wert, Default-Warning, Default-Critical)
```

Mit dieser Methode wird ein ermittelter Wert mit zwei Schwellwerten verglichen. Die Parameter zwei und drei sind Defaultschwellwerte, die jedoch von Schwellwerten außer Kraft gesetzt werden, die mit den Kommandozeilenoptionen *--warning* und *--critical* an das Plugin übergeben wurden.

```
nagsrv$self->add_perfdata(tag=value,...)
```

Performancedaten werden als String an diese Methode übergeben. Ein mehrfacher Aufruf ist möglich. Die Strings werden dann zusammengehängt.

Nach der Erzeugung des Plugins steht nun die Erweiterung zur Verfügung:

```
nagsrv$ check_oracle_health --mode my-queue-length \
    --warning 10 --critical 20
OK - queue length is 8 | 8;10;20
```

7.2.9 Alert Logs

Oracle zeichnet wichtige Aktivitäten und Ereignisse im sogenannten Alert Log auf. Diese Textdatei heißt *alert_<SID>.log* und liegt in einem Verzeichnis, das mit dem Datenbank-Parameter *background_dump_dest* festgelegt wird. Meldungen im Alert Log weisen frühzeitig auf Probleme hin, die ansonsten erst erkannt würden, wenn die Datenbank nicht mehr korrekt arbeitet oder schlimmstenfalls stehenbleibt. Tauchen Zeilen auf, die den Text „*ORA-<Fehlernummer>*" enthalten, muss der DBA unbedingt benachrichtigt werden. Ob die Nachricht in die Kategorie Warning oder Critical fällt, hängt von der Fehlernummer ab. Die Meldung kann auch harmlose Ursachen haben.

Die Aufgabenstellung lautet also eine Textdatei nach Mustern zu durchsuchen und die Treffer zu kategorisieren. Dazu eignet sich das aus dem Kapitel „*Logfiles*" bekannte Plugin **check_logfiles**. Was also noch fehlt, um ein Alert Log zu überwachen, ist eine geeignete Auswahl an Fehlermeldungen, nach denen gesucht werden soll. Diese werden dann in die Konfigurationsdatei des Plugins eingetragen.

KAPITEL 7 Überwachung von Datenbanken

Der pessimistische Ansatz wäre, zunächst sämtliche ORA-Meldungen als Critical einzustufen. In jedem Fall bedarf ein Fehlerereignis der genauen Abklärung, womöglich durch den Hersteller. Diejenigen Meldungen, die als harmlos bekannt sind oder nach einem durch sie ausgelösten Alarm als harmlos eingestuft wurden, können als Ausnahmen in die Konfiguration aufgenommen werden. Ihr Auftreten wird dann zu keiner Meldung durch Nagios mehr führen. Dieser Ansatz kann anfangs zu einer hohen Anzahl von Alarmen führen, die jedoch schnell abnimmt, wenn mehr und mehr der gefundenen ORA-Meldungen in die Ausnahmeliste wandern. Dafür werden aber auch sämtliche denkbaren ORA-Meldungen erkannt, so dass kein Ereignis unentdeckt bleibt.

```
@searches = (
{
    tag => 'alertlog',
    logfile => '/u00/app/oracle/diag/rdbms/naprax/naprax/trace/alert_naprax.log',
    criticalpatterns => [
        'ORA\-',
    ],
    criticalexceptions => [
        'ORA\-1594',
        'ORA\-1990',       # error opening password file
        'ORA\-1146',       # cannot start online backup
        'ORA\-00932',      # inconsistent datatypes
    ]
});
```

Wenn man umgekehrt nur bei ganz bestimmten Fehlermeldungen benachrichtigt werden will und in Kauf nimmt, dass unbekannte Fehler unentdeckt bleiben, dann füllt man die Konfigurationsdatei mit einer Positivliste.

```
@searches = (
{
    tag => 'alertlog',
    logfile => '/u00/app/oracle/diag/rdbms/naprax/naprax/trace/alert_naprax.log',
    criticalpatterns => [
        'ORA\-0204',           # error in reading control file
        'ORA\-0206',           # error in writing control file
        'ORA\-0210',           # cannot open control file
        'ORA\-0257',           # archiver is stuck
        'ORA\-0333',           # redo log read error
        'ORA\-0345',           # redo log write error
        'ORA\-4040',           # deadlock on library object
        'ORA\-04[4-7][0-9]',   # ORA-0440 - ORA-0485 background process failure
        'ORA\-048[0-5]',
        'ORA\-06[0-3][0-9]',   # ORA-6000 - ORA-0639 internal errors
        'ORA\-1114',           # datafile I/O write error
        'ORA\-1115',           # datafile I/O read error
        'ORA\-1116',           # cannot open datafile
        'ORA\-1118',           # cannot add a data file
        'ORA\-1578',           # data block corruption
```

```
            'ORA\-1135',      # file accessed for query is offline
            'ORA\-1547',      # tablespace is full
            'ORA\-1555',      # snapshot too old
            'ORA\-1562',      # failed to extend rollback segment
            'ORA\-162[89]',   # ORA-1628 - ORA-1632 maximum extents exceeded
            'ORA\-163[0-2]',
            'ORA\-165[0-6]',  # ORA-1650 - ORA-1656 tablespace is full
            'ORA\-4031',      # out of shared memory.
        ],
        warningpatterns => [
            'Checkpoint not complete',
            'ORA\-3113',      # end of file on communication channel
            'ORA\-6501'       # PL/SQL internal error
        ]
});
```

Der Einfachheit halber legt man diese Konfigurationsdateien in einem Verzeichnis ab, das dem Oracle-Benutzer gehört, das der Nagios-Benutzer aber lesen darf. Die Entscheidung, was als Fehlermeldung gilt, liegt dann in der Verantwortung des Datenbank-Betriebs, der die Datei pflegt. Natürlich muss der Nagios-Benutzer auch lesend auf das Alert Log zugreifen können. Die einfachste Methode, dies zu ermöglichen ist, ihn in die Gruppe *oinst* aufzunehmen. Sollte das aus Sicherheitsgründen nicht in Frage kommen, dann bleibt nichts anderes übrig, als sämtliche Elternverzeichnisse und das Alert Log selbst für den Nagios-Benutzer lesbar zu machen oder, falls das Filesystem dies unterstützt, mit ACLs zu arbeiten. Am Beispiel von *ext3* unter Linux gestattet man dem User nagios und somit dem Plugin **check_logfiles** mit folgendem Kommando den Lesezugriff auf das Alert Log:

```
setfacl -m u:nagios:r-- \
    /u00/app/oracle/diag/rdbms/naprax/naprax/trace/alert_naprax.log
```

Dieses Kommando muss natürlich wiederholt werden, sobald das Logfile gelöscht oder verschoben und neu angelegt wird. Sobald das **check_logfiles**-Plugin auf das Alert Log zugreifen kann, wird es bei jedem Lauf prüfen, ob seit dem letzten Lauf neue Zeilen hinzugekommen sind und bei Treffern einen entsprechenden Status liefern.

```
check_logfiles --config /u00/nagios/check_logfiles_alertlogs.cfg
CRITICAL - (4 errors) - ORA-00444: background process FBDA failed while
starting ...|alertlog_lines=7 alertlog_warnings=0 alertlog_criticals=5
alertlog_unknowns=0
```

In der Nagios-Weboberfläche sieht ein Treffer dann so aus:

KAPITEL 7 Überwachung von Datenbanken

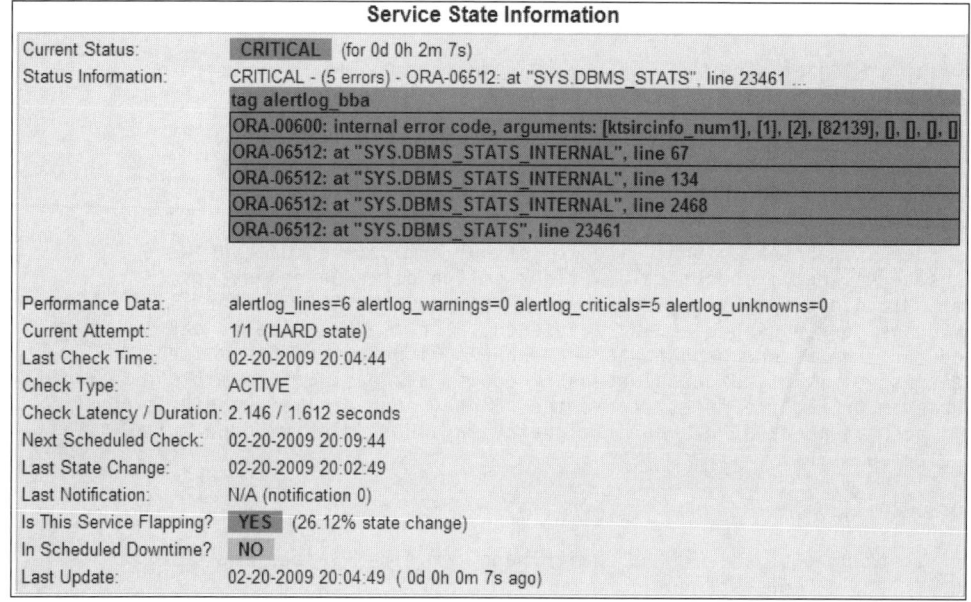

Abbildung 7.7: **Ein auf check_logfiles basierender Service meldet ORA-Fehler im Alert Log**

Zum Einstieg in das Monitoring einer Oracle-Instanz mit Nagios fängt man am besten mit dem Testen der Verbindung und des Logins, einigen SGA-Caches, dem Füllstand von Tablespaces und der Überwachung des Alert Logs an. Damit ist Nagios eine preisgünstige Alternative zu proprietären Monitoringsystemen für Oracle, denn auch mit diesen werden hauptsächlich die genannten Datenbankparameter überwacht.

Host	Service	Status	Last Check	Duration	Attempt	Status Information
dbsrv1	app_oracle_common_NAPRAX_check_login	OK	11-14-2008 20:39:58	0d 4h 18m 40s	1/4	OK - 3.39 seconds to connect as NAGIOS
	app_oracle_common_NAPRAX_check_ping	OK	11-14-2008 20:40:30	0d 4h 25m 8s	1/4	OK - connection established to NAPRAX.
	app_oracle_logs_NAPRAX_check_alertlog	OK	11-14-2008 20:41:01	0d 0h 6m 36s	1/1	OK - no errors or warnings
	app_oracle_perf_NAPRAX_check_databuf_hitratio	OK	11-14-2008 20:37:33	0d 0h 15m 4s	1/4	OK - SGA data buffer hit ratio 99.97%
	app_oracle_perf_NAPRAX_check_dictcache_hitratio	OK	11-14-2008 20:42:04	0d 5h 37m 22s	1/4	OK - SGA dictionary cache hit ratio 100.00%
	app_oracle_perf_NAPRAX_check_inmemory_sorts	OK	11-14-2008 20:37:36	0d 4h 23m 2s	1/4	OK - PGA in-memory sort ratio 100.00%
	app_oracle_perf_NAPRAX_check_latches_hitratio	OK	11-14-2008 20:38:08	0d 22h 40m 33s	1/4	OK - SGA latches hit ratio 100.00%
	app_oracle_perf_NAPRAX_check_libcache_hitratio	OK	11-14-2008 20:38:39	0d 1h 3m 59s	1/4	OK - SGA library cache hit ratio 100.00%
	app_oracle_perf_NAPRAX_check_redo_io	OK	11-14-2008 20:39:11	0d 4h 19m 27s	1/4	OK - Redo log io is 0.000228 MB/sec
	app_oracle_perf_NAPRAX_check_softparse	OK	11-14-2008 20:39:42	0d 4h 18m 56s	1/4	OK - Soft parse ratio 100.00%
	app_oracle_perf_NAPRAX_check_switchinterval	OK	11-14-2008 20:40:14	0d 4h 23m 24s	1/4	OK - Last redo log file switch interval was 591 minutes
	app_oracle_tbs_NAPRAX_SYSAUX_check_usage	OK	11-14-2008 20:40:45	0d 4h 22m 53s	1/4	OK - tbs SYSAUX usage is 1.90%
	app_oracle_tbs_NAPRAX_SYSTEM_check_usage	OK	11-14-2008 20:41:17	0d 5h 37m 22s	1/4	OK - tbs SYSTEM usage is 2.12%
	app_oracle_tbs_NAPRAX_TEMP_check_usage	OK	11-14-2008 20:41:49	0d 5h 37m 21s	1/4	OK - tbs TEMP usage is 0.00%
	app_oracle_tbs_NAPRAX_TEST_TBS_check_usage	OK	11-14-2008 20:42:20	0d 5h 37m 22s	1/4	OK - tbs TEST_TBS usage is 19.50%
	app_oracle_tbs_NAPRAX_UNDOTBS1_check_usage	OK	11-14-2008 20:37:52	0d 4h 22m 46s	1/4	OK - tbs UNDOTBS1 usage is 0.03%
	app_oracle_tbs_NAPRAX_USERS_check_usage	OK	11-14-2008 20:38:23	0d 6h 32m 42s	1/4	OK - tbs USERS usage is 0.00%
	app_ticker_check_noticks	OK	11-14-2008 20:40:55	0d 0h 1m 42s	1/4	OK - noticks: 26s

Abbildung 7.8: **Eine kleine, aber feine Konfiguration zur Überwachung von Oracle**

7.3 Microsoft SQL Server

```
From: Otto Orkl, DBA <otto.orkl@naprax.de>
To: Armin Admin <armin.admin@naprax.de>
CC: Iwan Maikrosov
Subject: wir haben da noch wen vergessen…

Hallo Armin,

du denkst wahrscheinlich, Windows ist nur zum Spielen da. Von wegen,
unsere Kollegen haben mittlerweile ziemlich dicke Datenbankserver
mit Microsoft SQL Server am Laufen. Mit dem OS-Monitoring der
Windows-Server sind sie ganz zufrieden, aber sie bezweifeln, daß
du für ihre Datenbanken etwas brauchbares hinbekommst. Sie meinen,
das ist ein viel zu geschlossenes Produkt, als dass man da mit
unserem OpenSource-Ansatz rankommen könnte. Aber vielleicht gibt's
ja schon jemdanden, der da erfolgreich war. Hör' dich um oder tüftel
selber was aus.

Otto

p.s. streng dich an, ich habe mit Iwanov um eine Flasche Wodka
gewettet, daß du es kannst.
```

7.3.1 Verfügbarkeit von Plugins

Im *contrib*-Verzeichnis der Nagios-Plugins findet man das Script **check_mssql.sh**. Leider ist es schon etwas betagt und führt auch nicht mehr als einen simplen Login-Check durch. Eine Suche auf *exchange.nagios.org* ergibt zwar einige Treffer unter der Rubrik Datenbanken/SQL Server, aber die Plugins sind wie so oft in ihrem Funktionsumfang begrenzt. Sie führen entweder ein Login oder eine stored Procedure aus. Des Weiteren unterscheiden sie sich stark in ihren Kommandozeilenparametern, so dass die entsprechende Konfiguration einer MSSQL-Überwachung in Nagios unübersichtlich wird. Nach dem Vorbild von **check_oracle_health** und **check_mysql_health** ist deshalb während der Arbeiten zu diesem Buch das Plugin **check_mssql_health**[8] entstanden. Das Ziel ist wieder, mit der Installation eines einzigen Scripts so viel Funktionalität wie möglich abzudecken und dem Administrator durch konsistente Parameter die Erstellung der Nagios-Services so leicht wie möglich zu machen. Auch auf eine durchgehende Ausgabe von Performancedaten wurde geachtet, damit die Überwachung eines *MS SQL Server* mit Nagios und PNP den Vergleich zu teuren Monitoringlösungen nicht zu scheuen braucht.

---

8   http://www.consol.de/opensource/nagios/check-mssql-health

7.3.2 Vorbereitungen

Datenbankbenutzer

Wie bei den anderen Datenbanken richtet man sich auch hier am besten einen eigenen Benutzer ein, der nur für Monitoringaufgaben vorgesehen ist. Die Privilegien, die für das Monitoring nötig sind, lauten:

» select * from sys.dm_os_performance_counters

» select * from master..sysprocesses

» exec sp_spaceused

» exec sp_monitor

» exec sp_databases

» select SERVERPROPERTY(‚productversion')

» select @@VERSION

» select SYSTEM_USER

Dazu öffnet man das *Microsoft SQL Server Management Studio* und legt unter dem Menüpunkt *Security/Logins* einen neuen Benutzer namens *nagios* an.

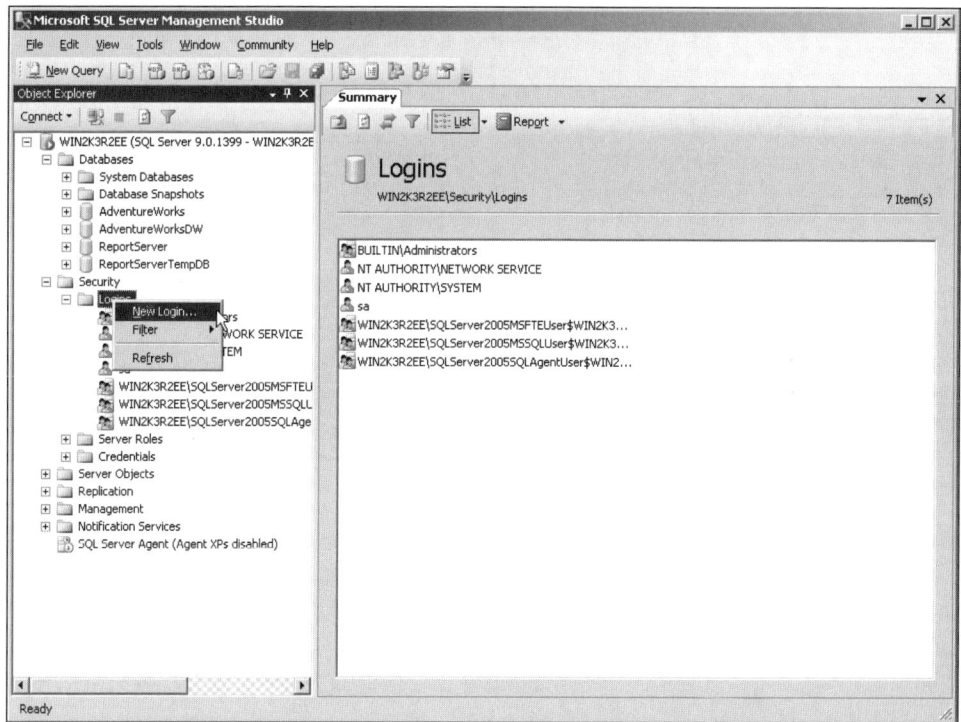

Abbildung 7.9: **Anlegen des Monitoring-Benutzers**

KAPITEL 7 — Überwachung von Datenbanken

Diesen User kann es bereits auf Windows-Ebene geben. Dazu wählt man im nächsten Schritt die Option „*Windows authentication*". Alternativ dazu kann es ein reiner Datenbankbenutzer sein, dessen Passwort von SQL Server verwaltet wird. In diesem Fall klickt man auf „*SQL Server authentication*". Wichtig ist hierbei, dass das Häkchen bei „*Enforce password expiration*" entfernt wird. Ansonsten würde nach Ablauf der Gültigkeit des Passworts der User womöglich gesperrt werden. In größeren Firmen kann dann durchaus einige Zeit vergehen, bis so ein Konto wieder aktiviert wird. In der ganzen Zeit würde das Monitoring nicht mehr funktionieren und Fehler blieben unentdeckt.

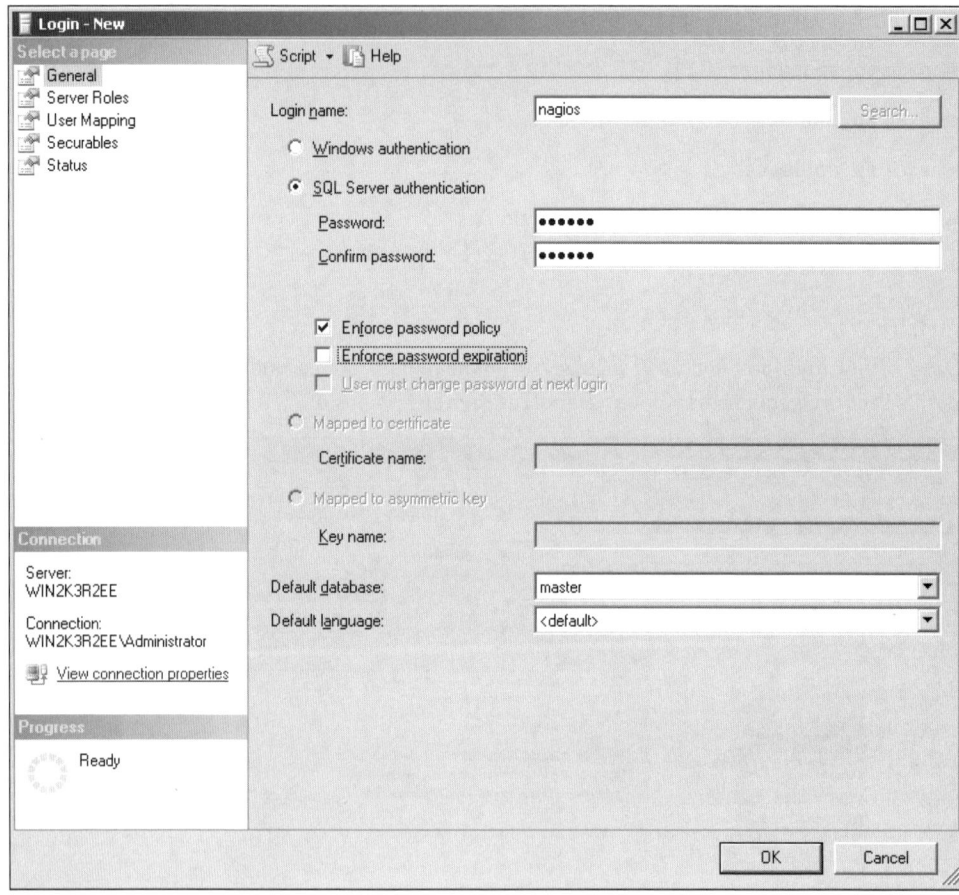

Abbildung 7.10: **Der nagios-Benutzer muss sein Passwort nie ändern**

Leider ist es mit den Standardeinstellungen des Users *nagios* nicht möglich, alle Parameter eines SQL Servers abzufragen. Dazu braucht er besondere Privilegien, die man unter dem Menüpunkt „*Server Roles*" vergibt.

KAPITEL 7 — Überwachung von Datenbanken

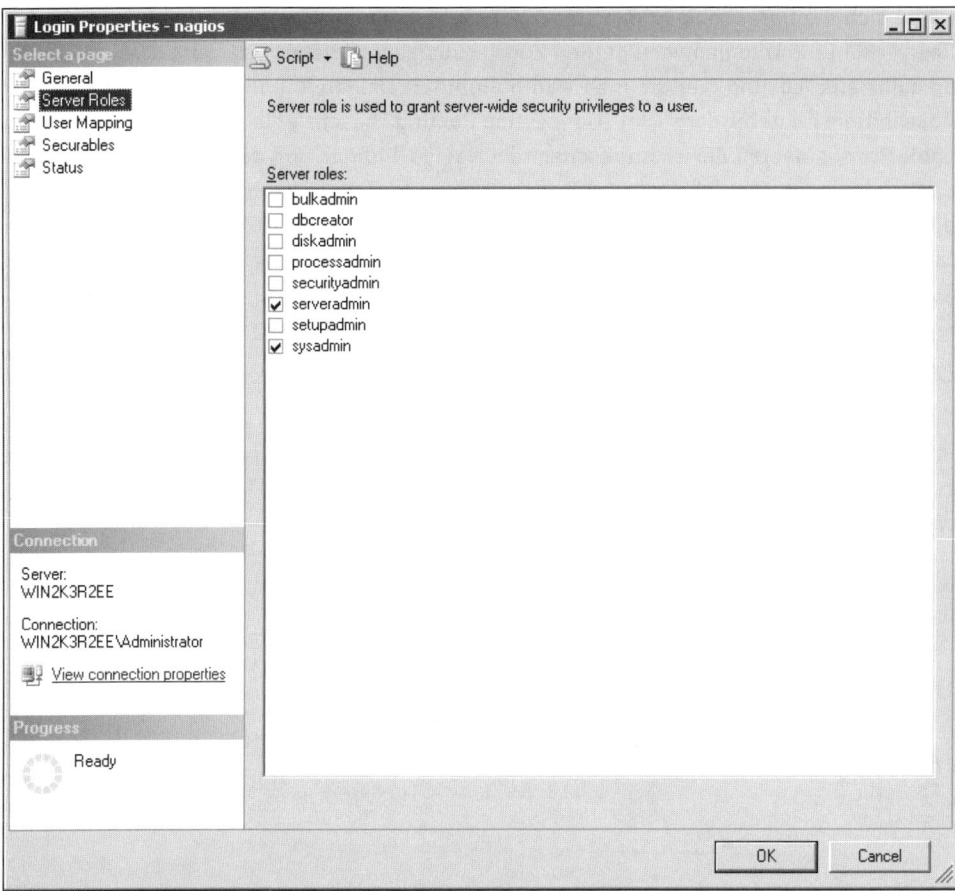

Abbildung 7.11: **Der nagios-User braucht die Rollen serveradmin und sysadmin**

Für das ausführliche Monitoring eines SQL Servers muss der Nagios-Benutzer Zugriff auf einige Systemtabellen und Stored Procedures erhalten. Die dazu nötige Rolle serveradmin besitzt die höchste Sicherheitsstufe und dürfte von einem Datenbankadministrator nur sehr ungern vergeben werden. In einer produktiven Umgebung wird es daher eher so gehandhabt, dass der User nagios die benötigten Rechte nicht per globaler Rolle, sondern über fein granulare Einstellungen an den einzelnen Datenbankobjekten bekommt. Die im Hintergrund ausgeführten Befehle lauten:

» select * from sys.dm_os_performance_counters

» select * from master..sysprocesses

» exec sp_spaceused

» exec sp_monitor

» exec sp_databases

> **KAPITEL 7** | Überwachung von Datenbanken

ACHTUNG

Sollte sich die Datenbank-Administration sträuben, einem Monitoring-Benutzer, welcher über erhöhte Privilegien verfügt, den Zugriff über das Netzwerk zu gestatten, dann gibt es dafür eine Lösung, auf die man sich hoffentlich einigen kann. In einem der nächsten Abschnitte wird unter dem Titel „Connection Pooling" beschrieben, wie man einen Datenbank-Proxy aufsetzt, der sich zwischen den Nagios-Plugins und den überwachten Datenbanken befindet. Die dabei verwendete Software *SQLRelay* erlaubt es, SQL-Befehle nach bestimmten Mustern zu filtern. Es wäre damit denkbar, den Proxy unter der Hoheit der Datenbank-Administration zu betreiben und nur einige definierte Statements bis zu den SQL Servern durchzulassen.

Client-Software

Das Plugin **check_mssql_health** benutzt für die Kommunikation mit der Datenbank das Perl-Modul *DBD::Sybase*. Leider ist es nicht im Standard-Repository von CentOS enthalten, so dass man hier an besten wieder auf die RPM-Sammlung von Dag Wieers zurückgreift. (Vgl. Kapitel *PNP*)

```
nagsrv# yum --enablerepo dag install perl-DBD-Sybase
...
=====================================================================
 Package              Arch      Version            Repository    Size
=====================================================================
Installing:
 perl-DBD-Sybase      i386      1.08-1.el5.rf      dag           204 k
Installing for dependencies:
 freetds              i386      0.64-11.el5.centos extras        877 k
 unixODBC             i386      2.2.11-7.1         base          832 k
...
```

Wie man sieht, wird auch das Paket *freetds* mitinstalliert. TDS (Tabular Data Stream) ist das Protokoll, das Sybase und Microsoft für ihre Datenbankprodukte benutzen. Bestandteil von *freetds* sind der Kommandozeilen-Client **tsql** und die Bibliotheken **libct** und **libtds**, auf denen *DBD::Sybase* aufsetzt. Bereits jetzt kann versucht werden, die Datenbank mit **tsql** zu kontaktieren.

```
nagsrv$ tsql -H dbsrv10 -U nagios -P nagios -p 1433
locale is "en_US.UTF-8"
locale charset is "UTF-8"
1> exec sp_monitor
2> go
last_run          current_run         seconds
Mar 10 2009 06:02AM   Mar 10 2009 06:02AM   20
cpu_busy          io_busy     idle
31(0)-0%          42(0)-0%    3806122(19)-95%
packets_received       packets_sent      packet_errors
3289823(20)            3290774(19)       2(0)
total_read        total_write     total_errors    connections
826(0)   565(1)   0(0)    914403(5)
(return status = 0)
```

KAPITEL 7 Überwachung von Datenbanken

Wenn die Ausgabe so wie im Beispiel aussieht, dann wurde der nagios-Benutzer richtig angelegt und einem Einsatz von check_mssql_health steht nichts mehr im Wege.

Bei 64 Bit-Systemen gibt es leider ein Problem. Das Paket *perl-DBD-Sybase* steht nicht zur Verfügung und muss von Hand gebaut werden. (Es sind nur minimale Korrekturen für ein 64 Bit-System nötig, aber leider hat der Package-Maintainer Dag Wieers nicht auf Mails reagiert). Zunächst installiert man die freetds-Pakete, auf die das Perl-Modul zugreift.

```
nagsrv# yum install freetds
nagsrv# yum install freetds-devel
```

Danach braucht man die für das Erstellen von RPM-Paketen nötigen Werkzeuge, die man auch mit **yum** installiert.

```
nagsrv# yum install rpm-build
```

Unter */tmp* legt man dann eine Verzeichnisstruktur an, die für die folgenden Schritte benötigt wird.

```
nagsrv# cd /tmp
nagsrv# mkdir -p dar/tmp
nagsrv# mkdir -p dar/build
nagsrv# mkdir -p dar/pub/packages/perl-DBD-Sybase
nagsrv# mkdir -p dar/rpms/perl-DBD-Sybase
```

Danach braucht man das sogenannte Spec-File, welches den Herstellungsprozess des künftigen RPM-Pakets definiert. Man findet es auf der Webseite des Dag-Repositories[9]. Nach dem Download speichert man es unter */tmp/dar/tmp/perl-DBD-Sybase.spec* ab und ändert zunächst die Versionsnummer des verwendeten Perl-Moduls:

```
Name: perl-DBD-Sybase
Version: 1.08 # wird geändert in 1.09
Release: 1
```

Danach muss man eine Zeile einfügen

```
%{__perl} -pi.orig -e '
    s|SYBASE/lib\b|SYBASE/%{_lib}|g;
    s|dir/lib\b|dir/%{_lib}|g;
    s|^configPwd.+||g;
' Makefile.PL
```

Natürlich darf auch das Perl-Modul *DBD::Sybase* nicht fehlen. Es muss von *cpan.org* heruntergeladen und in das Unterverzeichnis */tmp/dar/rpms* gebracht werden.

---

[9] http://dag.wieers.com/rpm/packages/perl-DBD-Sybase/perl-DBD-Sybase.spec

```
nagsrv# cd /tmp/dar/rpms/perl-DBD-Sybase
nagsrv# wget http://www.cpan.org/modules/by-module/DBD/DBD-Sybase-1.09.tar.
gz
```

Danach ruft man das Kommando **rpmbuild** auf, welches mit Hilfe des Spec-Files ein RPM-Paket baut.

```
nagsrv# rpmbuild -bb --clean --define "rhel 5" -vvv --target x86_64 --de
fine "_smp_mflags -j1" --define "_rpmfilename %%{NAME}-%%{VERSION}-
%%{RELEASE}.%%{ARCH}.rpm" --define "_initrddir %{_sysconfdir}/rc.d/init.d"
--define "_rpmdir /tmp/dar/pub/packages/perl-DBD-Sybase" --define "_source
dir /tmp/dar/rpms/perl-DBD-Sybase" --define "_builddir /tmp/dar/build" --de
fine "_tmppath /tmp/dar/tmp" --define "debug_package %nil" --define "dist
el5" --define "disttag el5" --define "el5 1" --define "el5a 1" "/tmp/dar/
tmp/perl-DBD-Sybase.spec"
```

Das fertige Paket kann dann mit yum installiert werden.

```
nagsrv# yum localinstall /tmp/dar/pub/packages/perl-DBD-Sybase/perl-DBD-
Sybase-1.09-1.x86_64.rpm
```

Damit ist die Grundlage geschaffen, die eine Verbindung von Linux zum SQL Server ermöglicht.

7.3.3 check_mssql_health

Das Plugin **check_mssql_health** lässt sich sehr einfach installieren. Nach dem Download der aktuellen Version wird das Paket in einem temporären Verzeichnis (oder besser noch /home/nagios) ausgepackt:

```
nagsrv$ tar zxvf check_mssql_health-1.5.2.tar.gz
check_mssql_health-1.5.2/
check_mssql_health-1.5.2/NEWS
check_mssql_health-1.5.2/Makefile.am
check_mssql_health-1.5.2/aclocal.m4
...
```

Nachdem man in das neue Verzeichnis gewechselt ist, kann man sich die Liste der **configure**-Optionen ansehen.

```
nagsrv$ cd check_mssql_health-1.5.2
nagsrv$ ./configure -help
...
Installation directories:
  --prefix=PREFIX    install architecture-independent files in PREFIX
                     [/usr/local/nagios]
...
  --with-nagios-user=USER set user name to run nagios
  --with-nagios-group=GROUP set group name to run nagios
```

KAPITEL 7 | Überwachung von Datenbanken

Diese Parameter sind dann relevant, wenn man die Installation als root-User vornimmt und Nagios-Verzeichnis und –Benutzer nicht defaultmäßig angelegt wurden. Die hier gewählten Einstellungen kommen beim späteren **make install** zum Tragen. Für den Fall, dass Nagios in */usr/local/nagios* liegt und dem Benutzer *nagios* mit der Gruppe *nagios* gehört, kann man diese Optionen ignorieren. Daneben gibt es noch einen Parameter, der für das Verhalten des Plugins zur Laufzeit wichtig ist.

```
  --with-statefiles-dir=PATH sets directory for the state files (default=/
var/tmp/check_mssql_health)
...
```

Das Plugin **check_mssql_health** speichert u. U. nach jedem Lauf wichtige Werte in eine Datei, die es beim nächsten Aufruf wieder ausliest. Das Verzeichnis, in dem diese State-Files liegen, ist normalerweise */var/tmp/check_mssql_health*. Falls man eine neue Version des Plugins testen möchte, sollte man hier *--with-statefiles-dir* angeben und z.B. auf */tmp* ausweichen, um nicht die Zwischenergebnisse eines bereits produktiven Plugins zu verfälschen. Das Zusammenbauen des Scripts geschieht wie gewohnt mit

```
./configure; make; make install
```

wobei der letzte Schritt nur zu empfehlen ist, wenn man das Plugin ins *libexec*-Verzeichnis kopieren möchte. Liegt das das vorgesehene Installationsverzeichnis woanders, dann kann man **check_mssql_health** einfach aus *plugins-scripts* dorthin kopieren.

```
nagsrv$ check_mssql_health -V
check_mssql_health (1.5.2)
This nagios plugin comes with ABSOLUTELY NO WARRANTY. You may redistribute
copies of this plugin under the terms of the GNU General Public License.
```

Bevor man nun das Plugin in Nagios einbindet, testet man, ob das Perl-Modul *DBD::Sybase* erkannt wird und eine Verbindung zur Datenbank (die in diesem Beispiel auf dem Server *dbsrv10* läuft) hergestellt werden kann. Mit den Login-Daten des soeben eingerichteten Monitoring-Users sieht der Aufruf dann folgendermaßen aus:

```
nagsrv$ check_mssql_health --mode connection-time \
   --hostname dbsrv10 --username nagios --password nagios
OK - 0.03 seconds to connect as nagios | connection_time=0.03;1;5
```

So wie bei **check_oracle_health** ist es auch hier möglich, den Hostnamen und die Logindaten in Form von Environmentvariablen anzugeben und ganz auf die entsprechenden Kommandozeilenparameter zu verzichten. Die zu verwendenden Variablen heißen in dem Fall *$NAGIOS__SERVICEMSSQL_HOST*, *$NAGIOS__SERVICEMSSQL_USER*, *$NAGIOS__SERVICEMSSQL_PASS* und *$NAGIOS__SERVICEMSSQL_PORT*, wobei letztere Angabe nur notwendig ist, wenn der SQL Server nicht auf dem Default-Port 1433 lauscht. Wenn man sich zu dieser

Methode entschließt, dann definiert man die entsprechenden Makros am besten in einem Template, das man den einzelnen Services dann zuweist. Für eine Datenbank namens *MSNPX* sieht die Definition dann so aus.

```
define service {
    register            0
    name                app_mssql_MSNPX
    host_name           dbsrv10
    servicegroups       mssql_MSNPX
    _mssql_host         dbsrv10.naprax.de
    _mssql_user         nagios
    _mssql_pass         nagios
    _mssql_port         1433
}
```

Falls nur eine Datenbank auf einen Host läuft, dann kann man diese Makros auch in der Host-Definition angeben. Auch die daraus resultierenden Environmentvariablen *$NAGIOS_ HOSTMSSQL_HOST* etc. werden von **check_mssql_health** akzeptiert. Nachdem nun geklärt ist, wie man dem Plugin die für eine DB-Verbindung benötigten Login-Daten mitgibt, kann man sich an die Konfiguration der Services in Nagios machen. Dazu bietet **check_mssql_ health** verschiedene Möglichkeiten der Überwachung, die mit dem Parameter *--mode* ausgewählt werden.

> **ACHTUNG**
>
> Es ist sehr wichtig, dass man in der Datei */etc/freetds.conf* folgende Einstellung bezüglich des Kommunikationsprotokolls zwischen Datenbankserver und SQL-Client vornimmt:
>
> ```
> [global]
>         # TDS protocol version
>         tds version = 8.0
> ```
>
> Defaultmäßig steht hier nämlich die Version 4.2, bei deren Verwendung das Passwort im Klartext über die Leitung geschickt wird.

7.3.4 Verbindung zur Datenbank / Login

Wie bereits beim ersten Test wird gecheckt, ob die Datenbank überhaupt erreichbar und ob ein Login möglich ist. Für die folgenden Beispiele wird aus Gründen der Übersichtlichkeit davon ausgegangen, dass Hostname, Username und Passwort wie soeben erläutert als Environmentvariablen vorliegen, so dass die Parameter *--hostname*, *--username* und *--passwort* nicht mehr auftauchen werden.

Login

Mit *--mode connection-time* wird die Zeit gemessen, die für eine erfolgreiche Anmeldung an der Datenbank benötigt wurde, sofern sie überhaupt erfolgreich war. Die Defaultschwellwerte sind 1 bzw. 5 Sekunden. Diese Zeit sollte bei einer normalen Datenbank mehr als ausreichend sein. Wird ein Schwellwert überschritten, dann ist dies ein deutlicher Hinweis auf einen überlasteten Datenbankserver. Falls der für die Anmeldung verwendete Benutzer nicht lokal verwaltet wird, sondern im Active Directory, dann kann die Ursache auch hier zu finden sein.

```
check_mssql_health --mode connection-time
OK - 0.04 seconds to connect as nagios | connection_time=0.04;1;5
```

Anzahl verbundener Benutzer

Überschreitet die Zahl der gleichzeitig an der Datenbank angemeldeten Benutzer eine geplante Obergrenze, dann sollte man darauf reagieren. Einerseits kann ein Performanceengpass bevorstehen, da die Serverhardware möglicherweise nur für eine bestimmte Anzahl von parallelen Sitzungen dimensioniert wurde. Andererseits ist es auch möglich, dass die Datenbank nur für eine bestimmte Anzahl von Usern (Concurrent License) lizenziert wurde. Mit *--mode connected-users* wird man also frühzeitig gewarnt, dass ein Hard- oder Softwareupgrade nötig wird.

```
check_mssql_health --mode connected-users
OK - 15 connected users | connected_users=15;50;80
```

In dem Zusammenhang ist auch die Einstellung *Maximum Worker Threads* des Servers interessant. Defaultmäßig auf 255 eingestellt, gibt dieser Wert an, wie viele Connections jeweils einen eigenen Thread bekommen. Übersteigt die Anzahl der Verbindungen diese Grenze, wird das nicht so performante Thread Pooling verwendet.

7.3.5 Performance

Fast alle Datenstrukturen, die im Speicher einer SQL Server Instanz existieren, werden im sogenannten Memory Pool angelegt. Es ist die zentrale Komponente eines SQL Servers und mit der SGA einer Oracle-Instanz vergleichbar. Die wichtigsten Bestandteile des Memory Pools sind

» *Buffer Cache* – In diesem Cache werden Datensätze zwischengespeichert, wenn sie von der Platte gelesen wurden. Idealerweise findet jeder Lesezugriff die gewünschten Daten in diesem Speicherbereich ohne dass ein Plattenzugriff nötig ist. Das Verhältnis von Zugriffen, die aus dem Cache bedient werden können zu den Zugriffen, für die Daten von der Platte nachgeladen werden müssen, ist die Hit Ratio. Diese muss möglichst hoch sein.

» *Procedure Cache* – Hier werden die Ausführungspläne von Stored Procedures und SQL-Statements nach deren erstem Lauf gespeichert. Auch hier ist eine hohe Trefferrate wünschenswert, denn sie bedeutet, dass Ausführungspläne ohne aufwändige Neuberechnung wiederverwendet werden.

» *Log Caches* – Die Zugriffe auf Log-Pages finden beim SQL Server getrennt von den Zugriffen auf Data-Pages statt. Bei Verwendung eines gemeinsamen Caches würde bedingt durch ihre unterschiedliche Natur die Performance stark leiden. Für das Monitoring gilt aber wie beim Buffer Cache, dass möglichst hohe Hit-Raten erreicht werden sollen.

» *Connection Context* – In diesen Speicherbereichen werden private Informationen der einzelnen Benutzerverbindungen abgelegt.

» *System Data Structures* – Dateideskriptoren, die Lock Table und verschiedene administrative Einheiten einer SQL Server Instanz werden hier gespeichert.

Buffer Cache

Wie beschrieben, sollte im Interesse der Vermeidung von langsamen Plattenzugriffen die Hit-Rate möglichst hoch sein.

```
nagsrv$ check_mssql_health --mode buffer-cache-hit-ratio
OK - buffer cache hit ratio is 99.88%|
→ buffer_cache_hit_ratio=99.88%;90:;80:
```

Full Table Scans

Zu den unerwünschtesten Erscheinungen bei Datenbanken gehören die Full Table Scans. Sie treten in Erscheinung, wenn in einer Tabelle nach bestimmten Datensätzen gesucht wird, aber kein Index existiert, der dabei behilflich sein könnte. Entweder es existieren gar keine Indizes für die Tabelle oder das Suchkriterium ist ein Attribut, das nicht indexiert wurde. Das führt dann dazu, dass jede einzelne Zeile der betreffenden Tabelle untersucht werden muss. Bei großen Datenmengen hat so etwas gravierende Auswirkungen auf die Performance der Datenbank. Abgesehen von der entstehenden IO-Last durch die Plattenzugriffe wird auch der Buffer Cache in Mitleidenschaft gezogen, da viele Pages in den Speicher geladen werden, die nach der Suchoperation nicht mehr gebraucht werden, jedoch häufig gebrauchte Pages zunächst einmal aus dem Cache verdrängen.

```
nagsrv$ check_mssql_health --mode full-scans
WARNING - 130.59 full table scans / sec |
→ full_scans_per_sec=130.59;100;500
```

Ein gewisses „Grundrauschen" auf niedrigem Niveau, verursacht durch systeminterne Zugriffe kann man hier immer beobachten, jedoch liegt dieses unterhalb von einem Scan pro Sekunde. Aber auch höhere Werte müssen nichts Schlimmes bedeuten. Am besten wirft man einen Blick auf die CPU-Belastung. Ist diese niedrig, dann werden die Scans vermutlich auf kleinen Tabellen ausgeführt, für die sich die Einrichtung eines Index nicht lohnt. Zur Verdeutlichung soll folgendes Beispiel dienen. In der Datenbank befinden sich 4 nichtindizierte Tabellen mit jeweils mehr als hunderttausend Zeilen, die kontinuierlich durchsucht werden. Um 16:07 wurden 4 Indizes angelegt und um 17:33 wieder gelöscht. Wie man deutlich sieht, sinkt schlagartig die CPU-Belastung des Datenbankservers.

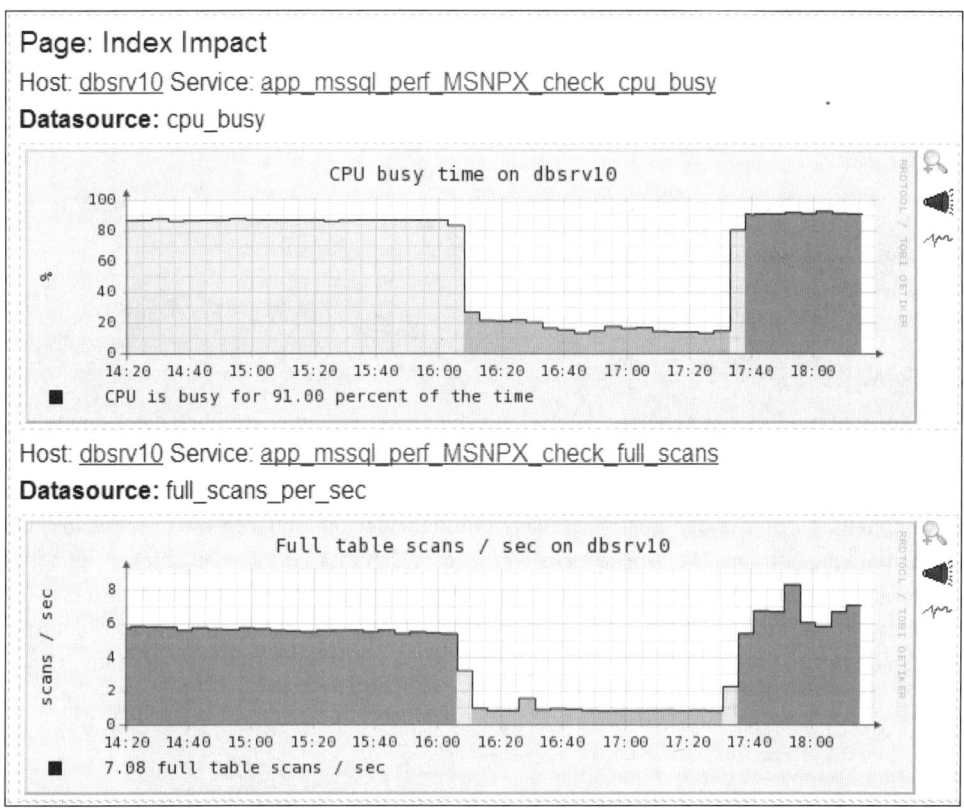

Abbildung 7.12: **Die Verwendung von Indizes auf Tabellen verringert deutlich die Belastung des Datenbankservers.**

Versehentliches Löschen eines Tabellen-Index oder Änderungen im Zugriffsverhalten der Applikation können dadurch leicht identifiziert werden.

Average Latch Wait Time

Latches sind Sperren, die dazu dienen, Objekte in der Datenbank auf physikalischer Ebene vor konkurrierendem Zugriff zu schützen. (z.B. wenn eine Zeile einer Tabelle vom Datenträger seitenweise in den Hauptspeicher gelesen wird, dann blockiert ein Latch Schreiboperationen durch andere Prozesse.). Bei einer stark belasteten Datenbank wird es häufig zu solchen gleichzeitigen Zugriffen kommen, wobei ein Prozess den Latch für sich reserviert und die Konkurrenten bis zur Freigabe warten müssen. Die durchschnittliche Wartezeit (in Millisekunden) wird mit *--mode latches-wait-time* ermittelt.

```
nagsrv$ check_mssql_health --mode latches-wait-time
WARNING - latches have to wait 3.96 ms avg |
→ latch_avg_wait_time=3.96ms;1;5
```

Latch Waits

Die durchschnittliche Wartezeit weist zwar auf Engpässe hin, aber ein genaues Bild ergibt sich erst, wenn man auch noch die Häufigkeit solcher Konkurrenzsituationen mit betrachtet. Wenige Waits mit einer langen Wait Time wirken sich nicht so gravierend auf die Datenbank-Performance aus wie sehr viele Waits mit wenn auch kurzer Wait Time. Wie viele Prozesse pro Sekunde auf einen Latch warten mussten, misst man mit der Option --mode latches-waits

```
nagrsv$ check_mssql_health --mode latches-waits
OK - 2.51 latches / sec have to wait |
→ latch_waits_per_sec=2.51;10;50
```

Lock Waits

Im Gegensatz zu Latches schützen Locks logische Strukturen, die sich noch nicht einmal im Hauptspeicher befinden müssen, z.B. eine Tabelle, deren Daten teils im Buffer Cache, teils auf Platten liegen. Auch hier kann es wieder zu konkurrierenden Zugriffen kommen, wobei der schnellste Prozess den Lock reserviert und der oder die anderen warten müssen, bis sie zum Zuge kommen. Mit --mode locks-waits überwacht man die Anzahl solcher zunächst abgewiesenen Zugriffsversuche pro Sekunde. Die entsprechenden Statistiken werden nach Lock-Typen getrennt vom SQL Server erfasst. Die Plugin-Ausgabe sieht dann folgendermaßen aus:

```
check_mssql_health --mode locks-waits
OK - 3.0780 lock waits / sec for _Total
→ 0.0000 lock waits / sec for RID
→ 3.5306 lock waits / sec for Page
→ 0.0000 lock waits / sec for Object
→ 0.0000 lock waits / sec for Metadata
→ 0.0000 lock waits / sec for Key
→ 0.0000 lock waits / sec for HoBT
→ 0.0000 lock waits / sec for File
→ 0.0000 lock waits / sec for Extent
→ 0.0000 lock waits / sec for Database
→ 0.0000 lock waits / sec for Application
→ 0.0000 lock waits / sec for AllocUnit |
→ _Total_lock_waits_per_sec=3.0780;100;500
→ RID_lock_waits_per_sec=0.0000;100;500
→ Page_lock_waits_per_sec=3.5306;100;500
→ Object_lock_waits_per_sec=0.0000;100;500
→ Metadata_lock_waits_per_sec=0.0000;100;500
→ Key_lock_waits_per_sec=0.0000;100;500
→ HoBT_lock_waits_per_sec=0.0000;100;500
→ File_lock_waits_per_sec=0.0000;100;500
→ Extent_lock_waits_per_sec=0.0000;100;500
→ Database_lock_waits_per_sec=0.0000;100;500
→ Application_lock_waits_per_sec=0.0000;100;500
→ AllocUnit_lock_waits_per_sec=0.0000;100;500
```

Das ist nicht besonders übersichtlich. Deshalb gibt es den Parameter *--name*, mit dem man **check_mssql_health** anweist, nur einen bestimmten Lock zu betrachten. Eine Liste aller bekannten Locks kann man sich mit *--mode list-locks* ausgeben lassen.

```
nagsrv$ check_mssql_health --mode list-locks
AllocUnit
Application
Database
Extent
File
HoBT
Key
Metadata
Object
Page
RID
_Total
OK - have fun
```

Der Name *_Total* spielt dabei eine Sonderrolle. Damit ist kein einzelner Lock gemeint, sondern die systemweite Durchschnittsrate aller Locks zusammen. Zum Einstieg ist *_Total* sicher die beste Wahl. Stellt Nagios dann irgendwann Probleme mit *Lock Waits* fest, dann kann man für die Analyse weitere Services definieren, die jeweils einen ganz bestimmten Lock überwachen.

```
nagsrv$ check_mssql_health --mode locks-waits -name _Total
OK - 5.1340 lock waits / sec for _Total |
→ _Total_lock_waits_per_sec=5.1340;100;500
```

Lock Timeouts

Unter Umständen kann es vorkommen, dass ein Prozess einen Lock so lange behält, dass die wartenden Prozesse aufgeben. Die Folge sind Abbrüche von Datenbankoperationen und die Meldung von Fehlern an die Applikation. Solche Timeouts sind ein Zeichen für gravierende Performanceprobleme. Die Anzahl der Timeouts pro Sekunde fragt man mit *--mode locks-timeouts* ab, wobei jeder Wert größer als Null zu einer Alarmierung in Nagios führen sollte. Auch hier wählt man am besten zunächst eine Gesamtübersicht mit *_Total*.

```
nagsrv$ check_mssql_health --mode locks-timeouts --name _Total
CRITICAL - 10.7692 lock timeouts / sec for _Total |
→ _Total_lock_timeouts_per_sec=10.7692;1;5
```

Deadlocks

Genauso schlimm wie Timeouts sind Deadlocks. Auch sie haben zur Konsequenz, dass Prozesse abgebrochen werden und Applikationen, die die Datenbank benutzen, Fehlermeldungen anzeigen. Mit *--mode locks-deadlocks* überwacht man das Auftreten von Deadlock-

Situationen, wobei auch hier jegliche Aktivität durch Nagios gemeldet werden sollte. Die Defaultschwellwerte von check_mssql_health sind entsprechend niedrig eingestellt.

```
nagsrv$ check_mssql_health --mode locks-deadlocks --name _Total
OK - 0.0000 deadlocks / sec for _Total |
→ _Total_deadlocks_per_sec=0.0000;1;5
```

Batch Requests

Beim SQL Server ist es möglich, mehrere TSQL-Statements zu einem sogenannten Batch zusammenzufassen und in einem Vorgang verarbeiten zu lassen. Die Anzahl solcher Batches, die ein Datenbankserver pro Sekunde verarbeitet, sollte im Normalbetrieb zu gleichen Zeiten gleich hoch sein. Der mit *--mode batch-requests* ermittelte Wert dient dann dem Vergleich mit für die jeweilige Installation typischen Schwellwerten, um Abweichungen vom Normalverhalten festzustellen.

```
nagsrv$ check_mssql_health --mode batch-requests
OK - 84.40 batch requests / sec |
→ batch_requests_per_sec=84.40;100;200
```

Besser wäre es natürlich, die Anzahl der verarbeiteten SQL-Statements pro Sekunde zu ermitteln. Ein Batch kann ja aus einem SQL-Befehl oder aber auch hundert davon bestehen. Auch der Aufruf einer Stored Procedure in einem Batch besteht nur aus einem Befehl und trotzdem kann sie im Verborgenen jede Menge SQL ausführen. Leider liefert der SQL Server die Anzahl der SQL-Statements nicht.

SQL Initial-Compilations

Stored Procedures werden beim ersten Ausführen kompiliert. Das bedeutet, sie werden in ein SQL internes Ausführungsformat übersetzt und es wird ein Execution Plan erstellt, welcher dann im Procedure Cache abgelegt wird. Der Vorteil von Stored Procedures gegenüber SQL-Statements ist, dass sie im Gegensatz zu diesen nicht bei jedem Aufruf geparst, also auf korrekte Syntax und die Benutzung gültiger Objekte geprüft werden. Daraus resultiert ein erheblicher Geschwindigkeitsvorteil. Dieser Vorgang passiert bei einer Stored Procedure nur einmal und zwar beim Anlegen. Man nennt ihn Initial Compilation. Mit *--mode sql-initcompilations* erhält man die Rate pro Sekunde.

```
nagsrv$ check_mssql_health --mode sql-initcompilations
OK - 13.26 initial compilations / sec |
→ sql_initcompilations_per_sec=13.26;100;200
```

Der ermittelte Wert sollte sich nach einer gewissen Laufzeit der Datenbank auf einem niedrigen Niveau einpendeln. Gibt es nur verhältnismäßig wenige Initial Compilations, dann bedeutet dies, dass bereits vorhandene Execution Plans häufig wiederverwendet werden können. Am besten vergleicht man die Initial Compilations pro Sekunde mit der Anzahl der Batch Requests pro Sekunde. Dabei sollte der erste Wert nicht mehr als 10% des zweiten Wertes überschreiten.

SQL Re-Compilations

Die sogenannten Re-Compilations sind nötig, wenn sich z.B. die Struktur von Tabellen und Indizes geändert hat und die alten Execution Plans überarbeitet werden müssen. Dies sollte nicht allzu oft vorkommen, denn es bedeutet, dass SQL Server Ressourcen für die Abfragekompilierung verbraucht, die besser für die Abfrageausführung zur Verfügung stehen sollten. Wie viele Re-Compilations pro Sekunde ausgeführt werden, ermittelt man mit *--mode sql-recompilations*.

```
nagsrv$ check_mssql_health --mode sql-recompilations
OK - 0.00 SQL recompilations / sec |
→ sql_recompilations_per_sec=0.00;1;10
```

Auch hier gewinnt die gemessene Rate an Aussagekraft, wenn man sie mit dem vorher besprochenen Messwert vergleicht. Die Anzahl der Re-Compilations pro Sekunde sollte unter 10% der Initial Compilations pro Sekunde liegen.

Checkpoint Pages

Der SQL Server schreibt wie jede andere Datenbank auch zu regelmäßigen Zeitpunkten den Inhalt seines Buffer Caches bzw. diejenigen Pages, die verändert wurden, auf die Festplatten zurück. Dadurch wird erreicht, dass die Daten auf nichtflüchtigen Speichermedien in einem konsistenten Zustand vorliegen. Würde der Server abstürzen und damit Änderungen von Pages im Hauptspeicher verlorengehen, dann wären die durch den Checkpoint markierten Daten die Grundlage für den Wiederanlauf. Hier ist darauf zu achten, dass die Rate der Pages pro Sekunde nicht erheblich ansteigt. Dies würde darauf hinweisen, dass der Checkpoint Prozess öfter läuft als er eigentlich müsste, was eine Verschwendung von Server-Ressourcen ist. Abhilfe schafft (wie üblich) das Aufrüsten des Hauptspeichers, aber auch das Höhersetzen der Einstellung *recovery interval*.

```
nagsrv$ check_mssql_health --mode checkpoint-pages
OK - 16.59 pages flushed per second |
→ checkpoint_pages_per_sec=16.59;100;500
```

Lazy Writes

Der Lazy Writer Prozess räumt den Data Buffer Cache auf, indem er modifizierte oder länger nicht benutzte Pages auf die Platte schreibt und dadurch Platz für neue Pages schafft, die von den User-Prozessen angefordert werden. Dies entlastet einerseits den Checkpoint Prozess, der danach nicht mehr so viel zu tun hat, andererseits ist es ein schlechtes Zeichen, wenn zwischen den Checkpoint-Läufen nicht jede Anfrage nach einer freien Speicherseite befriedigt werden kann. Mit der Option *--mode lazy-writes* ermittelt man die Zahl der Page-Flushes pro Sekunde.

```
nagsrv$ check_mssql_health --mode lazy-writes
OK - 0.00 lazy writes per second | lazy_writes_per_sec=0.00;20;40
```

Wenn dieser Wert (hoffentlich) Null ist, dann bedeutet dies, dass der Buffer Cache ausreichend groß ist und die Aktivitäten des Checkpoint Prozesses für eine ausreichende Zahl freier Speicherpages sorgen.

Free List Stalls

Wenn ein SQL-Statement auf ein Objekt zugreift, welches sich nicht vollständig im Hauptspeicher befindet, dann müssen die fehlenden Teile Seite für Seite in den Buffer Cache nachgeladen werden. Dazu werden freie Pages reserviert, die die Daten dann aufnehmen. Gibt es nicht genügend freie Seiten im Buffer Cache, dann wird der anfragende Prozess zunächst blockiert, bis Lazy Writer oder Checkpoint einige länger nicht benutzte Seiten aus dem Cache verdrängt und Platz geschaffen haben.

```
nagsrv$ check_mssql_health --mode free-list-stalls
OK - 0.00 free list stalls per second |
→ free_list_stalls_per_sec=0.00;4;10
```

Auch dieser Wert sollte Null sein, da ansonsten Userprozesse blockiert werden.

Page Life Expectancy

Dieser Wert gibt an, wie lange Pages im Data Buffer verweilen. Ein niedriger Wert bedeutet, dass häufig Aktionen durchgeführt werden, die Platz für neue Seiten schaffen, was wiederum ein Zeichen für Speicherknappheit ist. Mit *--mode page-life-expectancy* bekommt man die mittlere Verweildauer einer Page im Data Buffer, die nicht unter 300 Sekunden liegen sollte.

```
nagsrv$ check_mssql_health --mode page-life-expectancy
OK - page life expectancy is 877 seconds |
→ page_life_expectancy=877;300:;180:
```

CPU-Busy und IO-Busy

Grundlegenden Einfluss auf die Performance eines Datenbankservers hat natürlich die verwendete Hardware. Die Entscheidung, in welches Modell und welche Ausbaustufe man investiert, trifft man in der Regel anhand der zu erwartenden Systemlast. Im Laufe der Zeit kann sich jedoch viel ändern. Man sollte also immer ein Auge darauf haben, wie viel „Luft" ein Datenbankserver noch hat, damit man rechtzeitig für Ersatz oder ein Upgrade sorgen kann, bevor die Hardware zum Flaschenhals wird. Die interessanten Messwerte sind dabei die Zeit, die einerseits die CPU und andererseits das IO-Subsystem für die Bedienung der Datenbank verbringen. Dazu kennt check_mssql_health die Modi *cpu-busy* und *io-busy*.

```
nagsrv$ check_mssql_health --mode cpu-busy
→ WARNING - CPU busy 87.00% | cpu_busy=87.00;80;90

nagsrv$ check_mssql_health --mode io-busy
→ OK - IO busy 5.00% | io_busy=5.00;80;90
```

So hohe Werte wie die 87% im Beispiel können durchaus während Lastspitzen auftreten. Sollte jedoch die CPU länger als 10 Minuten oder gar permanent so beschäftigt sein, wird es Zeit, Maßnahmen zu ergreifen. Eine hohe IO Busy Time weist darauf hin, dass die Festplattenkonfiguration nicht optimal ist. Abhilfe schaffen hier beispielsweise Schreibcaches oder schnellere Raid-Level.

Bei allen diesen für die Datenbankperformance zuständigen Modi von **check_mssql_health** wurden die Defaultschwellwerte so gewählt, dass eine kleine Installation vollständig im grünen Bereich bleibt. Treten bei Benutzung des Plugins Warnings oder Criticals auf, so muss das keineswegs bedeuten, dass der entsprechende DB-Server ein Problem hat. Er hat vermutlich ein völlig anderes Lastprofil. Das Plugin an sich ist dumm, es trifft keine Entscheidungen, an denen man sich in einer produktiven Umgebung orientieren könnte. Vielmehr muss ein DB-Administrator wissen, wie sich seine Datenbankumgebung im Normalfall unter günstigen Bedingungen verhält. An diesen Parametern muss er sich dann bei der Definition seiner eigenen Schwellwerte orientieren. Danach jedoch kann mit Hilfe von Nagios und **check_mssql_health** ein sinnvolles Monitoring eingerichtet werden, das Abweichungen vom Ideal- bzw. Normalzustand registriert und meldet.

7.3.6 Speicherplatz

Ein SQL Server verwaltet unterschiedliche Datenbestände und Benutzer in getrennten Datenbanken. Eine Datenbank wiederum besteht aus Daten- und Loggingdateien. Diese füllen sich mit der Zeit und es muss darauf geachtet werden, dass jederzeit genügend freier Speicherplatz vorhanden ist, bevor es zu Abbrüchen und Fehlermeldungen bei Schreiboperationen kommt. Schlimmstenfalls treten sogar Datenverluste auf, wenn eine Speicherung nicht möglich ist.

```
nagsrv$ check_mssql_health --mode database-free
OK - database tempdb has 86.00% free space left, database msdb has 15.00%
free space left, database model has 15.00% free space left, database master has 48.00% free space left, database ReportServerTempDB has 52.00% free
space left, database ReportServer has 38.00% free space left, database AdventureWorksDW has 12.00% free space left, database AdventureWorks has 6.00%
free space left | → 'db_tempdb_free_pct'=86.00%;5:;2:
→ 'db_tempdb_free'=6MB;102.40:;40.96:;0;2048.00
→ 'db_msdb_free_pct'=15.00%;5:;2:
→ 'db_msdb_free'=0MB;102.40:;40.96:;0;2048.00
```

KAPITEL 7 Überwachung von Datenbanken

```
→ 'db_model_free_pct'=15.00%;5:;2:
→ 'db_model_free'=0MB;102.40:;40.96:;0;2048.00
→ 'db_master_free_pct'=48.00%;5:;2:
→ 'db_master_free'=1MB;102.40:;40.96:;0;2048.00
→ 'db_reportservertempdb_free_pct'=52.00%;5:;2:
→ 'db_reportservertempdb_free'=1MB;102.40:;40.96:;0;2048.00
→ 'db_reportserver_free_pct'=38.00%;5:;2:
→ 'db_reportserver_free'=1MB;102.40:;40.96:;0;2048.00
→ 'db_adventureworksdw_free_pct'=12.00%;5:;2:
→ 'db_adventureworksdw_free'=8MB;102.40:;40.96:;0;2048.00
→ 'db_adventureworks_free_pct'=6.00%;5:;2:
→ 'db_adventureworks_free'=10MB;102.40:;40.96:;0;2048.00
```

Genau wie beim entsprechenden Check mit **check_oracle_health** ist es auch hier sinnvoll, nicht alle Datenbanken auf einmal zu prüfen. Die Ausgabe ist unübersichtlich und sobald ein vollgelaufener Speicherbereich für einen *CRITICAL*-Status sorgt, kann es passieren, dass ein weiteres Problem mit einer anderen Datenbank übersehen wird. Deshalb benutzt man auch hier den Parameter *--name*, um den Zustand einer ganz bestimmten Datenbank abzufragen.

```
nagsrv$ check_mssql_health --mode database-free --name reportserver


OK - database ReportServer has 38.00% free space left |
→ 'db_reportserver_free_pct'=38.00%;5:;2:
→ 'db_reportserver_free'=1MB;102.40:;40.96:;0;2048.00
```

In den meisten Fällen will ein Administrator die Schwellwerte nicht in Prozent, sondern in absoluten Größen, z.B. Megabytes angeben. Der verbleibende Speicherplatz bei Unterschreiten eines Schwellwerts hängt bei der Prozent-Schreibweise sehr stark von der Größe der Datenfiles ab. Bei einer Terabyte-Datenbank bedeutet ein einziges Prozent bereits 10 Gigabytes. Deshalb verwendet man besser zusätzlich den Parameter *--units*. Damit gibt man die Grenzen in Gigabytes oder Megabytes an. Zur Veranschaulichung soll die Datenbank *AdventureWorks* dienen. Ruft man das Plugin ohne *--units* auf, dann bekommt man folgendes Ergebnis:

```
nagsrv$ check_mssql_health --mode database-free \
    --name AdventureWorks
OK - database AdventureWorks has 29.00% free space left |
→ 'db_adventureworks_free_pct'=29.00%;5:;2:
→ 'db_adventureworks_free'=85MB;102.40:;40.96:;0;2048.00
```

Die Werte bedeuten, dass noch 29% des Gesamtspeicherplatzes zur Verfügung stehen, dass bei weniger als 5% freiem Speicher eine Warning und bei weniger als 2% ein Critical als Exitstatus an Nagios zurückgegeben wird. Die zweite Zeile der Performancedaten drückt dies nicht in Prozentangaben, sondern in Megabytes aus. Es sind noch 85 MB freier Platz von insgesamt 2048 MB frei. Will man jetzt seine Schwellwerte so setzen, dass bei weniger als 100 MB Restspeicher Warning und bei weniger als 50 MB Critical resultiert, dann formuliert man den Aufruf so:

```
nagsrv$ check_mssql_health --mode database-free \
    --name AdventureWorks \
    --warning 100: --critical 50: --units MB
WARNING - database AdventureWorks has 85.00MB free space left |
'db_adventureworks_free_pct'=29.00%;4.88:;2.44: 'db_adventureworks_free'
=85.00MB;100.00:;50.00:;0;2048.00
```

Eine Übersicht über die vorhandenen Datenbanken eines Servers kann man sich mit der Option *--mode list-databases* anzeigen lassen.

```
nagsrv$ check_mssql_health --mode list-databases
AdventureWorks
AdventureWorksDW
ReportServer
ReportServerTempDB
master
model
msdb
tempdb
OK - have fun
```

Wie bereits angedeutet, empfiehlt es sich, für jede Datenbank einen eigenen Service in Nagios einzurichten, mit dem der jeweilige freie Speicherplatz überwacht wird.

7.3.7 Errorlog

Neben den Informationen bezüglich Performance und Speicherplatzverbrauch, die man mittels SQL-Statements gewinnt, gibt es noch eine weitere Quelle, die für das Monitoring sehr wichtig ist. Der SQL Server schreibt bestimmte Systemereignisse in ein eigenes Fehlerprotokoll. In diesem befinden sich Meldungen, die auf schwerwiegende Missstände hinweisen, die die Datenbank in ihrer Funktion beeinträchtigen oder Datenkorruption bedeuten können. Im Microsoft Developer Network findet man eine Beschreibung[10] der Severity Level, denen ein Administrator unbedingt Beachtung schenken sollte. Daraus lässt sich dann folgende Konfigurationsdatei für **check_logfiles** erstellen, mit deren Hilfe Fehlermeldungen im Errorlog unverzüglich entdeckt und weitergemeldet werden können.

Listing 7.1: **Konfigurationsdatei mssql_errorlog.cfg**

```
@searches = ({
    logfile =>
'C:\Program Files\Microsoft SQL Server\MSSQL.1\MSSQL\LOG\ERRORLOG',
    rotation => 'loglog0log1',
    $criticalpatterns = [
        # 17 - Indicates that the statement caused SQL Server to run
        # out of resources (such as memory, locks, or disk space
        # for the database) or to exceed some limit set by the
        # system administrator.
        'Error:.*, Severity: 17,',
```

---

10 http://msdn.microsoft.com/en-us/library/ms164086.aspx

KAPITEL 7 Überwachung von Datenbanken

```
        # 18 - Indicates a problem in the Database Engine software,
        # but the statement completes execution, and the connection
        # to the instance of the Database Engine is maintained.
        # The system administrator should be informed every time a
        # message with a severity level of 18 occurs.
        'Error:.*, Severity: 18,',
        # 19 - Indicates that a nonconfigurable Database Engine
        # limit has been exceeded and the current batch process has
        # been terminated. Error messages with a severity level
        # of 19 or higher stop the execution of the current batch.
        # Severity level 19 errors are rare and must be corrected by
        # the system administrator or your primary support provider.
        # Contact your system administrator when a message with a
        # severity level 19 is raised.
        'Error:.*, Severity: 19,',
        # 20 - Indicates that a statement has encountered a problem.
        # Because the problem has affected only the current task,
        # it is unlikely that the database itself has been damaged.
        'Error:.*, Severity: 20,',
        # 21 - Indicates that a problem has been encountered that
        # affects all tasks in the current database, but it is
        # unlikely that the database itself has been damaged.
        'Error:.*, Severity: 21,',
        # 22- Indicates that the table or index specified in
        # the message has been damaged by a software or
        # hardware problem.
        'Error:.*, Severity: 22,',
        # 23 - Indicates that the integrity of the entire database
        # is in question because of a hardware or software problem.
        'Error:.*, Severity: 23,',
        # 24 -Indicates a media failure. The system administrator
        # may have to restore the database.
        # You may also have to call your hardware vendor.
        'Error:.*, Severity: 24,', #
    ],
});
```

Anders als die vorher beschriebenen Prüfungen mit **check_mssql_health** muss der Service, der die ERRORLOG-Datei überwacht, lokal auf dem Datenbankserver ausgeführt werden. Dazu ist die Installation von *NSClient++* auf dem Datenbankserver notwendig. Das Verzeichnis für diese Software ist defaultmäßig *C:\Program Files\NSClient++*. Darin legt man ein Unterverzeichnis *plugin-configs* an, in dem die soeben erstellte Konfigurationsdatei *mssql_errorlog.cfg* gespeichert wird. Auf der Nagios-Seite sieht die dazugehörige Servicedefinition für den Datenbankserver *MSNPX* dann so aus:

```
define service {
    service_description     app_mssql_logs_MSNPX_check_errorlog
    use                     app_mssql_logs_MSNPX
    check_command           \
        check_nrpe_arg!60!check_logfiles!etc/mssql_errorlog.cfg
}
```

KAPITEL 7 Überwachung von Datenbanken

```
From: Armin Admin <armin.admin@naprax.de>
To: Otto Orkl, DBA <otto.orkl@naprax.de>
CC: Iwan Maikrosov
Subject: Re: wir haben da noch wen vergessen…

du hast deine Wette gewonnen! Schau dir mal den angehängten Screenshot an.
Nicht schlecht, was man aus einem SQL Server alles rausholen kann, oder?
Sorry, Iwan :-)))

Armin
```

Host	Service	Status	Last Check	Duration	Attempt	Status Information
dbarv10	app_mssql_db_MSNPX_ADVENTUREWORKSDW_check_free	OK	03-12-2009 15:20:16	1d 2h 11m 24s	1/4	OK - database AdventureWorksDW has 12.00% free space left
	app_mssql_db_MSNPX_ADVENTUREWORKS_check_free	OK	03-12-2009 15:17:51	0d 0h 30m 50s	1/4	OK - database AdventureWorks has 6.00% free space left
	app_mssql_db_MSNPX_MASTER_check_free	OK	03-12-2009 15:20:15	1d 2h 11m 25s	1/4	OK - database master has 47.00% free space left
	app_mssql_db_MSNPX_MODEL_check_free	OK	03-12-2009 15:20:15	1d 2h 11m 25s	1/4	OK - database model has 15.00% free space left
	app_mssql_db_MSNPX_MSDB_check_free	OK	03-12-2009 15:20:16	1d 2h 11m 25s	1/4	OK - database msdb has 15.00% free space left
	app_mssql_db_MSNPX_REPORTSERVERTEMPDB_check_free	OK	03-12-2009 15:20:15	1d 2h 11m 25s	1/4	OK - database ReportServerTempDB has 52.00% free space left
	app_mssql_db_MSNPX_REPORTSERVER_check_free	OK	03-12-2009 15:20:15	1d 2h 11m 25s	1/4	OK - database ReportServer has 37.00% free space left
	app_mssql_db_MSNPX_TEMPDB_check_free	OK	03-12-2009 15:20:16	1d 2h 11m 25s	1/4	OK - database tempdb has 86.00% free space left
	app_mssql_default_MSNPX_check_login	OK	03-12-2009 15:20:17	0d 3h 6m 11s	1/4	OK - 0.11 seconds to connect as nagios
	app_mssql_default_MSNPX_check_totalmem	OK	03-12-2009 15:20:58	0d 0h 0m 27s	1/4	OK - total server memory 449136
	app_mssql_default_MSNPX_check_users	OK	03-12-2009 15:20:15	1d 2h 12m 25s	1/4	OK - 5 connected users
	app_mssql_perf_MSNPX_check_bufcache_hitrate	OK	03-12-2009 15:18:00	0d 0h 28m 25s	1/4	OK - buffer cache hit ratio is 99.86%
	app_mssql_perf_MSNPX_check_cpu_busy	OK	03-12-2009 15:19:33	0d 0h 26m 52s	1/4	OK - CPU busy 0.00%
	app_mssql_perf_MSNPX_check_deadlocks	OK	03-12-2009 15:20:16	0d 19h 45m 21s	1/4	OK - 0.0000 deadlocks / sec for _Total
	app_mssql_perf_MSNPX_check_full_scans	OK	03-12-2009 15:20:14	0d 21h 28m 21s	1/4	OK - 0.7826 full table scans / sec
	app_mssql_perf_MSNPX_check_initcompilations	CRITICAL	03-12-2009 15:20:14	0d 17h 58m 21s	4/4	CRITICAL - 23.2323% initial compilations
	app_mssql_perf_MSNPX_check_io_busy	OK	03-12-2009 15:20:14	1d 2h 11m 25s	1/4	OK - IO busy 0.00%
	app_mssql_perf_MSNPX_check_latchwaits	OK	03-12-2009 15:21:14	0d 2h 20m 11s	1/4	OK - 0.0200 latches / sec have to wait
	app_mssql_perf_MSNPX_check_latchwaittime	CRITICAL	03-12-2009 15:20:14	0d 20h 13m 21s	4/4	CRITICAL - latches have to wait 13.1543 ms avg
	app_mssql_perf_MSNPX_check_locktimeouts	OK	03-12-2009 15:19:14	0d 0h 27m 11s	1/4	OK - 0.0000 lock timeouts / sec for _Total
	app_mssql_perf_MSNPX_check_lockwaits	OK	03-12-2009 15:20:14	0d 19h 45m 22s	1/4	OK - 0.0000 lock waits / sec for _Total
	app_mssql_perf_MSNPX_check_recompilations	OK	03-12-2009 15:20:14	0d 18h 3m 22s	1/4	OK - 0.0000% SQL recompilations
	app_mssql_perf_MSNPX_check_transactions	OK	03-12-2009 15:19:20	0d 3h 1m 11s	1/4	OK - _Total has 12.5900 transactions / sec

Abbildung 7.13: **Ein Microsoft SQL Server wird detailliert von Nagios überwacht**

Nach der Vorstellung all dieser Möglichkeiten dürfte es keinen Grund mehr geben, Kernprodukte aus der Microsoft-Welt nicht mit dem Unix-basierten Nagios zu überwachen. Wie man sieht, ist es nur eine Frage der Verfügbarkeit der richtigen Plugins. Sicherlich gibt es speziell für den SQL Server geschaffene Monitoring-Lösungen, doch die haben ihren (meist sehr hohen) Preis. In einer gemischten Umgebung, in der die Systemüberwachung weitgehend mit Nagios realisiert wurde, bietet es sich an, auch Microsoft-Datenbanken in die Standardlösung einzubeziehen.

7.4 IBM DB2

```
From: Otto Orkl, DBA <otto.orkl@naprax.de>
To: Armin Admin <armin.admin@naprax.de>
Subject: Noch eine Kleinigkeit…

Hallo Armin,

leider kannst du dich noch nicht zurücklehnen. Es gibt da noch zwei DB2-
Datenbanken. Die haben zwar ein tolles Health-Center mit allen Schikanen,
aber wenn wir die anderen Datenbanken schon Nagios überwachen, dann sollten
wir weiter konsolidieren und DB2 auch mit ins Boot holen. Das Übliche…Da-
tenbankverbindung, ein bisschen Performance und die Tablespaces. Du zauberst
bestimmt auch dafür was aus dem Hut.

Gruss,
Otto
```

7.4.1 Verfügbarkeit von Plugins

Genau wie bei den Plugins für die MS SQL Datenbank gibt es auch für DB2 nur wenige Plugins. Auch deren Funktionalität beschränkt meist auf das einfache Prüfen der Datenbankkonnektivität. Andere wurden nur für spezielle Anwendungszwecke hin entwickelt. Es fehlt also wieder ein Plugin, das viele Features in sich vereint und leicht erweiterbar ist. Aus diesem Grund ist während der Arbeiten zu diesem Buch **check_db2_health** entstanden, das im weiteren Verlauf des Kapitels vorgestellt wird. Zunächst soll aber die Grundlagen für dessen Einsatz sowohl auf Seiten des Datenbankservers als auch des Nagios-Servers geschaffen werden.

7.4.2 Vorbereitungen

Datenbankbenutzer

DB2 kennt keine Datenbankuser in dem Sinne, wie sie bei anderen Datenbanken üblich sind. Sie werden als normale Betriebssystembenutzer angelegt. Falls es auf dem Server bereits eine Installation der Nagios Client-Software geben sollte, dann sind die folgenden Schritte überflüssig. Ansonsten legt man sinnigerweise einen Benutzer *nagios* an.

```
[root@dbsrv12 ~]# groupadd nagios
[root@dbsrv12 ~]# useradd -g nagios -s /bin/false nagios
[root@dbsrv12 ~]# passwd nagios
```

Damit man aus einer DB2-Datenbank performancerelevante Metriken gewinnen kann, müssen die sogenannten *Monitor Switches* eingeschaltet werden. Dazu startet der Benutzer *db2inst1* das **db2**-Kommando und gibt dann folgende Anweisungen ein:

```
update dbm cfg using dft_mon_bufpool    on
update dbm cfg using dft_mon_lock       on
update dbm cfg using dft_mon_timestamp  on
```

KAPITEL 7 Überwachung von Datenbanken

Damit werden auf Instanz-Ebene für sämtliche Datenbanken die für die folgenden Beispiele relevanten Performancecounter aktiviert. Nun muss noch dafür gesorgt werden, dass der Benutzer *nagios* die nötigen Rechte bekommt, um auf diese Zähler zugreifen zu können. Das geschieht am besten über die *SYSMON*-Authorisierung. Diese erlangt ein Datenbankbenutzer über die Mitgliedschaft in einer bestimmten Unix-Gruppe. Ob es die Gruppe bereits gibt, stellt man mit folgendem Kommando fest:

```
db2inst1$ db2 get dbm cfg | grep SYSMON
 SYSMON group name                       (SYSMON_GROUP) =
```

Die obige Ausgabe entspricht dem Default-Zustand der DB2-Instanz, bei der keine *SYSMON*-Gruppe existiert. Wäre nach dem Gleichheitszeichen ein Name gestanden, dann wäre dies die besagte Gruppe, in die der User *nagios* mit dem **usermod**-Kommando aufgenommen werden muss. Im vorliegenden Defaultfall kann man die Gruppe *nagios* zur *SYSMON*-Gruppe erklären. Dazu führt man folgendes Kommando aus:

```
db2inst1$ db2 update dbm cfg using sysmon_group nagios
db2inst1$ db2 get dbm cfg | grep SYSMON
 SYSMON group name                       (SYSMON_GROUP) = NAGIOS
```

Damit diese Änderung wirksam wird, muss man die Datenbankinstanz durchstarten:

```
db2inst1$ db2stop; db2start
```

Nun sind die Vorbereitungen seitens des Datenbankservers abgeschlossen. Der Benutzer *nagios* wurde eingerichtet und hat die Authorisierung *SYSMON* bekommen, mit der er verschiedene Messwerte aus der Instanz und den Datenbanken auslesen kann.

Client-Software

Vom Nagios-Server aus muss man sich nun zu DB2-Datenbanken verbinden können. Da es keine fertigen DB2-Client-Pakete für CentOS gibt, besorgt man sich von der IBM-Webseite die Software *DB2 Express-C*[11]. Ähnlich wie der *Oracle Instant Client* ist auch dieses Produkt gratis und ohne Einschränkungen benutzbar. *DB2 Express-C* kommt als komprimiertes Tar-Archiv, das man als *root*-User in einem beliebigen Verzeichnis entpackt.

```
nagsrv# tar zxvf db2exc_952_LNX_x86_64.tar.gz
```

Dabei wird der Inhalt des Archivs in ein neues Unterverzeichnis *expc* extrahiert, in das man zur Installation wechselt. Dort ruft man das **db2setup**-Script auf, um sich zu überzeugen, dass eine wichtige Bibliothek vorhanden ist.

---

11 http://www.ibm.com/db2/express

KAPITEL 7   Überwachung von Datenbanken

```
nagsrv# ./db2setup -h
ERROR:
The required library file libstdc++.so.5 is not found on the system.
Check the following web site for the up-to-date system requirements
 of IBM DB2 9.5
```

Falls obige Meldung anstelle eines Hilfetextes erscheint, dann muss noch ein weiteres Paket installiert werden, ohne das DB2 nicht läuft.

```
nagsrv# yum install compat-libstdc++-33
```

Die Installation der DB2-Software wird mit **./db2setup** gestartet. Man wird dann in einem grafischen Dialogfenster nach den Installationsoptionen gefragt. Viel einfacher ist es aber, mit Hilfe eines sogenannten Response Files die ganze Installation ohne Benutzereingaben automatisch ablaufen zu lassen. Dazu gibt es bereits vorbereitete Dateien, u. a. auch eine, die als Grundlage für die Client-Installation dienen soll. Um die nötigen Anpassungen vorzunehmen, kopiert man sie am besten in das *expc*-Verzeichnis und macht sie ggf. schreibbar.

```
nagsrv# cp db2/linuxamd64/samples/db2client.rsp nagiosdb2client.rsp
nagsrv# chmod +w nagiosdb2client.rsp
```

Dann editiert man diese Datei und ändert folgende Einträge:

```
LIC_AGREEMENT      = ACCEPT         ** ACCEPT or DECLINE
...
INSTALL_TYPE       = CUSTOM         ** TYPICAL, COMPACT, CUSTOM
...
COMP               = APPLICATION_DEVELOPMENT_TOOLS    ** Base application
development tools
...
db2inst1.PASSWORD = db2inst1 ** char(8). Valid for root install only
```

Die letzte dieser Zeilen gibt das Passwort für den Benutzer *db2inst1* an, der während des nun folgenden Schrittes angelegt wird.

```
nagsrv# ./db2setup -r db2client.rsp
DBI1191I  db2setup is installing and configuring DB2 according to the
response file provided. Please wait.
```

Damit wird die automatische Installation angestoßen, die ein paar Minuten dauern kann, aber keinen Eingriff durch den Administrator mehr benötigt. Nachdem die DB2-Clientsoftware verfügbar ist, muss noch das DBD::DB2-Perl-Modul installiert werden. Dieses wird dann vom Plugin **check_db2_health** benutzt, um die Verbindung zur Datenbank herzustellen. Auch diesmal gibt es kein fertiges RPM-Paket. Man muss deshalb die Installation von Hand durchführen. Dazu lädt man sich von der CPAN-Seite[12] das Source-Paket *DBD-DB2-1.71.tar.gz* herunter und entpackt es in einem beliebigen Verzeichnis. In diesem bereitet man die Compilierung dann mit folgenden Befehl:

```
nagsrv# export DB2_HOME=/opt/ibm/db2/V9.5
nagsrv# perl Makefile.PL
```

Die Variable *DB2_HOME* entspricht dem Zielverzeichnis der DB2-Installation, die vorher vorgenommen wurde. Die Defaulteinstellung wurde beibehalten. Durch das letzte Kommando wurde das Makefile erzeugt und man kann jetzt die Compilierung und Installation des Perl-Moduls ausführen.

```
nagsrv# make; make install
```

Damit Perl-Programme, die die Schnittstelle zu DB2 benutzen, auch auf die erforderlichen Libraries, insbesondere *libdb2.so*, zugreifen können, muss man noch die Environmentvariable *LD_LIBRARY_PATH* entsprechend erweitern.

```
nagsrv# export LD_LIBRARY_PATH=$LD_LIBRARY_PATH:$DB2_HOME/lib64
```

Am besten fügt man die beiden **export**-Befehle für *DB2_HOME* und *LD_LIBRARY_PATH* in das Init-Script */etc/init.d/nagios* und in die Datei *.bashrc* (oder die äquivalente Datei, falls eine andere Shell als die Bash verwendet wird) des *nagios*-Benutzers ein. Man kann sich noch überzeugen, dass alles geklappt hat, indem man das Script *test.pl* ausführt.

```
nagsrv# perl test.pl
Name "DBI::dbi_debug" used only once: possible typo at test.pl line 21.
1..5
ok 1
ok 2
ok 3
ok 4
ok 5
```

Damit ist die Vorbereitung der DB2-Laufzeitumgebung auf dem Nagios-Server abgeschlossen und man kann sich dem Plugin **check_db2_health** zuwenden.

7.4.3 check_db2_health

Die Installation von **check_db2_health** läuft wie bei den bereits besprochenen Plugins ab. Nach dem Download[13] der aktuellen Version wird das Paket in einem temporären Verzeichnis (oder besser in */home/nagios*) ausgepackt:

---

12 http://search.cpan.org/~ibmtordb2/DBD-DB2-1.71/DB2.pod
13 http://www.consol.de/opensource/nagios/check-db2-health

KAPITEL 7 | Überwachung von Datenbanken

```
nagsrv$ tar zxvf check_db2_health-1.0.tar.gz
check_db2_health-1.0/
check_db2_health-1.0/NEWS
check_db2_health-1.0/Makefile.am
check_db2_health-1.0/aclocal.m4
...
```

Danach kann man sich die **configure**-Optionen mit --*help* ansehen:

```
nagsrv$ cd check_db2_health-1.0
nagsrv$ ./configure -help
...
Installation directories:
  --prefix=PREFIX    install architecture-independent files in PREFIX
                     [/usr/local/nagios]
...
  --with-nagios-user=USER set user name to run nagios
  --with-nagios-group=GROUP set group name to run nagios
  --with-statefiles-dir=PATH sets directory for the state files (default=/
var/tmp/check_db2_health)
```

Diese Parameter unterscheiden sich nicht von denen, die bei den anderen Plugins in diesem Kapitel erläutert wurden. Auf eine detaillierte Erklärung wird daher verzichtet. Danach folgt wieder das bekannte:

```
nagsrv$ ./configure; make
```

Das fertige Plugin benötigt zum Verbindungsaufbau folgende Parameter, die wie gehabt auch durch Environmentvariablen ersetzt werden können.

» *$NAGIOS__SERVICEDB2_HOST* entspricht --*hostname*.

» *$NAGIOS__SERVICEDB2_PORT* entspricht --*port*.

» *$NAGIOS__SERVICEDB2_SOCKET* entspricht --*socket*.

» *$NAGIOS__SERVICEDB2_USER* entspricht --*username*.

» *$NAGIOS__SERVICEDB2_PASS* entspricht --*password*.

» *$NAGIOS__SERVICEDB2_DATABASE* entspricht --*database*.

Die ersten beiden Angaben muss man nur machen, wenn die mit --*database* spezifizierte Datenbank nicht bereits auf dem Nagios-Server mit dem Kommando **db2 catalog database** katalogisiert wurde. Alternativ kann man in den Variablennamen auch das *NAGIOS__SERVICE* durch ein *NAGIOS__HOST* ersetzen.

Bevor man nun das Plugin in die Nagioskonfiguration einbindet, testet man, ob das Perl-Modul *DBD::DB2* erkannt wird und eine Verbindung zur Datenbank (die in diesem Beispiel auf dem Server *dbsrv12* läuft) hergestellt werden kann. Mit den Login-Daten des soeben eingerichteten Monitoring-Users sieht der Aufruf dann folgendermaßen aus:

```
nagsrv$ check_db2_health --mode connection-time \
OK - 0.07 seconds to connect as NAGIOS | connection_time=0.07;1;5
```

Nachdem nun geklärt ist, wie man dem Plugin die für eine DB-Verbindung benötigten Login-Daten mitgibt, sollen die einzelnen Features erklärt werden. Mit dem Parameter --*mode* wird wieder ausgewählt, welche Messwerte von der Datenbank ausgelesen werden.

7.4.4 Verbindung zur Datenbank / Login

Für die folgenden Beispiele wird aus Gründen der Übersichtlichkeit davon ausgegangen, dass Hostname, Username und Passwort wie soeben erläutert als Environmentvariablen vorliegen, so dass die Parameter --*hostname*, --*port*, --*database*, --*username* und --*passwort* nicht mehr auftauchen werden.

Login

Die allererste Prüfung soll wie bei den anderen Plugins feststellen, ob die Datenbank auf Verbindungsanfragen antwortet und ein Login möglich ist.

```
nagsrv$ check_db2_health --mode connection-time
OK - 0.10 seconds to connect as NAGIOS | connection_time=0.0998;1;5
```

Um unnötige Fehlermeldungen zu vermeiden, wird man für den Nagios-Service, der die *connection-time* prüft, eine Dependency einrichten. Dadurch wird verhindert, dass bei einer nicht erreichbaren Datenbank die nun folgenden Checks ausgeführt werden. Sie würden in diesem Fall sowieso nur unnötigerweise einen CRITICAL-Status bekommen.

Anzahl verbundener Applikationen

Wurde eine Datenbank nur für die Benutzung einer bestimmten Anzahl von Usern vorgesehen und entsprechend dimensioniert, dann prüft man mit --*mode connected-users*, wie viele Client-Verbindungen momentan bestehen.

```
nagsrv$ check_db2_health --mode connected-users
OK - 36 connected users | connected_users=36;50;100
```

Es wurde in einem Fall beobachtet, dass Datenbank-Sessions serverseitig nicht abgebaut wurden, wenn eine Firewall nach Ablauf eines Inaktivitäts-Timers die Netzwerkverbindung geschlossen hat. Clients mussten sich danach erneut anmelden, so dass die Zahl der Sessions stetig wuchs. So ein Szenario kann man mit *connected-users* leicht erkennen.

7.4.5 Performance

Buffer Pool Hitratio

```
nagsrv$ check_db2_health --mode bufferpool-hitratio
OK - bufferpool IBMDEFAULTBP hitratio is 100.00%, bufferpool BP32K0000
hitratio is 100.00% | 'bp_ibmdefaultbp_hitratio'=100.00%;98:;90:
'bp_ibmdefaultbp_hitratio_now'=100.00% 'bp_bp32k0000_hitratio'=100.00%;98:;90:
'bp_bp32k0000_hitratio_now'=100.00%
```

Pro Bufferpool werden zwei Performancedaten ausgegeben. Der erste gibt die durchschnittliche Hit-Rate seit dem Start der Datenbank an, der zweite betrachtet nur den Zeitraum seit dem letzten Aufruf des Plugins, i. d. R. der letzten 5 Minuten. Da letzterer stärkeren Schwankungen unterliegt, wird nur Ersterer zum Vergleich mit den Warning- und Critical-Thresholds herangezogen. Anstatt sich alle verfügbaren Bufferpools anzeigen zu lassen, kann man mit dem Parameter --*name* gezielt einen einzelnen Pool herausgreifen.

```
nagsrv$ check_db2_health --mode bufferpool-hitratio \
    --name IBMDEFAULTBP
OK - bufferpool IBMDEFAULTBP hitratio is 99.02% | 'bp_ibmdefaultbp_hitratio'=99.02%;98:;90: 'bp_ibmdefaultbp_hitratio_now'=99.68%
```

Das Vergrößern des Bufferpools führt normalerweise zu besseren Trefferraten und somit zu einer besseren Datenbankperformance, üblicherweise wird sich jedoch die Optimierungskurve irgendwann abflachen. Weiteres Hinzufügen von Speicher erzielt dann nur noch wenig Performancegewinn. Idealerweise ist der Bufferpool groß genug, um den gesamten Datenbankinhalt im Hauptspeicher zu halten. Man hätte damit eine Hitratio von 100%. Ab einer gewissen Datenbankgröße ist dies jedoch technisch nicht mehr machbar. Man kann in dem Fall noch versuchen, die Trefferquote speziell bei Indexzugriffen zu verbessern. Dafür gibt es zwei Varianten, die zwischen Daten und Index unterscheiden:

```
nagsrv$ check_db2_health --mode bufferpool-data-hitratio \
    --name IBMDEFAULTBP
OK - bufferpool IBMDEFAULTBP data page hitratio is 99.99% |
'bp_ibmdefaultbp_hitratio'=99.99%;98:;90: 'bp_ibmdefaultbp_hitratio_now'=100.00%
```

```
nagsrv$ check_db2_health --mode bufferpool-index-hitratio \
    --name IBMDEFAULTBP
OK - bufferpool IBMDEFAULTBP index hitratio is 100.00% |
'bp_ibmdefaultbp_hitratio'=100.00%;98:;90: 'bp_ibmdefaultbp_hitratio_now'=100.00%
```

Die zwei Lösungswege sind:

» Aufteilung in zwei getrennte Bufferpools, jeweils für Daten und Indizes und separates Tuning des Index-Pools.

» Vergrößern des gemeinsamen Bufferpools, bis die Index-Hit-Rate nicht mehr weiter wächst.

Synchronous Read Percentage

Es gibt zwei Arten von Leseoperationen bei DB2. Die eine, *synchronous reads* genannt, liest benötigte Daten-Pages gezielt vom Speichermedium. Die andere, *asynchronous reads*, bekommt diese über einen Prefetch-Mechanismus, der Daten in großen Portionen einliest, wobei nicht sicher ist, dass diese auch tatsächlich gebraucht werden. Wenn DB2 über gute Indexe verfügt, dann wird vorwiegend synchron gelesen, was IO reduziert und sich positiv auf die Performance auswirkt. Der Prozentsatz synchroner Lesevorgänge (*SRP, Synchronous Read Percentage*) wird folgendermaßen ermittelt:

```
nagsrv$ check_db2_health --mode synchronous-read-percentage
OK - synchronous read percentage is 95.00% | srp=95.00%;90:;80:
```

Asynchronous Write Percentage

Umgekehrt sind asynchrone Schreibvorgänge erheblich schneller als synchrone. Man überprüft die AWP (*Asynchronous Write Percentage*) mit diesem Aufruf:

```
nagsrv$ check_db2_health --mode asynchronous-write-percentage
OK - asynchronous write percentage is 99.00% | awp=99.00%;90:;80:
```

Liegt der ermittelte Wert unter 90%, dann sollte man den Datenbankparameter *NUM_IO_CLEANERS* erhöhen.

Index Usage

Dieser Messwert gibt das Verhältnis von *selected rows* zu *read rows* an. Anschaulich ausgedrückt sind damit die Ergebniszeilen von *SELECT*-Statements und die insgesamt gelesenen Zeilen aller Tabellen der aktuellen Datenbank gemeint. Ist die Anzahl der read rows unverhältnismäßig hoch, dann bedeutet dieser Overhead, dass die Leseoperationen zu wenig auf die Hilfe von Indizes zurückgreifen.

```
check_db2_health --mode index-usage
WARNING - index usage is 93.66% | index_usage=93.66%;98:;90:
```

In einigen Fällen kann aufgrund des Applikationsdesigns hier auch ein schlechter Messwert (< 80%) herauskommen. Wenn man sich sicher ist, dass dies das normale Verhalten ist, sollte man dennoch in Nagios einen Service für die Index Usage mit angepassten Schwellwerten einrichten. Es könnte ja sein, dass sich durch ein Softwareupdate oder das versehentliche Löschen eines Index die Datenbankperformance unnötigerweise verschlechtert. Dies würde man dann auch bemerken.

Locks

Konkurrierende Zugriffe auf Datenbank-Objekte wie z.B. Table-Rows werden in DB2 mit Hilfe von Locks gesteuert. Wenn zwei Prozesse gleichzeitig Daten verändern wollen, dann setzt der schnellere der beiden einen Lock auf die entsprechende Zeile, während der andere warten muss. Kommt dies sehr häufig vor, dann summieren sich die Wartezeiten, während denen keine echte Arbeit geleistet werden kann. Mit dem Mode *lock-waits* prüft man, wie oft es vorkam, dass ein Prozess warten musste.

```
nagsrv$ check_db2_health --mode lock-waits
OK - 0.000000 lock waits / sec | lock_waits_per_sec=0.000000%;10;100
```

Da neben der Anzahl der wartenden Locks auch die dabei verstrichene Zeit von Bedeutung ist, gibt es eine Variante dieses Aufrufs. Dabei wird die Summe der Lock-Wartezeiten zwischen zwei Läufen des Plugins in Relation zur insgesamt vergangenen Zeit (i. d. R. 5 Minuten) gesetzt.

```
nagsrv$ check_db2_health --mode lock-waiting
OK - locks waiting 0.003771% of the time | deadlocks_per_sec=0.003771%;2;5
```

7.4.6 Tablespaces

Benutzter und freier Speicherplatz in Tablespaces

```
nagsrv$ check_db2_health --mode tablespace-usage -3
OK - tbs USERSPACE2 usage is 10.12%
tbs USERSPACE1 usage is 2.42%
tbs TEMPSPACE1 usage is 0.00%
tbs TBSP32KTMP0000 usage is 0.01%
tbs TBSP32K0000 usage is 1.30%
tbs SYSTOOLSPACE usage is 1.86%
tbs SYSCATSPACE usage is 78.86% | 'tbs_userspace2_usage_pct'=10.12%;90;98
'tbs_userspace2_usage'=42MB;374;407;0;416
'tbs_userspace1_usage_pct'=2.42%;90;98
'tbs_userspace1_usage'=7MB;288;313;0;320
'tbs_tempspace1_usage_pct'=0.00%;90;98
'tbs_tempspace1_usage'=0MB;336;366;0;374
'tbs_tbsp32ktmp0000_usage_pct'=0.01%;90;98
'tbs_tbsp32ktmp0000_usage'=0MB;336;366;0;374
'tbs_tbsp32k0000_usage_pct'=1.30%;90;98
'tbs_tbsp32k0000_usage'=4MB;341;371;0;379
'tbs_systoolspace_usage_pct'=1.86%;90;98
'tbs_systoolspace_usage'=0MB;28;31;0;32
'tbs_syscatspace_usage_pct'=78.86%;90;98
'tbs_syscatspace_usage'=50MB;57;62;0;64
```

Auch hier kann mit dem Parameter --name ein einzelner Tablespace herausgegriffen werden, falls man in der Nagioskonfiguration jeweils eigene Services definieren möchte.

```
nagsrv$ check_db2_health --mode tablespace-usage --name USERSPACE1
OK - tbs USERSPACE1 usage is 5.08% | 'tbs_userspace1_usage_pct'=5.08%;90;98
'tbs_userspace1_usage'=16MB;288;313;0;320
```

Eine verwandte Funktion errechnet nicht den verbrauchten Speicherplatz in Prozent, sondern den noch zur Verfügung stehenden, wobei man hier neben Prozentabgaben auch mit Giga-, Mega- und Kilobytes arbeiten kann. Will man beispielsweise gewarnt bzw. alarmiert werden, wenn weniger als 100 MB und 50 MB Restspeicherplatz übrig sind, dann ruft man das Plugin wie folgt auf:

```
nagsrv$ check_db2_health --mode tablespace-free --name USERSPACE1 \
    --warning 100: --critical 50: --units MB
OK - tbs USERSPACE1 has 303.62MB free space left | 'tbs_user-
space1_free_pct'=94.92%;31.25:;15.62: 'tbs_userspace1_free'=303.62
MB;100.00:;50.00:;0;320.00
```

DB2 unterscheidet *Database Managed Tablespaces* (*DMS*) und *System Managed Tablespaces* (*SMS*). Erstere setzen sich auch Containern fester Größe zusammen, die entweder Raw Devices, also Partitionen oder Dateien sein können. Bei diesen ist es einfach, den Füllstand aus belegtem Speicher und Maximalgröße zu errechnen. SMS hingegen verwenden als Container Verzeichnisse im Unix-Filesystem und können so lange automatisch wachsen, bis dieses voll ist. Dabei ist ein besonderes Phänomen zu berücksichtigen: Tablespaces, deren Container im gleichen Filesystem liegen, beeinflussen sich. Werden Daten in eine Tabelle geschrieben, die im Tablespace USERSPACE1 liegt, dann verringert sich dadurch gleichzeitig der noch zur Verfügung stehende Speicherplatz in Tablespace TBSP32K0000. Da sich die Usage aus dem Verhältnis von benutztem zu noch verfügbaren Speicherplatz errechnet, läuft auch TBSP32K0000 voll (siehe Abbildung 7.14).

Eigene Erweiterungen

Wie bei den bisher besprochenen Plugins ist es auch bei **check_db2_health** möglich, beliebige SQL-Statements abzusetzen. Die Voraussetzung dafür ist wieder, dass dabei eine einzelne Zahl zurückgeliefert wird, die dann mit den Schwellwerten verglichen wird.

```
nagsrv$ check_db2_health --mode sql \
    --name 'select count(*) from root.devices' --name2 devcnt \
    --warning 100000 --critical 110000
CRITICAL - devcnt: 111069 | 'devcnt'=111069;100000;110000
```

Komplexere Abfragen lassen sich auch wie bei **check_oracle_health** beschrieben in eigene Perl-Module packen. Diese bekommen dann den Namen *CheckDB2HealthExt[1..n].pm*.

KAPITEL 7 | Überwachung von Datenbanken

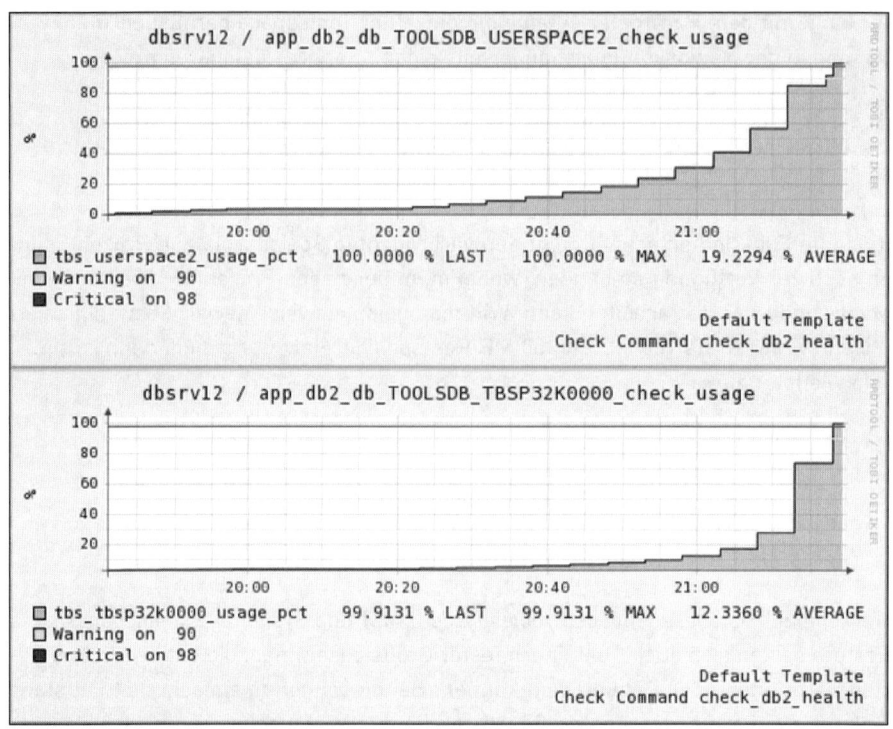

Abbildung 7.14: **Tablespace TBSP32K0000 läuft scheinbar voll**

Abbildung 7.15: **So würde sich eine inperformante DB2-Datenbank in Nagios präsentieren.**

7.5 Connection-Pooling

```
From: Otto Orkl, DBA <otto.orkl@naprax.de>
To: Armin Admin <armin.admin@naprax.de>
Subject: Zu viele Datenbank-Logins

Hallo Armin,

nix gegen dein Nagios, aber unsere SAP-Datenbank ist fast
stehengeblieben. Wir mussten den nagios-User sperren. Es kamen
einfach zu viele Connects rein.
Die Datenbank wurde dadurch ziemlich langsam. Wäre schön, wenn dir
da eine Lösung einfallen würde. Andernfalls haben wir da ein Problem
und müssen das Nagios-Monitoring zumindest für diese Datenbank
abschalten. Kannst dir denken, dass es dann eine politische
Entscheidung gibt, sämtliche Oracle-DBs aus Nagios rauszunehmen.
Lass dir was einfallen!

Gruß,
Otto

p.s. abgesehen von der Last haben uns die vielen Connects auch die Logfiles
zugemüllt.
```

Größere Datenbanken bedeuten üblicherweise mehr Services, die in Nagios konfiguriert werden. Zwanzig und mehr Tablespaces bei der Oracle-Datenbank einer SAP-Installation sind durchaus üblich. Dazu kommen noch die Datafiles, die in die Hunderte gehen können. Werden dann noch Latches, Events und Waits überwacht, sind schnell 1000 Services pro Datenbank beisammen. Geht man nun davon aus, dass die meisten dieser Services im 5-Minuten-Takt laufen, dann kommt man auf mindestens ein Login pro Sekunde. Gerade bei Oracle aber ist ein Datenbank-Login eine teure Operation.

Es liegt in der Natur der Nagios-Plugins, dass jeder Aufruf isoliert stattfindet. Bezüglich Datenbank-Plugins bedeutet das, ein Plugin wird aufgerufen, meldet sich an der Datenbank an, holt sich die benötigten Informationen und meldet sich wieder ab. Ein erneuter Aufruf wiederholt die ganze Prozedur noch einmal von vorne.

Dieses Problem ist auch bei datenbankbasierten Webapplikationen (z.B. Shops) bekannt, wo jeder Seitenaufruf einen Datenbankzugriff inklusive Session-Aufbau und -Abbau nach sich zieht. Viele Klicks zwingen so den stärksten Datenbankserver in die Knie. Man behilft sich daher mit sogenanntem Session-Pooling. Der erste Seitenaufruf führt das Login durch und lässt dann den geöffneten Datenbank-Handle im Speicher des Application-Servers stehen. Alle weiteren Scripts greifen dann auf dieses Objekt zu und können unverzüglich ihre SQL-Statements darüber ausführen.

Nagios-Plugins verfügen nicht über so einen gemeinsamen Speicher. Es gibt dennoch eine Möglichkeit, einmal geöffnete Datenbankverbindungen wiederzuverwenden.

KAPITEL 7 | Überwachung von Datenbanken

SQL Relay[14] ist eine Open-Source-Software von David Muse, die geschrieben wurde, um CGI-Scripts nicht mit schwerfälligen Oracle-Bibliotheken binden zu müssen und schnelle Antwortzeiten durch das Vermeiden eines vollständigen Logins zu erreichen. Das System besteht aus einer Sammlung von Daemons, die folgende Aufgaben erfüllen.

» *Connection Daemons* – Beim Starten des Systems wird eine XML-Konfigurationsdatei gelesen, in der die Datenbanken eingetragen wurden. Zu jeder dieser Datenbanken wird dann eine oder auch mehrere Verbindungen aufgebaut. Jeweils ein Prozess hält so eine Verbindung offen und wartet.

» *Listener Daemons* – Für jede Datenbank wird ein Listener-Prozess gestartet (Nicht zu verwechseln mit dem Listener von Oracle). Er lauscht auf einem TCP-Port oder einem Socket im Unix-Filesystem auf Client-Verbindungen. Die Connection Daemons registrieren sich bei ihren zuständigen Listener-Daemons. Bekommt nun ein Listener eine Anfrage eines Clients, so reicht er diese an einen Connection Daemon weiter, der für die Ausführung sorgt und das Resultat an den Client zurückreicht. Ein Login war bei der ganzen Aktion somit nicht im Spiel.

» *Scaler Daemon* – Wenn der Listener eine Anfrage eines Clients erhält, aber gerade kein Connection Daemon frei ist, um sie abzuarbeiten, dann wird die Anfrage in eine Queue gesteckt, deren Länge konfigurierbar ist. Ist die Queue voll, dann startet der Scaler Daemon einen weiteren Connection Daemon. Damit wird erreicht, dass jede Anfrage in der kürzestmöglichen Zeit beantwortet wird.

Viele Linux-Distributionen erlauben die einfache Installation mit **yast**, **apt**, **yum** usw. Das im Rahmen dieses Buches verwendete CentOS bietet diese Möglichkeit leider nicht, deshalb wird hier die Installation aus den Sources aufgezeigt.

SQL Relay setzt die C++ Klassenbibliothek *Rudiments*[15] voraus, die hier ebenfalls aus den Sources übersetzt wird.

```
nagsrv# wget http://prdownloads.sourceforge.net/rudiments/rudiments-0.31.tar.gz
nagsrv# tar zxvf rudiments-0.31.tar.gz
...
nagsrv# cd rudiments-0.31
nagsrv# ./configure --prefix=/opt/sqlrelay
...
nagsrv# make; make install
...
```

SQL Relay kann die verschiedensten Datenbanken bedienen und bietet Schnittstellen für mehrere Scriptsprachen. In diesem Beispiel verwenden wir nur MySQL und Oracle, sowie die Perl-Schnittstelle.

---

14 http://sqlrelay.sourceforge.net/
15 http://rudiments.sourceforge.net

KAPITEL 7 Überwachung von Datenbanken

```
nagsrv# wget http://prdownloads.sourceforge.net/sqlrelay/
sqlrelay-0.39.4.tar.gz
nagsrv# tar zxvf sqlrelay-0.39.4.tar.gz
...
nagsrv# cd sqlrelay-0.39.4
./configure \
   --prefix=/opt/sqlrelay \
   --with-rudiments-prefix=/opt/sqlrelay \
   --disable-php --disable-zope --disable-java \
   --disable-sqlite --disable-python --disable-ruby \
   --disable-tcl \
   --disable-freetds --disable-postgresql --disable-sybase \
   --disable-firebird --disable-mdbtools \
   --with-oracle-instantclient-prefix=/usr/lib/oracle/11.1/client
...
```

Leider wird die im Buch verwendete (rpm-basierte) Installation des Oracle Instant Client nicht gefunden, da die Dateien in getrennten Verzeichnissen ablegt wurden. Die Include-Dateien befinden sich in */usr/include/oracle/11.1/client* und die Libraries in */usr/lib/oracle/11.1/client/lib*. Eine Installation mit der Tar-Distribution von Oracle dagegen würde alles in ein einziges Verzeichnis kopieren.

Es ist daher nötig, das configure-Script entsprechend zu erweitern. Ab der Zeile 22376 fügt man folgenden Code ein:

```
elif ( test -r \
"$ORACLE_INSTANTCLIENT_PREFIX/lib/libclntsh.$SOSUFFIX" )
then
    ORACLE_INSTANTCLIENT_INCLUDE_PREFIX=\
$(echo $ORACLE_INSTANTCLIENT_PREFIX | sed -e 's_/lib_/include_g')
    if ( test -r "$ORACLE_INSTANTCLIENT_INCLUDE_PREFIX/oci.h" )
    then
        ORACLEVERSION="11g"
        ORACLELIBSPATH=\
"$ORACLE_INSTANTCLIENT_PREFIX/lib"
        ORACLELIBS=\
"-L$ORACLE_INSTANTCLIENT_PREFIX/lib -lclntsh -lnnz11"
        ORACLEINCLUDES="-I$ORACLE_INSTANTCLIENT_INCLUDE_PREFIX"
    fi
```

Nun sollte das Ergebnis des configure-Laufs so aussehen:

```
***** Summary *********************************************
  Version       : 0.39.4

  APIs          : C/C++       yes         Perl        yes
                  Python      no          Ruby        no
                  PHP         no          Java        no
                  TCL         no          Zope        no
```

```
Connections  : Oracle8      dynamic     MySQL       dynamic
               PostgreSQL   no          SQLite      no
               FreeTDS      no          Sybase      no
               ODBC         no          DB2         no
               Firebird     no          MDB Tools   no
***************************************************************
```

Jetzt muss noch kompiliert und installiert werden.

```
nagsrv# make; make install
...
```

Damit ist die Installation abgeschlossen und man kann die Konfigurationsdatei bearbeiten. Im Verzeichnis */opt/sqlrelay/etc* befindet sich eine Datei *sqlrelay.conf.example*, die als Vorlage dient. Diese benennt man in sqlrelay.conf um und öffnet sie mit dem Editor. Der Anblick, der sich einem bietet, ist zunächst verwirrend, aber für eine funktionierende Installation sind nur wenige der vorgefundenen Zeilen nötig. Den mit *„Query Router/Filter"* überschriebenen Abschnitt kann man sofort löschen. Übrig bleibt ein einzelner Block, mit dem die Verbindung zu einer Oracle-Datenbank beschrieben wird. Angepasst für das Beispiel mit der *NAPRAX*-Datenbank sieht die Konfiguration dann so aus:

```xml
<?xml version="1.0"?>
<!DOCTYPE instances SYSTEM "sqlrelay.dtd">

<instances>
   <instance id="naprax-ora"
      port="9000" socket="/tmp/example.socket"
      dbase="oracle8"
      connections="3" maxconnections="15"
      maxqueuelength="5" growby="1"
      ttl="60" endofsession="commit" sessiontimeout="600"
      runasuser="nobody" runasgroup="nobody"
      cursors="5"
      authtier="listener" handoff="pass"
      deniedips=".*" allowedips="127.0.0.1"
      debug="none" maxquerysize="65536"
      maxstringbindvaluelength="4000" maxlobbindvaluelength="71680"
      idleclienttimeout="-1" maxlisteners="-1" listenertimeout="0"
      reloginatstart="false">
      <users>
         <user user="nagios" password="oradbmon"/>
      </users>
      <connections>
         <connection connectionid="db1"
            string="user=nagios;password=oradbmon;oracle_sid=naprax;"
            metric="1" behindloadbalancer="no"/>
      </connections>
   </instance>
</instances>
```

KAPITEL 7   Überwachung von Datenbanken

Die relevanten Einträge sind:

» *id* identifiziert eine SQL Relay Instanz (nicht zu verwechseln mit einer Oracle-Instanz). Eine Instanz ist eine Sammlung von Prozessen bestehend aus dem Listener, den Connection-Daemons und dem Scaler-Daemon.

» *port* gibt den TCP-Port an, auf dem der Listener-Daemon lauscht.

» *socket* ist der Dateiname eines Unix-Sockets auf dem der Listener lauscht. Diese Art der lokalen Verbindung ist einer TCP-Verbindung vorzuziehen.

» *dbase="oracle8"* bezeichnet den Typ der Datenbank, mit der sich die Connection-Prozesse verbinden. Hier wäre auch „mysql" möglich.

» *connections* gibt die Anzahl der Connection-Prozesse an, die „auf Vorrat" gestartet werden.

» *user=* und *password=* sind die Zugangsdaten, mit der sich SQL Relay Clients am Listener authentifizieren.

» *string=* dies sind die Zugangsdaten, mit der sich Connection-Prozesse an der Datenbank anmelden.

> **INFO** Die Begriffe „Instanz" und „Listener" beziehen sich hier ausschließlich auf SQL Relay, auch wenn sie einem aus der Oracle-Welt geläufig sind. Der einzige Bezug zu Oracle befindet sich im Feld *string=*.

Nun kann die Instanz „naprax-ora" gestartet werden. Vorher ist darauf zu achten, dass die *PATH*-Variable das *bin*-Verzeichnis und die *LD_LIBRARY_PATH*-Variable das *lib*-Verzeichnis der sqlrelay-Installation enthalten. Wenn man bei configure den Parameter *--prefix=/usr* angegeben hat oder das RPM-Paket der Linux-Distribution installiert hat, dann sind die Variablen bereits richtig gesetzt.

```
naprax# export PATH=$PATH:/opt/sqlrelay/bin
naprax# export LD_LIBRARY_PATH=$LD_LIBRARY_PATH:/opt/sqlrelay/lib

nagsrv# sqlr-start -id naprax-ora

Starting listener:
  sqlr-listener -id naprax-ora -config /opt/sqlrelay/etc/sqlrelay.conf

Starting 3 connections to db1 :
  sqlr-connection-oracle8 -id naprax-ora -connectionid db1 -config
/opt/sqlrelay/etc/sqlrelay.conf
  sqlr-connection-oracle8 -id naprax-ora -connectionid db1 -config
/opt/sqlrelay/etc/sqlrelay.conf
  sqlr-connection-oracle8 -id naprax-ora -connectionid db1 -config
/opt/sqlrelay/etc/sqlrelay.conf

Starting scaler:
  sqlr-scaler  -id naprax-ora -config /opt/sqlrelay/etc/sqlrelay.conf
...
```

Mit dem Tool **sqlrsh** kann man prüfen, ob alles geklappt hat.

```
nagsrv# sqlrsh -id naprax-ora
SQLRShell - Version 0.22
        Connected to: localhost:9000 as nagios

        type help; for a help.

0> select sysdate from dual;
SYSDATE
=========
05-DEC-08
        Rows Returned   : 1
        Fields Returned : 1
        System time     : 80000
```

Wie bringt man nun den Nagios-Plugins bei, sich nicht auf herkömmliche Art und Weise mit einer Datenbank zu verbinden, sondern den Weg über SQL Relay zu gehen? Bei der Installation wurde auch ein Perl-Modul erzeugt, das ein Submodul des bekannten *Perl-DBI* ist, nämlich *DBD::SQLRelay*. Man kann es anstelle der üblichen *DBD::Oracle* und *DBD::MySQL* einsetzen. Lediglich der Connect-String ist zu ändern. Alle anderen Methoden wie *prepare*, *execute*, *fetchrow_array*,… funktionieren wie gewohnt.

Die Plugins der **check_*_health**–Familie sind bereits für den Einsatz von SQL Relay vorbereitet. Analog zu den Kommandozeilenparametern *--method sqlplus* und *--method mysql* gibt es dafür den Parameter *--method sqlrelay*. Zusammen mit *--hostname* und *--port* oder *--socket* sorgt er dafür, dass die Plugins das Perl-Modul *DBD::SQLRelay* benutzen und sich mit dem Listener-Daemon einer SQL Relay-Instanz verbinden.

Dieser Trick stellt sicher, dass auch Hunderte von Services eine Datenbank nicht unnötig belasten, weil sämtliche SQL-Befehle durch bereits geöffnete Datenbank-Connections hindurch ausgeführt werden.

Eine Sache ist dabei noch zu beachten. Die Services, die die zum Verbindungsaufbau benötigte Zeit überwachen (also *--mode connection-time*), sollten in der entsprechenden Command-Definition diese Methode nicht benutzen, da hier falsche (zu gute) Messwerte herauskommen würden. Man will ja nicht wissen, wie lang es dauert, um sich mit dem SQL Relay Listener-Prozess zu verbinden, sondern wie lange ein echter Datenbank-Login dauert.

```
From: Armin Admin <armin.admin@naprax.de>
To: Otto Orkl, DBA <otto.orkl@naprax.de>
Subject: Re: Zu viele Datenbank-Logins

Hallo Otto,

du kannst den Nagios-User wieder entsperren, der richtet keinen Schaden
mehr an. Ich verwende jetzt Connection-Pooling, damit werden einmal geöff-
nete Sessions so lange wie möglich weiterverwendet. Deine Datenbanken wird's
freuen, wenn die Logins nicht mehr so reinprasseln.

Schönen Feierabend,
Armin
```

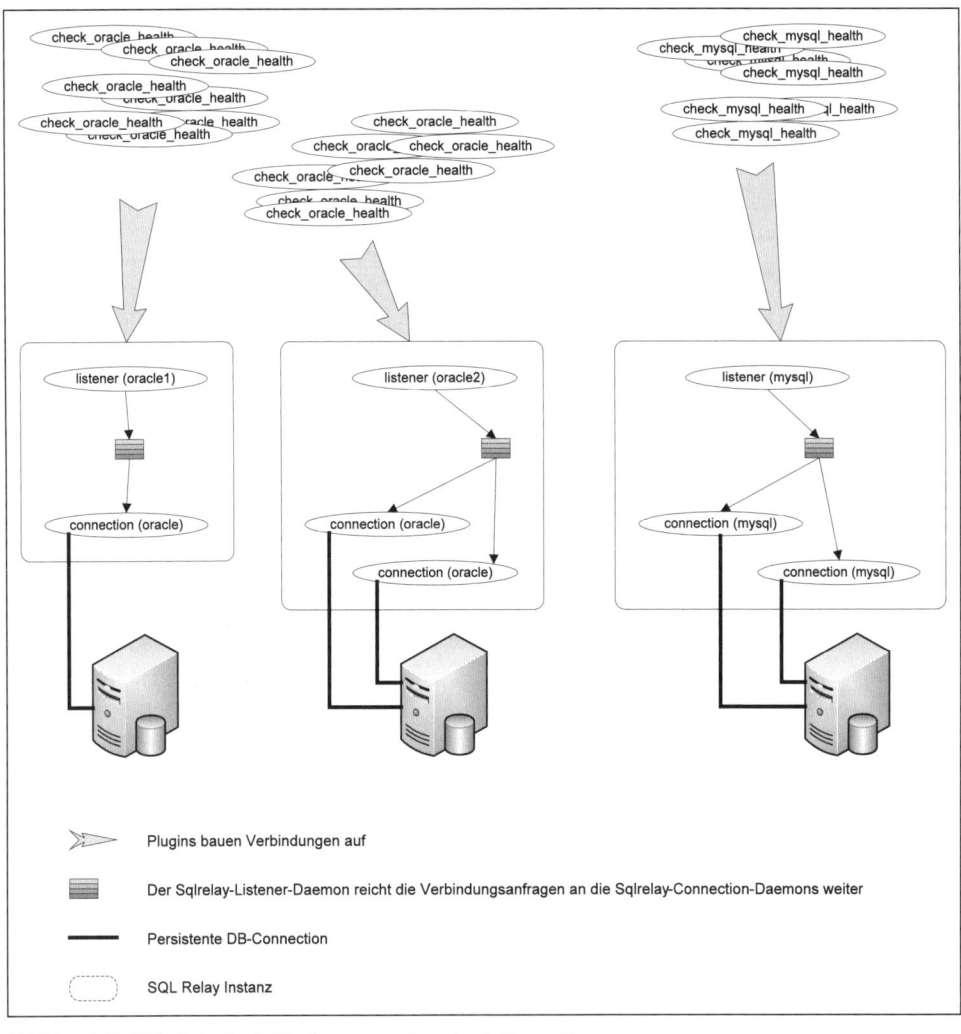

Abbildung 7.16: **Viele Datenbank-Plugins, wenige Datenbank-Connections**

7.6 Erstellen von Konfigurationsdateien für Nagios

Nachdem nun viel über die Plugins und ihre Features geschrieben wurde, fehlt noch eine systematische Methode, mit der man eine Datenbank-Überwachung in der Nagios-Konfiguration abbildet. Am Beispiel von Oracle soll gezeigt werden, wie man mit wenig Aufwand eine brauchbare Auswahl von Services zusammenstellt.

Dazu denkt man sich am besten Kategorien von Services, die ähnliche Ziele verfolgen, im folgenden Serviceprofile (siehe Kapitel „*Installation*") genannt. Beispielsweise könnte ein Default-Profil Services umfassen, welche ganz grundlegende Funktionen einer Datenbank prüfen, also die Erreichbarkeit oder die Anzahl der verbundenen Benutzer. In einem weiteren Profil könnten die Services sein, die Tablespaces prüfen. Die Gruppierung soll dazu dienen, unterschiedliche Kontakte und unterschiedliche Laufzeitbedingungen wie z.B. Check-Intervalle mittels Templates nur einmal definieren zu müssen. Die Servicedefinitionen selbst unterscheiden sich nur noch durch die unterschiedlichen Zugangsdaten. Grundsätzlich kann man auf zwei Arten vorgehen. Die weitaus einfachere ist dann möglich, wenn pro Host nur eine einzige Datenbank läuft.

Datenbanken, die exklusiv auf einem Host laufen

Da es seit der Version 3 von Nagios möglich ist, einen Service einer ganzen Hostgruppe zuzuweisen, nimmt man alle Datenbankserver in eine Hostgruppe *oracle-db-server* auf. Dazu definiert man zuerst die Hostgroup.

```
define hostgroup {
    hostgroup_name              oracle-db-server
}
```

Danach definiert man Services, die man den Mitgliedern dieser Hostgroup zuweist. Dies geschieht über die Verwendung von Service-Templates. Jedes Serviceprofil bekommt sein eigenes Template. (Das ist nicht zwingend notwendig, aber Unterschiede z.B. beim *check_interval* oder den *contacts* können hier eingetragen werden, anstatt bei jedem einzelnen Service einer Kategorie). Allen gemeinsam ist jedoch der Verweis auf die Hostgruppe *oracle-db-server*.

```
define service {
    name                        app_oracle_default
    register                    0
    use                         standard-7x24
    hostgroups                  oracle-db-server
}
define service {
    name                        app_oracle_perf
    register                    0
    use                         standard-7x24
    hostgroups                  oracle-db-server
}
define service {
    name                        app_oracle_tbs
    register                    0
    use                         standard-7x24
    hostgroups                  oracle-db-server
    check_interval              15
}
```

Danach werden die einzelnen Services definiert. Mit der *use*-Anweisung werden diese den übergeordneten Service-Templates bzw. Profilen zugewiesen und übernehmen deren Eigenschaften. Das verwendete Command ist weitgehend einheitlich. Als erstes Argument wird der Mode übergeben und danach können beliebige Kommandozeilenparameter angehängt werden.

KAPITEL 7　Überwachung von Datenbanken

```
#
#   Als erstes kommen Services aus dem Defaultprofil
#
define service {
   service_description      app_oracle_default_check_ping
   use                      app_oracle_default
   check_command            check_oracle_health!tnsping
}

define service {
   service_description      app_oracle_default_check_login
   use                      app_oracle_default
   check_command            check_oracle_health!connection-time
}
#
#   Dann die Services, die die Performance der Datenbank prüfen
#
define service {
   service_description      app_oracle_perf_check_databuf_hitratio
   use                      app_oracle_perf
   check_command            \
      check_oracle_health!mode sga-data-buffer-hit-ratio
}
define service {
   service_description      app_oracle_perf_check_libcache_hitratio
   use                      app_oracle_perf
   check_command            \
      check_oracle_health!sga-library-cache-hit-ratio
}
#
#   Und zuletzt die Services für die gängigsten Tablespaces
#
define service {
   service_description      app_oracle_tbs_SYSTEM_check_usage
   use                      app_oracle_tbs
   check_command            \
      check_oracle_health!tablespace-usage!--name SYSTEM
}
define service {
   service_description      app_oracle_tbs_SYSAUX_check_usage
   use                      app_oracle_tbs
   check_command            \
      check_oracle_health!tablespace-usage!--name SYSAUX
}
define service {
   service_description      app_oracle_tbs_USERS_check_usage
   use                      app_oracle_tbs
   check_command            \
      check_oracle_health!tablespace-usage!--name USERS
}
```

Die Definition des Commands check_oracle_health sieht dann so aus.

```
define command {
   command_name             check_oracle_health
   command_line             $USER1$/check_oracle_health \
```

```
        --connect    $_HOSTORACLE_SID$ \
        --username   $_HOSTORACLE_USER$ \
        --password   $_HOSTORACLE_PASS$ \
        --mode       $ARG1$ \
        $ARG2$
}
```

Wie unschwer zu erkennen ist, stammen die Platzhalter bei *connect*, *username* und *password* von Custom Macros, die es seit Nagios3 gibt.

Schließlich müssen noch die Verbindungs- und Login-Informationen für die einzelnen Oracle-Instanzen eingetragen werden. Wie aus den Macronamen zu erkennen ist, macht man das in der Hostdefinition des Datenbankservers. Beispielsweise beherbergt der Server *dbsrv1* die Oracle-Instanz mit der SID *NAPRAX*. In der entsprechenden Host-Definition werden dann die Logindaten untergebracht.

```
define host {
    host_name            dbsrv1
    alias                DB Oracle 1
    address              10.0.12.130
    use                  naprax
    hostgroups           oracle-db-server
    _oracle_sid          NAPRAX
    _oracle_user         nagios
    _oracle_pass         nagsecret
}
```

Diese Daten werden bei der Ausführung eines Services bis zum Command durchgereicht, wo sie dann bei den Kommandozeilenparametern des Plugin eingesetzt werden. Wenn gewissen Voraussetzungen erfüllt sind, dann geht es sogar noch einfacher. Die Custom Macros werden vor dem Plugin-Aufruf durch Nagios in Environmentvariablen geschrieben. Das bedeutet beispielsweise, dass ein Attribut *_oracle_sid* dem Plugin als Variable $NAGIOS__HOSTORACLE_SID zur Verfügung steht. Da **check_oracle_health** dieser Variablen, falls sie existiert, den Vorzug vor dem Kommandozeilenparameter *--connect* gibt, kann man die Command-Definition auch so schreiben:

```
define command {
    command_name         check_oracle_health
    command_line         $USER1$/check_oracle_health \
                         --mode $ARG1$ \
                         $ARG2$
}
```

Ein angenehmer Nebeneffekt hiervon ist auch noch, dass in der Prozessliste keine sensiblen Login-Daten zu sehen sind. Wie gesagt, funktioniert das nur unter gewissen Voraussetzungen. Dazu muss in der Hauptkonfigurationsdatei *nagios.cfg* der Parameter *enable_environment_macros* auf *1* gesetzt sein, denn sonst werden keine Environmentvariablen aus den

Custom Macros gebildet. Zum zweiten darf das Plugin nicht vom *Embedded Perl Interpreter* ausgeführt werden. Das wird zwar defaultmäßig durch die Zeile

```
# nagios: -epn
```

im **check_oracle_health**-Script verhindert, kann aber aus Performancegründen mit *+epn* eingeschaltet werden.

Mehrere Datenbanken auf einem Host

Für den Fall, dass auf einem Host mehrere Datenbanken laufen, ist ein bisschen mehr Aufwand nötig. Die Attribute mit den Zugangsdaten können dann nicht mehr in der Hostdefinition angegeben werden. Da ja für jede Datenbank ein eigener Satz von Services definiert werden muss, die zwar die gleichen Funktionen ausführen, sich aber durch die verwendeten SIDs und DB-Benutzerkennungen unterscheiden, müssen besagte Attribute den Services zugeordnet werden. Es ist auch nicht mehr möglich Servicenamen wie *app_oracle_default_check_ping* zu verwenden, da diese doppelt oder mehrfach pro Host vorkommen würden. Man erweitert daher die Namen um die jeweilige Datenbank-SID oder einen anderen eindeutigen Bezeichner. Die folgenden Beispiele sollen für einen Server *dbsrv2* gelten, auf dem die Datenbanken *NAPRAXA* und *NAPRAXB* laufen. Zunächst erstelle man wieder Templates für die Serviceprofile *default*, *perf* und *tbs*, mit denen spezifische Attribute für die unterschiedlichen Kategorien für Services vergeben werden.

```
define service {
   name                 app_oracle_default
   register             0
   use                  standard-7x24
}
define service {
   name                 app_oracle_perf
   register             0
   use                  standard-7x24
}
define service {
   name                 app_oracle_tbs
   register             0
   use                  standard-7x24
   check_interval       15
}
define service {
   name                 app_oracle_logs
   register             0
   use                  standard-7x24
   max_check_attempts   1
   is_volatile          1
}
```

Danach kommen SID-spezifische Templates, die zwei Ausgaben erfüllen. Einmal werden in ihnen die Login-Daten definiert und zum anderen sorgen sie für die Zuordnung zum entsprechenden Datenbankserver, also einem Host im Nagios-Sprachgebrauch.

```
define service {
   name                    app_oracle_NAPRAXA
   register                0
   host_name               dbsrv2
   _oracle_sid             NAPRAXA
   _oracle_user            nagios
   _oracle_pass            nagsecreta
}
define service {
   name                    app_oracle_NAPRAXB
   register                0
   host_name               dbsrv2
   _oracle_sid             NAPRAXB
   _oracle_user            monuser
   _oracle_pass            secretb
}
```

Damit stehen jetzt zwei Sorten von Templates zur Verfügung. Die erste vererbt allgemeine Serviceeigenschaften wie *check_interval*, *notification_intervall*, *retry_check_interval* etc, die zweite sorgt für die Bindung an einen bestimmten Host mit den erforderlichen Login-Daten. Diese Templates werden nun von den SID-spezifischen Services benutzt. Nun erstellt man die endgültigen Services, jeweils für *NAPRAXA* und *NAPRAXB*.

```
#
#   Services aus dem Defaultprofil für SID NAPRAXA
#
define service {
   service_description     app_oracle_default_NAPRAXA_check_ping
   use                     app_oracle_default,app_oracle_NAPRAXA
   check_command           check_oracle_health!tnsping
}

define service {
   service_description     app_oracle_default_NAPRAXA_check_login
   use                     app_oracle_default,app_oracle_NAPRAXA
   check_command           check_oracle_health!connection-time
}
#
#   Dann die Services, die die Performance der
#   Datenbank NAPRAXA prüfen
#
define service {
   service_description     \
       app_oracle_perf_NAPRAXA_check_databuf_hitratio
   use                     app_oracle_perf,app_oracle_NAPRAXA
   check_command           \
       check_oracle_health!mode sga-data-buffer-hit-ratio
}
...
```

KAPITEL 7   Überwachung von Datenbanken

Genau dieselben Definitionen erstellt man für die SID *NAPRAXB*. Am einfachsten ist es, die *NAPRAXA*-Services in eine eigene Datei zu schreiben und diese zu kopieren. Dann muss man nur mit Search-and-Replace den SID-Namen ändern.

```
#
#   Services aus dem Defaultprofil für SID NAPRAXB
#
define service {
   service_description      app_oracle_default_NAPRAXB_check_ping
   use                      app_oracle_default,app_oracle_NAPRAXB
   check_command            check_oracle_health!tnsping
}

define service {
   service_description      app_oracle_default_NAPRAXB_check_login
   use                      app_oracle_default,app_oracle_NAPRAXB
   check_command            check_oracle_health!connection-time
}
```

Diese Art der Namensgebung ist auch für den Fall mit nur einer Datenbank pro Host zu empfehlen. Da sich ab einer bestimmten Anzahl von Datenbanken niemand mehr die Zuordnung von SID zu Datenbankserver merken kann, lässt sich so aus der Servicedescription in einer Notification gleich erkennen, welche SID betroffen ist.

Automatisieren lässt sich die Erstellung einer Konfiguration, indem man eine Musterdatei mit Platzhaltern anstelle der SID anlegt. Bei der Einrichtung einer neuen Datenbank braucht man sie nur noch zu kopieren und die Platzhalter durch echte Werte ersetzt. So könnte die Musterdatei aussehen:

Listing 7.2: **Konfigurationsvorlage app_oracle_NEWSID.conf**

```
define service {
   name                     app_oracle_NEWSID
   register                 0
   host_name                NEWDBSRV
   _oracle_sid              NEWSID
   _oracle_user             NEWUSER
   _oracle_pass             NEWPASS
}
#
#   Services aus dem Defaultprofil für SID NEWSID
#
define service {
   service_description      app_oracle_default_NEWSID_check_ping
   use                      app_oracle_default,app_oracle_NEWSID
   check_command            check_oracle_health!tnsping
}

define service {
   service_description      app_oracle_default_NEWSID_check_login
   use                      app_oracle_default,app_oracle_NEWSID
   check_command            check_oracle_health!connection-time
}
...
```

KAPITEL 7 Überwachung von Datenbanken

Die Dateiendung lautet *.conf* und nicht *.cfg*, wodurch verhindert wird, dass Nagios diese Dateien als Teil seiner Konfiguration einliest. Am sichersten ist es, ein separates Verzeichnis für die Konfigurationsvorlagen zu verwenden.

Würde man nun eine Datenbank mit der SID *NAPRAXZ* auf dem Server *dbsrv99* überwachen wollen, so ließe sich die entsprechende Konfigurationsdatei ganz einfach generieren, indem man zunächst die Zugangsparameter in einer eigenen Datei speichert.

Listing 7.3: **db.dbsrv99.csv enthält pro Datenbankinstanz eine Zeile**

```
# db-server,SID,username,password
dbsrv99,NAPRAXZ,nagios,nagpw
…
```

Ein einfaches Shell-Script erzeugt dann für jede Zeile eine passende Konfigurationsdatei.

```
nagsrv$ cat db.dbsrv99.csv |
(IFS=, ; while read dbsrv sid user pass
do
   cat app_oracle_NEWSID.conf | \
   sed -e "s/NEWDBSRV/$dbsrv/g" \
       -e "s/NEWSID/$sid/g" \
       -e "s/NEWUSER/$user/g" \
       -e "s/NEWPASS/$pass/g" >> app_oracle_$sid.cfg
done)
```

Die Trennung der Eingabedaten durch Kommas ist beabsichtigt. Auf diese Art können CSV-Daten verarbeitet werden. Sollte sich also jemand entschließen, anhand dieser Anleitung ein Oracle-Monitoring im großen Stil einzuführen, dann kann die gesamte Datenbanklandschaft in einem Excel-Sheet abgebildet werden, das dann als CSV-Datei exportiert wird. Damit lässt sich dann in Sekundenschnelle eine einheitliche Konfiguration für Nagios erstellen. Zusätzlich benötigt man noch eine einzelne Datei, in der die Service-Templates definiert sind, die für alle Oracle-bezogenen Services unabhängig von der Datenbank-SID gelten.

Listing 7.4: **Konfigurationsvorlage app_oracle.cfg**

```
define service {
   name                 app_oracle_default
   register             0
   use                  standard-7x24
}
define service {
   name                 app_oracle_perf
   register             0
   use                  standard-7x24
}
define service {
   name                 app_oracle_tbs
   register             0
   use                  standard-7x24
   check_interval       15
}
```

KAPITEL 7 Überwachung von Datenbanken

Bei der Einführung von Nagios zur Datenbanküberwachung bzw. dem Umstieg von einem anderen Monitoringsystem wird man sicher auch eine Liste der Tablespaces (oder der Datenbanken in Falle von MS SQL Server) erstellen, in der der mindestens verfügbare freie Speicherplatz aufgeführt ist. Auch daraus lässt sich recht einfach ein Gerüst von Servicedefinitionen für Nagios erzeugen. Das Besondere an den Servicenamen ist in diesem Fall, dass sie neben der Datenbank-SID auch noch den Tablespace-Namen enthalten. Die Vorlagedatei sieht folgendermaßen aus:

Listing 7.5: **Konfigurationsvorlage app_oracle_tbs_NEWSID.conf**

```
define service {
   service_description     app_oracle_tbs_NEWSID_NEWTBS_check_free
   use                     app_oracle_tbs,app_oracle_NEWSID
   check_command           check_oracle_health!tablespace-free\
                           !--name NEWTBS \
                            --warning NEWWARN --critical NEWCRIT
}
```

Die Eingabedaten enthalten diesmal pro Zeile den Namen eines Tablespaces sowie die Schwellwerte für das Plugin. Die Login-Daten wurden ja bereits im letzten Schritt in ein Service-Template geschrieben.

Listing 7.6: **db.tbs.dbsrv99.csv enthält pro Instanz und Tablespace eine Zeile**

```
# dbsrv99,SID,Tablespace,warn,crit
dbsrv99,NAPRAXZ,SYSTEM,2GB:,1GB:
dbsrv99,NAPRAXZ,SYSAUX,2GB:,1GB,
dbsrv99,NAPRAXZ,USERS,5GB:,2GB:
...
```

Daraus werden dann mit folgendem Script die einzelnen Servicedefinitionen generiert und an die Konfigurationsdatei *app_oracle_NAPRAXZ.cfg* angehängt.

```
nagsrv$ cat db.tbs.dbsrv99.csv |
(IFS=, ; while read dbsrv sid tablespace warn crit
do
   cat app_oracle_tbs_NEWSID.conf | \
   sed -e "s/NEWSID/$sid/g" \
       -e "s/NEWTBS/$tablespace/g" \
       -e "s/NEWWARN/$warn/g" \
       -e "s/NEWCRIT/$crit/g" >> app_oracle_$sid.cfg
done)
```

Zuletzt wird dann aus dem Zusammenspiel von Konfigurationsvorlagen, CSV-Dateien und Shell-Scripts eine Datei einstehen, welche alle zur Überwachung einer Oracle-Instanz nötigen Servicedefinitionen enthält. Im Falle der Instanz *NAPRAXZ* auf dem Server *dbsrv99* würde sie etwa so aussehen:

Listing 7.7: **app_oracle_NAPRAXZ.cfg**

```
define service {
   name                    app_oracle_NAPRAXZ
   host_name               dbsrv99
   _oracle_sid             NAPRAXZ
   _oracle_user            nagios
   _oracle_pass            nagpw
}
#
#   Services aus dem Defaultprofil für SID NAPRAXZ
#
define service {
   service_description     app_oracle_default_NAPRAXZ_check_ping
   use                     app_oracle_default,app_oracle_NAPRAXZ
   check_command           check_oracle_health!tnsping
}

define service {
   service_description     app_oracle_default_NAPRAXZ_check_login
   use                     app_oracle_default,app_oracle_NAPRAXZ
   check_command           check_oracle_health!connection-time
}
...
define service {
   service_description     app_oracle_tbs_NAPRAXZ_SYSTEM_check_free
   use                     app_oracle_tbs,app_oracle_NAPRAXZ
   check_command           check_oracle_health!tablespace-free\
                           !--name SYSTEM \
                            --warning 2GB: --critical 1GB:
}
define service {
   service_description     app_oracle_tbs_NAPRAXZ_SYSAUX_check_free
   use                     app_oracle_tbs,app_oracle_NAPRAXZ
   check_command           check_oracle_health!tablespace-free\
                           !--name SYSAUX \
                            --warning 2GB: --critical 1GB:
}
define service {
   service_description     app_oracle_tbs_NAPRAXZ_USERS_check_free
   use                     app_oracle_tbs,app_oracle_NAPRAXZ
   check_command           check_oracle_health!tablespace-free\
                           !--name USERS \
                            --warning 5GB: --critical 2GB:
}
...
```

Denkbar ist es auch, dass mehrere Datenbanken die gleiche SID verwenden. Das ist durchaus legitim, sofern sie auf unterschiedlichen Servern laufen. In diesem Fall müssten die Servicedescriptions noch um den Hostnamen erweitert werden.

Alternativvorschlag für die Generierung mit dem m4 Macro Processor

Eines der ältesten Tools, die man auf Unix-Systemen findet, ist **m4**. Der Macro Processor wurde ursprünglich geschrieben, um häufig wiederkehrende Code-Passagen in Programmlistings durch kurze Makros zu ersetzen. Bekannt dürfte m4 durch seine Verwendung im Rahmen der GNU-Autotools sein. Auch Sendmail verwendet m4, um aus einfachen Vorlagedateien große Konfigurationen zu generieren. Im Grunde steckt aber hinter dem Begriff Macro Processing nichts weiter als das Ersetzen von Zeichenfolgen durch andere Zeichenfolgen. Im Zusammenhang mit Nagios kann man m4 nutzen, um Template-Dateien mit Platzhaltern auszustatten, die dann von m4 durch konkrete Werte ersetzt werden. Auf diese Weise kann man elegant Konfigurationsdateien generieren. Der Unterschied zur Methode mit **sed**, die im vorhergehenden Abschnitt vorgestellt wurde, muss man keine langen Search-Replace-Anweisungen schreiben. Man kann Hostname, Port etc. einfach als Kommandozeilenparameter angeben.

Als Beispiel soll ein Gerüst von Dateien im Verzeichnis *etc/m4* dienen, mit deren Hilfe man eine vollständige Konfiguration zur Überwachung eines MS SQL Servers erzeugen kann. Die dafür nötige Sammlung an Services wird in Serviceprofile aufgeteilt, von denen jedes eine eigene Konfigurationsdatei bekommt. Dabei soll der Name des Datenbankservers und ggf. einzelner Datenbanken in die Service-Descriptions einfließen. Für das konkrete Beispiel werden folgende Rahmenbedingungen vorgegeben:

Der Host, auf den der MS SQL Server läuft, heißt *dbsrv13*. Die Instanz wird über den Defaultport *1433* angesprochen. Username und Passwort lauten jeweils *nagios*. Der Name des SQL Servers lautet *CMQS*. Die einzelnen Datenbanken heißen *BMSDB*, *Northwind*, *callman*, *master*, *model*, *msdb*, *pubs* und *tempdb*.

Die erste Datei, die dazu generiert wird, beinhaltet die Informationen, die die Services für die Anmeldung am Datenbankserver benötigen. Die Zugehörigkeit eines Service zu einem bestimmten Host wird ebenfalls durch dieses Template festgelegt. Daneben wird eine Service-Group definiert. Zu ihr gehören alle Services, die das Template benutzen, somit alle Services, die einen bestimmten Datenbankserver prüfen.

Listing 7.8: **etc/m4/ app_mssql.m4**

```
#
# A template which holds the login information and
# servicegroup membership
#
define service {
   register              0
   name                  app_mssql_`'DBSRV
   host_name             HOSTNAME
   servicegroups         app_mssql_`'DBSRV
   _mssql_host           HOSTNAME
   _mssql_user           USERNAME
   _mssql_pass           PASSWORD
   _mssql_port           PORT
}
```

```
#
# A servicegroup which holds all services of the DBSRV database
#
define servicegroup {
   servicegroup_name       app_mssql_`'DBSRV
}
```

Die Anführungszeichen sind leider notwendig, weil **m4** nur solche Zeichenketten ersetzen kann, die beim Einlesen der Datei als eigene Token vorliegen. Im Gegensatz zu **sed** ist ein Ersetzen von Substrings nicht möglich. Im Fall von *app_mssql_`'DBSRV* erkennt **m4** dann beim Parsen *app_mssql_* und *DBSRV* als zwei einzelne, durch einen Leerstring getrennte Token, wobei letzterer durch einen konkreten Wert ersetzt wird.

Führt man nun den folgenden Befehl aus, dann werden die Platzhalter in der m4-Datei durch die konkreten Werte ersetzt.

```
nagsrv$ m4 -Ietc/m4 -DDBSRV=CMQS -DHOSTNAME=dbsrv13 \
   -DUSERNAME=nagios -DPASSWORD=nagios \
   -DPORT=1433 app_mssql.m4 \
   > etc/objects/hosts/dbsrv13/app_mssql_CMQS.cfg
```

Die dadurch entstandene Datei sieht dann folgendermaßen aus:

Listing 7.9: **etc/objects/hosts/dbsrv13/app_mssql_CMQS.cfg**

```
#
# A template which holds the login information and
# servicegroup membership
#
define service {
   register             0
   name                 app_mssql_CMQS
   host_name            dbsrv13
   servicegroups        app_mssql_CMQS
   _mssql_host          dbsrv13
   _mssql_user          nagios
   _mssql_pass          nagios
   _mssql_port          1433
}
#
# A servicegroup which holds all services of the DBSRV database
#
define servicegroup {
   servicegroup_name    app_mssql_CMQS
}
```

Genauso verfährt man mit der Vorlage *app_mssql_default.m4*, die die Services des Profils *app_mssql_default* beinhaltet. Hier wird zuerst ein Template angelegt, das von allen Services des Default-Profils geerbt wird. Es erweitert das Template *app_mssql_default* um die serverspezifischen Login-Daten und heißt entsprechend *app_mssql_default_<db servername>*. Danach folgt die Aufzählung der Services, die zum Default-Profil zählen. Auch hier findet

KAPITEL 7   Überwachung von Datenbanken

man wieder durch Anführungszeichen hervorgehoben den Namen des Datenbankservers, der in die Servicebezeichnung einfließt.

```
#
# A template for app_mssql_default
#
define service {
   register              0
   name                  app_mssql_default_`'DBSRV
   use                   app_mssql_default,app_mssql_`'DBSRV
}
#
# The services of service profile app_mssql_default
#
define service {
   service_description   app_mssql_default_`'DBSRV`'_check_login
   use                   app_mssql_default_`'DBSRV
   check_command         check_mssql_health!connection-time
}

define service {
   service_description   app_mssql_default_`'DBSRV`'_check_users
   use                   app_mssql_default_`'DBSRV
   check_command         check_mssql_health!connected-users
}

define service {
   service_description   app_mssql_default_`'DBSRV`'_check_totalmem
   use                   app_mssql_default_`'DBSRV
   check_command         check_mssql_health!total-server-memory
}

define servicedependency {
   name                  dependency_`'HOSTNAME`'_`'DBSRV`'_connection_uc
   host_name             HOSTNAME
   service_description \
                         app_mssql_default_`'DBSRV`'_check_login
   execution_failure_criteria       u,c
   notification_failure_criteria    u,c
   dependent_service_description \
                         app_mssql_.*_`'DBSRV`'_.*,\
                         !app_mssql_default_`'DBSRV`'_check_login
}
```

Eine Besonderheit in dieser Datei ist die Definition einer Serviceabhängigkeit. Sie drückt aus, dass sämtliche einen Datenbankserver betreffenden Services vom erfolgreichen Login an demselben abhängen. Wird check_login wegen Überlastung oder Absturz des Servers CRITICAL, dann ist es sinnlos, weitere Services auszuführen. Sie würden sowieso fehlschlagen, da sie eine erfolgreiche Anmeldung voraussetzen. Die aufgeführte Methode, zunächst alle Services mithilfe von Wildcards zu benennen und dann einen speziellen mit dem führenden Ausrufezeichen von der Liste auszunehmen, ist zwar nicht dokumentiert, aber sie funktioniert dennoch. Auch aus dieser m4-Vorlage erzeugt man nun eine Nagios-Konfigurationsdatei.

```
nagsrv$ m4 -Ietc/m4 -DDBSRV=CMQS -DHOSTNAME=dbsrv13 \
   -DUSERNAME=nagios -DPASSWORD=nagios \
   -DPORT=1433 app_mssql_default.m4 \
   > etc/objects/hosts/dbsrv13/app_mssql_default_CMQS.cfg
```

Die für die Performancemessung relevanten Services werden ebenfalls zu einem Profil *app_mssql_perf* zusammengefasst. Basis der Generierung einer entsprechenden Konfig-Datei ist wieder eine m4-Vorlage:

Listing 7.10: **app_mssql_perf.m4**

```
#
# A template for app_mssql_perf
#
define service {
   register              0
   name                  app_mssql_perf_`'DBSRV
   use                   app_mssql_perf,app_mssql_`'DBSRV
}
#
# The services of service profile app_mssql_perf
#
define service {
   service_description   app_mssql_perf_`'DBSRV`'_check_cpu_busy
   use                   app_mssql_perf_`'DBSRV
   check_command         check_mssql_health!cpu-busy
}

define service {
   service_description   app_mssql_perf_`'DBSRV`'_check_io_busy
   use                   app_mssql_perf_`'DBSRV
   check_command         check_mssql_health!io-busy
}

define service {
   service_description   \
                         app_mssql_perf_`'DBSRV`'_check_bufcache_hitrate
   use                   app_mssql_perf_`'DBSRV
   check_command         \
                         check_mssql_health!mem-pool-data-buffer-hit-ratio
}
...
```

Auch daraus wird mit dem **m4**-Befehl und einer Liste von Makrodefinitionen eine Konfigurationsdatei für Nagios erzeugt.

```
nagsrv$ m4 -Ietc/m4 -DDBSRV=CMQS -DHOSTNAME=dbsrv13 \
   -DUSERNAME=nagios -DPASSWORD=nagios \
   -DPORT=1433 app_mssql_perf.m4 \
   > etc/objects/hosts/dbsrv13/app_mssql_perf_CMQS.cfg
```

Zuletzt gibt es noch das Serviceprofil *app_mssql_db*, das Services beinhaltet, die die einzelnen Datenbanken dieses Servers ansprechen. In diesem Beispiel soll durch jeweils einen

KAPITEL 7 — Überwachung von Datenbanken

Service geprüft werden, wie viel freier Speicherplatz in jeder Datenbank verfügbar ist. Da die Liste der Datenbanken für jeden Server unterschiedlich sein kann, steht in der Vorlagedatei nur eine einzelne Servicedefinition, aus der dann mithilfe einer Schleife mehrere datenbankspezifische Services erzeugt werden.

Listing 7.11: **app_mssql_db.m4**

```
divert(-1)
include(`nagios.m4')
divert
#
# A template for app_mssql_db
#
define service {
    register               0
    name                   app_mssql_db_`'DBSRV
    use                    app_mssql_db,app_mssql_`'DBSRV
}
#
# The services of service profile app_mssql_db
#
foreach(`DATABASE', `
define service {
    service_description    app_mssql_db_`'DBSRV`_'DATABASE`'_check_free
    use                    app_mssql_db_`'DBSRV
    check_command          \
                   check_mssql_health!database-free!--name DATABASE
}
', DATABASES)
```

Der m4 Macro Processor besitzt keine Sprachelemente, mit denen sich Schleifenkonstrukte programmieren lassen. Allerdings kann man dieses Feature durch die Programmierung geeigneter Makros nachbauen. In der Datei *nagios.m4*[16] befindet sich deshalb die Definition des Makros *foreach*, welcher als dritten Parameter eine Liste von Strings (im Beispiel *DATABASES*) nimmt und in jedem Schleifendurchlauf eines der Listenelemente einem Makro zuweist, dessen Name der erste Parameter ist, in diesem Fall *DATABASE*. Dieser Makro wird dann in dem Text, der als zweiter Parameter angegeben wurde, aufgelöst. Die *divert*-Anweisung unterdrückt die Ausgabe von leeren Zeilen, die normalerweise durch das Einbinden von *nagios.m4* entstehen würden. Startet man nun die Generierung eines Nagios-Konfigurationsdatei, dann muss man diesmal einen weiteren Parameter *–DDATABASES* mit der Liste der Datenbanknamen angeben.

```
nagsrv$ m4 -Ietc/m4 -DDBSRV=CMQS -DHOSTNAME=dbsrv13 \
    -DUSERNAME=nagios -DPASSWORD=nagios \
    -DPORT=1433 \
    -DDATABASES="BMSDB Northwind callman master model msdb
 pubs tempdb" app_mssql_db.m4 \
    > etc/objects/hosts/dbsrv13/app_mssql_db_CMQS.cfg
```

---

16 Wie die anderen m4-Dateien ist diese auf der Webseite zum Buch zu finden.

Daraus entsteht dann eine Datei mit datenbankspezifischen Services:

Listing 7.12: **/etc/objects/hosts/dbsrv13/app_mssql_db_CMQS.cfg**

```
#
# A template for app_mssql_db
#
define service {
   register               0
   name                   app_mssql_db_CMQS
   use                    app_mssql_db,app_mssql_CMQS
}

define service {
   service_description    app_mssql_db_CMQS_BMSDB_check_free
   use                    app_mssql_db_CMQS
   check_command          \
           check_mssql_health!database-free!--name BMSDB
}

define service {
   service_description    app_mssql_db_CMQS_Northwind_check_free
   use                    app_mssql_db_CMQS
   check_command          \
           check_mssql_health!database-free!--name Northwind
}
...
```

Nach der Durchführung dieser Aktionen befinden sich im Unterverzeichnis des Hosts folgende Dateien mit Servicedefinitionen:

```
nagsrv$ cd etc/objects/hosts/dbsrv13
nagsrv$ ls app*
app_mssql_CMQS.cfg       app_mssql_default_CMQS.cfg
app_mssql_db_CMQS.cfg    app_mssql_perf_CMQS.cfg
```

Diese Servicedefinitionen beziehen sich allesamt auf den speziellen Datenbankserver CMQS. Die Templates für die einzelnen Serviceprofile benutzen allerdings weitere, übergeordnete Templates, die an anderer, zentraler Stelle definiert werden müssen. Zur Verdeutlichung wird hier gezeigt, wie *app_mssql_db_CMQS* gebildet wird:

```
define service {
   register               0
   name                   app_mssql_db_CMQS
   use                    app_mssql_db,app_mssql_CMQS
}
```

Das Template erbt die Eigenschaften von *app_mssql_db* und *app_mssql_CMQS*. Letzteres ist datenbankspezifisch und wurde im Verlauf dieses Abschnitts erstellt. Das andere, *app_mssql_db*, gilt jedoch nicht nur für *CMQS*, sondern für sämtliche überwachten SQL Server.

KAPITEL 7 — Überwachung von Datenbanken

Man muss also diese allgemeingültigen Templates noch anlegen, am besten im Verzeichnis *etc/objects/services*.

```
define service {
    register                0
    name                    app_mssql
    use                     7x24-default-service
    contact_groups          mssql-admins
}

define service {
    register                0
    name                    app_mssql_default
    use                     app_mssql
}

define service {
    register                0
    name                    app_mssql_perf
    use                     app_mssql
}

define service {
    register                0
    name                    app_mssql_db
    use                     app_mssql
    normal_check_interval   15
    retry_check_interval    5
}
```

Wie man sieht, erben *app_mssql_default*, *app_mssql_perf* und *app_mssql_db* ihre Eigenschaften von *app_mssql*. Dieses wiederum benutzt ein Standard-Template. Durch diese Aufteilung wird erreicht, dass die Überprüfung des freien Speicherplatzes in Datenbanken nur viertelstündlich vorgenommen wird und dass Alarme von MS SQL-Datenbankservern an die richtigen Administratoren zugestellt werden.

Wenn man nicht für jedes Serviceprofil eine eigene Datei generieren möchte, dann kann man die Datei *app_mssql.m4* auch folgendermaßen schreiben:

```
#
# A template which holds the login information and
# servicegroup membership
#
define service {
    register        0
    name            app_mssql_`'DBSRV
    host_name       HOSTNAME
    servicegroups   app_mssql_`'DBSRV
    _mssql_host     HOSTNAME
    _mssql_user     USERNAME
    _mssql_pass     PASSWORD
    _mssql_port     PORT
}
```

```
#
# A servicegroup which holds all services of the DBSRV database
#
define servicegroup {
    servicegroup_name      app_mssql_`'DBSRV
}

include(`app_mssql_default.m4')
include(`app_mssql_perf.m4')
include(`app_mssql_db.m4')
```

Ruft man dann das m4-Kommando mit den oben gezeigten Parametern (auch diesmal mit *–DDATABASES*) auf, so erhält man alle nötigen Service- und Template-Definitionen „am Stück". Auf diese Weise kann man die Konfiguration für einen Datenbankserver auch in einer einzigen Datei unterbringen.

8. Überwachung von Webservern

From: Bernd Berserker
To: Armin Admin
Subject: Webserver ausgefallen

Hallo Armin,

einer unserer Aussendienstler musste gestern abend von seinem Hotelzimmer aus auf unseren internen Bereich zugreifen, bekam aber nur eine Fehlermeldung zu sehen. Er hat sich furchtbar aufgeregt und sich erstmal an höchster Stelle beschwert. Möglicherweise ist ihm ein grösseres Geschäft durch die Lappen gegangen, zumindest klang das in der Standpauke so, die ich mir gerade anhören durfte. Wir müssen dringend dafür sorgen, dass unsere Webapplikationen rund um die Uhr überwacht werden.

Gruss,
Bernd

Waren Webserver anfangs nur ein Mittel, um durch Auslieferung statischer HTML-Seiten Informationen zu präsentieren, so steckt mittlerweile weitaus mehr dahinter. Die Technik ist so fortgeschritten, dass komplette Applikationen auf Webservern laufen und über Browser bedient werden. Typische Anwendungen sind Groupware-Kalender und Mitarbeiterverzeichnisse. Man stelle sich das Chaos vor, wenn in einer großen Firma das Telefonverzeichnis nicht mehr erreichbar ist. Was man auch häufig findet, ist ein webbasierter Zugang zum Mailsystem, den Mitarbeiter benutzen, wenn sie außerhalb der Firma unterwegs sind. Besonders kritisch sind auch Internet-Shops, über die manche Firma ihr komplettes Geschäft abwickelt. Ein Ausfall bedeutet hier den Verlust von Reputation und natürlich von Umsatz. Zunächst soll vorgestellt werden, wie man einfache Webauftritte überwacht.

8.1 HTTP-Server

Aus der Sicht der Anwender besteht ein Webauftritt oder eine Webapplikation lediglich aus HTML-Seiten und Grafikdateien, die sich der Browser am Arbeitsplatz von einem Server herunterlädt. Dabei ist völlig transparent, ob die Seiten als statische Dateien vorliegen oder erst beim Aufruf dynamisch generiert wurden. Zum Einstieg in das Monitoring von Webauftritten wird man daher zunächst prüfen, ob der Webserver auf Anfragen reagiert, ob HTML-Seiten zügig ausgeliefert werden und ob ihr Inhalt korrekt ist.

8.1.1 check_http

Ein Plugin, das bei jeder Nagios-Installation vorhanden sein dürfte, ist **check_http**. Es ist im Lieferumfang der Nagios-Plugins vorhanden. Man verwendet es in allen Situationen, in denen HTTP-Requests eine Rolle spielen. Im einfachsten Fall überprüft man damit, ob ein Webserver auf Anfragen an eine bestimmte URL eine Antwort liefert.

Überprüfung der Erreichbarkeit einer URL

Gibt man wie im folgenden Beispiel lediglich den Hostnamen des Webservers an, so wird dieser über den Port 80 kontaktiert und das Root-Document geprüft, also /.

```
nagsrv$ check_http --hostname www.naprax.de
HTTP OK HTTP/1.1 200 OK - 261 bytes in 0.011 seconds
|time=0.011431s;;;0.000000 size=261B;;;0
```

Wenn ein Webserver einen HTTP-Request korrekt beantworten kann, dann signalisiert er dies mit einem Status Code *200*. In diesem Fall beendet sich auch das Plugin mit OK. Taucht ein Fehlercode auf, für den die Clientseite verantwortlich ist (z.B *404* Seite nicht gefunden), so resultiert daraus ein *WARNING*-Status. Serverfehler hingegegen (z.B. *500* internal error) sorgen für einen *CRITICAL*-Status.

In obigem Beispiel wurde die Url *http://www.naprax.de/* abgefragt. Wollte man nun eine spezielle Unterseite prüfen, beispielsweise *http://www.naprax.de/test*, so müsste man diese mit dem Parameter *--url* spezifizieren.

```
nagsrv$ check_http --hostname www.naprax.de --url /test
HTTP OK HTTP/1.1 200 OK - 261 bytes in 0.011 seconds
|time=0.011431s;;;0.000000 size=261B;;;0
```

Läuft der Apache-Server nicht wie üblich auf dem Port 80, so sorgt man mit dem Parameter *--port* dafür, dass für den Verbindungsaufbau ein anderer Wert verwendet wird.

Die optionalen Parameter *--warning* und *--critical* können verwendet werden, um bei Überschreiten einer bestimmten Antwortzeit Alarm auszulösen. Viele Webseiten werden ja nicht statisch angelegt, sondern werden automatisch von einem CMS generiert. Dauert dies zu lange, so kann dies beispielsweise ein Hinweis auf Datenbankprobleme sein.

> **ACHTUNG**
>
> Befindet sich ein Webserver (oder eine ganze Serverfarm) hinter einem Layer 7 Load Balancer, so wird **check_http** häufig folgendes Ergebnis liefern:
>
> `OK - HTTP/1.1 301 Moved Permanently`
>
> Hier muss man aufpassen, denn die Antwort stammt nicht von einem Webserver, sondern vom Load Balancer. Der HTTP-Status *301* bedeutet: „Ich kann dir die angeforderte Webseite nicht schicken, aber ich kann dir sagen, unter welcher URL du mehr Erfolg haben wirst". Daraufhin muss **check_http** einen weiteren Anlauf unternehmen, um mit der neuen URL

zur eigentlichen Webseite zu gelangen. Defaultmäßig tut es das nicht, sondern akzeptiert den Status *301* als gültige Antwort. Man muss dem Plugin daher ausdrücklich mit der Option *--onredirect follow* mitteilen, dass es Weiterleitungen folgen soll.

Dieses Phänomen lässt sich auch häufig bei in PHP geschriebenen Webapplikationen beobachten. Hier wird man üblicherweise von der Einstiegsseite *index.php* auf die Loginseite *login.php* umgelenkt. Auch das geschieht mittels einer HTTP-*301*-Antwort des Webservers.

Dem Parameter *--onredirect* kann man auch die Argumente *warning* oder *critical* mitgeben, falls man so eine HTTP-Umleitung als mehr oder weniger schwerwiegenden Fehler betrachten will. Meist wird man ihn aber verwenden, um mit *follow* zur gewünschten Webseite zu gelangen und damit das Verhalten eines Browsers zu imitieren.

Auch Webseiten, die mit SSL abgesichert sind, kann man mit **check_http** abfragen. Der zusätzliche Parameter *--ssl* sagt dem Plugin, dass die Anfrage nicht im Klartext, sondern über einen mit SSL verschlüsselten Kanal erfolgen soll. Im Normalfall wird dafür der Port 443 benutzt.

Überprüfung eines X509-Zertifikats

Es ist eine Frage der Seriosität, Webapplikationen, die vertrauliche Daten verarbeiten, serverseitig mit einem von offizieller Stelle signierten Zertifikat abzusichern. Niemand wird (hoffentlich) in einem Internetshop mit seiner Kreditkarte bezahlen, wenn er vom Browser eine Warnung bekommt, dass die Verschlüsselung der Übertragung nicht vertrauenswürdig ist. Aber auch wenn ein funktionierendes Zertifikat installiert wurde, muss man die Gültigkeitsdauer im Auge behalten. Aus Sicherheitsgründen gilt nämlich eine Signatur nur für eine begrenzte Zeit. Nach deren Ablauf erscheint im Browser wieder eine Warnung. Um nun zu verhindern, dass Kunden diese jemals zu Gesicht bekommen und verunsichert werden, kann man mit **check_http** die Restlaufzeit des Zertifikats prüfen. Dazu benutzt man den Parameter *--certificate*, dem man als Argument die Anzahl der Tage mitgibt, die das Serverzertifikat noch mindestens valide sein muss.

```
nagsrv$ check_http --certificate 30 www.naprax.de
OK - Certificate will expire on 11/06/2010 20:15.
```

Rückt das Verfallsdatum näher, z.B. innerhalb der nächsten 30 Tage, so beendet sich **check_http** mit *WARNING*. Daran ändert sich auch bis zum letzten Tag nichts. Erst wenn das Zertifikat abgelaufen ist resultiert daraus ein *CRITICAL*-Status. Dann dürfte allerdings bereits Schaden entstanden oder zumindest der Ruf der Firma angekratzt sein. Man sollte also tunlichst bereits bei einer Warnung Maßnahmen ergreifen und sich ein aktuelles Zertifikat besorgen.

```
nagsrv$ check_http -C 14 shop.naprax.de
CRITICAL - Certificate expired on 03/21/2009 10:09.
```

Wenn so eine Meldung in Nagios auftaucht, dann bedeutet dies, dass Besucher des Internet-Shops eine Meldung in ihrem Browser sehen, die sie ausdrücklich vor der Übermittlung vertraulicher Daten warnt.

Virtuelle Server

Falls auf dem Apache virtuelle Server laufen, die über eigene Domainnamen angesprochen werden, so gibt es zwei Alternativen, diese zu überwachen. Sollten diese Domains aus dem internen Netzwerk nicht erreichbar sein, weil sie vom Nameserver nicht aufgelöst werden, so kontaktiert man den physikalischen Server und gibt im HTTP-Request die virtuelle Domain an. Als Beispiel soll *shop.naprax.de* dienen, eine Domain, die nur von extern erreichbar ist. Sie liegt auf einem Server, der aus dem Firmennetz mit *www.naprax.de* angesprochen werden kann.

```
nagsrv$ check_http --IP-address www.naprax.de \
    --hostname shop.naprax.de --url /welcome
HTTP OK HTTP/1.1 200 OK - 2097 bytes in 0.021 seconds
|time=0.021533s;;;0.000000 size=2097B;;;0
```

Aus diesen Parametern wird folgender HTTP-Request gebildet und an *www.naprax.de* geschickt:

```
GET /welcome HTTP/1.0
Connection: close
Host: shop.naprax.de
\n
```

Als Variante hiervon kann auch *--hostname* weggelassen und stattdessen eine vollqualifizierte URL angegeben werden.

```
nagsrv$ check_http --IP-address www.naprax.de \
    --url http://shop.naprax.de/welcome
HTTP OK HTTP/1.1 200 OK - 2097 bytes in 0.019 seconds
|time=0.019211s;;;0.000000 size=2097B;;;0
```

Der entsprechende HTTP-Requests sieht dann folgendermaßen aus:

```
GET http://shop.naprax.de/welcome HTTP/1.0
Connection: close
\n
```

Sollte *shop.naprax.de* hingegen auch aus dem internen Firmennetz erreichbar sein, so kann man auf den Parameter *--IP-address* verzichten. Das Plugin wird dann wie üblich die Verbindung zu dem mit *--hostname* angegebenen Server aufbauen.

```
nagsrv$ check_http --hostname shop.naprax.de --url /welcome
HTTP OK HTTP/1.1 200 OK - 2097 bytes in 0.018 seconds
|time=0.018192s;;;0.000000 size=2097B;;;0
```

Überprüfung des Alters und der Größe einer Webseite

Bietet man auf einer Webseite automatisch generierte Dokumente, z.B. Preislisten, zum Download an, so kann es vorkommen, dass die Erzeugung der Dateien fehlgeschlagen ist und diese zwar existieren, aber leer sind. Um die Dateigröße zu prüfen, ruft man **check_http** mit dem Parameter *--pagesize* auf, dessen Argument die Anzahl der Bytes angibt, die das Dokument mindestens umfassen muss.

```
nagsrv$ check_http --hostname www.naprax.de --url /preise.xls \
    --pagesize 4096
HTTP WARNING: page size 2016 too small|size=2016B;4096;0;0
```

In diesem Beispiel wird geprüft, ob die Preisliste mindestens 4 kb groß ist. Tatsächlich wurden nur knapp 2 kb vorgefunden. Dabei ist zu beachten, dass im Fehlerfall der Exitcode immer *WARNING* ist und nicht *CRITICAL*, wie man vielleicht erwarten würde. Auch die Angabe einer Maximalgröße ist möglich. Diese wird durch einen Doppelpunkt getrennt an die Minimalgröße angehängt, z.B. *--pagesize 0:4096*.

Wenn nun die automatische Erzeugung eines Dokuments gar nicht mehr funktioniert und lange Zeit eine veraltete Version auf dem Server liegt, so kann man dies mit dem Parameter *--max-age* feststellen. Dessen numerisches Argument gibt das maximal tolerierbare Alter an. Ohne Zusatz sind damit Sekunden gemeint, es lassen sich aber auch die Buchstaben *m*, *h* und *d* an den Zahlenwert anhängen, um Minuten, Stunden und Tage auszudrücken.

```
nagsrv$ check_http --hostname www.naprax.de --url /preise.xls \
    --max-age 1h
CRITICAL - Last modified 1:06:34 ago
```

In diesem Fall wurde das Höchstalter von einer Stunde um 6 Minuten 34 Sekunden überschritten.

Überprüfung des Inhalts einer Webseite

Nachdem vorgestellt wurde, wie man Existenz, Alter und Größe einer Webseite überwacht, soll nun auch ein Blick auf ihren Inhalt geworfen werden. Dies ist insbesondere dann wichtig, wenn die Seite dynamisch erzeugt wird. Mit dem Parameter *--string*, der auch mehrfach angegeben werden kann, teilt man dem Plugin mit, welche Zeichenfolgen im Text der Webseite unbedingt vorkommen müssen.

```
nagsrv$ check_http --hostname www.naprax.de --string Servus
HTTP OK HTTP/1.1 200 OK - 0.017 second response time
|time=0.016858s;;;0.000000 size=268B;;;0
```

Für eine unscharfe Suche kann man stattdessen auch --regex angeben. Der Suchstring wird dann als regulärer Ausdruck interpretiert.

```
nagsrv$ check_http --hostname www.naprax.de --regex 'S.*s'
HTTP OK HTTP/1.1 200 OK - 0.014 second response time
|time=0.014132s;;;0.000000 size=268B;;;0
```

Taucht der erwartete String nicht auf, so resultiert daraus ein CRITICAL Status.

```
nagsrv$ check_http --hostname www.naprax.de --string Hawedere
CRITICAL - string not found|time=0.011035s;;;0.000000 size=268B;;;0
```

Verwendet man --regex, so lässt sich das Verhalten auch umkehren, indem man den zusätzlichen Parameter --invert-regex angibt. Es wird dann ein Fehler gemeldet, wenn die gesuchte Zeichenfolge im Text vorkommt.

Verbindung über einen Proxy

Falls zwischen dem Nagios- und dem Webserver keine direkte Verbindung möglich ist und ein Proxy verwendet werden muss, kann man sich wieder mit dem Parameter --IP-address behelfen. Wenn dieser vorhanden ist, dann hat er Vorrang vor --hostname und bestimmt alleine, zu welchem Server **check_http** eine TCP-Verbindung aufbaut. In diesem Fall ist das der Proxy, der dann seinerseits die gewünschte Webseite abholt.

```
nagsrv$ check_http --IP-address proxy.naprax.de -port 3128\
    --url http://shop.naprax.de/welcome
HTTP OK HTTP/1.1 200 OK - 2097 bytes in 0.019 seconds
|time=0.019211s;;;0.000000 size=2097B;;;0
```

Hier wird man für gewöhnlich auch den Parameter --port benutzen, da Proxies nur in den seltensten Fällen auf dem Defaultport 80 lauschen.

Die Überprüfung eines Serverzertifikats ist auf diese Art leider nicht möglich. Die dafür nötige HTTP-CONNECT-Methode wird von **check_http** nicht unterstützt. Es gibt allerdings ein Script **check_https_certificate.pl**[1] von Andreas Seemüller, das auch dieses Problem löst.

Einbindung in die Nagioskonfiguration

Die Konfiguration von Servicedefinitionen hängt stark davon ab, wie umfangreich die Prüfung eines Webauftritts werden soll. Im einfachsten Fall wird nur geprüft, ob der Webserver auf Anfragen reagiert und die Startseite mit einem HTTP-Status 200 gelesen werden kann. Je nach Anwendung kann es erforderlich sein, z.B. auch den Inhalt der Seite zu überprüfen.

---

1   http://www.nagios-portal.org/wbb/index.php?page=Thread&postID=86507

Nutzt man die zahlreichen Features von **check_http**, so sind dafür einige Command-Definitionen nötig. Die folgende Auflistung kann daher nur als Ausgangsbasis dienen.

```
define command {
    command_name        check_http
    command_line        $USER1$/check_http \
                            --hostname $ARG1$ --url $ARG2$ \
                            --warn $ARG3$ --critical $ARG4$ \
                            $ARG5$
}

define command {
    command_name        check_http_regex
    command_line        $USER1$/check_http \
                            --hostname $ARG1$ --url $ARG2$ \
                            --regex $ARG3$ \
                            $ARG4$
}

define command {
    command_name        check_http_string
    command_line        $USER1$/check_http \
                            --hostname $ARG1$ --url $ARG2$ \
                            --string $ARG3$ \
                            $ARG4$
}
```

Bei den Command-Definitionen wurde jeweils ein zusätzliches Argument (*$ARG4$* bzw. *$ARG5$*) vorgesehen. Wie man am Unterschied zwischen den beiden folgenden Beispielen sieht, lassen sich damit in der Servicedefinition weitere optionale Kommandozeilenparameter angeben.

```
define service {
    service_description     app_web_check_http_response
    host_name               shop
    use                     app_web
    check_command           check_http\
                            !shop.naprax.de\
                            !/\
                            !2!10
}

define service {
    service_description     app_web_check_https_response
    host_name               shop
    use                     app_web
    check_command           check_http\
                            !shop.naprax.de\
                            !/\
                            !2!10\
                            !--ssl --onredirect follow
}

define service {
```

```
        service_description    app_web_check_http_greeting
        host_name              shop
        use                    app_web
        check_command          check_http_string\
                               !shop.naprax.de\
                               !/\
                               !Servus\
                               !--onredirect follow
}
```

Falls man mehrere Services pro Webauftritt konfiguriert hat, dann bietet es sich an, den ersten Check *app_web_check_http_response* als Parent einer Servicedependency einzurichten. Das hätte den Vorteil, dass bei einem nicht erreichbaren Webauftritt die anderen Services erst gar nicht ausgeführt würden.

8.1.2 check_apachestatus_auto

Mit **check_http** prüft man, ob ein Webserver läuft und HTTP-Requests beantwortet. Daneben kann es aber auch noch nützlich sein, statistische Daten wie die Anzahl der Requests über einen Zeitraum oder die übertragenen Datenmengen zu überwachen. Mit Hilfe dieser Zahlen kann man z.B. Muster im Benutzerverhalten erkennen oder den Anstieg der Last vorhersagen, die der Webserver zu schultern hat. Für den Apache-Server, der wohl am weitesten verbreitet ist, gibt es dafür das Plugin **check_apachestatus_auto**[2]. Es wertet die sogenannte *server-status*-Seite des Webservers aus. Eine Installation ist nicht nötig, da es sich um ein einzelnes Perlscript handelt. Man muss es lediglich in das *remotelibexec*-Verzeichnis kopieren.

Vorbereitung des Apache

Da die Status-Seite von Apache meist nicht per Default freigeschalten ist, muss man erst folgenden Eintrag in der Konfiguration vornehmen:

Listing 8.1: **Auszug aus der Apache-Konfiguration**

```
<Location /server-status>
SetHandler server-status
Order Deny,Allow
Deny from all
Allow from <die IP-Adresse des Nagios-Servers>
</Location>
```

Nach einem Restart des Webservers antwortet dieser dann auf einen an die URL *http://<server>/server-status?auto* gerichteten Request mit einer maschinenlesbaren Statusseite.

---

[2] http://www.spreendigital.de/blog/nagios/?#check_apachestatus_auto

```
Total Accesses: 596
Total kBytes: 528
CPULoad: .00327318
Uptime: 130454
ReqPerSec: .00456866
BytesPerSec: 4.14454
BytesPerReq: 907.168
BusyWorkers: 1
IdleWorkers: 8
Scoreboard: __W_____......................................
................................................................
................................................................
..................................
```

Diese Informationen wertet **check_apachestatus_auto** aus, um sie Nagios-gerecht anzuzeigen.

Aufruf von check_apachestatus_auto

```
nagsrv$ check_apachestatus_auto --hostname shop.naprax.de \
    --warning 300 -critical 100
APACHE OK - 0.134 sec. response time, Busy/Idle 27/101, open 1472/1600,
ReqPerSec 22.6, BytesPerReq 3124, BytesPerSec 70665|Idle=101 Busy=27
OpenSlots=1472 Slots=1600 Starting=0 Reading=0 Sending=2 Keepalive=25 DNS=0
Closing=0 Logging=0 Finishing=0 ReqPerSec=22.618474 BytesPerReq=3124
BytesPerSec=70665.595716 Accesses=16896
```

Die warning- und critical-Thresholds beziehen sich auf die Summe von OpenSlots und IdleWorkers. Je kleiner diese Zahl wird, desto "weniger Luft" hat der Webserver, um einen Ansturm performant zu handhaben. Unterschreitet die Summe die Schwellwerte, so ändert sich der Exitstatus des Plugins entsprechend. Daneben gibt es noch zwei weitere Parameter. Falls die server-status-Url nicht aus dem Hostnamen gebildet werden kann (z.B. weil die Seite nur über https erreichbar ist oder nur über den Namen eines virtuellen Servers), dann kann man sie auch explizit angeben mit *--url 'https://shop.naprax.de/server-status?auto'*. Es schadet aber nicht, die Url grundsätzlich anzugeben. Man kann sich dadurch eine Commanddefinition sparen (keine Unterscheidung mehr zwischen mit Url und ohne Url). Muss ein Proxy zwischen Nagios- und Webserver verwendet werden, so teilt man dies dem Plugin mit dem Parameter *--proxy http://proxy.naprax.de:3128/* mit.

Einbindung in Nagios

Am Anfang stehen zwei Commanddefinitionen, jeweils eine für den Plugin-Aufruf ohne und mit einem Proxy. Die Schwellwertparameter müssen jedes Mal angegeben werden. Soll nur gemessen und nicht alarmiert werden, so trägt man bei beiden Werten einfach *-1* ein. Es findet dann kein Vergleich zwischen Messwert und Threshold statt, so dass der Exitcode grundsätzlich *OK* ist.

KAPITEL 8 Überwachung von Webservern

```
define command {
    command_name            check_apachestatus_auto
    command_line            $USER3$/check_apachestatus_auto \
                                --hostname $ARG1$ --url $ARG2$ \
                                --warning $ARG3$ --critical $ARG4$
}
define command {
    command_name            check_apachestatus_auto_proxy
    command_line            $USER3$/check_apachestatus_auto \
                                --hostname $ARG1$ --url $ARG2$ \
                                --proxy $ARG3$ \
                                --warning $ARG4$ --critical $ARG5$
}
```

Die Servicedefinition übergibt dem Command dann wie angesprochen sowohl den Hostnamen als auch die Url der *server-status*-Seite, die in diesem Beispiel mit https beginnt.

```
define service {
    service_description   app_web_apache_check_serverstatus
    host_name             shop
    use                   app_web
    check_command         check_apachestatus_auto!\
                          $HOSTNAME$!\
                          https://shop.naprax.de/server-status?auto!\
                          200!100
}
```

Dem Plugin **check_apachestatus_auto** ist auch ein PNP-Template beigelegt, mit dem sich Belastung des Webservers und Benutzerverhalten anschaulich darstellen lassen.

> **TIPP**
>
> Apache ist zwar ein sehr mächtiges Tool, aber immer mehr Betreiber von Webseiten, die auf PHP, Ruby on Rails etc. basieren, ziehen leichtgewichtigere Server vor, da deren Aufgabe lediglich darin besteht, Grafiken auszuliefern und ansonsten die Requests an CGI-Scripts oder eigene Applikationsserver weiter zu routen. Ein Apache kann das natürlich auch, aber beispielsweise Lighttp kommt mit einer wesentlichen simpleren Konfiguration aus.
>
> Auch der Lighttp-Webserver unterstützt das *server-status*-Feature. Somit eignet sich **check_apachestatus_auto** auch zur Überwachung dieses Typs. Die entsprechenden Einträge in der Konfigurationsdatei lauten hierfür:

Listing 8.2: **Auszug aus der lighttpd-Konfiguration**

```
server.modules = (
    "mod_status",
…
)
…

status.status-url = "/server-status"
```

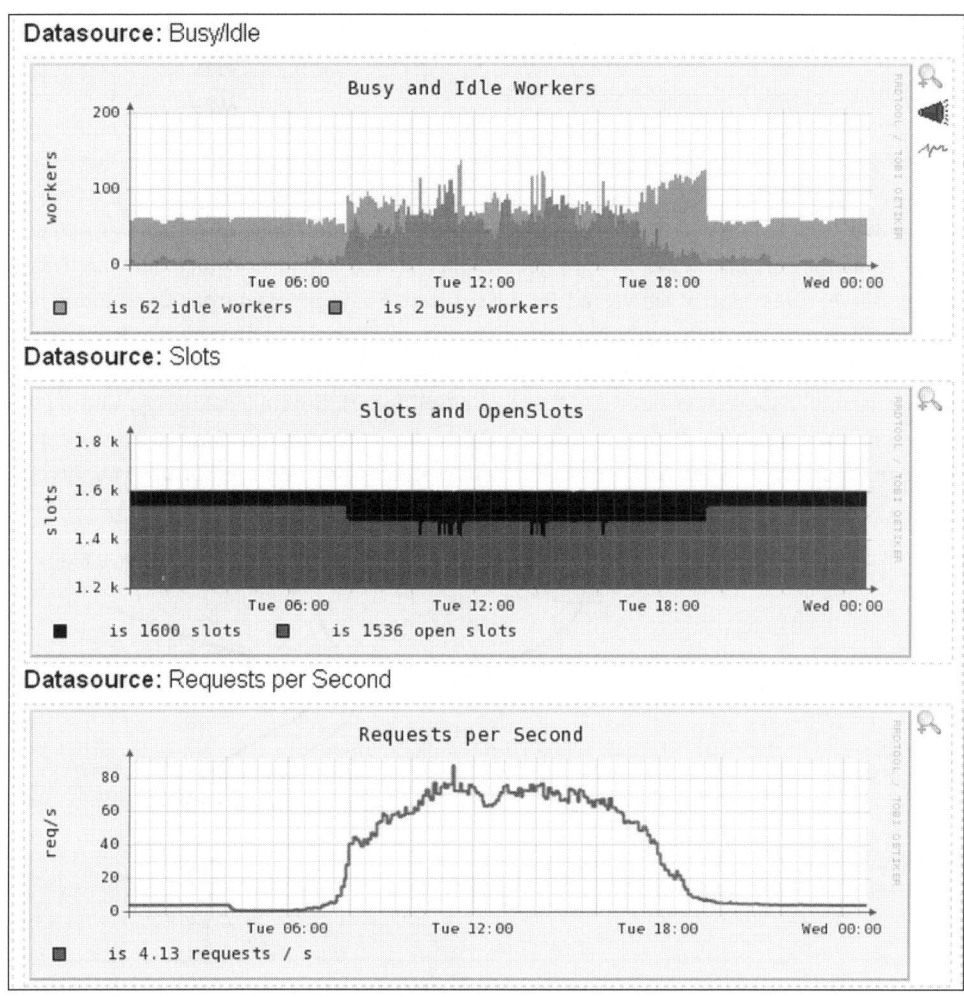

Abbildung 8.1: **Apache-Aktivitäten, aufgezeichnet mit check_apachestatus_auto und PNP**

8.2 Java-Applikationsserver

Große, webbasierte Applikationen im Unternehmensumfeld sind in der Regel in Java geschrieben. Die meisten Nagios-Administratoren mit ihrem Unix-Hintergrund stehen dieser Sprache eher skeptisch gegenüber. Daher sind auch selten Kenntnisse über die Entwicklung und den Betrieb von Java-Anwendungen vorhanden. Dabei sollten gerade Applikationsserver wie *Tomcat*, *Jboss*, *Glassfish* usw. das Interesse von Technik-Freaks wecken, stellen sie doch mit die komplexesten und mächtigsten Systeme dar, die man derzeit auf Unix-Servern findet.

Die im vorhergehenden Abschnitt besprochenen Methoden des Monitorings von Webservern können zwar feststellen, wenn Performanceprobleme auftauchen oder Webseiten nicht korrekt ausgeliefert werden. Die Ursachen dafür lassen sich aber nur ermitteln, wenn man auch die Innereien der beteiligten Web- und Applikationsserver überwacht. Viele Einstellungen und Laufzeitparameter von Applikationsservern lassen sich mit Hilfe der *Java Management Extensions*, kurz *JMX* abfragen. Dieses ist ein API, mit dem auf eine besondere Art von Objekten zugegriffen werden kann, die *Managed Beans*, kurz *MBeans*. Diese repräsentieren Manageable Resources, z.Bb. Queuelängen, Connection Pools uvm. Im Grunde kann jedes Java-Objekt durch Vererbung zu einer MBean gemacht werden und dadurch seine Attribute für den Zugriff per JMX freigeben. Die MBeans registrieren sich dann beim sog. Mbean Server. Dieser dient als Vermittler zwischen den Anfragen externer Clients und den MBeans. Wie man der folgenden Abbildung entnehmen kann, gibt es mehrere Vorgehensweisen, um von entfernten Rechnern aus auf Manageable Resources zuzugreifen. Die Implementierung insbesondere der SNMP-Adapter sind stark herstellerabhängig und bieten auch nicht zwingend den Zugang zu allen MBeans. Im nächsten Abschnitt dieses Kapitels wird daher der Zugriff über die Remote Method Invocation-Schnittstelle von Java behandelt.

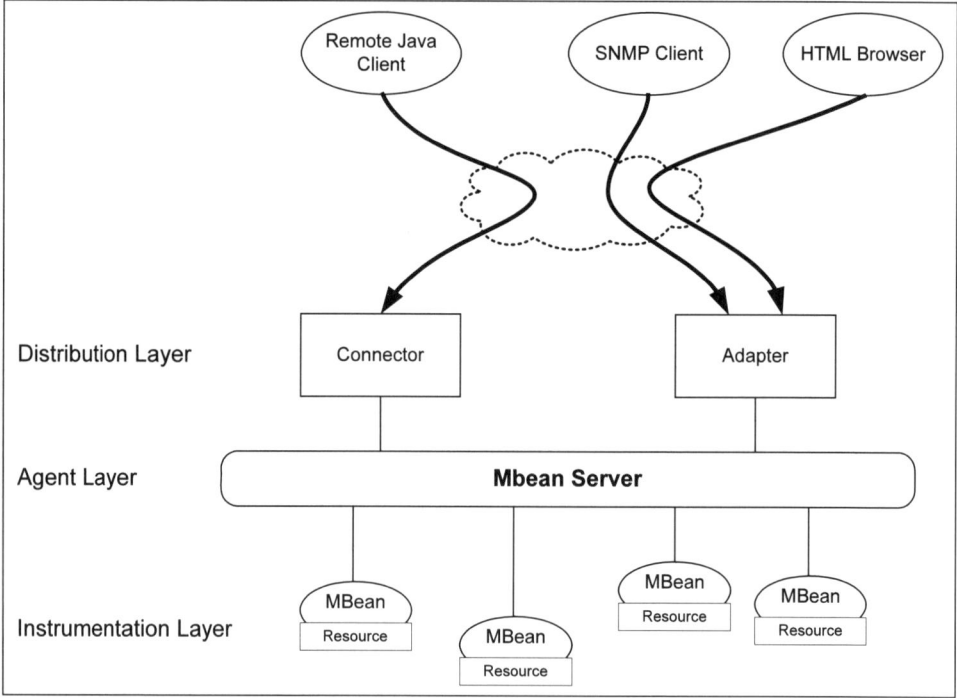

Abbildung 8.2: **Zugriff auf Manageable Resources mit verschiedenen Clients.**

Das Monitoring von Java-Applikationsservern mit Nagios scheint nicht besonders populär zu sein. Man findet wenige Informationen darüber, wie man am besten vorgeht. Immerhin gibt es seit längerem ein Plugin, welches per RMI die Werte von beliebigen MBeans auslesen kann.

8.2.1 check_jmx

Das Plugin check_jmx findet man auf der Exchange-Seite[3] von Nagios. Nach dem Download entpackt man das Archiv mit dem **unzip**-Befehl:

```
nagsrv$ unzip check_jmx.zip
Archive:  check_jmx.zip
  inflating: jmxquery/.classpath
  inflating: jmxquery/.project
  inflating: jmxquery/build.xml
  inflating: jmxquery/changelog.txt
  inflating: jmxquery/munin/examples/java/java_cpu.conf
  inflating: jmxquery/munin/examples/java/java_process_memory.conf
  inflating: jmxquery/munin/examples/java/java_threads.conf
  inflating: jmxquery/munin/examples/tomcat/catalina_requests.conf
  inflating: jmxquery/munin/examples/tomcat/catalina_threads.conf
  inflating: jmxquery/munin/examples/tomcat/catalina_times.conf
  inflating: jmxquery/munin/examples/tomcat/catalina_traffic.conf
  inflating: jmxquery/munin/plugin/jmx_
  inflating: jmxquery/munin/plugin/jmxquery.jar
  inflating: jmxquery/munin/readme.txt
  inflating: jmxquery/nagios/plugin/check_jmx
  inflating: jmxquery/nagios/plugin/jmxquery.jar
  inflating: jmxquery/nagios/readme.txt
  inflating: jmxquery/src/org/munin/Configuration.java
  inflating: jmxquery/src/org/munin/JMXQuery.java
  inflating: jmxquery/src/org/nagios/Help.txt
  inflating: jmxquery/src/org/nagios/JMXQuery.java
  inflating: jmxquery/src/org/nagios/ParseError.java
```

Wie man sieht, beinhaltet dieses Paket auch Source-Dateien. Dies war bei älteren Versionen von **check_jmx** leider nicht der Fall. Eine Kompilierung ist allerdings nicht erforderlich, um **check_jmx** zu benutzen. Man kann jetzt die Installation abschließen, indem man die beiden Dateien *check_jmx* und *jmxquery.jar* aus dem Verzeichnis *jmxquery/nagios/plugin* nach *$HOME/remotelibexec* kopiert.

Bevor man das Plugin testen kann, muss sichergestellt sein, dass der Applikationsserver entsprechend vorbereitet ist. Nicht bei jedem Applikationsserver ist die Abfrage von JMX-Daten per default gestattet. Beispielsweise bei Oracle WebLogic muss man erst einen entsprechenden Port am Server öffnen.

> **TIPP**
>
> Bei einem Oracle WebLogic Server, der mit der Sun VM läuft, schaltet man den JMX-RMI-Zugang folgendermaßen frei. Zuerst wechselt man als Administrator in das folgende Verzeichnis der WebLogic-Installation, wobei die Releasenummer abweichend sein kann:
>
> ```
> # cd /opt/bea/wlserver_10.3/samples/domains/wl_server/bin
> ```
>
> In der Datei *setDomainEnv.sh* fügt man dann zu den Java-Startoptionen folgende Parameter hinzu:

---

[3] http://exchange.nagios.org/directory/Plugins/Java-Applications-and-Servers/check_jmx-II/details

```
JAVA_OPTIONS += -Dcom.sun.management.jmxremote
    -Dcom.sun.management.jmxremote.port=9999
    -Dcom.sun.management.jmxremote.authenticate=false
    -Dcom.sun.management.jmxremote.ssl=false
```

Danach startet man den WebLogic-Server mit folgendem Befehl:

```
# cd /opt/bea/wlserver_10.3/samples/domains/wl_server
# JAVA_VENDOR=Sun ./startWebLogic.sh
```

Der JMX-RMI-Connector des Application-Servers *bea.naprax.de* ist jetzt unter Port 9999 erreichbar.

> **TIPP**
>
> Diesen RMI-Zugang kann man auch durch ein Passwort vor unbefugtem Zugriff schützen. Dazu editiert man die Datei */opt/bea/jdk160_05/jre/lib/management/jmxremote.password* und fügt ihr eine Zeile mit einem Rollennamen und dem Passwort hinzu:
>
> ```
> monitorRole    nagbea
> ```
>
> Unter dem Namen *jmxremote.password.template* findet man auch eine Vorlage im *management*-Unterverzeichnis (Die Releasenummer des *jdk* kann u. U. abweichen.). Hat man das Passwort eingetragen, dann wird dieses erst aktiv, wenn man in den o. g. *JAVA_OPTIONS* die Einstellung *jmxremote.authentication* auf *true* ändert. Danach startet man den Applikationsserver neu. Allerdings ist das vorgestellte Plugin **check_jmx** nicht mehr in der Lage, sich zu konnektieren. Es kennt schlichtweg die dazu nötigen Kommandozeilenparameter *username* und *password* nicht. Diese wurden in einem anderen, gleichnamigen Plugin implementiert, welches von Google Code[4] heruntergeladen werden kann.

Wenn der Applikationsserver vorbereitet wurde, kann man nun mit einem einfachen Aufruf von **check_jmx** die Uptime des Servers ermitteln:

```
nagsrv$ check_jmx \
    -U service:jmx:rmi:///jndi/rmi://bea.naprax.de:9999/jmxrmi \
    -O java.lang:type=Runtime \
    -A Uptime
JMX OK Uptime=820273
```

Ein etwas nützlicherer Wert ist die Nutzung des Heap Memorys, dessen Beobachtung häufig empfohlen wird. Das abgefragte Attribut *HeapMemoryUsage* ist ein zusammengesetzter Wert. Man muss daher mit dem Parameter *–K* noch genauer spezifizieren, welchen Key des Attributs man auslesen will. In diesem Fall gibt man mit dem Argument *used* an, dass der verbrauchte Speicherplatz der gewünschte Wert ist.

---

4   http://code.google.com/p/jmxquery/

```
nagsrv$ check_jmx \
    -U service:jmx:rmi:///jndi/rmi://bea.naprax.de:9999/jmxrmi \
    -O java.lang:type=Memory \
    -A HeapMemoryUsage \
    -K used
JMX OK HeapMemoryUsage.used=84519824
```

Um hier die passenden Schwellwerte mit den Parametern *-w* und *-c* setzen zu können, muss man wissen, wie groß der maximal verfügbare Speicher ist. Diesen ermittelt man, indem anstelle von *used* der Key *max* verwendet wird.

Hier fällt aber bereits eine Schwachstelle von **check_jmx** auf, nämlich die fehlenden Performancedaten. (Eine ältere **check_jmx**-Distribution wurde re-engineert und gibt nun Performancedaten aus. Man kann sich diese gepatchte Version vom Nagios-Portal herunterladen[5].

Auf der Suche nach **check_jmx** wird man an mehreren Stellen fündig. Es gibt leider verschiedene, gleichnamige Plugins, die zwar alle irgendwie von denselben Java-Quellen abstammen, aber keine besonders durchschaubare Änderungshistorie besitzen. Der eingangs gezeigte Download-Link zeigt auf eine Version von **check_jmx**, die aus dem Jahr 2009 stammt. Diese wurde ausgewählt, weil sie aktuell ist und mit den Sourcen geliefert wird.

8.2.2 Jmx4Perl

Einen anderen, vielversprechenden Ansatz für das J2EE-Monitoring mit JMX verfolgt das Framework *Jmx4Perl*[6] von Dr. Roland Huß. Es besteht aus einem Java-Agent, der im Applikationsserver läuft und einem Perl-Modul, das auf dem Nagios-Server installiert wird und die Grundlage für das mitgelieferte Plugin **check_jmx4perl** ist. Der Unterschied zu den bisher vorgestellten Methoden ist, dass die Kommunikation zwischen Nagios und Applikationsserver nicht mehr über das JMX-Protokoll stattfindet. Stattdessen werden Anfragen ganz simpel mit HTTP gesendet. Der *j4p-Agent* nimmt diese dann entgegen und besorgt die gewünschten Informationen von den Mbeans. Dies geschieht zwar wieder mit JMX, jedoch findet diese Kommunikation innerhalb des Applikationsservers statt. Der Nagios-Administrator braucht sich also um JMX und Java nicht mehr zu kümmern. Sobald der j4p-Agent installiert wurde, kann man ihn mit einfachen Mitteln kontaktieren, in diesem Beispiel mit einem HTTP-*GET*-Aufruf. Die dazu verwendete URL beinhaltet die Ressourcen und Attribute, die abgefragt werden sollen. Das Ergebnis wird dann im *JSON*-Format zurückgeliefert.

```
wget -q -O - \
    http://bea:7001/j4p/read/java.lang:type=Memory/HeapMemoryUsage
{
    "request":{
        "name":{
            "keys":{
```

---

[5] http://www.nagios-portal.org/wbb/index.php?page=Thread&postID=69733#post69733
[6] http://www.jmx4perl.org

```
              "type":"Memory"
           },
           "domain":"java.lang",
           "canonical":"java.lang:type=Memory"
       },
       "attribute":"HeapMemoryUsage"
    },
    "value":{
       "max":532742144,
       "committed":266469376,
       "init":268435456,
       "used":207264640
    }
}
```

Wie man sieht, besteht der JSON-Hash aus zwei Teilen. Nach dem Schlüssel „*request*" werden zunächst die Bestandteile der Anfrage wiederholt. Die vom Agenten ermittelten Werte findet man unter dem zweiten Schlüssel „*value*". Die Aufgabe, die URL für den Aufruf zu formulieren und die zurückerhaltenen Informationen in Objekte zu verpacken, nimmt einem das Perl-Modul *JMX::Jmx4Perl* ab. Das Plugin **check_jmx4perl** wiederum setzt auf diesem Modul auf. Wie man folgender Abbildung entnehmen kann, hat diese Vorgehensweise Vorteile, insbesondere wenn Web- und Applikationsserver in einer DMZ stehen. Da der j4p-Agent angesprochen wird wie eine beliebige Seite der Webapplikation, müssen in einer Firewall keine besonderen Ports durchgelassen werden. Auch ein eigener JMX-Port im Applikationsserver braucht nicht geöffnet sein.

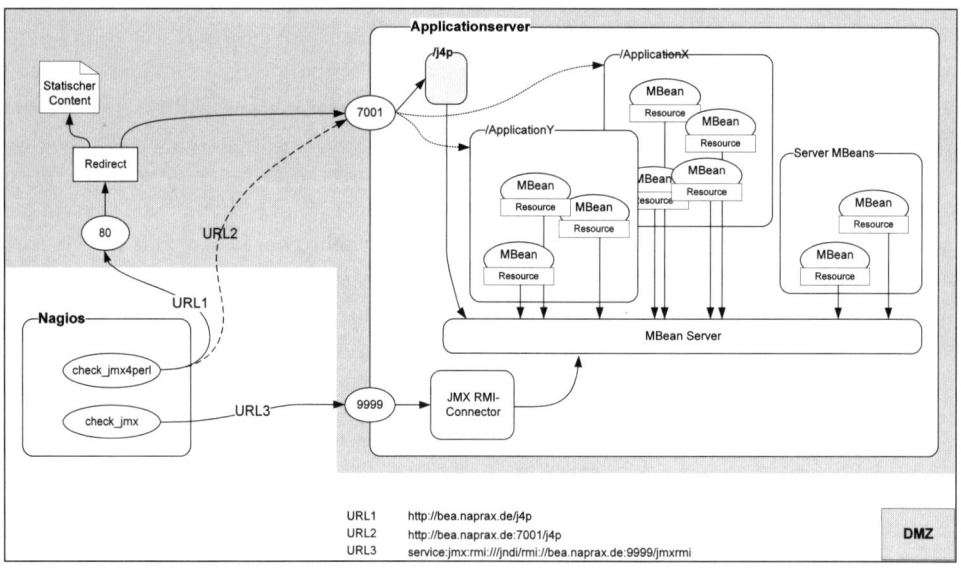

Abbildung 8.3: **Zugriff per HTTP statt JMX/RMI**

Installation des Perl-Moduls JMX::Jmx4Perl auf dem Nagios-Server

Für *JMX::Jmx4Perl* gibt es keine RPM-Pakete. Deshalb installiert man es mit der CPAN-Shell.

```
nagsrv# perl -MCPAN -e 'install JMX::Jmx4Perl'
```

Dadurch werden auch automatisch Abhängigkeiten aufgelöst. Unter anderem wird auch das JSON-Modul installiert, mit dessen Hilfe die vom Applikationsserver gelieferten Daten interpretiert werden.

Installation des Java-Agenten j4p auf dem Applikationsserver

Wie bereits erwähnt, besteht *Jmx4Perl* aus zwei Komponenten: dem Perl-Modul und dem Java-Agenten, der in den Applikationsserver geladen werden muss. Man findet ihn im Verzeichnis *$HOME/.cpan/build/jmx4perl-<release>/agent* unter dem Namen *j4p.war*. Falls nun Bedenken bestehen, dieses fertige Binary in einer produktiven Umgebung einzusetzen, dann kann man es nach Begutachtung des Java-Quellcodes im Verzeichnis *agent/src* auch selbst übersetzen. Dazu benötigt man das Kommando **ant**. Es entspricht dem **make**-Befehl und ist in der Java-Welt das geläufige Tool, um aus den Sourcen eines Projekts eine Binärdatei zu generieren. Unter CentOS wird es einfach mit **yum** installiert.

```
nagsrv# yum install ant
```

Neben dem **ant**-Befehl werden auch noch weitere Pakete automatisch installiert, die für die Übersetzung der Java-Dateien gebraucht werden. Dieser Schritt ist, wie gesagt, aber nur nötig, wenn man dem vorcompilierten *j4p.war* misstraut oder die firmeninternen Richtlinien es verbieten, Binärdateien unbekannter Herkunft zu installieren. Mit der Installation von **ant** sollten alle Voraussetzungen für den Build-Prozess erfüllt sein. Abschließend wechselt man in das Verzeichnis *$HOME/.cpan/build/jmx4perl-<release>/agent* und führt den **ant**-Befehl aus:

```
nagsrv# cd $HOME/.cpan/build/jmx4perl-0.21/agent
nagsrv# ant
/usr/bin/build-classpath: error: Could not find xml-commons-apis Java
extension for this JVM
/usr/bin/build-classpath: error: Some specified jars were not found
Buildfile: build.xml

mkdir:
   [mkdir] Created dir: /home/nagios/jmx4perl-0.21/agent/modules/j4p-jar/
target/classes
   [mkdir] Created dir: /home/nagios/jmx4perl-0.21/agent/modules/j4p-it/
target/classes

compile:
   [javac] Compiling 26 source files to /home/nagios/jmx4perl-0.21/agent/
```

```
modules/j4p-jar/target/classes
    [javac] Note: Some input files use unchecked or unsafe operations.
    [javac] Note: Recompile with -Xlint:unchecked for details.

jar:
    [jar] Building jar: /home/nagios/jmx4perl-0.21/agent/modules/j4p-jar/
target/j4p-agent.jar

war:
    [war] Building war: /home/nagios/jmx4perl-0.21/agent/modules/j4p-war/
target/j4p.war
    [copy] Copying 1 file to /home/nagios/jmx4perl-0.21/agent

mkdir-it:

compile-it:
    [javac] Compiling 5 source files to /home/nagios/jmx4perl-0.21/agent/
modules/j4p-it/target/classes

it-war:
    [war] Building war: /home/nagios/jmx4perl-0.21/agent/modules/j4p-it/
target/j4p-it.war
    [copy] Copying 1 file to /home/nagios/jmx4perl-0.21/agent

main:

BUILD SUCCESSFUL
Total time: 8 seconds
```

Die zwischendurch erscheinende Fehlermeldung *„Could not find xml-commons-apis"* können Sie ignorieren. Sie führt zu keiner Beeinträchtigung des Agenten. Das ebenfalls entstandene File *j4p-it.war* sollte man ignorieren. Es wird nur für Regression-Tests benötigt.

Am Beispiel eines Oracle (vormals BEA) Weblogic Servers soll nun gezeigt werden, wie man den j4p-Agenten in einem Applikationsserver ausrollt. Dazu öffnet man ein Browserfenster mit der URL der Administrationskonsole (die in diesem Beispiel *http://bea.naprax.de:7001/console* lautet) und meldet sich an.

Um Applikationen oder Bibliotheken zum Server hoch zu laden klickt man auf den markierten Link *„Deployments"*. Dadurch gelangt man zu einer Seite, auf der die bereits deployten Module zu sehen sind (siehe Abbildung 8.5).

KAPITEL 8 Überwachung von Webservern

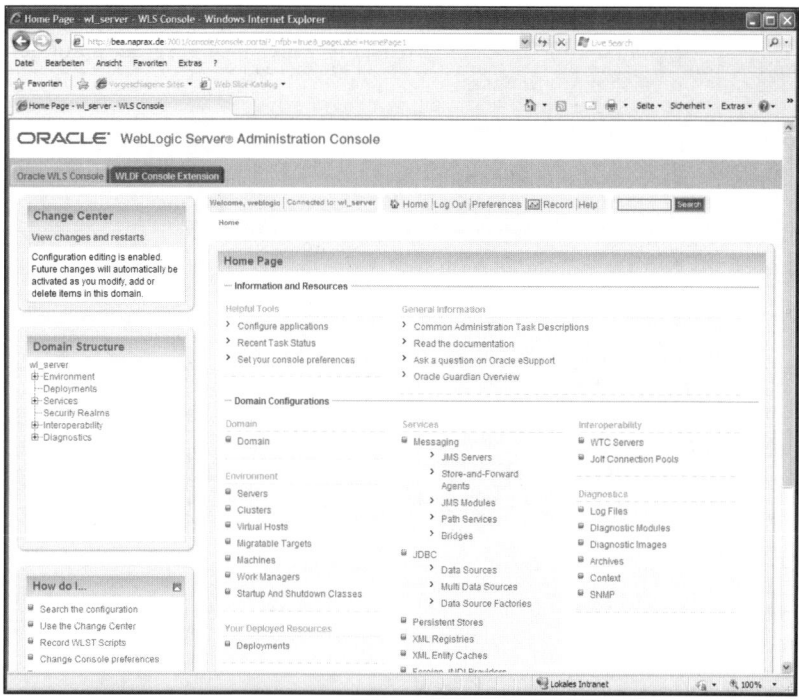

Abbildung 8.4: **Die Einstiegsseite der Administrationskonsole**

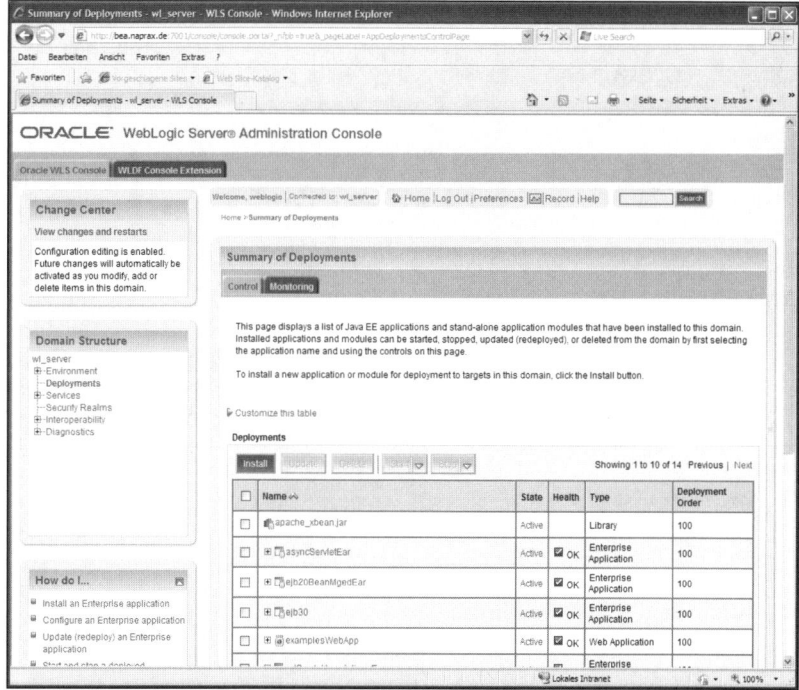

Abbildung 8.5: **Die bereits installierten Module**

KAPITEL 8　Überwachung von Webservern

Hier hat man auch die Möglichkeit des Löschens, die man wahrnehmen wird, wenn es einmal Updates von *Jmx4Perl* geben wird. Zunächst klickt man aber in dieser Seite auf den Button „*Install*" und gelangt zur Installationsseite.

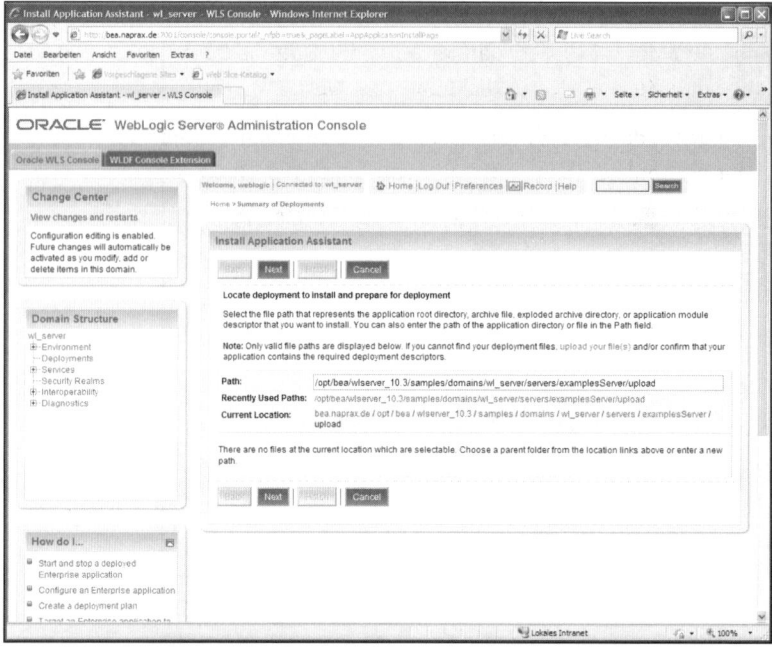

Abbildung 8.6: **Installationsseite mit Upload-Link**

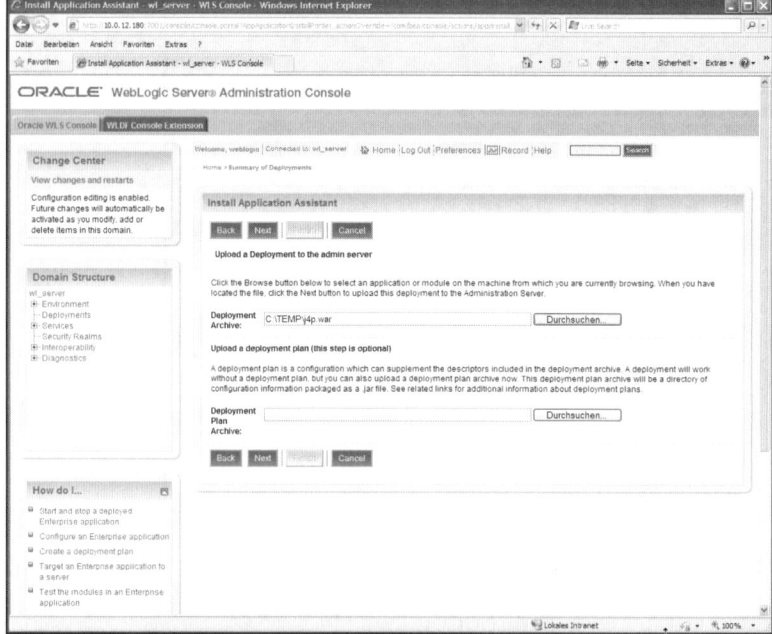

Abbildung 8.7: **Hochladen des War-Files in den Staging-Bereich**

KAPITEL 8 Überwachung von Webservern

Was man in Abbildung 8.6 sieht, ist der Verweis auf ein Staging-Verzeichnis, aus dem der Applikationsserver beim Deployment die benötigten Dateien liest. Die Datei j4p.war muss zuerst in dieses Verzeichnis gebracht werden. Dazu dient der Link *„upload your file(s)"*, auf den man jetzt klickt.

Auf dieser Seite (siehe Abbildung 8.7) gibt man mit Hilfe des Buttons *Durchsuchen* den Pfad zur lokalen Kopie der Datei *j4p.war* an und klickt dann auf *Next*.

Die Erfolgsmeldung zeigt an, dass *j4p.war* erfolgreich in den Staging-Bereich geladen wurde. Durch Klick auf den Button *Next* kann nun mit dem Deployment fortgefahren werden.

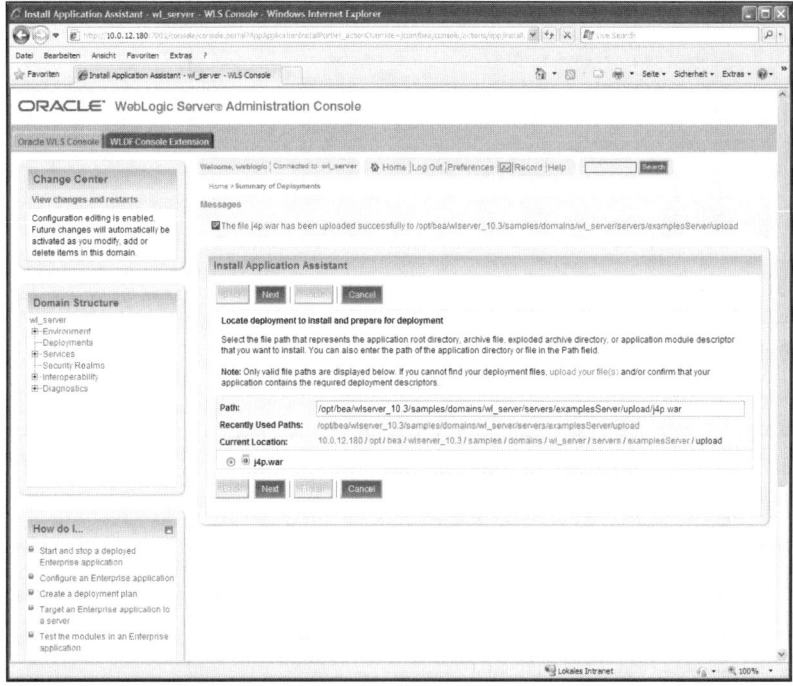

Abbildung 8.8: **Der Upload hat geklappt.**

KAPITEL 8 — Überwachung von Webservern

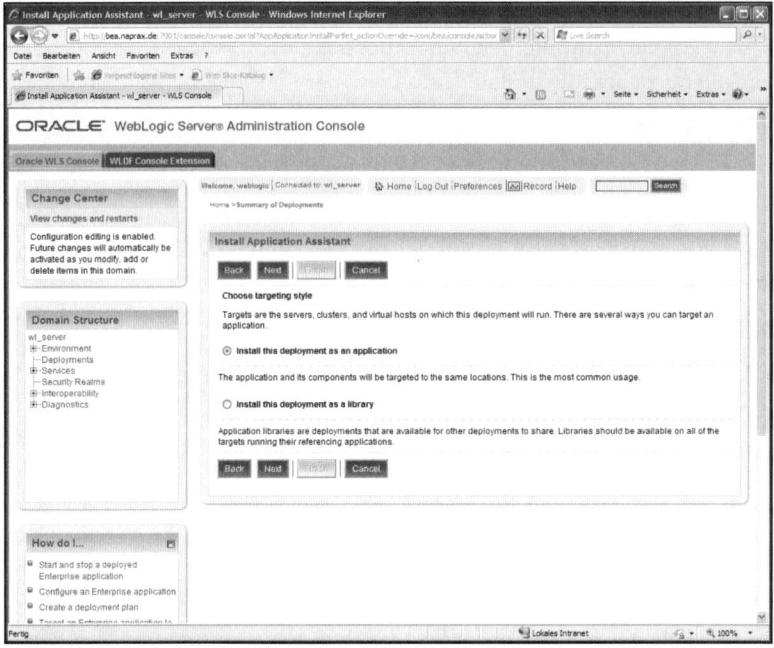

Abbildung 8.9: **Auswahl des Deployment-Typs.**

Im nun erscheinenden Fenster muss man auswählen, ob eine Applikation oder eine Bibliothek deployed wurde. Da *Jmx4Perl* eine eigenständige Applikation ist, entscheidet man sich für die erste Möglichkeit.

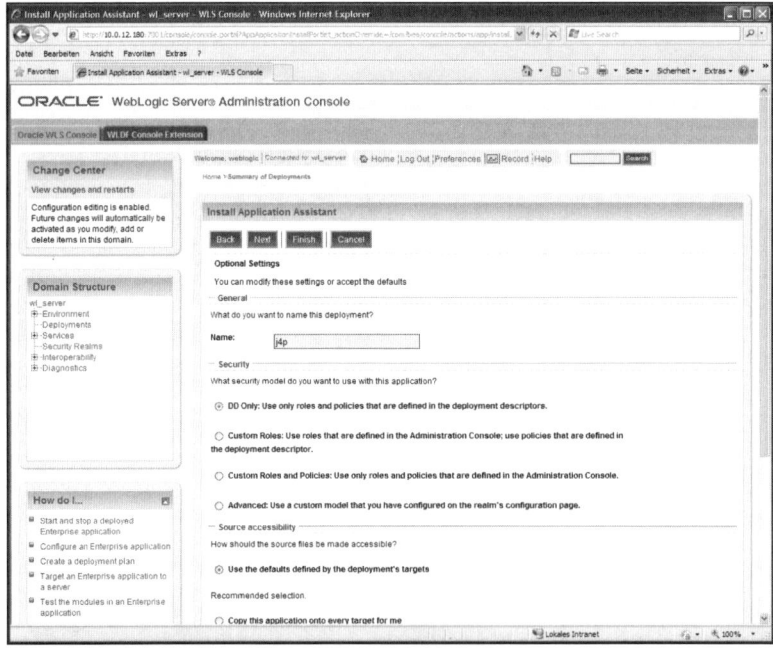

Abbildung 8.10: **Vergabe eines Namens für die neue Applikation**

444

Hier muss man der soeben installierten Applikation noch einen Namen geben. Am besten belässt man es bei der Bezeichnung *j4p*, die bereits angezeigt wird. Danach schließt man die Installation mit Klick auf den Button *Finish* ab.

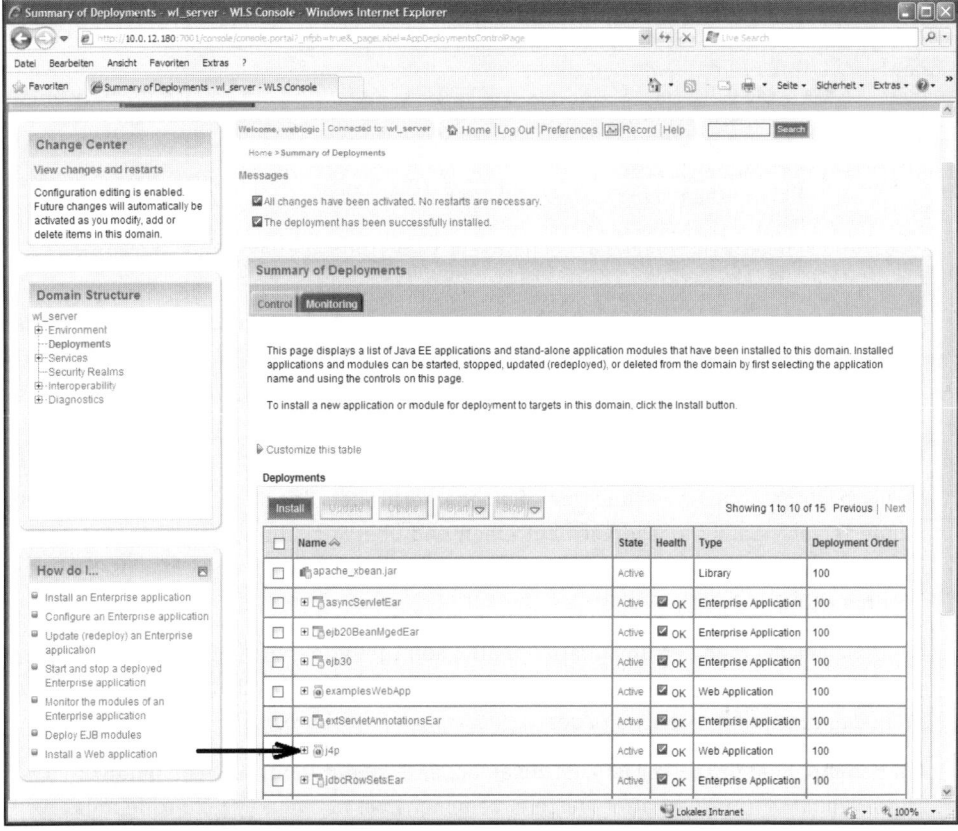

Abbildung 8.11: **j4p wurde erfolgreich installiert**

Man fragt sich an dieser Stelle vielleicht, wozu diese ganze Mühe nötig war. Tatsächlich hat die Methode mit *Jmx4Perl* für das Monitoring mit Nagios unschätzbare Vorteile, die erst auf den zweiten Blick sichtbar werden.

» Nagios-seitig ist kein Java im Spiel. Die Installation einer entsprechenden Laufzeitumgebung entfällt daher.

» Bei der Ausführung des Plugins entfallen die langen Ladezeiten der Java Virtual Machine. Im Vergleich zu **check_jmx** ist **check_jmx4perl** in etwa um den Faktor fünf schneller.

```
nagsrv$ time check_jmx \
    -U service:jmx:rmi:///jndi/rmi://bea.naprax.de:9999/jmxrmi \
    -O java.lang:type=Memory \
    -A HeapMemoryUsage  -K used \
    -w 150000000 -c 200000000
JMX OK HeapMemoryUsage.used=113697272

real    0m1.319s
user    0m0.243s
sys     0m0.051s

nagsrv$ time check_jmx4perl \
    --url http://bea.naprax.de:7001/j4p \
    --mbean java.lang:type=Memory \
    --attr HeapMemoryUsage --path used \
    --warning 150000000 --critical 200000000
OK - [java.lang:type=Memory,HeapMemoryUsage,used] : 103186912 in range |
[java.lang:type=Memory,HeapMemoryUsage,used]=103186912;150000000;200000000

real    0m0.224s
user    0m0.176s
sys     0m0.046s
```

Nicht zu unterschätzen ist auch der Speicherverbrauch der JVM. Es gibt Firmen, die Hunderte von Applikationsservern betreiben und überwachen. Selbst wenn nur wenige Services pro Instanz definiert werden, können die Java-Prozesse den Nagios-Server in die Knie zwingen.

» Die Url, über die man den Jmx4Perl-Agenten abfragt, unterscheidet syntaktisch nicht von der einer Webapplikation. Das verwendete Transportprotokoll ist HTTP. Das Monitoring benutzt somit die gleichen Zugangswege wie ein Webbrowser.

» Auf dem Applikationsserver ist kein zusätzlicher Konfigurationsaufwand nötig, um den Zugriff auf JMX frei zu schalten. Auch ein eigener Port für RMI-JMX-Zugriffe muss nicht geöffnet werden. Für eine eventuell vorhandene Firewall zwischen Nagios und Applikationsserver bedeutet das, dass für das Monitoring keine eigenen Regeln eingerichtet werden müssen.

» Wie man noch sehen wird, kann **check_jmx4perl** durch die Verwendung sogenannter Aliase beliebige Typen von Applikationsservern abfragen, ohne dass man die innere Struktur von JMX-Resourcen in den Kommandozeilenparametern abbilden muss.

Installation des Nagios-Plugins check_jmx4perl

Nach der Installation des Perl-Moduls *JMX::Jmx4Perl* findet man im Verzeichnis */usr/local/bin* das Plugin **check_jmx4perl**. Damit man es in seine Nagios-Installation integrieren kann, kopiert man es nach *~nagios/libexec* (oder *~nagios/remotelibexec*, wenn man den in diesem Buch vorgeschlagenen Konventionen folgen will). Man findet das Plugin aber auch im Verzeichnis *$HOME/.cpan/build/jmx4perl-<release>/scripts* oder, falls man die CPAN-

Shell nicht benutzt hat, im Unterverzeichnis *scripts* der entpackten Source-Distribution des Perl-Moduls.

Danach kann man das Plugin zum ersten Mal aufrufen. Als erstes Beispiel soll die Belegung des Heap Memorys überwacht werden.

```
nagsrv$ check_jmx4perl --url http://bea.naprax.de:7001/j4p \
    --mbean java.lang:type=Memory \
    --attribute HeapMemoryUsage \
    --path used \
    --warning 150000000 --critical 200000000
OK - [MEMORY_HEAP_USED] : 93786192 in range | [MEMORY_HEAP_USED]=93786192;15
0000000;200000000
```

Dabei bedeuten die Kommandozeilenparameter im Einzelnen:

» *--url* ist die URL, unter der der j4p-Agent erreichbar ist. Der im Beispiel verwendete Port 7001 ist nicht als allgemeingültig zu verstehen. 7001 ist der Default-Port bei der Installation eines WebLogic-Servers. In anderen Umgebungen kann hier durchaus ein eigener Port vergeben worden sein. Häufig finden Sie als Frontend einen Apache, der statischen Content wie z.B. Bilder direkt ausliefert und die restlichen Requests an Applikationsserver weiterreicht. In so einem Fall ist es auch möglich, dass die j4p-Url ohne Portangabe auskommt, wenn der Apache auf Port 80 lauscht. An dieser Stelle können auch Authentifizierungsmechanismen zum Einsatz kommen. *Jmx4Perl* selbst besitzt keine Zugriffsbeschränkungen, da der Agent so schlank wie möglich sein soll. Wünscht man dennoch die Angabe eines Passworts vor dem Aufruf, so muss dies durch entsprechende Konfiguration im Apache-Frontend geschehen. Für die Anmeldung mittels Basic Authentication benutzt **check_jmx4perl** dann die Kommandozeilenparameter *--user* und *--password*.

» *--mbean* gibt den Namen einer Mbean, also einer überwachbaren Ressource an.

» *--attribute* ist ein Attribut innerhalb der Mbean.

» *--path* benötigt man, wenn das Attribut ein zusammengesetzter und kein skalarer Wert ist. Beispielsweise besteht *HeapMemoryUsage* aus den Elementen *max*, *commited*, *init* und *used*. Diese Unterattribute werden auch »inner path« genannt. Um nun speziell den Wert des used Heap Memory zu ermitteln, benutzt man den Parameter *--path used*.

» *--warning* und *--critical* sind die bekannten Schwellwertparameter.

Außer durch das Wegfallen der Java-Umgebung auf der Client-Seite unterscheidet sich **check_jmx4perl** bisher noch nicht besonders von **check_jmx**. Die Kommandozeilenparameter sind kompliziert und setzen Wissen über den Aufbau der abgefragten JMX-Objekte voraus. Der gezeigte Plugin-Aufruf gilt nur für einen WebLogic-Server. Bei einem Tomcat oder Jboss würden die Parameter anders aussehen. Allerdings besitzt **check_jmx4perl** dieses Wissen bereits. Für einige der am häufigsten abgefragten Werte von Applikationsservern ist es möglich, anstelle der vollständigen Liste von Parametern einfach einen Alias anzugeben. Das soeben gezeigte Beispiel könnte man auch einfach so schreiben:

```
nagsrv$ check_jmx4perl --url http://bea.naprax.de:7001/j4p \
    --alias MEMORY_HEAP_USED \
    --warning 150000000 --critical 200000000
OK - [MEMORY_HEAP_USED] : 93786192 in range | [MEMORY_HEAP_USED]=93786192;15
0000000;200000000
```

Dadurch wird der Aufruf des Plugins schon wesentlich überschaubarer. Und was das Wichtigste ist: die Kommandozeile sieht immer gleich aus, egal ob der abgefragte Applikationsserver ein Tomcat, Glassfish, Geronimo, Jboss, Jetty, Jonas, WebLogic oder Websphere ist.

Einige der nützlichsten Aliase sollen nun einzeln vorgestellt werden:

» *MEMORY_HEAP_MAX* ist der maximal verfügbare Platz im Heap-Memory.

» *MEMORY_HEAP_USED* ist der derzeit verbrauchte Platz im Heap Memory. Dieser Wert wird in Bytes angezeigt. Um die richtigen Thresholds einzustellen, muss man daher wissen, wie viel Speicher im betreffenden Server verbaut wurde. Es wird weiter unten erläutert, wie man diesen Wert auch als Prozentangabe erhält.

» *OS_FILE_DESC_MAX* ist die maximale Anzahl von Filedescriptoren, die auf diesem System gleichzeitig geöffnet sein können.

» *OS_FILE_DESC_OPEN* ist die Anzahl der derzeit geöffneten Filedescriptoren.

» *THREAD_COUNT* ist die Zahl der momentan aktiven Threads.

» *THREAD_COUNT_STARTED* ist die Zahl aller jemals gestarteten Threads. Die Zählung beginnt beim Start des Applikationsservers.

Jmx4Perl ist noch ziemlich neu (Erstveröffentlichung Mitte 2009). Es ist daher zu erwarten, dass noch viele Aliase für typische Aufgabenstellungen hinzukommen werden. Die hiermit ermittelten Messwerte sind allesamt absolut. Wie bereits angesprochen ist es aber auch möglich, sie in Prozentwerte umzurechnen. Dazu benutzt man einen weiteren Kommandozeilenparameter --*base*. Dieser sorgt dafür, dass nicht mehr der Alias-Wert das Plugin-Resultat bestimmt, sondern das Verhältnis des Alias-Werts zum Base-Wert. Beispielsweise ist es sinnvoll, den used Heap Memory nicht wie soeben gezeigt als absoluten Wert in Bytes anzugeben, sondern als Prozentsatz des maximal verfügbaren Heap Memory. Der entsprechende Aufruf lautet dann:

```
nagsrv$ check_jmx4perl --url http://bea.naprax.de:7001/j4p \
    --alias MEMORY_HEAP_USED --base MEMORY_HEAP_MAX \
    --warning 80 --critical 90
OK - [MEMORY_HEAP_USED] : 17.38 in range | [MEMORY_HEAP_USED]=17.38%;80;90
```

Das Argument zum Parameter *--base* muss nicht zwingend ein Alias sein. Man hätte hier auch *--base java.lang:type=Memory/HeapMemoryUsage/max* angeben können. Damit ist es also möglich, zwei beliebige Messwerte in Relation zu setzen, auch wenn für diese keine Aliase implementiert wurden.

Etwas Ähnliches gibt es auch für Werte, die kontinuierlich hoch gezählt werden wie z.B. *THREAD_COUNT_STARTED*. Dieser Zähler wird von JMX bereitgestellt, jedoch sagt der Messwert wenig über das Verhalten eines Applikationsserver aus. Viel interessanter wäre es, wenn man anstelle der vergangenen Zeit seit dem Bootvorgang ein festes Intervall als Zeitraum für die Zählung angeben könnte. Damit ließe sich dann die Anzahl erzeugter Threads pro Zeiteinheit berechnen. Zu diesem Zweck gibt es den Parameter *--delta*. Wird er ohne Argument angegeben, dann wird einfach die Differenz zwischen dem aktuellen Zählerstand und dem beim letzten Aufruf ausgegeben. Benutzt man jedoch *--delta* zusammen mit dem Argument *1*, dann wird die Differenz zwischen dem aktuellen Zählerstand und dem Stand beim letzten Aufruf des Plugins gebildet. Zusätzlich wird das Delta noch durch die seitdem verstrichene Zeit dividiert, so dass man als Endergebnis den Anstieg pro Sekunde erhält. Beispielsweise überwacht man mit folgendem Aufruf, wie viele Threads pro Sekunde im letzten check_interval gestartet wurden:

```
nagsrv$ check_jmx4perl --url http://bea.naprax.de:7001/j4p \
    --alias THREAD_COUNT_STARTED --delta 1 \
    --warning 150 --critical 200
OK - [THREAD_COUNT_STARTED] : 66 in range |
[THREAD_COUNT_STARTED]=66;150;200
```

Man kann statt der *1* auch andere numerische Argumente angeben. Diese dienen der Normalisierung des errechneten Messwertes. Will man das Ergebnis beispielsweise als erzeugte Threads pro Minute erhalten, so gibt man beim Aufruf des Plugins den Parameter *--delta 60* an.

Ein weiterer Parameter *--name* kann verwendet werden, wenn in der Ausgabe und insbesondere den Performancedaten eine selbst vergebene Bezeichnung erscheinen soll. Das letzte Beispiel könnte auf diese Weise aussagekräftiger werden:

```
nagsrv$ check_jmx4perl --url http://bea.naprax.de:7001/j4p \
    --alias THREAD_COUNT_STARTED --delta 1 --name threads_per_sec \
    --warning 150 --critical 200
OK - threads_per_sec : 66 in range | threads_per_sec=66;150;200
```

Für jede dieser Varianten des Aufrufs von **check_jmx4perl** (Alias oder Angabe des vollen Pfades bzw. einzelner Wert, Basiswert oder Rate) erstellt man nun eine eigene Command-Definition.

```
define command {
    command_name        check_jmx4perl
    command_line        $USER3$/check_jmx4perl \
                            --url $ARG1$ \
                            --mbean $ARG2$ \
                            --attribute $ARG3$
                            $ARG4$
}

define command {
    command_name        check_jmx4perl_base
    command_line        $USER3$/check_jmx4perl \
                            --url $ARG1$ \
                            --mbean $ARG2$ \
                            --attribute $ARG3$ \
                            --base $ARG4$ \
                            $ARG5$
}

define command {
    command_name        check_jmx4perl_rate
    command_line        $USER3$/check_jmx4perl \
                            --url $ARG1$ \
                            --mbean $ARG2$ \
                            --attribute $ARG3$ \
                            --delta $ARG4$ \
                            $ARG5$
}

define command {
    command_name        check_jmx4perl_alias
    command_line        $USER3$/check_jmx4perl \
                            --url $ARG1$ \
                            --alias $ARG2$ \
                            $ARG3$
}

define command {
    command_name        check_jmx4perl_alias_base
    command_line        $USER3$/check_jmx4perl \
                            --url $ARG1$ \
                            --alias $ARG2$ \
                            --base $ARG3$ \
                            $ARG4$
}

define command {
    command_name        check_jmx4perl_alias_rate
    command_line        $USER3$/check_jmx4perl \
                            --url $ARG1$ \
                            --alias $ARG2$ \
                            --delta $ARG3$ \
                            $ARG4$
}
```

Das letzte Argument dient der optionalen Angabe von zusätzlichen Parametern. Dies können Schwellwerte mit *--warning* und *–critical* sein oder, falls ein komplexes Attribut abgefragt wurde, der innere Pfad zum Messwert mittels *--path*. Auf Basis dieser Commands wird nun ein Satz von Services erstellt, mit denen ein Applikationsserver gemonitored werden kann.

Eine Nagios-Konfiguration für einen Jboss-Server

In diesem Beispiel wird angenommen, dass der zu überwachende Server vom Typ JBoss ist. Wie Sie bereits erfahren haben, ist dies aber unerheblich, wenn man für die Aufrufe von **check_jmx4perl** auf die vordefinierten Aliase zurückgreift. In der folgenden Konfiguration fließt die Typenbezeichnung nur noch in die Servicenamen ein. Ganz am Anfang stehen zwei Servicetemplates, wobei jenes mit dem Namen *app_jboss_default* ein Serviceprofil repräsentiert.

Listing 8.3: **app_jboss.cfg**

```
define service {
    register                0
    name                    app_jboss
    use                     7x24-default-service
}

define service {
    register                0
    name                    app_jboss_default
    use                     app_jboss
}
```

Diese Angaben sind allgemeingültig für sämtliche Jboss-Server. Sie können z.B. dazu genutzt werden, um ihnen bestimmte Contacts zuzuweisen, falls nicht die normale Systemadministration für die Betreuung dieser Server zuständig ist. Der Grund, warum ein eigenes Default-Servicetemplate eingeführt wurde, ist die Aufteilung von Services in Kategorien (*default*, *perf*). Diese könnten z.B. unterschiedlich lange Checkintervalle haben, was man dann im jeweiligen Servicetemplate konfigurieren würde. Momentan gibt es nur eine einzige Kategorie *default*.

Die folgende Konfigurationsdatei beinhaltet die Überwachung der beispielhaften Applikation *WEBSHOP*, die auf dem Host *shop.naprax.de* läuft. Diesem werden Nagios-seitig die Services zugeordnet. Auf dem Host befindet sich außerdem ein Apache, der auf der sekundären Adresse *webshop.naprax.de* und dem Port 80 Requests entgegennimmt und diese an den JBOSS weiterleitet (der auf einem anderen Port lauschen kann, was aber aus Clientsicht keine Rolle spielt). Die URL, unter der der JMX4Perl-Agent angesprochen wird, lautet daher *http://webshop.naprax.de/j4p*.

Allen Services gemeinsam ist die Zuordnung zum Host *shop.naprax.de*, sowie die Agent-URL *http://webshop.naprax.de/j4p*. Weiterhin sollen die Services, mit denen die Applikation

WEBSHOP überwacht wird, zu einer Servicegruppe *app_jboss_WEBSHOP* gehören. Diese Gemeinsamkeiten fasst man daher in einem gleichnamigen Servicetemplate zusammen:

Listing 8.4: **app_jboss_WEBSHOP.cfg Teil 1**

```
define service {
   register              0
   name                  app_jboss_WEBSHOP
   host_name             shop.naprax.de
   servicegroups         app_jboss_WEBSHOP
   _agenturl             http://webshop.naprax.de/j4p
}

define servicegroup {
   servicegroup_name     app_jboss_WEBSHOP
}

define service {
   register              0
   name                  app_jboss_default_WEBSHOP
   use                   app_jboss_default,app_jboss_WEBSHOP
}
```

Danach definiert man die einzelnen Services des Profils *app_jboss_default_WEBSHOP*, die alle das Template *app_jboss_WEBSHOP* benutzen.

Listing 8.5: **app_jboss_WEBSHOP.cfg Teil 2**

```
define service {
   service_description   app_jboss_default_WEBSHOP_check_uptime
   use                   app_jboss_default_WEBSHOP
   check_command         check_jmx4perl_alias\
                         !$_SERVICEAGENTURL$\
                         !RUNTIME_UPTIME\
                         !--warning 120: --critical 60:
}

define service {
   service_description   app_jboss_default_WEBSHOP_check_heapused
   use                   app_jboss_default_WEBSHOP
   check_command         check_jmx4perl_alias_base\
                         !$_SERVICEAGENTURL$\
                         !MEMORY_HEAP_USED\
                         !MEMORY_HEAP_MAX\
                         !--warning 0.8 --critical 0.9
}

define service {
   service_description   app_jboss_default_WEBSHOP_check_threadscreated
   use                   app_jboss_default_WEBSHOP
   check_command         check_jmx4perl_alias_rate\
                         !$_SERVICEAGENTURL$\
                         !THREAD_COUNT_STARTED!300\
                         !--warning 100 --critical 200
}
...
```

Der Service *app_jboss_default_WEBSHOP_check_uptime* erfüllt einen besonderen Zweck. Für das Monitoring ist es nicht besonders wichtig, die Uptime zu messen. Allerdings ist das Resultat dieses Services ein Hinweis darauf, ob der Applikationsserver überhaupt noch lebt oder eventuell abgestürzt ist. Man sorgt also abschließend noch dafür, dass alle Services von *app_jboss_default_WEBSHOP_check_uptime* abhängen. Damit verhindert man, dass bei einem Ausfall des Applikationsservers Notifications von jedem einzelnen Service aus erzeugt werden.

Listing 8.6: **app_jboss_WEBSHOP.cfg Teil 3**

```
define servicedependency {
    name                        dependency_shop.naprax.de_WEBSHOP_uptime_uc
    host_name                   shop.naprax.de
    service_description         app_jboss_default_WEBSHOP_check_uptime
    dependent_service_description \
       app_jboss_.*_WEBSHOP_.*,!app_jboss_default_WEBSHOP_check_uptime
    execution_failure_criteria      u,c
    notification_failure_criteria   u,c



}
```

Auf der Download-Seite zum Buch findet man die Dateien *app_jboss.m4* und *app_weblogic.m4* mit denen sich die Erzeugung solcher Konfigurationsdateien automatisieren lässt.

```
nagsrv$ cd etc/m4
nagsrv$ m4 -DHOSTNAME=shop.naprax.de \
   -DAGENTURL=http://webshop.naprax.de/j4p \
   -DAPPSRV=NPXBEA app_jboss.m4 \
   > ~/etc/objects/hosts/shop.naprax.de/app_jboss_WEBSHOP.cfg
```

Die einzigen Angaben, die man machen muss, sind der Hostname, dem die Services zugeordnet werden, die URL, unter der der j4p-Agent erreichbar ist, sowie ein frei wählbarer Name für den zu überwachenden Applikationsserver. Damit lässt sich im Handumdrehen ein Basismonitoring für Java Applikationsserver einrichten.

Host	Service	Status	Last Check	Duration	Attempt	Status Information
shop	app_jboss_default_WEBSHOP_check_classes	OK	07-06-2009 20:06:46	0d 0h 1m 22s	1/4	OK - [CL_LOADED] : 18594 in range
	app_jboss_default_WEBSHOP_check_filedesc	OK	07-06-2009 20:06:46	0d 0h 1m 23s	1/4	OK - [OS_FILE_DESC_OPEN] : 0.2607421875 in range
	app_jboss_default_WEBSHOP_check_heapused	CRITICAL	07-06-2009 20:06:45	0d 0h 1m 5s	4/4	CRITICAL - [MEMORY_HEAP_USED] : Threshold 0.95 failed for value 0.969843837166151
	app_jboss_default_WEBSHOP_check_nonheapused	OK	07-06-2009 20:06:45	0d 0h 1m 26s	1/4	OK - [MEMORY_NONHEAP_USED] : 0.670670220611292 in range
	app_jboss_default_WEBSHOP_check_swap	OK	07-06-2009 20:06:45	0d 0h 1m 26s	1/4	OK - [OS_MEMORY_SWAP_FREE] : 0.999491285646433 in range
	app_jboss_default_WEBSHOP_check_threads	OK	07-06-2009 20:06:45	0d 0h 1m 26s	1/4	OK - [THREAD_COUNT] : 174 in range
	app_jboss_default_WEBSHOP_check_threadscreated	WARNING	07-06-2009 20:06:45	0d 0h 1m 26s	4/4	WARNING - [THREAD_COUNT_STARTED] : Threshold 100 failed for value 311.111111111111
	app_jboss_default_WEBSHOP_check_uptime	OK	07-06-2009 20:06:45	0d 0h 1m 26s	1/4	OK - [RUNTIME_UPTIME] : 884065105 in range

Abbildung 8.12: **Grundlegende Services für das Java-Applikationsserver-Monitoring**

Da **check_jmx4perl** neben den Aliases auch die detaillierte Angabe von Attributen und Pfaden erlaubt, können im Grunde die Eigenschaften beliebiger Mbeans überwacht werden. Die hier vorgestellte Sammlung von Default-Services ist also nur ein Anfang. Denkbar wäre auch, die Typenbezeichnung ganz aus den Servicenamen zu entfernen und stattdessen für sämtliche Java-Applikationsserver die Namenskonvention *app_jasrv_** einzuführen.

Ein weiteres Feature von *Jmx4Perl* ist noch ziemlich neu und soll hier nur kurz erwähnt werden: das Perl-Modul *JMX::Jmx4Perl* erlaubt es nicht nur Messwerte abzufragen, sondern auch Kommandos innerhalb des Applikationsservers auszuführen. Damit lässt sich beispielsweise ein Eventhandler implementieren, der bei knappem Heap Memory automatisch eine Garbage Collection anstößt.

```
From: Bernd Berserker
To: Armin Admin
Subject: Re: Applikationsserver

Hallo Armin,

das Monitoring der Java-Applikationsserver löst zwar nicht ganz das Problem
mit den nicht funktionierenden Webanwendungen, aber wir können es trotzdem
sehr gut gebrauchen. Bisher haben wir uns ja noch nicht so intensiv um diese
ganzen Laufzeitparameter gekümmert und Engpässe stillschweigend ignoriert.
Ich gehe davon aus, dass auch unsere Java-Entwickler neugierig geworden sind
und durch die Langzeitbeobachtung an Know How dazugewinnen. Aber zurück zum
eigentlichen Problem:
Wie können wir überwachen, ob eine Webapplikation reagiert und sich korrekt
bedienen lässt?

Gruss,
Bernd
```

8.3 Überwachung von Webapplikationen mit Sahi

Die Prüfung, ob ein Webserver überhaupt antwortet und Seiten ausliefert, ist erst der Anfang. Das Internet ist für viele Unternehmen zu einem wichtigen Vertriebskanal geworden. Neben der Firmenpräsentation und Produktangeboten gibt es vielfach auch die Möglichkeit, für Webseitenbesucher selbst aktiv zu werden. Beispiele für solche Aktivitäten sind:

» Über Kontaktformulare kann ein Interessent Informationsmaterial oder einen Rückruf anfordern. Das kann bereits der erste Schritt zu einem Geschäft sein. Da solche Formularseiten selten auf der obersten Ebene eines Internetauftritts zu finden sind, kann es vorkommen, dass sie tagelang nicht funktionieren, ohne dass dies jemandem auffallen würde.

» Ein wichtiger Vetriebskanal sind Shop-Systeme, über die manche Unternehmen ihr gesamtes Geschäft abwickeln. Ein ausgefallener Web-Shop ist wie ein Kaufhaus, dessen Eingangstür verschlossen ist. Niemand kann etwas kaufen. Die Fehler können hier aber tiefer im Detail stecken. Ein denkbares Fehlerszenario wäre, dass man Produkte auswählen und mit dem Warenkorb zur Kasse gehen kann, dort aber keine keine Bezahlung möglich ist, so dass der ganze Vorgang abgebrochen werden muss.

KAPITEL 8 Überwachung von Webservern

» Auch innerhalb der Firmen wurden in den letzten Jahren zahlreiche Softwaresysteme auf webbasierte Bedieneroberflächen umgestellt. Darunter befinden sich Mail- und Kalenderapplikationen und weitere kritische Unternehmensanwendungen. Auch Mitarbeiter im Außendienst greifen häufig auf ihre Mails zu und liefern Informationen ab. Um längere Unterbrechungen in firmeninternen Kommunikationsflüssen zu vermeiden, müssen auch hier Fehlfunktionen durch kontinuierliche Tests der Webschnittstellen so früh wie möglich erkannt werden.

Die Überprüfung solch komplexer Aktionen würde normale Nagios-Plugins überfordern. Es gibt zu diesem Zweck eigene Tools, die die Eingaben eines realen menschlichen Benutzers an seinem PC simulieren. Im Wesentlichen geht es darum, Formularfelder auszufüllen und auf Buttons oder Links zu klicken. Die Antwortseiten, die der Webserver schickt, lassen sich dann dahingehend untersuchen, ob bestimmte Inhalte vorhanden sind oder im erwarteten Format vorliegen. Ein einfacher Test einer Webapplikation könnte folgendermaßen ablaufen:

» Aufruf der Startseite. Es muss jeweils ein Textfeld für *Username* und *Passwort* geben.

» Eingabe der Zugangsdaten und Klick auf den Button *Login*.

» In der nun erscheinenden Seite muss der Text »*Sie sind angemeldet*« erscheinen.

» Es muss einen Button *Logout* geben. Klickt man ihn an, erscheint wieder die Startseite.

Für die Automatisierung solcher Tests stehen vielfältige Hilfsmittel zur Verfügung. Das beginnt bei Perl-Modulen, die es einem erlauben, die Interaktion mit einem Webserver selbst zu programmieren. Allerdings ist das sehr mühsam, wenn man viele Tests und komplexere Abläufe codieren muss, die über das simple Aufrufen einer Webseite hinausgehen. Weitaus komfortabler sind Tools, die einem menschlichen Internet-Surfer sozusagen über die Schulter schauen und seine Eingaben und Klicks aufzeichnen. Aus dem so gewonnenen Protokoll einer Sitzung lässt sich dann ein Script erstellen, das den Vorgang automatisch wiederholt. Somit wird ohne Programmieraufwand zumindest die Grundlage für den Test einer Webapplikation geschaffen. Danach kann das Script noch von Hand erweitert werden, um z.B. andere Eingaben in Textfelder zu simulieren.

In diesem Kapitel wird die Software *Sahi*[7] von Narayan Raman beschrieben. Er bezeichnet es als *Web Automation and Test Tool*. Die Highlights dieses Tools sind:

» Es sind keine Veränderungen auf dem Webserver nötig.

» Zwischen Browser und Webserver sitzt ein eigener Proxy, der die übermittelten Daten analysiert und die Sitzung in Form eines Scripts aufzeichnet. Während der Aufzeichnung läuft parallel zum Browserfenster noch ein Kontrollfenster, in dem bereits Testbefehle in das Script per Mausklick eingefügt werden können.

---

[7] http://sahi.co.in

- » Die verwendete Scriptsprache ist JavaScript, wodurch einem der volle Umfang einer mächtigen Programmiersprache zur Verfügung steht. Sahi erweitert den Sprachumfang durch einen Satz weiterer Funktionen.
- » Betriebssystemunabhängig. Sahi ist eine Java-Applikation und läuft sowohl unter Windows als auch Unix.
- » Browserunabhängig. Einzige Voraussetzung ist, dass der Browser JavaScript versteht. Die Tests können mit Firefox, Internet Explorer, Safari, Chrome oder Opera durchgeführt werden (im Gegensatz zu Selenium, das auch häufig verwendet wird, aber nur mit dem Firefox zusammenarbeitet).
- » Die Tests können per Kommandozeile aufgerufen werden. Eine Integration in eine auf Ant basierende Testumgebung ist möglich.
- » Sahi unterstützt HTTP, HTTPS und Ajax.
- » Es können Assertions in die Testscripts eingefügt werden, die beliebige HTML-Elemente validieren.
- » Verzweigungen sind möglich. Dadurch können während des Tests unterschiedliche Pfade durch die Webapplikation eingeschlagen werden.
- » Aus Testscripts heraus kann auf Datenbanken zugegriffen werden. Dadurch können die Tests dynamischer gestaltet werden, indem z.B. Formularfelder mit Hilfe von Vorgaben aus der Datenbank gefüllt werden..
- » Sahi arbeitet multithreaded, d. h. mehrere Tests einer Reihe können von separat gestarteten Browsern parallel ausgeführt werden.
- » Mit Sahi lassen sich interaktiv Testscripts erzeugen und wieder abspielen. Auf der Sahi-Webseite gibt es auch ein sehr anschauliches Filmchen[8], das den Ablauf eines solchen Tests demonstriert. Das Besondere daran ist, dass alle Tests auch automatisiert ablaufen können, was für die Integration in eine Nagios-Umgebung wichtig ist.

---

8   http://sahi.co.in/static/sahi_tutorial.html

KAPITEL 8 Überwachung von Webservern

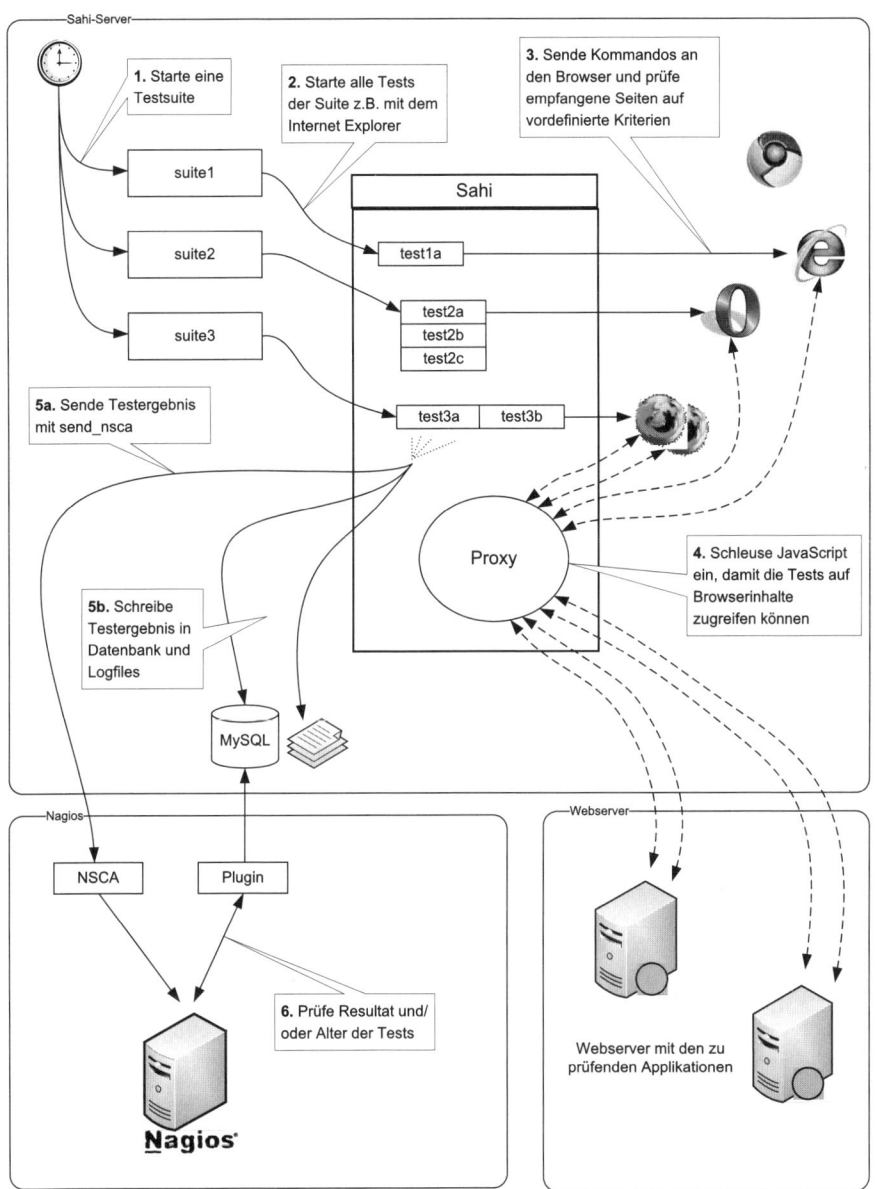

Abbildung 8.13: **Ablauf von Web-Tests und die Übergabe der Ergebnisse an Nagios**

8.3.1 Installation von Sahi

Zunächst sollte man sich überlegen, auf welchem Rechner man die Software installieren will. Lautet die Anforderung beispielsweise, einen Internet-Shop zu überwachen, dann sollte der Zugriff auch aus dem Internet stattfinden und nicht aus dem internen Firmennetz. Möglicherweise gibt es eine Störung, die nur von außen sichtbar ist und hunderte Kunden betrifft, obwohl aus dem internen Netz gesehen, alles in bester Ordnung ist. Wenn man also die Möglichkeit hat, den Sahi-Server bei einem Hostinganbieter oder einem Außenstandort unterzubringen, dann sollte man dies nutzen, um die Webapplikation aus der Sicht der Kunden zu überwachen. Dies schließt natürlich auch die Überlegung mit ein, Sahi so einzurichten, dass die Testumgebung der eines „Normalkunden" möglichst ähnlich ist – meist wird dies immer noch die Kombination *Windows + Internet Explorer* sein. In einem ersten Schritt bietet es sich also an, das Sahi-System unter dem Betriebssystem Windows laufen zu lassen. Später kann man dann noch einen weiteren Sahi-Server unter Linux aufsetzen. Dank der Plattformunabhängigkeit der Software entstehen in der Handhabung dadurch keine großen Unterschiede. In den folgenden Abschnitten wird von einer Installation mit *Windows Vista* ausgegangen. Damit stehen für die Tests auch alle gängigen Browser zur Verfügung.

Vorbereitung – Installation von Java und Anlegen des Nagios-Users

Sahi ist vollständig in Java geschrieben. Daher braucht man zuerst eine entsprechende Laufzeitumgebung. Diese bekommt man von der Firma Sun[9]. Von der Einstiegsseite aus wird man automatisch zur passenden Version des *Java™ SE Runtime Environment* weitergeleitet. Zum Zeitpunkt der Erstellung dieses Kapitels war *jre6update13* die aktuelle Version. Führt man die Installation mit den Defaulteinstellungen durch, erhält man ein Verzeichnis *C:\Program Files\Java\jre6*, in dem alle benötigten Dateien liegen.

Damit man nicht als Administrator arbeiten muss, legt man sich einen Benutzer namens *nagios* an. Dieser ist dann Besitzer der Sahi-Software und aller dazugehörenden Testscripts. Für seine Aufgaben braucht er keine besonderen Privilegien.

Nach dem Login als *nagios* findet man sich im Verzeichnis *C:\Users\nagios*. Von hier aus werden die weiteren Schritte durchgeführt.

Installation von Sahi

Die Installation von Sahi selbst ist denkbar einfach. Von der Sahi-Webseite wird man direkt zur Downloadseite[10] bei Sourceforge weitergeleitet, wo man sich die benötigte Zip-Datei herunterladen kann. Die in diesem Archiv enthaltenen Dateien entpackt man am Besten in ein Unterverzeichnis namens *sahi* im Homeverzeichnis des nagios-Users. Mehr ist bei der Installation nicht zu tun, alle benötigten Komponenten liegen im Directory *sahi*.

---

9 http://www.java.com
10 http://sourceforge.net/projects/sahi

KAPITEL 8 Überwachung von Webservern

Abbildung 8.14: **Sahi läuft unter der Benutzerkennung nagios**

Der erste Start

Die Voraussetzung für den Start ist lediglich das Vorhandensein des *java*-Binaries im Pfad. Üblicherweise ist das bei einer Default-Installation von Java auch der Fall. Ansonsten passt man die *%PATH%*-Variable in der Systemsteuerung an. Danach wechselt man in das bin-Verzeichnis und ruft *.\sahi.bat* bzw. *./sahi.sh* auf.

Diese Ausgabe kann je nach verwendetem Betriebssystem von der Abbildung abweichen, sagt aber im Grunde das Gleiche aus. Sahi lauscht jetzt auf Port 9999 auf HTTP-Traffic. Nun müssen die Browser, die die Tests durchführen sollen, so konfiguriert werden, dass sie Sahi als Proxy verwenden. Dabei ist wichtig, dass alle Protokolle mit einbezogen werden, insbesondere HTTP und HTTPS. Beim Internet Explorer gelangt man über *Extras – Internetoptionen – Verbindungen – Lan-Einstellungen* zum richtigen Menü. Beim Firefox lautet die Reihenfolge *Extras – Einstellungen – Netzwerk – Einstellungen*. Etwaige Ausnahmen, die localhost oder 127.0.0.1 betreffen, müssen entfernt werden.

KAPITEL 8 Überwachung von Webservern

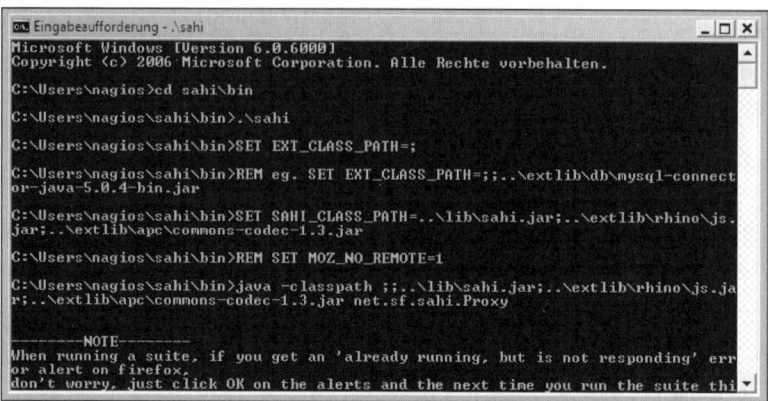

Abbildung 8.15: **Der erste Start von Sahi**

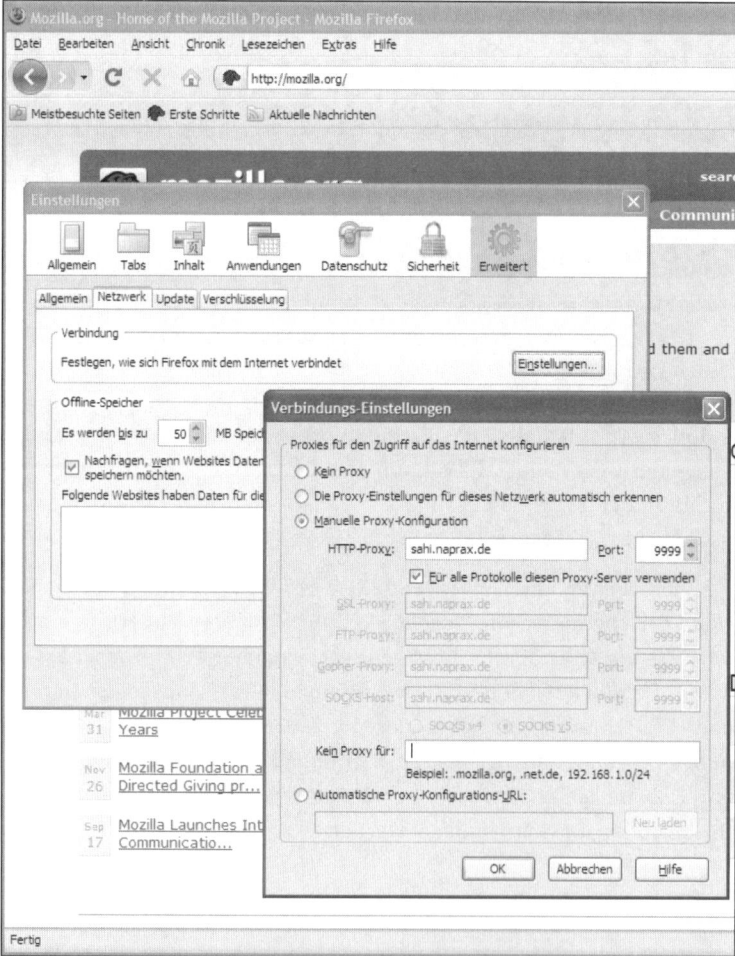

Abbildung 8.16: **Umleiten der gesamten Kommunikation über den Sahi-Proxy beim Firefox**

KAPITEL 8 Überwachung von Webservern

Hier ist noch erwähnenswert, dass der Sahi-Proxy auch von anderen Rechnern aus angesprochen werden kann. Im der Abbildung wurde als Hostname *sahi.naprax.de* angegeben. Das ist der Vista-Rechner, auf dem Sahi installiert wurde. Auf diesem werden später auch die automatischen Tests der Webapplikationen ablaufen. Dazu werden auf *sahi.naprax.de* Browser gestartet, die ebenfalls diese Proxyeinstellung benötigen. Diese können aber auch *127.0.0.1* statt des vollen Hostnamens verwenden. Die volle Bezeichnung *sahi.naprax.de* soll nur verdeutlichen, dass man auch von seinem Arbeitsplatz aus mit dem Proxy arbeiten kann, um z.B. Testscripts zu erstellen.

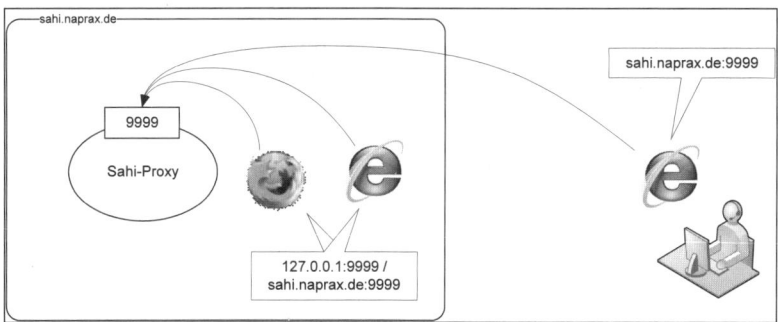

Abbildung 8.17: **Proxy-Einstellungen für Menschen und Automaten**

> **TIPP**
>
> Falls die nun folgenden Schritte innerhalb eines Firmennetzwerkes durchgeführt werden, von dem aus Webseiten nicht direkt erreichbar sind, dann muss man in der Konfigurationsdatei *config\sahi.properties* noch Anpassungen vornehmen. Der Sahi-Proxy muss ja in diesem Fall auch seinerseits den Firmenproxy benutzen. Dazu editiert man diese Datei und ändert die Einträge unter *ext.http.** bzw. *ext.https.** wie in der folgenden Abbildung. Gegebenenfalls trägt man unter *ext.http.proxy.bypass_hosts* noch interne Webserver ein, die Sahi direkt ansprechen soll.

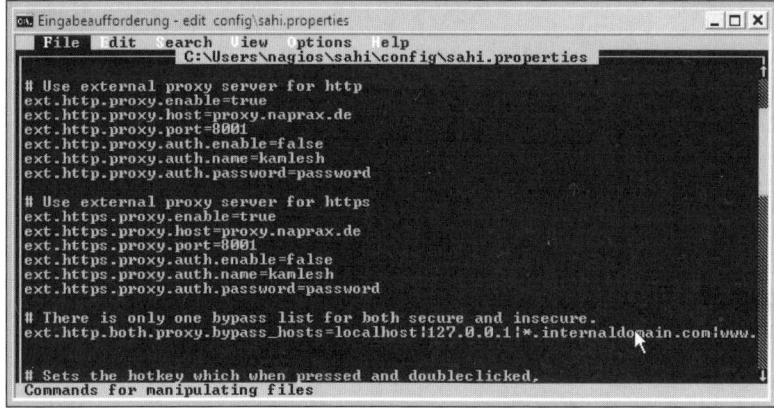

Abbildung 8.18: **2nd Level Proxy-Einstellungen in config\sahi.properties**

Es sei noch erwähnt, dass nach jeder Änderung in *sahi.properties* der Proxy angehalten und neu gestartet werden muss, damit die neuen Einstellungen wirksam werden.

KAPITEL 8 Überwachung von Webservern

8.3.2 Testscripts mit dem Browser erstellen

Nachdem nun Sahi läuft und der Browser so eingestellt wurde, dass alle Requests über den Sahi-Proxy auf Port 9999 laufen, kann man mit der Aufzeichnung eines ersten Testscripts beginnen. Im folgenden Beispiel soll überprüft werden, ob ein Kontaktformular erreichbar ist und ob nach dem Ausfüllen und Abschicken die erwartete Rückmeldung erscheint. Dazu geht man auf die Einstiegsseite der Webapplikation und öffnet mit [ALT] und Doppelklick das Kontrollfenster.

> **INFO**
>
> In der Datei *config\sahi.properties* gibt es die Option *controller.hotkey*. Mit dieser legt man fest, welche Tasten gedrückt sein müssen, damit sich beim Doppelklick das Kontrollfenster öffnet. Defaultmäßig ist *ALT* eingestellt, was aber in einigen Fällen nicht zum gewünschten Erfolg geführt hat. Am zuverlässigsten funktioniert es, wenn man als Hotkey die *Shift*-Taste einträgt und danach Sahi neu startet.
>
> ```
> controller.hotkey = SHIFT
> ```
>
> Man darf sich auch nicht verwirren lassen, wenn beim Hochfahren des Sahi-Proxys die Meldung "*Browse any page and CTRL-ALT-DblClick on the page...*" erscheint. Sie ist fest einprogrammiert und gibt nicht die tatsächliche Einstellung wieder.

Aufzeichnen der Schritte bei der Bedienung einer Webapplikation

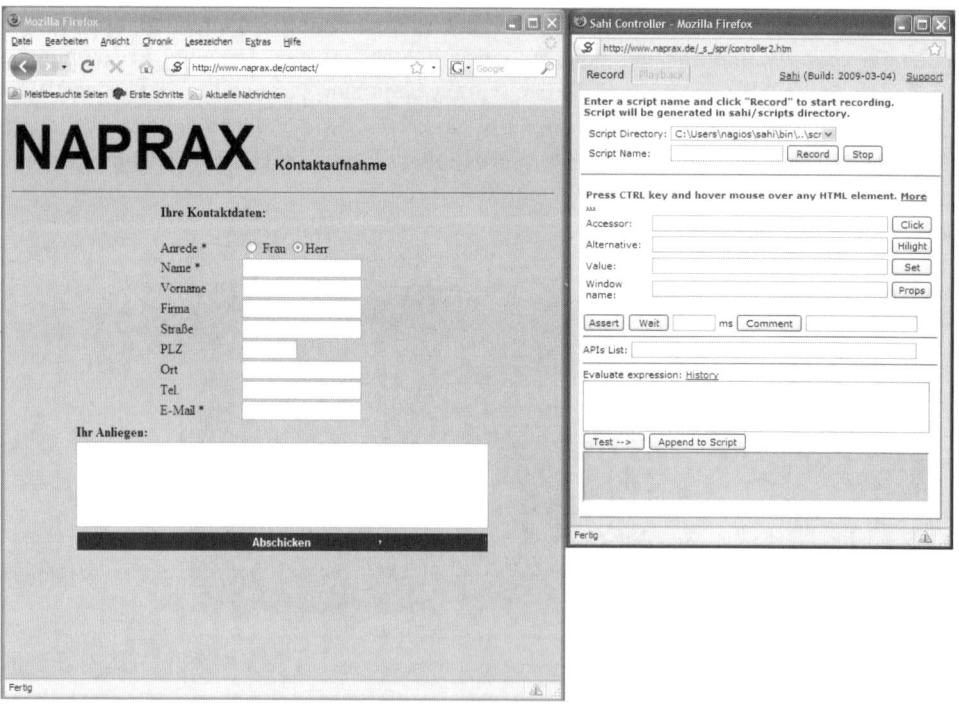

Abbildung 8.19: **Die Einstiegsseite und das Sahi-Kontrollfenster**

Als Nächstes muss man in Feld *Script Name* den Namen des Tests eingeben. Die entsprechende Datei mit dem Testscript wird dann im Verzeichnis *scripts* unter dem Namen *<testname>.sah* auftauchen. Der Übersichtlichkeit halber sollte man sich hier bereits an Nagios orientieren. Man vergibt am Besten den Namen, den man auch für den Service vorgesehen hat, der später die Ergebnisse dieses Tests zuständig ist. In diesem Beispiel wird der Servicename *app_web_naprax_contact_check_feedback* heißen. Genau diesen Bezeichner gibt man dann im Feld *Script Name* an. Mit einem Klick auf den Button *Record* weist man Sahi nun an, die Sitzung zu starten.

Von jetzt an werden alle Eingaben und Mausklicks aufgezeichnet. Sie werden in Form von JavaScript-Kommandos (unter Verwendung von Spracherweiterungen, die Sahi versteht) in das Testscript *scripts\app_web_naprax_contact_check_feedback.sah* geschrieben, so dass dieses später all diese Aktionen von alleine abspielen kann. Während der Sitzung kann man auch bei gedrückter CTRL-Taste mit dem Mauszeiger auf einzelne Elemente der Webseite fahren. Im mittleren Kasten des Kontrollfensters wird dann der *Accessor* (die Funktion, über die Sahi dieses Element anspricht) des Elements sowie im Feld *Value* sein Inhalt angezeigt. Durch Klick auf den Button Assert erstellt man Regeln, die dann erfüllt werden, wenn dieses Element mit genau diesem Inhalt auf einer Webseite vorkommt. Macht man das im vorliegenden Beispiel mit dem Name-Feld, so lauten die erzeugten Code-Zeilen:

```
_assertExists(_textbox("NAME"));
_assertEqual("", _textbox("NAME").value);
```

Diese liefern einen True-Wert, wenn eine Textbox namens NAME im HTML der Seite gefunden wurde bzw. wenn diese einen leeren String beinhaltet. Durch Klick auf den *Test*-Button werden diese Regeln für die aktuelle Webseite validiert. Dies kann wichtig sein, wenn man Modifikationen macht, z.B. einen String durch eine Regular Expression ersetzt. Will man diese Regeln in das Testscript mit aufnehmen, so klickt man auf den Button *Append to Script*. Beim späteren automatischen Abspielen wird dann diese Prüfung durchgeführt werden.

Die einzelnen Eingabefelder werden nun nacheinander ausgefüllt. Jedes Mal, wenn der Fokus zum nächsten Feld wandert, sieht man im Kontrollfenster das entsprechende JavaScript-Kommando, mit dem so eine Eingabe automatisch vorgenommen werden kann.

Folgender Befehl trägt z.B. den Text „***Ich bin ein Test***" in das Feld *Ihr Anliegen* ein, das im HTML-Code der Seite durch den DOM-Identifier NOTE gekennzeichnet ist.:

```
_setValue(_textarea("NOTE"), "***Ich bin ein Test***");
```

Sämtliche während der Aufzeichnung eingegebenen Mausklicks, Befehle und Texte können später im daraus entstandenen Script abgeändert bzw. erweitert werden. Nachdem nun das Formular halbwegs vollständig ausgefüllt wurde, klickt man auf den *Abschicken*-Button darunter. Der automatisch generierte Befehl lautet:

```
_click(_submit("Abschicken"));
```

KAPITEL 8   Überwachung von Webservern

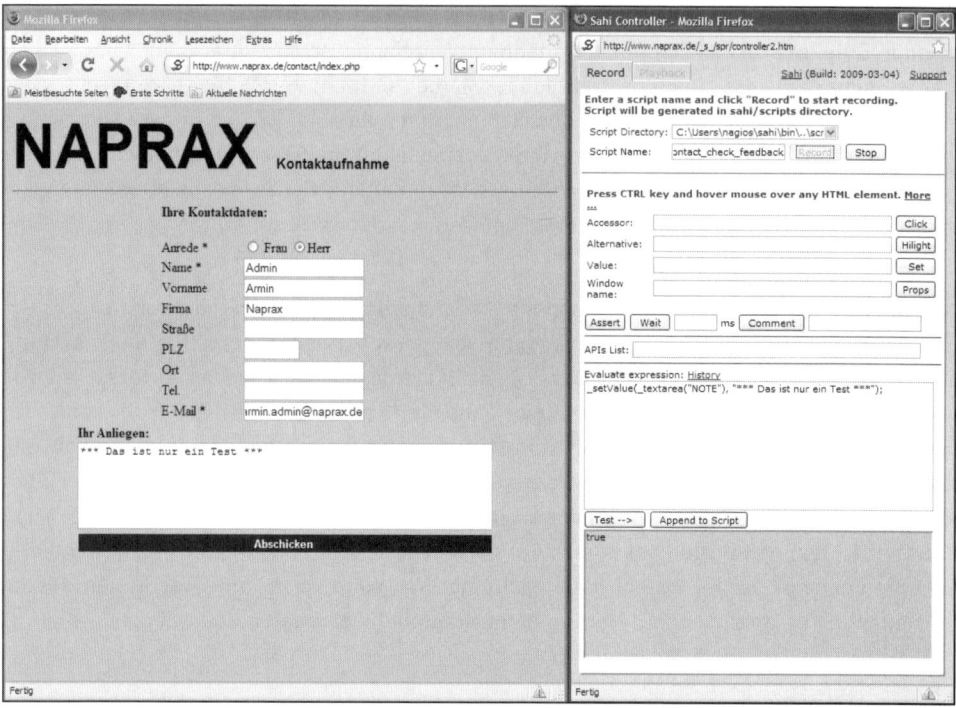

Abbildung 8.20: **Eingaben werden im Kontrollfenster mitprotokolliert.**

Auf diese Weise kann man später dafür sorgen, dass beliebige Buttons automatisiert gedrückt werden. Nach dem Abschicken erscheint eine weitere Seite mit einem Feedback, in dem der Absender namentlich angesprochen wird (siehe Abbildung 8.21).

Fährt man nun mit dem Mauszeiger bei gedrückter CTRL-Taste auf den Dankestext, dann erscheinen im Kontrollfenster wieder Accessor und Value, die man durch Klick auf den Assert-Button in zwei Regeln aufnehmen kann. Diese lauten:

```
_assertExists(_spandiv("content"));
_assertContainsText("Besten Dank Herr Armin Admin, wir setzen uns so schnell
wie möglich mit ihnen in Verbindung.", _spandiv("content"));
```

Damit wird nachgewiesen, dass der eingegebene Name genauso auf der Feedback-Seite auftaucht. Die Aufzeichnung ist damit beendet und man teilt dies Sahi durch Klick auf den *Stop*-Button mit. Da Sahi später diesen Vorgang autark wiederholen soll, prüft man, ob das erzeugt Testscript alle Schritte korrekt wiederholt.

464

KAPITEL 8 Überwachung von Webservern

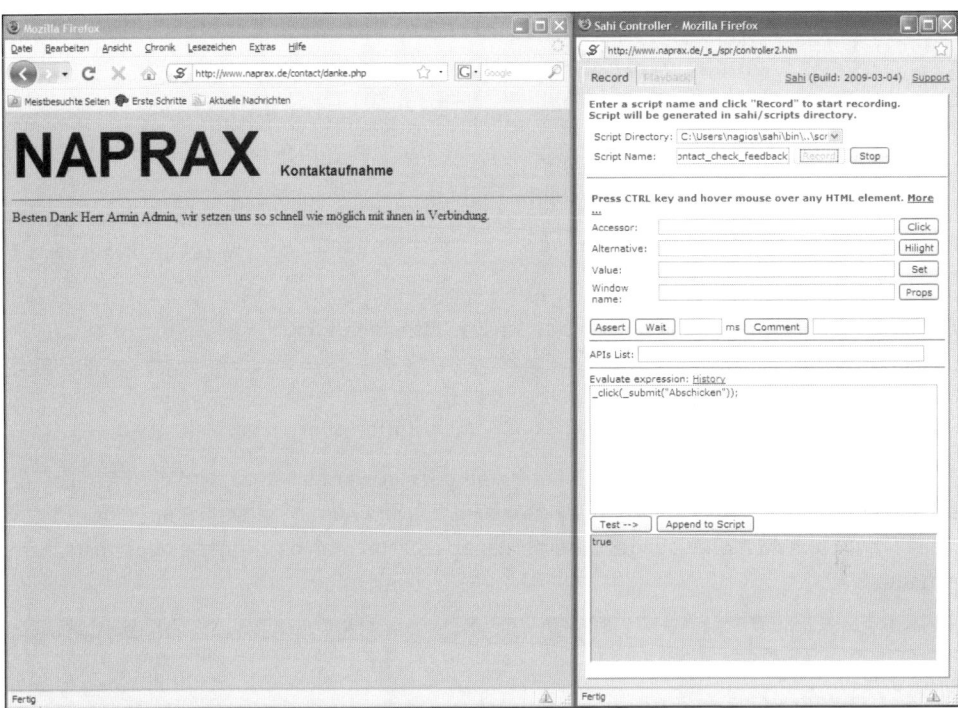

Abbildung 8.21: **Der Name des Anfragenden taucht hier wieder auf.**

Bedienerloses Abspielen der aufgezeichneten Aktionen

Dazu wechselt man vom Reiter *Record* zu *Playback* und wählt aus der *File*-Selektion den soeben erstellten Test *app_web_naprax_contact_check_feedback.sah*. Unter *Start URL* teilt man Sahi mit, wie die Einstiegsseite lautet. Diese ist wichtig, denn für das Abspielen des Tests müssen die gleichen Voraussetzungen erfüllt sein wie für das Aufnehmen. Durch Klick auf den *Set*-Button wird diese Startseite dann im Browser geladen. Die Simulation wird dann mit dem Start-Button gestartet. Sahi führt dann alle im Testscript aufgeführten Aktionen und Prüfungen durch. Während im Hauptfenster wie von Geisterhand Felder ausgefüllt und abgeschickt werden, sieht man im Kontrollfenster die dafür verantwortlichen JavaScript-Kommandos durchlaufen. Wenn die Webapplikation auf die Eingaben erwartungsgemäß reagiert hat, dann wird dies mit der abschließenden Meldung *--Stopped Playback: SUCCESS--* angezeigt. Bei einem Fehler würde man *--Stopped Playback: FAILURE--* sehen. Das Testscript *scripts\app_web_naprax_contact_check_feedback.sah* sieht folgendermaßen aus:

Listing 8.7: **app_web_naprax_contact_check_feedback.sah**

```
_assertExists(_textbox("NAME"));
_assertEqual("", _textbox("NAME").value);
_setValue(_textbox("NAME"), "Admin");
_setValue(_textbox("FIRSTNAME"), "Armin");
_setValue(_textbox("COMPANY"), "Naprax");
_setValue(_textbox("EMAIL"), "armin.admin@naprax.de");
```

```
_setValue(_textarea("NOTE"), "*** Das ist nur ein Test ***");
_click(_submit("Abschicken"));
_assertExists(_spandiv("content"));
_assertContainsText("Besten Dank Herr Armin Admin, wir setzen uns so schnell
wie m\u00f6glich mit ihnen in Verbindung.", _spandiv("content"));
```

Die Semantik der Befehle ist leicht nachvollziehbar:

» _assertExists prüft, ob ein Element mit einer bestimmten ID auf der Webseite vorhanden ist.

» _assertEqual prüft, ob das Element den erwarteten Inhalt hat.

» _setValue füllt ein Eingabefeld aus.

» _click führt simuliert einen Mausklick auf einen Button oder einen Link.

Zur Verdeutlichung soll nun auch ein Fehlerfall gezeigt werden. Dazu wird die Webapplikation so manipuliert, dass statt „Besten Dank Herr Armin Admin" fälschlicherweise „Besten Dank Frau Armin Admin" ausgegeben wird. Danach startet man das Playback des Testscripts erneut.

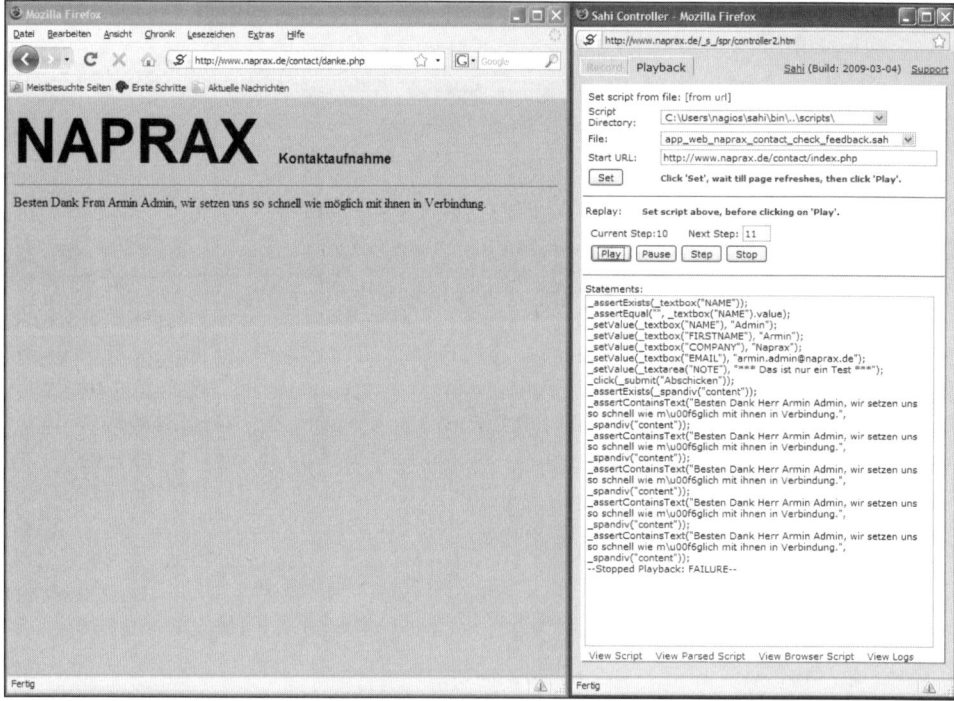

Abbildung 8.22: **Die Seite zeigt nicht den erwarteten Inhalt.**

Wie man sieht, hat Sahi mehrmals versucht, den korrekten Text auf der Webseite zu finden. Zuletzt bricht das Testscript mit der FAILURE-Meldung ab. Bei umfangreichen Simulationen möchte man natürlich wissen, wo genau der Fehler aufgetreten ist. Dazu gibt es in der rechten unteren Ecke des Kontrollfensters den Link *View Logs*, der ein weiteres Fenster mit einer Liste von Fehlerprotokollen öffnet. Dort sucht man nach einem Link mit Name und Uhrzeit des fehlgeschlagenen Tests und gelangt schließlich zu einer Ansicht, in der die Assert-Anweisungen farblich hervorgehoben sind. Aufschlussreich ist hier der Unterschied zwischen den erwarteten und den tatsächlich vom Webserver gelieferten Seitenelementen.

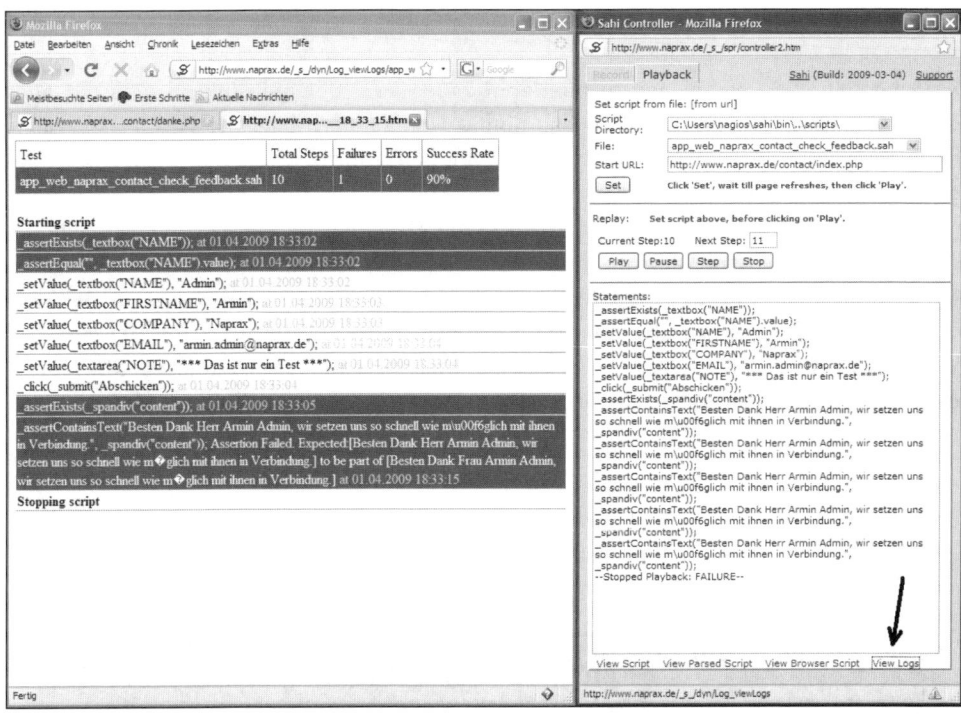

Abbildung 8.23: **Das Protokoll mit der Ursache eines fehlgeschlagenen Tests**

Auf die gezeigte Art und Weise kann man sich für jede Webapplikation ein paar Testscripts erstellen. Diese bei vergleichbaren Tools recht mühsame Arbeit nimmt einem die Record-Funktion ab. Mit wenigen Klicks lassen sich eine Vielzahl von _*assert*-Anweisungen einbauen, die eine Webseite bis ins Detail auf ihre Gültigkeit prüfen können.

Besonderheiten bei Seiten, die HTTPS verwenden

Sahi bringt die Unterstützung von HTTPS-Verbindungen von Haus aus mit. Das Aufzeichnen und Abspielen von Applikationen, die durch SSL geschützt sind, funktioniert genauso, wie im letzten Beispiel gezeigt. Allerdings sind ein paar Dinge im Vorfeld zu beachten. Beim Betreten einer sicheren Webseite fragt der Browser gegebenenfalls beim Benutzer nach, ob er damit einverstanden ist. Dieser muss dann explizit bestätigen, dass er das Zertifikat des Webservers akzeptiert. Damit dies später automatisch passiert, speichert Sahi die Zertifikate im Verzeichnis *certs* ab. Im Installationsverzeichnis von Java findet man das Programm **bin\keytool.exe**, das dazu benötigt wird. Wenn dieses Kommando nicht bereits über die

%PATH%-Variable gefunden wird, dann muss man in der Datei *config\sahi.properties* den gesamten Pfad angeben, der zu **keytool.exe** führt.

```
# Full file path to the keytool utility if not in the system path
# This is generally in the <java_home>/bin directory
#keytool.path=keytool.exe
keytool.path= C:\\\\Program Files\\\\Java\\\\jre6\\\\bin\\\\keytool.exe
```

Pfadangaben, die Leerzeichen beinhalten, können zu Problemen führen. Das gilt auch dann, wenn **keytool.exe** nicht über das Konfig-File, sondern über die *%PATH%*-Variable gefunden wird, denn beim Aufruf wird der volle Pfad zum *certs*-Unterverzeichnis mitgegeben. Enthält auch dieser Leerzeichen, dann schlägt die Erzeugung des Zertifikats fehl. Man spart sich Ärger, wenn man **keytool.exe** einfach in das *bin*-Verzeichnis von Sahi kopiert und dieses in den Pfad aufnimmt. Generell ist auch bei der Wahl des Sahi-Installationsverzeichnisses darauf zu achten, dass keine Leerzeichen enthalten sind. Bei Vista oder einem Unix-System sollte das defaultmäßig so sein, aber bei einer Installation unter Windows XP muss man wegen *C:\Dokumente und Einstellungen*... aufpassen. Besser ist es, ein eigenes Verzeichnis *C:\sahi* anzulegen.

Danach startet man den Browser und geht die zu testende Webapplikation zunächst ohne Kontrollfenster durch. Bei diesem ersten Schritt geht es allein darum, dass Sahi die SSL-Zertifikate speichert. Gelegentlich wird in der Ausgabe des Proxys eine Meldung auftauchen, wie sie im folgenden Bild zu sehen ist:

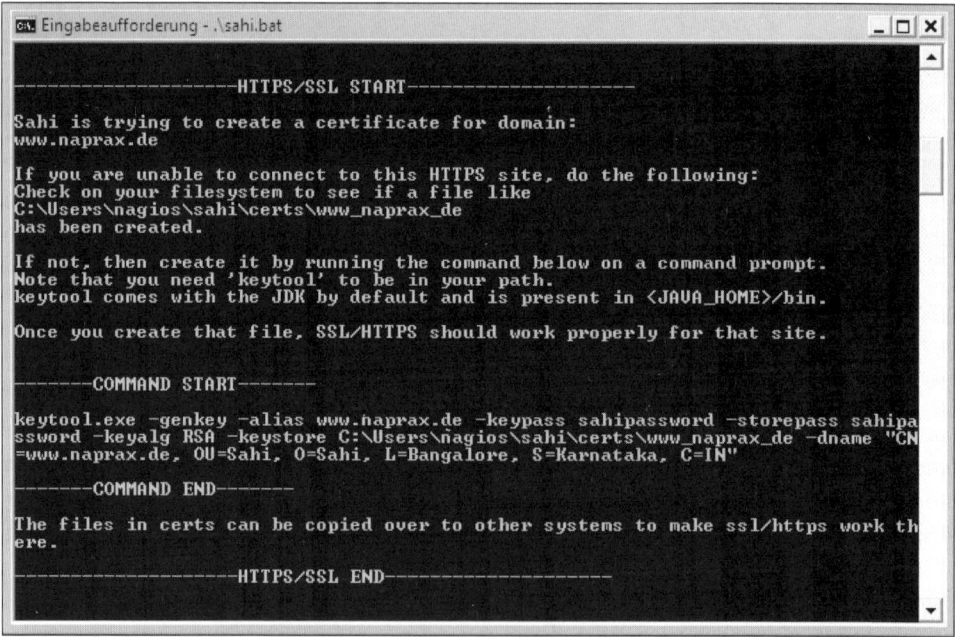

Abbildung 8.24: **Sahi speichert ein Zertifikat ab.**

KAPITEL 8   Überwachung von Webservern

Normalerweise läuft alles sauber durch. Nur wenn es Probleme mit dem **keytool.exe** gibt und keine Zertifikate im *certs*-Verzeichnis auftauchen, muss man mit dem im Bild angezeigten Kommando manuell eingreifen. Alle im Browser auftretenden Abfragen, ob man die besuchte Seite wirklich betreten will, sind zu bestätigen. Das Ziel ist, die gesamte Prüfung der Webapplikation durchlaufen zu können, ohne dass noch irgendeine Warnung des Browsers auftritt. Auch das Angebot von Firefox, Passwörter permanent zu speichern, ist abzulehnen. Solche Hilfen dürfen den späteren automatischen Test nicht stören.

Beim ersten Durchgang kann es noch vorkommen, dass manche Seiten nicht korrekt angezeigt werden. In so einem Fall gibt man die URL *https://sahi.example.com:9999/_s_/dyn/SSLManager* im Browser ein und bekommt eine Liste von SSL-Zertifikaten angezeigt, die man durch daraufklicken noch einmal explizit bestätigen muss. Danach sollten alle Webseiten sauber dargestellt werden. Es können Sitzungen mit dem Kommandofenster aufgezeichnet werden, wie es bereits demonstriert wurde. Eine Testapplikation findet man unter *https://www.naprax.de/internal*. Dort findet sich eine einfache Beispielanwendung, wo man sich mit der Kennung *napraxadmin* und dem Passwort *superb16* in einen internen Bereich einloggen und wieder ausloggen kann. Das folgende Testscript wurde dafür vorbereitet:

Listing 8.8: **app_web_naprax_internal_login.sah**

```
//
// Gib einen falschen Usernamen an.
// Der Zugang muss verwehrt werden und die leere
// Loginseite wieder erscheinen
//
_setValue(_textbox("username"), "nagiosadmin");
_setValue(_password("passwort"), "superb16");
_click(_submit("Anmelden"));
_assertExists(_textbox("username"));
_assertEqual("", _textbox("username").value);
//
// Gib den richtigen Usernamen an
//
_setValue(_textbox("username"), "napraxadmin");
_setValue(_password("passwort"), "superb16");
_click(_submit("Anmelden"));
//
// Jetzt muss die interne Seite auftauchen und der
// erwartete Text gefunden werden.
//
_assertContainsText(/Sie sind nun angemeldet als napraxadmin/,_
spandiv("content"));
//
// Danack wird auf den Abmelde-Link geklickt
//
_assertExists(_link("abmelden"));
_click(_link("abmelden"));
//
// Es muss wieder die Anmeldeseite erscheinen und
// die Felder für Username und Passwort müssen leer sein.
//
```

```
_assertExists(_textbox("username"));
_assertEqual("", _textbox("username").value);
_assertExists(_password("passwort"));
_assertEqual("", _password("passwort").value);
```

8.3.3 Automatische Ausführung von Tests

Das Ziel dieses Abschnitts ist, Sahi für die Anbindung an Nagios vorzubereiten. Das Sahi-Kontrollfenster kann immer nur jeweils ein Testscript ausführen. Dazu ist es notwendig, dass die Überprüfung von Webapplikationen in bestimmten Zeitabständen automatisiert ausgeführt wird. Hier kommt ein neuer Begriff ins Spiel, die *Test-Suite*.

Zusammenfassung von einzelnen Tests zu einer Test-Suite

Darunter versteht man eine Zusammenfassung von einzelnen Testscripts, die zusammen im Batch ausgeführt werden, ggf. auch parallel durch den gleichzeitigen Start mehrerer Browserfenster. Bei einzelnen Tests ist das nicht möglich. Sie können nur vom Kontrollfenster eines Browsers manuell gestartet werden (Niemand hindert einen allerdings, eine Suite aufzusetzen, die nur aus einem einzigen Testscript besteht.). Konkret ist eine Suite eine Datei mit der Endung *.suite*, die aus einer oder mehreren Zeilen besteht. In jeder Zeile wird der Name eines Testscripts mit der Endung *.sah* und eine Url eingetragen. Die Syntax lautet:

```
<testname.sah> <absolute URL oder relativer Pfad zur Basis-URL>
```

Das soeben erstellte Testscript wird so in die Suite *app_web_naprax_contact* aufgenommen:

Listing 8.9: **app_web_naprax_contact.suite**

```
app_web_naprax_contact_check_feedback.sah http://www.naprax.de/contact
```

> **ACHTUNG**
>
> In den folgenden Beispielen wird davon ausgegangen, dass die Testscripts einer Suite in eigenen Unterverzeichnissen gespeichert werden. Das Unterverzeichnis trägt den Namen der Suite. Das ist einerseits aus Gründen der Übersichtlichkeit empfehlenswert und andererseits Voraussetzung für das Funktionieren der später vorgestellten Methode, durch die Sahi mit Nagios zusammenarbeiten kann. Die Verzeichnisstruktur sieht dann etwa so aus:
>
> ```
> scripts\
>     suite1\
>         suite1.suite
>         test1.sah
>         test2.sah
>         test3.sah
>     suite2\
>         suite2.suite
>         test1.sah
>         test2.sah
> ```

> ACHTUNG
>
> ```
> suite3\
>     suite3.suite
>     test1.sah
>     ...
> ```

Ausführung einer Test-Suite

Aufgerufen wird so eine Suite dann von der Kommandozeile, indem man in das *batch_runners*-Verzeichnis wechselt und folgendes Kommando ausführt:

```
java -cp ..\lib\ant-sahi.jar net.sf.sahi.test.TestRunner
→ <Pfad der Suite-Datei> <Pfad zum Browser> <Basis-URL>
→ <Log-Verzeichnis> <Sahi-Server> <Sahi-Port>
→ <Anzahl der Threads> <Prozessname des Browsers>
→ [<Browser-Optionen>]
```

Im konkreten Fall sieht der Aufruf so aus:

```
java -cp ..\lib\ant-sahi.jar net.sf.sahi.test.TestRunner ..\scripts\app_
web_naprax_contact\app_web_naprax_contact.suite "C:\Program Files\Internet
Explorer\iexplore.exe" http://www.naprax.de/contact default localhost 9999 3
iexplore.exe
```

Dabei bedeuten die einzelnen Parameter:

» *<Pfad der Suite-Datei>* gibt den absoluten Pfad oder den Pfad relativ zum *batch_runners*-Verzeichnis der Sahi-Installation an.

» *<Pfad zum Browser>* gibt den absoluten Pfad des Browser-Binaries an, das zur Ausführung der Tests gestartet werden soll.

» *<Basis-URL>* wird verwendet, um zusammen mit relativen Pfaden in der Suite-Datei die Einstiegsseite für den jeweiligen Test zu bilden.

» *<Log-Verzeichnis>* bestimmt, wo die Logdateien für den Lauf der Suite abgelegt werden. Gibt man hier *default* an, dann ist damit das Verzeichnis *logs\playback* unter dem Sahi-Installationsverzeichnis gemeint.

» *<Sahi-Server>* ist der Hostname oder die IP-Adresse des Rechners, auf dem der Sahi-Proxy läuft. Üblicherweise ist das der lokale Host oder 127.0.0.1.

» *<Sahi-Port>* gibt den Port an, auf dem der Sahi-Proxy lauscht, also normalerweise auf 9999, wenn an den Einstellungen nichts geändert wurde.

» *<Anzahl der Threads>* ist die Obergrenze der Tests, die gleichzeitig ausgeführt werden können. Gibt man hier z.B. 3 an und besteht die Suite aus 10 Tests, dann werden Test 1–3 parallel ausgeführt und der Test Nr.4 wird gestartet, sobald der erste dieser drei fertig ist.

- » *<Prozessname des Browsers>* benötigt Sahi, um nach Abschluss eines Tests den dafür gestarteten Browser wieder beenden zu können.
- » *<Browser-Optionen>* sind optional. Man braucht sie für Firefox und Chrome, damit zwei voneinander unabhängig laufende Browser sich nicht gegenseitig beeinflussen können.
  - » Firefox: *"-profile <Installationsverzeichnis von Sahi>\browser\ff\profiles\sahi$threadNo -no-remote"*
  - » Chrome *"--process-per-tab"*

Diesen Befehl packt man am Besten in eine eigene Script-Datei. Das dafür vorgesehene Verzeichnis heißt *batch_runners*. Da beim Aufruf der Testsuite der Browsertyp eine Rolle spielt, kann man entweder für jeden ein eigenes Script erstellen oder mit einem Script eine Testsuite nacheinander von den verschiedenen Browsern durchspielen lassen. Der Einfachheit halber wird hier letztere Alternative gewählt. Das Batch-Script für die Suite *app_web_naprax_contact* mit Internet Explorer und Firefox sieht dann so aus:

Listing 8.10: **batch_runners\app_web_naprax_contact.bat**

```
java -cp ..\lib\ant-sahi.jar net.sf.sahi.test.TestRunner ..\scripts\app_
web_naprax_contact\app_web_naprax_contact.suite "C:\Program Files\Internet
Explorer\iexplore.exe" http://www.naprax.de/contact default localhost 9999 3
iexplore.exe

java -cp ..\lib\ant-sahi.jar net.sf.sahi.test.TestRunner ..\scripts\app_
web_naprax_contact\app_web_naprax_contact.suite "C:\Program Files\Mozilla
Firefox\firefox.exe" http://www.naprax.de/contact default localhost 9999 3
firefox.exe "-profile C:\Users\nagios\sahi\browser\ff\profiles\sahi$threadNo
-no-remote"
```

Startet man nun das Batch-Script, dann bekommt man auf der Standardausgabe den Ablauf des Tests zu sehen. Nebenbei werden auch Browserfenster geöffnet, in denen die vordefinierten Aktionen ablaufen.

Wie man sieht, werden zuerst Browserprozesse mit den definierten Optionen gestartet und danach die Testsuite ausgeführt. Das Ergebnis der Prüfungen wird durch eine Statusmeldung mitgeteilt, in diesem Fall jedes Mal mit *Status: SUCCESS*. Würde einer oder mehrere Testscripts innerhalb einer Suite fehlschlagen, dann würde das Endergebnis *Status: FAILURE* lauten.

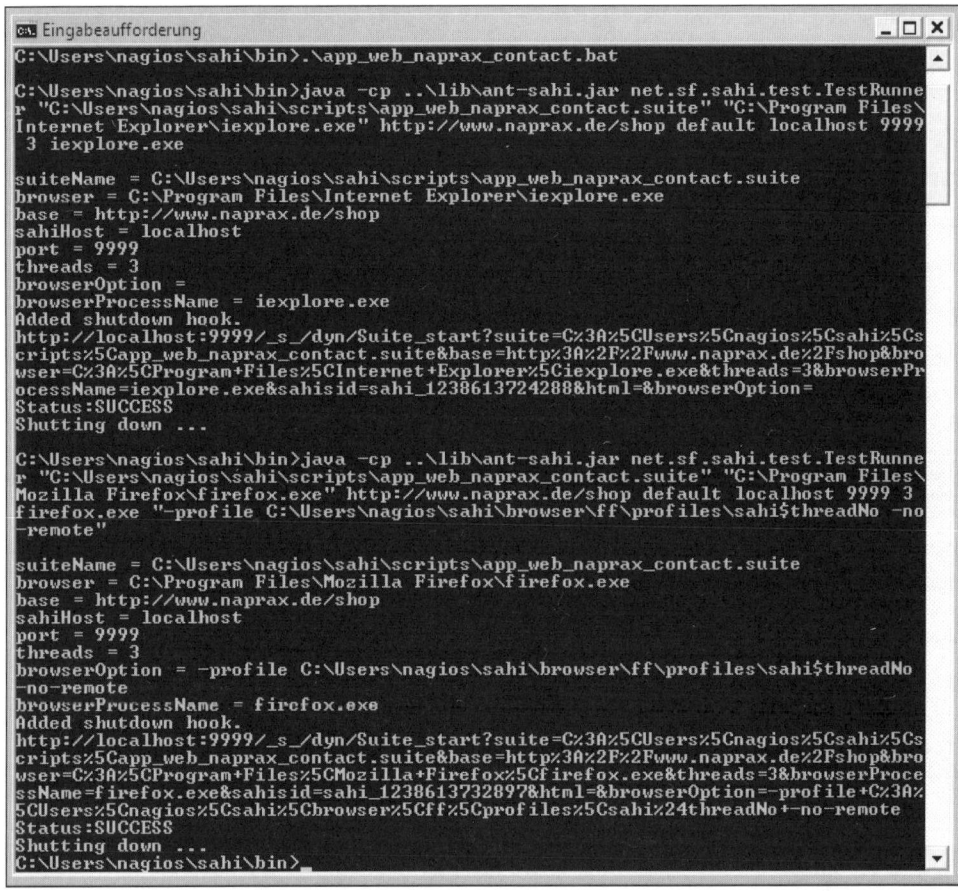

Abbildung 8.25: **Ablauf einer Testsuite mit IE und Firefox**

8.3.4 Die Verbindung von Sahi und Nagios – Die Sahi-Seite

Das Ziel dieses Kapitels ist die Verbindung von Sahi und Nagios. Fehler bei der Ausführung von Tests sollen zu Alarmen führen. Dazu werden im Folgenden zwei Methoden vorgestellt, wie Testergebnisse Nagios zur Verfügung gestellt werden können. Die Überprüfung von Webapplikationen sollte kontinuierlich durchgeführt werden. Wegen der langen Laufzeiten jedoch ist es wenig sinnvoll, sie durch Nagios ausführen zu lassen. Besser ist es, auf dem Sahi-Server zeitgesteuerte Jobs einzurichten, die die Startscripts der einzelnen Testsuiten aufrufen. Leider liefert so ein Lauf keinen brauchbaren Exitcode zurück. Die Meldung *SUCCESS/FAILURE*, die man im letzten Screenshot sieht, wird auch in keine Datei geschrieben und steht ausschließlich in der Ausgabe des Batchscripts. Daher bietet sich an, bereits bei den einzelnen Tests anzusetzen. Da man hier Zugriff auf das Sahi-Api mit seinen zahlreichen Funktionen hat, kann man die Testsscripts so erweitern, dass diese ihr Resultat in einer für das Monitoring geeigneten Form zur Verfügung stellen. Es sollen zwei Methoden vorgestellt werden, wie man das realisieren kann.

1. Am Ende jeden Tests wird **send_nsca** aufgerufen, das das Ergebnis an einen passiven Service von Nagios übermittelt.
2. Die zweite Methode bedient sich der Fähigkeit von Sahi, Datenbanken ansprechen zu können. Die Testergebnisse werden in eine eigene Tabelle geschrieben, die dann von einem aktiven Check abgefragt wird. Die Formulierung könnte z.B. lauten: „Liegen für einen Test aktuelle Ergebnisse vor und sind diese fehlerfrei, dann ist alles *OK*, ansonsten ist der Status *CRITICAL*". Weiterhin hat die Lösung mit der Datenbank noch den Vorteil, dass beliebige Zusatzinformationen für Reportingzwecke abgespeichert werden können.

Die Frage ist nun, wie stellt man am Ende eines Testscripts fest, ob es erfolgreich durchgelaufen ist oder nicht, wie kann man externe Programme wie **send_nsca.exe** aufrufen und wie kann man das Testergebnis in eine Datenbank schreiben?

JavaScript besitzt einen Mechanismus, um Exceptions zu behandeln. Fehlgeschlagene Assert-Anweisungen, wie sie von Sahi für die Prüfung von Webseiten auf Korrektheit verwendet werden, lösen solche Exceptions aus. Der Rahmen, in dem die Fehlerbehandlung stattfindet, sieht folgendermaßen aus:

```
try {
    ...
    JavaScript-Code, der eventuell auf irreparable Fehler läuft.
    ...
} catch(e) {
    ...
    JavaScript-Code, der im Fehlerfall ausgeführt wird..
    ...
} finally {
    ...
    JavaScript-Code, der in jedem Fall ausgeführt wird
    ...
}
```

Es liegt also nahe, ein Sahi-Testscript in einen *try*-Block zu packen, gegebenenfalls im *catch*-Block den Fehlerfall festzustellen und im *finally*-Block das Testresultat an Nagios zu schicken. Beispielsweise würde das Script, welches das Kontaktformular ausgefüllt hat, dann so aussehen:

```
var $testresult = 0;
try {
    // Das mit Hilfe des Sahi-Controllers erstellte Testscript.
    _assertExists(_textbox("NAME"));
    _assertEqual("", _textbox("NAME").value);
    _setValue(_textbox("NAME"), "Admin");
    _setValue(_textbox("FIRSTNAME"), "Armin");
    _setValue(_textbox("COMPANY"), "Naprax");
```

```
        _setValue(_textbox("EMAIL"), "armin.admin@naprax.de");
        _setValue(_textarea("NOTE"), "*** Das ist nur ein Test ***");
        _click(_submit("Abschicken"));
        _assertExists(_spandiv("content"));
        _assertContainsText("Besten Dank Herr Armin Admin, wir setzen uns so
schnell wie m\u00f6glich mit ihnen in Verbindung.",
        _spandiv("content"));
} catch (e) {
        // Dieser Teil des Codes wird nur durchlaufen, wenn der
        // vorherige Block wegen Fehler abgebrochen wurde.
        $testresult = 2;
} finally {
        // Dieser Teil des Codes wird nach jedem Durchlauf des
        // Testscripts ausgeführt, sowohl im Fehler- als auch
        // im Erfolgsfall
        sendResultToNagios($testresult);
}
```

Durch den Aufruf von *sendResultToNagios* wird das Testergebnis wie oben vorgestellt in eine Datenbank geschrieben oder per **send_nsca** versandt. Bevor genauer darauf eingegangen wird, wie die Funktion *sendResultToNagios* aussieht, werden die Voraussetzungen für die beiden Methoden beschrieben.

send_nsca

Damit Testresultate vom Sahi-Server als passive Checks an den Nagios-Server geschickt werden können, braucht man das Clientprogramm **send_nsca.exe**. Man findet es unter dem Namen *NSCA Win32Client* auf NagiosExchange[11]. Am Besten installiert man es unter dem Pfad *C:\Program Files\NSCA*. Die folgenden Codebeispiele gehen von diesem Verzeichnis aus. Neben dem Binary gibt es im selben Verzeichnis noch eine Konfigurationsdatei *send_nsca.cfg*, in der zwei Einträge angepasst werden müssen.

Listing 8.11: **C:\Program Files\NSCA\send_nsca.cfg**

```
# Das Passwort, mit dem sich send_nsca beim NSCA-Daemon
# auf dem Nagios-Server authorisiert.
password=nscaprax

# Die Methode, mit der die Kommunikation verschlüsselt werden soll.
encryption_method=10
```

Damit sind die Voraussetzungen geschaffen, unter denen der Sahi-Rechner ein passives Checkresult an den Nagios-Server mit dem NSCA-Protokoll übermitteln kann. Nun muss noch dafür gesorgt werden, dass Sahi-Testscripts den **send_nsca**-Befehl benutzen können. Die API von Sahi bietet dafür die Funktion *_execute()* an, mit der der Sahi-Proxy angewiesen wird, externe Programme auszuführen.

---

11 http://www.nagiosexchange.org/cgi-bin/page.cgi?g=Detailed%2F1600.html;d=1

```
_execute(command, isSynchronous)
```

Der erste Parameter gibt ein Batch- oder Shellscript an, welches Sahi an einen Kommandointerpreter übergibt. Der zweite Parameter kann die Werte *true* oder *false* annehmen und legt fest, ob Sahi warten soll, bis das Kommando durchgelaufen ist oder ob es in einem eigenen Thread asynchron ausgeführt werden soll. Für die Ausführung von **send_nsca** ist es ratsam, Letzteres zu wählen, damit bei Netzwerkproblemen oder einem träge reagierenden NSCA-Server nicht auch noch das Sahi-Script blockiert wird. Weiterhin ist zu beachten, dass **send_nsca** von der Standardeingabe liest, die Checkresultate also mit einer Pipe übermittelt werden müssen. Die *_execute*-Funktion kann so ein Konstrukt nicht ausführen, weshalb die Resultate als Kommandozeilenparameter an ein Wrapperscript übergeben werden, das sie dann mit einem **echo**-Befehl in die Standardeingabe von **send_nsca** schreibt. Dieses Script legt man im *bin*-Verzeichnis an. Es ist sehr einfach aufgebaut:

Listing 8.12: **bin\send_nsca.bat**

```
@ECHO OFF
REM
REM    SEND_NSCA.BAT
REM
REM    Erwartet die Parameter
REM    - Hostname
REM    - Servicedescription
REM    - Servicestatus
REM    - Serviceoutput
REM
SET SEND_NSCA="C:\Program Files\NSCA\send_nsca.exe"
SET SEND_NSCA_CFG="C:\Program Files\NSCA\send_nsca.cfg"
REM
REM    Parameter4 sieht zunaechst so aus: "text | perfdata"
REM    Das Pipe-Symbol muss entwertet werden.
REM    Die Anfuehrungszeichen muessen entfernt werden.
REM    Text, der ein Pipesymbol enthaelt, kann nicht mit dem
REM    echo-Befehl an eine weitere Pipe geschickt werden.
REM    Er muss in eine Zwischendatei geschrieben werden.
REM
SET OUTPUT=%4
SET OUTPUT=%OUTPUT:|=^^^|%
SET OUTPUT=%OUTPUT:"=%
REM
SET /a WORKFILE=%RANDOM%+100000
SET WORKFILE=WRK%WORKFILE:~-5%.TMP
REM
ECHO %1,%2,%3,%OUTPUT% > %WORKFILE%
REM
< %WORKFILE% %SEND_NSCA% -c %SEND_NSCA_CFG% -H 10.0.12.10 -d ","
DEL %WORKFILE%
```

Als Delimiter wurde hier das Komma gewählt, weil der **echo**-Befehl nicht mit den standardmäßig verwendeten Tabulatoren umgehen kann. Unter einem Unix-System dagegen steht das **printf**-Kommando zur Verfügung, das dazu in der Lage ist. Ein entsprechendes Shellscript sieht dann so aus:

Listing 8.13: **bin/send_nsca**

```
#! /bin/bash
SEND_NSCA=/usr/local/nagios/bin/send_nsca
SEND_NSCA_CFG=/usr/local/nagios/etc/send_nsca.cfg
NSCA_SERVER=10.0.12.10
NSCA_PORT=5667

printf "%s\t%s\t%s\t%s\n" "$1" "$2" "$3" "$4$ | $SEND_NSCA -c $SEND_NSCA_CFG
-H $NSCA_SERVER -p $NSCA_PORT
```

Damit ist man in der Lage, aus einem Sahi-Testscript heraus das Ergebnis an Nagios schicken zu können.

_execute('send_nsca <host> <service> <0|1|2|3> "<comment>"', false);

Praktisch ist, dass der Sahi-Proxy, also der aufrufende Prozess bereits im *bin*-Verzeichnis läuft, so dass hier kein *bin* oder *bin/* dem **send_nsca**-Wrapperscript vorangestellt werden muss. Damit sieht das _execute-Komando sowohl unter Windows als auch unter Unix gleich aus (Bei Windows muss die Endung *.bat* nicht angegeben werden.). Wie man diesen Aufruf in seine Sahi-Testscripts einbaut, wird im übernächsten Abschnitt gezeigt. Zunächst soll noch erläutert werden, wie die Speicherung von Testergebnissen in einer Datenbank funktioniert.

Datenbank

Das Versenden von Testergebnissen mittels **send_nsca** ist eine recht simple Methode, um die Überprüfung von Webapplikationen in das Nagios-System zu integrieren. Speichert man hingegen die Resultate in einer Datenbank, dann hat man mehr Möglichkeiten zur Auswertung. Je nachdem, wie man seine SQL-Abfragen formuliert, kann man den Status einzelner Tests oder auch den von ganzen Testsuiten ermitteln. Unabhängig von Nagios lassen sich die Daten auch für Reportingzwecke nutzen.

Als Datenbank bietet sich MySQL an. Sie ist einfach zu installieren und dürfte den meisten Nagios-Administratoren vertraut sein. Von der Downloadseite[12] lädt man sich den Community Server herunter, am Besten in der MSI-Version. Durch die Installation, die man als *Administrator*-Benutzer vornimmt, führt ein *Setup Wizard*. Bei der Auswahl des Installationsumfangs wählt man *„Typical"*. Wenn die Installation durch ist, erscheint der *MySQL Server Instance Configuration Wizard*. Hier entscheidet man sich im ersten Fenster für die Auswahl *„Detailed Configuration"*.

---

12 http://dev.mysql.com/downloads/mysql/5.1.html

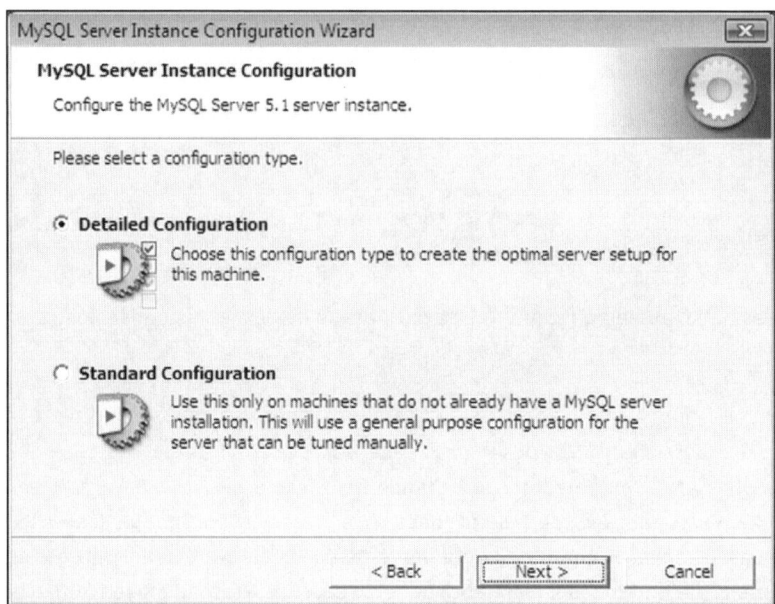

Abbildung 8.26: **Detailed Configuration erlaubt Feineinstellungen.**

Die Hauptarbeit auf dem Sahi-Server wird vom Proxy und den Browsern geleistet. Die Datenbank dagegen muss nur gelegentlich Testergebnisse speichern und Nagios-Services Auskunft geben. Daher reicht es, wenn man eine Konfiguration auswählt, bei der sich MySQL mit einem Minimum an Hauptspeicher begnügt. Die Einstellung dafür lautet *„Developer Machine"*.

Für die Speicherung der Testergebnisse wird nur eine einfach aufgebaute Tabelle benötigt. Auch Transaktionen sind bei der Sahi-Nagios-Kopplung nicht vorgesehen. Daher reicht es, wenn der Datenbankserver nur die MyISAM-Engine kennt. Diese Einstellung nennt sich *„Non-Transactional Database Only"*.

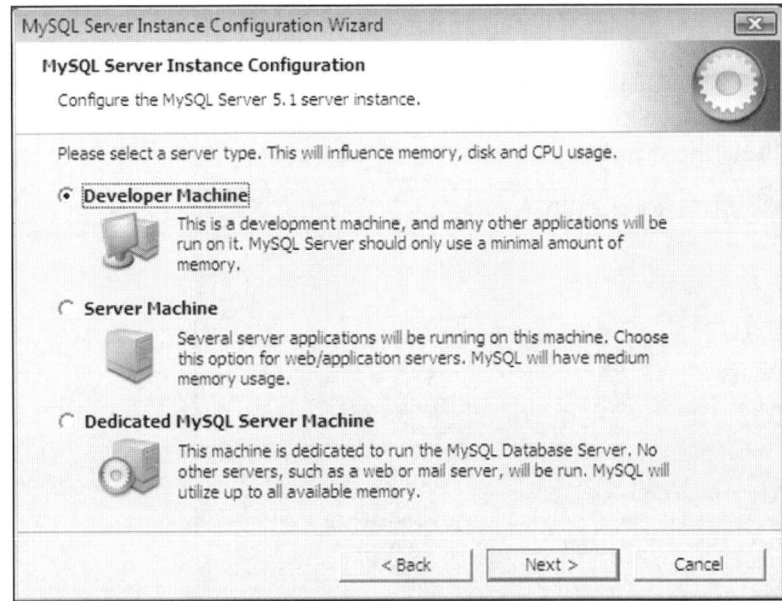

Abbildung 8.27: **Servertyp Entwicklermaschine mit wenig Speicherbedarf**

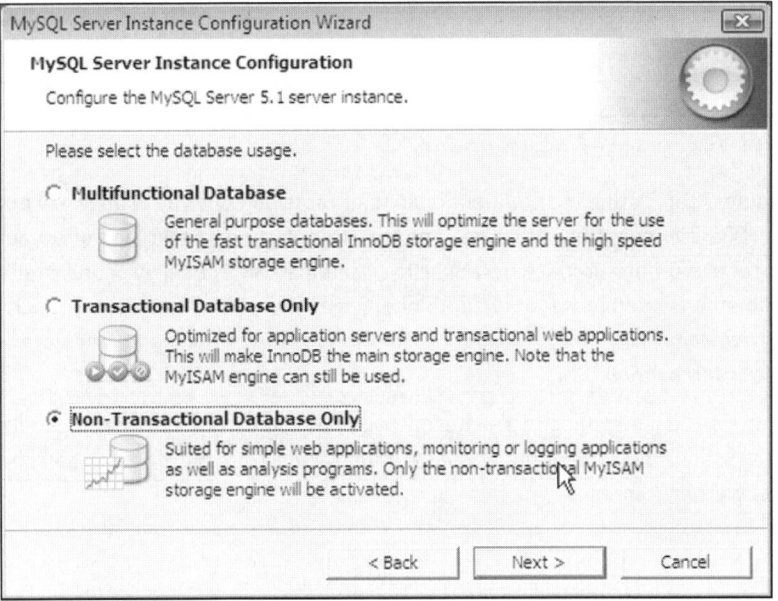

Abbildung 8.28: **Keine Transaktionen, kein InnoDB, nur MyISAM**

Die Anzahl der gleichzeitig verbundenen Benutzer wird sich in Grenzen halten. Nur zum Abspeichern eines Ergebnisses am Ende jeden Testscripts und beim Zugriff durch Nagios muss eine Datenbankverbindung initiiert werden. Da nur einfache Operationen ausgeführt werden, besteht die jeweilige Sitzung auch nur wenige Millisekunden. Im nächsten Schritt konfiguriert man 10 gleichzeitige Connections.

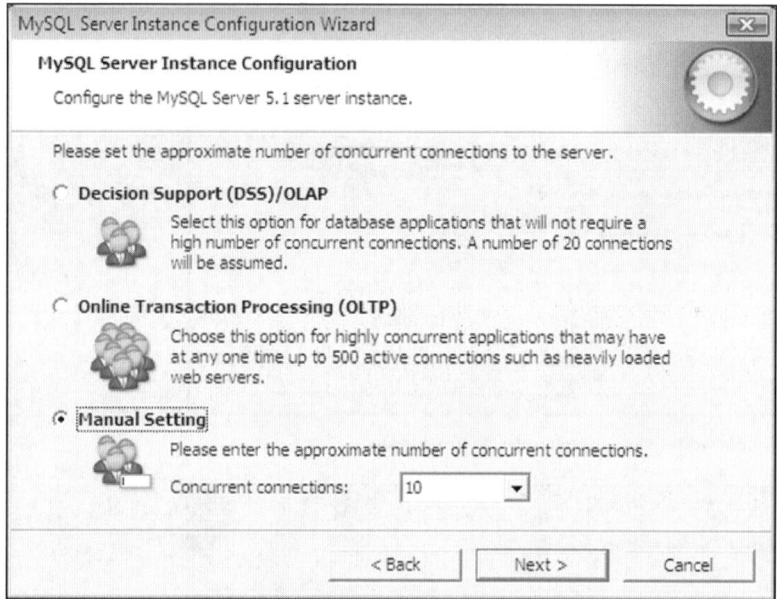

Abbildung 8.29: **Es werden 10 gleichzeitige Verbindungen erwartet.**

Der Zugriff vom Nagios-Server und eventuellen Reporting-Tools soll über das Netzwerk auf dem Standardport 3306 erfolgen. Defaultmäßig kann man nur über einen lokalen Socket auf den Datenbankserver zugreifen. Im nächsten Schritt wird daher die Netzwerkschnittstelle eingeschaltet. Auch eine passende Regel für die Windows-Firewall wird aktiviert. Die Einstellung „*Enable Strict Mode*" verhindert, dass Daten mit fehlerhaftem Format in der Datenbank gespeichert werden können.

Es ist nicht zu erwarten, dass exotische Zeichensätze zur Anwendung kommen. Deshalb reicht im folgenden Schritt die Einstellung „*Standard Character Set*", mit der europäische Zeichen verarbeitet werden können.

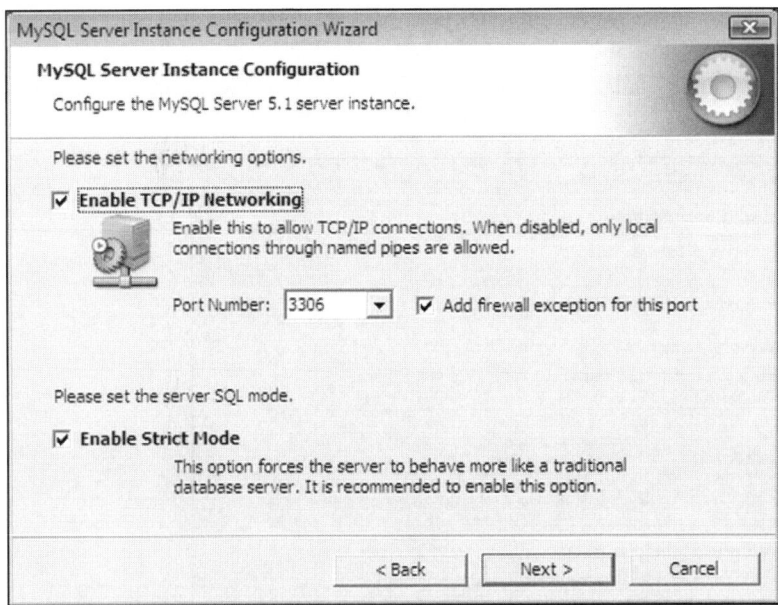

Abbildung 8.30: **TCP Port 3306 wird in der Firewall freigeschaltet.**

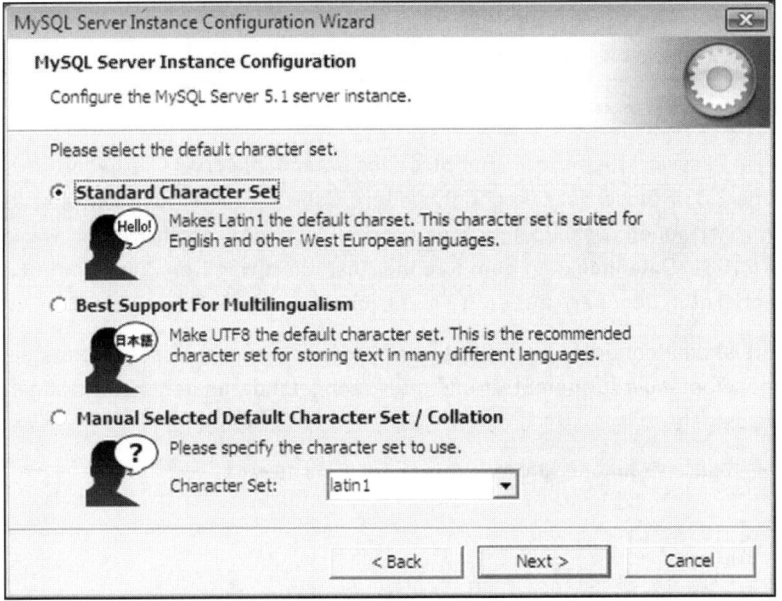

Abbildung 8.31: **Europäische Zeichensätze können verarbeitet werden.**

Der Sahi-Server soll möglichst wenig Administrationsaufwand verursachen. Dazu gehört, dass die Datenbank nicht von Hand gestartet werden muss. Mit der Einstellung „*Install As Windows Service*" sorgt man dafür, dass dies beim Booten des Sahi-Rechners automatisch geschieht.

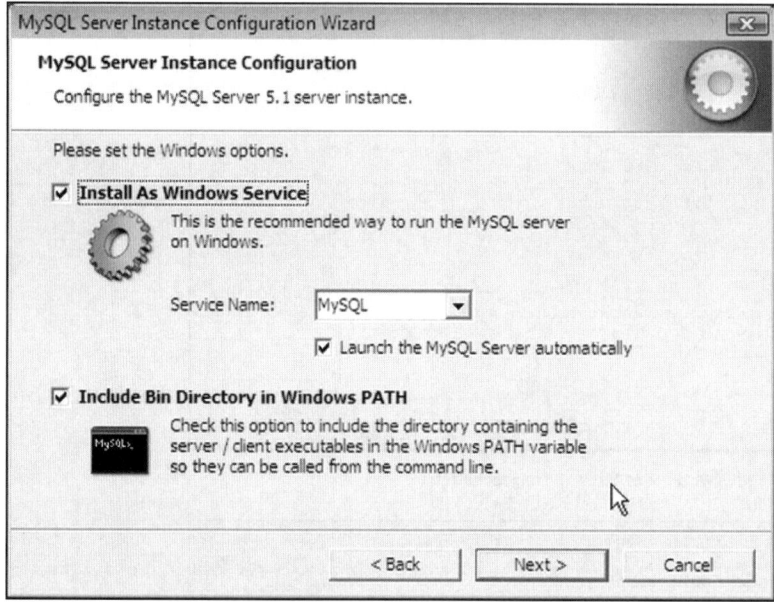

Abbildung 8.32: **Hochfahren des Datenbankservers beim System-Boot.**

Zuletzt muss noch ein Passwort für den *root*-Benutzer des Datenbankservers vergeben werden (siehe Abbildung 8.33). Dieser ist berechtigt, weitere User anzulegen und den Zugriff auf die Sahi-Daten zu erlauben. Das Textfeld „*current root password*" erscheint nur, wenn schon einmal eine MySQL-Datenbank auf dem Rechner installiert war. Den Zugriff auf den *root*-Account von entfernten Rechnern aus sollte man sicherheitshalber nicht gestatten.

Nach diesem Schritt ist die Konfiguration des Datenbankservers abgeschlossen. Die Installationsroutine sorgt selbständig für den Start und man kann jetzt daran gehen, die nötigen Objekte für Sahi anzulegen.

Dazu meldet man sich als *root* an und führt die folgenden Schritte aus:

```
C:\Users\nagios\sahi> mysql -u root -p
CREATE DATABASE sahi;
GRANT ALL ON sahi.* TO 'sahi'@'localhost' IDENTIFIED BY 'sahipw';
FLUSH PRIVILEGES;
```

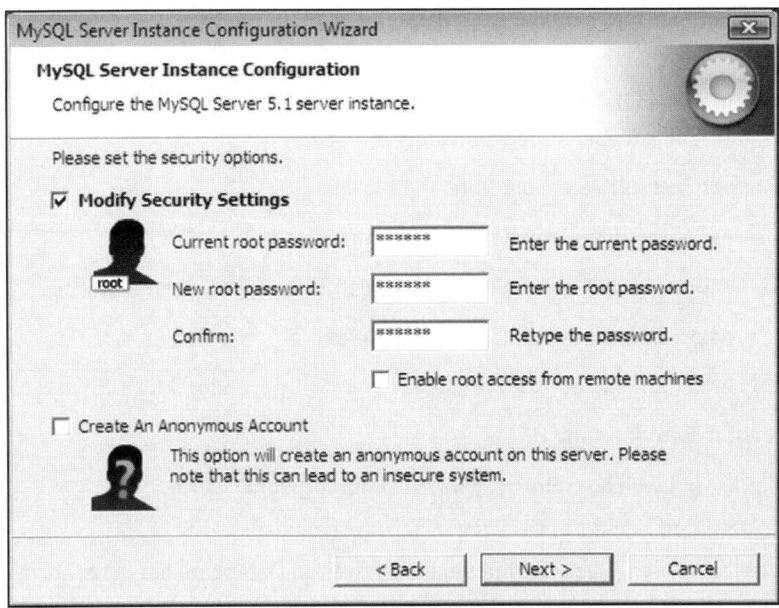

Abbildung 8.33: **Passwort für den DB-Administrator vergeben.**

Dadurch wurde eine neue Datenbank *sahi* generiert, und ein neuer Benutzer *sahi* angelegt, der vollen Zugriff auf alle darin enthaltenen Objekte hat. Das Passwort sollte natürlich nicht so simpel sein wie das im Beispiel verwendete.

Danach prüft man, ob die Anmeldung als Benutzer *sahi* funktioniert und legt die Tabelle *testresults* an, in der die Ergebnisse der Testscripts gespeichert werden. Anschließend kann man auch mit dem *INSERT*-Kommando probehalber ein Testresultat von Hand eintragen.

```
C:\Users\nagios\sahi> mysql -u sahi -p
CREATE TABLE testresults (
    id          INT AUTO_INCREMENT,
    suite       VARCHAR(64),
    test        VARCHAR(64),
    start       TIMESTAMP,
    stop        TIMESTAMP,
    result      INT,
    document    VARCHAR(255),
    browser     VARCHAR(255),
    PRIMARY KEY(id)
) ENGINE MYISAM;

INSERT INTO testresults
    (suite, test, start, stop, result, document, browser)
VALUES('app_web_naprax_internal',
    'app_web_naprax_internal_check_login',
    1238496880, 123849688, 0, 'http://www.naprax.de',
    'Mozilla/4.0 …');
```

Die verwendeten Spalten haben folgende Bedeutung:

- *id* ist einfach eine fortlaufende Nummer, die vom System selbständig hoch gezählt wird. Sie wird derzeit nicht verwendet, kann aber nützlich sein, wenn man selbstgeschriebene Auswertungen auf Basis dieser Tabelle anfertigen möchte.
- *suite* ist der Name der Testsuite ohne die Dateiendung *.suite*.
- *test* ist der Name des Testscripts ohne die Dateiendung *.sah*.
- *start* ist der Unix-Timestamp des Zeitpunkts, an dem das Testscript gestartet wurde.
- *stop* ist entsprechend die Zeit, zu der der Testlauf endete.
- *result* ist entsprechende der Nagios-Konvention der Wert 0 für *OK* oder 2 für *CRITICAL*.
- *document* ist die zuletzt aufgerufene URL.
- *browserstring* gibt an, mit welchem Browser der Test durchgeführt wurde.

Die Testergebnisse sollen aber nicht nur in die Datenbank geschrieben, sondern vor allem von Nagios ausgewertet werden. Dazu richten Sie einen zweiten Datenbankbenutzer *nagios* ein und gestatten diesem den Lesezugriff vom Nagios-Server aus. In diesem Beispiel wurde dessen IP-Adresse 10.0.12.10 eingetragen:

```
GRANT SELECT ON sahi.* TO 'nagios'@'10.0.12.10' IDENTIFIED BY 'nagpw';
FLUSH PRIVILEGES;
```

Nun muss noch dafür gesorgt werden, dass die Sahi-Scripts mit der Datenbank kommunizieren können. Als Java-Applikation benutzt Sahi dazu *JDBC*-Treiber. Da diese Schnittstelle aus Sicht des aufrufenden Java-Programms generisch ist, braucht man noch einen Unterbau für die verwendete Datenbank, den sogenannten Connector. Dieser ist ebenfalls auf der MySQL-Downloadseiteseite[13] unter der Bezeichnung *MySQL Connector/J* erhältlich. Man benötigt allerdings nicht das komplette Paket. Nach dem Herunterladen und Entpacken der Zip-Datei entnimmt man das Java-Archiv *mysql-connector-java-5.1.7-bin.jar* und kopiert es in das Unterverzeichnis *extlib\db*, das man vorher neu angelegt hat. Nun muss man noch dafür sorgen, dass der Sahi-Proxy beim Hochfahren diese neue Bibliothek auch lädt. Dazu gibt es die Environmentvariable *EXT_CLASS_PATH*, die man im Startscript **sahi.bat** setzen muss. Der Eintrag ist bereits vorbereitet, allerdings in der Grundeinstellung auskommentiert. Die Zeile muss lauten:

```
SET EXT_CLASS_PATH=%EXT_CLASS_PATH%;..\extlib\db\mysql-connector-java-5.1.7-bin.jar
```

---

[13] http://dev.mysql.com/downloads/connector/j/5.1.html

Startet man nun Sahi neu, dann kann man in den Testscripts die Klasse *sahiDB* verwenden. Man verbindet sich zur Datenbank, indem man den Konstruktor *_getDB* aufruft.

```
var db = _getDB("com.mysql.jdbc.Driver",
    "jdbc://localhost/sahi", "sahi", "sahipw");
```

Der erste Parameter weist *_getDB* an, den Treiber für MySQL zu benutzen. Dieser steckt in der soeben installierten Datei *mysql-connector.jar*. Als weitere Parameter nimmt der Aufruf eine URL, die den Zugang zur Datenbank beschreibt, sowie die Login-Daten. Der Rückgabewert ist ein *sahiDB*-Objekt, das die Methoden *select* und *update* kennt.

```
var $rs = db.select("SELECT * FROM testresults");

db.update("INSERT INTO testresults …");
```

Diese Aufrufe werden im nächsten Abschnitt benutzt, um die Testergebnisse in der Tabelle *testresults* zu speichern, wo sie dann von einem Nagios-Plugin abgeholt werden können.

Erweitern der Testscripts um die Funktion sendResultToNagios

Bei der Erstellung von Testscripts für Sahi besteht die Möglichkeit, häufig benutzte Funktionen in eigene Dateien auszulagern, die dann mit einem *_include*-Aufruf nachgeladen werden können. Diese Technik soll auch hier benutzt werden. Dazu erstellt man im Verzeichnis *scripts* die Datei *nagios.inc* mit folgendem Inhalt:

Listing 8.14: **Listing .: scripts\nagios.inc**

```
_include('sprintf.inc');

function initNagios() {
   $nagiosStartTime = Math.floor(new Date().getTime() /
       1000).toString();
   _set($startURL, window.document.location.href);
}

function sendResultToNagios() {
   var $nagiosStopTime =
       Math.floor(new Date().getTime() / 1000).toString();
   //
   // Mit der Methode hasErrors() kann man feststellen, ob
   //    das aktuell laufende Script auf Fehler gestossen ist.
   //
   var $nagiosResult = (ScriptRunner.hasErrors() ? 2 : 0);
   _set($stopURL, window.document.location.href);
   _set($nagiosAgent, navigator.userAgent);
   var $nagiosLastDocument = $stopURL;
   var $scriptPath = ('' + ScriptRunner.getScript().getFilePath());
   if ($scriptPath.search(/\\/)) { // Windows
     var $arrScriptPath = $scriptPath.split(/\\/);
   } else {
     var $arrScriptPath = $scriptPath.split(/\//);
```

```
        }
        var $nagiosTestScript = $arrScriptPath.pop().replace(/\.sah/,'');
        var $nagiosTestSuite = $arrScriptPath.pop();

        sendResultToDB($nagiosTestSuite, $nagiosTestScript,
            $nagiosStartTime, $nagiosStopTime, $nagiosResult,
            $nagiosLastDocument, $nagiosAgent);

        sendResultToNSCA($nagiosTestSuite, $nagiosTestScript,
            $nagiosStartTime, $nagiosStopTime, $nagiosResult,
            $nagiosLastDocument, $nagiosAgent);
    }

    function sendResultToDB($suite, $test, $start, $stop, $result,
        $document, $browser) {
        //
        // Schreib das Testergebnis in die Datenbank
        //
        var $stop = Math.floor(new Date().getTime() / 1000).toString();
        var $stmt = sprintf('INSERT INTO testresults ' +
            '(suite, test, start, stop, result, document, browser) ' +
            'VALUES(\'%s\', \'%s\', ' +
            'from_unixtime(%d), from_unixtime(%d), ' +
            '%d, \'%s\', \'%s\')',
            $suite, $test, $start, $stop, $result, $document, $browser);
        var db = _getDB("com.mysql.jdbc.Driver",
            "jdbc:mysql://localhost/sahi", "sahi", "sahipw");
        db.update($stmt);
    }

    function sendResultToNSCA($suite, $test, $start, $stop, $result,
        $document, $browser) {
        //
        // Sende das Testergebnis an den NSCA Server
        //
        var $duration = ($stop - $start).toString();
        var $serviceoutput =
            sprintf('test %s from suite %s %s after %d seconds' +
                '|duration=%ds',
                $test, $suite,
                (($result == 0) ? ' succeeeded' : ' failed'),
                $duration, $duration);
        var $cmdline = sprintf('send_nsca %s %s %d \"%s\"',
            'sahi', $test, $result, $serviceoutput);
        _execute($cmdline, false);
    }
```

Zuerst wird eine weitere Include-Datei *sprintf.inc* eingelesen. Diese beinhaltet eine Implementierung des *sprintf*-Befehls, der im Standardumfang von JavaScript leider nicht enthalten ist. Im folgenden Code wird er aus Gründen der Übersichtlichkeit mehrmals benutzt. Die Datei *sprintf.inc* findet man im Internet[14].

---

14 http://www.koders.com/javascript/fid68B7650BAD7F9A7984D48D3423A384A27CF0B382.aspx

KAPITEL 8 Überwachung von Webservern

Danach folgt die Definition der Funktion *initNagios()*. Sie initialisiert eine Variable *$nagiosStartTime*, in der die Startzeit des Testscripts gespeichert wird. Diese braucht man am Ende des Tests wieder, um die Gesamtlaufzeit zu berechnen. Die entscheidende Funktion ist jedoch *sendResultToNagios()*. In dieser wird zunächst wieder der aktuelle Zeitstempel ermittelt. Daraus lässt sich später errechnen, wie lange die Ausführung des Tests gedauert hat. Anschließend wird mit Hilfe der Funktion *ScriptRunner.hasErrors()* festgestellt, ob im soeben ausgeführten Test Fehler auftraten. Schließlich werden noch die URL der zuletzt geprüften Webseite und der verwendete Browsertyp ermittelt. Das Testresultat wird dann an zwei Funktionen übergeben: *sendResultToNSCA()* und *sendResultToDB()*.

» *sendResultToNSCA()* formuliert aus den vorliegenden Testdaten einen String, der dann mit **bin\send_nsca** an einen passiven Service von Nagios weitergeleitet wird.

» *sendResultToDB()* formuliert aus den Testergebnissen einen SQL-*INSERT*-Befehl, mit dem sie in die Tabelle *testresults* der Datenbank geschrieben werden.

Die Routinen verwendet man dann wie im folgenden Beispielscript.

Listing 8.15: **app_web_naprax_internal_check_login.sah**

```
_include('../nagios.inc');

initNagios();

try {
    //
    // Gib einen falschen Usernamen an.
    // Der Zugang muss verwehrt werden und die leere
    // Loginseite wieder erscheinen
    //
    _setValue(_textbox("username"), "nagiosadmin");
    _setValue(_password("password"), "superb16");
    _click(_submit("Anmelden"));
    _assertExists(_textbox("username"));
    _assertEqual("", _textbox("username").value);
    //
    // Gib den richtigen Usernamen an
    //
    _setValue(_textbox("username"), "napraxadmin");
    _setValue(_password("password"), "superb16");
    _click(_submit("Anmelden"));
    //
    // Jetzt muss die interne Seite auftauchen und der
    // erwartete Text gefunden werden.
    //
    _assertContainsText(/Sie sind nun angemeldet als napraxadmin/,_
spandiv("content"));
    //
    // Danack wird auf den Abmelde-Link geklickt
    //
    _assertExists(_link("abmelden"));
    _click(_link("abmelden"));
    //
    // Es muss wieder die Anmeldeseite erscheinen und
    // die Felder für Username und Passwort müssen leer sein.
```

```
        //
        _assertExists(_textbox("username"));
        _assertEqual("", _textbox("username").value);
        _assertExists(_password("password"));
        _assertEqual("", _password("password").value);
        //
        // Diese Stelle im Code wird nur erreicht, wenn es bei der
        // Ausführung der vorherigen Schritte keine schwerwiegenden
        // Fehler gab. Das Resultat des Testscripts wird im folgenden
        // Funktionsaufruf ermittelt.
        //
} finally {
        sendResultToNagios();
}
```

Lässt man nun eine Testsuite durchlaufen, dann erscheinen in der Datenbank die Resultate der einzelnen Tests. Das Feld *browser* ist ziemlich lang. Wer es übersichtlicher haben möchte, der kann in der Datei *nagios.inc* eine zusätzliche Funktion einbauen, die den String verkürzt, so dass er nur noch die wesentlichen Daten zu Browser und Betriebssystem enthält.

```
| 21 | app_web_naprax_contact  | app_web_naprax_contact_check_feedback |
2009-04-06 20:07:39 | 2009-04-06 20:07:41 |     2 | http://www.naprax.de/
contact/danke.php  | Mozilla/4.0 (compatible; MSIE 7.0; Windows NT 6.0;
SLCC1; .NET CLR 2.0.50727; Media Center PC 5.0; .NET CLR 3.5.30729; .NET CLR
3.0.30618) |
| 22 | app_web_naprax_contact  | app_web_naprax_contact_check_feedback |
2009-04-06 20:07:48 | 2009-04-06 20:07:50 |     2 | http://
www.naprax.de/contact/danke.php  | Mozilla/5.0 (Windows; U; Windows NT
6.0; de; rv:1.9.0.8) Gecko/2009032609 Firefox/3.0.8 (.NET CLR 3.5.30729
)          |
| 23 | app_web_naprax_internal | app_web_naprax_internal_check_login   |
2009-04-06 20:08:11 | 2009-04-06 20:08:15 |     0 | http://www.naprax.de/
internal/login.php | Mozilla/4.0 (compatible; MSIE 7.0; Windows NT 6.0;
SLCC1; .NET CLR 2.0.50727; Media Center PC 5.0; .NET CLR 3.5.30729; .NET CLR
3.0.30618) |
```

Läuft auf dem Nagios-Server als Gegenstück zum **send_nsca**-Befehl der *NSCA*-Daemon, dann erscheinen auch im Logfile von Nagios die Testergebnisse als passive Checkresults. Zunächst werden sie als ungültig erkannt, weil noch keine passenden Servicedefinitionen existieren.

```
[1239129389] EXTERNAL COMMAND: PROCESS_SERVICE_CHECK_RESULT;sahi;app_web_
naprax_internal_check_login;0;test app_web_naprax_internal_check_login from
app_web_naprax_internal succeeeded after 14 seconds|duration=14
[1239129389] Warning:  Passive check result was received for service
'app_web_naprax_internal_check_login' on host 'sahi', but the service could
not be found!
```

Für die ersten Tests reicht es, die Sahi-Suiten von Hand aufzurufen. Da das Ziel jedoch ist, rund um die Uhr die Verfügbarkeit der Webapplikationen zu überprüfen, muss man noch für eine automatische Ausführung sorgen. Unter einem Unix-Betriebssystem wird man dafür Cronjobs einrichten. Auf dem hier vorgestellten Beispielserver *sahi.naprax.de*, der unter Vista läuft, benutzt man die sogenannte Aufgabenplanung. Diese findet man im Startmenü unter *Zubehör / Systemprogramme*. Nachdem das Programm gestartet wurde, klickt man auf den Schalter *Aufgabe erstellen* und folgendes Fenster öffnet sich.

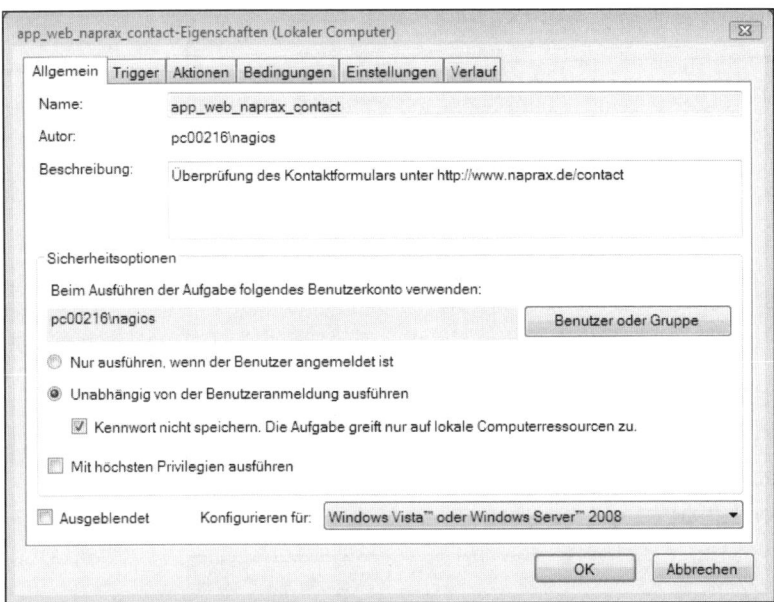

Abbildung 8.34: **Taskplaner – Allgemein**

Die Felder werden so wie in der Grafik gezeigt ausgefüllt. Um die Namenskonvention einzuhalten, vergibt man als Task-Name den gleichen Namen wie bei der Suite-Datei. Damit die Tests jederzeit, und ohne dass man sich als nagios-Benutzer einloggen muss, laufen, selektiert man *„Unabhängig von der Benutzeranmeldung ausführen"*. Danach legt man fest, wann und in welchem Intervall das Batchscript gestartet wird, das die Testsuite ausführt. Dazu legt man unter dem Reiter *„Trigger"* einen neuen Eintrag an.

Mit diesen Einstellungen sorgt man dafür, dass die Aufgabe sofort ausgeführt und danach im 5-Minuten-Rythmus wiederholt wird.

KAPITEL 8 Überwachung von Webservern

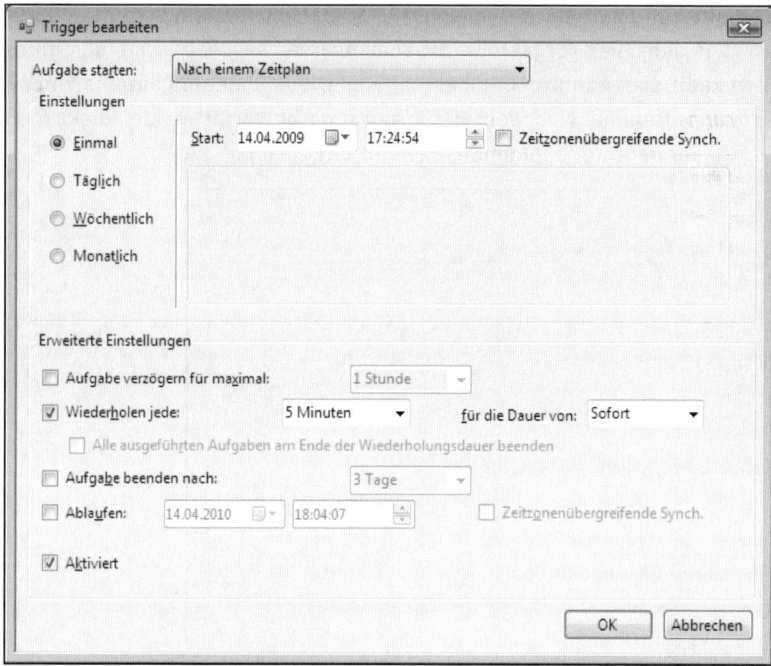

Abbildung 8.35: **Taskplaner – Trigger**

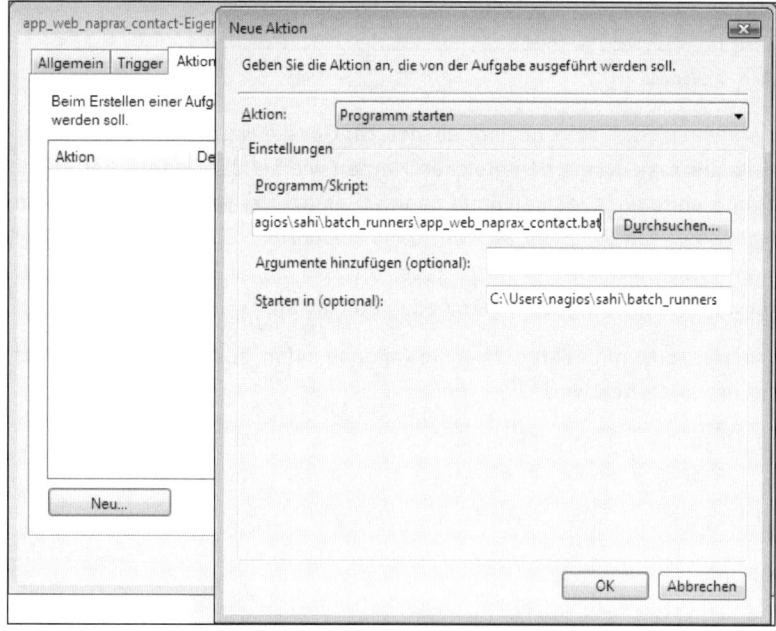

Abbildung 8.36: **Taskplaner – Aktionen**

Unter dem Reiter „*Aktionen*" gibt man an, was genau alle 5 Minuten ausgeführt werden soll. In diesem Fall ist es das Batch-Script, das die Testsuite startet. Da das Script relative Pfadnamen enthalten kann, bestimmt man mit einem weiteren Parameter, dass es im Unterverzeichnis *batch_runners* ausgeführt werden soll.

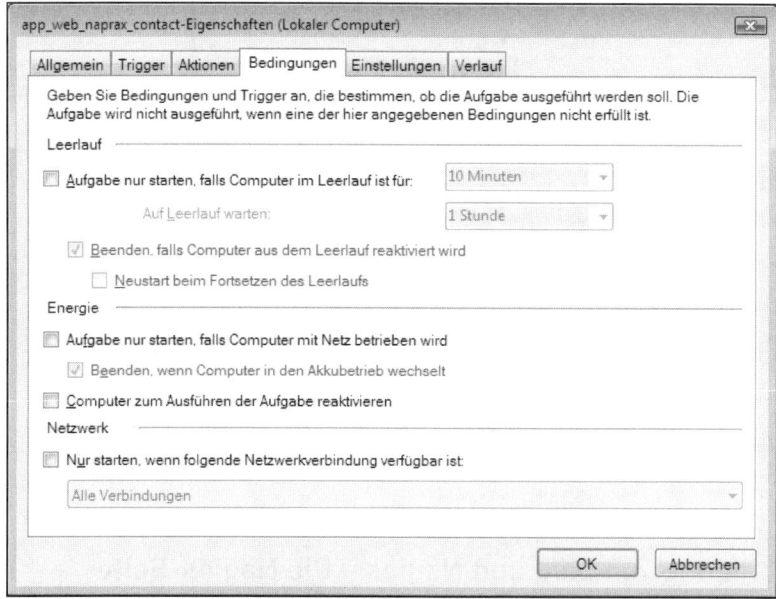

Abbildung 8.37: **Taskplaner – Bedingungen**

Unter *Bedingungen* kann man Einschränkungen angeben, falls das Script nur laufen soll, wenn bestimmte Voraussetzungen erfüllt sind. Da die Sahi-Tests uneingeschränkt durchgeführt werden sollen, lässt man dieses Eingabefenster leer. Im letzten Fenster „*Einstellungen*" sorgt man schließlich dafür, dass ein hängendes Script nach spätestens einer Stunde abgebrochen wird.

Die Vorbereitungen seitens Sahi sind nun vollständig abgeschlossen. Was jetzt noch zu tun ist, ist die Definition der Services in den Nagios-Konfigurationsdateien vorzunehmen.

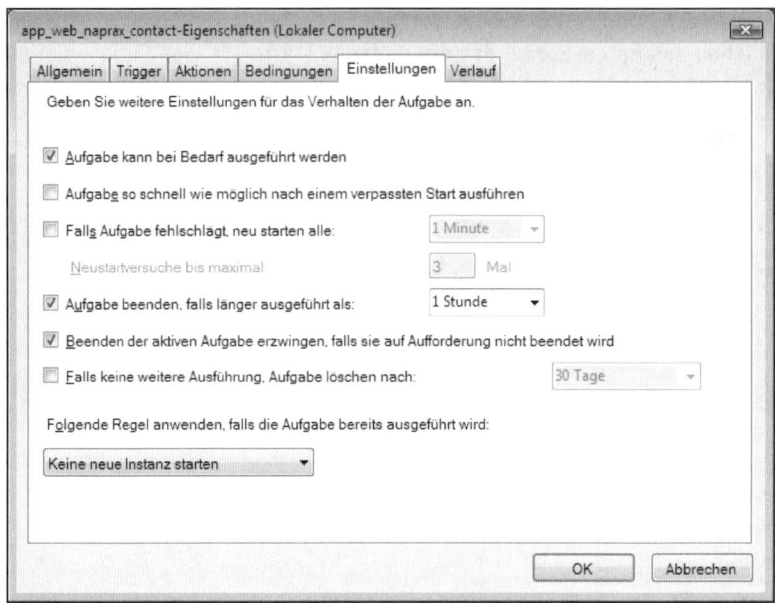

Abbildung 8.38: **Taskplaner – Einstellungen**

8.3.5 Die Verbindung von Sahi und Nagios – Die Nagios-Seite

Spätestens an dieser Stelle wird man sich entscheiden, ob die Überwachung der Webapplikationen mit Hilfe von aktiven oder passiven Services durchgeführt werden soll. Weiterhin ist zu überlegen, ob es für jeden einzelnen Test einen Nagios-Service geben soll oder nur für jede Testsuite. In den folgenden Beispielen wird ersteres angenommen, d. h. jedes Testscript wird auf einen eigenen Service abgebildet.

Passive Services

» Vorteile:
   » Keine Belastung des Nagios-Servers durch Pluginausführung
   » Keine extra Datenbankinstallation
   » Kein Aufwand zur Formulierung der Datenbankabfrage.
» Nachteile:
   » Die Abbildung einer gesamten Testsuite auf einen Nagios-Service ist nur dann sinnvoll, wenn der Service als *volatile* definiert wurde. Ansonsten könnte folgendes pas-

sieren: Test1 schlägt fehl und versetzt den Service in den Zustand *SOFT;1*. Test2 ist erfolgreich und somit bekommt der Service wieder den Status *OK*. Dadurch würden Fehlermeldungen verloren gehen.

» Viele Alarme, wenn der Service *volatile* ist und sämtliche Tests einer Suite fehlschlagen, weil der überprüfte Webserver Probleme hat.

Die Konfiguration in Nagios besteht dann aus einem Template, das die für passive Checks nötigen Einstellungen zusammenfasst und den Servicedefinitionen für die einzelnen Sahi-Tests.

```
define service {
    name                    app_web_sahi_passive
    register                0
    use                     7x24-default-service
    is_volatile             1
    active_checks_enabled   0
    passive_checks_enabled  1
    check_freshness         1
    freshness_threshold     1600
    check_command           check_dummy!2
}

define service {
    service_description     app_web_naprax_contact_check_feedback
    host_name               sahi
    use                     app_web_sahi_passive
}

define service {
    service_description     app_web_naprax_internal_check_login
    host_name               sahi
    use                     app_web_sahi_passive
}
```

Aktive Services

» Vorteile:

  » Neben der reinen Alarmierungsfunktion fallen Daten an, die sich für weitere Auswertungen nutzen lassen. Die Felder der Tabelle *testresults* können beliebig erweitert und firmenspezifischen Bedürfnissen angepasst werden.

  » Die Abfrage der Datenbank kann beliebig formuliert werden.

» Nachteil:

  » Zusätzlicher Administrationsaufwand durch die Verwendung einer Datenbank.

KAPITEL 8   Überwachung von Webservern

Bei dieser Methode werden die Testergebnisse indirekt mit Hilfe einer Datenbank an Nagios übergeben. Das bedeutet einen Mehraufwand, dafür aber auch höhere Flexibilität. Zu beachten dabei ist, dass die Ausführung der Nagios-Services asynchron zur Ausführung der Sahi-Tests abläuft. Man muss also den Service, genauer gesagt die SQL-Abfrage im zugehörigen Plugin so formulieren, dass das Checkintervall den Zeitrahmen vorgibt, in dem nach Testresultaten in der Datenbank gesucht wird. Zusätzlich muss man feststellen können, wenn Sahi Probleme hat und keine neuen Daten mehr liefert. Man kann sich die Erstellung eines eigenen Plugins sparen, indem man die Erweiterungsmöglichkeiten von **check_mysql_health** nutzt. Dazu legt man auf dem Nagios-Server im Verzeichnis *libexec* eine Datei namens *CheckMySQLHealthExt1.pm* an, in der die für Sahi relevanten Abfrageroutinen stehen.

Listing 8.16: **CheckMySQLHealthExt1.pm**

```perl
package MySahi;

our @ISA = qw(DBD::MySQL::Server);

sub init {
  my $self = shift;
  my %params = @_;
  if ($params{mode} =~ /my::sahi::status/) {
    $self->{dbnow} = $params{handle}->fetchrow_array(q{
      SELECT UNIX_TIMESTAMP() FROM dual
    });
    $self->valdiff(\%params, qw(dbnow));
    ($self->{tests_ok}, $self->{tests_failed}) = $params{handle}->fetchrow_array(q{
      SELECT
        IFNULL(SUM(CASE result WHEN 0 THEN 1 ELSE 0 END), 0) AS ok,
        IFNULL(SUM(CASE result WHEN 2 THEN 1 ELSE 0 END), 0) AS failed
      FROM testresults
      WHERE test = ?
        AND UNIX_TIMESTAMP(start) > ?
        AND UNIX_TIMESTAMP(start) <= ?
    }, $params{name}, $self->{dbnow} - $self->{delta_dbnow}, $self->{dbnow});
    $self->{last_test} = $params{handle}->fetchrow_array(q{
      SELECT UNIX_TIMESTAMP(MAX(start)) FROM testresults WHERE test = ?
    }, $params{name});
    $self->{last_test} ||= $self->{dbnow} - 3600 * 24; # falls es gar keine Eintraege gab
  }
}

sub nagios {
  my $self = shift;
  my %params = @_;
  if ($params{mode} =~ /my::sahi::status/) {
    if (($self->{dbnow} - $self->{last_test}) > 1800) {
      $self->add_nagios_critical(sprintf "%s did not run for more than 30 minutes (%ds)",
          $params{name}, $self->{dbnow} - $self->{last_test});
      $self->add_perfdata("tests=0 tests_ok=0 tests_failed=0");
```

```perl
    } else {
      $self->add_nagios($self->check_thresholds($self->{tests_failed}, 0,
0),
        sprintf("test %s had %d errors", $params{name}, $self->{tests_
failed}));
      $self->add_perfdata(sprintf "tests=%d tests_ok=%d tests_failed=%d",
          $self->{tests_ok} + $self->{tests_failed},
          $self->{tests_ok}, $self->{tests_failed});
    }
  }
}
```

Sobald **check_mysql_health** diese Datei vorfindet, steht für den Parameter --*mode* automatisch ein neuer Wert *my-sahi-status* zur Verfügung, den man mit folgendem Aufruf benutzt.

```
nagsrv$ check_mysql_health \
    --hostname sahi.naprax.de --database sahi \
    --username nagios --password nagpw \
    --mode my-sahi-status \
    --name app_web_naprax_internal_check_login
OK - test app_web_naprax_internal_check_login had 0 errors | tests=2 tests_
ok=2 tests_failed=0
```

Diese Ausgabe besagt z.B., dass seit dem letzten Aufruf des Plugins das Testscript *app_web_naprax_internal_check_login* zweimal gelaufen ist und in der Datenbank beide Male ein erfolgreiches Resultat abgelegt wurde. Wenn Sahi Probleme hat und seit mehr als 30 Minuten kein Testergebnis in die Datenbank geschrieben wurde, dann sieht die Fehlermeldung des Plugins so aus:

```
CRITICAL - app_web_naprax_internal_check_login did not run for more than 30
minutes (8898s) | tests=0 tests_ok=0 tests_failed=0
```

Diesen Plugin-Aufruf baut man nun in Command- und Servicedefinitionen ein. Zunächst werden die gemeinsamen Parameter wieder in einem Template zusammengefasst, welches von den einzelnen Services benutzt wird.

```
define service {
   name                    app_web_sahi_active
   register                0
   use                     7x24-default-service
   active_checks_enabled   1
   check_interval          5
   passive_checks_enabled  0
}

define service {
   service_description     app_web_naprax_contact_check_feedback_db
   host_name               sahi
   use                     app_web_sahi_active
```

```
    check_command              check_sahi_db_result
}

define service {
    service_description        app_web_naprax_internal_check_login_db
    host_name                  sahi
    use                        app_web_sahi_active
    check_command              check_sahi_db_result
}
```

Danach definiert man das Command *check_sahi_db_result*, das den Aufruf von **check_mysql_health** mit Hilfe von Makros vervollständigt. Insbesondere nutzt man dabei, dass die Namen der Sahi-Testscripts den Servicedescriptions von Nagios entsprechen.

```
define command {
    command_name    check_sahi_db_result
    command_line    $USER3$/check_mysql_health \
       --hostname $HOSTADDRESS$ --port 3306 \
       --database sahi \
       --username nagios --password nagpw \
       --mode my-sahi-status \
       --name $SERVICEDESC$
}
```

Der Anschaulichkeit halber wurden für die folgende Abbildung sowohl passive als auch aktive Services wie beschrieben dem Host *sahi* zugeordnet. In der Weboberfläche von Nagios zeigt sich dann dieses Bild:

Host	Service	Status	Last Check	Duration	Attempt	Status Information
sahi	app_web_naprax_contact_check_feedback	OK	04-14-2009 13:32:15	0d 3h 54m 57s	1/4	test app_web_naprax_contact_check_feedback from suite app_web_naprax_contact succeeeded after 1 seconds
	app_web_naprax_contact_check_feedback_db	OK	04-14-2009 13:32:26	0d 3h 59m 44s	1/4	OK - test app_web_naprax_contact_check_feedback had 0 errors
	app_web_naprax_internal_check_login	OK	04-14-2009 13:36:49	0d 3h 37m 17s	1/4	test app_web_naprax_internal_check_login from suite app_web_naprax_internal succeeeded after 3 seconds
	app_web_naprax_internal_check_login_db	OK	04-14-2009 13:36:22	0d 3h 35m 48s	1/4	OK - test app_web_naprax_internal_check_login had 0 errors

Abbildung 8.39: **Zwei Sahi-Testscripts werden sowohl passiv als auch aktiv überprüft.**

Eine weitere Variante, bei der die Testsuiten in ein Plugin gepackt und direkt durch Nagios aufgerufen werden, soll hier nicht eingegangen werden, da je nach Umfang der Tests und Antwortzeiten der Webserver von einer unangemessen langen Laufzeit ausgegangen werden muss.

Ausblick

Die beiden vorgestellten Konfigurationen sind nur zwei von vielen Möglichkeiten. Auch die Verwendung eines einzelnen Servers, der sowohl die Sahi-Installation als auch die Datenbank beherbergt, ist nur ein Anfang. Es wäre beispielsweise denkbar, Webseiten von intern als auch von extern zu prüfen, indem man jeweils einen Sahi-Server im Firmennetz und einen bei einem Internet-Hoster unterbringt. Dadurch gewinnt man einerseits an Redundanz und andererseits lassen sich Fehler auf Netzwerk- oder Firewall-Ebene so schneller eingrenzen. Mit **check_multi** ließen sich dann die Zugriffe über unterschiedliche Netzwerkpfade wieder zu einem Service zusammenfassen. Oder aber die Sahi-Server schreiben ihre Ergebnisse in eine gemeinsame Datenbank und die Auswertung unter Berücksichtigung der Redundanz findet in einer erweiterten SQL-Anweisung statt.

Abschließend noch ein Tipp, der bei der Fehlersuche nützlich sein dürfte. Sahi legt zwar bei jedem Testlauf ein Protokoll mit den durchgeführten Einzelprüfungen ab, aus dem man ersehen kann, welche Assert-Anweisungen fehlgeschlagen sind. Für die Interpretation muss man allerdings mit dem HTML-Code der Webapplikation vertraut sein. Hätte man ein Bild der fehlerhaften Webseite vor Augen, würde man der Fehlerursache sicher schneller auf die Spur kommen. Daher soll zuletzt noch eine Funktion vorgestellt werden, mit deren Hilfe man Sahi dazu bringen kann, von einer fehlerhaften Webseite einen Screenshot zu machen. Sie wird immer dann aufgerufen, wenn in der Funktion sendResultToNagios() der Status $nagiosResult ungleich Null ist.

```
function takeShapshot($suite, $test) {
    var $testScript = ('' +
→ ScriptRunner.getScript().getScriptName()).replace(/\.sah/,'');
    var $snapfile =
→ Packages.net.sf.sahi.util.Utils.createLogFileName($testScript) +
→ '.jpg';
    _execute('\"C:/Program Files/IrfanView/i_view32.exe\" /capture=2 '
→ + '/convert=C:\\\\Users\\nagios\\\\sahi\\\\snapshots\\\\'
→ + $snapfile);
}
```

Es wird vorausgesetzt, dass das hervorragende Image-Tool Irfanview[15] auf dem Sahi-Rechner installiert ist. Dieses wird von der Funktion *takeSnapshot()* so aufgerufen, dass das Fenster im Vordergrund des Desktops fotografiert und als JPG-Datei im Verzeichnis snapshots abgespeichert wird. Bei einem Windows-System ist dabei zu beachten, dass die CMD-Shell, in der sahi.bat gestartet wurde, im Vordergrund läuft. Ist das nicht der Fall, dann kann es vorkommen, dass sich die Browser-Fenster im Hintergrund öffnen.

---

15 http://www.irfanview.com

9. Monitoring von SAP

From: Bernd Berserker
To: Armin Admin

Hallo Armin,

wir sollten auch unser SAP-System ins Nagios-Monitoring integrieren. SAP hat zwar eine ziemlich mächtige Eigenüberwachung an Bord und eigentlich gehört es auch zu den Routineaufgaben der SAP-Admins, da ein Auge draufzuwerfen. Es wäre aber trotzdem schön, wenn zumindest Ausfälle und die häufigsten Probleme mit Nagios erkannt und gemeldet werden könnten.

Bernd

P.S.: Herr von Schlips vom SAP-Betrieb wird garantiert keine große Hilfe sein. Er steht der Einführung von Nagios skeptisch gegenüber und lässt dich mit Sicherheit nicht an seinen Maschinen basteln. Kannst du zunächst an einem eigenen Testsystem arbeiten, bis wir ihm eine fertige Lösung präsentieren können?

9.1 Einführung

Im Herzen der IT vieler Unternehmen findet man Software der Firma SAP. Dieses mächtige System steuert Prozesse, Daten- und Warenflüsse, Bestell- und Liefervorgänge, Personalwesen, Zeiterfassung, kurz gesagt: es kann so gut wie alles. Entsprechend wichtig ist natürlich der reibungslose Betrieb. Ein ausgefallenes SAP-System kann immensen Schaden anrichten. Daher ist ein funktionierendes Monitoring von größtem Interesse für die Firma.

Zum Ausprobieren der in diesem Kapitel vorgestellten Monitoringlösung muss man kein produktives SAP-System anfassen.

Auf der Downloadseite des *SAP Community Networks*[1] gibt es mehrere Trial-Pakete, mit denen man ein SAP-System unter Linux aufsetzen kann. Am einfachsten ist es, wenn man „*SAP NetWeaver 7.0 – Java and ABAP Trial Version on Linux – Vmware Edition*" herunterlädt. Damit bekommt man ein VMware-Image, das ein SLES10-Betriebssystem und eine fertige SAP-Zentralinstanz beinhaltet. Eine Anleitung zur Inbetriebnahme findet man ebenfalls auf der SDN-Seite in einem Blogeintrag[2]. Nach dem Auspacken und Starten des Images kann man nun nach Belieben experimentieren. Insbesondere wenn in einer Firma die Einführung von Nagios misstrauisch beäugt wird, lässt sich mit so einer Testinstallation das SAP-Monitoring in Ruhe vorbereiten und erst dann offiziell vorstellen, wenn alles fehlerfrei läuft.

---

1 http://sdn.sap.com
2 http://www.sdn.sap.com/irj/scn/weblogs?blog=/pub/wlg/9110

KAPITEL 9 Monitoring von SAP

9.2 Ansatzpunkte für das Monitoring mit Nagios

Die in diesem Kapitel aufgeführten Beispiele beziehen sich auf eine SAP-Installation, die aus zwei Servern besteht. Die SID lautet *N4S*.

» Die Zentralinstanz *DVEBMGS42* läuft auf dem Server *sap2.naprax.de*.
» Der Applikationsserver *D00* läuft auf dem Server *sap3.naprax.de*.

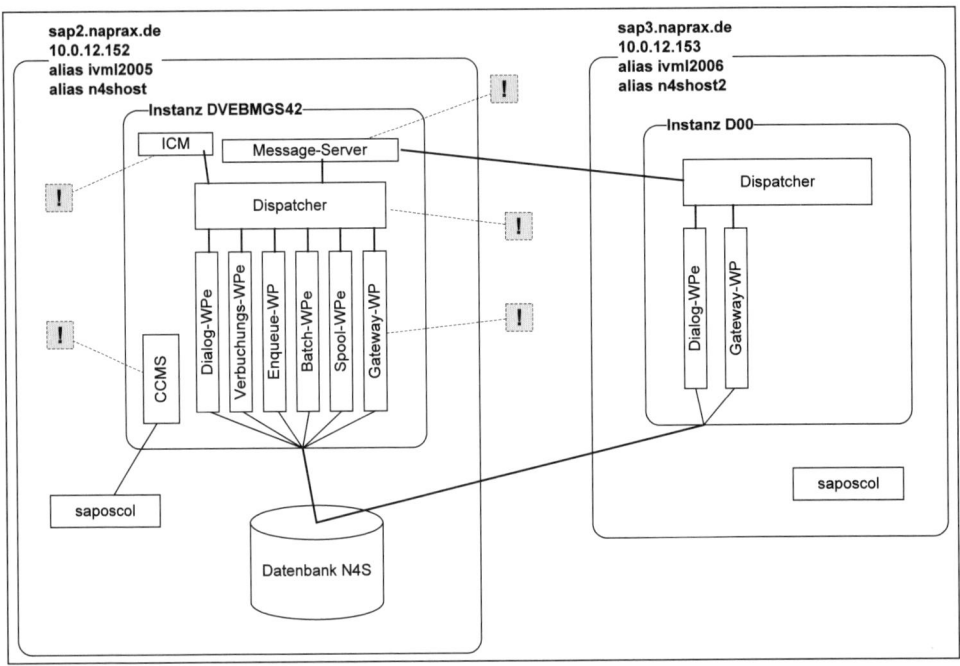

Abbildung 9.1: **Das SAP-System mit der SID N4S**

In der Abbildung wurden die Komponenten markiert, deren Ausfall den Betrieb eines SAP-Systems empfindlich stört oder gar lahm legt. In diesem Kapitel wird gezeigt, wie man eine Überwachung für diese Komponenten implementiert.

9.2.1 Message-Server

Jedes SAP-System besitzt einen *Message-Server*, der auf genau einer Instanz läuft, welche daher als *Zentralinstanz* (*CI*) bezeichnet wird. Alle anderen, die *Dialoginstanzen*, registrieren sich bei diesem Dienst. Die Aufgabe des *Message-Servers* ist die Koordination der einzelnen Instanzen innerhalb des Systems, insbesondere ist er auch für die gleichmäßige Verteilung der Workload zuständig. Er besitzt das Wissen, welche Instanzen und welche Services im System vorhanden sind. Fällt der *Message-Server* aus, so ist das SAP-System nicht mehr funktionsfähig. Dies wird die erste Komponente sein, welche mit Nagios überwacht wird.

9.2.2 Dispatcher

Der Dispatcher ist ein zentraler Prozess in einer SAP-Instanz. So wie ein SAP-System ohne Message-Server nicht mehr funktionieren kann, so ist auch eine Instanz ohne den Dispatcher nicht mehr lauffähig. Er hat die Aufgabe, die Transaktionslast auf die Workprozesse zu verteilen, User-Anfragen entgegenzunehmen und ist die Schnittstelle zur Präsentations-Ebene, also z.B. zur SAP-GUI. Außerdem kontrolliert er die Ausführung des *Gateway-Prozesses* und des *Internet Communication Manager*.

9.2.3 Gateway-Workprozess

Pro SAP-Instanz gibt es genau einen *Gateway-Workprozess*. Er wird beim Start der Instanz vom *Dispatcher* aktiviert. Seine Aufgabe besteht darin, die Kommunikation mit anderen SAP-Systemen (R2, R3) abzuwickeln und RFC-Calls entgegenzunehmen.

9.2.4 ICM und ICF

Der *Internet Communication Manager (ICM)* ist ein eigenständiger Prozess (**icman**, wird vom *Dispatcher* gestartet), der HTTP-Requests von webbasierten SAP-Clients entgegennimmt und entscheidet, ob diese an den ABAP- oder den Java-Stack übergeben werden sollen. In welchem der beiden die gewünschte Anwendung zu finden ist, entnimmt der ICM der URL des Requests. Handelt es sich um eine ABAP-Anwendung, so wird der Request an das *Internet Communication Framework (ICF)* weitergereicht. Im Einzelnen sind die Komponenten *ICF-Controller*, *ICF-Manager* und *HTTP Request-Handler* involviert. Letzterer interagiert mit der Anwendung.

Falls die Benutzer nicht nur über die SAP-GUI mit dem System arbeiten, sondern auch webbasierte Arbeitsplätze eingesetzt werden, sollte man diesen Zugangsweg ebenfalls überwachen.

9.2.5 CCMS

Ein SAP-System verfügt über eine eigene Monitoring-Infrastruktur, genannt *Computing Center Management System (CCMS)*. Diese sammelt mittels spezieller Programme Zustände und Kennzahlen und speichert sie in Tabellen der Datenbank. Per Default werden dabei nur Objekte des lokalen SAP-Systems abgefragt. Es ist jedoch auch möglich, ein zentrales Monitoring-System *(CEN)* aufzusetzen, das die Werte mehrerer SAP-Installationen innerhalb einer Landschaft sammelt. Die Beschreibungen in diesem Kapitel beschränken sich auf ein Einzelsystem.

Eine Komponente des *CCMS* ist der *Alert-Monitor*. Er dient dazu, die ermittelten Messwerte zu visualisieren und mit Schwellwerten zu vergleichen. Diese sind von SAP vorgegeben und auf typische Installationen zugeschnitten. Ein Administrator hat jedoch auch die Möglichkeit, sie den lokalen Gegebenheiten anzupassen. Genau wie bei Nagios kann jedes Objekt vier Zustände annehmen.

» *Rot* – Es gibt einen Fehler oder ein Problem, das das System ernsthaft beeinträchtigt. Ein kritischer Schwellwert wurde über- bzw. unterschritten.

» *Gelb* – Eine Warnung weist auf bevorstehende Probleme hin. Ein Warn-Schwellwert wurde über- bzw. unterschritten.

» *Grün* – Es gibt kein Problem.

» *Weiß* – Es ist keine Information zu diesem Objekt verfügbar.

Wenn man die Transaktion *RZ20* aufruft, gelangt man zu einer Baumstruktur (vgl. Abbildung 9.2), in der alle überwachten Objekte hinterlegt sind. Man sieht, dass es auf der obersten Ebene von SAP vordefinierte Sammlungen von Monitoren gibt. Diese umfassen alle wichtigen Bereiche der SAP-Instanz, der Datenbank und des Betriebssystems.

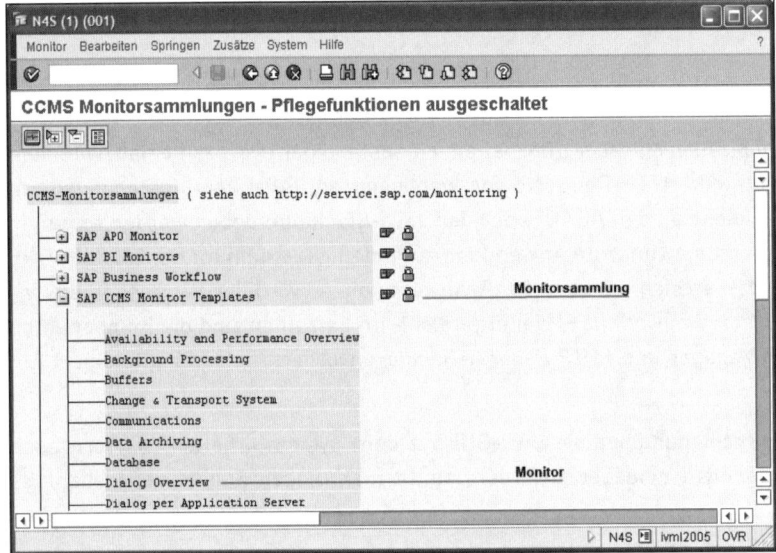

Abbildung 9.2: **Transaktion RZ20**

Wenn man einen Monitor anklickt, z.B. „*Dialog Overview*", so gelangt man zu einer weiteren Baumstruktur (vgl. Abbildung 9.3), die man so weit aufklappen kann, bis man auf die unterste Ebene zu Monitoring-Objekten und deren –attributen gelangt. Diese werden auch entsprechend ihres Zustands mit grüner, gelber, roter oder weißer Farbe unterlegt dargestellt. Die Knoten in so einem Baum werden als *Monitoring Tree Element* (*MTE*) bezeichnet. Je nach Monitor kann es noch viel mehr Hierarchieebenen geben als im abgebildeten Beispiel.

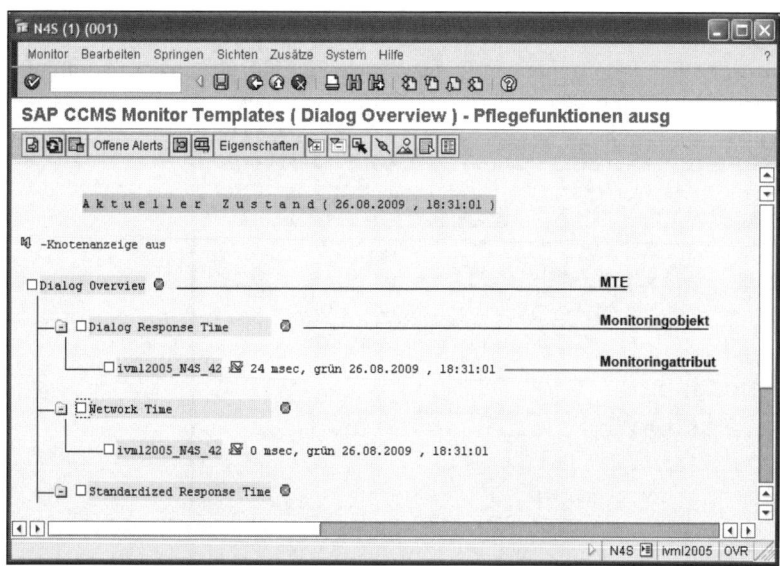

Abbildung 9.3: **Detaildarstellung eines Monitors**

Die Attribute bzw. ihre Zustände sind für das Monitoring mit Nagios entscheidend. In einem späteren Abschnitt wird gezeigt werden, wie man sie mit geeigneten Plugins abfragt.

Ein weiteres Feature des CCMS sind die Autoreaktionsmethoden. Damit sind Aktionen gemeint, die bei Eintreten z.B. eines roten Alarms automatisch vom SAP-System ausgelöst werden. Dies kann der Versand einer Email, eines SNMP-Traps oder die Ausführung eines externen Scripts sein. Wie sich damit passive Checks in Nagios realisieren lassen, wird ebenfalls noch gezeigt werden.

9.3 Vorarbeiten im SAP-System

Bevor man auf dem Nagios-Server mit dem Einrichten von Services beginnt, muss ein SAP-Administrator ein paar vorbereitende Schritte auf seinem System ausführen.

9.3.1 Anlegen eines Monitoring-Users in SAP

Für die Abfrage von Performancedaten aus SAP ist es erforderlich, sich am System anzumelden. Ein anonymer Zugang zum CCMS ist nicht möglich. Man legt daher am besten einen eigenen Monitoring-Benutzer an, der über gerade so viele Privilegien verfügt, wie nötig sind. Unter SAP benutzt man Rollen, um einzelne Berechtigungen zu gruppieren und dann den Usern zuzuweisen.

Anlegen einer Rolle mit den für Nagios benötigten Privilegien

Eine neue Rolle wird angelegt, indem man die Transaktion *PFCG* aufruft. Es erscheint dann die Maske „*Rollenpflege*" (vgl. Abbildung 9.4).

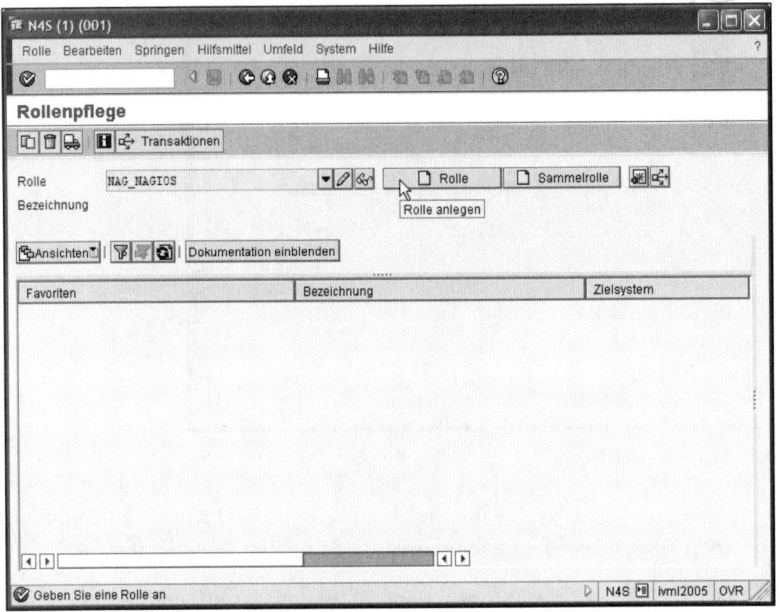

Abbildung 9.4: **Anlegen der Rolle für den Nagios-Benutzer**

Im Feld „*Rolle*" gibt man den künftigen Rollennamen ein. Üblicherweise gibt es für die Vergabe firmeninterne Namenskonventionen, an die man sich auch hier halten sollte. In diesem Beispiel lautet die Bezeichnung der Rolle der Einfachheit halber *NAG_NAGIOS*. Sobald man auf den Button „*Rolle*" geklickt hat, erscheint eine weitere Maske mit dem Titel „*Anlegen von Rollen*". Hier kann man eine Beschreibung eingeben, was in einem sauber gepflegten SAP-System selbstverständlich sein sollte. Entscheidend jedoch ist in diesem Fenster der Reiter „*Berechtigungen*". Wählt man ihn an, so erscheint zunächst eine Aufforderung, die neue Rolle zu sichern. Nachdem man dies mit Klick auf den Ja-Button bestätigt hat, gelangt man zur Maske „*Ändern von Rollen*" (vgl. Abbildung 9.5). Hier findet man ein Feld Profilname, in das man eine eigene Bezeichnung einträgt, im Beispiel *NAGIOS*. Überspringt man dies, so wird stattdessen eine willkürliche Zahlen- und Buchstabenkombination generiert. Damit man dieses Berechtigungsprofil später noch zuordnen kann, sollte man aber im eigenen Interesse einen sprechenden Namen vergeben. Anschließend scrollt man nach unten zum Button „*Berechtigungsdaten ändern*".

KAPITEL 9   Monitoring von SAP

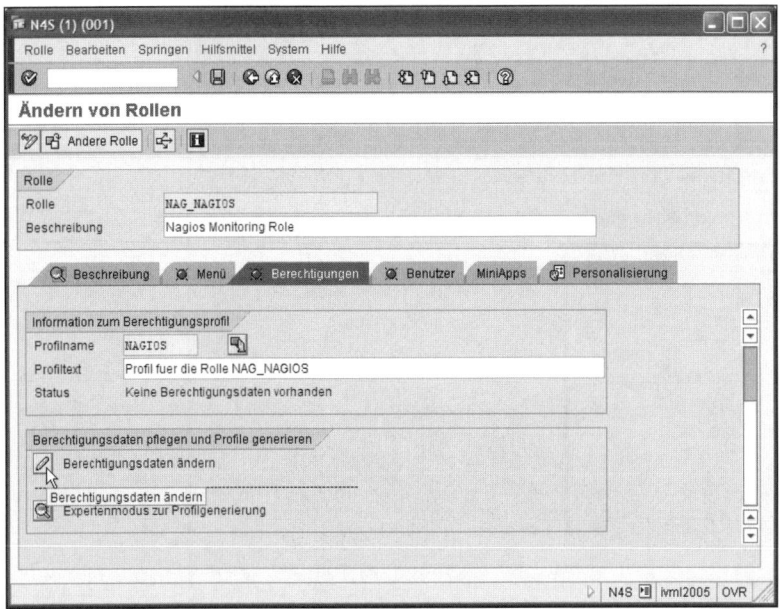

Abbildung 9.5: **Berechtigungsprofil für die neue Rolle**

Nach dem Klick auf „*Berechtigungsdaten ändern*" erscheint zunächst ein Popup mit einer Auswahl von voreingestellten Berechtigungen. Sie sind hier nicht relevant, weshalb man diesen Schritt überspringt, indem man auf „*Keine Vorlage auswählen*" klickt. Anschließend gelangt man zu einem Fenster „*Rolle ändern: Berechtigungen*" (vgl. Abbildung 9.6). Am oberen Rand des Arbeitsbereichs findet sich der Button „*Manuell*", den man als Nächstes auswählt. Im daraufhin erscheinenden Popup kann man nun die für die *NAG_NAGIOS*-Rolle gewünschten Berechtigungen eingeben:

KAPITEL 9 Monitoring von SAP

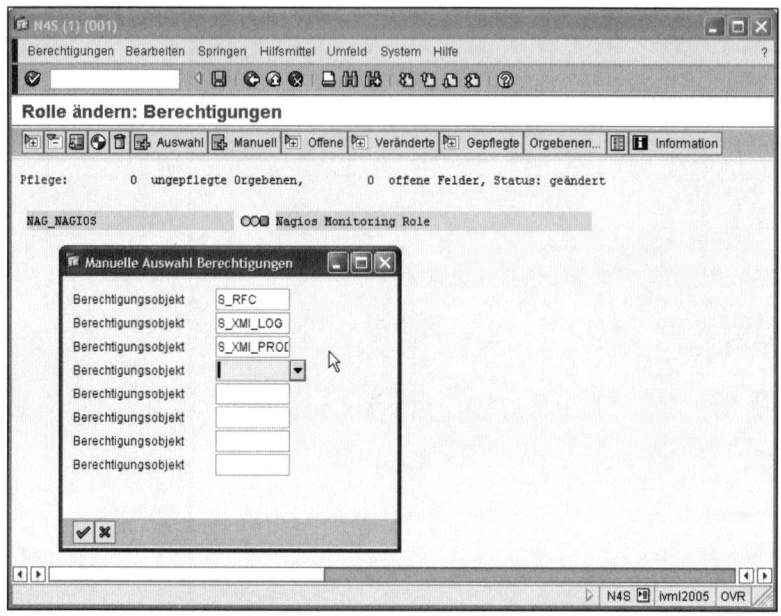

Abbildung 9.6: **Für Nagios braucht man S_RFC, S_XMI_LOG und S_XMI_PROD**

Nachdem die drei Berechtigungen *S_RFC*, *S_XMI_LOG* und *S_XMI_PROD* eingetragen und mit dem grünen Häkchen bestätigt wurden, sind noch ein paar Feineinstellungen nötig. Man klappt dazu sämtliche Zweige des Baumes unter *NAG_NAGIOS* auf (vgl. Abbildung 9.7) und nimmt Anpassungen an den einzelnen Berechtigungsobjekten (insgesamt 7 Objekte) vor, bis in der Titelzeile „*0 offene Felder*" zu lesen ist. Wichtig sind die Angaben *SALX* und *SXMI** bei „*Name des zu schützenden RFC-Obj*" und *Funktionsgruppe* bzw. *FUGR* bei „*Typ des zu schützenden RFC-Obj*". Im Grunde muss man aber nicht mehr tun, als auf die Stern-Symbole links von den Endknoten im Baum zu klicken. Die Felder rechts von den Knoten werden dann automatisch richtig ausgefüllt. Zuletzt muss sich folgendes Bild bieten:

KAPITEL 9 Monitoring von SAP

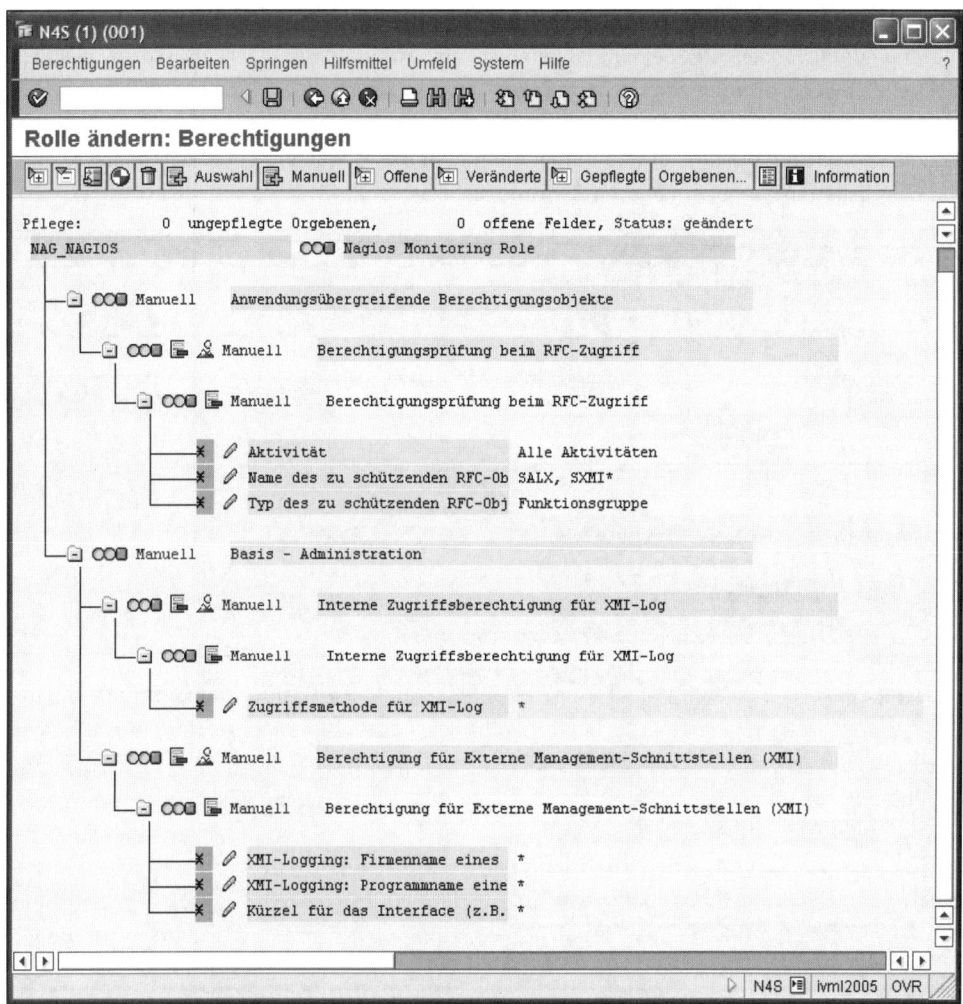

Abbildung 9.7: **Alle Berechtigungsobjekte für den NAGIOS-Benutzer**

Abschließend muss man noch auf den Button (mit dem Symbol eines rot-weißen Balls) „*Generieren*" klicken. Dadurch wird dann die neue Rolle *NAG_NAGIOS* fest im System hinterlegt.

Anlegen des Nagios-Benutzers in SAP.

Nun folgt im zweiten Schritt das Anlegen eines Benutzers, der diese Rolle zugewiesen bekommt. Über die Transaktion *SU01* gelangt man zur Maske „*Benutzerpflege: Einstieg*", wo man im Feld „*Benutzer*" den gewünschten Usernamen eingibt. Sollte es firmenweite Namenskonventionen geben, so sind diese natürlich auch hier einzuhalten. Für das Beispiel wurde einfach „*NAGIOS*" gewählt. Das zweite Feld „*Alias*" muss hier nicht ausgefüllt werden. Durch Klick auf den Button, der das Symbol eines leeren Blatts trägt, wird der neue Benutzer angelegt. Anschließend erscheint das Fenster „*Benutzer pflegen*" (vgl. Abbildung 9.8). Unter

KAPITEL 9 Monitoring von SAP

dem Reiter „*Adresse*" muss man zunächst das Pflichtfeld „*Nachname*" ausfüllen. Danach vergibt man unter „*Logondaten*" ein Initialkennwort und wählt als Benutzertyp „*Kommunikation*". Schließlich wechselt man zum Reiter „*Rollen*", gibt in der dortigen Tabelle „*Rollenzuordnungen*" die Bezeichnung „*NAG_NAGIOS*" ein und drückt die Return-Taste. Daraufhin wird die Zeile automatisch vervollständigt und man kann den neuen Benutzer schließlich durch Klicken auf das Diskettensymbol am oberen Bildrand sichern.

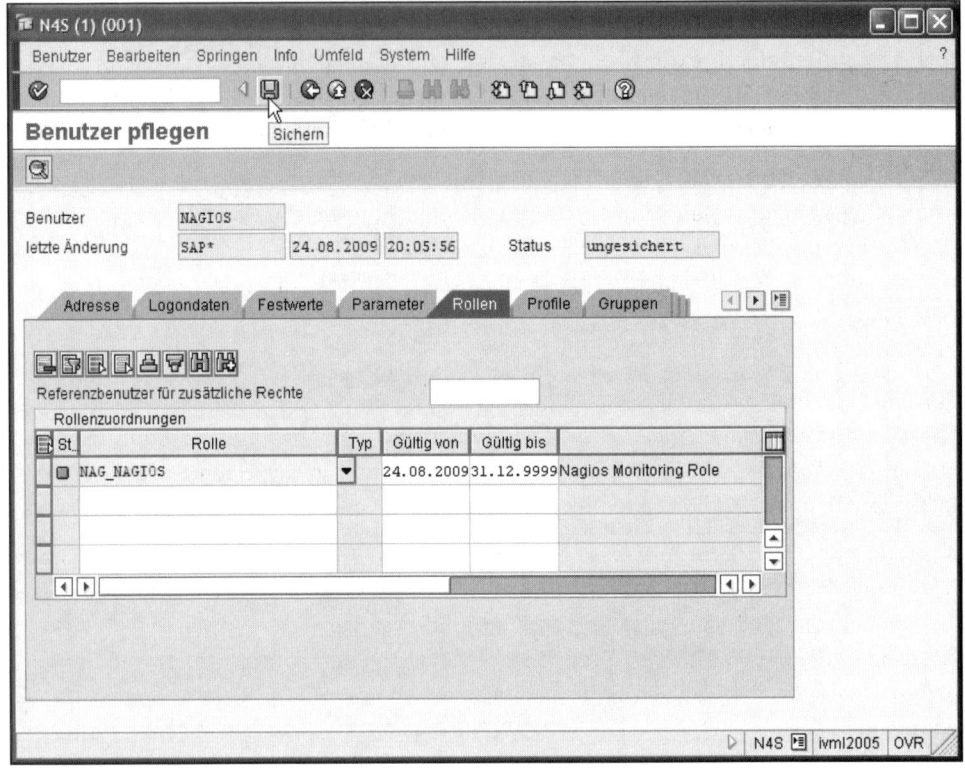

Abbildung 9.8: **Sichern des Benutzers NAGIOS mit der Rolle NAG_NAGIOS**

Der neue Benutzer *NAGIOS* besitzt jetzt alle Rechte, die benötigt werden, um über das Netzwerk Statusinformationen aus dem *CCMS* auszulesen.

9.3.2 Anlegen einer eigenen Monitorsammlung

In einem späteren Abschnitt dieses Kapitels werden die sogenannten *Nagios Plugins for SAP CCMS* vorgestellt. Diese verwendet man, um über die RFC-Schnittstelle von SAP Objekt-Zustände aus dem CCMS abzufragen und daraus einen gültigen Nagios-Status zu erzeugen. Eine unangenehme Eigenschaft dieser Plugins ist jedoch, dass sie nicht einzelne Monitoring-Objekte bzw. –attribute holen können, sondern bei jeder Anfrage immer sämtliche Daten eines Monitors übertragen werden. Wollte man z.B. das Objekt *Network Time* aus Abbildung 9.3 abfragen, so würden sämtliche verfügbaren Daten des Monitors *Dialog Overview* vom Plugin empfangen

KAPITEL 9 Monitoring von SAP

werden. Dieses hätte dann die Aufgabe, aus all diesen Informationen die gewünschte herauszufiltern. Das größere Problem dabei ist jedoch die Datenmenge, die jedes Mal über die Leitung geht. Im Falle des *Dialog Overview* mag sich diese noch in einem erträglichen Rahmen halten, jedoch kann es bei mächtigeren Monitoren und schmal bandigen Leitungen durchaus zu einer unerwünschten Belastung führen. Dies trifft insbesondere dann zu, wenn in Nagios viele Services definiert wurden, die jeweils nur ein einzelnes Monitoring-Objekt abfragen.

> **ACHTUNG**
>
> **Die im Folgenden beschriebene Vorgehensweise ist recht mühsam und nur dann zu empfehlen, wenn es durch extensives Monitoring von CCMS-Objekten zu einer inakzeptablen Belastung der SAP-Instanz kommt oder zwischen Nagios- und SAP-Server nur eine schmal bandige Netzwerkverbindung besteht, die nicht unnötig strapaziert werden soll.**

Abhilfe schafft die Definition einer eigenen Monitorsammlung und auf den Bedarf zugeschnittener Monitore. Man sollte sich Gedanken machen, welche Objekte man mit Nagios überwachen möchte und nur diese Teilmenge des CCMS-Umfangs in das Nagios-Monitoring aufnehmen. Im Folgenden wird gezeigt, wie man die Monitore *„Operating System"* und *„Dialog Overview"* soweit abspeckt, dass sie nur noch die Objekte *„CPU"* und *„Swap_Space"* bzw. *„Dialog Response Time"* enthalten.

Zunächst ruft man die Transaktion *RZ20* auf und wählt unter dem Menüpunkt *„Zusätze"* die Funktion *„Pflegefunktionen ein"*. Daraufhin ändert sich der Titel des Fensters in *„CCMS Monitorsammlungen – Pflegefunktionen eingeschaltet"* und in der Baumansicht erscheint unter dem Knoten *„CCMS-Monitorsammlungen"* eine neue Ebene *„Mein Arbeitsvorrat"*.

Anschließend wählt man unter *„Monitor(sammlung)"* den Punkt *„Anlegen"* und wird daraufhin gefragt, ob man eine Monitorsammlung oder einen Monitor anlegen möchte. Ersteres ist voreingestellt und man muss es nur durch Klick auf das grüne Häkchen bestätigen. Im folgenden Popup wird man dann zur Eingabe eines Namens für die neue Kollektion aufgefordert (vgl. Abbildung 9.9). Für dieses Beispiel soll er *„NAGIOS"* lauten. Wichtig ist hier, dass man bei der Einstellung *„öffentlich"* ein Häkchen setzt.

Nach der Bestätigung (wieder ein Klick auf das grüne Häkchen) erscheint im Baum unter *„Mein Arbeitsvorrat"* die neue Sammlung NAGIOS. Dieser müssen nun die gewünschten Monitore hinzugefügt werden. Natürlich könnte man dies durch Kopieren der Originalmonitore aus der Kollektion *„SAP CCMS Monitor Templates"* bewerkstelligen, jedoch wäre damit nicht viel erreicht worden. Die Monitore hätten immer noch die gleiche Anzahl von Monitoring Objects. Es sollen aber nur die für unsere Ziele relevanten enthalten sein.

Durch einen einfachen Klick auf die Sammlung Nagios wird diese für die folgenden Bearbeitungsschritte selektiert, was durch Hinterlegen mit gelber Farbe angezeigt wird. Anschließend wählt man wieder im Menü unter *„Monitor(sammlung)"* den Punkt *„Anlegen"*. Im aktuellen Kontext bezieht sich der Befehl jetzt nicht mehr auf eine neue Monitorsammlung, sondern einen Monitor. Im nun erscheinenden Fenster mit dem Titel *„Monitordefinition erzeugen"* sehen Sie eine Reihe von MTEs, die Sie aufklappen, bis die gewünschten Knoten im Baum sichtbar werden. Durch Setzen eines Häkchens werden die Monitoring Objects ausgewählt, die im neuen Monitor enthalten sein sollen (vgl. Abbildung 9.10).

KAPITEL 9 | Monitoring von SAP

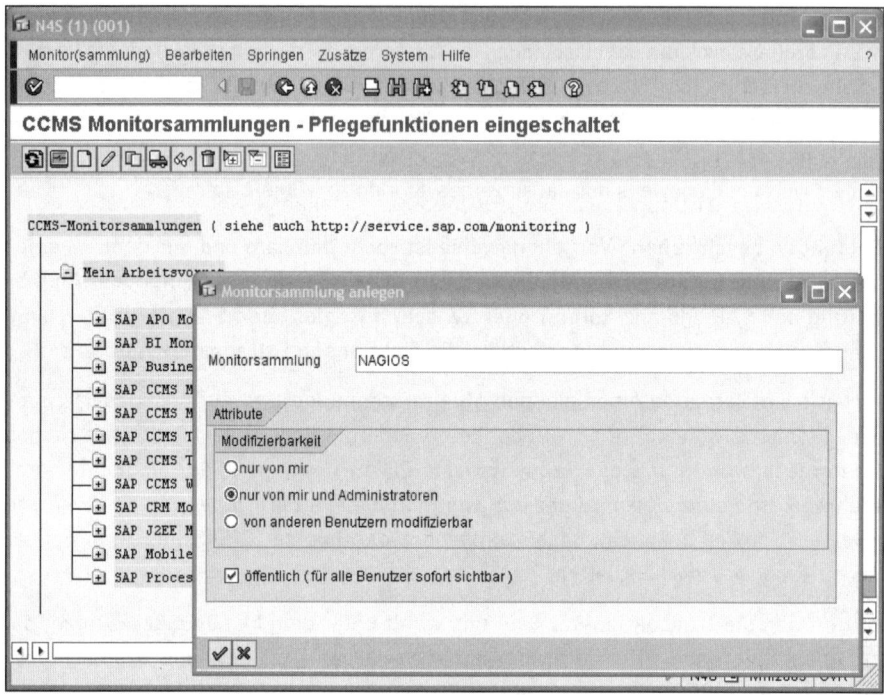

Abbildung 9.9: **Eine neue Monitoringsammlung wird angelegt.**

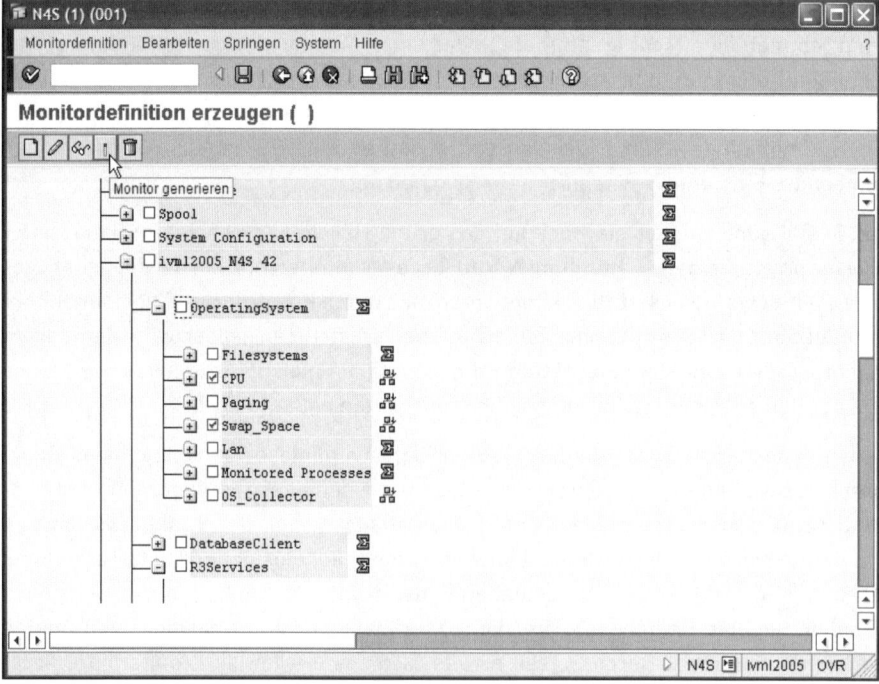

Abbildung 9.10: **Nur CPU und Swap_Space sind gewünscht**

KAPITEL 9 — Monitoring von SAP

Nach dem abschließenden Klick auf den Button „Monitor generieren" erscheint ein Popup, in dem man einen Namen für den neuen Monitor vergeben muss, danach wird die Monitordefinition abgespeichert. Als Name wurde in Anlehnung an den Ausgangsmonitor „*Operating System*" gewählt.

Ruft man nun die Transaktion RZ20 erneut auf, so befindet sich unter dem Knoten NAGIOS der neue Monitor. Durch Doppelklick gelangt man zur Detailansicht (vgl. Abbildung 9.11) und sieht, dass er nur noch die ausgewählten Objekte enthält.

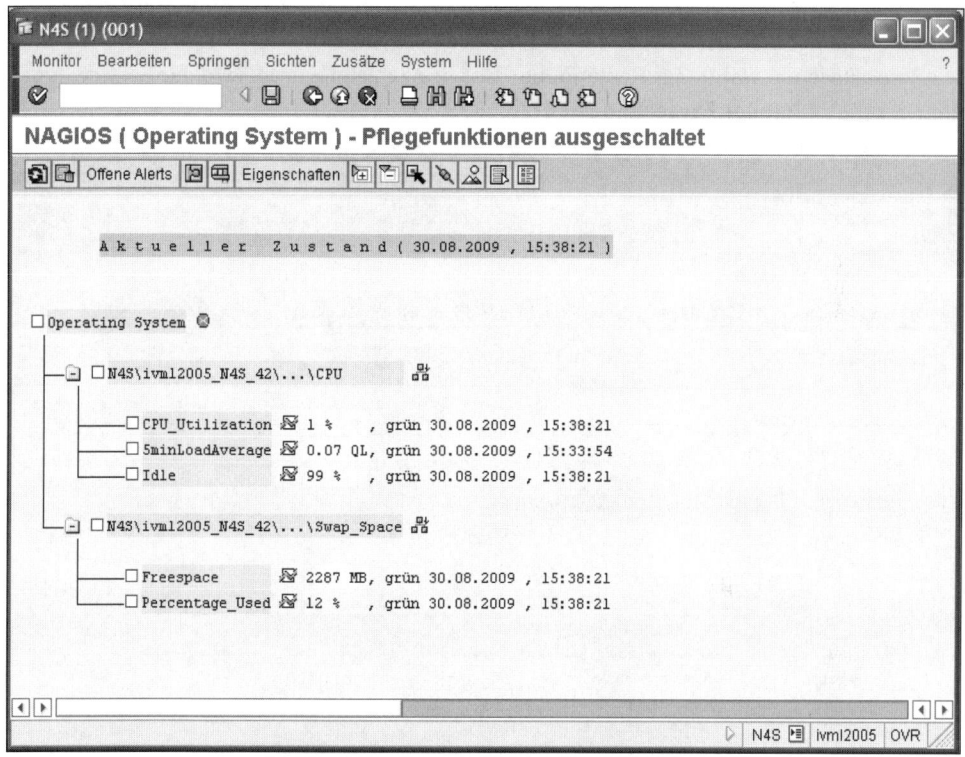

Abbildung 9.11: **Die Sparvariante von „Operating System"**

Auf diese Weise erzeugt man anschließend auch den Monitor „*Dialog Overview*" und fügt ihm das „*Response Time*"-Objekt hinzu.

Wie eingangs erwähnt, ist dies eine (ziemlich mühsame) Methode, die Datenmenge zu reduzieren, wenn man viele Services in Nagios definiert hat, die jeweils nur Einzelwerte aus dem CCMS überwachen.

9.3.3 Aktivieren des ICF-Ping-Service

Sofern der *ICM* aktiviert ist, lässt sich das SAP-System auch mit einem Browser über eine HTTP-Verbindung ansprechen. Damit dieser Zugang einfach überwacht werden kann, stellt das *ICF* einen eigenen Ping-Service bereit. Er lässt sich hervorragend ins Nagios-Monitoring integrieren und liefert die Bestätigung, dass SAP von einem Browser aus erreichbar ist und HTTP-Requests bis zur Applikationsebene durchgereicht werden.

Der Ping-Service ist allerdings standardmäßig abgeschaltet und muss erst aktiviert werden. Man ruft dazu die Transaktion *SICF* auf und trägt im nun erscheinenden Fenster *„Pflege der Services"* bei *„Hierarchie-Typ"* den Wert *„SERVICE"* ein. Ein Klick auf den Button *„Ausführen"* führt zu einem weiteren Bildschirm (vgl. Abbildung 9.12). Hier muss man den Hierarchiebaum aufklappen, bis man unter *default_host/sap/bc* den Eintrag *„ping (Verbindungstest)"* gefunden hat. Man kann den Suchvorgang auch abkürzen, indem man den Filter benutzt. Mit der rechten Maustaste öffnet man schließlich ein Kontextmenü, in dem man den Punkt *„Service aktivieren"* wählt. Zur Bestätigung, dass er gestartet wurde, wird der Service nun in schwarzer statt grauer Farbe dargestellt.

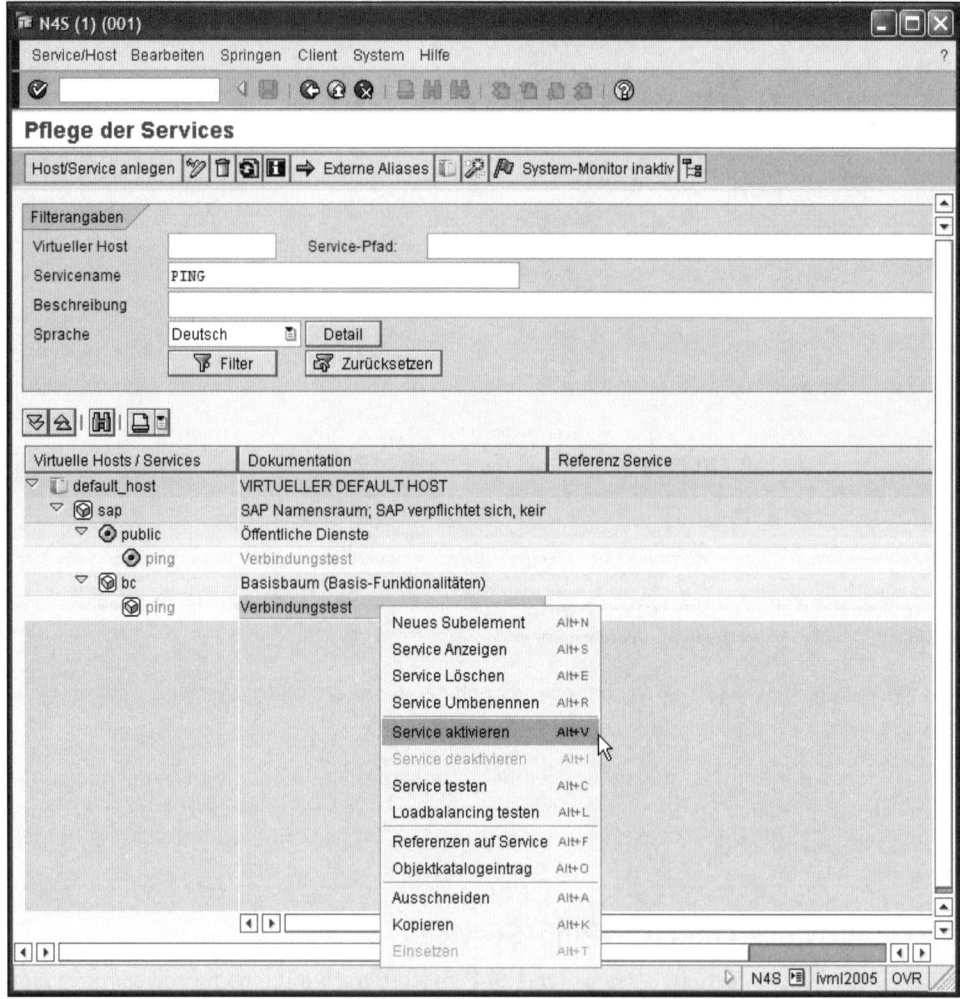

Abbildung 9.12: **Aktivieren des ICF-Ping-Service**

Wenn man jetzt einen Browser öffnet und die URL *http://10.0.12.152:8042/sap/bc/ping* aufruft, so erscheint zunächst ein Popup, in dem Benutzername und Passwort verlangt werden. Hier kann man den User *nagios* angeben, der im Abschnitt 9.3.1 angelegt wurde. Anschließend zeigt der Browser mit einer Erfolgsmeldung (vgl. Abbildung 9.13), dass der *ICM* den Request entgegengenommen und an den richtigen *ICF*-Service weitergeroutet hat.

Abbildung 9.13: **Der Nachweis, dass ICF funktioniert**

IP-Adresse und Port in der URL beziehen sich hier natürlich auf die NAPRAX-Installation. Der Port wird aus *8000 + Instanznummer* gebildet, was der Voreinstellung von SAP entspricht. Im Zweifelsfall wählt man im Bildschirm *„Pflege der Services"* (vgl. Abbildung 9.12) den Ping-Service (durch einen einfachen Klick) und öffnet mit der Tastenkombination [Strg] [Shift]+[F12] eine Übersicht der für die verschiedenen Protokolle verwendeten Ports. Für die URL des Ping-Tests ist der Eintrag *HTTP* entscheidend.

Wenn man sich die Information nicht über die SAP-GUI beschaffen kann, hilft auch ein Blick in das Startprofil der entsprechenden SAP-Instanz. Dort gibt es die Parameter:

```
icm/server_port_<nr> = PROT=HTTP,PORT=80$$
```

Anstelle der beiden Dollarzeichen setzt man die Instanznummer ein und erhält somit den verwendeten Port.

9.3.4 sapinfo

Das Programm **sapinfo** ist Bestandteil des *RFC Software Development Kits*. Es kann entweder von der SAP-Support-Seite[3] (Kundenaccount erforderlich) heruntergeladen werden oder man lässt sich von seinem SAP-Administrator die SAP-GUI-CD aushändigen. Von dieser kopiert man das Programm dann auf den Nagios-Server. Erfreulicherweise ist es nicht nötig, weitere SAP-Client-Software zu installieren. **sapinfo** läuft völlig autark und greift nur

---

3 http://service.sap.com/swdc

KAPITEL 9   Monitoring von SAP

auf Libraries zurück, die das Betriebssystem zur Verfügung stellt. Unter CentOS ist lediglich eine noch Kompatibilitätsbibliothek erforderlich.

```
nagsrv# yum install compat-libstdc++-296
```

Anschließend lässt sich mit **sapinfo** überprüfen, ob ein Applikationsserver verfügbar ist. Im einfachsten Fall sieht der Aufruf folgendermaßen aus:

```
nagsrv$ sapinfo ashost=10.0.12.152 sysnr=42

SAP System Information
---------------------------------------------

Destination              ivml2005_N4S_42

Host                     ivml2005
System ID                N4S
Database                 N4S
DB host                  n4shost
DB system                DB6

SAP release              700
SAP kernel release       700

RFC Protokoll            011
Characters               4103 (UNICODE PCS=2)
Integers                 LIT
Floating P.              IE3
SAP machine id            387

Timezone                 3600 (Daylight saving time)
```

Mit diesen Parametern kontaktiert **sapinfo** den *Gateway-Workprozess* der Instanz. Dieser spielt eine wichtige Rolle bei der Kommunikation mit externen Anwendungen oder mit anderen SAP-Systemen (Der zugehörige Prozess heißt **gwrd** und wird vom *Dispatcher* gestartet.).

Liefert **sapinfo** so wie hier keine Fehlermeldung, so kann man von einer ordnungsgemäß arbeitenden Instanz ausgehen, wobei hier allerdings z.B. schlechte Performance nicht bewertet wird.

Die Kommunikation zwischen dem Nagios-Server und dem *Gateway* läuft dabei über den Port *3342*. Dieser errechnet sich aus: *3300 + Instanznummer*, in diesem Fall also *3300 + 42*. Sollte sich eine Firewall zwischen Nagios- und SAP-Server befinden, so ist auf die Freischaltung dieses Ports zu achten.

KAPITEL 9 Monitoring von SAP

Besteht ein SAP-System aus mehreren Applikationsservern, so kommunizieren diese über den Dienst *Message-Server*. Ruft man **sapinfo** mit folgenden Parametern auf, so wird geprüft, ob der *Message-Server* auf Anfragen antwortet:

```
nagsrv$ sapinfo mshost=10.0.12.152 r3name=N4S group=SPACE


SAP System Information
-----------------------------------------------


Destination             ivml2005_N4S_42

Host                    ivml2005
System ID               N4S
Database                N4S
DB host                 n4shost
DB system               DB6

SAP release             700
SAP kernel release      700

RFC Protokoll           011
Characters              4103 (UNICODE PCS=2)
Integers                LIT
Floating P.             IE3
SAP machine id           387

Timezone                3600 (Daylight saving time)
```

Dabei ist Folgendes unbedingt zu beachten:

» Der Parameter *r3name=N4S* wird verwendet, um den Port zu ermitteln, auf dem der Message-Server auf dem Zielrechner lauscht. Dazu sucht **sapinfo** in der Datei */etc/services* nach dem Namen *sapmsN4S*. Welche Portnummer dahintersteckt, lässt sich leicht herausfinden, wenn man in der */etc/services* auf dem SAP-System sucht. Üblicherweise wird hier die Nummer *3601* vergeben. Wird **sapinfo** also auf dem Nagios-Server ausgeführt, so ist hier unbedingt die lokale *services*-Datei zu erweitern.

```
sapmsN4S        3601/tcp        # SAP System Message Port
```

» Der Parameter *group=SPACE* kann auch weggelassen werden. In dem Fall wird dann als Logon-Gruppe *PUBLIC* verwendet. Welche Gruppen man ansprechen kann, ermittelt man mit dem Kommando **lgtst**.

```
n4shost:n4sadm 66> lgtst -H 10.0.12.152 -S sapmsN4S
using trcfile: dev_lg

list of reachable application servers
-------------------------------------
```

```
[ivml2005_N4S_42] [ivml2005] [192.168.155.1] [sapdp42] [3242] [DIA UPD ENQ
BTC SPO UP2 ICM J2EE ]

list of selectable logon groups with favorites
---------------------------------------------
[SPACE] [192.168.155.1] [3242] [700]
```

(Bei älteren Installationen lautet der Aufruf lgtst -H 10.0.12.152 -S sapmsN4S

Bei den Parametern *ashost* und *mshost* für **sapinfo** gibt man im Nagios-Umfeld am besten die IP-Adresse an. In der Servicedefinition, die später beschrieben wird, steht diese als *$HOSTADDRESS$* zur Verfügung. Diese Adresse benutzt auch der entsprechende Hostcheck für den SAP-Server.

Grundsätzlich ist es auch möglich, solche Server zu überprüfen, die nicht direkt erreichbar sind. In dem Fall kann man den Verbindungswunsch über einen *SAPRouter* (ein Application Level Gateway) umleiten. Der Connectstring wird dann als sog. *Routerstring* angegeben:

```
ashost=/H/<SAP Router>/S/<Router Port>/H/10.0.12.152
```

Ein Plugin, welches mit Hilfe von **sapinfo** diese beiden Checks durchführt, wird später noch vorgestellt werden.

Nach der Vorbereitung des SAP-Systems und der Bereitstellung von **sapinfo** geht es nun weiter mit der Installation von Plugins auf dem Nagios-Server.

9.4 Plugins

Die hier vorgestellten Plugins lassen sich grob in zwei Kategorien unterteilen.

» Feststellung der Verfügbarkeit lebenswichtiger Prozesse einer SAP-Installation. Bei den Nagios-Plugins ist im *contrib*-Verzeichnis bereits **check_sap.sh** enthalten. Damit lässt sich ein sehr einfaches Monitoring für Gateway-Workprozesse und Message-Server realisieren. Da dieses Plugin aber schon etwas in die Jahre gekommen ist, wird im Folgenden stattdessen eine Alternative besprochen, die aktueller ist und aktiv gepflegt wird: **check_sap.pl**.

» Messung von performancerelevanten Kennzahlen. Es ist naheliegend, Informationen aus dem *CCMS* zu entnehmen und in Nagios auszuwerten. Auch hierfür gibt es bereits eine Gruppe von etablierten Plugins, sie sogenannten *Nagios Plugins for SAP CCMS*.

9.4.1 check_sap.pl

Wolfgang Barth hat ein Plugin geschrieben, das auf dem Programm **sapinfo** aufsetzt und für einfache Verfügbarkeitschecks verwendet wird. Eine aufwändige Installation ist nicht notwendig, da man das Plugin als einzelne Perl-Datei von Nagios Exchange[4] herunterlädt.

Die Voraussetzungen für den Einsatz von **check_sap.pl** sind minimal. Es benötigt die Perl-Module *Nagios::Plugin* und *Pod::Usage*. Normalerweise sind beide auf einem Nagios-Server bereits vorhanden. Das Plugin geht davon aus, dass **sapinfo** unter dem Pfad */usr/local/sap/rfcsdk/bin/sapinfo* zu finden ist. Es ist Geschmackssache, ob man dieses Verzeichnis anlegt oder ob man das **sapinfo**-Binary an einen anderen Ort kopiert, z.B. */usr/local/bin* oder gar *$HOME/bin*. In jedem Fall muss man dann beim Aufruf von **check_sap.pl** den Parameter *--sapinfocmd* angeben, damit **sapinfo** gefunden und ausgeführt werden kann. Natürlich besteht auch die Möglichkeit, das Plugin selbst zu modifizieren und einen eigenen Pfad fest einzutragen.

Aus Gründen der Übersichtlichkeit wird im restlichen Kapitel davon ausgegangen, dass es auf dem Nagios-Server ein */usr/local/sap/rfcsdk/bin/sapinfo* gibt, so dass der zusätzliche Parameter *--sapinfocmd* bei den Beispielen weggelassen werden kann.

Der Aufruf von **check_sap.pl** ähnelt dem von **sapinfo**. Man erkennt sofort die Ähnlichkeit der einzelnen Kommandozeilenparameter. Um zu prüfen, ob ein Applikationsserver auf Anfragen reagiert, ruft man das Plugin folgendermaßen auf:

```
nagsrv$ check_sap.pl --ashost 10.0.12.152 --sap-sysnr 42
CHECKSAP OK - system ivml2005_N4S_42 available
```

Steht die Instanz nicht zur Verfügung, so beendet sich **check_sap.pl** mit einer Fehlermeldung und einem *CRITICAL* Exitcode.

```
nagsrv$ check_sap.pl --ashost 10.0.12.152 --sap-sysnr 42
CHECKSAP CRITICAL - Connect to SAP gateway failed: partner not reached
(host 10.0.12.152, service 3342) (GWHOST=10.0.12.152, GWSERV=sapgw42,
ASHOST=10.0.12.152, SYSNR=42)
```

Für die Überwachung des Message-Servers lautet die Kommandozeile:

```
nagsrv$ check_sap.pl --mshost 10.0.12.152 --sap-id N4S --group SPACE
CHECKSAP OK - system ivml2005_N4S_42 available
```

Auch hier liefert das Plugin eine aussagekräftige Meldung, wenn der Message-Server nicht erreicht werden kann.

---

[4] http://exchange.nagios.org/directory/Plugins/Business-Management-and-Logic/SAP/check_sap/details

```
nagsrv$ check_sap.pl --mshost 10.0.12.152 --sap-id N4S --group SPACE
CHECKSAP CRITICAL - Connect to message server failed: partner not reached
(host 10.0.12.152, service sapmsN4S) (MSHOST=10.0.12.152, R3NAME=N4S,
GROUP=SPACE)
```

Verwendet man zusätzlich den Parameter *–v*, so bekommt man auch das **sapinfo**-Kommando angezeigt, welches von **check_sap.pl** ausgeführt wird. Für Debuggingzwecke ist dies sehr nützlich, insbesondere, wenn das Checkergebnis nicht nachvollzogen werden kann. Noch detaillierter arbeitet **check_sap.pl**, wenn man *–vv* angibt. Es werden dann sowohl der Aufruf als auch die Ausgabe von **sapinfo** angezeigt.

```
nagsrv$ check_sap.pl --sapinfocmd ~/local/bin/sapinfo --mshost 10.0.12.152
--sap-id N4S --group SPACE -vv
DEBUG Nagios::Plugin Version: 0.27
DEBUG Command=/usr/local/nagios/local/bin/sapinfo mshost=10.0.12.152
r3name=N4S group=SPACE

    Group        Error group 102
    Key          RFC_ERROR_COMMUNICATION
    Message      Connect to message server failed
    Connect_PM   MSHOST=10.0.12.152, R3NAME=N4S, GROUP=SPACE

    LOCATION     CPIC (TCP/IP) on local host
    ERROR        partner not reached (host 10.0.12.152, service sapmsN4S)

    TIME         Fri Aug 21 11:31:30 2009
    RELEASE      640
    COMPONENT    NI (network interface)
    VERSION      37
    RC           -10
    MODULE       nixxi_r.cpp
    LINE         8634
    DETAIL       NiPConnect2
    SYSTEM CALL  SiPeekPendConn
    ERRNO        111
    ERRNO TEXT   Connection refused
    COUNTER      1


DEBUG Returncode=2
DEBUG Errorcodes: 0, 1, 2, 3
CHECKSAP CRITICAL - Connect to message server failed: partner not reached
(host 10.0.12.152, service sapmsN4S) (MSHOST=10.0.12.152, R3NAME=N4S,
GROUP=SPACE)
```

Die Definition von Nagios-Services, welche dieses Plugin benutzen wird in einem späteren Teil dieses Kapitels vorgestellt.

9.4.2 Nagios Plugins for SAP CCMS

Wie bereits erwähnt, hat SAP eine Eigenüberwachung an Bord, das CCMS. Damit die so gewonnenen Messwerte und Stati auch von Nagios insbesondere zum Versand von Notifications verfügbar gemacht werden können, gibt es die sogenannten *Nagios Plugins for SAP CCMS*. Diese liegen mittlerweile in der Version 0.8 vor und können bei Sourceforge[5] heruntergeladen werden (Laut Auskunft eines der Plugin-Autoren ist die bis zur Version 0.7x implementierte HTML-Ausgabe zugunsten der Einhaltung der Developer Guidelines weggefallen. Dafür werden jetzt Performancedaten ausgegeben, die von PNP verarbeitet werden können).

```
nagsrv$ wget -q "http://downloads.sourceforge.net/project/nagios-sap-ccms/
nagios-sap-ccms/0.8/sap-ccms-plugin-0.8.tar.bz2"
nagsrv$ tar jxvf sap-ccms-plugin-0.8.tar.bz2
nagios-sap-ccms/
nagios-sap-ccms/COPYRIGHT.librfc
nagios-sap-ccms/AUTHORS
nagios-sap-ccms/config/
nagios-sap-ccms/config/agent.cfg
nagios-sap-ccms/config/ssh_config
...
```

Das Makefile befindet sich im Unterverzeichnis *src* des entpackten Verzeichnisbaums. Um die Kompilierung der Plugins zu starten, begibt man sich dorthin und ruft dann den **make**-Befehl auf.

```
nagsrv$ cd nagios-sap-ccms/src
nagsrv$ make
```

Findet die Übersetzung auf einem 64 Bit-System statt (wovon in diesem Buch ausgegangen wird), so ist vor dem **make install** ein kleiner Zwischenschritt nötig. Das Zielverzeichnis *bin/x86_64* muss von Hand angelegt werden.

```
nagsrv$ mkdir -p ../bin/x86_64
nagsrv$ make install
```

Nun befinden sich die fertigen Plugins und zwei Shared Libraries, *librfccm.so* und *sap_moni.so*, im Unterverzeichnis *bin/x86_64*. Die Plugins kopiert man abschließend in das Directory */usr/local/nagios/remotelibexec*, von wo sie nach dem Erstellen der entsprechenden Nagios-Services aufgerufen werden.

```
nagsrv$ cp /home/nagios/nagios-sap-ccms/bin/x86_64/check_* \
    /usr/local/nagios/remotelibexec
```

---

5   http://sourceforge.net/projects/nagios-sap-ccms/

Etwas umständlicher ist die Installation der beiden Shared Libraries. Am einfachsten ist es, sie als root-User nach */usr/lib64* zu kopieren. Zwar ist jedes andere Verzeichnis auch möglich, jedoch muss man dann unbedingt dafür Sorge tragen, dass dieses in der Environmentvariablen *LD_LIBRARY_PATH* des laufenden Nagios-Prozesses enthalten ist.

Im Unterverzeichnis *doc* befindet sich eine PDF-Datei, die die Unterschiede zwischen den einzelnen Plugins detailliert darlegt. In diesem Kapitel wird jedoch nur eines davon verwendet, das für die Implementierung eines Nagios-Monitorings völlig ausreicht: **check_sap**.

Es kennt nur zwei Kommandozeilenparameter und benötigt zur Erfüllung seiner Aufgabe zwei Konfigurationsdateien. Leider ist das Verzeichnis, in dem diese liegen müssen, im Plugins hart codiert und muss vom root-Benutzer erst angelegt werden.

```
nagsrv# mkdir /etc/sapmon
```

Danach kopiert man die mitgelieferten Beispielkonfigurationen, welche sich im Unterverzeichnis *config* des Sourcebaums befinden, dorthin.

```
nagsrv# cp config/* /etc/sapmon
```

Zwei dieser Beispieldateien müssen in jedem Fall an die lokalen Gegebenheiten angepasst werden. Einen Hinweis darauf, welche das sein werden, liefert **check_sap**, wenn man es ohne weitere Parameter aufruft:

```
nagsrv$ check_sap
Agent

Syntax: check_sap <Template> <RFC-Template>

        <Template> defined in /etc/sapmon/agent.cfg
        <RFC-Template> defined in /etc/sapmon/login.cfg
```

login.cfg

In der Datei */etc/sapmon/login.cfg* findet **check_sap** alle Informationen, die es braucht, um sich an einer SAP-Instanz anzumelden. Sie ist nach dem gleichen Schema aufgebaut, wie man es von INI-Dateien unter Windows kennt.

```
[Sektion]
key=value
```

Jede Sektion, deren Namen mit dem String *LOGIN_* beginnen, beinhaltet die Zugangsdaten für eine Instanz. Man bezeichnet so einen Abschnitt auch als *RFC-Template*. Wichtig ist dabei der Identifier, der auf das *LOGIN_* im Templatenamen folgt, hier fett dargestellt. Dieser wird beim Aufruf von **check_sap** als zweiter Parameter angegeben.

```
[LOGIN_ID]
LOGIN=-d <SID> -u <User> -p <Pass> -h <Host> -s <SysNr> -c <Client>
```

Die zweite Zeile eines Templates muss immer das gezeigte Format einhalten. Die Parameter haben folgende Bedeutung:

» *SID* – Die SID des SAP-Systems.

» *User* – Der Name eines RFC-berechtigten Users (Anlegen des Nagios-Benutzers in SAP.)

» *Pass* – Das Passwort dieses Benutzers. Das aktuelle (0.8) Release der CCMS-Plugins wurde gegen RFCSDK 711 gelinkt, Passwörter sind daher case-sensitive. Bis zur Version 0.7x musste ein Passwort vergeben werden, welches nur große Buchstaben enthielt. Diese Beschränkung ist jetzt weggefallen.

» *Host* – Der Hostname oder die IP-Adresse des SAP-Servers.

» *SysNr* – Die Instanznummer. Sie wird zur Berechnung des Ports (3300 + SysNr) verwendet, unter dem das Zielsystem angesprochen wird.

» *Client* – Eine dreistellige Nummer, die dem Mandanten entspricht.

Konkret sieht ein Template, in diesem Falle für das Login an einem Naprax-System, dann folgendermaßen aus:

```
[LOGIN_N4S]
LOGIN=-d N4S -u nagios -p geheim -h sap2.naprax.de -s 42 -c 001
```

Dieses Template gilt allerdings nur für eine bestimmte Instanz, nämlich die mit der Nummer *42* auf dem Server *sap2.naprax.de*. Kommen mehrere Instanzen ins Spiel, so muss man für jede von ihnen ein eigenes Template anlegen.

Es wird empfohlen, eine sprechende Template-ID zu wählen. Konkret ist damit das Namensschema *LOGIN_<SID>_<INSTANZ>* gemeint.

```
[LOGIN_N4S_DVEBMGS42]
LOGIN=-d N4S -u nagios -p geheim -h sap2.naprax.de -s 42 -c 001
```

Hält man sich an diese Konvention, so muss man beim Aufruf von **check_sap** nicht lange überlegen, wie das RFC-Template in der Datei *login.cfg* heißt, wenn man eine ganz bestimmt Instanz abfragen will.

```
nagsrv$ check_sap <Template> N4S_DVEBMGS42
```

Da es bei größeren SAP-Installationen mit Sicherheit eine Datenbank oder zumindest eine Liste der vorhandenen Instanzen samt den zugehörigen Zugangsdaten (oder auch eine einheitliche Username/Passwort-Kombination) gibt, lässt sich die Datei *login.cfg* sehr leicht automatisch generieren.

Man hätte den zweiten Parameter von **check_sap** übrigens auch kleinschreiben können. Der String *n4s_dvebmgs42* hätte an dieser Stelle genauso funktioniert.

agent.cfg

Die zweite der beiden entscheidenden Dateien ist *agent.cfg*. Sie benutzt ebenfalls das bekannte INI-Schema. Jede Sektion, deren Namen in diesem Fall mit *TEMPLATE_* beginnen, beinhaltet die Beschreibung eines CCMS-Teilbaums unterhalb eines Monitors. Dies wird an einem Beispiel klar:

```
[TEMPLATE_0]
DESCRIPTION="Free Swap"
MONI_SET_NAME=SAP CCMS Monitor Templates
MONI_NAME="Operating System"
MAX_TREE_DEPTH=0
PATTERN_0="*\*\Swap_Space\Freespace"
```

Das Template mit der Bezeichnung *0* weist **check_sap** an, die Daten des Monitors „*Operating System*" aus der Monitorsammlung „*SAP CCMS Monitor Templates*" zu holen. Die Bezeichnung, also in diesem Fall „*0*" gibt man als ersten Kommandozeilenparameter an. Dadurch kann das Plugin das gewünschte Template in der Konfigurationsdatei finden (In der mitgelieferten Beispieldatei muss gegebenenfalls „*SAP CCMS Admin Workplace*" in „*SAP CCMS Monitor Templates*" umbenannt werden) und anschließend mit Hilfe des Filters „**\ Swap_Space\Freespace*" den freien Swapspace anzeigen. Alle anderen Monitoring Objects bzw. Attribute, zu denen der Filter nicht passt, werden ignoriert.

An dieser Stelle ein kurzer Ausblick. Ruft man nun **check_sap** unter Angabe der Templatebezeichnung 0 auf, so erhält man folgendes Resultat:

```
nagsrv$ check_sap 0 N4S_DVEBMGS42
Freespace=2230MB | Freespace=2230MB;25.000000;12.500000;0;
```

Zur Verdeutlichung wird der Zusammenhang zwischen Template und dem Objektbaum im Alert-Monitor noch einmal anhand eines Bildes dargestellt.

KAPITEL 9   Monitoring von SAP

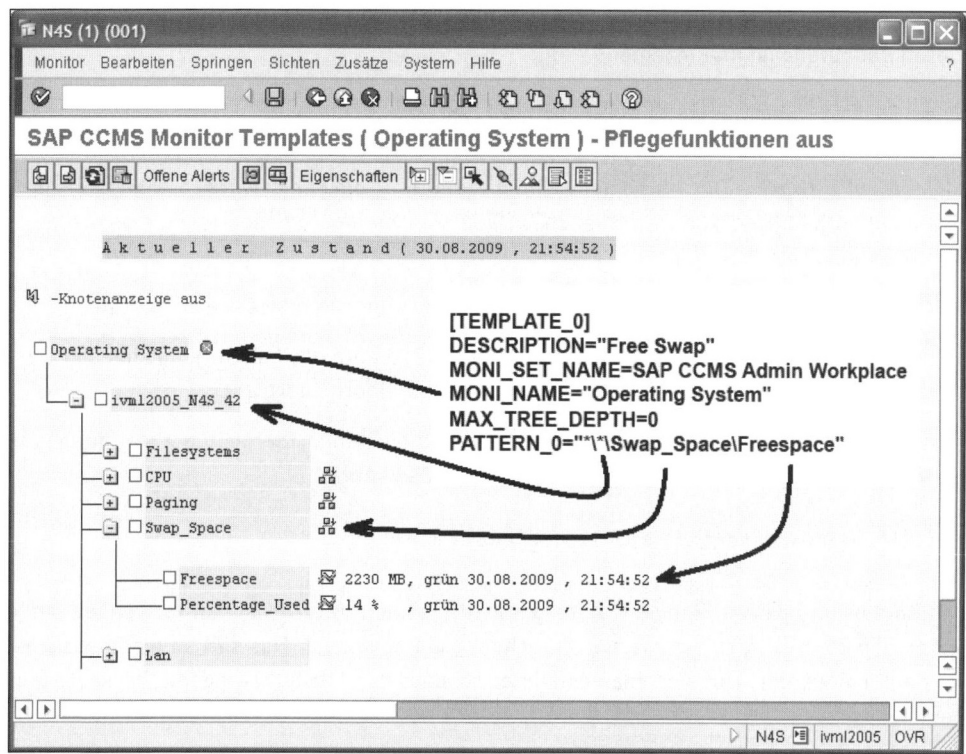

Abbildung 9.14: **Ein Monitoring Object, dargestellt im Template und im CCMS-Agent**

Es ist übrigens durchaus normal, dass ein Monitoring-Objekt intern (und somit den für RFC maßgeblich) einen anderen Namen trägt als den, der im Alert-Monitor angezeigt wird. Trägt man diesen in so einem Fall in die Datei *agent.cfg* ein, so bringt **check_sap** die Fehlermeldung:

No information gathered! System up?

Um die richtige Bezeichnung für das Objekt herauszubekommen, ruft man in der SAP-GUI die Transaktion *RZ20* auf, klickt sich bis zum gewünschten Objekt durch und öffnet mit der rechten Maustaste ein Kontextmenü, in dem man den Punkt *„Eigenschaften"* wählt. Dadurch gelangt man zu einem neuen Bildschirm *„Monitoring: Eigenschaften und Methoden"*, dem man die interne Bezeichnung entnehmen kann. Beispielsweise gibt es im Monitor *„Dialog Overview"* das Objekt *„Dialog Response Time"*. Würde man diesen String in der Datei *agent.cfg* angeben, so käme es beim Aufruf von **check_sap** zu besagter Fehlermeldung. Den wahren Namen findet man nur in den Objekteigenschaften. Er lautet *N4S\ivml2005_N4S_42\R3Services\Dialog\ResponseTime*. Daher lautet die korrekte Schreibweise in der Konfigurationsdatei:

PATTERN_0="***\ResponseTime"

KAPITEL 9 — Monitoring von SAP

Neben dem *PATTERN_0* gibt es noch weitere Schlüsselwerte, die eine Sektion ausmachen. Deren Bedeutung ist im Einzelnen:

- » *DESCRIPTION* – Eine Dokumentation des Templates, die nicht weiter ausgewertet wird, aber aus Gründen der Übersichtlichkeit nicht fehlen darf.
- » *MONI_SET_NAME* – Der Name der Monitorsammlung, die das gewünschte Monitoring-Objekt enthält (Dies könnte z.B. auch *NAGIOS* sein, wenn wie beschrieben eine eigene Kollektion erstellt wurde.).
- » *MONI_NAME* – Der Name des Monitors, der die gewünschten Messwerte enthält.
- » *MAX_TREE_DEPTH* – Die Tiefe, bis zu der der Objektbaum des Monitors ausgelesen werden soll. Die Angabe 0 bedeutet, dass der gesamte Baum übertragen wird.

Der Wert von *PATTERN_0* setzt sich wiederum aus einzelnen Elementen zusammen, von denen jedes auch durch ein Wildcard * ersetzt werden kann.

```
PATTERN_0=SID\Kontext\Monitoring Object\Attribut
```

Mit Kontext ist hier i. d. R. eine Instanz gemeint. Je mehr Wildcards man verwendet, desto mehr Objekte bzw. Attribute werden von **check_sap** angezeigt. Das soll an einem Beispiel verdeutlicht werden. Definiert man den Filter so, dass das Attribut zwingend *Freespace* lauten muss:

```
PATTERN_0="*\*\Swap_Space\Freespace"
```

So erhält man beim Aufruf von check_sap auch genau dieses eine Attribut:

```
nagsrv$ check_sap 0 N4S_DVEBMGS42
Freespace=2222MB | Freespace=2222MB;25.000000;12.500000;0;
```

Lockert man hingegen die Filterbedingung, so dass nun beliebige Attribute des Objekts *Swap_Space* durchgelassen werden:

```
PATTERN_0="*\*\Swap_Space\*"
```

So taucht die vollständige Liste in der Ausgabe auf:

```
nagsrv$ check_sap 0 N4S_DVEBMGS42
Swap_Space Swap_Space = <no value>
Freespace=2222MB | Freespace=2222MB;25.000000;12.500000;0;
Percentage_Used=14% | Percentage_Used=14%;82.500000;92.500000;0;
```

KAPITEL 9 Monitoring von SAP

Das befragte CCMS enthielt in diesem Fall nur die Daten einer einzigen Instanz. Hätten auch noch welche von weiteren Instanzen vorgelegen, so hätte die zweite Wildcard (als Kontext) dafür gesorgt, dass die Swap-Attribute von allen Instanzen auftauchen.

Grundsätzlich gewinnt man durch die Wildcards die größtmögliche Flexibilität bei der Gestaltung seiner Templates. Ob nun beim Aufruf von **check_sap** jeweils nur ein einziges Attribut, alle Attribute eines Objektes oder gar die einer kompletten Monitorsammlung an Nagios weitergereicht werden, ist Geschmackssache. Der eine Administrator richtet sich genau einen Service ein, der mit *PATTERN_0=** z.B. alle Werte in *„SAP CCMS Monitor Templates"* in einem Aufwasch prüft, der andere konfiguriert für jedes Attribut einen eigenen Service. Die potentiellen Performanceprobleme bei letzterem Szenario lassen sich dadurch umgehen, indem man wie im Abschnitt Anlegen einer eigenen Monitorsammlung beschrieben, viele Monitore definiert, die im Extremfall nur jeweils ein Attribut beinhalten.

In jedem Fall sollte man bereits bei der Planung der Datei *agent.cfg* die künftigen Services in Nagios berücksichtigen. Wie man noch sehen wird, erleichtert eine systematische Namensgebung bei den Templates die Erstellung von Servicedefinitionen enorm. An einem Beispiel soll dies verdeutlicht werden.

Angenommen, es ist geplant, dass ein bestimmter Service das Monitoring Object *Swap_Space* überprüfen soll. Als Name wird den in diesem Buch üblichen Konventionen entsprechend *app_sap_ccms_n4s_dvebmgs42_check_swap* gewählt. Definiert man nun in *agent.cfg* ein Template gleichen Namens, so wird dadurch ein direkter Bezug zwischen einer Servicedefinition in Nagios und der zugehörigen Konfiguration von **check_sap** hergestellt.

```
[TEMPLATE_app_sap_ccms_N4S_DVEBMGS42_check_swap]
DESCRIPTION="free swap space"
MONI_SET_NAME="SAP CCMS Monitor Templates"
MONI_NAME="Operating System"
PATTERN_0=N4S\*\Swap_Space\*
```

Beim Aufruf von **check_sap** kann dann einfach *$SERVICEDESCRIPTION$* angegeben werden.

```
nagsrv$ check_sap \
    app_sap_ccms_n4s_dvebmgs42_check_swap n4s_dvebmgs42
Swap_Space Swap_Space = <no value>
Freespace=2221MB | Freespace=2221MB;50.000000;25.000000;0;
Percentage_Used=15% | Percentage_Used=15%;165.000000;185.000000;0;
```

Der Leser fragt sich sicherlich zu Recht, wieso im Templatenamen Großbuchstaben vorkommen, im Servicenamen hingegen nicht. Das liegt daran, dass **check_sap** beim Einlesen der Datei *agent.cfg* alle Buchstaben im Templatenamen in Kleinbuchstaben umwandelt. Die interne Bezeichnung dieses Beispiels lautet daher unabhängig von der Schreibweise im Configfile *app_sap_ccms_n4s_dvebmgs42_check_swap*. Deshalb muss der erste Parameter auf der Kommandozeile exakt so geschrieben werden.

KAPITEL 9 — Monitoring von SAP

> **TIPP**
>
> Während der Arbeiten zu diesem Buch wurde den Autoren der Plugins vorgeschlagen, in *check_sap.c* ein paar Zeilen Code einzufügen, welcher den Template-Parameter automatisch in Kleinschreibung umwandelt, so dass er beim Plugin-Aufruf auch Großbuchstaben enthalten darf. Dadurch ließe sich dieser Fallstrick umgehen. Die dafür nötigten Zeilen lauten:
>
> ```
>         if (argc < 3) {
>                 usage(argv[0]);
>                 return ERROR;
>         }
> /*** diese Zeilen bitte einfügen ********************************/
>         char *ptr;
>         for (ptr = argv[1]; *ptr; ptr++) {
>                 *ptr = tolower(*ptr);
>         }
> /****************************************************************/
>         strcpy(templ_name, argv[1]);
> ```
>
> Da die Anfrage am letzten Tag vor der Manuskriptabgabe gestellt wurde, lässt sich nicht sagen, ob diese Funktionalität implementiert wurde. Im Zweifelsfall muss man es einfach ausprobieren.

Es wird empfohlen, nach der Festlegung der Services eine Vorlagendatei *agent.tmpl* zu erstellen, die alle benötigten Templates enthält, wobei jedoch anstelle von SIDs und Instanzennamen Platzhalter verwendet werden. Als Beispiel soll folgendes Template dienen:

```
[TEMPLATE_app_sap_ccms_SID_INSTANCE_check_dialog]
DESCRIPTION="dialog response time"
MONI_SET_NAME="SAP CCMS Monitor Templates"
MONI_NAME="Dialog Overview"
PATTERN_0="SID\KONTEXT\Dialog\*"
```

Mit Hilfe von **sed**- oder **m4**-Scripts werden die Platzhalter *SID*, *INSTANCE* und *KONTEXT* durch reale Werte, die z.B. aus einer CMDB stammen, ersetzt, so dass zum Schluss für jede erdenkliche Kombination dieser drei Variablen ein eigenes Template vorliegt. Mit Hilfe dieser automatischen Generierung erhält man dann eine Datei *agent.cfg*, die für jede erdenkliche Parameterliste von **check_sap** eine gültige Antwort parat hält. Ein Auszug aus der generierten Datei sieht so aus:

```
...
[TEMPLATE_app_sap_ccms_N4S_DVEBMGS42_check_dialog]
DESCRIPTION="dialog response time"
MONI_SET_NAME="SAP CCMS Monitor Templates"
MONI_NAME="Dialog Overview"
PATTERN_0="N4S\ivml2005_N4S_42\Dialog\*"

[TEMPLATE_app_sap_ccms_N4S_D00_check_dialog]
DESCRIPTION="dialog response time"
MONI_SET_NAME="SAP CCMS Monitor Templates"
MONI_NAME="Dialog Overview"
PATTERN_0="N4S\ivml2006_N4S_00\Dialog\*"
...
```

Möglicherweise enthält die Konfigurationsdatei, wenn man sie wie vorgeschlagen erzeugt, Einträge, die niemals referenziert werden, weil es einfach keinen entsprechenden Service in Nagios gibt. Das macht aber nichts, da durch die automatisierte Generierung kein Pflegeaufwand besteht.

9.4.3 check_generic

Die Überwachung des *Dispatchers* lässt sich recht elegant mit **check_generic** lösen. Dieses Plugin ist ja in der Lage, den Output beliebiger Kommandos zu interpretieren und daraus für Nagios geeignete Exitcodes zu bilden. Die Grundlage für einen Dispatcher-Check ist der Befehl **dpmon**. Ruft man ihn mit dem Parameter *–p* (für Ping) und dem Startprofil einer Instanz auf, so prüft er, ob der entsprechende Dispatcher läuft.

```
n4shost$ dpmon pf=/usr/sap/N4S/SYS/profile/N4S_DVEBMGS42_n4shost -p
Dispatcher is alive
```

Das Kommando muss lokal auf dem SAP-Server ausgeführt werden (im Beispiel durch den Benutzer *n4sadm*). Man kann es leider nicht auf dem Nagios-Server installieren und aufrufen, so wie es bei den bisher gezeigten Plugins und **sapinfo** der Fall war.

Auch der lokale Nagios-User kann den **dpmon**-Befehl aufrufen. Er braucht dazu nur die Environmentvariable *LD_LIBRARY_PATH*, um ein Verzeichnis aus der SAP-Installation zu erweitern. Damit nun **dpmon** bzw. seine Ausgabe für das Nagios-Monitoring nutzbar gemacht werden können, verwendet man das Plugin **check_generic** als Wrapper. Dafür müssen die geeigneten Parameter gewählt werden, mit denen man **check_generic** sagt, wie es **dpmon** auszuführen und die Ausgabe interpretieren soll. Wie bereits gezeigt, besagt die Meldung „*Dispatcher is alive*", dass alles in Ordnung ist. Man formuliert also eine Regel, welche besagt:

Sobald der String *Dispatcher is alive* nicht mehr in der Ausgabe von **dpmon** erscheint, soll **check_generic** einen Exitcode *CRITICAL* liefern.

Dies erreicht man ganz einfach mit der Option *--critical ‚!~/Dispatcher is alive/'*.

```
nagsrv$ LD_LIBRARY_PATH=/usr/sap/N4S/SYS/exe/run \
/usr/local/nagios/locallibexec/check_generic \
    --execute '/usr/sap/N4S/SYS/exe/run/dpmon
    pf=/usr/sap/N4S/SYS/profile/N4S_DVEBMGS42_n4shost -p' \
    --critical '!~/Dispatcher is alive/' \
    --match_stderr --empty_output_is_ok  --ignore_rc \
    --print_match
OK - Dispatcher is alive
```

Dieses ist der einzige der vorgestellten Checks, der lokal auf dem SAP-Server ausgeführt werden muss. Dazu muss in der Konfigurationsdatei *nrpe.cfg* eine entsprechende Zeile einfügen. Der obige Beispielaufruf von **check_generic** enthält viele Angaben, die speziell für die Instanz *DVEBMGS42* des Systems *N4S* gelten. Um den Eintrag in der Konfiguration universell verwenden zu können, ersetzt man die spezifischen Werte durch dynamische Platzhalter, die dann beim Aufruf von **check_nrpe** als Argumente mitgegeben werden.

```
command[check_dispatcher]=
LD_LIBRARY_PATH=/usr/sap/$ARG1$/SYS/exe/run
 /usr/local/nagios/locallibexec/check_generic
 --execute '/usr/sap/$ARG1$/SYS/exe/run/dpmon
pf=/usr/sap/$ARG1$/SYS/profile/$ARG1$_$ARG2$_$ARG3$
 -p -f /tmp/dev_dpmon'
 --critical '!~/Dispatcher is alive/'
 --match_stderr --empty_output_is_ok --ignore_rc --print_match
```

Es ist darauf zu achten, dass dieses Kommando in einer einzigen Zeile geschrieben werden muss. Leider ist es nicht möglich, in einer NRPE-Konfigurationsdatei mit Fortsetzungszeilen zu arbeiten. Nach einem Neustart des NRPE-Daemons kann nun auf dem Nagios-Server das **check_nrpe**-Kommando aufgerufen werden, welches für die Ausführung des **check_generic**-Plugins auf dem SAP-Server sorgt.

```
nagsrv$ check_nrpe -H sap2.naprax.de\
    -c check_dispatcher -a N4S DVEBMGS42 n4shost
OK - Dispatcher is alive
```

Somit kann auch der Dispatcher auf recht einfache Weise überwacht werden.

9.4.4 check_http

Am einfachsten ist die Überwachung des *ICF Ping Services*. Es muss lediglich ein HTTP-Request geschickt und die entsprechende Response ausgewertet werden. Mit dem Plugin **check_http** ist das ein Kinderspiel.

```
nagsrv$ check_http --IP-address 10.0.12.152 \
    --url /sap/bc/ping --port 8042  \
    --authorization nagios:geheim \
    --string successfully
GET /sap/bc/ping HTTP/1.0
User-Agent: check_http/v2053 (nagios-plugins 1.4.13)
Connection: close
Authorization: Basic bmFnaW9zOm5vbmFnNHU=


http://10.0.12.152:8042/sap/bc/ping is 190 characters
STATUS: HTTP/1.0 200 OK
**** HEADER ****
content-type: text/html; charset=utf-8
content-length: 53
expires: 0
server: SAP Web Application Server (1.0;700)
**** CONTENT ****
<html><body>Server reached successfully</body></html>
HTTP OK HTTP/1.0 200 OK - 0.010 second response time
|time=0.009699s;;;0.000000 size=190B;;;0
```

Wie die verwendete URL, speziell der verwendete Port, zustandekommt, wurde bereits angesprochen. Dank der Performancedaten, die **check_http** liefert, lässt sich auch mit diesem Check das Antwortverhalten von SAP über einen längeren Zeitraum hinweg aufzeichnen.

9.5 Konfiguration der Nagios-Services

Bevor man sich an die Definition der einzelnen Services macht, mit denen die besprochenen Komponenten eines SAP-Systems überwacht werden, sollte man gemeinsame Parameter in Servicetemplates unterbringen.

Servicetemplates

An der Spitze der Template-Hierarchie steht *app_sap_default*. Es erbt zunächst nur die standardmäßigen vergebenen Attribute der jeweiligen Nagios-Installation. Sollte es jedoch ein eigenes Team von Administratoren für den Betrieb der SAP-Landschaft geben, so ist hier der richtige Stelle, um die entsprechende *contact_group* einzutragen.

Listing 9.1: **Template app_sap_default**

```
define service {
    register         0
    name             app_sap_default
    use              7x24-default-service
    contact_groups   sap-betrieb
}
```

Eine Ebene darunter befindet sich ein Template, welches von allen Services inkludiert wird, die sich auf das SAP-System mit der SID *N4S* beziehen. Hier tauchen auch erstmalig Custom-Variablen auf, die später die Platzhalter in den *check_command*-Aufrufen ersetzen werden. In diesem Beispiel wird davon ausgegangen, dass der SAP-Benutzer *nagios* auf allen Instanzen mit der SID *N4S* existiert und überall das gleiche Passwort vergeben wurde (Ist das nicht der Fall, so muss man *_sap_user* und *_sap_pass* eben in das nächste, instanzspezifische Template verschieben.). Weiterhin findet man hier auch die IP-Adresse des Rechners, auf dem der Message-Server läuft.

Listing 9.2: **Template app_sap_N4S**

```
define service {
    register          0
    name              app_sap_N4S
    use               app_sap_default
    _sap_sid          N4S
    _sap_sid_lc       n4s
    _sap_user         nagios
    _sap_pass         geheim
    _sap_mshost       10.0.12.152
    _sap_logongroup   SPACE
}
```

In der dritten Stufe werden die für eine Instanz spezifischen Attribute definiert. Dies sind der Hostname des SAP-Servers, auf dem die Instanz läuft, sowie die Instanz-Bezeichnung und -Nummer. Außerdem steht hier auch der virtuelle Hostname *n4shost*, der zum Auffinden des Startprofils der Instanz gebraucht wird.

Listing 9.3: **Template app_sap_N4S_DVEBMGS42**

```
define service {
    register              0
    name                  app_sap_N4S_DVEBMGS42
    use                   app_sap_N4S
    host                  sap2
    _sap_instance         DVEBMGS42
    _sap_instance_lc      dvebmgs42
    _sap_sysnr            42
    _sap_globalhost       n4shost
}
```

Falls man sich fragt, welche Bewandtnis es mit *_sap_sid_lc* und *_sap_instance_lc* auf sich hat – wie bereits erwähnt, verlangt das Plugin **check_sap**, dass der Template-Parameter in Kleinbuchstaben angegeben wird. Aus diesem Grund werden die beiden Makros in der Servicedefinition noch gebraucht.

Dispatcher

Aufbauend auf diesen Templates folgen jetzt die einzelnen Services, angefangen mit der Überprüfung des Dispatchers, ohne den eine SAP-Instanz nicht lauffähig ist.

```
define service {
    service_description   app_sap_default_N4S_DVEBMGS42_check_dis
    use                   app_sap_N4S_DVEBMGS42
    check_command         check_nrpe_arg!60\
                          !check_dispatcher\
                          !$_SERVICESAP_SID$ \
                           $_SERVICESAP_INSTANCE$ \
                           $_SERVICESAP_GLOBALHOST$
}
```

Gateway-Workprozess

Als Nächstes folgt die Überwachung des Gateway-Workprozesses. Die Beschreibung des Commands *check_sap_gw* folgt später.

```
define service {
    service_description   app_sap_default_N4S_DVEBMGS42_check_gw
    use                   app_sap_N4S_DVEBMGS42
    check_command         check_sap_gw\
                          !$HOSTADDRESS$\
                          !$_SERVICESAP_SYSNR$
}
```

Internet Communication Manager

Der dritte Service, der allen Dialoginstanzen defaultmäßig zugewiesen wird, prüft die Antwort des *ICF-Ping-Service*.

```
define service {
    service_description    app_sap_default_N4S_DVEBMGS42_check_icf
    use                    app_sap_N4S_DVEBMGS42
    check_command          check_http_ip\
                           !$HOSTADDRESS$\
                           !/sap/bc/ping!10!20\
                           !--port 8042 \
                             --string successfully \
                             --authorization \
                               $_SERVICESAP_USER$:$_SERVICESAP_PASS$
}
```

CCMS

Für die Überwachung von Objekten im CCMS gibt es ein eigenes Profil *app_sap_ccms*. Da hier je nach Anzahl der Services eine größere Belastung auf einen SAP-Server zukommen kann, besteht bei Bedarf die Möglichkeit, über ein eigenes Servicetemplate ein Checkintervall von z.B. 15 Minuten einzustellen.

```
define service {
    register         0
    name             app_sap_ccms
    check_interval   15
}
```

Als Beispiel für einen Service sei hier die Überwachung des Antwortverhaltens exemplarisch dargestellt:

```
define service {
    service_description    app_sap_ccms_N4S_DVEBMGS42_check_dialog
    use                    app_sap_N4S_DVEBMGS42,app_sap_ccms
    check_command          check_sap\
                           !app_sap_ccms_$_SERVICESAP_SID_LC$_$_SERVICESAP_
INSTANCE_LC$_check_dialog\
                           !$_SERVICESAP_SID$_$_SERVICESAP_INSTANCE$
}
```

Wie bereits erwähnt, darf beim Aufruf von **check_sap** der zweite Parameter keine Großbuchstaben enthalten. Deshalb wird hier die Service Description mit Hilfe der beiden Attribute *$_SERVICESAP_SID_LC$* und *$_SERVICESAP_INSTANCE_LC$*, die nur zu diesem Zweck eingeführt wurden, in Kleinschreibung nachgebildet. Wäre es gestattet, dass der Parameter auch Großbuchstaben enthält, könnte man die Servicedefinition einfacher formulieren:

KAPITEL 9   Monitoring von SAP

```
define service {
    service_description     app_sap_ccms_N4S_DVEBMGS42_check_dialog
    use                     app_sap_N4S_DVEBMGS42,app_sap_ccms
    check_command           check_sap\
                            !$SERVICEDESCRIPTION$\
                            !$_SERVICESAP_SID$_$_SERVICESAP_INSTANCE$
}
```

(Möglicherweise ist dies beim Erscheinen dieses Buchs bereits der Fall. Ein entsprechender Feature Request wurde gestellt.)

Message-Server

Speziell für die Zentralinstanz kommt noch ein weiterer Service hinzu, mit dem der *Message-Server* der SAP-Systems überwacht wird.

```
define service {
    service_description     app_sap_ci_N4S_DVEBMGS42_check_ms
    use                     app_sap_N4S_DVEBMGS42
    check_command           check_sap_ms\
                            !$HOSTADDRESS$\
                            !$_SERVICESAP_SID$\
                            !$_SERVICESAP_LOGONGROUP$
}
```

Commands

Die zugrundeliegenden Command-Definitionen sehen folgendermaßen aus:

```
define command {
    command_name                check_nrpe_arg
    command_line                $USER1$/check_nrpe -H $HOSTADDRESS$ -t
$ARG1$ -c $ARG2$ -a $ARG3$
}

define command {
    command_name check_sap_gw
    command_line $USER3$/check_sap.pl \
                 --sapinfo /usr/local/nagios/local/bin/sapinfo \
                 --ashost $ARG1$ --sap-sysnr $ARG2$
}

define command {
    command_name check_sap_ms
    command_line $USER3$/check_sap.pl \
                 --sapinfo /usr/local/nagios/local/bin/sapinfo \
                 --mshost $ARG1$ --sap-id $ARG2$ --group $ARG3$
}

define command {
    command_name            check_http_ip
    command_line            $USER1$/check_http \
```

```
                        --IP-address $ARG1$ --url $ARG2$ \
                        --warn $ARG3$ --critical $ARG4$ $ARG5$
}

define command {
    command_name        check_sap
    command_line        $USER3$/check_sap $ARG1$ $ARG2$
}
```

9.6 Monitoring der SAP-Datenbank

Eine SAP-Installation basiert natürlich auch auf einer Datenbank. In der Regel liegt diese auf dem Server, auf dem auch die Zentralinstanz beheimatet ist. Als Dreh- und Angelpunkt für die Datenströme spielt sie eine wichtige Rolle bei der Performance des Gesamtsystems, so dass es selbstverständlich sein sollte, auch sie zu überwachen. Zwar beinhaltet das CCMS ein Datenbank-Monitoring, falls es in einem Unternehmen jedoch Standard ist, auch Datenbanken mit Nagios zu überwachen, sollte man hier keine Ausnahme machen. Wie das Monitoring von Datenbanken funktioniert, wurde ja bereits in einem eigenen Kapitel beschrieben.

SAP ist weitgehend herstellerunabhängig. Man kann sich aussuchen, welchen Datenbanktyp man einsetzen will. Zur Auswahl stehen Oracle, DB2 und MaxDB. Für die ersteren gibt es bereits die Plugins *check_oracle_health* und *check_db2_health*. Analog dazu wird es auch *check_maxdb_health* geben. Die Veröffentlichung ist bis Jahresende 2009 geplant.

```
From: Armin Admin <armin.admin@naprax.de>
To: Bernd Berserker <bernd.berserker@naprax.de>
Cc: Siegfried von Schlips <siegfried.von.schlips@naprax.de>

Hallo Bernd,

ich habe jetzt ein paar Services aufgesetzt, mit denen wir SAP-Instanzen
überwachen können. Wir bekommen Ausfälle kritischer Komponenten sofort mit.
Und wenn mir Herr Schlips noch ein paar Monitoring Objects aus dem CCMS
nennt, die er gerne im Auge behalten möchte, dann kann ich auch die recht
einfach in die Nagios-Konfiguration aufnehmen. Screenshot hängt hier dran!

Gruß,
Armin
```

app_sap_ccms_N4S_DVEBMGS42_check_dialog	OK	08-31-2009 15:58:58	0d 0h 5m 59s	1/4	ResponseTime=26msec
app_sap_ci_N4S_DVEBMGS42_check_ms	OK	08-31-2009 15:58:00	0d 2h 31m 57s	1/4	CHECKSAP OK - system ivml2005_N4S_42 available
app_sap_default_N4S_DVEBMGS42_check_dis	OK	08-31-2009 15:58:47	0d 4h 21m 10s	1/4	OK - Dispatcher is alive
app_sap_default_N4S_DVEBMGS42_check_gw	OK	08-31-2009 15:56:24	0d 4h 18m 33s	1/4	CHECKSAP OK - system ivml2005_N4S_42 available
app_sap_default_N4S_DVEBMGS42_check_icf	OK	08-31-2009 15:56:48	0d 4h 18m 9s	1/4	HTTP OK HTTP/1.0 200 OK - 0.014 second response time

Die bisher vorgestellten Techniken sind in der Lage, Ausfälle von SAP-Systemen in kürzester Zeit festzustellen und mittels Nagios-Notifications zu melden. Darüber hinaus lassen sich dem CCMS-Monitoring auch Betriebsparameter überwachen, die, sollten sie sich außerhalb definierter Bereiche bewegen, zu einer Verschlechterung der Performance führen oder auf anstehende schwerwiegende Probleme hinweisen. Wie man aber gesehen hat, ist die Abfrage von Messwerten aus dem CCMS durchaus mit Aufwand verbunden. Einige ausgewählte Objekte zu monitoren sollte kein Thema sein. Den kompletten CCMS-Baum in Nagios abzubilden hingegen wäre Irrsinn.

Dennoch muss man nicht auf das im CCMS vorhandene Wissen über den Systemzustand nicht verzichten. Das SAP-eigene Monitoring ist nämlich in der Lage, Aktionen auszulösen, sobald in einem beliebigen überwachten Objekt eine Zustandsänderung eintritt. Dieses Feature kann man dazu benutzen, um sämtliche Alarme und Warnungen als asynchrone Events an Nagios zu schicken.

9.7 Passives Monitoring von SAP

Der einfachste Weg, um auf Fehlerzustände in einem SAP-System hingewiesen zu werden, ist die Benutzung des *Alert Monitors*. Zu diesem gelangt man, wenn man die Transaktion *RZ20* aufruft. Liegt eine Störung vor, so werden alle MTEs vom Wurzelknoten bis hinunter zum betroffenen Attribut mit gelber oder roter Farbe unterlegt.

Das Beobachten des Alert Monitors sollte zwar zu den Routineaufgaben eines SAP-Administrators gehören, jedoch wird dies eher sporadisch geschehen und schon gar nicht rund um die Uhr. Es muss daher ein Weg gefunden werden, wie SAP selbständig auf sich aufmerksam macht, wenn es eine Störung in seinen Innereien feststellt.

Die sogenannten *Autoreaktionsmethoden* sind dazu hervorragend geeignet. Man kann im CCMS Aktionen definieren, die automatisch ausgeführt werden, sobald ein Alert in einem MTE, dem so eine Methode zugeordnet wurde, auftritt. Es gibt eine Vielzahl von vordefinierten Aktionen, aus denen man wählen kann, z.B. *CCMS_OnAlert_Email* zum Versand einer Mail oder *CCMS_OnAlert_SNMP_TRAP*, mit dem ein SNMP Trap an ein Monitoringsystem geschickt wird.

Mit der Autoreaktionsmethode *CCMS_AUTO_REACT_OP_COMMAND* lässt sich die Reaktion auf einen Alert besonders flexibel gestalten. Sie wird eingesetzt, um externe Kommandos auf Betriebssystemebene auszuführen. In diesem Kapitel wird beschrieben, wie man mit Hilfe dieser Methode die Weiterleitung von Alarmen mittels des **send_nsca**-Kommandos implementiert.

```
From: Armin Admin <armin.admin@naprax.de>
To: Siegfried von Schlips <siegfried.von.schlips@naprax.de>

Hallo Herr von Schlips,

wir überwachen mit Nagios derzeit nur eine Handvoll von Monitoring Objects
im CCMS, z.B. CPU und Dialog Response Time. Von abgebrochenen Jobs, Pro-
grammfehlern, SQL-Fehlern etc. bekommen wir leider nichts mit. Es ist schade
um die Information, die uns dadurch durch die Finger geht. Ich habe daher
einen Weg ausgearbeitet, der sie in die Lage versetzt, alle Fehlerzustände
im CCMS an unser Nagios-System zu schicken. Im Gegensatz zu unserem bishe-
```

rigen Ansatz ist dabei das SAP-System der aktive Part. Wenn sie anhand der
folgenden Anleitung eine Autoreaktionsmethode definieren, schickt ihr SAP
unserem Nagios jedesmal automatisch eine Nachricht, sobald im CCMS ein Problem festgestellt wurde.

Viele Grüße,
Armin Admin

Anlegen eines externen Kommandos

Als erstes muss man in der Transaktion *SM69* ein externes Kommando definieren. Dazu klickt man im Bildschirm *„Externe Betriebssystemkommandos"* auf das *„Anlegen"*-Symbol. Daraufhin erscheint die Maske *„Anlegen eines externen Kommando"* (vgl. Abbildung 9.15). Es müssen folgende Felder ausgefüllt werden:

» *Kommando / Kommandoname* – Hier trägt man einen symbolischen Namen für das auszuführende Programm ein. In diesem Beispiel lautet er *Z_NAGIOS_SEND_NSCA*. Es ist wichtig, dass der Name mit *Z* oder *Y* beginnt. Dadurch wird es als Kundenkommando gekennzeichnet (Andernfalls gibt es Probleme, wenn man es wieder löschen will.).

» *Definition / Betriebssystem-Kommando* – In diesem Feld steht der Name des Scripts, das aufgerufen werden soll. Lässt man den vollständigen Pfad weg, so wird davon ausgegangen, dass es sich im Verzeichnis */usr/sap/<SID>/<Instanz>/exe* befindet. Ein vollständiger Pfad kann auch angegeben werden. Es ist jedoch darauf zu achten, dass der SAP-Benutzer *<SID>adm* die nötigen Zugriffsrechte besitzt. In diesem Beispiel wird das Script **/usr/sap/N4S/DVEBGMS42/exe/send_nsca_wrapper** verwendet.

» *Definition / Zusätzliche Parameter erlaubt* – Hier muss man ein Häkchen setzen, da das Script beim Aufruf als Autoreaktionsmethode mit Kommandozeilenparametern versorgt wird.

Abschließend speichert man das neue Kommando durch Klick auf das Diskettensymbol.

Anlegen einer Autoreaktionsmethode

Im zweiten Schritt ruft man die Transaktion *RZ21* auf. In der Maske *„Monitoring: Eigenschaften und Methoden"* markiert man im Gruppenrahmen *„Methoden"* den Auswahlknopf *„Methodendefinitionen"* und klickt dann auf den Button *„Übersicht anzeigen"*.

Im daraufhin erscheinenden Bildschirm findet man eine Liste von vordefinierten Methoden. In dieser markiert man die Methode *„CCMS_AUTO_REACT_OP_COMMAND"* durch Setzen eines Häkchens und wählt in der Menüleiste den Button *„Kopieren"*. In einem Popup wird man dann zur Eingabe eines Namens für die neue Methode aufgeforder (vgl. Abbildung 9.16). Angelehnt an die Originalbezeichnung lautet er in diesem Beispiel *NAGIOS_AUTO_REACT_OP_COMMAND*.

KAPITEL 9 Monitoring von SAP

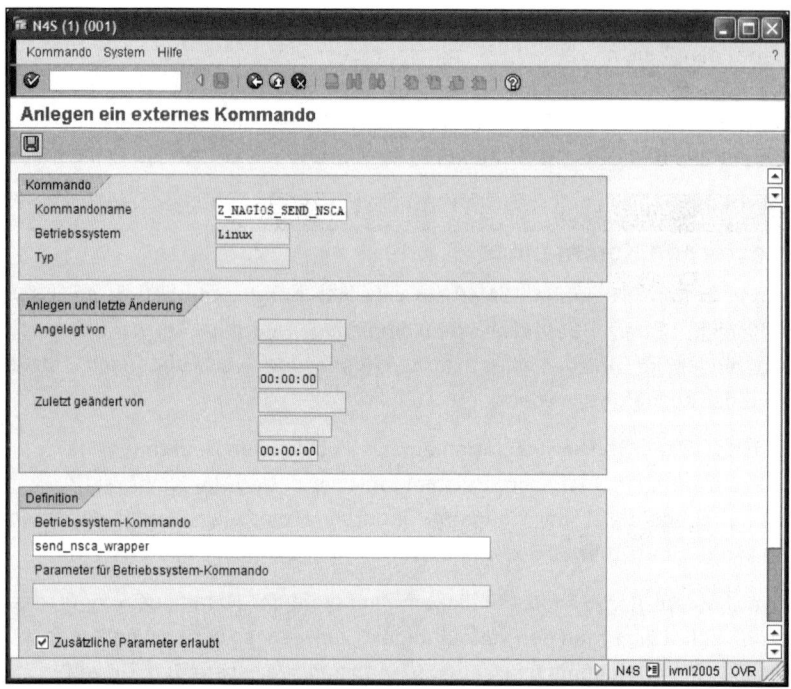

Abbildung 9.15: **Anlegen eines externen Kommandos in der Transaktion SM69**

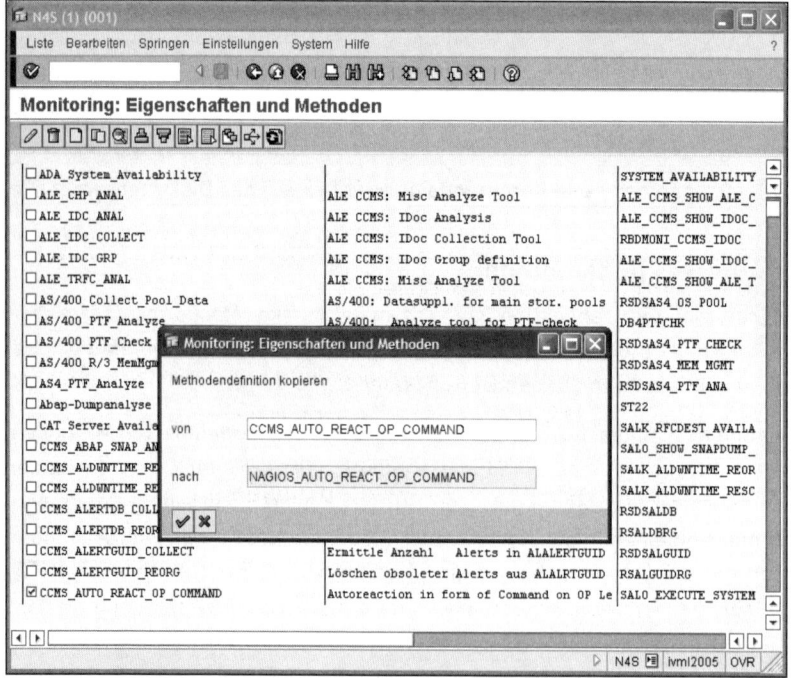

Abbildung 9.16: **Anlegen einer eigenen Autoreaktionsmethode für Nagios-Zwecke**

KAPITEL 9 Monitoring von SAP

Nach dem Sichern gelangt man zur Maske „Monitoring Methoden", in der man die Drucktaste „Ändern" auswählt, damit die neue Methode zur Detailbearbeitung freigegeben wird. Nun klickt man auf die Registerkarte „Parameter" und setzt im Feld „COMMAND" das soeben erzeugte logische Kommando Z_NAGIOS_SEND_NSCA ein. Die restlichen Eingaben in diese Maske nimmt man anhand der folgenden Abbildung 9.17 vor.

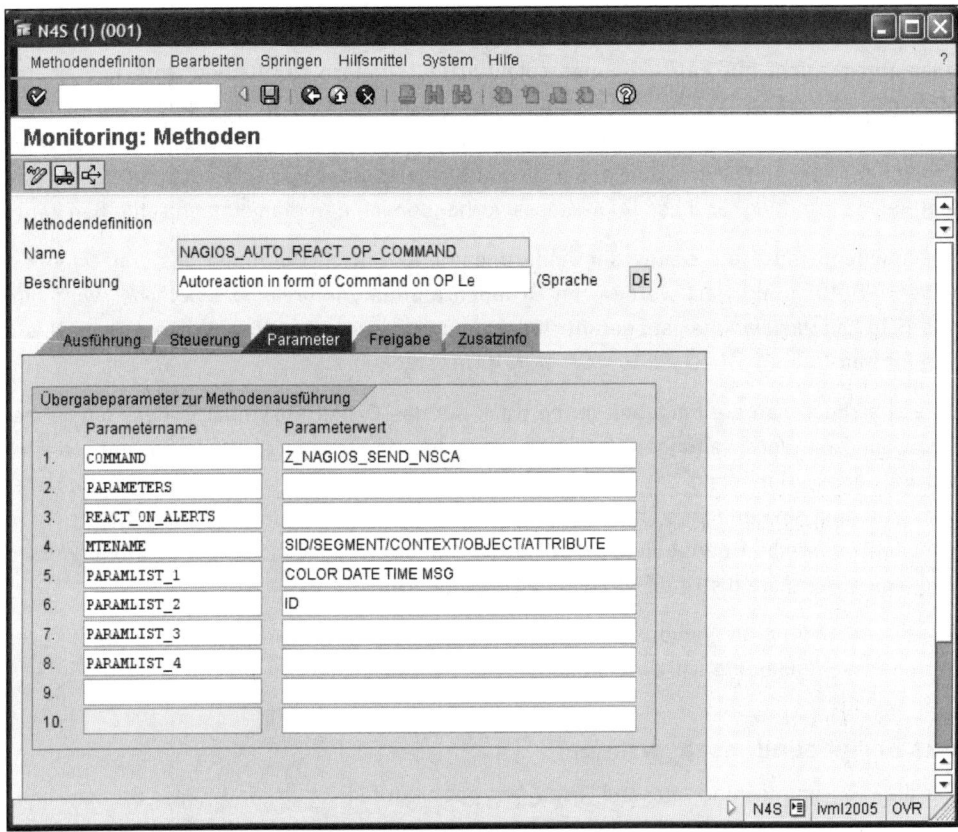

Abbildung 9.17: **Zuordnung des logischen Scripts zur Autoreaktionsmethode**

Danach bedient man die Registerkarte „Freigabe" und markiert im Gruppenrahmen „Methode darf ausgeführt werden als" den Eintrag „Autoreaktionsmethode". Abschließend sichert man die Methode durch Klick auf das Diskettensymbol in der Menüleiste.

Autoreaktionsmethode den gewünschten Knoten zuweisen

Als letzter Schritt muss die soeben definierte Autoreaktionsmethode noch den MTEs zugewiesen werden, für die im Falle eines Alarms ein Event an Nagios übermittelt werden soll. In diesem Beispiel soll dies für alle Elemente des Monitors „Operating System" gelten. Dazu ruft man wieder die Transaktion RZ20 auf und wählt den Monitor mit einem Doppelklick aus. Es erscheint eine Baumansicht, in der man unterhalb des Wurzelknotens „Operating

System" einen oder mehrere Knoten findet, einen für jede bekannte Instanz. Nachdem man das erste Element durch einen einfachen Klick markiert hat, wählt man die Drucktaste *„Eigenschaften"* in der Menüleiste.

Daraufhin gelangt man zur Maske *„Monitoring: Eigenschaften und Methoden"*. Hier wählt man die Registerkarte *„Methoden"* und klickt auf den Button *„Methodenzuordnung"*.

Es erscheint ein weiterer Bildschirm namens *„Monitoring: Methoden"*. Da die Autoreaktionsmethode nicht nur dem eingangs selektierten, sondern sämtlichen Unterknoten des Monitors *„Operating System"* zugeordnet werden soll, wählt man im oberen Bereich der Maske die MTE-Klasse (in diesem Fall *„OperatingSystem"*) durch einen Doppelklick. Unter Umständen erscheint ein Hinweis, der darauf hinweist, dass in der Datenbank noch keine Methodenzuordnung für diese MTE-Klasse vorhanden ist, den man einfach schließen kann.

Anschließend muss als erstes der Änderungsmodus durch Betätigen des *„Anzeigen <-> Ändern"*-Buttons aktiviert werden. Im Gruppenrahmen *„Autoreaktionsmethode"* wird nun das Feld *„Methodenname"* ausgefüllt, indem man aus der zugehörigen Drop-Down-Liste den Eintrag NAGIOS_AUTO_REACT_OP_COMMAND selektiert.

Zuletzt sichert man die Eingaben durch Klick auf das Diskettensymbol in der Menüleiste. Damit sind die Vorbereitungen im SAP abgeschlossen. Tritt jetzt ein Alarm auf, so wird auf Betriebssystemebene das Kommando **send_nsca_wrapper** ausgeführt. Für Testzwecke kann man ein einfaches Shell-Script erstellen, das einfach nur eine kurze Nachricht in ein Logfile schreibt. Gelingt dies, so ist das der Nachweis, dass die vorbereitenden Schritte durch den SAP-Administrator korrekt durchgeführt wurden.

Für die Anbindung an Nagios ist ein wenig Programmierarbeit nötig. Wie ein produktives Script aussehen könnte, wird im nächsten Abschnitt vorgestellt.

Das Script send_nsca_wrapper

Für die Programmierung von **send_nsca_wrapper** wurde Perl gewählt. Diese Sprache sollte jedem Administrator vertraut sein. Ein Shell-Script wäre als Alternative ebenfalls denkbar, jedoch bietet Perl mehr Flexibilität.

Wird **send_nsca_wrapper** nun aufgerufen, so wird ihm eine Parameterliste übergeben, die sich aus folgenden Argumenten zusammensetzt:

» *MTE* – Das Message Tree Element, das den Alert ausgelöst hat.

‚N4S/SAP_CCMS_ivml2005_N4S_42/ivml2005_N4S_42/CPU/5minLoadAverage'

» *COLOR* – Die Schwere des Fehlers.

red

» *DATE* – Datum, zu dem der Fehler aufgetreten ist.

20090901

» *TIME* – Uhrzeit, zu der der Fehler aufgetreten ist.

001346

» *MSG* – Der Fehlertext.

CPU Load: 3,970000 QL > 3,000000 QL 5 minute average value over threshold value

» *ID* – Meldungsklasse.

RT

Aus diesen Argumenten wird dann der zu übermittelnde Text zusammengesetzt und ein für Nagios geeigneter Exitcode bestimmt.

Listing 9.4: **send_nsca_wrapper**

```perl
#! /usr/bin/perl
use strict;

my $nsca_server = "10.0.12.10";
my $nsca_port = 5667;
my $send_nsca = "/usr/local/nagios/bin/send_nsca";
my $send_nsca_cfg = "/usr/local/nagios/etc/send_nsca.cfg";

my $host = "sap2";
my $service = "app_sap_ccms_N4S_DVEBMGS42_check_alerts";

my ($mte, $color, $date, $time, $msg, $id) = @ARGV;
my $rc = ($color eq "red" ) ? 2 :
         ($color eq "yellow" ) ? 1 : 3;
my $output = sprintf "%s says: %s", $mte, $msg;
my $input = sprintf "%s\t%s\t%d\t%s\n",
    $host, $service, $rc, $output;

open(NSCA, "|$send_nsca -H $nsca_server ".
           "-p $nsca_port -to 10 -c $send_nsca_cfg");
print NSCA $input;
close(NSCA);
exit 0;
```

Dieses Programm ist zwar voll funktionsfähig, bedarf aber der Anpassung an lokale Gegebenheiten. Insbesondere die Variablen *$host* und *$service* müssen an die Nagios-Umgebung des Lesers angepasst werden.

Es bleibt dem Leser überlassen, welche der folgenden Vorschläge er umsetzt, damit sich das Script optimal an seine Nagios-Umgebung einfügt.

» Eventuell will man nicht alle Alerts empfangen, die aus einem mit einer Autoreaktionsmethode ausgestatteten MTE stammen. In dem Fall sollte man das Script um eine Filterroutine erweitern, die die unerwünschten Ereignisse verwirft.

» Unterschiedliche Servicenamen für unterschiedliche MTEs. Dazu wertet man die Variable *$mte* aus und weist der Variablen *$service* die entsprechenden Werte zu.

> Zurückstufen von Critical auf Warnung in Abhängigkeit von der Uhrzeit. Manche Alarme sind nur innerhalb des Tagesbetriebs wirklich kritisch und können außerhalb der Bürozeiten toleriert werden.

ACHTUNG

Scripts, die durch die Autoreaktionsmethode *NAGIOS_AUTO_REACT_OP_COMMAND* gestartet werden, laufen unter der Benutzerkennung des SAP-Benutzers *<SID>adm*. In der vorliegenden Form von **send_nsca_wrapper** wird das Programm **send_nsca** aufgerufen, das im Homeverzeichnis des Nagios-Benutzers liegt. Dieser könnte es in böser Absicht gegen ein selbstgeschriebenes Script austauschen, welches dann, ausgestattet mit den Privilegien des SAP-Users, einigen Schaden anrichten kann. Es wird daher empfohlen, im Homeverzeichnis */home/<SID>adm* eine eigene, geprüfte Kopie von **send_nsca** zu installieren und die Variable *$send_nsca* entsprechend anzupassen.

Auf der Nagios-Seite werden die von SAP abgeschickten Events vom NSCA-Daemon empfangen und durch einen passiven Service verarbeitet.

```
define service {
    service_description     app_sap_ccms_N4S_DVEBMGS42_check_alerts
    use                     app_sap_N4S_DVEBMGS42
    active_checks_enabled   0
    passive_checks_enabled  1
    ...
}
```

So ausgestattet, wird man nun über sämtliche Vorgänge im SAP-System informiert und kann in der Service History Störungen nachvollziehen. Außerdem können damit auch die SAP-Administratoren die mächtige Notification-Funktionalität von Nagios nutzen.

Service State Information	
Current Status:	**CRITICAL** (for 0d 0h 1m 56s)
Status Information:	'N4S/SAP_CCMS_ivml2005_N4S_42/ivml2005_N4S_42/CPU/5minLoadAverage' says: 'CPU Load: 6,820000 QL > 3,000000 QL 5 minute average value over threshold value'
Performance Data:	
Current Attempt:	1/4 (SOFT state)
Last Check Time:	09-01-2009 00:17:04
Check Type:	PASSIVE
Check Latency / Duration:	N/A / 0.000 seconds
Next Scheduled Check:	N/A
Last State Change:	09-01-2009 00:17:04
Last Notification:	N/A (notification 0)
Is This Service Flapping?	N/A
In Scheduled Downtime?	**NO**
Last Update:	09-01-2009 00:18:52 (0d 0h 0m 8s ago)

Abbildung 9.18: **Das CCMS hat selbständig einen Alarm an Nagios geschickt**

KAPITEL 9 Monitoring von SAP

In diesem Kapitel wurde gezeigt, dass selbst IT-Systeme, denen manche Unix-Administratoren skeptisch gegenüberstehen, ohne Weiteres in eine Open Source Monitoring-Landschaft integriert werden kann. Umgekehrt werden auch SAP-Betreiber die Flexibilität und Mächtigkeit von Nagios zu schätzen lernen und mit Sicherheit nicht mehr als Spielzeug abtun. Man muss sich nur trauen.

```
From: Armin Admin <armin.admin@naprax.de>
To: Siegfried von Schlips <siegfried.von.schlips@naprax.de>
Subject: Out of Office AutoReply: Nagios-Monitoring

Ich befinde mich derzeit im Urlaub und bin bis auf Weiteres nicht
erreichbar.
In dringenden Fällen wenden Sie sich bitte an Gerhard Laußer,
gerhard.lausser@consol.de.


Viele Grüße,
Armin Admin
```

Stichwortverzeichnis

Symbole

$def[] 186
$opt[] 186

A

action_url 175
add_perfdata 109
agent.cfgSAP
   – agent.cfg 522
ant 439
Apache server-status 430

B

Backup 239
   – LVM 210
Basic Authentication 29
batch_runners 471
Bronx 55

C

CCMS_AUTO_REACT_OP_COMMAND 535
CCMS_OnAlert_SNMP_TRAPSAP 534
check_apachestatus_auto 430
   – Nagios-Konfiguration 431
check_by_ssh 45
check_db2_health 391
check_fs_ping 120
check_generic 527
check_http 424, 528
   – Nagios-Konfiguration 428
check_https_certificate.pl 428
check_jmx4perl 446
   – Nagios-Commands 449
check_logfiles 245
   – AIX Error-Report 307
   – als Daemon 304
   – als Windows-Service 305
   – Archivdateien 251
   – Archivedir-Parameter 258
   – Ausgabeformat 297
   – Exception-Patterns 260
   – Globale Optionen 271
      – Makros 272
      – Protocolsdir 271
      – Scriptpath 272
      – Seekfilesdir 271
      – User-defined Makros 275
   – IPMITOOL 317
   – Kommandozeilenparameter 255
   – Konfigurationsdatei 255
   – Logfile-Parameter 258
   – Ok-Patterns 261
   – Options 262
      – Encoding 266
      – Maxlength 266
      – nocase 264
      – Nologfilenocry 268
      – noperfdata 262
      – noprotocol 262
      – Scripts 270
      – Sticky 269
      – Syslogclient 267
      – Syslogserver 267
      – Thresholds 264
   – Oracle Alertlog 311
   – Patterns 258
   – Protokolldateien 253
   – Report-Option 297
   – Rotation 249
   – Rotation-Parameter 258
   – Scripts 280
      – Embedded Perl 282
      – Postscript 290
      – Prescript 287
      – Smarte Scripts 284
      – Supersmarte Scripts 285
   – Searches 255
   – Seekfile 248, 251
   – Selected Searches 300, 302
   – Service- und Command-Definitionen 276, 302
   – Statefulness 292
   – Tag 251
   – Tag-Parameter 256
   – Templates 300
   – tivolipatterns 324
   – Tivoli-Severities 328
   – Type-Parameter 256
   – Windows 279
   – Windows Eventlog 320
check_multi 25
check_nt 322

STICHWORTVERZEICHNIS

check_printer 63
check_sap 520
check_sap.pl 516
check_sap.sh 516
check_snmp_printer.pl 62

D

Datenbank-Connection-Pooling 399
Datenbanken
 – Nagios-Konfiguration 405
DB2 388
 – check_db2_health 391
 – Eigene Erweiterungen 397
 – Erreichbarkeit 393
   – Login 393
   – Verbundene Applikationen 393
 – Performance
   – Asynchronous Write Performance 395
   – Buffer Pool 394
   – Index Usage 395
   – Locks 396
   – Synchronous Read Performance 395
 – Tablespaces 396
   – Database Managed Tablespace 397
   – System Managed Tablespace 397
 – Vorbereitung
   – Client-Software 389
   – DB-User 388
default.php 157
diff 141
Digest Authentication 33
DRBD 209
 – ohne LVM 217

E

enable_environment_macros 153

F

Freshness 54

G

Getopt::Long 93

H

Heartbeat Cluster
 – authkeys 222
 – GUI 220, 223
 – ha.cf 221
 – Ressource 224

Heartbeat-Cluster 219
host_perfdata_command 152
host_perfdata_file 153
host_perfdata_file_mode 153
host_perfdata_file_processing_command 153
host_perfdata_file_processing_interval 153
host_perfdata_file_template 153
htdigest 34

I

icon_image 178
Installationsverzeichnis 23

J

J2EE 437
Java-Applicationserver 433
 – Heap Memory 447
 – Jmx4Perl|Jmx4Perl 437
JDBC 484
Jmx4Perl
 – Alias 447
 – Installation auf dem Applicationserver 439
 – Installation von check_jmx4perl 446
 – MEMORY_HEAP_MAX 448

L

LDAP 35
Logfiles 243
login.cfg 520
LVM 210
 – Filesysteme vergrößern 237
 – Logical Volumes 211
 – Physical Volumes 211
 – Volume Group 211

M

MAX_PLUGIN_OUTPUT_LENGTH 25
Mbean Server 434
Microsoft SQL Server 366
 – check_mssql_health|check_mssql_health 372
 – Erreichbarkeit 374
   – Anzahl der Benutzer 375
   – Login 374
 – Errorlog 385
 – Maximum Worker Threads 375
 – Performance
   – Batch Requests 380
   – Buffer Cache 376
   – Checkpoints 381

STICHWORTVERZEICHNIS

- CPU/IO-Busy Time 382
- Deadlocks 379
- Free List Stalls 382
- Full Table Scans 376
- Initial Compilations 380
- Latches 377
- Lazy Writes 381
- Locks 378
- Page Life Expectancy 382
- Re-Compilations 381
- Verfügbarer Speicherplatz 383
- Vorbereitung der Datenbank 367
  - DB-User 368
  - Freetds 370

MySQL 332
- check_mysql_healthcheck_mysql_health 334
- Cluster 341
- Erreichbarkeit 335
- Limits/Benutzer
  - Connection Threads 339
- Performance 336
  - Index Usage 337
  - InnoDB Buffer Pool 338
  - Long running processes 339
  - MyISAM Key Cache 338
  - Query Cache Hitrate 337
  - Query Cache Lowmem Prunes 337
  - Slow Queries 339
  - Table-Cache 338
  - Temporäre Tabellen 338
- Replikation 340
- Uptime 336

MySQL Enterprise Monitor 343

N

Nagios Exchange 132
NAGIOS_HOSTCHECKCOMMAND 153
NAGIOS_HOSTNAME 152
NAGIOS_PERFDATA 152
Nagios-Plugin 27, 101
- add_arg 104
- add_message 107
- check_messages 108
- check_thresholds 107
- Extra-Opts 111
- getopts 105
- get_threshold 106
- nagios_die 110
- nagios_exit 110
- new 102
- opts 105
- set_threshold 106, 110

- threshold 110

Nagios-Portal 132
NAGIOS_SERVICEDESC 152
Namenskonventionen 42
NAS 117
Net, SNMP 22
NFS 117
npcd.cfg 168
NPCDPNP
- Bulk Mode mit NPCD 167

NRPE
- Argumente 46
- Commands 49
- Konfigdatei 48
- Länge des Plugin-Outputs 47
- OpenSSL 46
- Überwachung und Restart 50

NSCA 52
- Konfigurationsdateien 54
- Länge des Plugin-Outputs 52

O

OpenSource 132
OPTARG 97
OPTERR 97
OPTSTR 97
Oracle 345
- Alertlogs
  - Erweitern um eigene Routinen 362
- check_oracle_health
  - Erweitern um eigene Routinen 358
- DB-User für das Monitoring 347
- externally authenticated user 350
- Performance 351
  - Buffer Cache 351
  - Dictionary Cache 352
  - Latches 353
  - Library Cache 352
  - PGA 352
  - Redo Logs 352
  - Soft Parse Ratio 353
- PGA 351
- SGA 351
- Sysstats 357
- Tablespaces 354
  - Datafiles 357
  - Usage-Entwicklung 356
- Verbindung
  - Anzahl der Benutzer 351
  - Listener 351
  - Login 351

Oracle Client-Software 346
ORACLE_HOME 347

545

STICHWORTVERZEICHNIS

P

PAR 90
Passive Services 52
patch 143
Performancedaten 149
- label 109, 149
- Unit of Measurement 109
- UOM 149
- value 149
- Visualisierung 147
Plugins 73
- Ausgabeformate 77
- Compilierung von Perl-Plugins 90
- Developer Guidelines 77
- Embedded Perl Interpreter 114
- ePN 114
- Kommandozeilenparameter 92
- mehrzeilige Ausgabe 79
- Performancetuning 84
- Programmiersprachen 81
- Superuser-Privilegien 86
- Timeouts 88
PNP 154
- Basket 202
- Bulk Mode 164
- Custom Templates 191
- Mit NPCD und npcdmod 170
- Pages 199
- PDF-Dokumente generieren 203
- Synchronous Mode 161
- Templates 156, 179
process_perf_data 151
process_perfdata.cfg 166
process_perfdata.pl 156
process_performance_data 151

R

root 31
Round Robin Databases 154
RRA 154
RRD 154
RRDcached 197
RRDs 158
rrdtool 156
RRDtool 154
RZ20SAP
- RZ20 502

S

Sahi
- Automatische Ausführung 489
- Automatische Ausführung von Testscripts 470
- Benutzung eines Proxy 461
- HTTPS 467
- Installation 458
- Nagios-Konfiguration 492
- Screenshots 497
- sendResultToNagios 485
- Speichern von Ergebnissen in einer Datenbank 477
- Start 459
- Testscripts abspielen 465
- Testscripts erstellen 462
- Test-Suiten 470
- Versenden von Ergebnissen mit send_nsca 475
SAP 499
- Alert-Monitor 501
- Anlegen eines externen Kommandos 535
- CCMS 501, 531
- Datenbank 533
- Dispatcher 501, 530
- Eigene Monitor-Sammlung 508, 525
- Gateway 501, 530
- ICF-Ping-Service 511
- ICM, ICF 501, 531
- Message-Server 500, 532
- Nagios-Konfiguration 529
- Nagios Plugins for SAP CCMS 519
- Passives Monitoring 534
- SAP, eigene Monitor-Sammlung 525
- sapinfo 513
- send_nsca_wrapper 538
- SICF 512
- Swap_Space 525
- Trial 499
- User anlegen 503
- Vorbereitung des SAP-Systems 503
send_nsca 534
service_perfdata_command 152
service_perfdata_file 153
service_perfdata_file_mode 153
service_perfdata_file_processing_command 153
service_perfdata_file_processing_interval 153
service_perfdata_file_template 153

STICHWORTVERZEICHNIS

Shflags 101
Single Sign-On 35
SNMP 61
SQL Relay 400
Strawberry-Perl 91

T

Tivoli Logfile Adapter
  – check_logfiles 323

V

Virtuelle Webserver 426

W

w00w00t-Strings 292
Webseiten
  – Größe und Alter 427
  – Inhalt 427
  – Proxy 428
Webserver
  – Überwachung mit Sahi 454
  – Verbindung von Nagios und Sahi
    – Verbindung zu Nagios 473

X

X509 425
Xinetd
  – Konfigdatei 48

Y

yum 22

Z

Zertifikat 425
Zugriff nur von bestimmten IP-Adressen 35

informit.de, Partner von Addison-Wesley, bietet aktuelles Fachwissen rund um die Uhr.

www.**informit.de**

In Zusammenarbeit mit den Top-Autoren von Addison-Wesley, absoluten Spezialisten ihres Fachgebiets, bieten wir Ihnen ständig hochinteressante, brandaktuelle deutsch- und englischsprachige Bücher, Softwareprodukte, Video-Trainings sowie eBooks.

wenn Sie mehr wissen wollen ...

www.**informit.de**

THE SIGN OF EXCELLENCE

Dieses Buch macht Sie mit den Begrifflichkeiten, dem Prozessmodell und der PRINCE2-Philosophie sowie einem allgemeinen Verständnis für den Themenkomplex des Projektmanagements vertraut.
Wenn Sie sich als Projektleiter oder -mitarbeiter in PRINCE2 einarbeiten, hilft Ihnen das Buch, sich in einem (PRINCE2-)Projektumfeld zurechtzufinden und die Ihnen zugedachten Aufgaben wahrzunehmen.
Bei der Vorbereitung auf die Foundation-Prüfung unterstützt es Sie mit über 300 Beispielfragen samt kommentierten Lösungen bei der Überprüfung Ihres Wissenstandes.

Nadin Ebel
ISBN 978-3-8273-2542-6
49.95 EUR [D]

www.addison-wesley.de

THE SIGN OF EXCELLENCE

Dieses Buch setzt dort an, wo Sven Ahnerts Bestseller „Virtuelle Maschinen mit VMware und Microsoft" aufhört: bei der Beschreibung und Umsetzung von Virtualisierung mittlerer bis großer IT-Umgebungen von Small Business bis Enterprise. Die Autoren beschreiben methodisch Entwurf und Betrieb, wobei neben der Anwendung der Produkte ESX 3.5 und Virtual Center 2.5 und dem Einsatz von Netzwerk und Speichermedien das Thema „Datensicherung und Wiederherstellung" am Beispiel eines IBM Tivoli Storage Managers besonders ausführlich beschrieben wird.

Christian Sturm; Nadin Ebel; Stefan Wißkirchen; Roland Runge ; Joachim Groh; Oliver Höller; Carsten
ISBN 978-3-8273-2698-0
89.95 EUR [D]

www.addison-wesley.de

THE SIGN OF EXCELLENCE

Michael Kofler beschreibt Ubuntu Server von der Installation (samt LVM und RAID) über die entfernte Verwaltung via Kommandozeile bis hin zu Absicherung, Überwachung und Backup. Ausführliche Szenarien zu einem Büro-Server und einem Root-Server zeigen den konkreten Einsatz von Ubuntu Server und sorgen für großen Praxisbezug.

Michael Kofler
ISBN 978-3-8273-2774-1
39.95 EUR [D]

www.addison-wesley.de